Michael Bommes

Migration und Sprachverhalten

Eine ethnographisch-sprachwissenschaftliche Fallstudie

Michael Bommes

Migration und Sprachverhalten

Eine ethnographisch-sprachwissenschaftliche Fallstudie

Springer Fachmedien Wiesbaden GmbH

Die Deutsche Bibliothek — CIP-Einheitsaufnahme

Bommes, Michael:
Migration und Sprachverhalten : eine ethnographisch-sprachwissenschaftliche Fallstudie / Michael Bommes. — Wiesbaden : DUV, Dt. Univ.-Verl., 1993
(DUV : Sprachwissenschaft)
Zugl.: Osnabrück, Univ., Diss., 1992
ISBN 978-3-8244-4132-7 ISBN 978-3-663-14583-7 (eBook)
DOI 10.1007/978-3-663-14583-7

Ursprünglich erschienen bei Deutscher Universitäts Verlag GmbH, Wiesbaden 1993.

Inhaltsverzeichnis

Vorwort

Eine Arbeit über Arbeitsmigranten und ihre Kinder, über ihre sprachliche Verarbeitung der Lebenssituation in einer mittelgroßen Stadt unter den Bedingungen der alten BRD, kommt Anfang der 90er Jahre fast ein wenig spät. Der Anwerbepolitik in den 60er und Anfang der 70er Jahre, bei der man noch die Illusion pflegte, die hergeholten Arbeitskräfte würden nach einigen Jahren das Land wieder verlassen, folgte seit Mitte bis Ende der 70er Jahre eine kombinierte sog. Rückkehrförderungs- und Integrationspolitik. Wurde damals das Ausländer- und insbesondere das Türkenproblem entdeckt, ein Kultur- und Sicherheitsproblem zugleich (Thränhardt 1988, Bommes/Scherr 1990), dann hatte sich dieses Problem in der alten BRD auf einem bestimmten Level eingependelt und es schien eine Beruhigung spezifischer Art eingetreten zu sein.

In der sog. Ausländerarbeit Tätige, Professionelle und Laien, vermochten nur noch mit zähem Ringen politische Instanzen für ihre Arbeit zu interessieren, um so Jahr für Jahr die Mittel für die Arbeit zu sichern. Migrationsforschung wurde vom Staatsapparat als Krisenwissenschaft nicht mehr gefördert (vgl. Bund-Länder-Kommission 1987), so daß dieser Forschungszweig erheblich um Mittel zu kämpfen hatte. Gleichzeitig war eine zunehmende Spezialisierung in der Auseinandersetzung um Detailprobleme zu beobachten, was den Vorteil mit sich brachte, daß nicht mehr so sehr wissenschaftliche Schnellschüsse zur Erlegung irgendeines aktuellen Problems gefragt waren. Die Arbeitsmigranten selbst schließlich ließ man zufrieden in dem Sinne, daß sie seit ca. 1985/86 nicht mehr regierungsoffiziell wie etwa in der Regierungserklärung von 1983 als politisches Schwerpunktproblem verhandelt wurden. An den grundlegenden ökonomischen, rechtlichen und politischen Bedingungen, die für sie galten, hat sich jedoch nicht viel geändert. Das 1990 verabschiedete Ausländergesetz enthält einige Zugeständnisse, es bleibt aber wesentlich ein Gesetz, das den Spielraum der Exekutive im Umgang mit nichtdeutschen Zuwanderern für die Ausrichtung an jeweils aktuell politisch als notwendig erachteten Entscheidungen weitgehend offen zu halten und möglichst wenig durch prinzipiell eingeräumte Rechte für Zuwanderer einzugrenzen sucht. Bis Anfang der 90er Jahre konnte man sich des Eindrucks nicht erwehren, daß Arbeitsmigranten signalisiert wurde, daß sie hier geduldet werden, sofern sie sich mit den zugewiesenen Positionen bescheiden.

Mit dieser relativen Ruhe ist es in der neuen BRD vorbei, seit die

Auseinandersetzung um Zuwanderung die Dethematisierung der Friktionen und Brüche der Wiedervereinigung tragen muß und mit dem Zusammenbruch der Ostblockstaaten Visionen der großen Armutswanderung Angst um Wohlstandsverlust verbreiten. Nunmehr ist Wissenschaft als Krisenwissenschaft wieder gefragt, was ihr keine Rechtfertigung für die Neuauflage von Schnellschüssen sein kann. Andererseits aber werden vor diesem Hintergrund Zuwanderer, seien es politische Flüchtlinge, Armutswanderer, Kriegsflüchtlinge oder Wanderer welcher Art auch immer, die die BRD meist mangels Alternative einer geregelten Einwanderung durch das Nadelör Asylrecht zu erreichen suchen, staatlich und medial als Sozialparasiten inszeniert, die vermeintlich eine Abschaffung von Grundrechten erzwingen. Rechte Bewegungen "von unten" sehen sich so gleichzeitig ermutigt, Zuwanderungsbegrenzung selbst in die Hand zu nehmen (vgl. dazu auch Bommes/Scherr 1992a), und sind so inzwischen zu tätlichen Angriffen, Brand- und Mordanschlägen auf Migranten übergegangen. Die beschämend zögerlichen und unsicheren Reaktionen des Staates sowie der Bürger auf diese Gewalttaten haben viele Gründe, auf die hier nicht einzugehen ist. Sie verweisen aber darauf, daß in der BRD, alt wie neu, niemals ein Verhältnis der Selbstverständlichkeit und Normalität zu Zuwanderern, Arbeitsmigranten wie politischen Flüchtlingen, und ihrer Anwesenheit gefunden worden ist.

Die vorliegende Arbeit, die vor den aktuellen Entwicklungen abgeschlossen war, thematisiert die sprachliche Verarbeitung eben dieser Situation des nicht selbstverständlichen Lebens als Migrant in der BRD bei Gruppen von Jugendlichen türkischer Herkunft. Sie basiert auf einer Feldstudie, die im Zeitraum von 1983 bis 1986 mit schwerpunktmäßig drei Gruppen von Jugendlichen durchgeführt wurde und in deren Rahmen verschiedene Jugendliche einzeln und in Gruppen interviewt wurden. Diese Interviews bilden die Grundlage der nachfolgenden Analysen der sprachlichen Verarbeitung der Situation als Migrantenjugendlicher in einer Stadt wie Osnabrück. Auf die genaueren Bedingungen dieser Studie komme ich in Kap. 1.5 zurück.

Wenn "sprachliche Verarbeitung" der Migrationssituation das Thema ist, dann soll mit der Kennzeichnung der Untersuchung als ethnographische auch verdeutlicht werden, daß nicht sprachliche Verarbeitung allgemein Thema ist, sondern sprachliche Verarbeitung so, wie sie mir in einer ausführlichen Fallstudie zugänglich geworden ist. Entsprechend geht es auch nicht um Migrantenjugendliche türkischer Herkunft allgemein, sondern um die, die Gegenstand dieser Studie sind.

Der Begriff "sprachliche Verarbeitung" verweist auf ein Spannungsfeld, in dem diese Untersuchung angesiedelt ist. Soweit die *Verarbeitung* der Migrationssituation durch die Jugendlichen Thema ist, ist diese Arbeit ins Verhältnis zu einer inzwischen kaum überschaubaren Anzahl von im weiteren Sinne sozialwissenschaftlichen Arbeiten zu setzen, die

die "subjektive Wahrnehmung", "subjektive Verarbeitung", "kulturelle Wissenssysteme" oder "Deutungsmuster", also die Verarbeitungsformen von Migranten zu ihrem Gegenstand machen (Kap. 1.1). So weit die *sprachliche* Verarbeitung Thema ist, ist diese Arbeit ins Verhältnis zu sprachwissenschaftlichen Untersuchungen zu setzen, die die sprachliche Form der Äußerungen von Migranten sei es als "Gastarbeiterdeutsch", sei es als "interkulturelle Kommunikation" zu ihrem Gegenstand machen (Kap.1.2 u. 1.3).

In der Auseinandersetzung mit Arbeiten aus diesen beiden Feldern wird verdeutlicht, daß sozialwissenschaftliche Untersuchungen häufig die sprachliche Verfaßtheit ihrer Daten in der Analyse ihrer Materialien nicht hinreichend beachten und sich dies in Problemen der präsentierten Ergebnisse niederschlägt, wie umgekehrt ein Teil der diskutierten sprachwissenschaftlichen Untersuchungen in ihren Analysen mit einem Sprachbegriff operieren, der Sprache nicht als gelernte soziale Formen der Handhabung von Situationen, die im sprachlichen Handeln durch die Beteiligten hergestellt und verändert werden, und der historisch gesellschaftlichen Bedingungen, die in sie eingehen, faßt, und daher zu wenig überzeugenden Erklärungen der formalgrammatisch beschriebenen Äußerungsformen von Migranten aus sog. sozialen Faktoren kommen.

Die Kritik dieser Arbeiten sowie des "interkulturellen" Ansatzes in der Sprachwissenschaft (Kap. 1.3) dient dazu zu verdeutlichen, was unter sprachlicher Verarbeitung und Handhabung von gesellschaftlich bestimmten Situationen verstanden und in welcher Perspektive die Analyse der Interviews vorgenommen wird, die ich mit den Jugendlichen durchgeführt habe. Im Anschluß daran werden Forschungsansätze vorgestellt, die in der Verfolgung dieser Perspektive hilfreich waren (Kap. 1.4), um vor der ersten Interviewanalyse Ergebnisse der durchgeführten Feldstudie über die Lebenssituation von Migrantenjugendlichen und ihre kulturelle Praxis zu präsentieren (Kap. 1.5), die den Hintergrund für diese Analysen gebildet haben. In diesem Kontext wird zugleich in einem Exkurs über die Arbeiten des Centre for Contemporary Cultural Studies ein für sinnvoll erachteter Begriff der Kultur dargelegt.

In der ersten Interviewanalyse wird demonstriert, was darunter verstanden wird, Sprache als gelernte soziale Formen der Handhabung von Situationen und der in sie eingehenden historisch gesellschaftlichen Bedingungen zu untersuchen (Kap. 2.1), um im Anschluß daran in einem längeren theoretischen Exkurs das Verhältnis von Sozial- und Sprachwissenschaft in Auseinandersetzung mit Ethnomethodologie, Habermas, Mead und Maas zu diskutieren (Kap. 2.2). Hier wird der theoretische Rahmen dargelegt, in dem die folgenden Interviewanalysen (Kap. 3 - 5) durchgeführt werden.

Der unterschiedliche Umfang dieser Kapitel zeigt, daß die jeweiligen Interviewausschnitte als Analysegegenstand nicht nach einem einheitlichen Schema durchgearbeitet worden sind, was genauer in Kap. 2. begründet wird. Der Umfang der Kapitel 4 und 5 zeigt jedoch, daß ein Problem des gewählten Verfahrens seine Darstellbarkeit ist. Mir kam es darauf an, zumindest bei diesen Beispielen einigermaßen konsequent den detaillierten Durchgang durch die Texte durchzuhalten, was unvermeidlich auf Kosten der Lesbarkeit ging. Getragen ist dies von der Hoffnung, daß die Mühe der Durcharbeit am Ende trotzdem sich lohnt.

Im Schlußkapitel wird das Problem der sprachlichen Verarbeitung der Migrationssituation als theoretisches vor dem Hintergrund der Ergebnisse wieder aufgenommen. Dort ist diskutiert, ob die Interviewanalysen in ihrer Durchführung die in den Kap. 1 und 2 vorgeschlagene Perspektive der Analyse als sinnvoll erwiesen haben, und zugleich wird eine Einordnung der Ergebnisse in den v.a. in Kap. 2.2 entwickelten sprach- und gesellschaftstheoretischen Rahmen vorgenommen.

Die vorliegende Arbeit wäre nicht möglich gewesen ohne die Gutwilligkeit der Jugendlichen und ihrer Familien gegenüber meinen Anliegen. So weit die Anonymität der in dieser Arbeit vorkommenden Personen zu wahren ist, können sie hier nicht namentlich genannt werden, ihre Namen sind im Text selbstverständlich geändert. Ihnen gebührt gleichwohl mein größter Dank. Darüber hinaus habe ich den z.T. inzwischen befreundeten Familien Aslankuş, Binici, Gökçe, Hasırcı, Karatut, Köten, Mustu, Şahın, Sunnu und Şenyildiz für ihre Geduld mit meiner oft sicherlich zu weit gehenden Neugier zu danken. Aus Diskussionen mit den FreundInnen Attila Aşçı, Şinası Dikmen, Ismail Esembey, Ramis Konya, Ayşe Önel und Muhsin Omurca habe ich viel gelernt, was ich anders sicher nicht begriffen hätte. Anderen habe ich für Diskussionen über theoretische oder empirische Fragen dieser Arbeit sowie für Unterstützungen in der einen oder anderen Art zu danken. Von ihnen seien hier genannt: Peter Erf (dem duldsamsten), Horst Walther und Barbara Lange (den Mitstreitern), Bahri Hasırcı (meinem zweiten Gehör), Reimund Bommes (dem Mann am Computer), Helmut Arnau, Hartwig Berger, Martin Büren, Klaus Geiger, Jost Halfmann, Harald Kerber, Carsten Klingemann, Frank Müller, Claus Rolshausen, Christa Röber-Siekmeyer, Hermann Schwab, Tessa Twele. Der Friedrich-Ebert-Stiftung habe ich zu danken, da sie mir durch ein Stipendium diese Studie ermöglicht hat. Schließlich aber wäre ohne Geduld, Antrieb und theoretische wie praktische Ermutigung von Utz Maas diese Arbeit genausowenig zustande gekommen, wie ohne die anspornende Unterstützung meiner Eltern. Das Feld der Forschung aber mitgeschaffen, getragen und ertragen und deswegen auch die Analysen am intensivsten mitgedacht hat Jutta Sajovitz-Bommes. Ihr und Hannah, die so lange warten mußte, ist dieses Buch gewidmet.

Osnabrück, im Oktober 1992 Michael Bommes

1. Situierung der Untersuchung

1.1 Sprache in der sozialwissenschaftlichen Migrationsforschung

Sprache ist in der sozialwissenschaftlichen Migrationsforschung in der BRD ein prominentes Thema. Das gilt sowohl für die 70er Jahre, in denen das "Ausländerproblem" nach der Phase der Anwerbung und der Realisierung, daß die Rotationsvorstellung eine Illusion war, entdeckt wurde und vor dem Hintergrund eines Schwenks hin zur Politik der "Integration" der hier lebenden Arbeitsmigranten bei gleichzeitiger Feststellung, daß die BRD kein Einwanderungsland sei, eine Reihe von Forschungen über Fragen der Integration der Arbeitsmigranten in Gang kamen, als auch für die 80er Jahre bis heute, als viele Arbeiten der 70er Jahre und auch spätere kritisiert wurden, daß sie sich allzu unkritisch die staatliche Perspektive des Krisenmanagements zu eigen gemacht hätten und dies sich in den gewählten Kategorien der Beschreibung niederschlage.[2] Ohne auf diesen Wechsel vom - wie Berger dies faßt - Integrations- zum Minoritätenparadigma[3] und neuere kritische Diskussionen, die mit den notwendigen Differenzierungen auf die imperialismuskritische Perspektive der frühen 70er Jahre zurückkommen, wie sie sich etwa in Nikolinakos (1973) und Castles/Kosack (1973) findet, hier einzugehen (vgl. Castles 1984), möchte ich an einigen bekannteren Arbeiten zeigen, daß sich mit dem Anspruch, der diesen Wechsel begleitete, die betroffenen Migranten in den nun durchgeführten Untersuchungen selbst zu Wort kommen zu lassen, auch das Problem Sprache anders stellt, aber nicht unbedingt anders angegangen wird.

In großen statistischen Untersuchungen fehlt meist die Frage nach Sprachkenntnissen nicht,[4] auch in der eine Zeit lang v.a. in der Ausländerpädagogik einflußreichen Arbeit von Schrader u.a. (1976) findet sich ein Kapitel "Sprache, bikulturelle Identität und Schulerfolg"

1 Die Vollendung dieses Schwenks läßt sich etwa an dem Erscheinen des Kühn-Memorandums 1979 festmachen (vgl. Memorandum 1979).

2 vgl. dazu Berger 1987 u. 1987a

3 Dies heißt natürlich nicht, daß das eine Paradigma an die Stelle des anderen tritt, sondern meint v.a. eine seit Beginn der 80er Jahre zunehmend gewonnene Dominanz in den (v.a. ausländerpädagogischen und politischen) Diskussionen.

4 vgl. dazu etwa Mehrländer 1974, 1978, 1981, 1983 sowie Wilpert 1980. Nicht klar ist mir allerdings, was man eigentlich erfährt, wenn Migranten ihre Deutschkenntnisse entsprechend der Vorgaben in den Fragebögen als "sehr gut", "gut", "mittel", "schlecht" oder "sehr schlecht"einschätzen, denn je nach Anforderungen, denen man sich stellen muß, und sprachlichen Auseinandersetzungsfeldern unterschei-

(S.111-124). Nach Schrader u.a. ist vor dem Hintergrund der sozialen Existenzbedingungen der Migrantenfamilien das Einreisealter der Migrantenkinder entscheidend für die Weise ihrer "Enkulturation", die als Hervorbringung der "kulturellen Basispersönlichkeit" determinierend ist für den Verlauf der "Akkulturation" und "Assimilation". Kleinstkinder oder hier geborene Kinder der Migranten haben danach die besten Chancen, sich mit der "Fremdkultur" zu identifizieren und so eine Identität als "Neu-Deutsche" auszubilden, Kinder, die im schulpflichtigen Alter (6-14 Jahre) einreisen, werden eine Identität als "Ausländer" ausbilden, da ihre "kulturelle Basispersönlichkeit" in der "Heimatkultur" hergestellt worden ist, Kinder im Vorschulalter (1-5 Jahre) schließlich werden die meisten Probleme haben, da sie aufgrund des unterbrochenen "Enkulturationsprozesses" eine diffuse Basispersönlichkeit ausbilden und so im Verlaufe ihrer Entwicklung im Einwanderungsland auch eine "bikulturelle Identität als Fremde" ausbilden werden.[5]

Dieser Ansatz mit seinem starren Konzept der kulturellen Basispersönlichkeit, das die Menschen auf in früher Kindheit Erworbenes festlegt, und den daraus erwachsenden Konsequenzen der Reduktion der Schwierigkeiten von Migranten in dieser Gesellschaft auf "Kulturkonflikte" und der eindeutigen Festlegung auf die Zielsetzung der "Assimilation" der sog. zweiten Generation ist vielfach kritisiert worden,[6] so daß sich eine Wiederholung dieser allgemeinen Kritik hier erübrigt. Schrader u.a. konzipieren entsprechend ihrem Modell des wahrscheinlichen Verlaufs der Eingliederung von Migrantenkindern auch die Sprachentwicklung bei diesen Kindern. Der Spracherwerb von Kindern, die im schulpflichtigen Alter einreisen, sei durch die festgefügte sozialkulturelle Persönlichkeit determiniert, so daß die Möglichkeit der Neuerwerbung von Bedeutungen eingeschränkt sei (S.113). Das Kleinstkind, nicht vorgeprägt durch das Heimatland wie die Schulkinder, "übernimmt in stärkerem Maße Bedeutungsinhalte und die dazugehörenden sprachlichen Zeichen des Gastlandes" (S.116). Die unterbrochene Enkulturation bei Vorschulkindern aber könne sich schließlich sprachlich darin niederschlagen, daß es in beiden Sprachen nicht fähig ist, "sich differenziert zu äußern, denn es beherrscht beide Sprachen nur unvollkommen" (S.117) aufgrund eines ungelösten Orientierungskonfliktes zwischen Elternhaus und Schule. Für alle drei Gruppen von Kindern aber nehmen Schrader u.a. unter Rückgriff auf Bernstein zusätzlich an, daß sie die Probleme deutscher Unterschichtskinder in der

---

det sich das, was "gut" oder "schlecht" für die Beteiligten heißt. Um die Antworten aber statistisch bearbeitbar zu machen, muß gerade von dieser Perspektivik Beteiligter unterschiedlicher Zusammenhänge abgesehen werden.

5 Vgl. das Modell auf S.73

6 Vgl. dazu etwa Wilpert 1980, Czock/Radtke 1984, Kalpaka 1986, Auernheimer 1988.

Schule teilen, nämlich aufgrund ihres restringierten Codes in der Mittelschichtsinstitution Schule mit Lernschwierigkeiten zu kämpfen. Für die Kleinstkinder trifft dies zu, da sie meist in einer Unterschichtsnachbarschaft aufwachsen, für die Schulkinder aber, da man "auch bei den im Heimatland enkulturierten Kindern" davon ausgehen kann, "daß sie meistens in einer Umwelt und in einem familialen Kommunikationssystem aufwachsen, die die Möglichkeiten, einen größeren Handlungsspielraum zu gewinnen, einschränken und durch statusorientierte Handlungsrechtfertigungen eine kognitive Entwicklung des Kindes von vornherein begrenzen" (S.123). In diesem Sinne stehen die Kinder von Migranten in der Schule vor einer "doppelt erschwerten Aufgabe" (S.124).

Die Probleme der Argumentation liegen auf der Hand: Kindern die Fähigkeit zum Zweitspracherwerb nach erfolgter "Enkulturation" abzusprechen, ist durch nichts gerechtfertigt, genauso wie es wenig überzeugend ist, die Richtung des Spracherwerbs geradlinig schematisch vom Alter abhängig zu machen. Ebenso ist es problematisch, bestimmte sprachliche Umgangsformen für *die* Heimatkultur *der* Migrantenkinder anzunehmen, ohne dies weiter zu begründen. *Die* Kultur der Migranten wird so doppelt defizitär: zum einen, da sie ohnehin nicht geeignet ist für das Leben in der Einwanderungsgesellschaft und so den "Kulturkonflikt" begründet, zum anderen aber, da sie bereits von Haus aus die Kinder in ihrer kognitiven Entwicklung behindert.

Das diskutierte Kapitel wird von Schrader u.a. als Exkurs gekennzeichnet. Neben Verweisen auf Mead stützt man sich in der Argumentation auf Bernstein sowie wesentlich auf Sprachwissenschaftler wie Sapir, Ervin und Osgood und Mackey. In diesem Sinne ist die Argumentation unproblematisch, da man sich für die Klärung der Rolle der Sprache im Rahmen der Gesamttheorie des Verlaufs des Eingliederungsprozesses von Migrantenkindern arbeitsteilig auf Ergebnisse u.a. aus den Sprachwissenschaften stützt. Das Risiko für die Auswahl von Autoren und die spezifische Lektüre dieser ist von Schrader u.a. zu verantworten. Darauf kommt es aber hier nicht an, sondern daß sie so *über* die Rolle von Sprache reflektieren, die Analyse der eigenen Daten jedoch genau wie in den anderen statistischen Erhebungen keine Auseinandersetzung *mit* Sprache erfordert, nachdem man einmal Erhebungen mit standardisierten Interviewfragebögen durchgeführt hat.[7]

7 Dabei ist die Erstellung von standardisierten Interviewfragebögen auch zu verstehen als die Anstrengung, das Problem der sprachlichen Verfaßtheit der Daten stillzustellen, indem die niemals identischen sprachlichen Fassungen, die jeweils Befragte von ihren Verhältnissen geben, unter vom Forscher entworfene Kategorien subsumiert werden. Inwieweit dies problematisch ist, braucht hier nicht zu interessieren. Als grundlegende Kritiken der den Fragebögen, wie sie auch von den erwähnten Untersuchungen verwendet werden, und der Durchführung standardisierter Interviews unterliegenden Annahmen vgl. nach wie vor Cicourel 1970, Berger 1980, sowie die wiederkehrenden kritischen

Ein solcher Rückgriff auf standardisierte Verfahren verbietet sich aber den Untersuchungen, die vor dem Hintergrund der Durchsetzung des "Minoritätenparadigmas"[8] und des Vormarsches sog. qualitativer Verfahren in den Sozialwissenschaften der Perspektive der Migranten Ausdruck verschaffen möchten, um deren "subjektive Wahrnehmungen" ihrer Situation zum Gegenstand machen zu können. Bielefeld u.a. (1982) begründen dies unter anderem damit, daß "eine strukturierte Erhebungsmethode ein gemeinsames Vorverständnis von Forscher und Proband über die Bedeutung bestimmter Fragen, Begriffe und Probleme voraussetzt" (S.14), was gerade im Falle von Migrantenjugendlichen problematisch sei. Soll dieses Verständnis von Fragen, Begriffen und Problemen aber über offene Interviews, in denen die Jugendlichen die Möglichkeit zur Entfaltung "ihrer Vorstellung, ihrer Interpretation" (S.14) ohne Vorgabe durch einen festgelegten Fragebogen erhalten, zugänglich werden, so wird es dies in einer sprachlichen Form, die in einer Analyse nicht mehr wie in den zuvor genannten Untersuchungen übersprungen werden kann. "Die kulturell organisierten Wissenssysteme", wie Bielefeld u.a. dies nennen, in ihrer spezifischen sprachlichen Verfaßtheit verbieten es, nur *über* Sprache zu reden, und verlangen eine Auseinandersetzung mit der sprachlichen Form, in der die Interviewten jeweils die Verhältnisse im Interview fassen. Die methodologischen und methodischen Konsequenzen, die sich darus ergeben, werden aber in verschiedenen bekannteren Arbeiten auf jeweils unterschiedliche Weise nur unzureichend beachtet, was ich im folgenden zeigen möchte.

Gerd Stüwe hat in seiner Arbeit über türkische Jugendliche in Berlin-Kreuzberg (1982), verfaßt im Auftrag des Berliner Senats für Jugend, Familie und Sport, u.a. auch eine Reihe von türkischen Jugendlichen von türkischen Interviewern auf Türkisch interviewen lassen. In der Darlegung der Auswertungsverfahren weist Stüwe darauf hin, daß man durch die notwendige Übersetzung "eine Reduktion von Authentizität in Kauf" nehmen mußte (S.81). Das wäre u.U. nicht weiter problematisch, denn man könnte sagen, Stüwe geht das Risiko einer Fehlauslegung des Gesagten ein, kennzeichnet eine Fehlerquelle dafür und muß sich gegebenenfalls korrigieren lassen. Aber m.E. kann Stüwe auch deshalb von einem "Authentizitätsproblem" sprechen, weil ihm das gesammelte Material dazu dient, "aufschlußreiche Aussagen zu Alltagsproblemen der Betroffenen festzuhalten" (S.81). Stüwe setzt sich zuvor mit dem Verhalten der Interviewer auseinander und kritisiert, daß diese sich nicht adaequat verhalten hätten. "Die Vermutung, die vermeintliche Kenntnis der Problemsituation ausländischer Jugendlicher und die Nähe zum sozialen Kontext der Betroffenen würden Sicherheit vermitteln und ohne

Anmerkungen zu diesen Problemen von Oevermann in beinahe allen seinen Arbeiten seit (1976)..

8 Zentrale Arbeiten für diese Durchsetzung waren Heckmann 1981 und Elwert 1982.

nennenswerte Schwierigkeiten eine Gesprächssituation ermöglichen, konnte sich nicht bestätigen." "Dennoch" aber ließen sich "aufschlußreiche Aussagen" erzielen (S.81). Insofern, als man später Interviewauszüge gruppiert als "Aussagen zur Lebenssituation", "zum Selbst" und "zu Normen interpersonalen Handelns" vorgeführt bekommt, ist der Zweck dieser Überlegungen zum Interviewerverhalten überdeutlich.

Ein adaequates Interviewerverhalten soll eine möglichst große, zugleich aber durch den Interviewer nicht verzerrte "Informationsbereitschaft" bei den Befragten hervorrufen. Überlegungen zum Interviewerverhalten bei Stüwe wie auch sonst häufig in den Sozialwissenschaften haben aber einen doppelten Charakter:[9] Einerseits geht es darum, in der Reflexion auf das Verhalten im Interview und daraus entwickelten Vorgaben etwa für Interviewerschulungen zu bestimmen, wie Verhaltensformen des Interviewers mit Verhalten der Interviewten in Zusammenhang stehen. Dabei steht man hier (genau wie bei standardisierten Verfahren (Berger 1980)) vor dem Problem, daß die Situation des Interviews nicht im vorhinein festlegbar ist im Hinblick auf die in ihm gültigen Bedingungen, diese werden von den Beteiligten in der Durchführung des Interviews ausgehandelt. Daraus folgt nicht, daß Reflexion auf das Verhalten des Interviewers nicht sinnvoll ist,[10] sondern bestimmt deren Ergebnisse negativ. So werden etwa längere, in sich formal geschlossene Erzählungen des Interviewten durch ein bestimmtes sprachliches Verhalten, z.B. wiederholtes häufiges Zwischenfragen, so gut wie unmöglich, und bestimmte sprachliche Vorgaben des Interviewers, häufig als "Stimuli" bezeichnet, machen Erzählungen möglich, aber positiv vorhersagbar sind sie nicht. Dies hat seinen Grund darin, daß nicht ableitbar ist, was gestellte Fragen oder andere sprachliche Vorgaben für den Interviewten bedeuten, dieser interpretiert sie in der Situation des Interviews und gibt ihnen und damit dem Interview in seiner Reaktion eine Bedeutung. Daher ist umgekehrt auch nicht festlegbar, was das Interview für den Interviewer selbst bedeutet, sondern in seinem Verhalten zu den Reaktionen des Befragten als Interpretation dieser macht er dies jeweils sichtbar. Das Gesagte ist damit auch in seiner Bedeutung nicht unabhängig von der Situation der Äußerung adaequat verstehbar.

Es ist aber häufig der zweite Sinn der Diskussion des Interviewerverhaltens, die Interpretierbarkeit der Äußerungen der Befragten unabhängig von der Situation ihrer Äußerung zu begründen. Das wird daran

9 Für den hier interessierenden Zusammenhang gilt dies auch für die Beiträge von Hoffmeier-Zlotnik (1986a), Korte (1986) und Boos-Nüning (1986) in Hoffmeier- Zlotnik (1986), den Referaten einer Tagung im Zentrum für Umfragen, Methoden und Analysen in Mannheim über "Qualitative Methoden der Datenerhebung in der Arbeitsmigrantenforschung".

10 Die später von mir analysierten eigenen Interviews machen deutlich, daß eine stärkere Auseinandersetzung damit meinerseits im Gegenteil sinnvoll gewesen wäre.

deutlich, daß Interviewerverhalten meist allgemein oder an vorgezeigten Beispielen diskutiert wird, um mögliche "Verzerrungen" der Aussagen der Befragten einzugestehen, die aber unter Berücksichtigung aller Wenn und Aber eine Brauchbarkeit, eben "aufschlußreiche Aussagen" nicht verhindert haben. Das dahinter stehende Interesse läßt sich so bestimmen: Da Wissenschaft an allgemeingültigen Aussagen interessiert ist und sog. qualitative Sozialforschung wie die Arbeit von Stüwe, aber auch Bielefeld u.a. sowie weiter unten diskutierte Arbeiten auf die "subjektiven Wahrnehmungen", "kulturellen Wissenssysteme" oder "Alltagstheorien" von Migranten zielen, scheint dieses Ziel nur erreichbar zu sein, indem die Äußerungen der Befragten von der Situation der Äußerung abgezogen werden, um sie als allgemeingültig, d.h. über die Situation des Interviews hinaus für die Befragten gültige darlegen zu können. Die Diskussion des Interviewerverhaltens, in der die Brauchbarkeit des erhobenen Materials "im Großen und Ganzen" und "mit allen notwendigen Einschränkungen" demonstriert wird, erlaubt im nächsten Schritt, im Analyseteil nur noch die Äußerungen der Interviewten zum Gegenstand zu machen.

Diese Vorgehensweise, d.h. vorgeschaltete Überlegungen über die Weise der Herstellung des Interviewmaterials und seine Brauchbarkeit sowie einen daran angeschlossenen Analyseteil, der den Prozeß der Herstellung nicht mehr systematisch berücksichtigt, haben so unterschiedliche Untersuchungen wie Stüwe (1982), Bielefeld u.a. (1982), Hoffmann (1981), Hoffmann/Even (1985), Maurenbrecher (1984) und Serbser (1986) gemeinsam, auch wenn das Vorgehen in der Analyse selbst sich jeweils unterscheidet. Ich halte diese Aufteilung für einen Fehler, denn prinzipiell ist jede Äußerung im Interview zunächst einmal die Aneignung der Situation durch Herstellung von Positionen der Beteiligten, die sich wechselseitig sozial kategorisieren, indem sie im Reden über verschiedene Zusammenhänge in den sprachlichen Fassungen, die sie den Verhältnissen geben, zugleich ihre Erwartungen artikulieren, mit wem sie es zu tun haben, um in der Auseinandersetzung über diese Erwartungen das wechselseitige Verhältnis als ein sozial typisiertes herzustellen. Zugänglich sind also nicht allgemeine, quasi ungebundene "Alltagstheorien" oder "Wissenssysteme", sondern diese sind in ihrer sprachlichen Verfaßtheit zu verstehen als soziale Formen der Bearbeitung bestimmter Situationen. An den genannten Arbeiten läßt sich zeigen, daß ihr Versuch der Hintergehung der Situation, in der die von ihnen analysierten Äußerungen getätigt worden sind, jeweils zu Problemen führt.[11]

Stüwe (1982) behandelt die Äußerungen der Befragten im analytischen

11 Dies gilt auch für neuere Arbeiten wie etwa Lorch-Göllner 1989 oder Lutz 1991, die jedoch nicht mehr berücksichtigt werden konnten, da das Manuskript bereits vorher abgeschlossen war.

Teil wiederkehrend als "Aussagen", die ihm den Durchgriff auf die Realität der Befragten, die quasi hinter diesen "Aussagen" liegt, erlauben. Er zitiert jeweils Passagen aus Interviews und kommentiert diese wie in dem folgenden Beispiel:

> "`Ja, so in einem gewissen Alter erwachen beim Menschen, sowohl beim Mädchen als auch beim Jungen, gewisse Gefühle. Fühlt man gewisse Bedürfnisse, die Gefühle der Mädchen werden unterdrückt und ins Unterbewußte befördert, denn wenn sie keine Mädchen mehr sind, dann nimmt sie niemand mehr, dann sind sie zu Hause geblieben. Ja, so ist die Lage.`
> Mit dem Eintritt in die Pubertät werden den türkischen Mädchen Kopftücher aufgesetzt und lange Röcke angezogen. Sie dürfen die elterliche Wohnung nicht mehr ohne Aufsicht verlassen. Nach den vorherrschenden Normvorstellungen wird alles tabuisiert, was das Gefühlsleben von heranwachsenden Mädchen ausmachen könnte. Die türkische Frau hat kein Gefühlsleben zu haben, sie muß sich auf die spätere Heirat vorbereiten und hat sodann dem Mann zu gehorchen. Diese gängige Vorstellung wird auch in der folgenden Aussage nochmals (sic!) ausgedrückt...." (S.85/86)

Dies ist nicht das einzige Mal, daß Interviewauszüge als angebliche Belegstellen für ohnehin (vermeintlich) Gewußtes wie hier über *die* Türken und deren Normvorstellungen herhalten müssen. Es ist schwierig, über solche Interviewpassagen etwas zu sagen, nachdem sie aus dem Zusammenhang, in dem sie entstanden sind, herausgerissen worden sind. Allerdings wäre es interessant, die Bearbeitungsformen des Mädchens von Verhältnissen, wie es sie für sich selbst als gültig faßt (und nicht, wie Stüwe diese für *die* Türken unterstellt), genauer zu untersuchen. Allein bezüglich des verbalen Repertoires ("gewisse Bedürfnisse", "gewisse Gefühle", "ins Unterbewußte befördert", "unterdrückt") zeigt sich allerdings sofort, daß die Übersetzungsfrage kein reines "Authentizitätsproblem" ist, genauso wie man wissen möchte, im Verhältnis zu wem das Mädchen pubertäre Konflikte hier analytisch zu fassen sucht.

Ein Vortrag Stüwes (1987) über eine neuere Befragung von ihm läßt in dem dort gegebenen Überblick darauf schließen, daß mit dem Interviewmaterial nicht viel anders verfahren wird.[12] Stüwe hat in mehreren Aufsätzen und Vorträgen (1987, 1988, Stüwe/Peters 1984a) zurecht auf die unheilvolle Rolle hingewiesen, die Stereotype über Migrantenfamilien insbesondere türkischer Herkunft in der Migrationsforschung und der Ausländerarbeit spielen. Daß er mit seinem Buch von 1982 (und 1988) an der Reproduktion solcher Stereotype teilnimmt, läßt er allerdings aus, sondern verweist an anderen Stellen in den selben Aufsätzen und Vorträgen auf dieses hinsichtlich dort gewonnener Erkenntnisse, ohne diese Verweise mit einem kritischen Kommentar zu versehen.

---

12 Diese Vermutung bestätigt das inzwischen veröffentlichte "Buch" (1988). An hundert Seiten Gemeinplätze schließt sich auf dreißig Seiten die Fortsetzung des gleichen schlechten Umgangs mit dem Material an. Eine Diskussion dieses Buches im Text erübrigte sich daher.

Ein genauerer Umgang mit den Interviewmaterialien ist für die Arbeit Hofmanns (1981) bestimmend, aber aufgrund der Zerschneidung der Interviews in Belegstellen ergeben sich von der Analyse her ähnliche Probleme. Im Rahmen eines Projektes in Zusammenarbeit mit dem Sozialamt Bielefeld wurden 23 vorwiegend türkische Jugendliche interviewt, um deren Alltagstheorien, bestehend "aus logischen Sätzen, die argumentativ dort Sicherheit aufzubauen versuchen, wo die Gewißheit des Alltagswissens gefährdet oder verschwunden ist" (S.26/27), herauszufinden. Hoffmann geht davon aus, daß mit der Migration die Selbstverständlichkeit des Alltagswissens beschädigt wird und dies nach verstärkten Reparaturversuchen qua Alltagstheorien verlangt. Da Alltagstheorien sprachlich verfaßt sein müssen, lassen sie sich auch anhand von Interviews aufzeichnen.

In der Darlegung des Erhebungs- und Auswertungsverfahrens findet sich nun folgende, für die Diskussion hier aufschlußreiche Passage:

> "In jedem Fall muß davon ausgegangen werden, daß die von den Befragten hervorgebrachten Alltagstheorien nicht unabhängig von den persönlichen Merkmalen des Interviewers und der Gesprächssituation sind. Wir haben diese wechselseitige Bedeutung, die die Umstände des Interviews und die Alltagstheorien füreinander haben, in der Regel bei der Auswertung ignoriert. Gerechtfertigt wird dies durch die Annahme, daß diese Umstände zwar selektiv, aber nicht deformierend auf die Alltagstheorien wirken. Die Alltagstheorie muß auf jeden Fall in dem entsprechenden Reservoir des Befragten verfügbar sein und mit dessen Denkmustern übereinstimmen, so daß sie ihren für den Befragten typischen Charakter behält. Andererseits mußte es hingenommen werden, daß in der Befragung durch die deutschen Studenten solche Alltagstheorien, die nur in der Kommunikation mit anderen Gesprächspartnern (Türken, Eltern, Vorgesetzte, Lehrer, Beamte usw.) eine Funktion haben, allenfalls als sekundäres Referat - und auch dabei nicht unbeeinflußt von der aktuellen Verständigung im Interview zur Sprache kamen." (S.38/39)

Für entscheidend halte ich die Formulierung "ihren für die Befragten typischen Charakter", denn diese bestätigt die weiter oben vorgetragene These, daß die Allgemeingültigkeit der "Alltagstheorien" gesichert werden soll, indem sie den Befragten als "typisch", d.h. unabhängig von den Situationen ihrer Äußerung zugeschrieben werden. Erst dies aber erlaubt es, die Interviews in "typische Theorien" für bestimmte Bereiche zu zerschneiden und sie als solche vorzuführen.

Hoffmann weist auf die unterschiedliche Ergiebigkeit der Interviews für Alltagstheorien hin (S.46), so daß entsprechend einige überproportional häufig zitiert werden. Genauer heißt dies, daß fünf Interviewte mehr als zehnmal zitiert werden, einer davon weit abgesetzt von allen anderen mehr als dreißigmal. Diese fünf werden zusammen 85 mal zitiert, im Vergleich dazu werden die übrigen zwölf zusammen nur 37 mal zitiert. Man fragt sich, wie es möglich ist, daß Hoffmann wiederkehrend über *den* Türken schreibt, für den die diskutierten Alltagstheorien typisch sein sollen, wenn doch allein die unterschiedliche "Ergiebigkeit" der Interviews darauf hinweist, daß es nicht so typisch zu sein scheint, daß die interviewten Jugendlichen ein Verhältnis zu dem von ihnen Dargelegten in der Form der Alltagstheorie eingehen.

Im Abschnitt 6.5 (S.133ff.) schließlich diskutiert Hoffmann "fundamentale Theorien", wie sie sich bei dem überdurchschnittlich häufig zitierten Jugendlichen als einzigem "relativ vollständig ausformuliert" finden. In der Darlegung der "Kultur-Distanz-" und der "Verständigungstheorie" bekommt man Zitate des Jugendlichen in sequentiell vertauschter Reihenfolge vorgeführt. Mit Blick auf Probleme, wie sie sich in meinen Analysen v.a. der Interviews mit Ali, Halit und Faruk ergeben, fragt sich, ob hier ein Jugendlicher "fundamentale Erklärungen" für Konflikte zwischen Deutschen und Türken abgibt oder ob seine Rede über "Kultur" und über die Notwendigkeit der Verständigung das Vorzeigen einer auf Seiten des Gegenübers sozial ausgezeichneten Form, ein sprachliches Verhältnis zu den Verhältnissen einzugehen, darstellt (oder beides). Das läßt sich aber nicht beurteilen, denn dazu wäre eine unzerschnittene und sequentiell unveränderte Präsentation des Materials vonnöten, anhand dessen sich überprüfen ließe - auch bezogen auf die Widersprüche in der Auseinandersetzung mit dem Interviewer, was Hoffmann glaubt übergehen zu können (s.S.43) - , was das Eingehen eines (alltags)theoretischen Verhältnisses zu den Verhältnissen im Verhältnis zu dem Interview bedeutet. Zu untersuchen wäre so, woher der Jugendliche die ausgefeilte Rede über Kultur und Verständigung bezieht. Klärt man dies nicht, ist es nicht grechtfertigt, über "typische Alltagstheorien" zu schreiben. Nur wenn Alltagstheorien als Formen der Auseinandersetzung mit bestimmten sozialen Verhältnissen untersucht werden, läßt sich klären, was sie in ihrer Praktizierung als Teil der Reproduktion der Verhältnisse, denen sie zugehören, für die sie praktizierenden Subjekte sind. Das Potential der Überschreitung der Verhältnisse, das in den von Hoffmann diskutierten "fundamentalen Erklärungen" auch liegt, läßt sich im Hinblick auf seine Realisierungschance nur bestimmen bezogen auf die Situation der Auseinandersetzung mit den studentischen Interviewern, nicht aber losgelöst davon als Alltagstheorie mit "für den Befragten typischem Charakter". Wenn Hoffmann also wie oben zitiert schreibt, daß die "Umstände des Interviews" "zwar selektiv, aber nicht deformierend auf das Alltagswissen wirken", dann ist dem zuzustimmen. Zu fragen ist aber, wie sie "formierend" wirken, was sie für den Interviewten in seiner Rede sind.

Nicht so ausführlich eingehen werde ich auf die Untersuchung von Hoffmann/Even (1986) über die Weise der Erfahrung der Ausländerfeindlichkeit[13] in den Betrieben auf Seiten türkischer Migranten. Das poli-

13In ihrem Buch "Soziologie der Ausländerfeindlichkeit" (1984) haben Hoffmann und Even versucht, eine grundlegende Theorie der Ausläntische Anliegen beider ist nachvollziehbar, nämlich über die Berichte der davon Betroffenen die verheerenden Auswirkungen des Umgangs mit den Migranten in der Form der Ausländerfeindlichkeit als Bewältigungsform der Krisen der 80er Jahre vor Augen zu führen. Für problematisch halte ich aber die Herstellung und Aufbereitung des Materials.

Mit 27 Migranten wurden Interviews auf Türkisch geführt, die aufgrund fehlender finanzieller Mittel nur unter schwierigen Umständen übersetzt werden konnten. Eine Kontrolle dieser Übersetzungen war nicht mehr möglich. Auch hier zerschneiden die Autoren die Interviews und präsentieren die ausgewählten, erheblich ausführlicheren Interviewpassagen als in Hoffmann (1981) subsumiert unter Kategorien, die den Feldern "Ausländerfeindlichkeit in der formellen Organisation" von Betrieben, "der informellen Bziehungen" in Betrieben sowie "Reaktionen der Ausländer" zugeordnet sind. Hoffmann und Even wollen die Befragten "so viel als möglich selbst sprechen lassen", die Äußerungen nicht nur als Belege für ihre Analyse benutzen (S.49), andererseits aber bestand die Arbeit ihrer Interpretation darin, dem Material "eine neue Ordnung" zu geben, es zu einer Geschichte eines "abstrakten Ausländers" (S.49) zu formen. Sie "haben die bescheidene Hoffnung, daß der Leser die Anstrengung der Interpretation und der Neuordnung *nicht* mehr erkennt" (S.49; Hervorhebung MB). Um das Bild des "abstrakten Ausländers" "mosaikartig" zusammenzufügen,

> "wurde der dialogische Text der Interviews in die Form monologisierender Erzählungen übertragen. Einleitende und Zwischenfragen des Interviewers haben wir nie zitiert, sondern die Berichte der Befragten freigelegt, so wie der Schmelzofen das Erz in Schlacke und Metalle scheidet. Die Interviewer hatten die Funktion von Hebammen, die beendet war, nachdem die von ihnen hervorgebrachten Erzählungen ans Tageslicht und *zum eigenen Leben* gebracht worden waren." (S.49/50; Hervorhebung MB)

Der von Hoffmann und Even vorgelegte Text liest sich ausgesprochen erschütternd. Man fragt sich allerdings, um was es sich bei dem Text handelt. Als Lesebuch vermag er viele Anregungen zu geben, aber die von Hoffmann und Even gezogenen Schlußfolgerungen als Ergebnisse ihrer Analysen sind nicht überprüfbar. Insofern es sich aber um einen Projektbericht des Zentrums für Wissenschaft und Praxis der Universität Bielefeld handelt, besitzt er weder die Zugänglichkeit eines Lesebuchs, noch wird er über die einschlägig mit den Problemen dieser Gesellschaft mit der Migration, häufig definiert als "Ausländerproblem", Beschäftigten hinaus sehr viel Leser erreichen. Daß der Text Hoffmanns und Evens die Form der Rede des "abstrakten Ausländers" erhalten hat, scheint mir wiederum mit der Unterstellung des "eigenen Lebens" von Erzählungen zu tun zu haben, was genauso problematisch ist, wie der

derfeindlichkeit vorzulegen, auf die sie sich beziehen, wenn sie von Ausländerfeindlichkeit sprechen.

Versuch, "typische Alltagstheorien" unabhängig vom Ort ihrer Äußerung analysieren zu wollen. Bei diesen Bedenken will ich es belassen.[14]

Weiter oben ist gesagt worden, daß die Vorgehensweise, Überlegungen über die Weise der Herstellung des Interviewmaterials und seine Brauchbarkeit vorzuschalten und einen Analyseteil daran anzuschließen, auch den Untersuchungen Maurenbrechers (1984) und Serbsers (1986) zugrunde liegt. Dies mag erstaunen, denn die Frage, um was für eine Art von Interview es sich handelt, ist entscheidend für den theoretischen Kontext, in dem diese Arbeiten stehen. Grundlegend für die Verwertbarkeit erhobener Daten für eine v.a. angestrebte Soziologie des Lebenslaufs von Migranten ist dort, ob es sich um ein narratives Interview handelt, was nicht vorab zu entscheiden ist, sondern die vorliegenden Daten sind daraufhin zu überprüfen. Gefordert ist als erster Schritt eine formale Textanalyse, die alle narrativen von nicht-narrativen Textpassagen trennt, und nur erstere sind zunächst in weiteren Analyseschritten zu verwenden, deren Ziel die Feststellung von biographischen Ablaufstrukturen ist.

Die Begründung für diese Vorgehensweise ist ausführlich von Fritz Schütze (vgl. 1976, 1981, 1983, 1984) entwickelt worden, worauf sich Maurenbrecher und Serbser stützen. Entscheidend für das von Schütze empfohlene und von den hier interessierenden Arbeiten erklärtermaßen befolgte methodische Vorgehen ist die Annahme, daß "in der narrativ-retrospektiven Erfahrungsaufbereitung" "prinzipiell so berichtet (wird), wie die lebensweltlichen Ereignisse (ob Handlungen oder Naturereignisse) vom Erzähler als Handelndem erfahren worden sind." (Schütze 1976, S.197) "Autobiographische Stegreiferzählungen", wie Schütze dies nennt, die sich mit Mitteln des narrativen Interviews hervorlocken lassen, gelten dabei als die notwendigen "Primärdaten" (1983, S.284), "Datentexte, welche die Ereignisverstrickungen und die lebensgeschichtliche Erfahrungsaufschichtung des Biographieträgers so lückenlos reproduzieren, wie das im Rahmen systematischer sozialwissenschaftlicher Forschung überhaupt nur möglich ist." (1983, S.284). Schütze nimmt für Stegreiferzählungen als Primärdaten eine Entsprechung zwischen der Erzählform und den Handlungsabläufen, über die erzählt werden soll, an, so daß

> "alle Abweichungen des Erzählberichts von den in der Handlungssituation gemachten wesentlichen Erfahrungen bzw. ihrer Perspektivenstruktur. . . . zugleich als Abweichung von den internen Zwängen der narrativen Darstellung aufgefaßt werden müssen, die sich in angebbaren Symptomen des Verlassens der narrativen Kommunikationsstruk-

14 In der Analyse des Interviews mit Faruk komme ich auf das Problem der Ausländerfeindlichkeit zurück. Dort wird deutlich werden, warum die Konstruktion des "abstrakten Ausländers" unglücklich ist. Politisch stellt sich das Problem, daß bei allen Differenzierungen die dahinter stehende Homogenitätsannahme gleichwohl eine Fortsetzung der ethnisierenden Rede über *den* Türken mit anderen Vorzeichen ist.

tur nachweisbar niederschlagen. . . . Solange derartige Symptome nicht auftauchen, kann davon ausgegangen werden, daß die prinzipielle Perspektivenstruktur des Erlebens und Handelns innerhalb der zu berichtenden Ereigniskonstellation auch in der Erzählkommunikation durchgehalten wird." (1976, S.197/8)

Begründet hat Schütze dies zunächst (1976) mit den Zugzwängen, die mit einer einmal angefangenen Erzählung für den Erzählenden gelten. In letzter Zeit nimmt er zusätzlich an, "daß die Darstellungsprinzipien (von Erzählungen MB) zugleich kognitive Ordnungsprinzipien der je aktuellen autobiographischen Orientierung und der faktischen Organisation des Lebensablaufs (in den entsprechenden Aktivitäten des Biographieträgers) darstellen." (Schütze 1984, S.83)

Dieser Grundposition Schützes, die alle weiteren Schritte seines Verfahrens begründet, stehen Erfahrungen der Oral History Forschung gegenüber, die Isabelle Berteaux-Wiame vor dem Hintergrund eigener Untersuchungen über den unterschiedlichen Umgang mit lebensgeschichtlich ähnlichen Erfahrungen je nach später eingeschlagener Karriere genau entgegengesetzt zu Schütze so zusammenfaßt:

"The person who tells his or her life-story, the first purpose is *not* to describe the past `as it was`, or even as it was experienced (`vecu`), but to confer to the past experience a certain *meaning:* a meaning which will contribute to the meaning of the present. . " (Berteaux-Wiame 1979; vgl. dazu auch Bommes 1982)

Aber eine ausführliche Auseinandersetzung mit Schütze und der weiteren sozialwissenschaftlichen Biographieforschung[15] würde den Rahmen der Diskussion hier sprengen,[16] hier kommt es mir darauf an, ob das von Schütze vorgeschlagene Vorgehen, das sich aus seinen Annahmen ergibt, im Rahmen der Migrationsforschung in der Arbeit von Maurenbrecher zu plausiblen Ergebnissen führt.[17]

Die für die angestrebte soziologische Biographieforschung notwendigen Primärdaten lassen sich mit der Technik des autobiographisch-narrativen Interviews erheben, das in drei Teile zerfällt. Im Hauptteil fordert der Interviewer den Interviewten mit einem angemessenen "Stimulus", wie man dies nennt, zum autobiographischen Erzählen auf und verhält sich bei Erfolg der Aufforderung bis zum Ende der dann gelieferten Erzählung, in die sich der Interviewte "verstrickt", strikt als Zuhörer, der nur durch Rezeptionssignale u.ä. seine Rolle als interessierter Zuhörer sichtbar macht. Im zweiten Teil fragt der Interviewer im Hinblick auf Offengebliebenes, Stellen mangelnder Plausibilität oder Vagheit etc. nach und zwar so, daß der Interviewte erneut zum Erzählen

15 vgl. dazu die Bände Matthes u.a. 1981 und Kohli u.a. 1984.

16 Als eine treffende Kritik Schützes vgl. aber Bude 1985.

17 Die im folgenden an Maurenbrecher geübte Kritik trifft in allen Teilen auf Serbser 1986 zu. Da dieser aber Material nur auszugsweise vorführt, gehe ich auf diese Arbeit nicht mehr ausdrücklich ein. Beide Untersuchungen sind im Umkreis von Schütze entstanden.

aufgefordert wird. Erst im dritten Teil des Interviews fordert der Interviewer zu abstrahierenden Beschreibungen auf und stellt theoretische Warum-Fragen, die ihrerseits argumentative Passagen auslösen.

Das so erzeugte Datenmaterial wird nach Schütze (1983), woran sich Maurenbrecher erklärtermaßen hält, in fünf Schritten[18)] bearbeitet. An erster Stelle steht die bereits erwähnte formale Textanalyse, die alle narrativen Textpassagen von den übrigen trennt und nur den "`bereinigten` Erzähltext auf seine formalen Abschnitte hin" segmentiert. Dem folgt als zweites eine "strukturelle inhaltliche Beschreibung", die "die einzelnen zeitlich begrenzten Prozeßstrukturen des Lebenslaufs" bestimmt. Drittens wird in der "analytischen Abstraktion" "die biographische Gesamtformung, d.h. die lebensgeschichtliche Abfolge der erfahrungsdominanten Prozeßstrukturen in den einzelnen Lebensabschnitten bis hin zur gegenwärtig dominanten Prozeßstruktur herausgearbeitet" (Schütze 1983, S.286).

Nach diesen für Schütze zentralen Schritten , in denen "der wesentliche Ereignisablauf und die grundlegende biographische Erfahrungsaufschichtung" ermittelt wird, werden in der "Wissensanalyse" die "eigentheoretischen, argumentativen Einlassungen des Informanten" Gegenstand der Analyse, um ihre "Orientierungs-, Verarbeitungs-, Deutungs-, Selbstdefinitions-, Legitimations-, Ausblendungs- und Verdrängungsfunktion" im Verhältnis zu dem Ereignisablauf zu bestimmen (1983, S.286/7). In einem fünften Schritt schließlich werden nach den bis hierhin dargelegten Schritten analysierte Interviews miteinander verglichen, um so zu allgemeinen Aussagen über Biographieverläufe zu kommen.

Allgemeine Aussagen über Biographieverläufe von türkischen Arbeitsmigranten ist das Ziel der Arbeit von Maurenbrecher (1984). Den entsprechenden Teil seiner Arbeit legt er gemäß dem referierten Vorgehen von Schütze an,[19] wobei die oben dargelegte Grundannahme Schützes, daß autobiographische Stegreiferzählungen Primärdaten darstellen in dem Sinne, daß die Erzählform gewährleistet, daß so berichtet wird, wie erfahren worden ist, von Maurenbrecher unthematisiert in seine Arbeit als Prämisse eingeht. Negativ thematisiert er sie, wo er die Relevanz von generalisierenden Beschreibungen und Behauptungen in Argumentationen für das tatsächliche Handeln diskutiert (S.243ff.), bezüglich narrativer Passagen hält er diese Diskussion nicht für notwendig.

Im Unterschied zu den bis hierhin diskutierten Autoren druckt Maurenbrecher die drei Interviews, die ihm als Grundlage für das Kapitel über "Lebensgeschichten türkischer Arbeitsmigranten" dienen, vollständig ab, so daß man die Chance hat, seine Analysen am Material zu überprüfen. An den drei Interviews fällt nun auf, daß nur das erste den von Schütze gemachten Vorgaben entspricht, daß nämlich der Interviewer

18 In Schütze 1984, S.112/113 findet sich eine andere Aufteilung.
19 vgl. dazu v.a. S.83-134 und S.331-512.

sich im ersten Teil auf die Rolle des Zuhörers beschränkt. In den beiden anderen Interviews kommt es nicht zu den geforderten "Stegreiferzählungen", in die sich die Interviewten "verstricken", wie Maurenbrecher auch einräumt, sondern beide Interviewte richten sich mit dem Gesagten deutlich am Interviewer aus, der wiederkehrend eingreift. Wenn Maurenbrecher aber jeweils zu Anfang der Einzelanalysen allgemeine Bemerkungen zum Interviewverlauf macht, sodann eine Segmentierung des Textes vornimmt, in der alle "narrativen Passsagen" zum Gegenstand der Analyse werden, dann ist zu bezweifeln, daß das aufgrund der Vorentscheidung, daß in der Narration die biographische Wirklichkeit zum Zuge kommt, der "Bereinigung" des Textes von allen nicht-narrativen Passagen zugrundeliegende methodische Vorgehen des Ignorierens dieser Passagen, die zugleich sequentielle Anschlußstücke zwischen den narrativen Passagen darstellen, berechtigt ist, denn der quasi-autonome Status von narrativen Passagen, in die sich die Interviewten "verstrickt" haben sollen, wird so nur behauptet, nicht aber nachgewiesen.

Betrachtet man das erste Transkript, so stellt sich die Frage nach der Bedeutung des dort praktizierten narrativen Interviews. Maurenbrecher schreibt, daß der Interviewte Ilhan ihm durch einen Freund vermittelt worden sei und daß das Interview, nachdem man sich in einer Kneipe getroffen habe, in der Wohnung des Informanten durchgeführt worden sei. Der Anfang des Interviews läßt nun darauf schließen, daß Ilhan Maurenbrecher bereits auf dem Weg zu dessen Wohnung und dort während der Vorbereitung der Aufnahme einiges erzählt hat, denn Maurenbrecher beginnt: "Also Sie waren dabei zu erzählen wie/äh Sie/äh hierhingekommen sind und äh/können Sie da nochmal anfangen. . . " Maurenbrecher hebt für das Gelingen narrativer Interviews als bedeutungsvoll hervor eine "mehr oder weniger stillschweigende Übereinkunft zwischen Interviewer und Interviewpartner über das Interesse und die Freude an narrativen Interviews und die Wichtigkeit von indexikalen Äußerungen des Erzählers, durch die er seine persönliche Erfahrungsaufschichtung mitteilt" (S.84).

Ilhan erzählt in dem Interview ohne größere Einwürfe des Interviewers. Aber dabei scheint weniger "die Freude an narrativen Interviews" das Entscheidende zu sein, als vielmehr, daß die ausführliche Erzählung einem sozial Gleichgestellten gegenüber, der seine Bereitschaft zum Zuhören und zudem sein wissenschaftliches Interesse daran bekundet, eine für Ilhan adaequate Form der Bearbeitung seines Gegenwartsproblems, nämlich der Kosten des sozialen Aufstiegs vom Arbeitsmigranten zum Maschinenbauingenieur darstellt. Diese Kosten bestehen wohl v.a. in der von Ilhan wahrgenommenen Diskontinuität, die er durch die langen Erzählungen zu reparieren versucht.

Das spezifische Setting des narrativen Interviews, in dem die Interviewten möglichst lange ohne Eingriff des Gegenübers über sich erzählen sollen, stellt ein Arrangement dar, das in seiner Künstlichkeit danach verlangt zu fragen, wer sich wie darauf einläßt in der Form seiner Erzählung, das also nicht durch die Behauptung der Entsprechung von Erzählform und Handlungsablauf selbst aus der Untersuchung herauszuhalten ist. So gesehen ist das Verhalten Maurenbrechers in den anderen Interviews vielleicht nicht schlicht fehlerhaft, da er die Regeln des narrativen Interviews z.T. nicht beachtete, wie er schreibt, sondern das Setting selbst war von den Beteiligten nicht durchzuhalten. Aber die ausgesprochen außergewöhnliche Zumutung, die darin steckt, daß jemand lange erzählen soll und der andere sich *nur* als Zuhörer betätigen will, wird von Maurenbrecher nicht thematisiert.[20]

Zum Schluß sei noch auf Probleme hingewiesen, die sich in den Interpretationen Maurenbrechers ergeben zum einen aufgrund der Annahme, daß sich Erzählungen als Wiedergabe von gewesenen Handlungsabläufen lesen lassen, zum anderen aufgrund des gewählten theoretischen Modells, nach dem es um die Erforschung von "Leidensprozessen" im Lebenslauf geht. Die quasi wörtliche Interpretation von Erzähltem führt dazu, daß gewählte Bilder, die unter Migranten und Türken zur Kennzeichnung einer Problemlage üblich sind, fehlinterpretiert und für bare Münze genommen werden. Wenn Maurenbrecher etwa die Geschichte Celals, daß eine deutsche Zigarette, angeboten von einem Deutschen in Istanbul, dem er geholfen habe, Anlaß zur erneuten Migration nach Deutschland gewesen sei, wörtlich nimmt (S.476), dann entgeht ihm, daß Geschichten um deutsche bzw. westliche Zigaretten gängig sind.[21] Aufgrund der Bedeutung, die den von den Migranten mitgebrachten Stangen Marlboro jeden Sommer wieder zukommt, kann die Entstehung von kollektiven Bildern darum auch nicht verwundern.

Die Rede von "Leidensprozessen" und "Schockerfahrungen" scheint oft nur in dem Biographiemodell Maurenbrechers begründet zu liegen, denn etwa Celal hält sich nicht bei der ersten Arbeitsaufnahme in Deutschland auf. Es soll sich aber um eine "Schockerfahrung" gehandelt haben. Normativ wird das Modell, wenn das Fehlen einer "stabilen Berufsperspektive", worum es dem Interviewten selbst nicht ging, als Anzeichen für "verlaufskurvenartige Prozesse" (S.475) gedeutet wird.[22]

---

20 Vgl. dazu auch Matthes 1985, der auf die Kulturspezifik eines Begriffs des Erzählbaren und Nicht-Erzählbaren hinweist.

21 Ganz ähnlich wie Celal über den Geschmack von Deutschland spricht, hat mir ein Jugendlicher auf einer Fahrt in die Türkei erzählt, nachts in einem Rasthof auf der Strecke zwischen Izmit und Bolu habe er, während ich geschlafen habe, einem dort arbeitenden türkischen Jugendlichen eine Schachtel Zigaretten schenken wollen, da dieser ihn gut behandelt habe. Der Junge aber habe die Zigaretten abgelehnt mit der Begründung, daß der Schenkende sich an diese Zigaretten gewöhnt habe, aber er wolle das nicht, da er sonst auch nach Deutschland auswandern wolle.

22 Verlaufskurven stehen "für das Prinzip des Getriebenwerdens durch sozialstrukturelle und äußerlich-schicksalhafte Bedingungen der Exi-

Diese Anmerkungen sollen deutlich machen, daß die problematische Grundannahme, daß die Erzählform die Wiedergabe der gewesenen Handlungsabläufe und "Erfahrungsaufschichtungen" gewährleiste, bei Maurenbrecher dazu führt, in einem ersten Schritt die (angenommene) korrekte formale Verfaßtheit des sprachlichen Materials zu untersuchen, im Anschluß daran aber die Analyse der spezifischen sprachlichen Fassung der als biographisch bedeutsam gekennzeichneten Verhältnisse zugunsten einer Rekonstruktion von Lebensläufen aufzugeben[23] und damit für den Lebenslauf etwas ähnliches zu versuchen, was für die Arbeit von Stüwe für die Gegenwart kennzeichnend war: auf die für die Interviewten durchlebten sozialen Verhältnisse ihrer Vergangenheit mittels narrativer Interviews durchgreifen zu wollen. Die Erzählform soll dabei gewährleisten, daß von den Zusammenhängen der Produktion der sprachlichen Daten abgesehen werden kann, die methodischen Kniffe und die ersten Schritte der Analyse sind also wie in den zuvor diskutierten Arbeiten dazu da, sich von der Situation der Herstellung des Datenmaterials abzustoßen.

Ausgangspunkt der Auseinandersetzung mit den angeführten Arbeiten war der Hinweis darauf, daß sich für diese das Problem Sprache anders stellt als in der quantitativen Sozialforschung, da die sprachliche Verfaßheit der empirischen Materialien in diesen "qualitativen" Untersuchungen eine Auseinandersetzung *mit* Sprache notwendig macht. Die Kritik dieser Untersuchungen macht deutlich, daß der Versuch, in der Analyse des erhobenen Materials die Situation der Herstellung zu überspringen, zu Problemen bei der Interpretation führt. Die unterstellte Transparenz des Geäußerten im Hinblick auf das darin Gefaßte erwies sich bei allen Arbeiten trotz der je unterschiedlichen Vorgehensweise als problematisch und die an präsentiertem Material und/oder den entsprechenden Analysen identifizierten Schwierigkeiten verweisen jeweils darauf, daß das Interview zu verstehen ist als eine Situation, die die Beteiligten von Beginn an und in ihrem Verlauf herstellen und verändern, und daß diese hergestellte soziale Wirklichkeit nur angemessen verstehbar ist, wenn sie in ihrem sequentiellen Ablauf rekonstruiert wird. An isolierten Äußerungsformen ist die Bedeutung nicht geradlinig

---

stenz. Etwas altmodischer kann man mit Aristoteles von Prozessen des Erleidens sprechen" (Schütze 1983, S.288).

23 Dies wird auch von Mıhçıyazgan (1986) aus einer wissenssoziologischen Perspektive kritisiert: "Unabhängig davon, ob der Sozialforscher mit "weichen" (qualitativen) oder "harten" (quantitativen) Methoden arbeitet, es ist in jedem Fall notwendig, daß er ein Wissen von der Sozialwelt hat, die er untersucht, und *daß er grundlegende Bedeutungen ermittelt hat,* bevor er Theorien und Modelle zur Erklärung anwendet oder Meßinstrumente einsetzt, die die uns selbstverständlichen Vorstellungen mitenthalten. Andernfalls ist es dem Forscher nicht möglich, überhaupt zu erkennen, daß er u.U. ein "falsches" Bild von dieser Sozialwelt hat." (S.249/50)

abzulesen. Umgekehrt aber sind die sprachlichen Formen, in denen das Interview von den Befragten angeeignet wird, zu verstehen als gelernte soziale Formen der Handhabung von Situationen, wie sie das Interview darstellt, das zugleich in dieser spezifischen Handhabung mit anderen sozialen Situationen als gleich oder ähnlich bestimmt wird. Insoweit eröffnet das Interview Zugänge zu Formen der Verarbeitung von Situationen, die über es selbst hinausreichen, was aber nicht abzuleiten, sondern in der sequentiellen Analyse genauso zu zeigen ist wie der spezifische Sinn, den die Formen der Verarbeitung als Artikulation der gemachten Erfahrungen mit solchen sozialen Situationen haben.

Diese Argumentation verweist aber auf ein weiteres Problem. An der Arbeit von Stüwe habe ich kritisiert, daß sein Umgang mit der Frage der Übersetzung als "Authentizitätsproblem" seinen Grund in der Reduktion der Äußerungen der Befragten auf Aussagen hat. Nun besteht vor dem Hintergrund, daß man von den Befragten "Aussagen", "subjektive Einschätzungen" u.ä. in Erfahrung bringen will, eine Verfahrensweise darin, die Interviewten in ihrer Erstsprache zu befragen, da sie sich darin, wie man vermutet, besser ausdrücken können. Dies gilt neben Stüwe für die Arbeit von Hoffmann/Even sowie für quantitative Untersuchungen. In anderen Forschungsarbeiten wie der von Boos-Nüning u.a. (1987) wird es den Befragten überlassen, in welcher Sprache sie sich äußern wollen, indem die Interviews in doppelter Besetzung durchgeführt werden. Boos-Nünings (1987) methodologische Erwägungen dazu zeigen, daß das Problem vorrangig mit Blick auf den durch die gewählte sprachliche Form ermöglichten "Einfluß auf die Ergebnisse" diskutiert wird:

> "Unklar ist der Einfluß, den die in den Interviews verwandte Sprache auf die Ergebnisse selbst ausübt, und zwar nicht nur auf das Verständnis der Fragen und die Möglichkeit zur Formulierung von Antworten, sondern im Hinblick auf die Bereitschaft, bestimmte Sachverhalte in beiden Sprachen *gleichermaßen* auszudrücken. Der Gebrauch der einen wie der anderen Sprache kann einen emotionalen (positiven oder negativen) Stellenwert besitzen, der – ohne daß man es direkt wahrnimmt – die Ergebnisse beeinflußt."

Sofern "besser ausdrücken" meint, daß die Befragten in ihrer Erstsprache häufig differenzierte Möglichkeiten haben, sich zu ihren Verhältnissen ins Verhältnis zu setzen, sehe ich darin kein Problem. Es wiederholt sich aber das zuvor mehrfach diskutierte Problem einer objektivistischen Vorgehensweise, wenn man die sprachlichen Äußerungen in der Erstsprache von der Situation ihrer Äußerung abzuziehen sucht und den Untersuchten als ihre "Einstellungen", "Einschätzungen", "Aussagen" zurechnet, die sich dann als solche mit zugestandenem "Authentizitätsverlust" übersetzen lassen. Wenn Boos-Nüning schreibt, daß der Einfluß der Sprachwahl unklar ist, dann wäre dieser da zu untersuchen, wo er stattfindet, nämlich etwa in den von Boos-Nüning u.a. erhobenen Interviews. Geht man davon aus, daß Sprachwahlprozesse selbst systematisch ablaufen und einen spezifischen Sinn haben,[24] dann läßt sich der Stellenwert der einen wie der anderen Sprache durchaus "direkt wahrnehmen". Es macht dann allerdings keinen Sinn zu fragen, ob die Befragten in beiden Sprachen Sachverhalte "gleichermaßen ausdrücken", wenn der Wechsel selbst Sinn hat.

Hier, aber auch da, wo nur einsprachiges Material erhoben wird, erweisen sich Argumentationen über Sprachfähigkeiten oder -kompetenzen häufig als verfrüht und v.a. in ihrem Sinn als fragwürdig. Dies möchte ich am Beispiel der Arbeit von Bielefeld u.a. (1982) deutlich machen.[25] Eine Reihe von zuvor dargelegten Kritikpunkten ließe sich hier wiederholen, aber ich will nur auf folgende Argumentation von Bielefeld u.a. eingehen. Im Kapitel über die familiäre Situation der von ihnen befragten Jugendlichen (S18-53) führen die Autoren nach einem allgemeinen theoretischen Teil über soziale Bedingungen der Migration und des Lebens als Migrantenfamilie sowie über "allgemeine Struktureigenschaften der Gastarbeiterfamilie"(S.18) "die Darstellung der Familienbeziehung in den Interviews"(S.31) vor, wobei sie die gewählten Fallbeispiele geordnet haben nach dem Gesichtspunkt, wieweit die Jugendlichen ein kritisches, problematisierendes Verhältnis zur eigenen Familiensituation eingehen. In der Vorstellung des letzten Fallbeispiels, des Jugendlichen Osmans, der also entsprechend nach Auffassung der Autoren das kritischste und problematisierendste Verhältnis zu seiner familiären Situation eingeht, schreiben die Autoren:

> "Das Interview ist in gewisser Weise untypisch, da der Jugendliche über eine Sprachkompetenz verfügt, die weit über dem Standard der anderen von uns befragten liegt und ihn z.B. *befähigt*, über eigene Erfahrungen und Empfindungen als Element seiner `Psychostruktur` zu reden. Seine Einordnung der Familie in die eigene Biographie ist *somit* . . wesentlich differenzierter als im vorigen Beispiel . . ." (S.39/40; Hervorhebung MB)

Ich halte diese Vorab-Klärungen aus mehreren Gründen für problematisch. Zunächst einmal ist die Rede über die "Sprachkompetenz weit über dem Standard der anderen Befragten" nicht ausgewiesen, sondern impressionistisch. Da in den über das Buch verstreuten Zitaten nicht immer deutlich wird, welcher Jugendliche zitiert wird, bestehen zum einen kaum Kontrollmöglichkeiten für den Leser, bei der Vielzahl von Zitaten bleibt zum anderen das Kriterium für die Bestimmung der Sprachkompetenz "weit über dem Standard" im Dunkeln.

Mein zentrales Bedenken aber richtet sich gegen das Befähigungsargument, das nahelegt, daß der Jugendliche u.a. wegen dieser Fähigkeit so

24 Vgl. dazu genauer die Analyse des Gruppeninterviews in Kap. 5.4

25 Aus diesem Projekt sind inzwischen noch weitere lesenswerte Arbeiten von Bielefeld (1984, 1988) hervorgegangen, die auf dem Material und den Ergebnissen dieser ersten Studie aufbauen. Die im folgenden geübte Kritik ist durch die Nachfolgearbeiten nicht erledigt.

"über eigene Erfahrungen und Empfindungen als Element seiner `Psychostruktur`" redet. Die Interpretation des Interviewauszuges mit Osman, die sich im wesentlichen auf das Paraphrasieren beschränkt, fassen die Autoren so zusammen, daß Osman die Schuld der Familie an seinem Werdegang im Erziehungsstil verortet, und führen für diese Form der Schilderung v.a. innerfamiliäre Gründe an, daß nämlich aufgrund der guten materiellen Voraussetzungen in der Familie sich die Kritik vom Bereich der materiellen v.a. auf den der emotionellen Versorgung verlagern müsse (S.42).

Auch hier wird die Form der Darlegung der Verhältnisse nicht durch die Situation des Interviews hindurch gelesen, sondern geradlinig auf die familiären Verhältnisse des Jugendlichen bezogen. Betrachtet man aber das verbale Repertoire des Jugendlichen in dem präsentierten Ausschnitt[26] sowie die durchgehaltene analytische Rede über sich und seine Familie und bezieht nur dies auf die wenigen biographischen Angaben über den Jugendlichen, dann stellen sich einige wichtige Fragen. Die Angaben im Text und im Anhang in der Übersicht über die Befragten widersprechen sich, aber es wird so viel klar, daß der Jugendliche bald nach der Ankunft mit seinem Vater sich mit diesem und dessen Freundin überwirft, ein Jahr bei Pflegeeltern lebt und sodann mit Hilfe des Jugendamtes in einem Lehrlingsheim unterkommt. Nach einer ersten Untersuchungshaft ist der Jugendliche für einige Monate ohne festen Wohnsitz und wird sodann wegen diverser Einbrüche zu eineinhalb Jahren Gefängnis verurteilt. Das Interview ist wie viele andere im Gefängnis durchgeführt worden. Diese knappen biographischen Angaben verweisen darauf, daß der Jugendliche nach seiner Ankunft in der BRD schon bald eine Entwicklung durchläuft, die begleitet und wohl auch mehr oder weniger bestimmt worden ist von pädagogischen Kontrollinstanzen wie Jugendamt, Lehrlingswohnheim und mit der ersten strafrechtlichen Auffälligkeit auch Jugendgericht und Jugendgerichtshilfe.

Bezogen auf die von den Autoren hervorgehobene "Sprachkompetenz" weist dies aber daraufhin, daß der Spracherwerb des Jugendlichen in nicht unerheblichem Maße in der Auseinandersetzung mit den genannten Instanzen stattgefunden haben könnte als Konfrontation mit den dort vorzufindenden sprachlichen Formen der dort Beschäftigten als sozialen Formen des Umgangs mit ihrer Klientel, die von dem Jugendlichen eine Aneignung dieser Formen und die Auseinandersetzung damit verlangt, um dort zu bestehen. Die analytische Rede des Jugendlichen sowie das verbale Repertoire könnten ein Indiz dafür darstellen, daß er seine Karriere sowie die familiären Verhältnisse in den dort gelernten Formen

26 Beispiele: "Kontakt mit Mädchen", "irgendwelche Kontakte mit anderen Frauen", "daß es was zu sagen hat im Leben die ersten Zeiten mit Mädchen", "ordentliches Leben", "Heimat", "Wurzeln", "damals hab ich festgestellt", "verspielt", "bei mir hat sich das Gefühl entwickelt", "das ist vom Unbewußtsein her von klein auf mitgewachsen".

faßt, aber nicht, weil er sich diese Rede durchgängig als "seine" Rede zu eigen gemacht hat – eine solche Verallgemeinerung lassen solche Interviews nicht zu –, sondern weil er das Interview als eine weitere pädagogische Kontrollinstanz erfährt, in der er gefordert ist, seine Verhältnisse in dieser Instanz gemäßen sprachlichen Formen darzulegen, die zugleich die dort gemachten Erfahrungen artikulieren. Das muß hier spekulativ bleiben, da die Autoren den "Einfluß der Interviewsituation" durch Zweitinterviews zu kontrollieren suchen, aber den Umgang der Jugendlichen mit der Situation nicht lokal analysieren.

Ist die vorgetragene Argumentation plausibel, dann ist noch einmal darauf zurückzukommen, daß für die Autoren die Sprachkompetenz den Jugendlichen befähigt, so über sich zu reden, wie er dies tut. In gewisser Weise sind solche Hinweise trivial und insofern auch Scheinerklärungen, denn daß jemand die Kompetenz haben muß, das zu sagen, was er sagt, liegt auf der Hand. Aber mitgesagt ist auch, daß die anderen Jugendlichen etwa über ihre "Psychostruktur" nicht reden, weil ihre Sprachkompetenz dazu nicht ausreicht, der Jugendliche Osman aber, da er genügend Sprachfähigkeit besitzt. Nun habe ich versucht, mit dem Hinweis auf die sprachlichen Formen, in denen sich Osman mit dem Interview auseinandersetzt, deutlich zu machen, daß der Erwerb dieser sprachlichen Formen in Auseinandersetzung mit den pädagogischen Kontrollinstanzen stattgefunden haben könnte und diese insofern als gelernte soziale Formen zu verstehen wären, die die gemachten Erfahrungen binden und es erlauben, sich mit diesen Verhältnissen auseinanderzusetzen und sich in diesen einzurichten. Ist es nun die Kompetenz, die Osman befähigt, sich mit dem Interview in der vorfindlichen Form auseinanderzusetzen, so ist es umgekehrt wohl die Geschichte seiner Auseinandersetzungen, die diese Kompetenz hervorbringt. Das könnte man ebenfalls für trivial halten, aber der abstrakten Rede der Autoren von der allgemeinen Sprachkompetenz, die nicht die spezifische Kompetenz als bestimmte gelernte soziale Formen der Auseinandersetzung meint, unterliegt implizit ein Sprachbegriff, der Sprache als Mittel auffaßt, *über* etwas zu reden. Mit dem Hinweis auf das, was eine Erklärung zu sein scheint, nämlich die Sprachkompetenz, über etwas zu reden, verschenken die Autoren eine Möglichkeit, vielleicht in ihrem Material, in dem spezifischen Sinn der Rede als einer gelernten Form der Auseinandersetzung im Verhältnis zu bestimmten Anforderungen der gesellschaftlichen Instanzen, mit denen die Jugendlichen konfrontiert sind, mit eine Erklärung für Gekonntes - und relativ dazu auch Nicht-Gekonntes zu finden.

Die bereits erwähnte implizite Unterstellung, daß andere Jugendliche nicht wie Osman reden, da ihnen die Kompetenz dazu fehlt, schlägt sich auch in Interpretationen der Interviews mit den Jugendlichen nieder, die ein weniger kritisches und problematisierendes Verhältnis zu ihren

Familien haben. Ohne hier darauf detailliert einzugehen: Bei den beiden Jugendlichen Cem und Tefik (S.32-37) ist davon die Rede, daß sie dem "traditionellen Familienkonzept" verhaftet sind, daß für Cem "ein Konzept von eigener, autonomer Entscheidung außerhalb des qua traditioneller Normen gesetzten Rahmens *nicht denkbar* ist" (S.35) und daß bei Tefik "*bereits* diskursive Elemente" feststellbar sind, die Familie aber "*noch* die faktisch für die eigene Perspektive bestimmende Größe" ist (S.37; Hervorhebungen MB). Der Argumentation unterliegt eine unausgewiesene Vorstellung von Entwicklung. Mit der Unterstellung von Defiziten, die auf Seiten der Jugendlichen vermutet werden,[27] lassen die Autoren in ihrer Interpretation vollständig aus, daß sich die Bedeutung der Fassung des Verhältnisses zu den Eltern und Geschwistern, so traditionalistisch und geradlinig aus der Türkei importiert dies aussehen mag, in der BRD verändert hat, so einen Gebrauchswert besitzen mag für den Versuch, sich in den widersprüchlichen Verhältnissen einzurichten, und daher aus diesen zu erklären ist.[28] Die mit solchen Versuchen einhergehenden Begrenzungen sind nur zu bestimmen, wenn die spezifische Weise, sich in den vorfindlichen Formen auf die sozialen Verhältnisse hier einzulassen, bestimmt wird und nicht vorab aufgrund der gewußten Herkunft dieser Formen ihre Bedeutung als bekannt und diese damit als für die hiesigen Verhältnisse defizitär unterstellt werden.

Was die mit den unterschiedlichen Arten und Weisen, sich mit den Verhältnissen auseinanderzusetzen, einhergehende "Sprachkompetenz" anbetrifft, so stellt in den sozialwissenschaftlichen Untersuchungen wie den hier diskutierten über Migranten, die sich alle seit mehreren Jahren im Einwanderungsland befinden, für ihre Fragen danach, welches sprachliche Verhältnis Migranten zu den sozialen Bedingungen ihrer Existenz hier eingehen, der Verweis auf ihre Sprachfähigkeit, verstanden als grammatisch korrekte und lexikalisch differenzierte Rede, eine unzureichende Antwort dar, da so übersprungen wird, was von den Untersuchten in dem Vorhandenen geleistet wird.[29]

27 Solche Defizite werden im übrigen im theoretischen Teil "der Gastarbeiterfamilie" als solcher unterstellt: "Die Forderung nach Flexibilität als Voraussetzung für den familiären Zusammenhalt stellt eine im verwandtschaftlichen Kontext großfamiliären Zuschnitts gewachsene und durch Migration zwangsweise zur kernfamiliären Kleingruppe reduzierte Familie vor fast unlösbare Probleme. Nimmt man weitere Eigenschaften hinzu, so verstärkt sich dieser Eindruck: Lernfähigkeit als Voraussetzung für Umweltoffenheit, familiäre Metakommunikation und Empathie im gegenseitigen Umgang sind Forderungen, *die von der Gastarbeiterfamilie in der Regel nicht erfüllt werden können*. . . "(S.24; Hervorhebung MB)

28 Vgl. dazu v.a. die Analyse des Interviews mit Şemi als ein Beipiel, in dem sich die Verschiebung der Bedeutung von Traditionen als zentral erweist.

29 Selbst in der Arbeit von Kalpaka (1986) findet sich dieser merkwürdige Bruch: Zu Anfang besteht sie in der Auseinandersetzung mit verschiedenen Kulturbegriffen und in Kritik von Defizittheorien

Diese Herangehensweise findet aber ihr Gegenstück in verschiedenen sprachwissenschaftlichen Untersuchungen, in denen v.a. die Rede von Migranten im Deutschen untersucht und als unterschiedliche Lernervarietäten bestimmt wird und diese Lernervarietäten aus externen sozialen Faktoren wie Berufsausbildung, Aufenthaltsdauer, Schulbesuch, Kontakt mit Deutschen in der Freizeit und während der Arbeit etc. erklärt werden. Wird in den bis hierhin diskutierten sozialwissenschaftlichen Arbeiten wie gesehen die sprachliche Verfaßtheit der Daten bei dem Versuch der Erforschung der "subjektiven Wirklichkeit" des Befragten nicht hinreichend berücksichtigt und geschieht dies u.a. mit dem Verweis auf Sprachkompetenz als mögliche Erklärung für die Form der Äußerung, so findet sich umgekehrt in sprachwissenschaftlichen Arbeiten der Versuch, den "Sprachstand" der befragten Arbeitsmigranten wesentlich in grammatisch-syntaktischen Beschreibungen zu erfassen, anhand grammatischer Parameter zu ordnen und sodann als durch soziale Faktoren determiniert zu begreifen. Zu welchen Problemen dies führt, möchte ich im folgenden an Arbeiten aus dem Heidelberger Forschungsprojekt "Pidgin- Deutsch" sowie von Inken Keim[30] zeigen, wobei mir die Diskussion dieser Arbeiten dazu dienen soll, gegen die Ausgrenzung einer Perspektive der Sprachanalyse zu argumentieren, die mit den grammatischen Beschreibungen, wie sie Keim und die Heidelberger vorlegen, auch nicht notwendig verbunden ist.

---

darauf, daß alle Lebensformen in Migrantenkulturen zunächst einmal als sinnvolle Formen der Handhabung der jeweils gültigen Lebensbedingungen zu verstehen sind und daß dies auch für die Sprache gelte. Weiter hinten aber in der Diskussion ihrer mit einem standardisierten Fragebogen erhobenen Daten gibt sie im Kap. 12 "Sprache, Beschulungsform, Identität" diese Perspektive auf und kommt mit Bezug auf Stölting (1980, 1980a), allerdings ohne jede Analyse, in der Wiedergabe von Eindrücken zu Aussagen wie diesen: "Es ist eine Art Sprache (die "gemischte" Sprache, die griechische Jugendliche in der Familie sprechen; MB), in der manche Ausdrücke auf Deutsch, andere auf Griechisch verwendet werden - meistens wird sogar im selben Satz von der einen in die andere Sprache gewechselt - und welche vielmehr die doppelte Halbsprachigkeit der Kinder zum Ausdruck bringt, bzw. die Verarmung in der Muttersprache verrät." (S.186) Kalpakas politisch motiviertes Interesse an der Etablierung muttersprachlicher Erziehung im deutschen Ausbildungssystem verleitet sie dazu, die von ihr zu Anfang vehement vorgetragene Perspektive nicht durchzuhalten, umstandslos unausgewiesene Konzepte wie das der "Halbsprachigkeit" zu verwenden und selbst bezogen auf das Sprachverhalten ausschließlich in die Defizitperspektive zu rutschen.

30 Vgl. Heidelberger Forschungsprojekt "Pidgin-Deutsch" (im folgenden HDP) 1975, 1975a, 1977 sowie Keim 1978, 1984. Über die hier angegebene Literatur hinaus gibt es aus dem HDP noch zwei unveröffentlichte Arbeitsberichte sowie zahlreiche Aufsätze von Projektbeteiligten, auf die nicht weiter eingegangen wird. Die folgende Argumentation bleibt davon aber unberührt.

1.2 Die Erklärung sprachlichen Verhaltens aus sozialen Faktoren in den Sprachwissenschaften

Sowohl Keim als auch die Heidelberger haben längere offene Interviews mit 12 türkischen (Keim) bzw. 48 italienischen und spanischen (HDP) Arbeitsmigranten durchgeführt und sodann jeweils hundert Sätze aus jedem Interview, in die sie einen Teil der Äußerungen der Informanten zerlegt haben, einer grammatischen Analyse unterzogen, wobei Keim zur Beschreibung der Daten die Dependenzgrammatik verwendet, während die Heidelberger mit einem Modell von Varietätengrammatik, aufbauend auf einer kontextfreien Phrasenstrukturgrammatik, arbeiten, das von Klein (1974) speziell für dieses Projekt entwickelt wurde.

Keim begründet die Wahl ihres Beschreibungsinstrumentes gegenüber den Heidelbergern damit, daß die Analyseeinheit `Satz´ als Anfangssymbol der Phrasenstrukturgrammatik für die Zerlegung des "Gastarbeiterdeutsch" (GAD)[31] nicht geeignet sei, da satzkonstituierende Elemente häufig ausfielen. Die in der Dependenzgrammatik den Satz definierende Kategorie `Verb´ aber erlaube entsprechend eine einfachere Zerlegung der Äußerungen mittels der Suche nach Verben. Ob die Beschreibung des GAD mit dem von Keim gewählten Modell einfacher ist, soll hier nicht weiter diskutiert werden, entscheidend ist, daß in beiden Fällen Regelformulierungen zu finden sind, die den Ausfall etwa des grammatischen Subjekts , des Verbalkomplexes, von Präpositionalphrasen etc. erfassen und also die Äußerungen als Abweichungen von syntaktischen Normalformen interpretieren.

Das jeweils gewählte Modell führt nur zu unterschiedlichem Aufbau des Regelapparates. Da das Verb in Keims Modell definierend für `Satz´ ist, muß sie für Äußerungen wie " Ich immer Türkei Cafe´" eine Regel VK $\rightarrow$ 0 definieren, um diese Äußerung noch als Satz beschreiben zu können. In der Heidelberger Grammatik ist zwar `Satz´ das Anfangssymbol, aber auch sie verlangen, daß

$$S \rightarrow (SA)\ PROP,\ PROP \rightarrow (NK)\ VK\ (Neg) \text{ und } VK \rightarrow \left\{ \begin{matrix} VK \\ PVL \end{matrix} \right\}$$

wobei PVL = Prädikat ohne Verbgruppe; d.h. auch die Heidelberger sehen vor, Äußerungen als Sätze zu beschreiben, in denen der Verbalkomplex ausfällt, da VK als Satzkonstituente obligatorisch verlangt ist.

Dies verweist in beiden Fällen auf das Problem des normativen Bezugspunktes, im Hinblick auf den Äußerungen als Abweichungen interpretiert werden. Beide Untersuchungen sehen das Problem, die Vergleichsbasis ihrer Analyse zu bestimmen, die sie als "Zielvarietät"

31 Die Heidelberger reden von "Pidgin-Deutsch". Auf den entsprechenden Streit darüber, ob es sich bei der Rede von Migranten um ein Pidgin handelt, gehe ich hier nicht ein. Zusammenfassend dazu Keim 1984, S.36-56 und Klein 1984, S.41ff.

fassen, auf die sich die Lerner hinbewegen. Die Beschreibung der Äußerungen der interviewten Migranten wird natürlich von den jeweiligen Autoren vorgenommen und insoweit stützen sie sich dabei, wie Keim dies auch explizit schreibt, auf ihr eigenes Regelverständnis: Was sie als Abweichung wahrnehmen, wird als solche beschrieben. Keim nimmt als relevanten sprachlichen Lernzusammenhang der von ihr untersuchten Migranten die regionale Umgangssprache oder Dialekt, Fachjargon am Arbeitsplatz, foreigner talk, das Deutsch der Massenmedien (Standarddeutsch) sowie Amtsdeutsch an. Der Einfluß des Standard- und Amtsdeutsch sowie des foreigner talk aber könne nicht abgeschätzt werden, so daß sinnvolle Vergleichsbasis die regionale Umgangssprache des Raumes Mannheim/Heidelberg sei, über die es zwar auch noch keine grammatisch-syntaktischen Untersuchungen gäbe, die aber Teil auch ihrer Sprachkompetenz sei und damit auch bestimmend für ihre Analysen der Lernervarietäten im Hinblick auf Abweichungen. Die Heidelberger fassen als Zielvarietät die von Deutschen der selben Klassenzugehörigkeit in Alltagssituationen untereinander gesprochene Sprache auf (1977, S.24) und bestimmen von daher die Distanz der unterschiedlichen Lernervarietäten von der Zielsprache durch einen Vergleich der grammatischen Struktur dieser Varietäten mit der grammatischen Struktur der Äußerungen von Heidelberger Arbeitern, die sie zu diesem Vergleichszweck interviewt haben.

Kritisch anzumerken ist, daß sowohl bei Keim als auch bei den Heidelbergern der Begriff Zielsprache mehrdeutig ist. Einerseits hat dieser die Funktion, einen Vergleichsstandard zu liefern, im Hinblick auf den die formalen grammatischen Abweichungen bestimmt werden. Andererseits aber wird der Begriff der Zielsprache realistisch verstanden, wenn etwa angenommen wird, daß sich die Migranten zur Sprache "der Arbeiter" hinbewegen. Es ist sinnvoll anzunehmen, daß die grammatische Struktur der Äußerungen von Migranten aus der Auseinandersetzung mit relevanten sozialen Gruppen und Klassen sowie mit den für Migranten bedeutsamen gesellschaftlichen Apparaten hier hervorgeht, aber das macht die Form der Rede in diesen Zusammenhängen noch nicht zur Zielsprache der Migranten.

Bei beiden Untersuchungen handelt es sich nicht um Längsschnittuntersuchungen, sondern sie ordnen die von ihnen untersuchten Sprecher anhand grammatischer Parameter wie Subjektausfall, Prädikationen mit und ohne Verb, mit und ohne Kopula, Gebrauch von Verben, Auxiliaren und Modalverben, Struktur der Nominalphrase etc. und verstehen ihre Analysen als Untersuchungen in "relativer Zeit": Ordnet man die Lernervarietäten wie die Heidelberger (HDP 1977) in vier Gruppen mit je zwei Untergruppen, dann müssen die Lerner mit dem geringsten Lernniveau die anderen Varietäten durchlaufen, um die "Zielsprache" zu erreichen, denn es wird eine Reihenfolge des Erwerbs aus den Analysen erschlossen, da eine hohe Korrelation zwischen Regeln derart besteht, daß z.B. einem bestimmten Niveau in der Erlernung des Verbalkomplexes eine jeweilige Form der Pronominalisierung und der Realisierung von Adverbialphrasen entspricht (HDP 1977, S.45).

Ich beschränke die weitere Diskussion der Übersichtlichkeit halber auf Keim, die im folgenden formulierte Kritik trifft aber auch für die Heidelberger Untersuchungen zu. Zu diesen sei noch gesagt, daß der dort verwendete Begriff der Wahrscheinlichkeit problematisch ist. Die Äußerungen der interviewten Migranten werden wie gesagt mit einer kontextfreien Phrasenstrukturgrammatik beschrieben. Dabei werden die Regeln jeweils zusammengefaßt zu Regelblöcken bezüglich der Satz-, VP - , NP - (etc.) Regeln und den einzelnen Regeln innerhalb dieser Blöcke werden Wahrscheinlichkeiten zugeordnet, die sich zu 1 addieren müssen und die bestimmt werden anhand der relativen Häufigkeit der tatsächlichen Anwendungen der einzelnen Regeln bezogen auf die Gesamtzahl ihrer möglichen Anwendungen innerhalb des erhobenen Sprachkorpus eines Informanten. Wenn also diese relativen Häufigkeiten als Grundlage für die probabilistische Bewertung von Regeln dienen (Klein 1974, S.54ff.), dann wird unterstellt, daß der jeweilige Korpus als repräsentativ gelten kann für die betreffende Varietät und daß die in den offenen Interviews erhobenen Daten Voraussagen über zukünftiges Verhalten zulassen. Da auch die Heidelberger nur generelle Ausführungen zu der Art ihrer Interviews machen und nicht genauer bestimmen, was die offenen Interviews für die Befragten waren, läßt sich schon von daher dieser Anspruch nicht rechtfertigen. Repräsentativität kann aber bei einer Gruppe von 48 Interviewten auch nicht beansprucht werden. Ich sehe allerdings nicht, wozu der Anspruch der probabilistischen Bewertungen erhoben werden muß, eine deskriptive Erfassung der relativen Häufigkeiten reicht doch völlig und ist auch das, was letztlich die reale Basis der Argumentation der Heidelberger über soziale Kontexte des Spracherwerbs darstellt.

Auf die Beschreibung relativer Häufigkeiten beschränkt sich Keim. Sie untersucht zunächst die ausgewählten Äußerungen der von ihr befragten Migranten auf sieben GAD-Merkmale der "Pidginisierung" wie Verbendstellung im Hauptsatz, Ausfall der Präposition in Präpositionalphrasen, Ausfall der Kopula etc.. Dies bezeichnet Keim als Pidginisierung, da es sich um Merkmale handelt, wie sie für Pidgin-Sprachen beschrieben worden sind, sie lehnt aber den Begriff Pidgin für das GAD ab, da dieses aus einer "Menge von Kontaktsprachen" als Lernersprachen auf unterschiedlichem Niveau bestehe, die durch Instabilität und entsprechend "hohe Variabilität" ausgezeichnet seien (1984, S.73 u. 163). Zunächst dient ihr diese Untersuchung zur Bestimmung des "Pidginisierungsgrades" der "Interlanguages" der von ihr untersuchten Migranten, wie sie die Lernervarietäten mit Bezug auf Selinker 1972 faßt. Sie übernimmt dieses Interlanguage-Modell, um ähnlich wie die Heidelberger "die erhobenen Interlanguages der Informanten in einem Kontinuum" so anzuordnen, "daß der eine Pol die größte Nähe zur Zielsprache bzw. regionalen Umgangssprache . . . und der andere Pol die größte Distanz zur Zielsprache aufweist"(1984, S.79). Sodann untersucht Keim v.a. morphosyntaktische Unterschiede zwischen den einzelnen "Interlanguages", um diese in Hinblick auf ihre unterschiedliche syntaktische Komplexität zu bestimmen und die Frage nach der Parallelität von hoher bzw. niedriger Komplexität in unterschiedlichen syntaktischen Bereichen zu beantworten. Schließlich analysiert sie den Zusammenhang zwischen Pidginisierungsgrad und jeweiliger syntaktischer Einfachheit bzw. Komplexität.

Bezüglich der Pidginisierung des GAD ihrer Informanten kommt Keim zu folgenden Ergebnissen: Die von ihr untersuchten Merkmale kommen bei elf ihrer zwölf Informanten alle vor, bei dem zwölften findet sich kein "Kopulaausfall" und keine "Negation vor dem Finitum". Zudem stellt sie fest, daß für die Merkmale "abweichende Verbendstellung", "Ausfall von Tempus-, Numerus- und Personenmarkierung", "Ausfall des Subjekts" und "Ausfall der Präposition" gilt, daß bei hohen Werten für eines dieser Merkmale auch hohe Werte für die übrigen Merkmale zu erwarten sind. Bezogen auf den Pidginisierungsgrad, verstanden als Quotient aus der Summe aller GAD-Merkmale durch die Summe aller "obligatorischen Kontexte" für das normadaequate Auftreten dieser Merkmale (S.166), ordnet sie die Informanten auf einer Rangskala, wobei Unterschiede zwischen ihnen von 0.9 bis 0.57 reichen.

Um die syntaktische Komplexität der Sprecher zu bestimmen, untersucht Keim Verben und Satzmuster, die Realisation des VK, die Tempora, die Realisation der NPs, der Präpositionalphrasen sowie Nebensätze als Ergänzungs-, Angabe- und Attributsätze. Ohne auf die Ergebnisse hier im einzelnen einzugehen, sie kommt wie bei der Untersuchung der Pidginisierung zu dem Schluß, daß die hohe Variabilität der Ausprägung der untersuchten Merkmale die Instabilität des GAD bestätigt, und stellt in den einzelnen Untersuchungen der Merkmalsausprägungen einen "deutlichen bis starken Zusammenhang" (S.225) zwischen dem Ausmaß der Pidginisierung und der Komplexität der syntaktischen Strukturen von Äußerungen fest dergestalt, daß einem geringen Pidginisierungsgrad eine hohe Komplexität entspricht und umgekehrt.

Bevor ich nun darauf eingehe, wie Keim den Zusammenhang zwischen sozialen Faktoren und der Ausprägung der verschiedenen Interlanguages herstellt, möchte ich auf folgendes Problem hinweisen: In der Durchführung der grammatischen Analyse erweisen sich die gewählten Kategorien und der Versuch der "Normalisierung" von Äußerungen, um sie so unter die gewählten Kategorien subsumieren zu können, verschiedentlich als problematisch. Keim geht dieses Problem, wie sie schreibt

(S.128ff.), an, indem sie bei Nicht-Entscheidbarkeit zwischen verschiedenen Beschreibungsmöglichkeiten stets die Beschreibung wählt, bei der die geringsten Abweichungen notiert werden. Zum Beispiel analysiert sie "ich nix arbeit Deutschland" als "Ich arbeite nicht in Deutschland", da die Version "Ich habe/bekomme keine Arbeit in Deutschland" es erforderlich gemacht hätte, den Verbausfall zu notieren. Es ist allerdings zu bezweifeln, daß sich so die Bedeutung des Gesagten adaequat fassen läßt, denn die Rede der Befragten ist ja nicht von einem Kriterium der geringsten Abweichung von der Norm, die der Beschreibung zugrundeliegt, bestimmt. Im Analyseteil finden sich einige entsprechende Notierungen, bei denen sich das gleiche Problem stellt, wovon ich hier nur auf eines eingehen will.

In der Analyse der NP-Formationen gibt Keim zu "diese ganz schlechte Leute (. . .) Geld erpressen" die Paraphrase "diese ganz schlechten Leute erpressen Geld" und analysiert entsprechend "diese ganz schlechten Leute" als NP $\rightarrow$ Ad R_6 aa N, d.h. Determinativ, modifizierender Partikel, Adjektiv, Nomen. Der entsprechende Interviewauszug im Anhang lautet "oder vielleicht diese ganz schlechte Leute, komsi, komsa, oder Geld erpressen". Zunächst einmal ist mir unverständlich, wieso Keim "komsi, komsa, oder" einfach auslassen kann, denn nur so scheint mir ihre Paraphrase als "Normalisierung" möglich. Wichtiger aber ist, daß auch in der Version, die Keim gibt, die Möglichkeit besteht, "diese" als Subjekt und entsprechend "diese ganz schlechte Leute" mit ihren Kategorien als Satzmuster 07 mit VK $\rightarrow$ 0 zu analysieren. D.h. "ganz schlechte Leute" wäre in der von Keim gewählten Terminologie als Subsumtivergänzung zu verstehen und eine entsprechende Normalisierung würde lauten "Dies sind ganz schlechte Leute". Die Analyse für die NP wäre entsprechend zu ändern und für "Geld erpressen" Subjektausfall zu notieren.

Es geht hier nicht um konkurrierende Analysen, sondern darum, auf das Problem hinzuweisen, daß der Zwang, eine eindeutige Beschreibung zu finden, die die Äußerungen unter die gewählten Kategorien subsumierbar macht, das Moment der gesteigerten Mehrdeutigkeit der Äußerungen der Befragten systematisch zu Zwecken der Beschreibung auszulöschen sucht, nicht aber diese Mehrdeutigkeit beschreibt.[32]

Keim ordnet wie gesehen die von ihr untersuchten Lernersprachen als Interlanguages nach dem jeweiligen Abstand zur "Zielsprache". In dem Modell der Interlanguages ist unterstellt, daß Lerner stets unterschiedliche Spracherwerbsstadien durchlaufen von "stark pidginisierten" und "einfach strukturierten" hin zu "wenig pidginisierten, komplexer strukturierten" Lernersprachen. Allerdings stellt sich das Problem, daß die Unterschiede zwischen den Sprechern bezüglich des Pidginisierungs-

32 Zu Problemen der angemessenen Beschreibung von Lernersprachen mittels grammatischer Kategorien vgl. Klein 1984, v.a. Kap.6.1.

grades sich *nicht* dadurch erklären lassen, daß sie unterschiedlich lange "lernen", gemessen an der Aufenthaltsdauer in der BRD, die Sprecher mit dem höheren Pidginisierungsgrad also noch nicht so weit sind. Da der Spracherwerb der untersuchten Migranten als sog. "ungesteuerter Zweitspracherwerb", d.h. vorrangig nicht im Rahmen eines systematischen Fremdsprachenunterrichts stattgefunden hat, sind die Unterschiede zwischen den Sprechern v.a. aus dem sozialen Zusammenhang, in dem der Spracherwerb vor sich ging, zu erklären, also, wie Keim betont, aus politischen, wirtschaftlichen und sozialen Faktoren. Entsprechend sucht sie zum Schluß ihrer Arbeit die Unterschiede zwischen den Sprechern, die sich nicht als noch Ungelerntes bzw. bereits Gelerntes, sondern als Stagnation auf unterschiedlichen Stufen des Spracherwerbs begreifen lassen, aus solchen sozialen Faktoren zu erklären.[33] Für den Zweck dieser Untersuchung hat sie in der Auseinandersetzung mit anderen theoretischen Ansätzen eine Bestimmung des GAD als konstituiert aus einer Menge von Kontaktsprachen (S.73) vorgenommen. Die spezifische Ausprägung des GAD betrachtet sie als abhängig von drei Faktoren: a) den wirtschaftlichen und politischen Bedingungen des Kontakts, b) den Einstellungen und Erwartungen der am Kontakt beteiligten Gruppen und c) der Art und dem Ausmaß der Kontaktsituationen.

Bezogen auf Punkt c) führt sie aus, daß der erfolgreiche Zweitspracherwerb vom "Durchbrechen der ökologischen" "(Abbau von räumlicher Distanz)" und "der emotionalen Barriere (Abbau von Abwehrhaltungen)" abhängt (S.70). Sodann gibt sie ein Modell von drei Kontaktsituationstypen (S.70/71): 1) Die Migranten verkehren mit Deutschen, wobei als "gemeinsames Kommunikationsmedium" von den Deutschen ihre Muttersprache vorgegeben wird. 2) Verkehr ausländischer Arbeiter verschiedener Nationalität untereinander, wobei auch hier "Kommunikationsmedium" das Deutsche ist. 3) Situationen, die unter dem Einfluß des Standarddeutschen der Medien stehen. Das GAD konstituiert sich laut Keim aus der Menge von so gearteten Kontaktsprachen, wobei der Spracherwerb in seinem Erfolg vom Durchbrechen der genannten Barrieren abhängt.

In der Diskussion der "außersprachlichen Faktoren", wie sie die von ihr dargelegten sozialen Zusammenhänge auch nennt, "die zu geringerem bzw. größeren Erfolg beim Zweitspracherwerb führen" (S.229), kommt sie im letzten Kapitel für die drei Gruppen, in die sie die Sprecher eingeteilt hat,[34] zu dem Schluß, daß für einen erfolgreichen, mäßigen und weniger erfolgreichen Spracherwerb folgende Bedingungen ausschlaggebend sind, die hier in ihrer Zusammenfassung zitiert seien:

33 Vorbild für das Vorgehen Keims und auch der Heidelberger sind Arbeiten Labovs (1976, 1978), die auch von Dittmar und Rieck in diesem Zusammenhang herausgegeben wurden.

34 Gruppe 1: Sprecher 1-4 auf der Pidginisierungsskala, Gruppe 2: Sprecher 5-8, Gruppe 3: Sprecher 9-12

"Als spracherwerbsfördernd erwies sich: bereits bei der Einreise die Absicht, langfristig in der BRD zu bleiben; guter bzw. sehr guter Kontakt zu Deutschen im Privatbereich und - bedingt - auch am Arbeitsplatz; kritisch distanzierte Haltung gegenüber den herrschenden politischen (und religiösen) Tendenzen in der Türkei und im Zusammenhang damit geringer Rückkehrwille; Erwerb guter Kenntnisse besonders über (ausländer)rechtliche Verhältnisse in der BRD und erfolgreiche Auseinandersetzung mit der deutschen Umwelt.
Um . . . einen mittleren Sprachkenntnisstand zu erreichen, genügte bereits . . . ein guter Kontakt zu Deutschen im Privatbereich oder auch Kontakt zu Deutschen am Arbeitsplatz.
. . . Für einen weniger erfolgreichen Spracherwerb . . . schienen besonders folgende Bedingungen verantwortlich zu sein: bereits bei der Einreise die Absicht, nur kurzfristig in der BRD zu bleiben; kein bzw. kaum Kontakt zu Deutschen am Arbeitsplatz und . . . im Privatbereich; zum Teil starke Einbindung in die türkisch-islamische Tradition, Rückzug auf die nationale Gruppe und der Wunsch nach baldiger Rückkehr; geringe Kenntnis über die gesellschaftlichen Verhältnisse in der BRD und Angst vor der Auseinandersetzung mit der neuen Umwelt." (S.240/241)

Zunächst einmal ist zu Keims Argumentation über die Türkei, die Bedeutung von Tradition und was es heißt, "in die türkisch-islamische Lebensweise" eingebunden zu sein, zu bemerken, daß sie dazu tendiert, einschlägige Klischees zu reproduzieren. Sie steht mit ihren Ausführungen über die Türkei als "Agrargesellschaft" (S.91ff.) in der Linie einer hierzulande gängigen flotten Zwei-Seiten-Soziologie über die Verhältnisse in der Türkei, die auf diese Art und Weise die Bedeutung der Herkunft für türkische Migranten anhand von Indikatoren wie Islam, Großfamilie, keine Schulen, bäuerliche Lebensgewohnheiten festzulegen sucht.[35] In der Festlegung ihrer positiven und negativen Bedingungen verfährt Keim mehrfach normativ. Auch wenn sie dies in einer Fußnote (Fn.3 zu Kap.7) aufweicht, sagt allein schon der Ansatz, ein kritisches Verhältnis zu den Verhältnissen in der Türkei zu einer allgemeinen Bedingung für erfolgreichen Spracherwerb zu erklären, mehr über Keims Verhältnis zu den Verhältnissen dort (und wohl auch zu den Migranten) aus als über Bedingungen des Spracherwerbs.[36]

Der entscheidende Einwand gegen das Vorgehen Keims aber läßt sich am besten an ihrer Absetzung von den Heidelbergern deutlich machen. Sie kritisiert an der Heidelberger Untersuchung, daß es sich bei den dort für wesentlich erachteten Faktoren für den Verlauf des Spracherwerbs wie Wohnsituation, Alter bei der Einreise u.ä. um solche handele, die sie

35 Auf die Schwierigkeiten, die sich aus dem Versuch der Vermeidung von solchen unzulässigen Generalisierungen ergeben, komme ich in Kap. 1.5 zurück.

36 Keims Argumentation läßt sich aber gegen den Strich auch als Hinweis darauf lesen, daß türkische Migranten bei ihrem Versuch, sich auf die Verhältnisse einzulassen, häufig mit der Forderung konfrontiert sind, sich von ihren Herkunftszusammenhängen zu distanzieren. Keim verklärt diese Forderung zu einer wissenschaftlich nachgewiesenen Bedingung der "Integration".

als "äußerlich" gegenüber den von ihr gewählten "inneren Faktoren" bezeichne, die sie interpretativ erfaßt habe (S.245). So zeige sich, daß etwa die Wohnsituation alleine nichts erklärt, da einer ihrer Probanden trotz Wohnens im Wohnheim guten Kontakt zu einer Deutschen habe. Sie schreibt: "Das Problem bei der Berücksichtigung dieser Faktoren, die in der vorliegenden Untersuchung nur interpretativ erfaßt wurden, ist, sie in operationalisierbare Indikatoren zu zerlegen, so daß sie überprüfbar und in größeren Untersuchungen erhebbar werden." (S.245)

Betrachtet man noch einmal die von Keim für wesentlich erachteten Faktoren, dann fällt an diesen folgendes auf: Daß man eine Sprache schnell lernt, wenn man "guten bzw. sehr guten Kontakt" zu den Einheimischen hat, liegt auf der Hand, und insofern wird in der Bestimmung dessen als "wesentlicher Faktor" mehr oder weniger triviales Alltagswissen wiederholt. Zu diskutieren ist aber die Redeweise von Kontakt und die Festlegung, daß es sich um "außersprachliche Faktoren" handelt. Wenn Keim Art und Ausmaß des Kontaktes für wesentlich hält und dies wieder für abhängig erklärt von den positiven oder negativen Haltungen der Beteiligten, dann wäre herauszustellen, daß "Kontakt" zu großen Teilen auch "sprachlicher Kontakt" ist, und zu fragen, was "sprachlicher Kontakt" ist, wenn das GAD sich "aus einer Menge von Kontaktsprachen" konstituiert. Keim thematisiert Sprache nur als "Kommunikationsmedium", überspringt also, daß "ungesteuerter Zweitspracherwerb" auch immer das Erlernen von und Auseinandersetzen mit sprachlichen Formen als sozialen Formen des Eingehens eines Verhältnisses zu den sozialen Verhältnissen und den darin relevanten anderen und sich selbst ist. Die sprachlichen Möglichkeiten, die bestimmenden Verhältnissse zu fassen, hängen von der spezifischen Art und Weise ab, in der diese Möglichkeiten in jeweils bestimmten durchlaufenen Situationen im Umgang mit Deutschsprechern unterschiedlicher sozialer Position erfahren worden sind. So mag etwa die spezifische Form des sprachlichen "Kontakts" mit "Deutschen" erklären, daß man eben keinen mehr mit diesen hat. Die Erfahrung des spezifischen "Kontakts", d.h. der eingegangenen Verhältnisse zu unterschiedlichen Deutschsprechern wäre zu untersuchen in der deutschen Rede der Migranten selbst, denn diese Erfahrungen sind gebunden in diesen Formen der Rede als gelernten Formen des Eingehens von sozialen Verhältnissen, sie sind darin artikuliert. In diesem Sinne ist die jeweilige Rede der Migranten auch zu verstehen als ihre spezifische Art und Weise der Bewältigung der widersprüchlichen Verhaltensanforderungen, die das Dasein als Migrant bestimmen, gebastelt aus den in der sozialen Auseinandersetzung erfahrenen sprachlichen Möglichkeiten, die ihrerseits negativ bestimmt sind durch die damit auch häufig vorenthaltenen Möglichkeiten, was nicht nur, aber besonders deutlich wird im sog. foreigner talk, der als grammatisch reduzierte Rede zugleich Möglichkeiten der sprachlichen Orientierung verweigert bzw. gegenüber grammatisch und semantisch differenzierten Sprechern diesen die gekonnte sprachliche Bestimmung der Verhältnisse bestreitet.[37]

Wenn Keim das Problem der Stagnation des Spracherwerbs, der sog. "Fossilierung" aus außersprachlichen Faktoren erklären will, dann entgeht ihr dabei, daß die jeweilige Rede auch eine gefundene Lösung darstellen kann, sich in den angetroffenen sprachlichen als sozialen Verhältnissen einzurichten, z.B. etwa in der Mehrdeutigkeit der Rede Situationen offen zu halten und damit u.U. als traumatisch erfahrene Versuche der Vereindeutigung zu umgehen, da die sprachlichen Mittel zur Kontrolle der Situation nicht zugänglich sind bzw. gemacht werden. Dies wirft noch einmal ein Licht auf die "Normalisierung" der Äußerungen für die grammatische Beschreibung, die diese Möglichkeit mit der Unterstellung einer in den normalisierenden Paraphrasen faßbaren Sprecherintention (S.128) verwirft.

Untersucht man die gefundenen Bewältigungsformen für bestimmte Anforderungen nicht nur als Begrenzungen in der Form des Abstands von einer "Zielsprache", sondern auch als Lösungen, die im übrigen einen Bezugspunkt für die Bestimmung von Begrenzungen abgeben, da so gefragt werden kann, was so geartete Lösungen verhindern, dann stellt sich heraus, daß die "außersprachlichen Faktoren" wie Bleibe- bzw. Rückkehrabsichten, Verhältnis zur Türkei, Eingebundenheit in islamische Tradition und Lebensweise, gute Kenntnisse der politischen und Rechtsverhältnisse bzw. Unkenntnis als Erklärungen für den Spracherwerbsstand keineswegs unabhängig sind. Denn sind die sprachlichen Formen der Rede zu untersuchen auf die darin gebundenen Erfahrungen, dann können die erfahrenen sprachlichen Auseinandersetzungen als Eröffnung oder Verweigerung von Möglichkeiten der Kontrolle der eigenen Lebenssituation sich niederschlagen in Bleibe- oder Rückkehrabsichten oder im Verhältnis zur Türkei, was beides auch sprachliche Verarbeitungsformen des Lebens als Migrant in dieser Gesellschaft sind. Was die Gestaltung der Lebenspraxis in Formen des Islams oder anderer Herkunftstraditionen in der BRD bedeutet, ist diesen nicht anzusehen, sie mag aber ebenfalls nicht zuletzt aus der sprachlichen Verweigerung von Orientierungen für das Leben hier resultieren. die etwa von den islamischen Organisationen durchaus als gezielte Bearbeitung der Anforderungen des Lebens als Migrant angeboten werden.[38] Schließlich liegt es auf der Hand, daß "der Erwerb guter Kenntnisse besonders über (ausländer)rechtliche Verhältnisse in der BRD und erfolgreiche Auseinandersetzung mit der deutschen Umwelt" sich "sprachfördernd" auswirkt, denn "erfolgreiche Auseinandersetzung

---

37 Vgl. dazu Hinnenkamp 1982, 1985, 1987

38 Darauf komme ich in den Analysen der Interviews mit Şemi und Faruk zurück.

mit der Umwelt" ist auch sprachliche Auseinandersetzung damit. Was erklärt das? Zu fragen wäre viel eher, warum Migranten solche Kenntnisse und eine solche Auseinandersetzung nicht oder auch nicht mehr anstreben.

Wenn Keim also als Problem identifiziert, die von ihr interpretativ erfaßten "Faktoren" in "operationalisierbare Indikatoren" für eine quantitativ verfahrende Sozialwissenschaft "zu zerlegen", dann muß ein solcher Versuch bereits an der nicht gewährleisteten Unabhängigkeit der "Faktoren" scheitern, die erklären sollen, was sich selbst für die jeweilige "Ausprägung" der "Faktoren" als bedeutsam erweisen mag. Die Rede von der Zerlegbarkeit der sozialen, außersprachlichen Faktoren, durch die soziale Wirklichkeit beobachtbar werden soll, aufgrund von Indikatoren, die Anzeichen für den Einfluß von Faktoren auf die jeweilige Verfaßtheit dieser Wirklichkeit darstellen, überspringt, daß die Bedeutung dieser Faktoren nicht unabhängig von dem, worauf sie einwirken sollen, festlegbar ist. Welchen Sinn z.B. die erklärte Rückkehr- oder Bleibeabsicht im Zusammenhang des Umgangs mit den Verhältnissen in der Migrationsgesellschaft hat, ist unabhängig von den Beteiligten nicht bestimmbar und wirkt daher auch nicht als "innerer Faktor", von dem sie beeinflußt sind. Ob die Faktoren "äußere" oder "innere" sind, macht daher keinen entscheidenden Unterschied in der Argumentationsweise, wie Keim in Absetzung zu den Heidelbergern glaubt, denn in beiden Fällen wird übersehen, daß die Bedeutung dieser "Faktoren" erst zugänglich wird in der spezifischen Anordnung, in der sie im Leben der untersuchten Migranten anzutreffen sind und von ihnen gehandhabt werden in der Bewältigung ihrer Lebenszusammenhänge. Die für die Untersuchten relevante soziale Wirklichkeit läßt sich in ihrer Bedeutung für sie nicht in "Faktoren" zerlegen und anhand dieser begreifen, da die Zerlegung den spezifischen Sinn der Anordnung verfehlen muß.

Bezogen auf den hier von Keim zu erklären versuchten Spracherwerb bedeutet dies, daß sie mit ihrem reduzierten Sprachbegriff, der Sprache als Kommunikationsmedium faßt, überspringt, daß die sprachlichen Äußerungen der von ihr untersuchten Migranten selbst bei allen auf der Hand liegenden, aber damit noch nicht verstandenen Schwierigkeiten als sprachliche Formen der Handhabung und Bestimmung der Situation des Interviews und nicht schlicht als Abweichungen von der "Zielsprache" zu analysieren sind, d.h. als gefundene Lösungen in der Auseinandersetzung mit den die "Zielsprache" Sprechenden als ihre soziale Form des Umgangs mit Migranten. Der Versuch der Deskription der grammatisch-syntaktischen Form der Äußerungen schließt eine solche Perspektive nicht aus, jedenfalls dann nicht, wenn er keine normativen Zurichtungen der Äußerungen impliziert, wie dies als Gefahr bei dem Versuch der "Normalisierung" von Äußerungen diskutiert worden ist. Dazu ist es allerdings notwendig, mit einem Sprachbegriff zu operieren, der nicht reduktionistisch Sprache als ein Mittel der Realisierung von Äußerungsintentionen faßt, sondern als ein in der sozialen Praxis zu erlernendes Repertoire von sozialen Formen der Gestaltung und der Bestimmung dieser Praxis, wobei die spezifische Art und Weise der Aneignung und Äußerung dieser Formen die Praxiszusammenhänge artikuliert, in denen sie gelernt worden sind.

1.3 Die Untersuchung der Rede von Migranten als 'Interkulturelle Kommunikation'

Die von mir zuvor diskutierten Arbeiten sind aus dem Zusammenhang sprechhandlungstheoretischer Arbeiten heraus bereits früh von Ehlich (1980) kritisiert worden, der diesen vorwarf, die untersuchte Sprache der Migranten zu verdinglichen und damit ihren Handlungscharakter zu unterschlagen. Er bestimmt das fremdsprachliche Handeln als "Eingreifen in die Umgebung, Versuch, die Wirklichkeit auf Ziele des Sprechers hin zu verändern - und dies, ohne daß die gesellschaftlich dafür ausgearbeiteten Mittel voll zur Verfügung stünden."(1980, S.27) Er fordert daher, die handlungspraktischen Teil- und Detail-Strategien zu untersuchen, die im Spracherwerb ausgebildet werden und die Probleme des fremdsprachlichen Handelns lösen sollen. In diesem Sinne wird bei Ehlich vergleichbar der obigen Kritik an Keim gefordert, die sprachliche Praxis der Migranten auch als Lösungen zu betrachten und nicht allein in der Perspektive der Abweichung von einer Norm. Unter dem Stichwort der Analyse "interkultureller Kommunikation" hat Jochen Rehbein (1980, 1982, 1982a, 1985, 1985b, 1985c) dieses Programm umgesetzt.

Grundlage der Analysen Rehbeins ist das Verständnis von Sprechen als Handeln und so zielt die Analyse von Sprache auf die Untersuchung von Sprechhandlungstypen einfacher (z.B. Versprechen) wie komplexer (z.B. Erzählen) Art, für die die jeweiligen sprachlichen Formen von Äußerungen als besondere Realisierungsformen aufzufassen sind. Aufzusuchen sind diese Sprechhandlungstypen in gesellschaftlich bestimmten Zusammenhängen, bei Rehbein v.a. in Institutionen, in denen sie als auf diese Zusammenhänge hin zugeschnittene Diskursmuster empirisch zu rekonstruieren sind. So untersucht Rehbein (1980) etwa die Rolle von Erzählungen in Sozialberatungen und die Transformationen, die das Muster der Erzählung in der Institution durch die Einbettung in das Muster der Beratung erfährt. Die von Ehlich geforderte Untersuchung der Strategien von Sprechern meint nun v.a., daß die feststellbaren Muster unterschiedliche Ausprägungen (abhängig von der Situation und dem jeweiligen Sprecher) erfahren, die ihrerseits nicht zufällig sind, sondern als systematische Modifikationen des Musters durch die beteiligten Sprecher im Hinblick auf die spezifische Situation mit den darin geltenden Bedingungen und der darin verfolgten Ziele rekonstruiert werden können durch die sequentielle Analyse der Realisierungen der Muster.

So stellt Rehbein (1982a) z.B. "Umschreiben" und "Beispiel geben" als Strategien türkischer Kinder in dem Muster "Wort-erklären als Aufgabe" fest, die systematisch der Lösung von Verständigungsproblemen geschuldet sind. Bei Rehbein stehen in den meisten der genannten Arbeiten Probleme des Spracherwerbs und der Verständigung im Vordergrund. Dabei sind Gegenstand der Arbeiten 1982, 1982a und 1985 Daten, die im Rahmen systematischer Versuchsanordnungen erhoben wurden, bei denen türkische Migrantenkinder spezifische Aufgaben wie "Wort-erklären", "Nacherzählen von vorgelesenen Texten" oder "Wiedergabe eines Fernsehausschnitts" im Vergleich zu deutschen und türkeitürkischen Kindern zu lösen hatten.

Untersucht Rehbein die jeweilige Rede als Handlungen im Rahmen von Interaktionen, so liegt der Schwerpunkt seiner Analyse auf der Rekonstruktion von Handlungen in kognitiven Begriffen: Die in sprachlicher Form zugänglichen Handlungen als Interaktionen zwischen den Beteiligten werden stets auch als mentale Handlungen beschrieben. In den Rehbeinschen Verlaufsdiagrammen wird z.B. jede Reaktion eines Beteiligten, d.h. die manifeste sprachliche Handlung im Bereich Interaktion, über mentale Verarbeitungsprozesse der vorherigen sprachlichen Eingabe hergeleitet und er spricht von "sprachlich-mentalen Prozeduren" wie Erinnern, Einschätzen, Vergleichen, Zerlegen, Detaillieren etc., wobei sich der Vollzug dieser Prozeduren an sprachlichen Mitteln ablesen lasse (1982, S.241ff.). Ziel der Untersuchung der Rede in den unterschiedlichen untersuchten Zusammenhängen ist die Analyse sprachlicher Muster und inwieweit diese mit ihren Strukturen im Wissen der Untersuchten vorhanden sind.

Dies führt zu einem Kreisverfahren in der Analyse, was zugleich der Grund dafür ist, daß die Arbeiten Rehbeins *nicht* dafür zu kritisieren sind, daß sie die Entstehungsbedingungen der analysierten Daten überspringen bzw. diese zu eliminieren suchten, was ich zuvor v.a. an den sozialwissenschaftlichen Arbeiten kritisiert habe. Der analysierte Zusammenhang, sei er nun das Ergebnis einer Versuchsanordnung oder nicht durch Wissenschaftler induziert (also z.B. Sozialberatung (Rehbein 1980, 1985b, 1985c)), wird bestimmt im Hinblick auf den Typ von Aufgaben, die von den Beteiligten zu erledigen sind – in den Untersuchungen 1980 sowie 1985b das Muster der Beratung, 1982, 1982a, 1985 die Muster der Worterklärung, der Nacherzählung, des Berichtens etc. – die entweder wie Worterklärungen, Nacherzählungen, Wiedergaben als Aufgaben in den Versuchen Entsprechungen zu anderen, etwa schulischen Zusammenhängen haben oder aber in ihrer spezifischen Ablaufstruktur den institutionellen Erfordernissen geschuldet sind. D.h. mit diesen Bestimmungen sucht Rehbein die für die jeweils untersuchte Situation gültigen Kommunikationsbedingungen anzugeben.

In dem Aufbau der erwähnten Arbeiten führt dies dazu, daß er zunächst die gültigen Diskursmuster expliziert und in Verlaufsdiagrammen darlegt, sodann die genaue Ausprägung des Musters, faßbar im spezifischen sequentiellen Durchlauf, als die Strategien der Sprecher beschreibt, d.h. die Rede der untersuchten Sprecher in Beziehung zu den zuvor explizierten Mustern untersucht. So untersucht er die Rede der türkischen Migrantenkinder im Vergleich zu der deutscher (1982) und türkeitürkischer (1982a, 1985) Kinder als unterschiedliche sprachliche Realisierungsformen der Muster, wobei z.B. in Rehbein (1982) die Wiedergabe eines Fernsehausschnitts durch deutsche Kinder zur Explizierung des Wiedergabemusters dient, im Hinblick auf das die Wiedergaben der Migrantenkinder als different und in dieser Differenz als aus der Bearbeitung von Verstehens- und Verständigungsproblemen resultierend beschrieben werden. Dabei kann es zu Verschiebungen sowohl in der Wahl des Musters kommen - in Rehbein (1982) tritt an die Stelle des Wiedergabemusters das des Beschreibens - als auch zu Verschiebungen in den verbalen Realisierungsformen der Muster - etwa die Verwendung von "Basistermen", Umschreibungen o.ä.. Wie von Ehlich gefordert, wird die Rede der Migranten also nicht schlicht als abweichend festgehalten, sondern als besondere Strategie aus den Schwierigkeiten der "interkulturellen Kommunikation" zu erklären versucht.

Im folgenden seien einige Einwände gegen das Vorgehen Rehbeins formuliert. Wenn Rehbein die Rede der Migrantenkinder in ihrer Relation zu Diskursmustern wie Worterklärungen, Wiedergaben etc. untersucht, dann mag die dort behauptete Allgemeinheit, mit der die Muster als zugehörig zu den entsprechenden Situationstypen gefaßt werden, im Hinblick auf die sich die Äußerungen der Kinder als Strategien bezogen auf die Bearbeitung von Verständigungsproblemen beschreiben lassen, insofern durchgehen, als in den Versuchsanordnungen selbst der Durchlauf dieser Muster in der Anwesenheit der Versuchsleiter als Forderung präsent ist. Aber bereits die Parallelisierung der Erfordernisse in den Versuchen zu Anforderungen in der Schule ist problematisch dann, wenn damit zugleich postuliert ist, daß die Bearbeitung der Anforderungen der Schule sich ausschließlich oder v.a. beschreiben läßt als Strategie zur Bearbeitung von *Verständigungs*problemen, denn wie "interkulturelle"[39] Situationen erfahren werden, was als Bestimmungen in sie eingeht und in den sprachlichen Äußerungen jeweils artikuliert wird, läßt sich nicht auf Verständigungsprobleme bezogen auf ein zu durchlaufendes Muster reduzieren. Entsprechend läuft die Beschreibung der Rede als Strategien z.B. im Vergleich zur Rede deutscher Kinder, die die Muster

39 Diesen Begriff, wie ihn Rehbein benutzt, verwende ich nicht. Er ist im weiteren stets als Zitat gemeint.

für die Analyse vorgeben, doch wieder Gefahr, nur normativ diese Strategien als Abweichungen, die den schwierigen Bedingungen der Verständigung geschuldet sind, zu registrieren.

Dieses Problem der Normativität des Vorgehens läßt sich gut an den Arbeiten 1985b und 1985c zeigen, da es dort nicht um Probleme der Verständigung geht, die auf mangelnder Sprachbeherrschung beruhen. Das Material der dortigen Analysen entstammt Aufnahmen von medizinischen Beratungen, die ein Kinderarzt mit türkischen Migrantinnen über Kinderkrankheiten in einer Reihe von Sitzungen abhielt. Rehbein gliedert zunächst zu Anfang Probleme, die sich aus der Dolmetschertätigkeit einer türkischen Lehrerin, d.h. aus dem Sprachmitteln zwischen dem deutschsprachigen Arzt, der Grundkenntnisse des Türkischen besitzt, und den türkischsprachigen Migrantinnen ergeben, aus und widmet sich ihnen in der speziellen Analyse 1985c.

Unter Rückgriff auf seine Arbeit 1980 bestimmt er als "inneren Widerspruch" des Instituts der Beratung die unterschiedlichen Interessen des Ratsuchenden und des Ratgebers, die sich in verschiedenen Formen der sprachlichen Bearbeitung der jeweilig in der Beratung zur Debatte stehenden Erfahrung des Klienten niederschlagen, und verweist von daher darauf, daß nicht jeder Konflikt und jede Schwierigkeit gleich als interkulturelle zu verstehen sind. Er zählt einige Schwierigkeiten auf, die sich bei der medizinischen Beratung von "Ausländern" ergeben könnten, wie sie in der Literatur behandelt werden, wovon hier erwähnt sei, daß er hervorhebt, daß "das Institut der (problemspezifischen) Beratung" in der Türkei nicht bekannt sei, und arbeitet schließlich entsprechend seinem skizzierten Kreisverfahren aus den Transkriptionen zunächst den " typischen Ablauf" der medizinischen Beratung als institutionsspezifisches Muster heraus, im Hinblick auf das er die Tätigkeiten des Arztes und der Migrantinnen als Klientinnen "im einzelnen untersuchen" (S.354) und weiter auf "interkulturelle Differenzen", die so erst laut Rehbein zugänglich werden (S.361), bestimmen will.

Vor dieser Folie diskutiert Rehbein v.a. zwei Ausschnitte aus den Beratungssitzungen. Einen analysiert er als kommunikative Spirale, die durch ein unterschiedliches Verständnis von "Spritze" und "Aspirin" auf Seiten des Arztes einerseits und einer türkischen Migrantin andererseits zustandekomme und dazu führe, daß der Arzt der Klientin kompetentes Institutionenwissen bestreite und durch verschiedene Strategien eine Übernahme des medizinischen Wissens auf Seiten der Klientin zu erreichen versuche, was diese aber zurückweise aufgrund des Überspringens ihrer Erfahrungen, auf denen sie zugleich zu insistieren versuche, durch den Arzt . Am zweiten Beispiel diskutiert Rehbein, wie die Art und Weise des Elizitierens von Symptomen durch den Arzt das ganzheitliche Erfahrungswissen einer türkischen Migrantin um die Erkrankung ihres Kindes ignoriere und die Frau dazu dränge, nur Teilwissen aus diesen Erfahrungen als Symptome zu thematisieren, was auf Seiten dieser dazu führe, daß sie mit der wachsenden Intransparenz des Verhaltens des Arztes schließlich mit den anderen Frauen in das "Muster der Selbstberatung" ausweiche, wo sie ihr eigentliches Problem verhandelten, ob eine Gelbsucht bleibende Schäden für ihr Kind nach sich ziehe.

Zunächst einmal sei betont, daß diese Analysen Rehbeins der Tätigkeiten "im einzelnen" des Arztes und der Migrantinnen durch eine große Genauigkeit ausgezeichnet sind, sich im Gegensatz zu allen zuvor diskutierten Arbeiten auf die Rede der Beteiligten einlassen und so das Bemühen der Migrantinnen bezogen auf die Situation der Beratung als sinnvoll kennzeichnen. Das "Abdriften in die Selbstberatung" ist dem Verhalten des Arztes geschuldet und insofern aus der Situation erklärt.

Es stellt sich aber die Frage, ob die Beschreibungen Rehbeins in ihrer Form nicht bedingt sind durch seine *Vorentscheidung*, daß Bezugspunkt der Analyse das Institut der Beratung zu sein habe. Denn dieser Bezugspunkt ist trotz der Behauptung, daß er als "typische Ablaufstruktur" aus den Transkriptionen selbst gewonnen sei, als solcher nicht hinreichend ausgewiesen. Das sei an einem Problem der Analyse Rehbeins deutlich gemacht, das die Ursache dafür ist, daß auch Detailbeschreibungen der Tätigkeiten v.a. der Migrantinnen in Frage gestellt werden können.

Die Ausgrenzung des "Sprachmittelns" aus der Analyse dessen, was sich zwischen dem Arzt und den Migrantinnen abspielt, ist nicht gerechtfertigt, da die Tätigkeiten der Dolmetscherin konstitutiv mit zur Situation gehören, was im folgenden zu zeigen ist. Rehbein schreibt zu Anfang seiner Analyse der Dolmetschertätigkeit:

> "Wir kennen die muttersprachliche Lehrerin, die ihren deutschen Kollegen beim Elternsprechtag mit den ausländischen Eltern behilflich ist, wir kennen den Betriebsdolmetscher, der selbst Arbeiter ist, die ausländische Krankenschwester, die eine Mittlerfunktion bei Patienten mit ihrer Muttersprache übernimmt. Die Arbeiten werden unbezahlt gemacht, wie auch im vorliegenden Fall . . . Sprachmittler verfügen zudem (meist) nicht über das professionelle Wissen der Agenten der Institution, weder in der Zweit- noch in der Muttersprache. Gleichwohl bilden sie im Sprachmittlungsprozess Verfahren aus, um diese "Lücke" zwischen professionellem Wissen und Alltagswissen zu schließen und den Klienten in der anderen Sprache die Äußerungen der Agenten verständlich zu machen, ohne selbst die Fachsprache zu können. Dabei müssen sie Veränderungen der Ursprungsäußerungen vornehmen." (1985c, S.421)

Das Schließen dieser " Lücken" und die Veränderungen, die während des Dolmetschens vorgenommen werden, beschreibt Rehbein unter der Überschrift "Umwandlungen in die Sprache der Ratsuchenden" als "Reduzieren und Hinzufügen", "Überführung von Erklären/Erläutern in Anweisungen und Begründungen", "Verallgemeinern" sowie "Fokusverschiebung" und unter der Überschrift "Umwandlungen aus der Sprache der Ratsuchenden" als "Zusammenfassen" und "Abblocken". Zudem zeigt er, wie die Dolmetscherin "Unterratschläge" gibt und dabei mittels

"Rückfragen" an der Autorität des Arztes zu partizipieren sucht. Die Analyse Rehbeins ergibt, daß durch die genannten Strategien der "Umwandlung in die Sprache der Ratsuchenden" die Migrantinnen "stärker an die Autorität des Arztes gebunden (werden), denn sie können Handlungsspielräume und Konsequenzen ihrer eigenen Behandlungsentscheidungen bzw. Vorsichtsmaßnahmen noch weniger überblicken als bei einer indirekten Informationsaufnahme in derselben Sprache des Arztes".(S.430), umgekehrt aber "dem Arzt durch die zusammenfassende Tätigkeit der Sprachmittlerin wesentliche Informationen vorenthalten" (S.441) und "durch Abblocken die Ausdrucksbedürfnisse der Ratsuchenden abgewürgt" (S.442) werden.

Dieses hier knapp skizzierte Resultat der Analyse Rehbeins plus seinem Einleitungshinweis, daß "wir alle" diese Situationen des Dolmetschens kennen, weisen aber nun darauf hin, daß der von Rehbein gewählte Bezugspunkt der Analyse, ein "zielgerichteter Beratungsdiskurs"(S.398) als von den Beteiligten unterstellte Bedingung der Situation selbst problematisch ist. Bereits seine Analysen der beiden Beispiele in 1985b ergeben, daß eine Beratung nicht zustande kommt – nicht zuletzt aufgrund des Verhaltens der Dolmetscherin. Sie übersetzt nur zusammenfassend bzw. im Beispiel für die "kommunikative Spirale" verpaßt sie die Pointe der Geschichte von F, so daß diese für den Arzt zur auf ein Medikament fixierten Patientin wird. Im zweiten Beispiel werden die Tätigkeiten des Arztes auch, nicht nur durch die Dolmetscherin undurchsichtig.

Es stellt sich die Frage, ob Rehbein nicht da vorschnell die Deklaration des Treffens dieser Frauen in dem Beratungszentrum mit dem Arzt als "medizinische Beratung" für bare Münze nimmt und damit zum Bezugspunkt seiner Analyse macht, wo die Situation in ihrem Verlauf zunächst einmal sich als durch ein allgemeines Merkmal des Lebens als Migrant in dieser Gesellschaft bestimmt zu erweisen scheint, nämlich daß die Migranten zu weiten Teilen selbst dafür zuständig sind, die Verfahrensweisen der relevanten gesellschaftlichen Apparate, mit denen sie konfrontiert sind, für sich durchschaubar zu machen, ihnen aber keine regelmäßigen Orientierungshilfen dazu an die Hand gegeben werden.[40] Dieses wesentliche Moment faßt Rehbein in seinem Verweis auf die Bedingungen, unter denen Prozesse des Dolmetschens vor sich gehen.

Nimmt man seine Analyse der Praxis der Dolmetscherin ernst – und wer im medizinischen, aber auch im juristischen Bereich damit häufiger zu tun hatte, der wird darin eine Reihe von sehr erhellenden Ergebnissen finden –, dann ist die Situation für die *Migrantinnen* in ihrer Verlaufsentwicklung nicht als Beratung bestimmt, sondern als Probekonfronta-

40 Damit ist nicht bestritten, daß eine Reihe von Agenten dieser Apparate sich darum bemühen, aber es ist nicht systematisch vorgesehen.

tion mit dem medizinischen Apparat, in der, wie Rehbein in der Dolmetscheranalyse selbst schreibt, die Vorschläge des Arztes als autoritäre Exekutionen eines Agenten erscheinen und in der sich gleichwohl auf dem entlasteten Terrain eines migrantenfreundlichen Beratungszentrums einiges ausprobieren läßt - z.B. die Kompetenzbestreitung durch Arzt und Dolmetscherin, die einen starren Umgang mit Medikamenten unterstellen, mit den anderen Frauen im Rücken zurückzuweisen.[41]

Im Gegensatz dazu bearbeitet der *Arzt* die Situation dadurch, daß er sich zu ihr als eine Beratung verhält. Das sieht auch Rehbein, wenn er schreibt:

> "Man kann also zeigen, daß dem Arzt durch die zusammenfassende Tätigkeit der Sprachmittlerin wesentliche Informationen vorenthalten werden. Das bewirkt, daß der Arzt seine Fragesequenz nicht adaequat modifizieren, also den Antworten entsprechend nachfragen kann, *sondern zu einer relativen Starrheit verurteilt ist, zum Festhalten an seinem ursprünglich gesetzten mentalen Frage-Repertoire."* (1985c, S.441; Hervorhebung MB)

Anders gesagt verhält sich der Arzt zum Scheitern der Situation, indem er am Schema der Beratung festhält.

Das wesentliche Problem der Analyse Rehbeins besteht also darin, daß er die Situation für die Beteiligten insgesamt als "medizinische Beratung" bestimmt, indem er in eine zweite Analyse, in die Analyse der Dolmetschertätigkeit ausgrenzt, was sich als bestimmendes Merkmal der Migrantensituation erweist, nämlich das Vorenthalten von systematischen sprachlichen Orientierungsmöglichkeiten für die Handhabung gesellschaftlicher Apparate wie den Medizinalapparat, und was die Frauen die Sitzungen mit dem Arzt , deklariert als "Beratung", als gleich oder ähnlich mit anderen, nicht nur Probekonfrontationen mit den Apparaten bestimmen läßt.

Trifft diese Argumentation zu, dann ergeben sich daraus einige Konsequenzen für die Analyse. Bezogen auf Rehbeins Beschreibungen soll dies nur an einem Beispiel deutlicher gezeigt werden. In der Analyse des "Elizitierens von Symptomen" legt Rehbein dar, daß die Frau FM aufgrund des starren Durchhaltens des Fragekatalogs auf Seiten des Arztes schließlich das Problem, ob die Gelbsucht ihres Sohnes bleibende Schäden nach sich zieht, in "Selbstberatung" mit den anderen Frauen bearbeite. Dazu schreibt er:

> "Derartige Selbstberatungen finden in der Türkei im Krankheitsfall vor dem Aufsuchen des Arztes statt, da man keineswegs bei jedem geringsten Anlaß sofort zum Arzt geht. Der Übergang in die Selbstberatung spiegelt daher die ohnehin übliche und gemeinsame `Bearbeitung der Krankheit` ohne bzw. vor der Intervention eines Professionellen. Die Selbstberatung übt weitgehend die Funktion der

---

41 Man kann in diesem Zusammenhang die Frage stellen, ob es sich bei den Äußerungen FMs um einen "Problemvortrag", wie Rehbein dies faßt, handelt. Auf solche Details kann ich aber hier nicht eingehen.

ärztlichen Beratung kulturspezifisch aus . . . Für die Frau FM war es aufgrund ihrer kulturspezifischen Praxis also naheliegend, aufgrund der Nichtberatung durch den Arzt im Hauptdiskurs . . . in die muttersprachliche Selbstberatung 'auszubrechen'"(1985b,S398)

Wenig später heißt es:

"Die Selbstberatung ist offenbar das den türkischen Frauen bekannte und vertraute Muster gemeinsamer Problemlösung, in das sie in der muttersprachlichen Kommunikation wieder *hineindriften*. Diese Diskursbewegung bringt damit das aus der Türkei bekannte Vorwissen über die Behandlung (medizinischer) Probleme *zum Durchbruch*. Da das Institut der Beratung in der Türkei nicht bekannt ist - zumindest nicht in den ländlichen Regionen - . . , ist diese Diskursbewegung nicht verwunderlich. In der institutionellen Beratung wird also das gesellschaftlich vertraute Muster *repetiert*. (Die Sprachmittlerin muß damit zwischen zwei gesellschaftlich unterschiedlichen Handlungsmustern vermitteln...)."(S.400, Hervorhebungen MB)

Die Wahl des Musters der Beratung als Bezugspunkt der Analyse wirkt sich hier normativ aus, wenn Rehbein im ersten Zitat zwar noch eine Distanzierung durch Anführungszeichen zur Charakterisierung "Ausbrechen in die Selbstberatung" vornimmt, aber im zweiten ohne jede Relativierung vom "Hineindriften" und beinahe zwanghaften "Repetieren von gesellschaftlich vertrauten Mustern" spricht, die "durchbrechen". Sein Vorgehen entspricht hier einem bekannten Schema in der weiteren ausländerpädagogischen Diskussion: Eine Situation scheitert im Hinblick auf das, was von ihr erwartet wird; die Migranten verhalten sich in irgendeinem Sinne abweichend, merkwürdig, ungewohnt o.ä.; daraufhin fahren wir im Geiste (oder tatsächlich) in ihr Herkunftsland, suchen dort nach einem Verhalten, das mit dem hier vorkommenden Ähnlichkeit hat, und wenn wir ein solches finden, haben wir auch die Erklärung: Es ist ein "kulturspezifisches Verhalten", das von den hier erwartbaren Mustern gesellschaftlichen Verhaltens aufgrund der kulturellen Prägung der Migranten abweicht. Der Anlaß kann dabei durchaus wie bei Rehbein inadaequates Verhalten eines Deutschen wie des Arztes sein, was diesem Verhalten "zum Durchbruch" verhilft.

Der entscheidende Punkt ist, daß die Perspektive der Abweichung durch das analytische Vorgehen zustandekommt, denn unterlegt man nicht die Beratung als das Bestimmende der Situation, sondern die auch in dem von Rehbein analysierten Material reproduzierte Verweigerung des Transparentmachens der Vollzüge relevanter gesellschaftlicher Apparate, dann ist die Form der Selbstberatung ein adaequater Umgang mit dieser regelmäßig wiederkehrenden Bedingung. Es handelt sich also bei der Selbstberatung um die produktive Nutzung einer Form zur Bearbeitung einer problematischen Bedingung der Existenz als Migrantin in der BRD. Die Migrantinnen "driften" nicht in diese Form "hinein" oder "repetieren" sie zwanghaft, sondern nutzen die Möglichkeiten dieser Form für die Lösung eines systematischen, schwierigen Problems.

Erst als eine solche Lösungsmöglichkeit erhält diese Form Aktualität und nicht als eine Art kultureller Reflex.

Gesetzt den Fall, die Migrantinnen würden das Institut der Beratung aus der Türkei nicht kennen,[42] so ist gleichwohl nicht zu sehen, was damit erklärt werden soll im Hinblick auf Familien, die meist seit langem in der BRD leben und für die als einzige systematische Form des Umgangs mit ihnen die Form der Sozialberatung bei den verschiedenen Wohlfahrtsverbänden vorgesehen war. Zudem sind die Frauen Besucherinnen eines Beratungszentrums, aus dem ja die Aufnahmen stammen.

Eine weitere Art kultureller Reflex unterstellt Rehbein in dem obigen Zitat auch, wenn er darauf hinweist, daß man in der Türkei nicht selbstverständlich zum Arzt geht, was er in der Analyse des anderen Textauszugs bereits anführt. Dort schreibt er in einer detaillierten Erzählanalyse, daß der Gang zum Arzt erzähltechnisch durch die Indizierung eines Beratungsprozesses dringlich gemacht werde, da der Gang zum Arzt ansonsten in der Türkei nicht selbstverständlich sei (S.372). Die erzählte Geschichte spielt aber in der BRD. Gesetzt den Fall, türkische Migrantinnen meiden den Gang zum Arzt bzw. dieser ist nicht selbstverständlich für sie, so ist auch dies nicht schlicht durch den Verweis auf die Türkei als dort eingeschliffener Reflex erklärt. Wohl aber kann man die Frage stellen, ob die Undurchsichtigkeit der Praktiken eines Arztes in der BRD nicht mit möglichen Erfahrungen in der Türkei einige Ähnlichkeit hat, wo aus anderen Gründen ebenfalls Teilen der Bevölkerung medizinische Möglichkeiten des öfteren vorenthalten und die Patienten dabei autoritär als Unwissende abgefertigt werden.[43] Sich in Auseinandersetzung mit anderen Frauen Kriterien zu erarbeiten, ab wann es notwendig ist, einen solchen Apparat aufzusuchen, ist eine sinnvolle Praxis. Auch in diesem Fall begründen also die Bedingungen des Lebens als Migrant die Aktualität einer kulturellen Form, die eben die Möglichkeit der Bewältigung einer Schwierigkeit enthält.

Entsprechend muß auch die Sprachmittlerin nicht, wie Rehbein schreibt, "zwischen zwei gesellschaftlich unterschiedlichen Handlungs-

42 Dies ist kein besonders gutes Argument, denn erstens kommen die Frauen nicht alle aus "ländlichen Gegenden", v.a. aber will Rehbein wohl nicht behaupten, daß die Frauen in der Türkei nicht wissen, was eine Beratung ist. Wissen sie dies aber, dann mögen sie vielleicht nicht beurteilen können, was eine gute medizinische Beratung ist, aber sie wissen auf jeden Fall zu beurteilen, *ob* sie beraten werden. Und das werden sie im vorliegenden Fall nicht.

43 Diese Aussage stützt sich auch auf eigene zweiwöchige Erfahrungen als Patient in einem staatlichen Krankenhaus (devlet hastahanesı) in einer mittelgroßen Stadt in der Türkei. Dabei ist dies nicht v.a. eine Frage des beschäftigten Personals, das sich mit den wenigen vorhandenen Mitteln durchaus große Mühe geben kann, wie ich dies selbst nicht nur bezogen auf mich als eher exotischem Patienten erfahren habe. Inwieweit solche Erfahrungen für Migranten aber bedeutsam sind, ist natürlich jeweils zu erweisen und nicht aus beschränkten Eigenerfahrungen heraus zu verallgemeinern.

mustern vermitteln", - sie tut es auch nicht, wie seine Analyse zeigt - sondern "das Muster der Selbstberatung" ist die Form der Bearbeitung der Bedingungen, unter denen hier relevante gesellschaftliche Apparate für Migranten zugänglich werden, und diese Bedingungen werden in der von Rehbein analysierten Situation aktuell durch das Handeln des Arztes *und* der Dolmetscherin.

Allgemein gesprochen ist es problematisch, Handlungsmuster und "kulturelle Wissensformen" durch den Verweis auf ihre Herkunft erklären zu wollen, wie dies auch Rehbein da tut, wo er unter der Überschrift "Wissensdomänen der Ratsuchenden" (S.404ff.) medizinisches Wissen, Umgangsformen mit Krankheit u.ä. aus der Türkei aufzählt. Zu bestimmen ist demgegenüber, welche Bedingungen in der Migrationsgesellschaft in solchen kulturellen Formen gehandhabt werden und welchen spezifischen neuen Sinn sie so erhalten. Der Verweis auf die Herkunft stellt einen historischen Zusammenhang vor, aus dem solche kulturellen Formen bezogen werden. Warum aber auf sie zurückgegriffen wird, ist aus den Verhältnissen, die damit gelebt werden, zu erklären.

Die hier relativ ausführlich dargelegte Kritik an Rehbeins Analyse der "medizinischen Beratung türkischer Eltern" hatte zunächst die Angemessenheit von Rehbeins Beschreibung dieser Sitzungen als Beratung in Zweifel gezogen. Zu dieser war er gekommen, indem er "aus den Transkriptionen der vorliegenden Beratungen einen typischen Ablauf" herausarbeitete, bevor er "die Tätigkeiten von Arzt und Ratsuchenden im einzelnen" untersuchte (S.354).

Das Problem liegt im methodischen Vorgehen, denn indem Rehbein allgemein das Muster der Beratung als für die Beteiligten gültige Bedingung unterstellt und damit die Tätigkeiten "im einzelnen" stets bezogen darauf untersucht, hat er vorentschieden, daß diese Bedingung der Situation für die Beteiligten gültig ist. Demgegenüber ist im sequentiellen Durchgang durch die Äußerungen der Beteiligten "im einzelnen" erst herauszuarbeiten, welche Bedingungen als Bestimmungen der Situation für die Beteiligten in diese eingehen und wie sie sich dazu verhalten, will man nicht wie Rebein in die Gefahr geraten, durch die Setzung dieser Bedingungen in der Beschreibung der einzelnen Äußerungen bezogen auf solche Bedingungen normativ zu werden.

Die hier vorgetragene Argumentation wäre natürlich ebenfalls erst "im einzelnen" zu erweisen. Ihren Ausgangspunkt nahm sie aber bei der Feststellung, daß Rehbein durch das Ausgliedern der Praxis der Dolmetscherin den Ablauf der Situation, in dem sie sich als bestimmte für die Beteiligten herstellt, zerstört und dadurch die konstitutive Rolle der Dolmetscherin für das, was die Situation für die Beteiligten ist, zugunsten der externen Bestimmung der Situation als "medizinische Beratung" ignoriert.

Rehbeins Analysen der Kommunikation in Institutionen resultieren aus einer Kritik an Ansätzen, die, wie er sagt, reduktionistisch etwa institutionelle Bedingungen von Mißverständnissen nicht berücksichtigen (so 1985b, S.363). Daß die gesellschaftlichen Bedingungen der Kommunikation, wie sie in die sprachlichen Äußerungen jeweils als Bestimmungen der Situation eingehen, zu untersuchen sind, darin ist Rehbein zuzustimmen. Diese Bedingungen lassen sich aber nicht extern bestimmen, sondern sind aus den Äußerungen "im einzelnen" zu rekonstruieren, denn nur so ist auch herauszufinden, was etwa die institutionellen Zusammenhänge des Medizinalapparates für die Beteiligten sind. Sie sind nicht im Vorhinein auf ein Muster wie hier auf das der Beratung zu reduzieren.

1.4 Anschlüsse

Ich beende den Durchgang durch die verschiedenen sozial- und sprachwissenschaftlichen Untersuchungen, die alle auf unterschiedliche Art und Weise mit Sprache von Migranten umgehen. Mit dem letzten Punkt zu Rehbeins methodischem Vorgehen ist zugleich die Perspektive angegeben, in der ich die nachfolgenden Analysen der erhobenen Interviews mit türkischen Migrantenjugendlichen vorgenommen werden: Im detaillierten sequentiellen Durchgang durch die Äußerungen sind diese zu bestimmen als gelernte soziale Formen der Handhabung von jeweils spezifischen Situationen, die durch die Beteiligten in ihren Äußerungen hergestellt und verändert werden, und der historisch gesellschaftlichen Bedingungen, die in sie eingehen. Bei der Verfolgung dieser Perspektive waren mir v.a. zwei Forschungsansätze hilfreich, nämlich im Bereich der Sozialwissenschaften die mit dem Namen Ulrich Oevermann verbundene Objektive Hermeneutik sowie die in Deutschland hauptsächlich in den Sprachwissenschaften rezipierte Konversationsanalyse.

Bezüglich der Objektiven Hermeneutik beschränke ich mich darauf, die Überlegungen zu benennen, die für meine Arbeit bindend waren, ohne mich auf die umfassenden theoretischen Ansprüche weitergehend einzulassen. Ich halte dies nach wie vor für schwierig, da Oevermann seine Positionen in zahlreichen Aufsätzen (1976, 1979, 1979a, 1980, 1983, 1983a, 1985, 1986, 1991) verstreut nur bruchstückhaft ausformuliert hat und stets auf weitere notwendige Ausarbeitungen vertröstet.[44]

Weiter oben ist mehrfach darauf hingewiesen worden, daß die diskutierten sozialwissenschaftlichen Arbeiten, aber auch Keim bei dem Versuch, "subjektive Wirklichkeit", "Alltagstheorien", "kulturelle Wissenssysteme", "Strukturen des Lebenslaufs" der jeweils Untersuchten zu erfassen, alle auf jeweils unterschiedliche Weise die sprachliche

44 Für einen Versuch der Rekonstruktion der Entwicklung der Objektiven Hermeneutik vgl. aber Reichertz 1985.

Verfaßtheit ihrer Daten und/oder die jeweilige Ordnung des sprachlichen Materials als Auseinandersetzung mit einer jeweils bestimmten Situation zu umgehen suchen. Gegen die Erkennbarkeit subjektiver Wirklichkeit jenseits von Texten sowie die Reduktion von Texten auf Indikatoren von dahinter liegendem Sozialem grenzt sich die Objektive Hermeneutik von Beginn an ab. Sie besteht darauf, daß Texte objektive soziale Handlungsstrukturen darstellen, die es zu analysieren gilt, da, so die Argumentation, diese die Bedingungen des Subjektiven darstellen. Oevermann bedient sich eines weiten Textbegriffes: Prinzipiell gilt die Ausdrucksmaterialität für die Frage, ob es sich um einen Text handelt, als gleichgültig, zentral ist, daß er ein Sinngebilde darstellt und insofern auf die Ebene von Sprache gehoben werden kann. Diese sprachliche Ebene ist auch die zentrale (nicht die einzige) Analyseebene in den Arbeiten des Oevermannkreises.

Die Theorie der "objektiven Bedeutungsstrukturen"ist innerhalb der Sozialisationsforschung entstanden und ausgeführt worden. Dort wurde gezeigt, daß die Ausbildung der Person in der Aneignung sprachlicher und anderer sinnstrukturierter Formen innerhalb der "sozialisatorischen Interaktion" sich vollzieht, wobei die angeeigneten Formen ein Potential von Möglichkeiten zur Erfahrbarkeit und Realisation von Subjektivem im Handeln darstellen. Dies ist die Begründung dafür, daß die Analyse bei den Formen als gesellschaftlich gegebenen Möglichkeiten anzusetzen hat, und in der Explizierung der konkreten Nutzung und Transformation dieser Möglichkeiten, wie sie sich in den Texten niederschlägt, besteht die Aufgabe der Sozialforschung. Texte sind dabei stets als Interaktionsprotokolle zu verstehen.

Oevermann begründet die Möglichkeit einer solchen Analyse durch den Sozialforscher damit, daß er in der Interpretation eines Textes eine alltägliche Fähigkeit extensiv in Anspruch nehme, die nur zur Voraussetzung hat, daß er mit der Lebenswelt, aus der der jeweilige Text stammt, genügend vertraut ist, d.h. auch potentiell kompetenter Teilnehmer sein könnte. Die Basis der Gültigkeit für die Interpretation von Texten beruht also einerseits auf sozialwissenschaftlich grundlagentheoretischen Annahmen über "Grundausstattungen von Subjekten", andererseits auf für jeweils unterschiedliche Lebenswelten geltenden Regeln, die dem Sozialforscher vertraut sein müssen.

Aus dem dargelegten Verständnis von Texten als Interaktionsprotokollen folgt für Oevermann hinsichtlich des methodischen Vorgehens, daß in der Analyse streng sequentiell zu verfahren ist insofern, als es die soziale Herstellung des Textes in ihrem Ablauf als Verhalten der Beteiligten zu den je gegebenen, mit jedem Schritt sich verändernden Möglichkeiten zu rekonstruieren gilt. D.h. sowohl die gegebenen Möglichkeiten aufgrund der im Verhalten der Beteiligten zueinander eingeführten Bedingungen als auch das Verhalten dazu als das, was diese

Möglichkeiten für die Sich-Verhaltenden sind - sie interpretieren diese in ihrem Verhalten - sind rekonstruktiv herauszuarbeiten. Es darf entsprechend kein Element des zu analysierenden Textes vernachlässigt werden und jeder Schritt muß in der Analyse selbst ausgewiesen werden.

Die Ebene sprachlicher Äußerungen nimmt eine zentrale Stelle in den Arbeiten der Objektiven Hermeneutik ein und insofern ist das Geschäft der Objektiven Hermeneutik zu weiten Teilen Sprachanalyse. Oevermann insistiert in seinen theoretischen Ausführungen wiederkehrend auf der Explikationsforderung bei der Rekonstruktion von Textstrukturen und hat dies selbst etwa in der Durchführung der Analyse der Abendprogrammansage des deutschen Fernsehens (1983) auch vorgeführt. Auf der anderen Seite aber faßt er die Objektive Hermeneutik als eine "forschungspraktische Kunstlehre", was soweit einleuchtet, als damit gemeint ist, daß die alltägliche Fähigkeit des Verstehens von Texten, an die die Objektive Hermeneutik anschließt, zu einer "Kunst" ausgebildet wird, die bestimmten Regeln wie etwa dem sequentiellen Vorgehen oder der Annahme, daß jede Äußerung Sinn hat, folgt. Diese Fassung wird aber da zum Problem, wo dem Sich-Berufen auf die "moderne Sprachtheorie" diskrepant gegenübersteht, daß in den konkreten Interpretationen aus dem Umfeld der Objektiven Hermeneutik[45] die formalen Strukturen, an denen die jeweiligen Lesweisen zu explizieren wären, oft nicht genau genug erfaßt werden. Das liegt m.E. daran, daß über den allgemeinen Verweis auf Sprachtheorie hinaus kaum an sprachwissenschaftliche Beschreibungen der Struktur von Äußerungen angeknüpft wird. Die Entwicklung von Lesweisen für Texte, die den Versuch unternimmt, den Sinn eines Textes zu rekonstruieren, ist sicherlich ein Stück weit eine "Kunst", die nur über die Ausübung zu erlernen ist, aber auf der anderen Seite bekommt man von Seiten der Objektiven Hermeneutik kaum Hinweise darauf, wie formale Eigenschaften, die sich als wiederkehrend bedeutsam erweisen, zu entdecken wären. Den grundlagentheoretischen Erörterungen, in denen Oevermann wiederkehrend der Soziologie den verpaßten Anschluß an die "moderne Sprachtheorie" vorwirft, steht also auf der Ebene der Beschreibung ein mangelnder Anschluß der Objektiven Hermeneutik an die Sprachwissenschaft gegenüber. Dabei ist deren Prämisse, daß die Form einer Äußerung Ausgangspunkt der Analyse zu sein hat, insofern für jede Textanalyse relevant, als jede Lesweise an der Form zu kontrollieren ist. Über die allgemeinen, methodologisch begründeten Postulate hinaus, denen ich im wesentlichen folge, überläßt die Objektive Hermeneutik daher zu viel der Intuition, wo an bereits Vorhandenes angeknüpft werden kann.

Einen solchen Anknüpfungspunkt stellen die Arbeiten der Konversationsanalyse dar, darin bestand für diese Arbeit zunächst einmal ihr Gebrauchswert. Hier sei nur erst darauf verwiesen, daß bezüglich der

45 Vgl. u.a. die Beiträge in dem Band Aufenanger/Lenssen(1986)

methodologischen Position Übereinstimmung in einer Reihe von Punkten zwischen der Objektiven Hermeneutik und der Konversationsanalyse, wie sie von Sacks, Schegloff und Jefferson im Anschluß an die ethnomethodologischen Arbeiten von Garfinkel und Cicourel entwickelt worden ist, besteht, worauf Bergmann (1985) hingewiesen hat. Auch dort werden Texte als Interaktionsprotokolle verstanden, die es in ihrem Ablauf zu rekonstruieren gilt. Die in diesen Texten vorfindliche soziale Wirklichkeit wird als von den Beteiligten hergestellt begriffen und es gilt, bei strikter Sequentialität des Vorgehens die Methoden zu analysieren, mit denen die Beteiligten wechselseitig diese soziale Wirklichkeit als füreinander gültige, wahrnehmbare schaffen. Das Interesse an diesen allgemeinen formalen Methoden der Herstellung sozialer Wirklichkeit unterscheidet die Konversationsanalyse von der Obektiven Hermeneutik und die Identifizierung dieser in zahlreichen Arbeiten bietet eine Reihe von Gesichtspunkten, die bei Textanalysen zu beachten sind. Darauf komme ich später zurück.
Hier breche ich zunächst die allgemeinen Überlegungen über methodisches Vorgehen und darüber, als was sprachliche Äußerungen zu analysieren sind, ab, um mich langsam zur ersten Analyse eines Interviewauszugs mit dem Jugendlichen Ali hinzubewegen, in der zu zeigen ist, was es meint, sprachliche Formen als gelernte soziale Formen der Handhabung von Situationen und der in sie eingehenden gesellschaftlichen Bedingungen zu verstehen. Dazu möchte ich noch einmal auf Oevermanns Verweis zurückkommen, daß der Interpret eines Textes über seine allgemeine Fähigkeit des Verstehens hinaus mit der Lebenswelt, aus der der Text stammt, vertraut sein muß. Der Begriff der Lebenswelt ist im Umkreis Oevermanns nicht weiter expliziert worden, gleichwohl ist dem Verweis Oevermanns zu folgen. Zunächst möchte ich daher einerseits Ergebnisse meiner Feldarbeit mit den türkischen Migrantenjugendlichen darlegen als Teil meines Verständnishintergrundes der Lebenswelt dieser Jugendlichen, vor dem ich die Lesweisen, wie sie in den einzelnen Analysen zu finden sind, entwickelt habe. Andererseits möchte ich dabei zeigen, wie der Begriff der Kultur, wie er den Arbeiten des Birminghamer Centre for Contemporary Cultural Studies zugrundeliegt, für die Art und Weise meines Verständnisses der Lebenswelt oder Kultur, wie ich im folgenden sage, bedeutsam war.

1.5 Lebenszusammenhänge von Migrantenjugendlichen türkischer Herkunft

Über Lebenszusammenhänge von Migrantenjugendlichen türkischer Herkunft ist viel geschrieben worden. Im folgenden geht es mir nicht um *die* türkischen Jugendlichen in der BRD oder auch nur in Osnabrück, sondern um die Gruppen, mit denen ich zu tun hatte. Dabei gelten eine Reihe der Bedingungen natürlich auch für diese Jugendlichen, die als ökonomische, politisch-rechtliche und soziale Benachteiligungen beschrieben worden sind. Diese sollen hier nicht allgemein wiederholt,[46] sondern aufgenommen werden, wo sie sich für die Lebenspraxis der Jugendlichen und die Form dieser als relevant erweisen.

Allerdings sind hier einige Daten anzuführen, anhand derer die Lage in der Stadt Osnabrück zur Zeit der Untersuchung im Vergleich zu anderen Städten deutlich gemacht werden kann. In Osnabrück als Stadt mit ca. 150 000 Einwohnern lag der Ausländeranteil im Jahre 1984 bei 8.1%, 1985 bei 7.3% und 1986 bei 7.6%.[47] Damit lag Osnabrück nahe am Bundesdurchschnitt, der von 1984 bis 1986 7.1 bis 7.4% betrug.[48] Die stärkste Gruppe unter der ausländischen Wohnbevölkerung war (und ist) in Osnabrück wie auch im gesamten Bundesgebiet die der Türken mit 28.7% im Jahre 1986 (1984: 26.7%; 1985: 29.8%), gefolgt von Jugoslawen, Spaniern, Protugiesen und - mit einigem Abstand - Italienern. 35% der ausländischen Wohnbevölkerung in Osnabrück waren im Jahre 1986 Minderjährige bzw. Heranwachsende.

Laut einer "Umfrage zur schulischen und beruflichen Situation der ausländischen Jugendlichen in Osnabrück", die im Jahre 1986 vom Informations- und Beratungszentrum für ausländische Arbeitnehmer (IBZ) der Stadt Osnabrück durchgeführt wurde (vgl. IBZ 1987), waren am 1.8.1986 1392 "Jugendliche" im Alter von 16 bis 25 Jahren, die selbst oder deren Eltern aus den ehemaligen Anwerbestaaten, also der Türkei, Jugoslawien, Spanien, Portugal, Italien, Tunesien, Marokko und Griechenland stammen. Beinahe die Hälfte dieser Jugendlichen, nämlich 663 bzw. 47.6% haben die türkische Staatsangehörigkeit. Sie machen zugleich 20.4% der türkischen Wohnbevölkerung in Osnabrück aus.[49]

---

46 Vgl. dazu neben den oben diskutierten Arbeiten von Stüwe, Bielefeld u.a., Hoffmann und Hoffmann/Even v.a. Bielefeld 1988, Wilpert 1980, Harant 1987, Mehrländer 1978 u. 1983, Just 1985, Griese 1985 sowie die regelmäßigen statistischen Informationen, wie sie etwa von der Bundesanstalt für Arbeit und speziell der Beauftragten der Bundesregierung für Ausländerfragen als Mitteilungen herausgegeben werden.

47 Berechnet nach einer Statistik der Kriminalpolizeiinspektion vom 2.11.1987 über "die zahlenmäßige Entwicklung der Kriminalität in der Region Osnabrück", vorgelegt auf einer Tagung am 4.11.1987 über "Möglichkeiten und Grenzen sozialer Arbeit im Rahmen von Kulturkonflikten" des Katholischen Bildungswerkes e.V..

48 vgl. Mitteilungen der Beauftragten der Bundesregierung für Ausländerfragen, April 1987: "Daten und Fakten zur Ausländersituation"

49 Die letzte Zahl mag nicht ganz korrekt sein, da der Stichtag der Statistik der Kriminalpolizeiinspektion nicht angegeben ist und entsprechend die Zahl der türkischen Wohnbevölkerung, wie sie dort angegeben ist und womit ich den Prozentwert errechnet habe, an einem anderen Tag im Jahre 1986 erhoben worden sein mag. Aber für die Zwekke hier reicht die Angabe wohl hin, da die Abweichungen im Zeitraum von höchstens acht Monaten nicht nennenswert sein dürften.

In der genannten Umfrage des IBZ wurden 890, also 63,9% dieser Jugendlichen befragt, davon 459, also 69.2% der türkischen Jugendlichen. Davon waren 66% im Alter von 15 bis 20 Jahren. Laut Bericht des IBZ besitzen 40% der befragten türkischen Jugendlichen keinen Schulabschluß und die Mehrzahl derer, die einen Abschluß besitzen, einen Hauptschulabschluß. 37% besuchten noch eine Schule, davon mehr als die Hälfte die Hauptschule bzw, das Berufsvorbereitungsjahr (BVJ). Während 19.4% aller Befragten arbeitslos waren, waren die türkischen Jugendlichen zu 24% arbeitslos.[50] So weit stimmen diese Ergebnisse dem Trend nach mit bundesweiten Untersuchungen überein.[51]

Beanspruche ich für die Ausführungen über die Jugendlichen, mit denen ich zu tun hatte, auch keine Repräsentativität, so sollen die angeführten Zahlen doch deutlich machen, daß die Bedingungen, die von den von mir untersuchten Jugendlichen zu bearbeiten waren, keineswegs Ausnahmebedingungen waren. Diese besuchten entweder noch die Haupt- oder Sonderschule, das BVJ oder das Berufsgrundbildungsjahr (BGJ), waren arbeitslos oder in einer der Maßnahmen des Arbeitsamtes für arbeitslose Jugendliche wie etwa die Grundausbildungslehrgänge oder hatten (meist vorübergehend) eine Arbeitsstelle.[52]

Ich begann diese Studie über die sprachliche Verarbeitung der Migrationssituation bei Migrantenjugendlichen türkischer Herkunft mit der Durchführung einer längeren ethnographischen Feldstudie, in deren Rahmen ich auch die Interviews erhob, die Gegenstand der Gesprächsanalysen als zentralem Teil dieser Studie sind. So wollte ich die Voraussetzung für die Entwicklung von Lesweisen dieser Interviews schaffen, indem ich mich mit der lebensweltlichen bzw. kulturellen Praxis der Jugendlichen vertraut machte. Durch den regelmäßigen Besuch eines Jugendzentrums, dem "Ostbunker" im Stadtteil Schinkel, in dem 37% der ausländischen Jugendlichen wohnen (IBZ 1987), knüpfte ich zunächst Kontakte zu einigen Jugendlichen und kam bald vermittelt über diese mit einer Reihe von anderen in Kontakt, so daß ich in der Durchführung der Feldstudie schon nach kurzer Zeit nicht mehr auf das Jugendzentrum als Terrain beschränkt war, sondern mit Einverständnis der Jugendlichen ihre Praxis an verschiedenen Orten begleiten durfte.

Die Durchführung von Feldstudien dieser Art geht nicht ohne Konflikte zwischen den Beteiligten ab und zahlreiche Ängste befallen den, der sich als Forschender unter den Jugendlichen bewegt bzw. zumindest bewegen sollte. Über die mit der sog. teilnehmenden Beobachtung verbundenen Probleme ist viel geschrieben worden und für eine Ausein-

50 Diese Zahlen finden sich in dem Bericht des IBZ, die angefügten Tabellen selbst erlauben eine Überprüfung nicht, so daß eine gewisse Vorsicht angebracht ist.
51 Vgl. Stüwe 1988, S.51ff. für einen zusammenfassenden Überblick.
52 Für einen Überblick über berufsvorbereitende und berufliche Bildungsmaßnahmen vgl. König 1985.

andersetzung mit den Schwierigkeiten, auf die man dabei stößt, ist nach wie vor Devereux (1976) ausgesprochen hilfreich. Sofern im folgenden über die Praxis der Jugendlichen geschrieben wird, versteht sich, daß diese nur über das jeweils spezifische Verhältnis zwischen den Jugendlichen und mir zugänglich wurde. Wie weit mein Verhalten zu den Jugendlichen als Bezugspunkt ihres Verhaltens dieses in seiner Form bestimmt, wird wiederkehrend Thema der Gesprächsanalysen sein. Entsprechend werde ich auch die Rollen, die ich mir zu meiner Entlastung als zunächst merkwürdiger Mitläufer suchte, genauer darlegen, denn diese werden sich in den Interviews als wesentlich herausstellen.

Im Laufe meiner Feldarbeit von 1983 bis 1986 habe ich intensiv mit drei Gruppen zu tun gehabt. Diesen drei Gruppen entstammen die interviewten Jugendlichen, die sich wechselseitig alle kannten. Dabei meint Gruppe hier einen Kern von vier bis sechs Jugendlichen, die über größere Zeiträume hinweg regelmäßig ihre Zeit gemeinsam verbringen. Diese Gruppen haben aber keine festen Grenzen. Es stoßen häufig andere Jugendliche an den einschlägigen Treffpunkten – Einkaufsstraßen, Imbißstuben, Spielotheken, Diskotheken und Jugend- und Gemeinschaftszentren – dazu und im Laufe der Zeit ändern sich die Zusammensetzungen aus Gründen, die sowohl mit persönlichen Vorlieben als auch mit eingeschlagenen Karrieren der einzelnen zusammenhängen können. Wer z.B. arbeitet, ist tagsüber nicht da, und hält konditionsbedingt das Nachtleben der anderen nicht durch. Gibt er seine Arbeit auf, ist er sofort wieder dabei, als wäre er niemals draußen gewesen.

Aufgrund der genannten unscharfen Grenzen wird man schnell über die drei Gruppen hinaus mit einer ganzen Szene bekannt, die sich auch zahlenmäßig nicht mehr abgrenzen läßt. Die Jugendlichen, mit denen ich zu tun hatte, waren im Alter von ca. 15 bis 20 Jahren. Von denen, deren Interviews später Thema der Analysen sind, haben Atnan und Şemi viel Zeit gemeinsam verbracht. Zu ihrer Gruppe gehörten neben dem von Şemi wiederholt erwähnten Mehmet und einigen anderen teilweise auch Ali, der allerdings, wie ich später in der Analyse darlegen werde, keiner Gruppe fest zugehörte. Atnan war zugleich fest in einer anderen gemischten Gruppe von türkischen Migrantenjugendlichen und Jugendlichen aus Sintifamilien fest eingebunden, die schließlich für ihn dominant wurde und sich auch lebensgeschichtlich als relevant erwies. Er ist heute mit einer Frau aus einer Sintifamilie verheiratet, der im Interview sich ebenfalls äußernden Selina. Halit (vgl. Bommes 1990) bewegte sich hauptsächlich in einer Gruppe von Migrantenjugendlichen, die marokkanischer, portugiesischer, spanischer und türkischer Herkunft waren, und zu denen darüberhinaus zwei deutsche Jugendliche gehörten. Er war zeitweise auch viel mit Ali unterwegs. Der Jugendliche Faruk gehörte einer Gruppe von Jugendlichen an, die zunächst vermittelt über Herkunfts- und Verwandtschaftszusammenhänge entstanden, was für die anderen Gruppen nicht galt. Diese hatten sich in den Schulen oder an den einschlägigen Aufenthaltsorten gebildet. Die Eltern der Gruppe, in der Faruk seine Praxis gestaltete, sind miteinander verwandt oder kennen sich wechselseitig bereits aus der Türkei, da sie den gleichen oder benachbarten Dörfern aus Kars entstammen. Zum Teil wegen dieser Verwandt- bzw. Bekanntschaft und den daraus resultierenden Unterstützungsverpflichtungen sind sie nacheinander Anfang der 70er Jahre nach Osnabrück migriert, da sie von den Erstangekommenen aufgefordert wurden nachzukommen, nachdem diese sich um Arbeitsstellen für sie in den für Osnabrück damals zentralen Großbetrieben Klöckner und Karmann bemüht hatten.[53] War die Gruppe, der Faruk zugehörte, auch vermittelt über diese Zusammenhänge entstanden, so unterschied sich ihre Praxis von der der anderen Jugendlichen nicht. Sie teilten die Aufenthaltsorte, waren miteinander bekannt und es existierten keine scharfen Grenzziehungen. Da die Mitglieder der Gruppe Faruks allerdings ein bis zwei Jahre jünger als die der Gruppen um Atnan, Şemi, Ali oder Halit waren, hatten sie zumindest mit den drei erstgenannten unmittelbar kaum etwas zu tun. Halit genoß unter ihnen einen zweifelhaften Ruf, was im Gruppeninterview deutlich wird. Folge der Zusammensetzung der Gruppe Faruks vermittelt über familiäre und landsmannschaftliche Bande war die größere Relevanz der Kritik von seiten etwa eines Elternteils für alle Jugendlichen, da diese Kritik auch zwischen den Familien ausgetauscht wurde. Das galt aber zum Teil auch für die anderen Jugendlichen, denn hatte sich auch ihre gemeinsame Praxis erst in den Schulen oder an den anderen Aufenthaltsorten herausgebildet, so heißt dies nicht, daß ihre Eltern nicht ebenfalls mehr oder weniger gut vermittelt über die Arbeit, über den Aufenthalt der Väter an Plätzen der Migrantenöffentlichkeit oder auch durch aktuelle Wohnnachbarschaft miteinander bekannt waren. Im übrigen haben alle Jugendlichen ihre Formen ausgebildet, sich Druck von Seiten der Eltern zu entziehen. Darauf wird noch zurückzukommen sein.

Um einige der Praxiszusammenhänge der Jugendlichen darzulegen, ist zugleich die Perspektive, in der diese Darlegung vorgenommen wird, anzugeben. Im Gegensatz zu den periodisch wiederkehrenden, mehr oder weniger heftigen Auseinandersetzungen über *die* Jugend, in denen Gesellschaften wie die der BRD Ängste und Unsicherheiten angesichts der Unstetigkeit der Verhältnisse austragen,[54] scheinen die Verhältnisse bei "ausländischen Jugendlichen" und v.a. bei "türkischen Jugendlichen" klar zu liegen: Diese sind "Problemjugendliche", benachteiligt in vielerlei Hinsichten, und entsprechend gilt es, diesen zu "helfen". Dabei scheint bei "ausländischen Jugendlichen" und v.a. bei "türkischen

53 Mehrheitlich arbeiteten die Väter der mir bekannten Jugendlichen in diesen Großbetrieben. Von den interviewten Jugendlichen arbeitete nur der Vater Alis nicht dort.

54 Vgl. dazu Hall/Jefferson 1976 u. DJI 1982

Jugendlichen" klar zu liegen: Diese sind "Problemjugendliche", benachteiligt in vielerlei Hinsichten, und entsprechend gilt es, diesen zu "helfen". Dabei fällt jedoch eines häufig unter den Tisch, nämlich daß diese bereits hier leben und aus ihrem Leben etwas gemacht haben. Bei genauem Hinsehen finden sich viele Momente dessen wieder, was auch bei anderen Jugendlichen, die einen Teil der Lebensbedingungen mit Migrantenjugendlichen gemeinsam haben, zu finden ist. In dem Maße, wie die gesellschaftlichen Existenzbedingungen und das, was die unterschiedlichen Jugendlichen daraus machen, übersehen werden zugunsten der "Probleme der ausländischen Jugendlichen", in dem Maße gerät bezüglich der Migrantenjugendlichen das Bein aus dem Blick, mit dem sie in der Linie der Geschichte der Auseinandersetzung um Jugend in dieser Gesellschaft stehen. In diesem Sinne ist die Rede über den *ausländischen* Jugendlichen und *seine* Probleme bereits eine Ausgrenzung.

Ausgangspunkt für den Versuch, die Form der Praxis der türkischen Migrantenjugendlichen in ihrem Sinn als Handhabung der Lebensbedingungen in der Migrationsgesellschaft zu begreifen, waren die Arbeiten des Birminghamer Centre for Contemporary Cultural Studies v.a. über jugendliche Subkulturen, so daß hier in einem Einschub knapp skizziert werden soll, wie in diesen Arbeiten vorgegangen wird und wie diese als Anknüpfungspunkt für die vorliegende Studie dienen.

Exkurs: Die Analyse der kulturellen Praxis von Jugendgruppen in den Arbeiten des Centre for Contemporary Cultural Studies (CCCS)

Martin Baethge (1985) hat zurecht kritisiert, daß großen gesellschaftstheoretischen Würfen über "Postmoderne", "Wertewandel", "Postadoleszenz", "Abschaffung des Individuums" oder, wie man inzwischen hinzufügen kann, "Individualisierung" (Bommes 1992), die auch verhandelt werden, wenn es um *die* Jugend geht, häufig unvermittelt empirische Daten gegenüberstehen, die zwar zur Begründung der jeweiligen Konzeptionen herangezogen werden, ohne daß diese allerdings von den Daten her überzeugend begründet werden können. Solche Argumentationen über "Postmoderne", "Postadoleszenz", "Wertewandel" , "Abschaffung des Individuums" oder "Individualisierung" beziehen sich auf gesellschaftliche Wandlungsprozesse im Bereich von Ökonomie und Staat und deren soziale Folgen. Im Hinblick auf Jugendliche werden dabei die sozialen Rahmenbedingungen angesprochen, die die Jugendphase strukturieren. Bedingungen von Ausbildung, Arbeitsmarkt, Freizeit, Konsum, Wohnen, Familie etc. werden thematisiert, aber was die Jugendlichen daraus machen, d.h. die Weise, in der sie diese Bedingungen leben, bleibt oft außen vor bzw. darüber wird häufig eher spekuliert. Diesen Zusammenhang aber aufzuschließen, nämlich die Art und Weise, in der gesellschaftliche Bedingungen in den Formen des Lebens gehandhabt werden, darauf zielt die Kulturanalyse des CCCS.

Die Arbeiten des Centres[55] entstanden vor dem Hintergrund der Auseinandersetzung mit einem Begriff von Kultur, der diesen auf "hohe Kultur" beschränkt. Demgegenüber insistierte man darauf, daß mit diesem Begriff die wirklichen Lebensverhältnisse, d.h. die Lebensweisen zu fassen sind, in denen gesellschaftlich unterschiedliche Gruppen und Klassen die Bedingungen ihrer Existenz handhaben. Der erste Direktor des CCCS, Richard Hoggart, war eine der zentralen Personen im Rahmen dieser Auseinandersetzungen und sein stark autobiographisch geprägtes Buch "The Uses of Literacy" (1958) über die Bedeutung von Trivialliteratur in den gewandelten Lebenszusammenhängen der Arbeiterklasse in einer englischen Stadt gehört zusammen mit Arbeiten von Raymond Williams (1961, 1965) und Edward P. Thompson (v.a.1967)[56] zu den Gründungstexten der Kulturanalyse. Das CCCS entstand so aus einem eher literaturwissenschaftlichen Zusammenhang heraus. Mit dem Vorantreiben der Diskussionen um Kultur im Kontext der Entstehung der `Neuen Linken´ wurde aber die Beschränkung auf literarische Produkte aufgegeben und zu Medienanalysen und Analysen von Trivialliteratur trat die Untersuchung der ganzen Lebensweise von sozialen Gruppen hinzu.

Paul Willis, dessen Arbeiten hier bekannter geworden sind und neben einigen Aufsätzen des Centres in Übersetzungen vorliegen (Willis 1979, 1981), betrieb seine Feldstudien über Rocker und Hippies bereits Ende der 60er Jahre. Dieser Ausbau der ethnographischen Untersuchungspraxis stellte sich stets dem Anspruch, die Analyse lokaler Kulturen in Begriffen zu betreiben, die es erlauben, die Artikulation der Widersprüche einer Gesellschaft, die vom Klassengegensatz bestimmt ist, in den kulturellen Formen der Praxis von sozialen Gruppen aufzuzeigen. Dabei geschah dies der Entstehungszeit dieser Arbeiten entsprechend in Auseinandersetzung mit Theorien über die "nivellierte Mittelstandsgesellschaft" unter Bezug auf französische staatstheoretische Diskussionen[57] und auf Gramsci und dessen Hegemoniekonzept im Versuch des Begreifens der Vorherrschaft sozialdemokratischer Politik- und Integrationsformen nach dem Krieg bis Ende der 70er Jahre. Dies ist insofern von Bedeutung, als die Untersuchungen aus dem Umkreis des CCCS über jugendliche Subkulturen stets mit beschleunigten gesellschaftlichen Wandlungsprozessen befaßt waren und bemüht sind zu zeigen, wie Veränderungen in der Nachkriegszeit im Bereich der Arbeit, der Bildung, des Wohnens, des Konsums, der Freizeit sich niederschlagen in

---

55 Für einen Überblick vgl. Hall 1980, Maas 1980, 1982, Lindner 1981

56 Für eine Diskussion der Rolle E.P.Thompsons innerhalb der englischen Linken vgl. Bommes 1982 sowie die dort diskutierte Literatur.

57 Autoren wie Althusser und Poulantzas sowie später Foucault waren hier von entscheidendem Einfluß.

der Praxis von Jugendlichen, sei es in den unterschiedlichen spektakulären Stilen der Teds, Mods, Skins, Punks etc., die in ihrer Bedeutung nur unter Bezug auf solche gesellschaftlichen Entwicklungsprozesse aufzuschlüsseln sind, sei es in der Praxis von Fußballfans, von Jugendlichen eines Wohnviertels, von Hauptschülern etc.[58] Dabei ist zentral für diese Studien, daß der analytische Rahmen stets auf die Reproduktionsweise der ganzen Gesellschaft bezogen bleibt, ohne daraus eine Praxis abzuleiten. In den Formen der alltäglichen Praxis wird die Handhabung und die Verarbeitung dieser Zusammenhänge aufgesucht, das, was die Jugendlichen daraus gemacht haben.

Kulturanalyse zielt auf die Form der gelebten Praxis im Hinblick auf ihre gesellschaftlichen Bestimmungszusammenhänge. Kultur meint also die Form einer Praxis, in der die gefundenen gesellschaftlichen Verhältnisse von Individuen bzw. sozialen Gemeinschaften gehandhabt werden. Die Praxis der Subjekte ist kulturell arikuliert, das gilt für das Essen, Trinken, Schlafen Kleiden, Tanzen etc. sowie für die sprachliche Praxis. Einer Gesellschaft entspricht nicht eine Kultur, vielmehr bringen Individuen und Kollektive in Auseinandersetzung mit den ihnen im gesellschaftlichen Reproduktionsprozeß vorgegebenen differenten Lebensbedingungen unterschiedliche, oftmals einander entgegengesetzte Lebensformen, Kulturen hervor. Soweit das Leben durch das Verhältnis zu den gesellschaftlichen Widersprüchen bestimmt ist, ist in den Arbeiten des CCCS von Klassenkulturen die Rede. Empirisch zugänglich ist aber nur eine lokal situierte Gruppenpraxis, die bestimmt ist durch Stilbildung.

So ist zunächst in den Untersuchungen des Centres etwa die Praxis der Teds, Mods, Skins oder Punks deutlich voneinander unterschieden auf der Ebene des Stils. Jeweils unterschiedliche Materialien des täglichen Lebens (Kleidungsstücke, Frisuren, Musik, Fußball, Straßen, Wohnsiedlungen, Fahrzeuge etc.) werden aufgegriffen und zu einem Stil `gebastelt`. wie es unter Bezug auf Levi-Strauss in den Arbeiten des Centres heißt, und dieser artikuliert so in der Anordnung der Formen der Praxis den Sinn, den die jeweiligen Gruppen aus den gefundenen Bedingungen des Lebens gemacht haben. Dabei geschehen diese Stilbildungen in Auseinandersetzung mit und in Abgrenzung zu der Praxis anderer Gruppen von Jugendlichen, der Eltern, den Anforderungen der Schule, des Arbeitsmarktes sowie diverser anderer gesellschaftlicher Apparate als Regulationsinstanzen der Praxis der Jugendlichen. Die angesprochenen Materialien und Orte sind dabei als "Rohmaterial" der Praxis das Terrain, auf dem die kulturellen Auseinandersetzungen der Gesellschaft sich abspielen insofern, als jede Praxis ihre Bedeutungen in Stilbildungen gegen einen anderen Gebrauch durchsetzen muß. So zeigen

58 Vgl. dazu v.a. Clarke 1979, Cohen 1972, Corrigan 1979, Critcher 1979, Hall/Jefferson 1976, Hebdige o.J., 1979, Mungham/Pearson 1976, Parker 1974, 1979, Robins/Cohen 1978, Willis 1977, 1978

etwa eine Reihe von Arbeiten, daß konstantes Auseinandersetzungsterrain zwischen Arbeiterjugendlichen und Polizei der Gebrauch der Straße ist, wie überhaupt der als legitim angesehene Gebrauch von öffentlichen Räumen ein guter Indikator für die kulturelle Dominanz oder Unterordnung von sozialen Gruppen und Klassen ist,[59] was sich so auch bestätigt für die Gruppen der Jugendlichen, mit denen ich zu tun hatte. Darauf ist zurückzukommen.

Wenn also in solchen lokal vorzunehmenden Analysen empirische Offenheit den Zugang zum Sinn einer Praxis eröffnet, so ist dieser gleichwohl zu erschließen durch die analytische Aufschlüsselung der lokalen Zusammenhänge im Hinblick auf die gesellschaftlichen Widersprüche, die eben lokal und insofern unterschiedlich ausgetragen werden. D.h. aber auch, daß Kulturen nur in ihrer Beziehung zueinander zu analysieren sind, denn in der Praxis werden Über- und Unterordnungsbeziehungen in ihren konkreten Ausformungen gelebt: eine Kultur, d.h. die Formen der Praxis sind in diesem Sinne mehrfach artikuliert.

Paul Willis Untersuchung (1977) der rebellischen Praxis der Gruppe von Hauptschülern zeigt, wie diese Praxis nur zu verstehen ist in Bezug auf die Handhabung unqualifizierter Arbeit, die die Jungen aus den Erzählungen ihrer Eltern kennen. Gerade die realistische Erwartung, daß das Gleiche auf sie zukommt, bringt sie dazu, als Gruppe nicht nach individuellen Auswegen zu suchen, aber diese Einsichten, "Durchdringungen", wie Willis sagt, existieren in den kulturellen Formen der Gruppe, die diese von ihren Eltern bezieht, sie bleiben implizit und existieren so auch nur in einer bestimmten Verschiebung, für die der Sexismus eine entscheidende Role spielt: Als "harte Männer", die die Arbeit erfordert, benötigen die Jungen kein "Wissen" – dieses ist "weibisch", denn Mädchen und Schwächlinge brauchen "Wissen" für Qualifikationen, da "harte Arbeit" für sie nicht zugänglich ist. Die Zurückweisung von Wissen als einer bestimmten Form des Wissens macht hier ein Moment der Auseinandersetzung mit kultureller Dominanz aus, und so ist eine wesentliche Leistung der Studie von Willis die Art, wie er in den Details der Praxis der Jugendlichen diese Beziehungen aufspürt und gleichzeitig an den Momenten von Verschiebung zeigt, wie die spezielle Form der Praxis der Jugendlichen ihnen Möglichkeiten der Verweigerung und Auseinandersetzung eröffnet und doch im gleichen Moment ihre Eingliederung in den Produktionsprozeß produziert. Dies ist der Motor einer Kulturanalyse, die sich wie die des CCCS kritisch versteht. Sie sucht die Formen der Praxis zu bestimmen im Hinblick auf ihr Potential und ihre Begrenzungen und beschränkt sich so nicht auf eine deskriptive Verdopplung der Verhältnisse. Es ist der Gebrauchswert der Formen, der eine Praxis vorantreibt, die so zugleich die gesellschaftlichen Verhältnisse alltäglich reproduziert.

59 vgl. Cohen 1972, 1980, Corrigan 1979, Hebdige o.J., Willis 1977

Baethge (1985) merkt zur Arbeit von Willis an, es handle sich um die Untersuchung von subkulturellen Enklaven, die fortschreitende Durchdringung des Lebens mit "systemischen Vergesellschaftungsformen" aber, wie es unter Bezug auf Habermas 1981 heißt, löse solche klassen- und gruppenspezifischen Kulturen oder Lebenswelten auf. Wie immer es sich mit der besonderen Gruppe, dem zugehörigen lokalen Zusammenhang und den ökonomischen Hintergründen verhalten mag, die Willis untersucht, seine Arbeit scheint mir gerade auch eine implizite Kritik des reifizierenden Umgangs mit Kategorien wie System und Lebenswelt zu enthalten.[60] Die Gruppe, die Willis untersucht, existiert nur als Form der Aneignung des Terrains, das die Schule zur Verfügung stellt, und diese Form wird von ihm zurückbezogen auf die Traditionen, die den Jugendlichen erreichbar sind als Repertoire, aus dem sie ihren spezifischen Stil basteln, der bestimmte Dinge ermöglicht und so andere verhindert. Gleiches zeigen Arbeiten des CCCS für viele andere untersuchte Bereiche, vom Fußballplatz über die Disco bis zu Wohnsiedlungen und Jugendzentren. Indem die gesellschaftlichen Apparate ("die systemischen Vergesellschaftungsformen"), die von den Individuen zu durchlaufen sind, das Terrain ausmachen, das die kulturellen Praxen der jeweiligen Gruppen aneignen, sind diese Apparate und ihre Folgen nicht funktional abzuleiten, sondern in ihnen in ihrer Verfaßtheit sind die gesellschaftlichen Zumutungen spezifisch strukturiert als Bedingung und Bezugspunkt der gelebten Auseinandersetzung. Dieser Gedanke ist ein zentraler Bezugspunkt für die nachfolgenden Analysen.[61]

Ist daher die Herangehensweise des CCCS nicht aus empirischen Gründen vorschnell zu verwerfen, so ist gleichwohl in der Perspektive dieser Arbeit zu konstatieren, daß die Arbeiten des CCCS für den Versuch einer Sprachanalyse in kulturanalytischer Absicht wenig zu bieten haben. Willis beschränkt sich im theoretischen Teil seiner Untersu-

60 vgl. dazu auch Kap. 2.2, wo eine genauere Darlegung und Kritik dieser Unterscheidungen von Habermas erfolgt.

61 Kritiker wie Baethge und Ferchhoff (1990; dieser sei hier stellvertretend für die "Bielefelder" Jugendforschung genannt, wie sie in den letzten Jahren bekannt geworden ist.) machen es sich zu leicht, wenn sie den analytischen Ansatz des CCCS mit Verweis darauf verwerfen, daß die Verhältnisse Großbritanniens mit denen der BRD nicht vergleichbar seien. Die Reichweite eines Ansatzes ist in seinem Potential der Aufschlüsselung durchaus unterschiedlicher Verhältnisse und ihrer kulturellen Handhabung zu erweisen. Dem Verwerfen der CCCS-Arbeiten steht insbesondere im Bielefelder Kontext gegenüber, daß die dortigen Jugend(kultur)analysen sich vergleichsweise bescheiden ausnehmen, da gesellschaftstheoretische Großthesen zur Individualisierung als Vergesellschaftungsmodus im Anschluß an Beck (1983, 1986) nicht in kulturanalytisch immanenten Rekonstruktionen lokal situierter Praxen als gesellschaftlicher Bestimmungszusammenhang ausgewiesen werden, sondern die Präsentation von empirischen Daten auf problematische Art extern anleiten (vgl. u.a. Heitmeyer/Olk 1990, Heitmeyer u.a. 1992; dazu auch Bommes 1992a).

chung "Learning to Labour" (1977, S.119ff.) auf mehr oder weniger erhellende Einfälle zur Rolle von Sprache. Die Präsentation seines empirischen Materials sowie der Umgang damit aber erweisen sich als methodologisch und methodisch konventionell und unzureichend reflektiert. Die sprachtheoretischen Arbeiten des CCCS beschränken sich im wesentlichen auf abstrakte semiotische Debatten (Coward/Ellis 1977; Part Four in Hall/Hobson/Lowe/Willis 1980), die auch keinen Eingang in die empirischen Arbeiten des Centres gefunden haben. Damit bleibt aber ein Desiderat der kulturanalytischen Arbeiten auch von Willis, die sprachliche Praxis der Untersuchten, d.h. praktisch der befragten Jugendlichen in den Interviews selbst kulturanalytisch zu entschlüsseln. Diese letzten Bemerkungen ändern nichts daran, daß ich aus den Arbeiten insbesondere von Willis viel gelernt habe. Unmittelbar für eine Sprachanalyse in kulturanalytischer Perspektive ist aber in den hier vorrangig diskutierten Arbeiten über jugendliche Subkulturen kaum etwas zu holen.

Ende des Exkurses

Nach diesem Exkurs zu zentralen Aspekten der Arbeiten des CCCS sei hier ein Punkt wieder aufgenommen, der als wesentlich gekennzeichnet wurde. Willis wurde gegen Baethge mit dem Hinweis verteidigt, daß seine Analyse zeigt, wie die Gruppe der von ihm untersuchten Jugendlichen nur existiert als Form der Aneignung des Terrains, das die Schule zur Verfügung stellt, und daß die Formen der Praxis auf die Traditionen bezogen werden müssen, die für die Jugendlichen erreichbar sind, im Rückgriff auf deren Repertoire und der spezifischen Aneignung dessen sie ihre Praxis gestalten. An diese Überlegung läßt sich anschließen bei dem Versuch, die Praxis der türkischen Migrantenjugendlichen ein Stück weit zu sortieren und darzulegen. Der Umgang mit Migrantenjugendlichen als "ausländischen Jugendlichen" und ergo "Problemjugendlichen" ist wie gesagt selbst Teil der Verfaßtheit der Bedingungen ihres Lebens in der Migrationsgesellschaft. Um die Form ihrer Praxis als Handhabung dieser Bedingungen zu verstehen, sind auch die Traditionen in den Blick zu nehmen, aus denen die Handhabungsformen bezogen werden.

Aber hier gilt es, vorsichtig und genau zu sein. Eine Tradition erklärt nicht aus sich selbst ihre Fortsetzung unter veränderten Bedingungen, sondern das Potential der Form einer Traditon ist im Verhältnis zu anderen erreichbaren oder blockierten Formen zu bestimmen in Hinblick auf die darin enthaltenen Möglichkeiten der Handhabung konkreter Bedingungen. Das ist bereits in der Kritik an dem Vorgehen Rehbeins geltend gemacht worden. Rehbein steht mit der Art seiner Verweise auf die kulturelle Tradition der Migranten in der Linie einer gängigen Praxis in der Ausländerarbeit bzw. -pädagogik, aber auch zahlreicher Arbeiten in der Migrationsforschung. Im Unterschied zu Rehbein, der kulturelle Traditionen im Detail und z.T. auch aus eigener Kenntnis anführt und sich daher meist globaler Charakterisierungen *der* Türkei enthält, ist die ausländerpädagogische Praxis häufig durch eine Soziologie der Türkei für den Hausgebrauch bestimmt,[62] die von Pädagogen und anderen professionell mit Migranten befaßten Personen bezogen ist aus einer Art Schnellfeuersoziologie, wie sie die vielfach auch graue Literatur über Migranten häufig kennzeichnet. Dies ist bereits an der Arbeit von Keim kritisiert worden, trifft aber auch für Stüwe 1982, Bielefeld u.a. 1982 und Hoffmann 1981 zu. . Klischees in soziologischer Form beherrschen den Alltag: *die* Türken stammen aus einer traditionellen Agrargesellschaft oder differenzierter einer Übergangsgesellschaft, in der sie aber häufig noch aus traditionellen Zusammenhängen stammen; die Türkei selbst hat kein ausgebautes Bildungssystem; die Menschen leben meist noch in bäuerlicher Subsistenzwirtschaft und pflegen entsprechend bäuerliche Lebensgewohnheiten; der Islam bestimmt das Leben; das Patriarchat ist sehr ausgeprägt. Darüber hinaus wird des öfteren auch noch die (Tradition der) Großfamilie bemüht. Insbesondere innerhalb der Linken kommen noch hinzu einerseits Ausführungen über die Unterdrückung der Bauern durch die Großgrundbesitzer in halbfeudalen Verhältnissen sowie der kritische Hinweis auf die Reislamisierungstendenzen innerhalb der Türkei, die auch starke Rückwirkungen auf die Migrantenszene in der Bundesrepublik hätten, da sie sich hier im Gegensatz zur Situation in der Türkei ungehindert ausbreiten könnten.

Darauf kann hier nicht im Detail eingegangen werden, zumal dieses Feld inzwischen eine eigene Studie wert wäre.[63] Ich möchte nur auf folgendes aufmerksam machen: Abgesehen davon, daß sich eine Reihe von Annahmen über die Verhältnisse in der Türkei bei genauerem Hinsehen häufig als falsch herausstellen,[64] ist der Bezug auf die Türkei

62 Diese Praxis ist mir direkt zum einen aus der Feldarbeit mit den Jugendlichen, zum anderen aus der jahrelangen Arbeit im Vorstand des Vereins zur pädagogischen Förderung ausländischer Kinder in Osnabrück, der zahlreiche pädagogische Projekte mit Migrantenkindern durchgeführt hat, sowie aus Fortbildungsveranstaltungen für Lehrer, Sozialarbeiter und Mitarbeiter von Verwaltungen und Behörden bekannt.

63 Dazu in Ansätzen Bukow/Llayora 1988, Teil Eins.

64 Das wird an den Beispielen der Großgrundbesitzer und der Reislamisierung in der Türkei besonders deutlich. Die Verarmung und Ausbeutung der Bauern durch die Großgrundbesitzer in halbfeudalen Verhältnissen gehört(e) zum Kernbestand innerhalb der linken Diskussionen, entnommen v.a. den prominenten Büchern von Steinhaus (1969) und Keskin (1977), auf die sich zahlreiche andere Autoren berufen, wenn sie über die Türkei und ihre Geschichte schreiben, aber auch den Filmen von Güney. Andere Arbeiten, die sich sehr gründlich mit den landwirtschaftlichen Verhältnissen

oder Elemente des sozialen Lebens dort meist von seinem selbst nicht mehr unschuldigen Anlaß bestimmt, irgendetwas Nicht-Verstandenes, Undurchsichtiges im Verhalten von Migranten zu erklären. Dieser Anlaß ist insofern nicht unschuldig, als er bereits entschieden hat, daß die andere Kultur des Gegenübers das Zu-Verstehende ausmacht. Und indem diese Kultur als Kultur (noch) traditioneller Lebenszusammenhänge vorsortiert ist, kann sie ethnologisch in ihre Bestandteile zerlegt werden, die dann als gleich mit denen erkannt werden können, die schon im Verhalten der Migranten vorkamen – diese können so als erklärt gelten.

Natürlich betreibt nicht jeder ethnologische Studien, aber die entsprechende Haltung einer Alltagsethnologie ist eingeschliffen und findet ihr Vorbild etwa in den prominenten Arbeiten von Schiffauer (1981, 1983, 1989) und ihrem Pendant bezogen auf "türkische" Frauen von Petersen (1985). Dabei verdutzt einen des öfteren, daß in solchen Arbeiten auf Literatur Bezug genommen wird, die für die vorgetragene Sichtweise der Verhältnisse als traditionelle als Beleg dienen soll, die sich aber auch anders als in diesen Arbeiten lesen läßt.

Das sei mit einem kurzen Hinweis auf das oft bemühte Standardwerk von Paul Stirling über "The Turkish Village" (1965) verdeutlicht. Dieser hat längere Feldstudien in zwei Dörfern in der Umgebung von Kayseri bereits 1949 bis 1952 durchgeführt und auf der Grundlage dieser die Lebenspraxis in diesen Dörfern in ihren Unterschieden beschrieben. Dort finden sich zahlreiche Verweise auf Traditionen, die auch in der Praxis von Migranten in der BRD aufscheinen. Aber zugleich diskutiert

---

auseinandergesetzt haben, behaupten aber, daß Großgrundbesitz eine wesentliche Form des landwirtschaftlichen Besitzes nur im Südosten der Türkei und in neuerer Zeit durch den Einkauf des städtischen Kapitals ins Agrobusiness in der Çukurova und in der Region von Izmir ist, ansonsten aber nicht (vgl. v.a. Hütteroth 1982, 1985 und Keyder 1984b). Die Arbeiten der letztgenannten erscheinen mir überzeugend, aber wichtiger ist, daß vor dem Hintergrund solcher oft nicht geklärten Fragen die Sicherheit, mit der die Türkei Gegenstand politischer Debatten ist, in denen man sich auf zweifelhafte Erkenntnisse stützt, sehr viel auch über das Verhältnis zu den Migranten in der BRD aussagt, denen gegenüber man auch bezüglich der Türkei besser Bescheid weiß als sie – und so häufig nur Erstaunen und Kopfschütteln erntet.
Das Buch von Keskin (1977) ist auch bezüglich seiner Geschichtsschreibung sehr einflußreich in der Form, daß der linke Kemalismus Keskins in der Ausländerarbeit bis heute sich niederschlägt in der Kritik der sog. Reislamisierung in der Türkei, die hier v.a. deshalb von Interesse ist, da sich davon ausgehend umstandslos mit dem pädagogischen Finger auf die Moscheen und die religiöse Praxis der Migranten zeigen ließ und läßt. Ganz andere Sichtweisen der Entwicklung nach 1950 wurden und werden bis heute häufig nicht zur Kenntnis genommen, was eine Einschätzung der Bedeutung dieser Entwicklung für die Situation der Migranten erschwert (vgl. dazu auch die Analyse des Gruppeninterviews) und im übrigen dazu führt, daß übersehen wird, daß die Entwicklung nach 1950 auch etwas mit der Einführung von Religionsfreiheit zu tun hat (dazu Karpat 1985).

Stirling in dieser Studie immer wieder die Art und Weise, in der die Entwicklungen in der Stadt aufgrund der expandierenden kapitalistischen Marktökonomie auf die Dörfer zurückwirken und dort das Leben verändern, etwa indem zahlreiche Männer auf Saisonarbeit in der Stadt ausweichen. Die Bedeutung der Lebensformen unterliegt bereits zu diesem Zeitpunkt einem fortwährenden Wandlungsprozess und Stirling ist dem später in einer Nachfolgestudie (1974) weiter nachgegangen.

Die Umwälzung der dörflichen Verhältnisse wird in der ethnologischen Perspektive etwa Schiffauers (1981, 1983, 1989) und Petersens ausgeklammert und so unterstützen diese die Praxis, sich aus einer globalsoziologisch charakterisierten Türkei Versatzstücke zur Subsumtion des Verhaltens der Migranten unter diese zusammenzuklauben.[65]

Aus dieser Form der Präsenz der Türkei in den Auseinandersetzungen um Migranten in der Gesellschaft der BRD waren für die vorliegende Arbeit folgende Konsequenzen zu ziehen: Zunächst einmal wird nicht versucht, eine handliche Soziologie der Türkei zu präsentieren. Das führt aber zu erheblichen Problemen, sobald man auf Traditionen als Repertoire für Verhaltensformen zu sprechen kommt, denn in das Verständnis dieser Tradition geht mindestens implizit ein Verständnis der sozialen und gesellschaftlichen Zusammenhänge, denen sie entstammen, ein. Aber keine Globalcharakterisierung zu liefern, heißt nicht, daß ein Versuch des Begreifens der gesellschaftlichen Zusammenhänge der Türkei überflüssig wäre. Je mehr man sich dort aber hineinbegibt, um so schwieriger wird es, und das Problem der Zwei-Seiten-Soziologie ist auch mit dreißig Seiten nicht zu lösen.

Daher sei zum einen nur der allgemeinste Gesichtspunkt benannt, der sich recht unterschiedlichen Darstellungen der türkischen Verhältnisse entnehmen läßt,[66] nämlich daß diese bestimmt sind von einem hohen Tempo des gesellschaftlichen Wandels, der an jedem Ort dieser Gesellschaft erfahrbar ist und dem die Subsumtion der Verhältnisse unter eine kapitalistische Ökonomie und einen entsprechenden Staatsapparat zugrundeliegt. Dies ist kein einheitlicher, sondern ungleichzeitiger,

65 Das gilt nur z.T. (1987) bzw. nicht für die neuesten Arbeiten Schiffauers über "Die Bauern" bzw. "Die Migranten von Subay", wo er auch aufschlußreiche Beobachtungen u.a. bezüglich der Rückwirkungen der Migrationsprozesse auf das Dorf macht. Auch die anderen Arbeiten lassen sich lesen als Rekonstruktionen von Traditionszusammenhängen, deren Veränderungen in der Türkei und hier nachzugehen ist, was Schiffauer in einem Aufsatz (1984) sowie in den beiden genannten Büchern tut. Insofern mag die Kritik an seinen früheren Arbeiten ihm Unrecht tun. Aber zur Fortsetzung dieser Linie, deren Spuren sich auch in den Arbeiten 1987 u. 1991 finden , vgl. Schiffauer 1989.

66 Vgl. u.a. Bozbag 1970, die Beiträge in Grothusen 1985, Islamoglu/Keyder 1979, Karpat 1973, 1976, Keskin 1977, Keyder 1984a, 1984b, Lewis 1968, London 1974, Planck 1972, Shorter u.a. 1967, Steinhaus 1969, Werle 1984

widersprüchlicher Prozeß, der, wenn man ihn verstehen will, danach verlangt, auch die abhängige Entwicklung der Türkei zu analysieren. Darauf ist hier nicht genauer einzugehen, sondern zwei Schlußfolgerungen aus diesem allgemeinsten Gesichtspunkt sind wichtig:

Erstens wird gegenüber der immer noch gängigen Auffassung, daß die Migranten aus traditionalen Lebensverhältnissen stammen, darauf bestanden, daß selbst vermeintlich augenfällig traditionale Verhältnisse nicht begriffen sind, wenn sie nicht ins Verhältnis zur allgemeinen Umwandlung der Verhältnisse gesetzt werden. Die Tatsache etwa, daß in beinahe jedem Dorf das Einschlagen sozialer Karrieren außerhalb dessen als Möglichkeit sich in der Reichweite der dort Lebenden findet und seit dem zweiten Weltkrieg massenhaft genutzt wird, verpflichtet zur Analyse der Überdeterminierung des vermeintlich Traditionalen durch die Form der Integration in den gesellschaftlichen Verkehr, wie dies in Ansätzen Kleff (1985) vorführt. Im Gegensatz zur häufigen Konzipierung von Migranten in Kategorien des "noch"[67] ist zu beachten, daß die hohe Mobilität der türkischen Gesellschaft in die Praxis der Migranten eingeschrieben ist.

Daraus, daß der Prozeß der Umwälzung der gesellschaftlichen Verhältnisse aber sich widersprüchlich, uneinheitlich vollzieht, folgt zweitens, daß die Rede über *die* Türken sich bereits in der Türkei verbietet. Dies ist natürlich inzwischen auch hier Gemeinplatz, u.a. begründet mit dem Verweis auf unterschiedliche ethnische Zugehörigkeit oder der Herkunft aus ökonomisch unterschiedlich verfaßten Gebieten wie West- oder Osttürkei. In der Praxis resultiert aus dem allgemeinen Verweis auf unterschiedliche Herkunftsbedingungen meist nicht viel mehr, als daß die ethnisierende Rede über *den* Türken durch solche Relativierungen entschuldigt ist. Wie dem auch sei, für das weitere Vorgehen bedeutet dies, daß die Bedeutung von Traditionen aus der Herkunftsregion, sofern sie für die Praxis hier eine Rolle spielten, mit Vorsicht anzugehen war, denn einige Reisen in die Türkei zu Familien der Jugendlichen sowie die Lektüre v.a. von lokalen Untersuchungen[68] führten bald vor Augen, daß die jeweilige Praxis zwar in Begriffen der gesellschaftlichen Widersprüche, die darin bearbeitet werden, zu rekonstruieren ist, aber in ihrer Vielfältigkeit eben nicht reduzierbar ist auf simple Schemata über Praktiken von "Türken", die zudem in Kategorien

---

67 Das gilt zum Beispiel auch für sich kritisch verstehende Arbeiten wie die von Auernheimer 1988 und Kleff 1984.

68 Sehr aufschlußreich für die unterschiedliche Handhabung der Bedingungen des sich wandelnden gesellschaftlichen Verkehrs waren neben Stirling 1965, 1974 noch Stirling 1963, die Beiträge in Abadan-Unat 1985, Benedict 1974a, 1974b, 1974c, 1976, die Beiträge in Benedict, Tümertekin, Mansur 1974, Erdentug 1959, 1963, Engelbrektson 1978, Fallers 1976, Karpat 1976, Kıray 1976, Kongar 1976, Magnarella 1974, Makal 1981, Mansur 1972, Rother 1971, 1977, Scott 1968, Schöning-Kalender 1985, Starr 1978, 1978a, Szyliowicz 1966.

des "noch" vorschnell als Übergangsphänomene gefaßt werden. Damit sind aber Verweise auf Traditionszusammenhänge auch nur als solche und als nicht mehr zu nehmen, denn eine adaequate Rekonstruktion solcher Zusammenhänge ist eine eigene Aufgabe, die in dieser Untersuchung nicht im entferntesten zu lösen war.

Bei diesen Vorgaben will ich es belassen. Nun konkret zur Praxis der Jugendlichen, mit denen ich zu tun hatte: Ausgangspunkt hat wie gesagt ihr Leben in der BRD zu sein und so sind die Zusammenhänge, in denen die Jugendlichen leben, zu verstehen bezogen darauf, daß es sich um die Lebensbedingungen der Kinder des Teils der Arbeiterklasse handelt, der erst in den 60er und 70er Jahren hierhingeholt worden ist, der die anderen Teile dieser selben Klasse unterschichtet hat,[69] der rechtliche, soziale und politische Benachteiligungen erfährt, dessen Kinder in den Schulen und auf dem Arbeitsmarkt mit die schlechtesten Chancen haben und der schließlich auf der politischen Bühne zur imaginären Bearbeitung von gesellschaftlichen Verunsicherungen herhalten muß.[70] Konkret heißt dies wie bereits dargelegt, daß die Jugendlichen entweder noch die Haupt- oder Sonderschule, das BVJ oder BGJ besuchten, arbeitslos oder in einer der Maßnahmen des Arbeitsamtes für arbeitslose Jugendliche waren oder eine Arbeitsstelle innehatten, die meist schlecht bezahlt und von Kündigung bedroht war, da es sich um un- bzw. angelernte Tätigkeit handelte, und die oft auch von den Jugendlichen selbst wegen Unerträglichkeit wieder aufgegeben wurde. Dabei sind die angegebenen Stationen im Laufe meiner Bekanntschaft mit den Jugendlichen meist von ihnen sämtliche durchlaufen worden.

Die Gruppen, mit denen ich zu tun hatte, teilen diese Erfahrungen und ihre Praxis ist davon gekennzeichnet. Bereits als Schüler fangen die Jugendlichen in den letzten Klassen der Haupt- bzw. Sonderschule sowie im BVJ oder BGJ an, sich einerseits durch Abwesenheit zu entziehen und andererseits in massiver Konfrontation mit den Lehrkräften die Zumutung der pädagogischen Forderung nach Disziplin, der kein biographisch nutzbarer Gegenwert für die weitere Karriere entspricht, zurückzuweisen und das Terrain der Schule in der Form der "Randale" und z.T. auch der physischen Herausforderung des Personals für die Praxis der Gruppe zu erobern, in der sie sich nun als harte, selbstbewußte Männer in Abgrenzung zur pädagogischen Form des Umgangs mit ihnen inszenieren. Dabei fiel des öfteren auf, daß die Jugendlichen in Erzählungen immer wieder vom Erschrecken der Lehrkräfte über nur die Androhung von Gewalt fasziniert waren, was m.E. vor allem zwei Gründe hat..

Zum einen sind die unterschiedlichen Umgangsweisen mit dem Körper im Umgang mit sich und anderen in verschiedenen, klassenspezifi-

69 Zum Begriff der Unterschichtung vgl. Hoffmann-Novotny 1973.
70 Vgl. dazu allgemein Dohse 1981, 1983 Bommes/Scherr 1990,1991

schen Zusammenhängen bekannt[71] und in diesem Sinne entspricht das Erschrecken der Lehrer häufig wohl auch deren biographischen Sozialerfahrungen. Zum anderen entspringt dieses Erstaunen der Jugendlichen aber auch dem Sachverhalt, daß für sie die Frage, ob man ein Mann ist, daran hängt, ob man bereit ist, seine Ehre zu verteidigen und d.h. in Situationen der Bedrohung nicht sein Gesicht zu verlieren, also nicht auszuweichen, sich zurückzuziehen, etwas zu überhören, wenn alle anderen zuhören etc.. In diesem Sinne erstaunt die Jugendlichen das Nachgeben und die Schwäche der Lehrer und zugleich äußern sie sich abfällig über diese, wenn sie auf institutionelle Disziplinierungsmaßnahmen zurückgreifen, da dies als Folge ihrer Schwäche, für sich selbst einzustehen, ausgelegt wird.

Daß für die Jugendlichen die Frage, ob man ein Mann ist, mit der Bereitschaft der Verteidigung der Ehre zusammenhängt, ist nun aber m.E. nicht als simpler Kulturtransfer zu verstehen. Dagegen spricht schon, daß nicht alle türkischen Migranten quasi automatisch daran festhalten, obwohl man für *diesen* Fall annehmen kann, daß das Konzept der Ehre in der Türkei in unterschiedlichen Ausprägungen sich in der Reichweite von Männern befindet und auch in weiten Teilen praktiziert wird.[72] Der Gebrauchswert des Konzepts der Ehre in der BRD hängt u.a. vielmehr mit dem gleichen Realismus zusammen, der die Jugendlichen zu einem rebellischen Verhalten in der Schule veranlaßt, nämlich das Wissen darum, daß der Bildungsapparat und die daran gebundenen Karrieren für sie nicht zugänglich sind. Zugleich bekommen sie die Lage ihrer deutschen Altersgenossen in den gleichen Schulklassen und in den geteilten Wohnvierteln mit, die häufig nicht besser dastehen als sie selbst, aber in ihrer Praxis vielfach die Geschichte der Niederlagen ihrer Klasse ausdrücken.[73] Nimmt man die täglichen Diskriminierungen als Ausländer hinzu, auf die noch einzugehen ist, und die Unwägbarkeiten eines Lebens hier, dem eine grundsätzliche Selbstverständlichkeit nicht eingeräumt ist, dann läßt sich der Gebrauchswert eines Konzepts von Ehre und Ansehen schnell erkennen, denn traditionell vermehrt Reichtum zwar das Ansehen eines Mannes, prinzipiell ist seine Ehre aber nicht von seiner materiellen sozialen Lage abhängig, sondern in der angemessenen Bewältigung der Probleme, mit denen man konfrontiert ist, läßt sich der einem geschuldete Respekt immer wieder neu herstellen und bewahren. So läßt sich auch Distanz wahren zu dem Umgang mit

71 Vgl. dazu etwa Willis 1978, der dort für die Stile der Rocker und Hippies das Verhältnis zum Körper als zentral nachweist, in seinen Unterschieden begründet letztlich im Verhältnis zur Arbeit.

72 Dies ist eine Gemeinsamkeit vieler der in Fn. 68 aufgeführten Studien. Dies besagt aber natürlich nicht , daß das Konzept überall die gleiche Bedeutung hat.

73 Zu der Art und Weise, in der sich Verletzungen in die Praxis einer Klasse einschreiben, vgl. Sennett/Cobb 1972.

den Jugendlichen, der diese als Problem faßt, das es in einer gesonderten Ausländerpädagogik abzuarbeiten gilt, sie Maßnahmen der verschiedensten Sorte im Anschluß an die Schulkarriere duchlaufen läßt, die schon von ihren Konzeptionen her den Jugendlichen ihre Lage als selbstverschuldet darlegen, und sie schließlich auf den "Jedermanns-Arbeitsmarkt" (Lutz/Sengenberger 1974) entläßt.

Im Anschluß an die Schule, wo die letzte Station häufig den Durchlauf einer Migrantenjugendlichenverwahranstalt in Form des BVJ ausmacht, der die Jugendlichen sich häufig so massiv entziehen, daß sie bzw. ihre Eltern sich Strafen wegen Verstoßes gegen das Schulgesetz einhandeln, sind die Zeiten von Arbeitslosigkeit unterbrochen vom Ergreifen einer Arbeit, die bald wieder aufgegeben wird, sowie von der Teilnahme an Maßnahmen des Arbeitsamtes, meist sog. Grundbildungslehrgängen oder "Arbeit und Soziales Lernen", wo die für die Jugendlichen begrenzte Zugänglichkeit des Arbeitsmarktes verwaltet wird. Dabei wird das verkündete Ziel dieser Maßnahmen, die Berufsvorbereitung, nicht eingelöst, so daß der Besuch dieser Maßnahmen von Seiten der Jugendlichen meist zunächst einen handfesten Grund hat, nämlich die Bezahlung. Diese ist nun allerdings wiederum so gering – sie bewegte sich meist zwischen 400 und 500 DM im Monat – , daß sie nicht in der Lage ist, die Jugendlichen allzu lange zu binden, da dem symbolischen Lohn Tätigkeiten entsprechen, die von den Jugendlichen als sinnlos und nicht wirkliche Arbeit wahrgenommen werden, bei denen ihnen aber einerseits Arbeitsdisziplin abverlangt wird, der kein wirklicher Lohn entspricht, andererseits aber eine pädagogische Betreuung zur Seite gestellt wird, die immer auch ein Stück weit Entmündigung bedeutet, die von den Jugendlichen dann nicht mehr akzeptiert wird, wenn sie die der sog. *Berufs*vorbereitung zugrundeliegende Ideologie als für sich nicht mehr relevant begriffen haben. Denn in dem Maße, wie ihnen der Durchlauf der Bildungsapparate vor Augen geführt hat, daß sie auf dem Arbeitsmarkt nur ein nicht-spezialisiertes Arbeitsvermögen zu verkaufen haben werden, ist die Rede von *Berufs*vorbereitung ein Euphemismus. Die Disziplinierung des Arbeitsvermögens allgemein ist das Thema angesichts der Tatsache, daß die Jugendlichen diese im Arbeitsprozeß selbst nicht lernen. Absentismus, wie ihn fast alle der von mir untersuchten Jugendlichen nach einer Weile praktizierten, ist der praktische Ausdruck dessen, daß man sich diese Disziplin nicht dauerhaft gegen einen symbolischen Lohn abringen läßt.

Geben die Jugendlichen wie gesagt häufig ihre Arbeitsstellen wieder auf, so hängt dies mit der angesprochenen Unerträglichkeit der Stellen zusammen, aber auch mit der Verweigerung gegenüber den Disziplinierungen, da eine Zeit lang die Praxis der Gruppe von arbeitslosen Jugendlichen attraktiver ist. Nach einer Weile lernen sie, ihre Ansprüche auf Partizipation an den Möglichkeiten, die für sie attraktiv sind –

das betrifft im wesentlichen Geld für Kleidung, Zigaretten und Nahrungsmittel, für den Besuch von Diskotheken und Gaststätten sowie des öfteren für Benzingeld – auf anderen Wegen durchzusetzen, wozu illegale Praktiken wie Einbrüche und) Diebstähle.[74] auch Schwarzarbeit und bei wenigen auch Strichen gehören. Das führt in einer kurzen Phase dazu, daß von ihnen das unbeschwerte Leben eines Jugendlichen, der sich, was er braucht, selbst beschafft, manchmal regelrecht euphorisch gelebt werden kann. Diese Phase wird aber stets sehr schnell durch das Eingreifen der entsprechenden Kontrollinstanzen Polizei und im Anschluß daran Jugendgerichtshelfern, Gericht, Rechtsanwälten und Bewährungshelfern beendet. Darauf ist noch zurückzukommen.

Der Tagesablauf der arbeitslosen Jugendlichen sieht in etwa so aus: Sie stehen gegen Mittag auf, sofern ihre Eltern sie mit der Aufforderung, sich eine Arbeit zu suchen, nicht bereits früher wecken. Nach dem "Frühstück" begeben sie sich in die Stadt an einen der Punkte, wo die anderen anzutreffen sind. In den Jahren 1983/84 waren noch neben der großen Einkaufsstraße moderne Schnellimbißketten wie "Hamburger-Farm", "Burger-King" und "McDonalds" beliebte Aufenthaltsorte. Diese sind aber für die Jugendlichen als regelmäßige Daueraufenthaltsorte nicht mehr attraktiv, da diese Ketten in ihrem Bemühen, akzeptable Aufenthaltsorte "für die ganze Familie" zu werden, die Jugendlichen mit Hausverboten oder extensivem Verzehrszwang draußen zu halten suchen, was nach einer Reihe von Auseinandersetzungen, in denen Polizei und Gerichte auch eine Rolle spielten, schließlich gelang.

Bereits hier wird eine wesentliche Bedingung der Praxis der Jugendlichen deutlich, die ich bereits in dem Exkurs zu den Arbeiten des CCCS angesprochen habe, daß nämlich der Gebrauch öffentlicher Räume durch Arbeiterjugendliche stets umstritten war[75] und diese Auseinandersetzung heute von den Migrantenjugendlichen als Teil der Nachfolger früherer Generationen von Arbeiterjugendlichen fortgesetzt wird. Dieser Gebrauch ist umstritten aufgrund der Form der Aneignung dieser Räume. Zunächst einmal hängt das Aufsuchen von Schnellimbißrestaurants damit zusammen, daß man v.a. im Winter auf billige Aufenthaltsorte an-

74 Mit den Ausführungen hier und im folgenden ist nichts über die Kriminalität von Migranten im allgemeinen gesagt, sondern über die der Jugendlichen, mit denen ich zu tun hatte. Festhalten möchte ich jedoch, daß die Versuche, eine überhöhte Kriminalität von "Ausländern" pauschal festzustellen, fragwürdig sind. Der Versuch der Kriminalpolizei Osnabrück in diese Richtung auf der in Fn.51 genannten Veranstaltung stützte sich auf das oft kritisierte fragwürdige Verfahren, die Kriminalitätsentwicklung anhand der Zahlen von Tatverdächtigen belegen zu wollen. Vgl. zu diesen Fragen allgemein Albrecht/Pfeiffer 1979, Autorengruppe Ausländerforschung 1981, Bielefeld 1988, Bischoff, Heidtmann-Frohme, Heßler u.a. 1985, Groth 1984, Heßler 1985, Mansel 1985, 1986, 1988, 1990 Schnapka 1985.

75 Vgl. dazu Cohen 1972, 1979, Corrigan 1979, Gillis 1981, Lindner 1982, Parker 1974, Peukert 1980.

gewiesen ist, wo es warm ist. Dafür kommen neben diesen Restaurants Kaufhäuser, Geschäfte, Spielotheken sowie ab dem Nachmittag Jugendzentren in Frage. Der Aufenthalt in diesen Räumen und auf der Straße ist bestimmt von der Bearbeitung eines Problems, der Langeweile. "Nichts tun" ist eine Tätigkeit, die, wie Corrigan (1976) gezeigt hat, einige Fähigkeit erfordert. "Nichts tun" bezieht sich dabei darauf, daß die Jugendlichen, wenn man sie fragt "Was macht ihr?/Was treibt ihr?", häufig außer "spazieren"[76] "Nichts" zur Antwort geben.

In der Gestaltung der Praxis und dem Schaffen von Ereignissen, Gelegenheiten, bei denen man Spaß hat, spielen in den Gruppen die guten "Spaziergänger" eine große Rolle, d.h. die, die durch situative Komik, Schlagfertigkeit und die Fähigkeit zu spontanen Einfällen den Tag interessant zu gestalten vermögen. Diese waren des öfteren unter den Jugendlichen zu finden, die bereits in der Türkei nach Beendigung der Schule[77] in Großstädten gearbeitet und mit Gleichaltrigen dort ihre freie Zeit verbracht hatten, eben mit diesen "spazierengegangen" waren.

Sitzen die Jugendlichen also in einer Imbißstube, dann schaffen sie dort Ereignisse. Man erzählt sich was, nimmt sich, v.a. aber das Personal auf den Arm, macht Mädchen an, startet dann und wann Pommes-Schlachten etc. Dieser nicht-legitime Gebrauch der Imbißstuben forciert deren Bemühen, die Jugendlichen als ohnehin nur begrenzt zahlungskräfige Kundschaft wieder los zu werden. Hier wie auch an den anderen Orten handeln die Jugendlichen sich die dauerhafte Aufmerksamkeit der Polizei ein, die sie auch als Zivilbeamte observieren. Das Herumstehen auf den großen Einkaufsstraßen ist ebenfalls gekennzeichnet durch den Versuch, die Langeweile zu durchbrechen. Und so wird jede Gelegenheit wahrgenommen, die Abwechslung und v.a. Spaß bringt. Dabei genügt oft schon die fortgesetzte Anwesenheit der Jugendlichen an einem Ort, um von Passanten und Ladenbesitzern kritisiert zu werden. Von diesen kann der nicht-legitime Gebrauch von öffentlichen Räumen, der schon im bloßen Herumstehen und Nichts-Tun besteht, nicht ertragen werden im Hinblick auf die eigene Praxis der geschäftsmäßigen Nutzung der Straße. Diese Kritik und Aufregung ist den Jugendlichen zugleich Anlaß zu demonstrieren, daß man sich nichts gefallen läßt, und oft auch zu einem Gaudi, das man sich daraus macht.

Zunächst verbrachten viele der Jugendlichen ihre Zeit nachmittags in Jugendzentren, in denen neben Cafeteria, Kicker und Billard auch die Discos eine Zeit lang von Interesse waren. Sie waren dabei eine Art Trainingsfeld für die richtige Disco am Abend, hier ließ sich souveränes Auftreten, gekonntes Tanzen, aber auch Anmache einüben, was am Abend gefordert war. Mit zunehmender Routine, z.T. wegen mangelndem

76 Vgl. dazu Bommes 1983. Dort ist dargelegt, daß "Spazierengehen" etwas anderes meint, als man gewohnt ist, darunter zu verstehen.

77 Die Schulpflicht endet dort mit der fünften Klasse, dem Ende der Ilk Okul., der Grundschule.

Mädchenbesuch, aber v.a. vor dem Hintergrund der dauerhaften pädagogischen Kontrolle büßen die Jugendzentren nach einer Weile das Interesse der Jugendlichen ein. Gegenüber den bis hierhin erwähnten Aufenthaltsorten hat ein Jugendzentrum den zentralen Nachteil, daß hier "sinnvolles Verhalten" gefragt ist, wobei die Kriterien dafür von den Jugendarbeitern und Pädagogen vorgegeben werden. Dieses "sinnvolle Verhalten" wird von den Jugendlichen in Zentren erwartet, die gleichwohl die ihren sein sollen. Beginnen sie aber beispielsweise praktisch festzulegen, wer ein Zentrum besuchen darf, indem sie Besucher unter Drohungen auffordern, sich nicht mehr blicken zu lassen, stellt sich schnell heraus, daß sie kein Hausrecht haben, aber gleichwohl symbolisch durchzusetzen suchen. Vandalismus als Form der negativen Aneignung ist ebenfalls auf die illusionierende Behauptung zu beziehen, daß ihnen etwas gehöre.

Die Forderung nach "sinnvollem Verhalten" bestreitet den impliziten Sinn der Praxis der Jugendlichen, die das Jugendzentrum als Terrain für die Entfaltung ihrer Praxis anzueignen suchen, indem sie dort festzulegen suchen, wer etwas zu sagen hat, ausprobieren, wer ein Mann ist, und Mädchen, die sich dort aufhalten, konkurrierend anzumachen suchen. In diesem Kontext haben sich die von mir begleiteten Jugendlichen fast alle früher oder später zunächst im Ostbunker und im Anschluß daran dann in anderen Zentren befristete oder unbefristete Hausverbote eingehandelt, die als Anlaß Schlägereien, Bedrohung der Mitarbeiter, Zerstörung von Inventar o.ä. hatten.

Diese Zentren, die nach (formuliertem) Sinn verlangen und in Auseinandersetzung mit den Jugendlichen für diese Sinn formulieren, verlieren mit der Zeit an Attraktivität und an ihrer Statt sind inzwischen zentrale Treffpunkte Spielotheken geworden.[78] Einer ihrer Vorteile ist die Abwesenheit der positiven Forderung nach Sinn bzw. nach Formulierung von Sinn. Dort treffen sich die Jugendlichen, unterhalten sich stundenlang, spielen an Automaten und starten von dort aus Unternehmungen. Auf den Sinn dieser Praxis, v.a. des Automatenspiels gehe ich noch ein. Die Anwesenheit der Jugendlichen ist auch dort nicht unumstritten und so wechselt der Treffpunkt des öfteren, da sich aufgrund der großen Zahl von Spielotheken stets noch eine nicht verbotene fand. Festzuhalten ist auch hier, daß die Auseinandersetzung um erlaubten Aufenthalt sich als täglicher Kleinkrieg abspielt, an dem in einem der zentralen Treffpunkte, einer Spielothek am Bahnhof, wesentlich die Bahnpolizei beteiligt ist, die durch Schikanen und durch extensiven Gebrauch des Hausrechts die Jugendlichen zu vertreiben sucht.

Der regelmäßige Tagesablauf des Besuchs der genannten Orte und des

78 Für eine Darstellung der Arbeit von Jugendfreizeitzentren, die diese nicht nur aus der dargelegten Sicht, die hofft, damit Perspektiven der Jugendlichen gefaßt zu haben, beschreibt, vgl. König/Schultze 1985.

Wechsels zwischen ihnen, denen am Abend meist die Disco folgt, wird von den Jugendlichen unterbrochen durch Besuche von Freunden auf der Arbeit oder an den jeweiligen Stätten, in denen die Maßnahmen des Arbeitsamtes durchgeführt werden, durch Besuche des Arbeitsamtes selbst, durch Arbeitssuche und durch gelegentliche Spritztouren. Regelmäßige Ereignisse sind ebenfalls der Besuch des Gerichts, da gegen einen selbst oder einen Freund ein Verfahren angestrengt worden ist, oder der Ausländerbehörde.

Läßt sich als ein wesentlicher Bezugspunkt der Praxis der Jugendlichen die Bedingungen beschreiben, unter denen ihnen schulisch und daran anschließend in den diversen Maßnahmen der Zugang zum Arbeitsmarkt eröffnet bzw. verwehrt wird, dann ist als zweiter wesentlicher Bezugspunkt das Elternhaus und die zugehörigen Lebenszusammenhänge der Migranten zu nennen. Hier werden die Jugendlichen einerseits mit Erwartungen konfrontiert, was aus ihnen werden soll, andererseits müssen sie die für sie gültigen Bedingungen, d.h. v.a. die nur sehr begrenzte Zugänglichkeit des Arbeitsmarktes und ihr Verhalten in ihrer tagtäglichen Praxis dazu rechtfertigen. In dem Maße, wie auch die Eltern realisieren, daß der Bildungsapparat mit seinen Karrieremustern für ihre Söhne nicht vorgesehen ist, drängen sie diese, eine Arbeit aufzunehmen, zumal sie auch bemerken, daß die Praxis, in die ihre Söhne eingebunden sind, nicht unproblematisch ist und diese in Schwierigkeiten bringt. Die Jugendlichen müssen sich also im Verlaufe der Entwicklung mit zwei Zusammenhängen der Kontrolle auseinandersetzen: Einerseits mit den Apparaten, die für die Kontrolle der Praxis von (arbeitslosen) Arbeiterjugendlichen vorrangig zuständig sind, andererseits mit ihren Eltern, deren Erwartungen sie nicht gerecht werden.

Hier möchte ich nun auf Merkmale des Stils des Verhaltens der Jugendlichen zu sprechen kommen. Die Jugendlichen laufen mit Vorliebe in modischer Kleidung herum, v.a. wenn es in die Disco geht. Zugleich achten sie penibel auf Sauberkeit der Kleidung, einen guten, modischen Haarschnitt sowie eine angenehme, eben parfümierte Geruchsausstrahlung. Sie haben eine Vorliebe für neue, schnelle Autos, meist natürlich unerreichbar, aber doch dann und wann in nächtlichen Spritztouren mit aufgebrochenen Autos oder aber mit Älteren, die ein solches Auto besitzen, kurzfristig erlebbar. Ihr Tanzstil ist sehr subtil, jede Bewegung ist trainiert und oft vor dem Spiegel eingeübt. Dabei besteht bei den meisten der Jugendlichen dieser Tanzstil aus Elementen von Disco und Break-Dancing. Mir fiel dabei die sehr gekonnte, flinke Beinarbeit auf, die einen an stetige Ausweichmanöver erinnert, der auf der anderen Seite eine von der Hüfte an die Situation kontrollierende Haltung und stets souveräne Gestik des Tänzers entspricht. Dieser Verbindung von Reaktionsschnelligkeit und würdevoller Souveränität entspricht die Vorliebe für trainierte, ausgefeilte Schlagtechniken wie Tae-Kwon-Do oder Karate, die es dem Kämpfer erlauben, bei aller Anstrengung im Kampf Haltung zu bewahren. Etwas ähnliches läßt sich auch da finden, wo die Jugendlichen in den Spielotheken an den Automaten spielen, wenn sie mit Space-Invadern beschossen von allen Seiten ins All vordringen, als Hoteldiebe von einer Unzahl von Beamten verfolgt gleichwohl den Ausgang erreichen, als Läufer oder Geländefahrzeug alle Hindernisse meistern etc. und von alledem unbeeindruckt bis in die höchsten Schwierigkeitsgrade hinein souverän eine Unterhaltung mit den anderen führen.

Unterscheidet sich die Praxis der Jugendlichen wie gesagt in vielerlei Hinsicht nicht von der vergleichbarer, nicht zugewanderter Jugendlicher, so sind solche Stilformen gleichwohl auch als Handhabung der Bedingungen von Migrantenjugendlichen zu lesen. Bereits weiter oben habe ich bezogen auf das Konzept der Ehre darauf hingewiesen, daß sich darin Distanz und Würde angesichts der erfahrenen Zumutungen wahren läßt. Die hier aufgeführten Stilmomente lassen sich ganz ähnlich lesen. Zunächst einmal ist die Situation der Jugendlichen durch Unwägbarkeiten allein schon aufgrund ihres Daseins als mehr oder weniger arbeitslose bestimmt. Darüber hinaus haben sie alle alltägliche Diskriminierungserfahrungen, die sie bei der Suche nach Arbeit, nach Wohnungen, in der Schule, auf Behörden und Ämtern und im Verlaufe ihrer Entwicklung im Umgang mit Polizei, Jugendgerichtshelfern, Bewährungshelfern und Gericht gemacht haben. Schließlich hat der größte Teil dieser Jugendlichen keinen verfestigten Aufenthaltsstatus, sondern wird aufgrund der Konflikte mit der Justiz von Seiten der Ausländerbehörde mit der Drohung der Ausweisung und Abschiebung konfrontiert. Es liegt nahe, vor diesem Hintergrund die zur Schau getragene Flexibilität und Reaktionsschnelligkeit, die immer in souveräner Haltung zu erfolgen hat, auf diese Bedingungen zu beziehen und als eine Art "magische Lösung" zu interpretieren.

Andererseits aber sind die Stilisierungsformen der Jugendlichen auch zu verstehen im Verhältnis zur Bedeutung der Migration für viele ihrer Familien. Sie zielen auf die Teilhabe an den modernen Entwicklungen der bundesrepublikanischen Gesellschaft in Abgrenzung zu erfahrenen Versagungen in der Türkei. Soweit diese nicht vorrangig selbst noch erfahren worden sind, sind sie doch präsent in der Lebenspraxis der Eltern und den weiteren Lebenszusammenhängen der Migranten. Dies zeigt sich an vielen Phänomenen des Alltags: Wohnungseinrichtungen, in denen moderne, schöne Möbel im Wohnzimmer für Gäste gepflegt und vorgezeigt werden; am Bestehen gegen alle Widerstände auf den Möglichkeiten der Medizin;[79] an der Vorliebe für große Limousinen, was nicht nur mit dem Platzangebot zusammenhängt, sondern auch mit einer Aesthetik, die zwar in der BRD nicht dem "gehobenen Geschmack", aber einem in der Türkei ungebrocheneren repräsentativen

79 Vgl. dazu auch die diskutierte Untersuchung Rehbeins (1985b).

Stil des Besitzens entspricht; an den oft nicht geringen Geldsummen, die für hochwertige Elektronikgeräte wie Fernseher, Video, Stereoanlage sowie Haushaltsgeräte ausgegeben werden, in denen sich m.E. auch dieser Anspruch auf Teilhabe an modernen Entwicklungen ausdrückt, der im übrigen in den wiederkehrenden Heimaturlauben den zurückgebliebenen Angehörigen vorzuführen ist als legitimer Umgang mit den Möglichlichkeiten, die diesen vorenthalten sind.

Dieses Bestimmungsmoment in den Stilisierungsformen zeigt sich aber auch da, wo die Jugendlichen in Schlägereien verwickelt sind. Auseinandersetzungen zwischen diesen Migrantenjugendlichen türkischer Herkunft und englischen Soldaten, wie ich sie des öfteren mitbekommen habe, haben mit den anderen Geschichten der Beteiligten zu tun. An einigen Engländern fiel mir deren Affinität zum Skinhead-Stil auf. Clarke (1975) hat gezeigt, daß dieser Stil nur als Karikatur und Rückversicherung der Werte einer soliden, männlichen Rauheit der Arbeiterklasse gegenüber den Entäuschungen der 60er und 70er Jahre zu verstehen ist. Eine Reihe der englischen Soldaten sind ehemalige Arbeitslose, die wohl aus solchen Zusammenhängen kommen, und so läßt sich ein Teil der Auseinandersetzungen zwischen diesen und den Migrantenjugendlichen auch verstehen als Versuche der konkurrierenden Aneignung der jeweiligen sozialen Räume. Schauplätze waren v.a. Diskotheken und Kneipen und die Anlässe zumeist nichtig. Es ging um die Frage, wer sich wo aufhalten darf. Dabei springen die stilistischen Unterschiede zwischen beiden Gruppen in vielerlei Hinsicht (Tanz u. Schlagstil, Kleidung Haarschnitt etc.) ins Auge, und nach meinem Eindruck steht für die englischen Soldaten das "Türken verhauen" in der Tradition des "Paki-bashing" (Pakistanis verhauen; vgl. Pearson 1976), wie sich umgekehrt die Migrantenjugendlichen die Ausgrenzungen, die sie erfahren, positiv aneignen und selbstbewußt als Türken auftreten, die es den "Kartoffeln" – so nennen die Jugendlichen Deutsche – oder hier den "fucking english soldiers" – das sagen sie so auf Englisch – zeigen. Dabei ist für die Migrantenjugendlichen das Auftreten der englischen Soldaten, aber auch deutscher Skinhead-, Bomber- oder Punker-Gruppen oft verachtenswert. Sie empfinden sie v.a. als plump und dreckig. Beides hängt mit den unterschiedlichen Geschichten zusammen, aufgrund derer für eine Reihe von deutschen Arbeiterjugendlichen der affirmative Bezug auf das Moderne in Form einer bestimmten Warenwelt nicht attraktiv ist, sondern gerade die provokative Abgrenzung davon. Das hindert im übrigen nicht daran, daß die Migrantenjugendlichen sich durchaus etwa mit erklärtermaßen "antirassistischen" Punkern zu arrangieren wissen.

Mit ihrer Praxis geraten die Jugendlichen von zwei Seiten unter Druck: Einerseits von Seiten der oben genannten gesellschaftlichen Apparate, andererseits von Seiten der Eltern. Für diese ist aber der

Umgang mit den Problemen, die sie in der Praxis der Jugendlichen sehen, äußerst schwierig. Für eine Reihe der Eltern ist es selbstverständlich, daß ihre Söhne "spazierengehen", wie sie selbst und auch die Jugendlichen dies nennen, d.h. weite Teile ihrer Zeit außerhalb des Haushalts mit Freunden verbringen. Dies unterscheidet die Jugendlichen noch nicht von anderen Altersgenossen, sondern von Bedeutung ist hier die komplementäre Funktion, die der Praxis unter Gleichaltrigen im Hinblick auf die Beziehungen innerhalb der Familie zukommt. Dabei kann es auch hier nicht darum gehen, über *die* türkischen Familien zu reden, sondern darum, auf eine wirksame Tradition hinzuweisen, die aber in den jeweiligen Familien bezogen auf die für sie gültigen Verhältnisse natürlich nicht einheitlich ihre Praxis formt.

Die familiären Beziehungen sind gemäß dieser Tradition, wie dies von Schiffauer (1983) beschrieben worden ist, hierarchisch nach den Kriterien Alter und Geschlecht gegliedert. In diesem Zusammenhang schuldet ein Sohn seinem Vater Achtung, die Frau dem Mann, der jüngere Bruder dem älteren, die Schwester dem älteren Bruder etc.. Achtung wird gezeigt (saygı göstermek) in verschiedenen Handlungen bzw. Unterlassungen wie dem Höherstehenden nicht zu widersprechen, in der Öffentlichkeit in seinem Beisein zu schweigen und allgemein in seiner Gegenwart nicht zu rauchen und zu trinken, bestimmte Sitzordnungen einzuhalten etc. Die Bedeutung, die eine solche Ordnung für die Aufrechterhaltung der familiären Solidarität in bäuerlichen Lebenszusammenhängen in der Türkei hatte, ist von Schiffauer (1983, 1987) eindringlich dargestellt worden, worauf hier nicht näher einzugehen ist.

Dieser familiären Ordnung steht die Beziehung unter Männern gegenüber, die eine unter Gleichen ist. Männer repräsentieren ihre Familie und mit ihrer Ehre stehen sie für die eigene und die Unversehrtheit der Familie ein. Der prekären Beziehung unter Gleichen wird über wechselseitige Verpflichtungen eine größere Dauerhaftigkeit verliehen, d.h. über den Tausch von Arbeit, Nachbarschaftshilfe, Geldverleih, über wechselseitige Gastfreundschaft und nicht zuletzt durch die Verheiratung der Töchter. Wer in der Lage ist, in der Etablierung und der Gestaltung von solchen Beziehungen großzügig zu sein – was natürlich auch an den materiellen Ressourcen hängt –, der erwirbt und genießt Ansehen, "şeref". Die Ehre eines Mannes, "namus", aber kann nicht erworben, sondern nur verloren werden, indem sie nicht in den täglichen Handlungen unter den Augen der anderen gelebt wird.[80]

Wird von männlichen Jugendlichen in ihrem Zusammensein immer auch eingeübt, diese Beziehungen unter Männern gemäß den Konzepten von Ehre und Ansehen zu gestalten insofern, als sie als männliche

80 vgl. dazu Schiffauer 1983, 1987, aber auch Bourdieu 1979, Kap.1. Unter vergleichenden Gesichtspunkten vgl. die historische Studie von Grießinger 1981 über die Bedeutung der Ehre bei Handwerkern.

Familienmitglieder bereits gefordert sind, für einen Teil der Ehre der Familie einzustehen – sei es im Aufpassen auf die Schwester(n), sei es im jederzeitigen Eintreten für den Ruf der Familie –, so kommt diesem Zusammensein unter ihnen auch eine wesentliche Entlastungsfunktion zu. Hier sind sie unter sich und können all die Dinge tun, die ihnen im Beisein von Älteren und in der Familie nicht zustehen: Rauchen, Trinken, Reden unter Gleichen, sexuelle Erfahrungen machen und austauschen etc.. Dabei ist diese gemeinsame Praxis von Jugendlichen traditionell vorgesehen und so wie sich Achtung *zeigt* in entsprechendem Verhalten, so gilt umgekehrt nicht als verwerflich, was die Jugendlichen tun, so lange keiner es mitbekommt. Sie gelten als "delikanlı" (verrücktblütig) und ihnen wird Spielraum des Ausprobierens zugestanden, von dem die Älteren wissen, daß dort allgemein von den Jugendlichen Dinge getan werden, die im Besonderen bezogen auf die konkreten Jugendlichen niemand wissen will, denn als besonderes, gewußtes, d.h. erfahrenes Verhalten ist es scham- oder respektlos.

D.h. einer Praxis, in der Verhalten als angemessen im Hinblick auf die jeweiligen sozialen Situationen mit ihren Anforderungen, denen der einzelne nachzukommen hat, bestimmt und in der Situation als solches kontrolliert wird, entspricht, daß zugleich Bereiche des Sich-Entziehens vorgesehen sind. Dabei ist wesentlich, daß der Kontrolle in der Situation durch diese keine Verlängerung über diese hinaus zugrundeliegt. Verstöße werden sanktioniert, aber nicht sofort aus Charaktereigenschaften, persönlichen Merkmalen des einzelnen erklärt.

Diese hier grob skizzierten Elemente von Traditionen bäuerlicher Lebensweise entsprechen traditionalen Lebenszusammenhängen in dem Sinne, daß sie die soziale Ordnung an die Kontrolle durch hinreichend bestimmte soziale Situationen binden können, da diese Situationen und die zugehörigen sozialen Lebenszusammenhänge nicht dauerhaften sozialen Wandlungsprozessen durch die Integration in den zunehmend arbeitsteilig organisierten gesellschaftlichen Verkehr unterliegen, die die Erwartbarkeit von sich identisch erfahrbar reproduzierenden Lebenszusammenhängen und damit die Gewißheit der Gültigkeit von Verhaltensanforderungen in Frage stellen. Die Entwicklung in der Türkei selbst hat diese Traditionen zunehmend unter Druck geraten lassen,[81] für den Zusammenhang hier aber liegt es auf der Hand, daß sich wohl solche Traditionen als historisches Material der Gestaltung von innerfamiliären Beziehungen und der Beziehungen nach außen in der Praxis von türkischen Migrantenfamilien identifizieren lassen, daß es aber zu untersuchen gilt, wie darin die Widersprüche des Lebens in der Migrationsgesellschaft gehandhabt werden.

Wie dies genau aussehen soll, muß in den Interviewanalysen deutlich werden. Hier sei bezogen auf die Praxis der Jugendlichen darauf hinge-

81 Dazu bereits Stirling 1965. Neben anderen zuletzt dazu v.a. Kleff 1985

wiesen, daß für die Eltern die Form des "Spazierengehens" ihrer Söhne zunächst eine akzeptable Möglichkeit darstellt. Dies nicht zuletzt aufgrund dessen, daß im Rahmen der Jugendarbeit nur im Bereich der Jugendfreizeitarbeit Freizeitheime, Jugendzentren und Häuser der offenen Tür als Angebote für Migrantenjugendliche vorgesehen sind (dazu Auernheimer 1988, S. 186 ff.), aber ansonsten keine transparenten, für die Eltern akzeptablen Formen der Gestaltung der aufgrund der Arbeitslosigkeit überreichlichen Freizeit erreichbar sind. Vor diesem Hintergrund sind Jugendliche, die Ende der 70er, Anfang der 80er Jahre hierhinkamen, von ihren Eltern aufgefordert worden, mit Gleichaltrigen "spazierenzugehen" und nicht zu Hause zu sitzen. Aber mit der Zeit ergaben sich daraus eine Reihe von Problemen, denn es stellte sich heraus, daß das Spazierengehen hier unter anderen Bedingungen erfolgt. Die Grenzen, die auch dem legitimen Bereich des Sich-Entziehens im Spazierengehen gezogen sind, sind in der Türkei auf dem Dorf, in der Klein- bzw. mittelgroßen Stadt und schließlich der Großstadt jeweils unterschiedlich (dazu Kleff 1985, Teil I, Kap. 2 u. 3) und noch einmal zu unterscheiden von den Grenzen, die in der BRD gezogen sind. Deutlich aber wird für die Eltern v.a., daß in der BRD an den Orten, an denen die Jugendlichen sich bewegen, diesen mit der Vielfältigkeit und Unübersichtlichkeit der Situationen, in die sie sich begeben, weit weniger Grenzen gezogen werden, als dies häufig da der Fall ist, wo sie herkommen. Der Migrantenöffentlichkeit, die in der Stadt existiert als Orte, wo man(n) sich trifft, wie Läden, Cafes, Reisebüros, Imbisse, der Bahnhof, Moscheen, Vereine etc., verstehen es die Jugendlichen, sich in hinreichendem Maße zu entziehen, und so ist diese nicht in der Lage, die lokale Kontrolle, wie sie in der Türkei in Dörfern und in den Städten zumindest in den Nachbarschaften existiert (haben mag), wirksam auszuüben, innerhalb derer die Jugendlichen sich Nischen suchen müßten. Wichtig ist hier nicht so sehr, wie es sich "objektiv" in *der* Türkei verhält oder verhalten haben mag, sondern daß von den Eltern wiederkehrend in Gesprächen mit mir auf diesen Unterschied zwischen dem, was sie in der Türkei und in der BRD für möglich halten, verwiesen worden ist.

Das Interesse der Eltern an Grenzziehungen entsteht aber in der Realisierung, daß ihre Söhne in eine Praxis verwickelt sind, die sie des öfteren in Schwierigkeiten bringt, was häufig der unmittelbare Anlaß für Konflikte zwischen Eltern und Söhnen ist. Solche Schwierigkeiten können reichen von Beschwerden der Schule über schriftliche Mitteilungen von Hausverboten bis zu Anzeigen wegen Diebstahl, Körperverletzung o.ä.. Die Eltern machen sich Sorgen über die Zukunft ihrer Söhne, wofür neben den beruflich schlechten Aussichten v.a. auch der oft unsichere Aufenthaltsstatus eine große Rolle spielt.

Aber die Heftigkeit vieler Konflikte, die ich mitbekommen habe, ist auch vor dem Hintergrund der jeweils unterschiedlichen Bedeutung der Migration für die Eltern und ihre Kinder zu verstehen.Die Eltern kamen in die BRD, fanden Arbeit und konnten ein Stück weit ihre Träume leben, nicht unbedingt verwirklichen. Dies machte es für sie möglich, einen großen Teil der Entbehrungen, die sie biographisch im Verlaufe der Migration durchlebt haben, zu ertragen. Ihre Söhne aber leben und handhaben Bedingungen der Arbeitslosigkeit und der begrenzten Zugänglichkeit des Arbeitsmarktes für sie in der zuvor skizzierten alltäglichen Praxis. Schlägt auch der Anspruch auf die Partizipation an modernen Entwicklungen in dieser Praxis durch, wie ich dies dargelegt habe, so ist wesentlicher Bezugspunkt neben Erfahrungen mit Schwierigkeiten des Lebens im Herkunftsland, die sie z.T. durchaus noch selbst besitzen, das Feld des Erreichbaren, das ihnen im Durchlauf durch Schulen gezeigt worden ist und das sie auch aus Erfahrungen mit den Lebensmöglichkeiten nicht zuletzt der gleichaltrigen Deutschen kennen, das ihnen aber gleichwohl zu erheblichen Teilen verschlossen ist.

Gingen die Eltern mit dem Leben in der BRD zunächst als "soziale Auszeit" mit Blick auf eine andere Zukunft um, was mit der Zeit für sie allerdings zunehmend schwieriger wurde, so ist dies bei den Jugendlichen in dem Maße, in dem sie lebenspraktisch eingebunden sind und die Bedingungen des Lebens in den Herkunftsregionen auch aufgrund der Spanne des dort verbrachten Lebens als Horizont in den Hintergrund treten, nicht der Fall. Zudem ist in der Gestaltung ihrer Praxis für sie eine biographische Perspektive, im Hinblick auf die sie sich entwerfen können, oft auch nicht gegeben, da die Unwägbarkeiten auf dem Arbeitsmarkt einhergehen zum einen mit einem unsicheren Aufenthaltsstatus, zum anderen aber mit einer häufig ungeklärten Zukunft der Familie, an die man um so stärker gebunden ist, je weniger man materiell auf eigenen Füßen steht. Diese Schwierigkeiten bilden wesentlich den Hintergrund für die Aktualität des sog. Familialismus. "Ungeklärte Zukunft" meint hier v.a., daß unabhängig davon, ob die jeweiligen Familien konkret planen oder nicht, eine Grundbedingung der Existenz als Migrant in der Gesellschaft der BRD die grundsätzlich bestrittene Selbstverständlichkeit und Normalität der Anwesenheit darstellt, die das Handeln von Migranten über weite Strecken bestimmt.

Machen sich die Eltern wie gesagt Sorgen um die Zukunft ihrer Söhne, so erschrecken sie z.T. zugleich über die Praxis ihrer Söhne und auch die Eltern, deren Söhne selbst nicht in direkte, für die Eltern wahrnehmbare Konflikte mit Schulen, Jugendzentren, Justizbehörden o.ä. geraten, wissen um die Gefahr, da sie von den Karrieren anderer Jugendlicher hören. Zum einen realisieren sie, daß ihre Söhne nicht den ganzen Tag zu Hause bleiben können, zum anderen mißbilligen sie aber ihre Beschäftigungen und fragen sich, was sie dort immer wieder hintreibt. Die verstärkten Versuche, ihre Söhne zur Arbeitsaufnahme zu veranlassen, scheitern häufig wegen mangelnder Arbeitsgelegenheiten, aber auch wegen der geringen Attraktivität der manchmal vorhandenen Arbeitsplätze. Derartige Arbeitsplätze fanden sich z.B.: in Schlachtereien, wo zunächst für zwei bis drei Monate schwarz bei Temperaturen um drei Grad Celsius Rinderköpfe im Akkord auszuhöhlen waren und wo nur fest eingestellt wurde, wer den Akkord mindestens zwei Monate unter in Kaufnahme von geschwollenen, entzündeten Händen durchgehalten hatte, da Schnittverletzungen die Regel waren; in den riesigen Hühnerfarmen im Umland von Osnabrück, wo für einen Stundenlohn von sechs bis acht DM in den überheizten Ställen bei künstlichem Licht und stickiger Luft Hühner umzusetzen, Käfige zu säubern waren u.ä.; in einem Altkleiderbetrieb, wo eine Presse für einen Nettolohn von 700.-DM acht Stunden am Tag zu bedienen war; in einer Hotelküche als Spüler im Zweischichtbetrieb für 7 DM die Stunde. Wie gesagt wurden diese Arbeiten von den Jugendlichen häufig bald wieder aufgegeben, was auch mit der Praxis der Gruppe zusammenhing, die allemal attraktiver als die genannten Arbeiten war, deren Entgelt sich zumindest eine Zeit lang auch anderweitig beschaffen ließ.

Die Sorgen und die Mißbilligung der Eltern führen zu Konflikten, die auf unterschiedliche Weise ausgetragen werden, die aber zur Basis den Versuch der Eltern haben, qua Kontrolle die Söhne von ihrer Praxis abzuhalten. Wesentlich akzeptieren auf diese Weise die Eltern die Separierung der Praxis ihrer Söhne von zu Hause nicht mehr durchgängig, sondern nun durchaus wissen wollen, was passiert, was wiederum von den Jugendlichen zu umgehen versucht wird. Ist der Sinn ihrer Praxis ein Stück weit bis hierhin dargelegt worden, so ist er gleichwohl im Verhältnis zu den Eltern von den Jugendlichen nicht einfach sagbar, denn als gelebter Sinn ist er zunächst einmal implizit, artikuliert in den Formen der Praxis, nicht aber im Verhältnis zu anderen formuliert.

Wie im einzelnen solche Konflikte in den unterschiedlichen Familien verlaufen, darauf will ich hier nicht eingehen, aber wesentlich ist, daß in dem benannten Spannungsfeld die skizzierten Traditionen der Gestaltung von familiären und außerfamiliären Beziehungen in einem Prozeß der Verwandlung zu Formen der Artikulation von in der Migration gelebten Konfliktlinien werden, was in der Analyse der Praxis in solchen Formen zu entschlüsseln ist. Wie eine solche Entschlüsselung aussehen kann, versuche ich, in der Analyse einiger der Interviews zu zeigen, schon hier aber ist festzuhalten, daß der Versuch der Kontrolle der Söhne aufgrunddessen, daß die Situationen, in die sie geraten, in ihrer Unübersichtlichkeit diese nicht gewährleisten, selbst eine moderne Anstrengung ist, in der die Eltern ihre Söhne zu erziehen suchen. In welcher Form sie dieser Aufgabe nachkommen, ist aber auch darauf zu beziehen,welche Möglichkeiten dafür für sie hier erreichbar sind.[82]

82 vgl. dazu insbesondere die Analyse des Interviews mit Şemi.

Bezogen auf das Verhältnis der Praxis der Jugendlichen zu ihren Eltern will ich hier zuletzt auf die Beziehungen der Jugendlichen zu Mädchen eingehen. Zunächst einmal ist diesbezüglich darauf hinzuweisen, daß das Verhältnis der Migrantenjugendlichen zu Mädchen sich in einer Reihe von Aspekten nicht erheblich unterscheidet von dem Verhältnis, das auch andere Jugendliche zu Mädchen eingehen. Das ist hervorzuheben in Abgrenzung zu Schiffauers schematischem Versuch (1983), das Verhalten "türkischer Jugendlicher" zu erklären. Die Jugendlichen sind bei ihm Gefangene dörflicher Erfahrungskategorien und so neuen Erfahrungen nicht zugänglich. Aber etwa die Unterscheidung, die sie machen zwischen solchen Mädchen, mit denen man sexuell verkehren kann und die als "Nutten" eingestuft werden, und solchen, die "sauber", "rein" sind, ist nicht weit weg von dem, was etwa Willis (1977) über den Sexismus der"lads" schreibt, wo die Freundin "sexy", aber nicht sexuell erfahren sein darf und die Mädchen, mit denen man sexuell verkehrt, als "easy lay" gelten.

Die Jugendlichen, mit denen ich zu tun hatte, treffen mit ihren Unterscheidungen bei deutschen Jugendlichen keineswegs auf Unverständnis, sondern sowohl deutsche männliche Jugendliche, mit denen sie befreundet waren, teilten ihre Einschätzungen hinsichtlich der Mädchen, die "leicht zu haben" waren, als "Nutten", als auch deutsche Mädchen, die einen festen Freund unter ihnen hatten, sich abfällig über solche "leicht zu habenden" Mädchen äußerten. Andererseits besitzen die Migrantenjugendlichen in ihrer Rede darüber eine schärfere Trennlinie zwischen den "sauberen" und den "unreinen", als dies für deutsche Jugendliche erreichbar ist, denn sie können "sauber – unsauber" der ethnisierenden Trennlinie "deutsch – türkisch" zuordnen. Im Verlauf von Beziehungen mit deutschen Mädchen kommen sie allerdings durchaus ins Schwimmen, da solche Bindungen oft keineswegs einfach aufzulösen sind, und beispielsweise im Falle der Hochzeit mit einem deutschen Mädchen, was oft erst im Verlaufe von längeren innerfamiliären Konflikten durchsetzbar, aber andererseits auch nicht so selten war, waren die Vorzüge dieses Mädchens entsprechend als "türkische" Eigenschaften zu beschreiben. Aber auch im Falle von Konflikten mit deutschen Mädchen lassen sich diese lösen durch den Verweis auf den Unterschied zwischen "türkisch" und "deutsch" – das Mädchen stellt sich doch als deutsch heraus (und umgekehrt).

Die ethnische Trennlinie verhindert also nicht Beziehungen, sie ist aber auch nicht beliebig. Sie reserviert z.B. nicht unerhebliche Energien der Jungen für die Suche nach dem "sauberen", "guten" Mädchen für explizit als "türkisch" definierte Gelegenheiten, v.a. Hochzeiten als legitimem Ort des Beobachtens, des Sich-Verliebens in irgendein türkisches Mädchen, was im Anschluß daran monate- oder gar jahrelange Romanzen nach sich ziehen kann, in denen der Traum von der reinen

Liebesbeziehung gelebt werden kann, indem man sich über Kuriere Briefe schreibt, bei legitimen Gelegenheiten anschaut und anschließend in die Interpretation des Blicks vertieft, sich manchmal heimlich trifft, was allerdings recht schwierig ist, etc.

Das führt auf Seiten der Jungen zu einem merkwürdigen Hintereinander etwa von "türkischer" Hochzeit und anschließendem Disco-Besuch, wo man Mädchen anmacht oder auch die "feste" Freundin trifft. Material für Migrantenjungen und v.a. -mädchen, die Romanze der Unerreichbarkeit zu leben, stellen zahlreiche türkische Videofilme zur Verfügung, in denen in unendlichen Variationen das Thema der wahren, aber stets verhinderten Liebe mit tragischem Ausgang abgehandelt wird, aber auch Musikkassetten und Postkarten mit Schauspielern und -spielerinnen. Für Mädchen sind darüberhinaus Treffen mit Freundinnen wichtig, mit denen man alle Seiten zu beleuchten und – wie ich dies miterleben konnte – z.B. in intensiven Sitzungen der Geisterbeschwörung die Wahrheit und die Zukunft herauszufinden sucht.

Dabei gilt es aber, die unterschiedliche Bedeutung der Romanze für Jungen und Mädchen jeweils auseinanderzuhalten, denn die Mädchen können meist nicht eine "feste" Beziehung mit einem Jungen praktisch leben, was die Jungen umgekehrt durchaus nebenbei mit deutschen Mädchen tun. In der Romanze verarbeiten die Mädchen Träume in der Form des unerreichbaren Geliebten, den einige durch Flucht und Entführung schließlich doch zu erreichen suchen, was ein hohes soziales Risiko impliziert. Für die meisten aber entspricht dem Traum keine Realität, denn die Heirat kommt nicht zustande über eine sich entwickelnde intime Beziehung zwischen den Ehepartnern, sondern als Abmachung zwischen Familien.[83] Für die Jungen hat die Verarbeitungsform der Romanze in Filmen, Musik, Postkarten u.ä. zwar auch die Bedeutung des Traumes von der wahren Liebe und hängt bezogen auf die Tradition der Verheiratungspraxis ebenfalls damit zusammen, daß Ehen soziale Bündnisse zwischen Gruppen und kein Liebesbündnis darstellen. In dem Maße, wie die Jungen jedoch Erfahrungen von Intimität machen, ist die Irrealität der Liebe gegenüber der sozialen Vernunft nicht mehr feststehend.

Will man die Art und Weise, in der die Jungen ihr Verhältnis zu Mädchen mittels der ethnisierenden Unterscheidung deutsch/türkisch gestalten, verstehen, dann muß man das doppelte Bezugsfeld beachten: Bezogen auf die deutschen Jugendlichen, mit denen sie zu tun haben, nämlich Jugendlichen aus Arbeiterfamilien, treffen sie wie gesagt mit ihren Unterscheidungen keineswegs auf Unverständnis und insoweit läßt sich in dieser Form die tagtägliche Praxis gestalten, in der man sowohl

83 An der die Töchter durchaus beteiligt werden. Was die Ehe für die Beteiligten ist, hat nur wenig damit zu tun, ob die Mädchen gefragt werden. Unsinnigerweise wird aber immer wieder unterstellt, sie würden nicht gefragt und dies sei entscheidend.

viele Mädchen zu haben sucht und sich damit brüstet als auch eine "feste" Freundin haben als auch von der wahren Liebe träumen kann in Bezug auf ein vorhandenes, aber nicht einfach erreichbares und darum träumbares Mädchen. Gegenüber der Annahme, daß das Verhalten türkischer Migrantenjugendlicher kulturell bedingt so verschieden von dem anderer Jugendlicher sei, ist zunächst einmal diese Nähe zu und Ähnlichkeit mit der Praxis bestimmter Gruppen von Arbeiterjugendlichen zur Kenntnis zu nehmen.

Auf der anderen Seite sind die Verhältnisse, die die Migrantenjugendlichen zu Mädchen eingehen, immer auch im Verhältnis der Jungen zu ihren Eltern zu sehen und darüberhinaus dazu, daß sie einer Gruppe von Migranten angehören, die sich durchgängig in den für sie relevanten Bereichen des Lebens in einer Praxis der Ethnisierung als "Türken" behandelt und allein aufgrund dieses zugeschriebenen Merkmals diskriminiert sehen (vgl. dazu Bukow/Llayora 1988). Haben Autoren wie Heckmann (1981) und Elwert (1982) auf die positiven Funktionen hingewiesen, die Migrantenkolonien haben (können), so ist gleichwohl nicht zu übersehen, daß die Lebenspraxis türkischer Migranten auch stark provisorischen und defensiven Charakter hat, in der v.a. die erfahrenen Feindseligkeiten und Verweigerungen gehandhabt werden. Vor diesem Hintergrund sind die widersprüchlichen Formen zu verstehen, in denen die Jungen neben kurzfristigen sexuellen Abenteuern längerfristige Beziehungen zu deutschen Mädchen eingehen, von türkischen Mädchen träumen, gegen den Widerstand ihrer Eltern manchmal eine Ehe mit einem deutschen Mädchen schließen, des öfteren aber sich schließlich für ein türkisches Mädchen aus der Türkei oder der BRD entschließen.

Die Hochzeit der Söhne hat dabei für die Eltern selbst oft unterschiedliche Bedeutungen, die zusammenhängen können, aber nicht müssen. So suchen die Eltern manchmal ihre Söhne zu verheiraten, um sie so zu Erwachsenen zu machen, sie an zu Hause, die Familie zu binden und über die Zerstörung ihres Status als Jugendliche aus dem Umfeld der Gruppe in der Stadt zu lösen. Aufgrund der (bis Ende 1990 gültigen) Ehegattennachzugsregelung für die sog. zweite Generation und folgende führt dies häufig dazu, daß die Jungen, wenn sie ein Mädchen aus der Türkei geheiratet haben, quasi eine Übergangsfrist von einem Jahr haben, in der sie sich auf den Zuzug ihrer Ehefrau einstellen können. Aber in jedem Falle sind sie nun verstärkt gefordert, eine Arbeit als Vorausetzung für die Nachzugserlaubnis zu finden.

Mit der Heirat eines Mädchens aus der Türkei ist zugleich eine weitere Bedeutung der Hochzeit für die Eltern angesprochen. Selbst wenn diese keine Rückkehrpläne mehr haben oder auch unentschieden sind, aber beispielsweise keine großen Investitionen in der Türkei (mehr) tätigen, können sie über diese Heirat Familienbande pflegen und so von sich weisen, daß sie mit ihrer Vergangenheit und Familie aufgrund ihres Lebensschwerpunktes gebrochen haben. Darüberhinaus ist zu beachten, daß bei aller Kritik, die die Migranten in ihren Herkunftsregionen oft hinnehmen müssen, die Attraktivität ihrer Kinder auf dem Heiratsmarkt groß ist, da sie ein Weg der legalen Migration in die sonst verschlossene BRD sind. Daraus resultieren so manche Konflikte um zu hohe Forderungen hinsichtlich der Durchführung der Hochzeit und des "başlık" (des "Brautgeldes"). Wenn die Eltern in solchen Hochzeiten von sich weisen, daß sie mit der Vergangenheit gebrochen haben, so besteht die Attraktivität dieses vorgezeigten Türkisch-Seins auch darin, aus ihr Stärke zu beziehen in der positiven Aneignung dessen, als was man täglich in allen seinen Handlungen gefaßt wird – als Türke. Als solcher grenzt man sich dann aber auch von den anderen, in Rückgabe der Zuschreibungen gefaßt als "Deutsche", ab.

Welchen Weg die Jugendlichen auf diesem Feld auch jeweils gehen, sie müssen dabei immer ausbalancieren, wie weit sie mit dem Lebenszusammenhang ihrer Eltern und der Migranten brechen können, auf den sie als Bearbeitung der Existenzbedingungen als Migrant auch angewiesen sind, denn es unterliegt nicht ihrer Kontrolle, ob diese für sie gültig sind und ob sie als "Ausländer" oder "Türke" behandelt werden. Vor diesem Hintergrund erstaunt es nicht, daß beispielsweise manche längerfristige Beziehung zwischen einem türkischen Migrantenjungen und einem deutschen Mädchen in einer Form zerbrach, in der die Konflikte sehr schnell auf den Gegensatz von "deutsch" und "türkisch" gebracht wurden. So ließ sich die Überdeterminierung einer solchen Beziehung durch die Lebenszusammenhänge von Migranten und den daraus resultierenden Abgrenzungen auf einen Gegensatz reduzieren, der einer solchen Beziehung ohnehin dauerhaft latent unterlegt ist und der die Frage meint, mit welcher Seite man es hält. Einem solchen Ethnisierungsdruck aber, der jeden mehr oder weniger banalen Konflikt betrifft, ist auf Dauer nur schwer standzuhalten.

Dem entspricht, daß ein türkischer Migrantenjugendlicher, der über lange Zeit eine sehr einfühlsame Beziehung mit einem deutschen Mädchen hatte, mir gegenüber wenig nach dem Ende dieser Beziehung mit Überzeugung davon sprach, daß einzig türkische Mädchen aus dem Dorf in der Türkei heiratbar seien, denn türkische Stadtmädchen in der Türkei und erst recht solche in der BRD seien alle nicht mehr "rein". Das Schema der Sortierung selbst ist verbreitet, so von einer Reihe von Jugendlichen zu hören und wird von Schiffauer (1983) genau dargelegt. Der entscheidende Punkt ist aber, daß die Jugendlichen nicht schlicht aus Gewohnheit daran festhalten, sondern sich die Option einer für die anderen akzeptablen, legitimen Ehepraxis offen halten angesichts der Widersprüche, die in einer solchen Praxis auszuhalten sind. Dabei kommt ihnen sicherlich die Tradition zugute, nach der eine Ehe kein

Liebes-, sondern ein soziales Zweckbündnis zwischen Gruppen ist und umgekehrt "die reine Liebe, die beschworen und offenbar auch erlebt wird, die sozial unmögliche Liebe (ist). Sie ist der Ordnung, die im Namen der Vernunft auftritt, entgegengesetzt und klar von ihr getrennt" (Schiffauer 1987, S.205). Die Jugendlichen können in ihrer Rede ein solches Verhältnis zur Frage der Heirat eingehen, in der die Qualität einer Frau sich an ihrer Reinheit, Fleiß und Ordentlichkeit bemißt, und die Frage der Liebe ausklammern. Inwieweit allerdings in der Ehepraxis z.B. bereits erfahrene Intimität realisiert oder auch umgekehrt der Anspruch darauf reduziert werden kann, muß sich erst zeigen, und manche Konflikte, die ich inzwischen bei solchen jung verheirateten Ehepaaren mitbekommen habe, sowie auch Ehescheidungen weisen daraufhin, daß die Rede der Jugendlichen über "reine" und "unreine" Frauen eine Form der Verarbeitung der Anforderungen in den skizzierten Feldern ist, die aber die zugrundeliegenden Spannungen nicht abschafft. Wie weit in solchen Aufteilungen das Verhältnis zu den Bedingungen des Lebens in der Migrationsgesellschaft und ihrem Umgang mit den Migranten artikuliert ist, diese Frage wird im Detail wieder aufgenommen in der Analyse des Gruppeninterviews in Kap. 5.4.

Zum Schluß möchte ich zu den zwei hier skizzierten Komplexen des Verhältnisses der von mir untersuchten Jugendlichen zu ihren Eltern darauf hinweisen, daß die Jugendlichen dieses Verhältnis zu den Eltern jeweils als einzelne klären müssen. Wie dies der einzelne tut und in welcher Form er Konflikte dort austrägt, überläßt die Gruppe ihm. D.h. praktisch, daß die Jugendlichen sich wechselseitig bei Schwierigkeiten unterstützen in dem Sinne, daß man z.B. Übernachtungsmöglichkeiten besorgt, aber daß die Gruppe sich nicht zu den Konflikten in der Form verhält, daß auftretende Probleme besprochen und für den einzelnen mögliche Lösungen gesucht werden. Die Gruppe setzt den impliziten Sinn ihrer Praxis, die wie dargelegt als Auseinandersetzung mit den Bedingungen des Lebens als Migrantenjugendlicher, aus denen u.a. die widersprüchlichen Anforderungen des Arbeitsmarktes und des zu Hause resultieren, zu verstehen ist, nicht in ein positiv formuliertes Verhältnis zu Konflikten, die eben daraus mit den Eltern entstehen, sondern sanktioniert negativ von den einzelnen gefundene Lösungen, sofern diese mit der Praxis der Gruppe nicht kompatibel sind. So war etwa der Versuch verschiedener Väter, ihre Söhne zu kontrollieren, indem sie ihnen in die Stadt folgten und sie von dort aus Spielotheken, Jugendzentren oder anderen Aufenthaltsorten nach Hause holten, ein Problem für die Betroffenen nicht nur im Verhältnis zu ihrem Vater, sondern auch im Verhältnis zur Gruppe. Waren sie nämlich nicht in der Lage, ihr Verhältnis zu ihren Eltern, also hier zu ihrem Vater, so zu regeln, daß diese Kontrollversuche aufhörten, so handelten sie sich auch von Seiten der Jugendlichen Kritik ein und wurden letztendlich ausgegrenzt.

Für den weiter oben genannten weiteren Bezugspunkt der Kontrolle der Praxis der Jugendlichen, nämlich die staatlichen Instanzen, die für die Betreuung und Überwachung von Arbeiterjugendlichen zuständig sind und die im Laufe der Jahre bezogen auf die Migrantenjugendlichen spezielle Verfahren des Umgangs entwickelt haben, die zusammengefaßt sind unter den Stichworten "Ausländerarbeit", "Ausländerpädagogik", moderner "interkulturelle Erziehung" etc., läßt sich nun im Verhalten der Gruppe dazu etwas ganz ähnliches beobachten: Sie hat dem Umgang der Instanzen mit den Jugendlichen als einzelnen nichts entgegenzusetzen, sondern überläßt es den einzelnen, jeweils ihr Verhältnis dazu auszubalancieren. Um dies deutlicher zu machen, ist zunächst darzulegen, wie diese Instanzen für die Jugendlichen bedeutsam werden.

Weiter oben habe ich darauf hingewiesen, daß die Jugendlichen bereits durch ihren Gebrauch öffentlicher Räume im Verlaufe von Auseinandersetzungen darum es auch mit Polizei und Gericht etwa aufgrund von Anzeigen wegen Hausfriedensbruch zu tun bekommen. Darüber hinaus ziehen sie durch die dargelegten Versuche, ihre Ansprüche qua Einbrüchen und Diebstählen durchzusetzen, die ohnehin erhöhte Aufmerksamkeit der Polizei und der Folgeinstanzen noch verstärkt auf sich. Der kurzen Phase eines unbeschwerten Lebens, in dem man sich holt, was man braucht, folgt sehr schnell die Ernüchterung. Eine große Zahl der Jugendlichen handelte sich im Verlaufe ihrer Karrieren Anzeigen v.a. wegen Hausfriedensbruch, Körperverletzung und Diebstahl ein. Sie lernen so in der praktischen Auseinandersetzung mit den Apparaten, die für sie mit diesen Anzeigen zuständig werden, nämlich Jugendgerichtshelfern, Gerichten und Bewährungshelfern, die Grenzen ihrer Praxis kennen. Die verhängten Sanktionen reichen von Verwarnungen über "gemeinnützige Dienste" und Jugendarrest bis zu Jugendstrafen mit und ohne Bewährung. Zudem hat jedes Verfahren, das gegen die Jugendlichen eröffnet wird, Konsequenzen für ihren Aufenthaltsstatus, da mit dem Straffällig-werden die Drohung der Ausweisung und Abschiebung von Seiten der Ausländerbehörde über ihnen schwebt.

Das führt bei den Jugendlichen zu großer Verunsicherung, da sie oft Monat für Monat bei der Ausländerbehörde vorsprechen müssen, um dort stets zu erfahren, daß sie wieder für nur einen Monat eine vorläufige Aufenthaltsgenehmigung bekommen können und warten müssen, da über ihren Antrag auf Verlängerung der Aufenthaltserlaubnis aufgrund noch laufender Ermittlungsverfahren nicht entschieden werden kann. Jedes Gerichtsverfahren gegen die Jugendlichen kann je nach Ausfall des Urteils das Aus für sie bedeuten und sie gehen mit dieser Verunsicherung unterschiedlich um. Einige enthalten sich im folgenden jeder Auffälligkeit, andere werden zu Fatalisten in dem Sinne, daß sie sich weigern, die angesprochenen Bedrohungen noch wahrzunehmen. Sie gehen nicht mehr oder viel zu spät zur Ausländerbehörde, verlieren so Rechte, da ihr Aufenthalt als unterbrochen gilt, und laufen zudem Gefahr, sich zusätzlich ein Verfahren wegen illegalen Aufenthalts einzuhandeln.

Die Verfassung des Ausländerrechts in der BRD sorgt so (auch in ihrer 1991 revidierten Version) dafür, daß die Jugendlichen, die sich in ihrer Praxis und deren Folgen von anderen vergleichbaren deutschen Arbeiterjugendlichen zwar weit weniger und anders unterscheiden, als dies in der Rede von den "Ausländerjugendlichen" als "Problemgruppen" unterstellt ist, in einer Weise behandelt werden, in der sie niemals vergessen, daß sie rechtlich und sozialpolitisch für diese Gesellschaft "Ausländer" bleiben und wesentlich geduldet sind, abhängig von Erwägungen, die ihnen mitgeteilt werden, auf die sie aber kaum Einfluß haben.[84]

Wird den Jugendlichen dies in der skizzierten Phase explizit mitgeteilt, so handelt es sich doch um etwas, das in ihrer gesamten Karriere bestimmend war: Sie sind in allem und jedem, was sie tun, "Ausländer" und "Türken", von Anfang an verstanden als ein Problem. Mit dem Anwerbestop im November 1973, nach dem relativen Scheitern der Versuche in den 70er Jahren, die Arbeitsmigranten aus dem Arbeitsprozeß zu verdrängen und zur Rückkehr zu bewegen, und mit dem verstärkt einsetzenden Familiennachzug wurde "das Ausländerproblem" gesellschaftlich entdeckt. Die hier einreisenden Kinder und Jugendlichen wurden als soziale Zeitbombe wahrgenommen und die Kreierung einer speziellen Ausländerpädagogik sollte die Bombe entschärfen. Für die türkischen Migrantenjugendlichen hieß dies zunächst einmal, daß in den pädagogischen Apparaten, die sie durchliefen, ihre Anwesenheit in den Kategorien der Ausländerpädagogik verarbeitet wurde, ohne daß ihnen dies handfest etwas eingebracht hätte. Wie oben dargelegt, begannen die meisten, recht frühzeitig, sich dem schulischen Apparat zu entziehen und

84 Zum bis Ende 1990 gültigen Ausländerrecht vgl. Just/Groth 1985, Bd.1 Kap.4, Franz 1985, 1986, Wollenschläger 1984. "Im Fremdenrecht hat sich ein Stück Polizeistaat erhalten; die Staaten weichen rechtlichen Bindungen ihrer Exekutive aus. Nützlichkeitserwägungen sind für die Zulassung Fremder zum Staatsgebiet und für die Modalitäten ihres Aufenthalts einschließlich dessen Dauer bestimmend. Biegsame Generalklauseln kaschieren das kalte Kalkül staatlichen Nutzeffekts hinter gefälligen Floskeln, die manipulierbar sind und als Rechtssätze leerlaufen." (Franz 1985, S.13) "Die Bestimmungen des Ausländergesetzes sind so gefaßt, daß nicht einmal der Schein eines Rechtsanspruches auf Aufenthalt entstehen kann. Die Genehmigungsvorbehalte enthalten keine tatbestandsmäßige Festlegung der Genehmigungsvoraussetzungen. Nicht das Gesetz, sondern die Verwaltung bestimmt abschließend die Gesichtspunkte, die für die Erteilung einer Aufenthaltserlaubnis oder eines Fremdenpasses, für zeitliche oder räumliche Beschränkungen oder für Auflagen oder Bedingungen maßgebend sind." (Franz 1985, S.17) Galt dies für das alte Ausländergesetz, so bleibt die geübte Kritik gültig für alle die, die nicht zur eng gefaßten Gruppe des neuen Ausländergesetzes gehören, denen (zeitlich befristet) Ansprüche eingeräumt werden. Für die Gruppen von Jugendlichen, die inzwischen in die Fußstapfen der hier beschriebenen getreten sind, stellen sich daher ähnliche Probleme.

in den pädagogischen Freizeiteinrichtungen den dortigen Konzepten eines "sinnvollen Jugendzentrums für ausländische Jugendliche" ihre eigene Auffassung davon praktisch entgegenzusetzen. Aber auch in ihrem familiären Alltag war das Dasein als "Ausländer" und "Türke" stets präsent. Es drückt sich in der Zugänglichkeit nur bestimmter Wohnviertel aus, in den Wohnungen, die erreichbar sind, in der wiederkehrenden Ablehnung allein deshalb, weil man "Türke" ist. Fragt man nach einer Wohnung oder nach einem Arbeitsplatz, so wird man mit einer Haltung konfrontiert, der der Rücken rechtlich und politisch dauerhaft gestärkt wird, daß nämlich "die Ausländer" das Problem sind und daß es darauf ankommt, dieses Problem zu verstehen (vgl. Bommes 1992b). Gemeint ist hier nicht der allseits kritisierte "Ausländerfeind", von dem sich zu distanzieren vielmehr Teil dieser Haltung ist, sondern das stetige Sortieren des banalen Alltags im Hinblick auf die "ausländischen", "türkischen" Elemente, die analysiert und verstanden sein wollen. So wird der Hausbesitzer wie der Arbeitgeber, der Nachbar genau wie jemand, der Teile seines Haushalts loswerden will, zum Sozialwissenschaftler des "Türken", dessen Gewohnheiten zu begreifen sind, will man ihm eine Wohnung überlassen, ihn einstellen, sich über ihn beschweren oder ihm Gutes tun, weil man dann weiß, was er noch gebrauchen kann. Dabei eignen sich die Jugendlichen, wie oben angesprochen, die Behandlung als "Türke" positiv an, treten in Auseinandersetzungen selbstbewußt als solche auf und stellen etwa nach gewonnenen Schlägereien selbstethnisierend fest, daß "Türken" zusammenhalten.

Sind die Jugendlichen also in der Schule und in den pädagogischen Einrichtungen als "Ausländer" verstanden worden und begegnen diesem Verständnis in verschiedenen Variationen im Alltag, dann sehen sie sich, sobald sie mit dem Gesetz in Konflikt geraten, einem Apparat gegenüber, der sie nun mit vielfachen Formulierungen ihrer Wirklichkeit, in die auch immer das Verstehen des "Türken" eingebaut ist, konfrontiert, zu denen sie sich verhalten müssen, da die im Verlaufe eines oder mehrerer Verfahren sich entwickelnden Formulierungen zu Urteilen führen, die über die dabei verhängten Strafen je nach Vergehen zuletzt auch ihren Aufenthalt in der BRD beenden können.

Die erste Instanz, mit der die Jugendlichen dabei zu tun haben, ist die Polizei, die im wesentlichen im Umgang mit den Jugendlichen daran interessiert ist, Geständnisse zu produzieren, und dafür eine Reihe von Kniffen beherrscht. Die meisten Jugendlichen sind der Situation des Verhörs nicht gewachsen. Hinzu kommt, daß alles, was sie sagen, in ein schriftliches Protokoll durch den Verhörenden verwandelt wird, das in seinen Formulierungen bezüglich der rechtlichen Relevanz für die Jugendlichen nicht einschätzbar ist, sofern sie überhaupt lesen, was sie unterschreiben. Zumeist unterschreiben sie nämlich, um der Situation zu entkommen, und sind später überrascht, was sie unterschrieben haben.

Kommt es zur Anklage durch den Staatsanwalt, so erhalten die Eltern der Jugendlichen eine Einladung der Jugendgerichtshilfe (JGH), sich zu einem Gespräch gemeinsam mit ihrem Sohn in der JGH einzufinden, da diese einen Bericht über den Jugendlichen abzufassen und dem Gericht einen Vorschlag zum Urteil zu unterbreiten hat. In einem Begleitschreiben teilt die JGH die Widersprüchlichkeit ihrer Aufgaben mit, sie hat zugleich "Ermittlungs-, Beratungs- und Erziehungsaufgaben". In einem sehr verschlüsselten Text versteckt sie die Bedrohung, die von ihrer Tätigkeit für die Jugendlichen ausgeht, in der Hervorhebung der "Hilfe" und der "Unterstützungsabsicht":

> "Es liegt uns sehr daran, von vornherein mit allen Beteiligten in persönlichen Kontakt zu treten und ggf. Wege zu finden, die künftige Straftaten vermeiden helfen. Wir möchten auch zu einer Minderung etwaiger persönlicher, familiärer, schulischer oder beruflicher Schwierigkeiten beitragen. Dafür notwendig ist die Gewinnung eines wirklichkeitsnahen Bildes von der Person und seiner Umwelt. Das wird jedoch nur dann möglich, wenn Sie uns offen und ehrlich begegnen: Je ausführlicher und vollständiger Sie unsere Fragen beantworten, desto eher versetzen Sie uns in die Lage, zu einer einwandfreien Beurteilung zu gelangen. Gleichzeitig tragen Sie selbst dazu bei, daß es zu einem geeigneten und Ihren Besonderheiten angepaßten Verfahrensabschluß kommt. Dazu erstellt die Jugendgerichtshilfe einen ausführlichen Bericht über die Persönlichkeit des Beschuldigten/Angeklagten, über seinen bisherigen Werdegang und seine augenblickliche Lebenssituation sowie über die Beweggründe und Ursachen der ihm zur Last gelegten Straftaten. Ohne ein persönliches Gespräch können wir also unseren Aufgaben nicht nachkommen. . ."

Wer bis hierhin noch nicht von der Notwendigkeit seines Erscheinens überzeugt ist, dem wird kaum verhüllt gedroht:

> "Bedenken Sie bitte, daß die Jugendgerichtshilfe in vielen Fällen auch noch nach dem jugendrichterlichen Urteil tätig sein muß und für die Einleitung, Durchführung und Überwachung bestimmter Weisungen und Auflagen zuständig ist. . ."

Zu diesem Schreiben ließe sich einiges sagen, hier aber nur so viel: Aus der "offenen und ehrlichen Begegnung" folgt die Möglichkeit der "einwandfreien Beurteilung". Den Adressaten wird also einerseits die Verantwortung für die Bedingungen einer solchen Beurteilung zugeschoben, andererseits müssen sie es sich gefallen lassen, beurteilt und im Sinne der daraus resultierenden Empfehlung auch verurteilt zu werden in einer "ihren Besonderheiten angepaßten" Weise. Ohne auf die genaue Rolle der JGH im Jugendgerichtsverfahren einzugehen (dazu Reichertz 1984, Cremers/Reichertz/Seidel 1982), bedeutet die Form des Umgangs mit den Jugendlichen und ihren Eltern (sofern diese mitgehen), daß sie mit sich sozialpädagogisch verstehenden Personen sowohl im Gespräch bei der JGH als auch bei Gericht konfrontiert sind, die Ermittlungen anstellen, indem sie sie ausfragen, und aufgrund dieser Ermittlungen zu einem Vor-Urteil kommen.

Die Undurchsichtigkeit des Vorgehens schlägt sich bereits im Arrangement dieser Gespräche nieder. Der Jugendgerichtshelfer sitzt hinter einem Schreibtisch, hat vor sich eine Reihe von Akten, in denen er blättert, und macht zudem während des Gespräches mit den Jugendlichen und/oder ihren Eltern fortwährend Notizen. D.h. undurchsichtig ist der Zusammenhang, in dem die Papiere zur JGH kommen, die Weise, in der eventuelle Zitate ausgewählt werden und die Texte insgesamt den Jugendgerichtshelfer zum Sprechen bringen. Genauso undurchsichtig ist aber auch, was nun aus der Konfrontation des Jugendlichen mit dem, was der Jugendgerichtshelfer für wichtig hält, in welcher Form in diese Papiere wieder eingeht. Zu lernen ist also von den Jugendlichen, was im Nebel des ermittelnd verständnisvollen Gespräches für den Jugendgerichtshelfer eine adaequate Formulierung seiner Karriere und des jeweils zu ermittelnden Tatbestandes ist derart, daß sie den Jugendgerichtshelfer veranlaßt, zumindest nicht zum zweiten Staatsanwalt zu werden – eine durchaus reale Gefahr –, im günstigeren Falle aber bei Gericht für Milde oder gar eine Einstellung des Verfahrens zu plädieren. Ob die Jugendlichen dies lernen, hängt von der Relevanz der JGH und der weiteren Instanzen für sie, d.h. auch von der Häufigkeit der Verfahren ab, aber auch von Erfahrungen, die sie mit pädagogischen Formulierungen ihrer Praxis allgemein in den Apparaten, die sie durchlaufen haben, gemacht haben und ihrer Auseinandersetzung damit. Die folgenden Interviewanalysen werden zeigen, daß unterschiedliche Erfahrungen und die unterschiedliche Relevanz solcher Zusammenhänge sich in der Form der Rede der Jugendlichen niederschlagen.

Gilt das hier Gesagte für die JGH allgemein, so kommt bezogen auf die türkischen Migrantenjugendlichen hinzu, daß in die "einwandfreie Beurteilung" das Verstehen der "türkischen Kultur" eingebaut ist, da Kulturkonflikte häufig das Verhalten der Jugendlichen erklären sollen. Zur Art und Weise, in der "das Türkische" als "Kultur" bei Gericht verhandelt wird, sei hier auf die Analyse des Gesprächs mit Halit verwiesen (Bommes 1990), hier sei nur darauf hingewiesen, daß die Art und Weise skandalös ist, in der in JGH-Berichten, die ich mitbekommen habe, die Lebenspraxis türkischer Migranten karikiert und in verschärfter Toleranz als die Eigenständigkeit ihrer Kultur denunziert wird.

Die Bedeutung der JGH für die Jugendlichen ist unterschiedlich. Werden sie verurteilt und haben Weisungen und Auflagen wie "gemeinnützige Dienste" zu befolgen, so unterliegt die Durchführung dieser der Aufsicht der JGH. Zudem führt die JGH auch eigenständig pädagogische Maßnahmen mit straffällig gewordenen Jugendlichen durch. Werden die Jugendlichen jedoch zu Jugendstrafen mit Bewährung verurteilt, so wird die Bewährungshilfe für sie zuständig, sie bekommen dann einen Bewährungshelfer zugeteilt. Die Probleme hier sind ähnlich, allerdings hängen die Erfahrungen der Jugendlichen stark von dem jeweiligen Bewährungshelfer ab. Einige haben hier recht gute Erfahrungen gemacht, da die jeweiligen Bewährungshelfer ihnen v.a. akzeptable Arbeitsmöglichkeiten verschafft haben, die von ihnen z.T. auch angenommen wurden. Andere wiederum wurden durch ihre Bewährungshelfer bei ihren regelmäßigen Terminen, die sie wahrzunehmen hatten, im wesentlichen ebenfalls hauptsächlich mit Formulierungen ihrer Lebenslage konfrontiert, was sie diesen Terminen aus dem Weg gehen ließ. Mehrfache Aufforderungen zum Erscheinen und schließlich ein Haftbefehl führten ihnen allerdings schnell vor Augen, daß es sich in diesem Sinne um für sie relevante Formulierungen handelte, zu denen sie sich ins Verhältnis zu setzen hatten.

Sowohl bei der JGH, sofern sie dort hingehen, als auch bei der Bewährungshilfe sind die Jugendlichen sprachlich gefordert, ein akzeptables Verhältnis zu ihrer Praxis einzugehen. Dies gilt aber noch stärker in der Gerichtsverhandlung selbst. Zugleich ist aber das Setting des Gerichts so angelegt, daß es für die Jugendlichen nur schwer durchschaubar ist. Sie machen dort die Erfahrung, daß Richter, Staatsanwalt und ggf. ein Rechtsanwalt festlegen, wie die Welt gewesen ist, in der der oder mehrere Angeklagte sich verhalten haben, daß sie nun als solche da sitzen, um was für (eine) Person(en) es sich bei dem oder den Angeklagten handelt und welches Urteil daraus folgt. Zwar ist es Aufgabe des Jugendgerichts als erziehende und strafende Instanz zugleich,[85] den Angeklagten in seiner Persönlichkeit zu erfassen und das Verfahren selbst so durchzuführen, daß es verstehbar ist und den Angeklagten zu Wort kommen läßt. Aus meiner Erfahrung heraus verhält es sich so, daß die Jugendlichen auf Befragen des Richters bezüglich der Angaben zur Person und zum Tathergang zu Wort kommen. Schon bei dem Versuch, etwas zu erklären, verschlägt es ihnen meist die Sprache angesichts der Vorgaben durch den Richter und im Anschluß daran oft den Staatsanwalt, die bereits den Fall gemäß der Logik der Unterscheidung Recht/Unrecht sortieren, die nicht der Praxis der Jugendlichen gerecht wird, sondern sie für das Gericht behandelbar macht. Spätestens von nun an sind die Jugendlichen gezwungen, sich durchzulavieren, was aber meistens bedeutet, daß sie schweigen. Das Verfahren sieht entsprechend vor, alles wesentliche über den Tathergang und die Person befinden zu können, ohne daß diese abgesehen von den Angaben zur Person auch nur ein Wort dazu zu sagen braucht .(vgl. Muth 1984) . Die Jugendlichen erfahren hier sehr deutlich, daß die Möglichkeit der sprachlichen Formulierung der Welt entsprechend der Logik des Apparates, in dem man sich gerade bewegt, Macht ist, die festlegt, wie sich die Dinge verhalten und was daraus für den einzelnen folgt.

Weiter oben habe ich gesagt, daß die Jugendlichen als Gruppe dem Umgang der Apparate mit ihnen als einzelnen nichts entgegenzusetzen

85 Zu den resultierenden Widersprüchen vgl. Seidel 1984, Schroer 1984.

hat, sondern jeder einzelne sein Verhältnis dazu im Verhältnis zur Gruppe finden muß. Dies wird an verschiedenen Verhaltensweisen deutlich. Sie sprechen sich in den seltensten Fällen ab, was man bei der Polizei oder bei Gericht sagen sollte, was seinen Grund nicht in einer Unfähigkeit dazu hat, sondern in der realistischen Einschätzung, daß man mit der Logik des Justizapparates zu wenig vertraut ist, um ihn hintergehen zu können. So kommt es dazu, daß sie kaum wechselseitig aufeinander böse sind, wenn der eine den anderen bei der Polizei verrät. Dem liegt die Erfahrung zugrunde, daß kaum einer von ihnen in der Lage ist, dem Druck des Verhörs standzuhalten.

Am deutlichsten wurde dies für mich in einer Gerichtsverhandlung mit zehn Angeklagten, in der es um schwere Körperverletzung und Raub ging. Die Verhandlung dauerte vier Tage, da sich die Aussagen der Angeklagten widersprachen. Nach der Logik des Apparates war das Gruppenhandeln in Tatbeteiligungen der einzelnen zu zerlegen, was der Logik des Vorfalls, Rache an einem Jugendlichen, der einer rivalisierenden Gruppe im Stadtteil angehörte, vollständig zuwiderlief. So wurden von Seiten des Staatsanwaltes und des Richters Rädelsführer konstruiert, was der Struktur der von mir untersuchten Gruppen nicht gerecht wird. In diesen gibt es keine Anführer, was auch mit der Tradition der Beziehungen unter Männern als solche unter Gleichen zusammenhängt. Auch die anwesenden Rechtsanwälte beteiligten sich an dieser Zerlegung in dem Bemühen, für ihren jeweiligen Mandanten das Beste herauszuholen, was verdeutlicht, daß die professionellen Mitglieder des Apparates alle daran arbeiten, einen Fall gemäß der Unterscheidung individuell zurechenbaren Rechts oder Unrechts behandelbar zu machen.

Auffällig war aber die Diskrepanz zwischen dem, was im Gerichtssaal passierte, und dem Geschehen in den Pausen auf dem Flur. Im Einzelverhör in der Gerichtsverhandlung belasteten sich die Jugendlichen wechselseitig auf das Schwerste, aber in den Pausen gingen sie freundschaftlich miteinander um, machten ihre Scherze und der Ablauf der Verhandlung war keineswegs vorrangiger Gegenstand ihrer Gespräche. Sie unternahmen kaum Anstrengungen, eine gemeinsame Strategie zu finden, um den Schaden zu begrenzen. Im Verlaufe der vier Tage korrigierte der eine oder andere seine Aussage auf Aufforderung hin, bagatellisierte den Anteil irgendeines anderen, aber wesentlich war, daß die Regie im Gerichtssaal vollständig dem Gericht überlassen wurde, ihr nichts entgegengesetzt wurde. Nicht einmal auf dem Flur kam es zur Beschwerde und es war so, als wenn die Gruppe so oder so weitermachen würde. Wer rausfallen würde, das würde sich am Ende der Verhandlung entscheiden, aber tun könnte die Gruppe ohnehin nichts. Wer dazu gehören will, kann dies durch Übereinstimmung in der Praxis zeigen, und ihn zieht der gelebte Sinn an. Wer rausfällt, der hat die Grenzen dieses Sinns erreicht. Ob er rausfällt oder drinbleibt, das klärt sich so oder so. Dies weist aber darauf hin, daß die von mir untersuchten Gruppen in ihrer Praxis die Bedingungen ihres Lebens als Migrantenjugendliche hier leben und in diesem Sinne die Gruppe eine Form der Aneignung und Auseinandersetzung mit diesen Bedingungen ist, aber daß mit dem gelebten Sinn als praktischem in Auseinandersetzung mit den Zumutungen der Schule, des Arbeitsmarktes und den Anforderungen von zu Hause die Möglichkeit der Formulierung der gelebten Verhälnisse, d.h. ihre sprachliche Bestimmung auch als eine Möglichkeit des Begreifens an die Apparate, denen man sich in der rebellischen Praxis entzieht, abgetreten wird.

Ich beende an dieser Stelle die Darlegung von Teilen der kulturellen Praxis der von mir untersuchten Gruppen, wobei sich von selbst versteht, daß das Dargelegte mein Verständnis dieser Praxis ist. Ich habe versucht, die Dinge zu sortieren und darzustellen, die mir im Laufe der Zeit als wesentlich erschienen sind, um so den Hintergrund deutlich zu machen, vor dem ich die Lesweisen der mit den Jugendlichen durchgeführten Interviews entwickelt habe. Natürlich ließen sich viele Bereiche mehr ansprechen und eine Reihe von ethnographischen Beobachtungen anfügen, aber die Funktion dieser Hintergrundkenntnisse für die Analyse der Interviews ist zu beachten: Lesweisen von Texten sind an der sprachlichen Form dieser auszuweisen und soweit ein spezieller Hintergrund für die Analyse der Texte bedeutsam wird, ist er dort einzuführen. In den Analysen selbst sind manche Details über das hier Angeführte hinaus einzuführen. Für sich alleine haben sie im Kontext dieser Untersuchung keinen Stellenwert, da sie nicht die Beschreibung der Lebenswelt oder kulturellen Praxis von türkischen Migrantenjugendlichen allgemein zum Gegenstand hat.

Aber bevor ich zur ersten Interviewanalyse, der des Interviews mit Ali, übergehe, will ich wie angekündigt noch auf die Rolle zu sprechen kommen, die ich mir zu meiner Entlastung im Feld gesucht habe. Die skizzierten Konflikte der Jugendlichen in Jugendzentren sowie mit Polizei, Gericht und den zugehörigen Instanzen sind mir im Rahmen meiner Feldarbeit sehr schnell deutlich geworden. Im Kontext der Jugendzentren waren die Auseinandersetzungen nicht zu übersehen und in dem Maße, in dem ich zu anderen Feldern der Praxis der Jugendlichen zugelassen war, wurden mir auch die Konflikte dort deutlich. Auf der einen Seite war es meine Neugier, die mich vielen Dingen nachgehen ließ, wobei die Neugier keineswegs unschuldig war, sondern z.T. ihren Antrieb auch aus dem erfuhr, was gelegentlich treffend unter dem Stichwort Sozialtourismus zusammengefaßt wird. Auf der anderen Seite aber suchten die Jugendlichen auch aus meiner Anwesenheit für sich etwas herauszuholen. Führte dies im Feldalltag dazu, daß sie etwa die Tatsache, daß ich ein Auto besaß, z.B. für eine größere Mobilität am Abend zwischen verschiedenen Discos, gelegentlich für Touren in andere

Städte v.a. im Ruhrgebiet oder auch zur Arbeitssuche, wenn diese wieder einmal dringlich erschien, nutzten, so sprachen sie mich zugleich als Vermittler bei Auseinandersetzungen zunächst mit Pädagogen in Jugendzentren, wenig später dann auch bei der Ausländerbehörde und bei Gesprächen mit der JGH an, fragten nach Rechtsanwälten und wie sie sich gegenüber Aufforderungen der Polizei oder der Ausländerbehörde verhalten sollten. Daß sie mich zunächst als solchen im Kontext des Jugendzentrums ansprachen, war kein Zufall, da dieses der Ausgangspunkt meiner Arbeit mit Einverständnis der Mitarbeiter war. Zudem entging ihnen nicht, daß ich zum größeren Teil der Mitarbeiter ein freundschaftliches Verhältnis hatte. Dieses Verhältnis sowie der Sachverhalt, daß ich den Jugendlichen gegenüber mein Interesse als Wissenschaftler deklariert hatte, der eine Arbeit über die Sprache türkischer Jugendlicher schreiben wollte, machte ihnen die Zugehörigkeit zu verwandten sozialen Kategorien deutlich. In diesem Sinne waren diese Versuche, mich als Vermittler zu nutzen, mehrdeutig, denn mit meinem Verhalten in solchen Konflikten konnten sie zugleich ausprobieren, auf welcher Seite ich stehe. Dabei war dies für sie keine Frage des Entweder - Oder, sondern sie hatten davon manchmal Vorteile, öfters auch nicht, v.a. führten sie sich und mir so stets vor Augen, daß Unterschiede nicht zu verwischen sind.

In die Auseinandersetzungen mit dem Justizapparat war ich sehr bald verwickelt, da ich schon nach kurzer Zeit einige Prozesse mitbekommen hatte, nachdem mich die Jugendlichen dazu aufgefordert hatten, dorthin mitzukommen. Aufgrund meiner Beobachtungen habe ich im folgenden den Jugendlichen wiederkehrend Verhaltensratschläge gegeben, Rechtsanwälte besorgt, mit ihren Eltern darüber gesprochen und in einigen Fällen, wovon einer später in dem Interview mit Ali wieder aufgenommen wird, auch Aussagen zu "den persönlichen Verhältnissen" vor Gericht auf Anraten eines Verteidigers, mit dem ich inzwischen für viele Jahre zusammengearbeitet habe, gemacht. Dies führte umgekehrt dazu, daß viele Jugendliche im Laufe der Jahre im Falle von Ermittlungs- und Gerichtsverfahren zu mir kamen und mich um Rat fragten. Ich habe mich also hier wie auch in anderen Fällen nicht als distanzierter Forscher verhalten, sondern eingegriffen. Nun wäre es schön, dies alles mit dem hehren Antrieb, den Jugendlichen aus Schwierigkeiten heraushelfen zu wollen, verrechnen zu können, aber dies trifft natürlich nicht zu. Vielmehr verhielt es sich so, daß mich über eine nicht unerhebliche Zeit das Zusammensein mit den Jugendlichen verunsichert hat, da ich in den Situationen nichts verloren hatte. Was hat man als ca. 30jähriger in der Diskothek, Spielothek, in der Stadt oder im Jugendzentrum zu tun? Für die Jugendlichen war dies, wie ich heute glaube, ein viel geringeres Problem als für mich, letztendlich eine Frage der Gewöhnung an einen etwas merkwürdigen, manchmal nützlichen, im wesentlichen aber harmlosen Mitläufer. Für die Bearbeitung der Verunsicherungen, die von ihrer Praxis für mich ausgingen, war aber die Einnahme einer Position des Experten eine Lösung, die als Entlastung zugleich das Verhältnis zu ihnen zurecht rückte: Bei allem deklarierten Interesse an ihnen war ich doch einer, der in vielerlei für sie relevanter Hinsicht Bescheid wußte. Zugleich war mein Zusammensein mit ihnen damit auch als Auszeit für mich markiert, denn jede Verhandlung mit Pädagogen, Jugendgerichtshelfern, Bewährungshelfern, Rechtsanwälten, Richtern, Staatsanwälten, Arbeitgebern (bei der Suche nach Arbeit) und Eltern demonstrierte, daß ich jederzeit zu denen überwechseln könnte, die neben all dem, was sie sonst noch tun, auch sprachlich festlegen, was die Welt der Jugendlichen ist. Genau daran habe ich in den verschiedenen Vermittlungstätigkeiten teilgenommen, d.h. über die Partizipation an der Funktionsweise der Apparate habe ich letztlich die Feldarbeit für mich handhabbar gemacht. Daß dieses von mir hier skizzierte Moment des Verhältnisses zwischen mir und den Jugendlichen wesentlich war, wird sich in den Analysen der Interviews erweisen. Zu untersuchen ist dabei gemäß meiner bisherigen Argumentation, als was die Jugendlichen das Interview in Auseinandersetzung mit mir aneignen, d.h. als was für eine Situation sie es bestimmen und wie sie im Reden über Zusammenhänge mich als ihr Gegenüber fassen.

2. Ali

2.1 Textanalyse

Im folgenden wird in der Analyse eines Auszugs aus dem Interview mit Ali zu zeigen versucht, was darunter verstanden wird, die Rede der Jugendlichen als soziale Formen der Herstellung und Handhabung von Situationen zu untersuchen, und wie sich bereits gemachte Erfahrungen mit ähnlichen, gesellschaftlich bestimmten Situationen als in diesen Formen der Handhabung gebundene rekonstruieren lassen. Im Anschluß daran wird in einem theoretischen Exkurs die Frage des Verhältnisses von Sozialwissenschaft und Sprachanalyse aufgenommen, da die Rede von Sprache als sozialen Formen und von der Bindung gesellschaftlicher Erfahrung in diesen Formen der sprachlichen Praxis sowohl nach einer Diskussion des Gesellschaftsbegriffs als auch nach einer Klärung dessen verlangt, wie gesellschaftliche Bedingungen in der sprachlichen Praxis gehandhabt werden.

Vor dem Einstieg in die Analyse sind einige Ausführungen über das Zustandekommen der Interviews und über das praktische Vorgehen in der Analyse zu machen. Die Einzelanalysen werden zeigen, daß ich die von mir duchgeführten Interviews in vielerlei Hinsicht für problematisch halte. Das Interview mit Ali ist im Gefängnis durchgeführt worden, das mit Şemi unvorbereitet bei mir zu Hause. Die speziellen Probleme ihres Zustandekommens werden in den jeweiligen Kapiteln verhandelt. Die Interviews mit Atnan, Şemi und Faruk sowie mit der Gruppe führte ich durch in dem Glauben, aufgrund der Vertrautheit mit den Jugendlichen ein zwangloses Gespräch mit ihnen führen zu können. Inwieweit dies eine Fehlannahme war, zeigen die Interviews. Nach der anfänglichen Versuchung, neue, "bessere" Aufnahmen durchzuführen, wurde mir klar, daß die Vermutung der Unbrauchbarkeit des Materials einen Versuch darstellte, mit dem hinter dem Berg zu halten, was ich mit den Jugendlichen angestellt hatte. Die Absicht, ein "gutes" Interview zu führen, sollte es ermöglichen, im Schreiben über die Jugendlichen nicht ertappt zu werden. Hiermit ist nichts gegen gute Interviews gesagt, sondern nur darüber, was manchmal das Interesse daran begründet. Beim Lesen einiger der Interviews ist mir bis heute nicht wohl, aber mit der Durchführung der Einzelanalysen wuchs das Zutrauen, daß sich an problematischen Passagen manches Allgemeine zeigen ließe, und insofern die Schwierigkeiten in den Gesprächen nicht nur Unzulänglichkeiten des Interviewers geschuldet sind.

Praktisch bin ich in den Analysen folgendermaßen vorgegangen: Ich habe die Bänder abgehört, transkribiert und im Verlaufe dieser Arbeit einen Ausschnitt ausgewählt, der mir interessant, aufschlußreich, problematisch o.ä., d.h. jedenfalls auffällig erschien vor dem Hintergrund der Gesamtlektüre des Interviews. Im zweiten Schritt habe ich mich auf den oder die zu analysierenden Ausschnitte festgelegt und für diese war dann strikt eine sequentielle Analyse von Anfang bis Ende durchzuführen. Das Gesamtinterview bin ich jeweils sehr genau durchgegangen, ohne solche Detailanalysen dafür durchzuführen. Die Analyse der gewählten Ausschnitte darf nicht durch andere Passagen widerlegbar sein, anreicherbar ist sie auf jeden Fall.[1]

Zunächst habe ich in den Detailanalysen in Paraphrasen die vorliegenden Äußerungen eine nach der anderen kommentiert, um so Bedeutungsmöglichkeiten des Gesagten zu erschließen, aus denen sich im Durchgang durch den Text in der sequentiellen Anordnung der Äußerungen Sinnfiguren ergaben, die an den spezifischen Formen der Äußerungen aufzuzeigen waren. Die Äußerungen sind Schritt für Schritt durchzugehen und zu analysieren ist, welche Situation die Beteiligten, also hier Interviewer und Interviewte jeweils herstellen und wie in diesem Herstellen über was geredet wird, d.h. wie unterschiedliche Bereiche sprachlich gefaßt werden und in welcher sprachlichen Form Bewertungen vorgenommen und Auseinandersetzungen ausgetragen werden. Für versuchte Lesweisen sind der Ausgangspunkt die manifesten Äußerungen und das jeweilige Verständnis des Gesagten verlangt zunächst nicht mehr als die Explizierung dessen, wie man zu dem jeweiligen Verständnis der Äußerungen gekommen ist. Sinn des Gesagten wird so lange unterstellt, bis alle Versuche gescheitert sind, diesen herzustellen - und auch das kann an dem gescheitert sein, der diese Versuche unternimmt. Daher sind identifizierbare Brüche in den Äußerungen zu "heilen" in dem Sinne, daß es die Bedingungen aufzufüllen gilt, die eine Äußerung zu einer sinnvollen machen. Für diesen Versuch des Herstellens eines Sinns ist wie dargelegt das in der Feldforschung gesammelte Material von Bedeutung, denn die Aufschlüsselung des Bedeutungszusammenhangs, in dem eine Äußerung steht, vermag einen Bruch auf der manifesten Ebene des Gesagten zu "heilen".

In der Entwicklung einer Lesweise als Aufzeigen von Sinn an der Form der Äußerungen läßt sich nicht vorab entscheiden, welche Formen Kriterium der Analyse sind und worauf ein Text etwa abzusuchen wäre, sondern im Durchgang durch den Text erweisen sich jeweils bestimmte formale Charakteristika der Rede als bedeutsam und lassen sich so

1 Der exemplarische Abdruck der vollständigen Interviews mit Atnan, Şemi, Faruk und der Gruppe in einem Band mit dem Titel "Migration und Sprachverhalten. Interviewtranskripte", der über die Universitätsbibliothek Osnabrück ausleihbar ist, soll eine entsprechende Kontrolle ermöglichen.

herausfinden. In den Analysen der Interviews wird das Vorgehen je nach Ausführlichkeit unterschiedlich deutlich werden, aber Ziel ist es in jedem Fall, transparent zu machen, über welche Schritte ich zu einer Lesweise gekommen bin und wie diese den Formen der Äußerung abgelesen ist. Interviewanalysen wie die vorgelegten lassen sich daher nicht einfach zusammenfassen in Form von aufzählbaren Ergebnissen, zu denen man über eine einheitliche Methode gelangen und insofern die Ergebnisse überprüfen kann, sondern in gewisser Weise ist die jeweilig entwickelte Lesweise selbst Teil der Ergebnisse, die nachvollziehbar und insofern an den Formen der Äußerungen ausgewiesen sein muß, die aber nicht eindeutig vorgeschrieben werden kann. D.h. einheitlich ist das Vorgehen im methodologischen Sinne und sich daraus ergebenden grundlegenden methodischen Vorgaben etwa derart, daß die gewählten Ausschnitte vollständig zu analysieren sind und mit der entwickelten Lesweise unverträgliche Elemente diese in Frage stellen. Aber eine einmal durchgeführte Analyse gibt einem kein einheitliches Schema an die Hand, mit dem das nächste Interview bearbeitbar wird, sondern die Kriterien sind in dem nicht identischen Material selbst neu zu finden.

Das macht Analysen wie die Vorgelegten nicht beliebig, aber sie sind notwendig unabgeschlossen. Sie schließen andere oder weitergehende Lesweisen nicht aus, sie müssen aber bei Unverträglichkeit mit anderen Deutungen haltbar sein, sonst gelten sie als widerlegt. Daraus ergibt sich ebenfalls, daß im Schlußkapitel keine Zusammenfassung der Ergebnisse der Analysen zu finden sein wird, die es erlauben würde, diese selbst zu überspringen, sondern dort wird die Frage der sprachlichen Verarbeitung der Migrationssituation wieder aufgenommen, die bis hierhin in Auseinandersetzung mit anderen Arbeiten von mir theoretisch eingeführt worden ist, die aber nun zunächst am sprachlichen Material selbst zu verfolgen ist.

Zuletzt eine Bemerkung zur Präsentation: Vor jeder einzelnen Interviewanalyse, die jeweils strikt immanent durchgeführt wird, wird der Ausschnitt wiedergegeben, der Gegenstand der Analyse ist. In den Analysen der Interviews mit Şemi und Faruk sowie des Gruppeninterviews werden zudem die jeweils diskutierten Redezüge in der Analyse zitiert. Die Transkripitonszeichen sind im Anhang erläutert.

Ausschnitt aus dem Interview mit Ali

A: Ja und – das lief erst ma so n paar Monate ganz gut, ohne daß
ich selber von mir n Wort gesagt habe, es ging ja drum, daß mein
Vater mir immer den ganzen Lohn weggenommen hatte. - Ah ich weiß
nicht ob das heißt jetzt weggenommen. Also jedenfalls - er hat
seinen Lohn bekommen und ich auch. Und ich nahm ihm die/ich hab
das beide mitgenommen, weil ich von ne Dusche zuerst kam/rauskam.

Bin ich im Auto eingestiegen und mein Vater kam dann nach und wir sind beide zusammen nach Hause gefahren, ham gegessen und dann - nach m Essen und so und da hab ich das Geld auf m Tisch gelegt, meine Mutter hat ihr Geld geholt und so weiter was sie auch verdient hatte bei (Name der Firma) zwischendurch ma da wieder gearbeitet hatte. Ja und da kam dann noch s Kindergeld zu und so, m ja und gabs ne Rechnung und so. Ja sagt er ich/also ich habe da nichts gesagt, ich habe/weil ich nicht genug bekommen hab über mein/für mein Zigarettengeld - ja und daß ich Essen zu Hause/Essen Trinken bekommen hab. Ja und das gefiel mir ja natürlich ja nicht, weil ich ja gegenüber von meinen anderen Kameraden, die auch gearbeitet haben und die haben auch Geld gehabt, die woll/sin im Kino gegangen, haben Diskotheken besucht, haben sich Kleider gekauft, die Eltern haben von sich selber denen das Geld gegeben oder sie haben sich - von sich aus einen Teil von dem Geld ihren Eltern gegeben. Aber das lief nicht bei mir - und mein Vater hat so getan als würd ich nur für ihn ein Roboter sein, der arbeiten würde nur. Ja und das hat mir natürlich nicht gefallen und dann - darauf - hab ich ma mit ihm gesprochen, hab gesagt: Hör mal, ich brauche ma Geld und so weiter, ich muß ma im Kino möcht ich gerne gehen (oder) ma ne Freundin - oder - irgendwas was m/meinetwegen mir ma gefällt vom - zum Anziehen oder überhaupt so, man müßte ma paar Mark in ne Tasche haben, es gibt immer - was man braucht so für. Er sagte zu mir: Ja wofür denn? und so weiter, genau das mit den Schulbüchern und das alles (wieder). Sagt er: Ich spar doch für dich das Geld. Das stimmt. Der hat für mich n Konto aufgemacht, also n Sparbuch und jedesmal dann immer das Geld eingezahlt. Ja, hab ich gesagt: Guck mal, ich weiß ja, du sparst und sparst. - Guck mal, du bist jetzt schon lange Jahre immer hier und hast dich so schön kaputt gearbeitet. Und du sollst ma auch ma eima aufhören und so weiter, du willst natürlich das Geld in dein Grab (direkt) mitnehmen. Du hast jetzt in Türkei ne Wohnung, alles Mögliche hast du. Aber ich möchte nicht so werden. Natürlich, man muß sein Geld ma n bißchen sparen, aber man soll sich auf sich selber auch ma aufpassen. Mo soll sich ja nur für die Arbeit nicht nur da sein. I: Hm. A: Und das hat er natürlich nicht kapiert. Ich sagte jedenfalls zu mir/eh zu ihm: Ich brauche Geld und was. Ich möchte gerne mit/also ich konnte nicht sagen mit meine Freundin, weil es ja bei uns so Sitte ist, daß (mo/der eh) Junge sich gegen sein Vater schämen müßte, daß er so n Wort überhaupt in sein Mund nehmen würde. Sag ich jedenfalls: Ich brauch das Geld mit Freunde ma irgendwo n Kaffee zu trinken, oder zum Unterhaltung oder Jugendzentrum ma ne Cola trinken oder so, weil ich ja damals immer im Bunker gewesen bin. - gewesen bin, und da mußt ich ma ne Cola trinken oder irgendwie [Husten] oder unterwegs für Busgeld und alles was man zum so braucht. I: Hmhm A: Ja und eh Kleider hat er mir ja gekauft. Also ich bin mit ihm in n Geschäft hingegangen, zum Beispiel C A, sind wir hingegangen, ich hab mir ne Jeanshose ausgesucht, die natürlich ma irgendwo Reißverschlüsse drangehabt haben, was natürlich jetzt Mode ist, da sagt er zu mir: Das sind Hippiesachen. Sag ich: Hör ma Papa das geht nicht, was du jetzt wieder denkst. Ich kann nicht jetzt diese Hosen anziehen, die n Breitschlag haben von einem Meter und Schuhe anziehen, die n Hacken haben von auch nem Meter. Das ist keine Mode mehr. Du mußt auch ma sehen, wie die Leute sich auch hier ma - so da rumlaufen. Nä, er hat mir Kleider gekauft, die mir nicht gefielen. Ich hab die ungern die Kleider angezogen, aber ich mußte sie anziehen, weil ich ja nix anderes hatte. Immer wollte er das Bestimmen haben über mich. Weil das s wie bei/das war für mich so als wär ich überhaupt nicht mein eigener Herr. Also ich wollte auch ma - für mich selber auch ma was zu sagen haben. Nicht daß jemand immer über mich kommandiert genau wie n Roboter also du machst das oder dies und jenes. |2s| Ja - und - da hat er sich nicht drauf eingelassen. Da hab ich zu mir selber gesagt: Hör ma das ist doch wahnsinnig, du kannst doch nicht machen eh mit eh/die können doch nicht machen was sie mit dir wollen und so weiter. Indem weil meine Eltern anders/andere Sitten hatten - also und ich gegenüber mehr Deutsch gewohnt bin als - die - und ich habe mehr die heutzutage diese Mode eh gekannt und die kannten ja die Armut nur. Aber ich weiß nicht warum sie sich da nicht darauf einlassen. Ich habe dann mit denen ma gesprochen was das eigentlich wär und so weiter. Sie sagten nur zu mir, also von Möbel aus, sie sollten ma Möbel kaufen, sollen für n Schlafzimmer ma richtig sorgen, oder für Küche und für mich ma ma n eh so Zimmer machen. Sagt er: Wofür? Wir verlassen doch sowieso eines Tages diese Land. |1s| Und dahinten müssen wir doch was haben. |1 1/2s| Ja und für mich war das schon - schon - vorher schon - stande das fest daß ich nicht dieses Land verl lassen werde, weil es mir gefiel und ich wollte hierbleiben. |2s| Ich wollte mich nicht mehr rumziehen lassen weißte. Erst von meine Großeltern weg jetzt und dann auch noch von hier weg, wo ich mich gerade dran gewöhnt habe. Das ist für mich sehr schwer natürlich. |2 1/2s| Also ich hab |1s| mich dann wieder an das Jugendamt gemeldet [Husten] Nä eh bei der Arbeit bin ich noch immer geblieben. Also ich weiß noch daß ich noch neun Monate da gearbeitet habe. Ja und dann hab ich zu mir eines Tages (gesagt): ich will nicht mehr und so weiter. Und dann bin ich weggelaufen von zu Hause, da war mir die Arbeit scheißegal gewesen, alles was so drum und dran (war), sagte: Ich laß mich nicht mehr fertig machen und so. . .

Bei dem hier gewählten Text handelt es sich um den Auszug aus einem Interview mit einem damals knapp achtzehnjährigen Migrantenjugendlichen türkischer Herkunft, der zum Zeitpunkt der Aufnahme sich in Haft befand. Das Interview wurde also entsprechend in einer Jugendstrafanstalt durchgeführt. Der Jugendliche war mir aus meiner Feldarbeit gut bekannt und aufgrund der Tatsache, daß wie dargelegt eine Reihe der Jugendlichen mit dem Gesetz und der Justiz in der einen oder anderen Form in Konflikt kamen und ich u.a. in diesem Kontext einige Vermittlerfunktionen gegenüber verschiedenen Behörden und Rechtsanwälten übernommen hatte, hatte der Jugendliche mich gebeten, in Zusammenarbeit mit seinem Rechtsanwalt, den ich ebenfalls vermittelt hatte, vor allem etwas gegen die aufgrund seiner bisherigen und der zu erwartenden Strafe drohende Ausweisung und Abschiebung durch die Ausländerbehörde zu unternehmen, da er unter keinen Umständen in die Türkei wollte. Wir einigten uns darauf, daß ich auf der Basis eines Interviews mit ihm etwas über seine Lebensgeschichte aussagen sollte, wobei er wußte, daß ich dieses Interview auch noch anderweitig verwerten würde.

Als gemeinsamer Kontext für die Beteiligten ist festzuhalten: Unstrittig zwischen uns ist die Straffälligkeit des Jugendlichen, er weiß, daß ich mit seiner Erlaubnis einen großen Teil der Ermittlungsakten durchgesehen habe. Ebenfalls weiß er, daß nach seiner Aufforderung, bei Gericht für ihn auszusagen, die Staatsanwaltschaft mich als "Zeugen zu den persönlichen Verhältnissen" geladen hat. Über die Tatsache hinaus, daß ich dem Jugendlichen so wie anderen in der einen oder anderen Form "behilflich" war, ist von Bedeutung, daß ich speziell diesen Jugendlichen einmal in einer Form unterstützt habe, die mich selbst in allerdings nicht allzu große Schwierigkeiten hätte bringen können. Zusammen mit anderen sollen diese Momente in die Analyse des Gesprächsausschnitts dann eingeführt werden, wenn sie dort bedeutsam werden.

Der Ausschnitt umfaßt eine Erzählung des Jugendlichen, die er beginnt, nachdem er zuvor ausgeführt hat, daß er nach der Schulzeit im Betrieb, wo auch der Vater beschäftigt war, angefangen habe zu arbeiten, daß diese Arbeit schwer gewesen sei, er sie aber trotzdem regelmäßig gemacht habe. Ali beginnt, indem er im Anschluß an die Gliederungsform "Ja und" fortfährt: "das lief erst ma so n paar Monate ganz gut, ohne daß ich selber von mir n Wort gesagt habe, es ging ja drum, daß mein Vater mir immer den ganzen Lohn weggenommen hatte." Der erste Teil der Äußerung, die bewertende Aussage "das lief erst ma so n paar Monate ganz gut" ist nicht so ohne weiteres verträglich mit dem zweiten Teil "ohne daß ich selber von mir n Wort gesagt habe". Dazu muß man beachten, daß der Vater zuvor bereits zweimal in Alis Ausführungen "zur Ordnung gerufen"worden ist, einmal vom Jugendamt, einmal von einem Lehrer. Auch dort "lief es zwei drei Monate gut", bis die Wirkung nachließ. Darüber hinaus läßt sich die Äußerung so verstehen, daß Ali sich geduldig fügt, er schweigt im Hinblick auf ein näher zu explizierendes Problem. "Lief erst ganz gut" bezieht sich dann aber auf die Bewertung von Ali zuvor, daß er die Arbeit "regelmäßig gemacht" hat. "Ich war froh daß ich noch ne Arbeit gehabt habe in der Zeit." sagt er. In diesen Äußerungen macht sich Ali die gängigen Topoi des Redens über Arbeitslosigkeit im Umgang mit diesen Jugendlichen von schulischer, sozialarbeiterischer und Arbeitsamtsseite zu eigen. Es ist nicht von Bedeutung, welche Art von Arbeit man hat, sondern daß man Arbeit hat, und den Jugendlichen wird stets vor Augen geführt, daß es auf ihre Disziplin ankommt. Ali macht sich diese Haltung hier zu eigen und bestimmt bezogen darauf den Verlauf der Arbeit als "ganz gut". Damit ist das Problem, das bis hierhin nur indiziert ist, negativ bestimmt als jedenfalls nicht resultierend aus Alis Verhalten und Verhältnis zu den Anforderungen des Arbeitsmarktes.

Der letzte Teil der Äußerung benennt das Problem, es handelt sich zugleich um ein Abstrakt der folgenden Erzählung, die durch die ein Problem indizierende Äußerung vorbereitet worden ist und die man zunächst mit folgendem Schema beschreiben kann:[2] Nach dem Abstrakt folgt eine Orientierung, in der der Rahmen erstellt wird, in dem die hier zugleich eingeführten Beteiligten agieren, die Komplikation, die nun als im Abstrakt bereits aufgenommene Problemkonstellation szenisch situiert wird, eine erste Form des Auflösungsversuchs, der scheitert, ein zweiter Versuch, der ebenfalls scheitert, eine Vorankündigung des Aufgebens dieses zweiten Lösungsweges, eine Intensivierung dieses Weges, das erneute Scheitern und schließlich die Auflösung in der dritten Form. Dabei ergibt sich aufgrund der in die gesamte Erzählung eingeschriebenen Bewertungen die gewählte Auflösung als schließlich einzig mögliche und zwangsläufige.

Der Inhalt der Erzählung stellt sich etwa so dar: Ali und sein Vater fahren am Zahltag gemeinsam nach Hause, zusammen mit der Mutter wird nach dem Essen das der Familie zur Verfügung stehende Geld durchkalkuliert. Die Komplikation taucht da auf, wo Ali als Verdienender und als zur Kalkulation ja bereits zugelassener nicht genug bekommt und zwar, so wird im folgenden der Maßstab expliziert, bezogen auf die durchschnittlichen, normalen Ansprüche eines Jugendlichen. Ali zeigt zunächst Geduld – "ich habe da nichts gesagt" – und als das nichts fruchtet, redet er mit seinem Vater. Der aber zeigt sich nicht einsichtig, sondern "spart und spart", obwohl er bereits "alles Mögliche" hat. Sein Sparen hat etwas Zwanghaftes. Zugleich wird klar, daß der Vater Ali den Lohn nicht wegnimmt, um ihn für sich zu behalten. Jedenfalls versteht der Vater Ali nicht. In einem Einschub expliziert Ali

2 Zur Analyse von Erzählungen vgl. Labov 1972, Quasthoff 1980, Rehbein 1980, 1982.

weiter seinen Anspruch darauf, daß er sich in eigener Verantwortung Kleidung kaufen will. Zwar kauft der Vater ihm Kleidung, aber solche, die ihm nicht gefällt. In dieser Explizierung zeigt sich, daß Alis Ansprüchen ein Streben nach angemessener Autonomie zugrundeliegt, das an dem Vater scheitert, der in jeder Beziehung "das Bestimmen" über Ali haben will. Dies ist zugleich das Fazit aus dem Verlauf des bis hierhin Erzählten und dem Einschub, der auch zeigt, wie weit dieses Verhalten des Vaters seinen Umgang mit Ali bestimmt. Dieser verzweifelt darüber, startet aber einen erneuten, intensivierten Versuch, indem er der Sache auf den Grund gehen will – "ich habe dann mit denen ma gesprochen, was das eigentlich wär". Dabei stellt sich endgültig heraus, was sich zuvor auch schon anbahnte, daß nämlich die Eltern sich ausschließlich auf die Türkei hin orientieren, Ali aber, schon bevor das Geldproblem auftrat, nicht mehr dahin wollte, daß also die Grundorientierungen v.a. des Vaters und Alis einander entgegenstehen. Ali aber will sich nicht mehr "rumziehen" lassen, und, da der Vater immer "das Bestimmen" haben wollte, verzweifelt eines Tages und läuft von zu Hause weg.

Entscheidend ist nun die Form, in der der Jugendliche hier den Konflikt mit seinem Vater faßt. Zunächst will ich darauf hinweisen, daß Ali tatsächlich massive Konflikte mit seinem Vater hatte. Ali ist nicht der einzige unter den Jugendlichen, mit denen ich zu tun hatte, der in solche Konflikte verwickelt war. Es wird sich später zeigen, daß auch für andere das konfliktreiche Verhältnis zu ihrem Vater zentral ist. Zu erklären sind diese Konflikte vor dem Hintergrund der Migration in die BRD mehr oder weniger lange nach dem Vater, den unterschiedlichen Perspektiven hier und bezogen auf die Türkei und den daran gebundenen Verhaltenserwartungen. Für die Analyse der Rede aber interessiert zunächst nicht der faktische Verlauf der Konflikte und ob die Interviewten die "Wahrheit" sagen, sondern die Form, in der im Interview diese Konflikte sprachlich verarbeitet werden im Hinblick auf das zwischen dem Interviewten und mir bestehende bzw. so hergestellte Verhältnis.

Ali macht auf den ersten Blick einen reflektierten, überlegten Eindruck. Geht man den Text daraufhin durch, so finden sich zweimal Formen, in denen sich Ali reflexiv auf das von ihm Geäußerte im Hinblick auf die sprachliche Form bezieht, in der er etwas faßt ("Ich weiß nicht ob das heißt" (3/4), "ich konnte nicht sagen" (43/44)). Dreimal bezieht er sich reflexiv auf den Status, den geäußertes Wissen hat ("ich weiß ja" (34), "aber ich weiß nicht" (75), "ich weiß noch" (89)). Diese Formen finden sich im Interview häufig (wie "kann man sagen", "wie soll ich sagen" und "ich kann das ja nur vermuten", "ich weiß genau" etc.), genau wie Formen, mit denen Ali innere Einstellungen, Wünsche, Perspektiven kundtut (wie "das hat mir natürlich nicht gefallen" (24), "ich möchte nicht so werden" (38/39)). Allein in diesem Ausschnitt finden sich solche Äußerungen vierzehnmal. Schließlich führt

Ali innere Dialoge als Bearbeitungsprozeß von Schwierigkeiten zweimal vor (69 u. 90/91). Bezogen auf die dargelegte Zielsetzung des Interviews zeigen diese sprachlichen Formen, daß Ali im Verhältnis zu mir seine Erfahrungen allseitig aufzuschlüsseln sucht. Er stellt zur Disposition, ob er die richtige sprachliche Form findet, sein Wissen, ob es wirklich so gewesen ist, ringt um Einstellungen und bezieht so den Adressaten ein.

Hier will ich nun weiter die Form betrachten, in der Ali sich und seinen Vater sprachlich inszeniert. Im folgenden wird des öfteren von der wörtlichen Rede des Vaters oder Alis die Rede sein. Es versteht sich, daß jede Rede zunächst die von Ali ist und von diesem sich selbst oder dem Vater zugeschrieben wird, Ali inszeniert beide verschieden. Der Ausdruck wörtliche Rede soll diesen Zusammenhang fassen.

Zunächst einmal springt der moderate Stil auf Seiten Alis im Kontrast zu dem Vater ins Auge. Die Komplikation besteht darin, daß Ali Geld verweigert wird im Hinblick auf Ansprüche, die er hat und die als normale Ansprüche eines Jugendlichen gelten können. Warum diese als solche gelten können und wie Ali diese konzipiert, behandle ich später. Der erste Konfliktlösungsversuch besteht nur in Geduld: "ich habe da nichts gesagt". Dieser scheitert am Vater, dessen Verhalten über einen Vergleich charakterisiert wird. Er verhält sich Ali gegenüber wie gegenüber einem Roboter, wobei der Vergleich treffend ist. Wie bei einem Roboter tut der Vater so, als ob Ali "arbeiten würde nur". Entscheidend sind nun die Inszenierungen der Personen in der Auseinandersetzung, nachdem Ali eine andere Konfliktlösung als Geduld wählt. "Darauf - hab ich ma mit ihm gesprochen, hab gesagt." Ali bevorzugt den kommunikativen Stil, im Konfliktfall sucht er das Gespräch. Das gilt auch dann noch, wenn er bereits des öfteren damit gescheitert ist. Er intensiviert die Anstrengung: "Ich habe dann mit denen ma gesprochen was das eigentlich wär". Nun ist diese Praxis, die Ali hier adoptiert, im Interview keine Neue. Einige Passagen vorher in der Darstellung, warum er in der Schule nicht klarkam, führt er sein Scheitern darauf zurück, daß sein Vater ihm keine Schulbücher gekauft hat. Dies hat er auch in der Schule seinen Lehrern gesagt, und was macht einer der Lehrer: "Und der hat ma - mit mein Vater darüber gesprochen." Daß dies die gleiche Praxis meint wie die, die Ali sich zu eigen macht, zeigt sich in dem analysierten Ausschnitt daran, daß nach dem ersten Versuch Alis des Vaters Reaktion u.a. charakterisiert wird: "genau das mit den Schulbüchern und das alles". Zugleich ist die weitere Parallele zu einer Äußerung von mir zu Anfang des Interviews interessant: "(ich hab) mir zu Hause einfach ma so n paar Stichpunkte aufgeschrieben, die Sachen, die so ganz gut wären, wo wir ma drüber reden sollten. . ." Auf diese Parallele komme ich noch.

Der Vater sucht von sich aus nicht das Gespräch, sondern reagiert nur auf Ali in einer Weise, die weiter unten noch zu diskutieren ist. Wo er von sich aus etwas sagt, trifft er nur eine apodiktische Feststellung: "Das sind Hippiesachen." Festzuhalten bleibt also bis hierhin, daß bei Konflikten Ali das Gespräch mit seinem Vater sucht in einer Form, die zumindest gleichbestimmt ist mit der seines Lehrers, nicht aber der Vater das Gespräch sucht.

Die Redeformen des Vaters und Alis unterscheiden sich erheblich. Wesentlich ist hier das häufige "mal" im Text, es findet sich 28mal. Es kommt hauptsächlich als Abtönungspartikel in Alis wörtlicher Rede (19mal) vor und zwar v.a. in zwei Kontexten: In der Adressierung des Vaters (a) und in der Formulierung der Ansprüche (b).

a) "hör ma" (25 u. 56); "guck mal" (34 zweimal); "du sollst ma auch ma eima aufhören"; "du mußt auch ma sehen".[3] Zunächst werden die verschiedenen Aufforderungen Alis gegenüber seinem Vater durch die Partikel "mal" begrenzt und abgeschwächt,. sie sind nicht schroff, sondern werden dadurch eher zu Ratschlägen. Betrachtet man die Aufforderungen im einzelnen, so fügen sie entsprechend der Kategorisierung, die Ali für seine Praxis gewählt hat ("mal mit ihm gesprochen"), sich gut in das Repertoire eines Pädagogen, der mit sanftem Druck auf etwas hinleitet und die Augen und Ohren für die Wirklichkeit öffnet: "hör ma", "guck ma", "du mußt auch ma sehen".

b) Zählt Ali ohnehin Bedürfnisse auf, die aus der Anspruchswelt eines "Normaljugendlichen" stammen, so trägt er diese Ansprüche mittels des "mal" äußerst moderat vor: Alles Dinge, auf die man "mal" einen Anspruch hat und gar nicht dauernd reklamiert, die man auch nicht alle zusammen beansprucht. "oder - irgendwas was m/meinetwegen mir ma gefällt." Ali reproduziert hier in der sich selbst zugeschriebenen wörtlichen Rede das Image des "Normaljugendlichen", dessen legitime Ansprüche, wenn er sie in Maßen vorträgt, nicht zurückgewiesen werden dürfen.

Betrachtet man demgegenüber die Inszenierung des Vaters, dann fällt v.a. auf, daß dieser erheblich weniger "redet". Dies liegt nicht einfach daran, daß Ali sich hier gegenüber seinem Vater mehr in Szene setzt, sondern stimmt zusammen mit der Form der Rede, die dem Vater zugeschrieben wird. Diese ist ganz im Gegensatz zu dem moderaten Ton Alis schroff. Hier finden sich dreimal die Partikel "doch", einmal "denn", "ja" und "sowieso". In "Ja wofür denn?" (30) stehen sowohl "ja" als auch "denn" für ein Erstaunen, das anzeigt, daß der Vater nicht sieht, wofür Ali Geld brauchen könnte. Die Frage ist so extern durch Ali in dieser Situation motiviert und stellt sich dem Vater selbst nicht. Im Hinblick darauf, daß Ali dargelegt hat, "wofür", und daß diese An-

3 Es ist sinnvoll, hier die Formen "sie sollten ma kaufen", "sollen ma richtig sorgen", "für mich ma machen" (77-79) dazuzunehmen, da es sich zwar nicht um wörtliche Rede handelt, aber diese im Text Formen der Adressierung sind, auf die hin des Vaters Reaktion inszeniert ist. Sie sind aber in der Zahl neunzehn nicht mitgezählt.

sprüche fast selbstevident sind, zeigt sich in der Rede des Vaters, daß er sich nicht auf das Gespräch einläßt. Er stellt Alis Ausführungen nicht in Frage, sondern tut so, als sei von Ali dazu nichts gesagt worden.

Das erste "doch" findet sich danach in "ich spar doch für dich das Geld". Der Vater setzt seine Praxis des Sparens den Ausführungen des Ali entgegen, ausgedrückt mit der adversativen Partikel "doch", aber er vermittelt beides nicht miteinander. Entsprechend finden sich auch keine vermittelnden Formen wie bei Ali, der auch hier "sparen" und "auf sich selber aufpassen" (39/40) miteinander vermittelt. Die beiden anderen "doch" finden sich in der letzten wörtlichen Rede des Vaters (80/81). Das erste davon verstärkt das "sowieso" und bringt mit diesem zusammen schroff des Vaters Perspektive zum Ausdruck: Wir verlassen auf jeden Fall eines Tages dieses Land. Mit dem letzten "doch" wird adversativ festgelegt, wo man etwas haben muß. Bezogen auf das Wohnungsproblem, um das es geht, heißt dies, daß man sich nicht hier einrichten will. Von Bedeutung ist schließlich, daß die vierte Äußerung des Vaters keinerlei Abtönungen und Bezüge auf den Adressaten enthält, sondern nur eine apodiktische Charakterisierung der von Ali gewünschten Kleidung darstellt: "Das sind Hippiesachen." Die Form der Rede des Vaters erklärt so auch, warum er erheblich weniger in Szene gesetzt wird als Ali. Der kommunikative Aufwand des Vaters ist gering, er vermittelt seine Perspektiven nicht mit denen seines Gesprächspartners, sondern weist diesen nur auf Notwendigkeiten, Absichten und Werte hin, die für ihn unbezweifelbare Geltung haben.

Von hier aus will ich nun die Form betrachten, in der die Ansprüche Alis und die Hintergründe der Verweigerung durch den Vater sprachlich gefaßt werden. Zur Vorbereitung der Ansprüche Alis gehört auch die Orientierung, der Entwurf der Familienszene als gemeinsame solidarische Kalkulation der zur Verfügung stehenden finanziellen Ressourcen, im Hinblick auf die Ansprüche angemeldet werden können. Der dreifache Verdienst plus Kindergeld sind der Hintergrund dafür, daß Alis Ansprüche im folgenden relativ zu den Mitteln der Familie nicht überzogen erscheinen. Ali sieht diese seine Ansprüche nicht hinreichend berücksichtigt. Er bekommt nicht genug für sein Zigarettengeld.

Erklärungsdedürftig ist "ja und daß ich Essen zu Hause/Essen Trinken bekommen hab" (15/16). Was gefällt Ali daran nicht, daß er Essen und Trinken zu Hause bekommt? Zuvor hat er sich im Interview darüber beklagt, daß es im Vergleich zu deutschen Familien bei ihnen keine festen Essenszeiten morgens, mittags und abends gegeben habe, an denen er sich orientieren konnte. Vielmehr sei er an die unregelmäßigen Essenszeiten gebunden gewesen und konnte so "nicht raus". Darauf ist die Äußerung in (15/16) als Beschwerde zu beziehen, denn wenn er kein Geld bekommt, bleibt er von diesen Zeiten abhängig.

Die beiden Punkte Zigarettengeld, Essen und Trinken sind nun Teil einer Liste, die Ali im folgenden aufstellt nicht als willkürliche, sondern als eine, die er der Praxis seiner "anderen Kameraden" entnimmt. Diese Praxis ist also der Maßstab der Legitimität der Ansprüche Alis. Der Ausdruck "Kameraden" aber fällt hier nicht das erste Mal, sondern ist von mir zuvor im Zusammenhang mit der Schulbücherfrage eingeführt worden. Ali denunziert dort seinen Vater, daß er das Geld für die Bücher vom Staat haben wollte "auf zynische Weise", aber Ali selbst wollte das nicht. Frage von mir: "Und das - war für dich ne Geschichte, die wolltest du nicht wegen der Schule, wegen den Klassen - kameraden. . ." Im Anschluß daran geht es um diese, die nur Deutsche waren und Ali war dort "ganz beliebt". Zum Zeitpunkt der Auseinandersetzung um den Lohn sind noch keine anderen "Kameraden" eingeführt, diese und ihre Praxis im Umgang mit den Eltern bezogen auf das Geld fassen also wieder die Zusammenhänge der zuvor als ideal geschilderten deutschen Familien. Die "Kameraden" haben Geld gehabt, sind ins Kino und in Diskotheken gegangen, haben Kleider gekauft. Diesen Katalog nimmt Ali im Reden mit seinem Vater wieder auf und füllt ihn weiter.

Wichtig ist das Verhältnis zwischen Eltern und "Kameraden": "die Eltern haben von sich selber denen das Geld gegeben oder sie haben sich - von sich aus einen Teil von dem Geld ihren Eltern gegeben." (19-21) Dies ist in Beziehung zu setzen zu früheren Schilderungen dieser Familien. Weiter vorne redet Ali darüber, daß die deutschen Freunde zu ihm gekommen sind so wie er zu ihnen, daß er sich aber schämen mußte, "weil es ja bei uns ja nicht gerade so schön aussieht wie bei allen anderen. I: Hmhm A: Also zum Beispiel die Möbel, Wohn/ also hier das Schlafzimmer, das Wohnzimmer, die Küche, die Kinderzimmer, das lief nicht alles genau das so. . . Also ich habe mich jedenfalls dran gewöhnt daß jedenfalls andere Stube da ist und daß n Kinderzimmer da ist. (Also) ein Kind braucht sein eigenes Zimmer. Und das Schlafzimmer von den Eltern (eigen) ist, und n Badezimmer und was was alles zum Wohnbereich gehört. Also ich habe nicht mein eigenes Zimmer gehabt. . . Also da ist erst ma s Frühstück. Morgens früstücken, mittags und abends wie das ja gewöhnlich bei Leu/deutschen Leuten ist. Und bei uns war das nicht." Diese Ausführungen sind miteinander in Beziehung zu setzen, da sie alle den Idealtyp der deutschen Familie konstruieren. Sie betreffen den "Wohnbereich" als zentralen Ort der Familie, der den Bedürfnissen der Familienmitglieder entsprechend gestaltet sein muß. Dazu gehören die Bedürfnisse der Kinder, gefaßt in der Norm "Ein Kind braucht sein eigenes Zimmer". Sie betreffen eine kalkulierbare, durchschaubare Lebenspraxis, thematisiert in der geregelten Essensordnung.

Bezieht man diese durchschaubare und die Bedürfnisse der Beteiligten berücksichtigende Praxis auf das Geldproblem, dann zeigt sich auch hier in Alis Formulierung die demokratisch-pädagogische Praxis deutscher Eltern, die entweder "von sich selber", ohne daß es eines Hinweises bedarf, Geld geben oder aber gar die Verfügung über das verdiente Geld den Jugendlichen überlassen und es in ihr Ermessen stellen, wieviel Geld sie zu Hause abgeben wollen. Entsprechend bezieht Ali den Maßstab für legitime Ansprüche und diese selbst aus dem Idealtyp der deutschen Familie. Da, wo er mit dem Vater redet, listet er im folgenden Bestandteile aus diesem legitimen Katalog auf, die in ihrer harmlosen Anerkennungswürdigkeit nicht zu überbieten sind (Kino, Freundin, Kleidung, Kaffee, Cola, Busgeld) und die gleichzeitig in dieser Harmlosigkeit das Übungsterrain für das sinnvolle Ziel der Autonomie abgeben: "Also ich wollte auch ma - für mich selber auch ma was zu sagen haben." Dabei formuliert er diesem Idealtyp entsprechend eine Regel, die sein Handeln bestimmt: "Natürlich, man muß sein Geld ma n bißchen sparen, aber man soll sich auf sich selber auch ma aufpassen."

Seine Orientierung auf die Verhältnisse in der BRD kommt auch in seinem Kleidergeschmack zum Ausdruck. Er sucht sich aus, "was natürlich jetzt Mode ist" (55), gegenüber dem Vater klagt er ein, daß er "auch ma sehen" (60) muß, "wie die Leute sich auch hier ma - so da rumlaufen" (60/61). Zum Ende hin in der letzten grundsätzlichen Auseinandersetzung schließlich klagt er gegenüber den Eltern die Ansprüche auf eine den familiären und damit seinen Bedürfnissen im Sinne des Idealtyps entsprechende Wohnung ein. Wenn er zum Schluß dieses Land nicht verlassen will, weil es ihm "gefiel" (83), dann zeigt dies, wie stark er bereits an der Praxis des Idealtyps partizipiert. D.h. Ali ist der Typ des Normaljugendlichen, der nichts anderes will, als in einer idealtypisch normalen Familie zu leben, und der auch seinem Verhalten nach in eine solche Familie immer schon gehört hätte. Seine moderate Praxis im Umgang mit dem Vater paßt weit eher zu den Eltern, die von "sich selbst" Geld geben oder die Verfügung darüber den Söhnen überlassen.

Setzen wir dem die Form der Hintergründe der Verweigerung des Vaters gegenüber Alis Ansprüchen entgegen, dann fällt zunächst wieder auf, daß dessen Verhalten in der Erzählung zumeist extern verdeutlicht wird, was sich wiederum auf die Form der wörtlichen Rede des Vaters beziehen läßt. Wie gesehen handelt es sich bei seiner Rede zumeist um Setzungen, die nicht zur Debatte stehen. Die Explizierung der Beweggründe nimmt zweimal die Form der Darlegung durch wörtliche Rede Alis an. "Ich spar doch für dich das Geld" (31). Die darauf folgende Explizierung durch Ali zeigt, daß es keine rationalen Beweggründe für die Praxis des Vaters gibt. Ali weist seinen Vater in der Form des Pädagogen darauf hin, daß die ursprünglichen Gründe für das Sparen entfallen sind, daß es sich bei ihm verselbständigt hat. Zweimal die Form "guck mal"; mit der ersten (34) verweist er ihn darauf, daß die Tatsache, daß er spart, geteiltes Wissen zwischen ihnen darstellt, es also des Hinweises des Vaters nicht bedurft hätte. Mit der Form "du sparst und sparst" (34) bekommt die Praxis des Vaters aber bereits etwas Zwanghaftes. Mit dem zweiten "guck mal" (34) verweist er den Vater auf seine Geschichte in Deutschland. Er ist schon lange hier, hat sich bei der Arbeit verschlissen und sollte nun ein Ende finden. Ali führt ihm ironisch vor Augen, wohin seine Praxis führt, denn es gibt keinen anderen Beweggrund mehr. In der Türkei hat er alles, was er braucht, so daß die Beschränkungen, die er sich in Deutschland auferlegt, keinen Sinn mehr haben. Ali selbst will nicht so werden. Er verläßt in dieser wörtlichen Rede zweimal sein moderates Auftreten, wenn er hämisch dem Vater vor Augen führt "du hast dich so schön kaputt gearbeitet", und ihm ironisch vorhält "du willst natürlich das Geld in dein Grab (direkt) mitnehmen".

Das zweite Mal werden die Beweggründe des Verhaltens des Vaters durch Alis wörtliche Rede beim Kleiderkauf expliziert. Auf die apodiktische Feststellung "Das sind Hippiesachen" hin weist Ali ihn wieder in die Lebensbedingungen in Deutschland ein, es "geht nicht", was er "jetzt wieder denkt" (57). "Du mußt auch ma sehen wie die Leute sich auch hier ma - so da rumlaufen" (60/61). Das Verhalten des Vaters erklärt sich daraus, daß er nicht sieht, sich nicht einläßt auf seine Umgebung.

Neben diesen Erklärungen des Verhaltens des Vaters in der Reaktion Alis darauf finden sich eine Erklärung als Verweis für mich auf bereits zuvor Dargelegtes im Zusammenhang mit dem Schulbücherproblem und zwei Erklärungen im Hinblick auf die Eltern bzw. das Verhältnis zwischen Ali und dem Vater, in denen Ali aus der Erzählung herausspringt und diese Erklärungen direkt an mich als Interviewer richtet. In der ersten legt er dar, wie er mit seinem Vater reden konnte: "also ich konnte nicht sagen mit meine Freundin, weil es ja bei uns so Sitte ist, daß (mo/der eh) Junge sich gegen sein Vater schämen müßte, daß er so n Wort überhaupt in sein Mund nehmen würde." (43-46) Ali wird in dieser und der nächsten Erklärung zum `Sozialwissenschaftler`, der Verhalten aus den geltenden "Sitten" des sozialen Hintergrundes seiner Familie erklärt. Zugleich führt er damit vor Augen, wie stark dieser Zusammenhang ihn an der von ihm beherrschten Praxis des offenen Gesprächs hindert, denn nicht mal das, was zu den normalen Bedürfnissen eines Jugendlichen gehört, "ma ne Freundin" (27), darf man sagen.

"Indem weil meine Eltern anders/andere Sitten hatten - also und ich gegenüber mehr Deutsch gewohnt bin als - die - und ich habe mehr die heutzutage diese Mode eh gekannt und die kannten ja die Armut nur. Aber ich weiß nicht, warum sie sich da nicht darauf einlassen." (71-75) Wesentlich neben dem zuvor erwähnten Moment des analytischen Verhältnisses zur Praxis seiner Eltern und der eigenen ist hier das in der abschließenden Bemerkung "Aber ich weiß nicht. . ." enthaltene Angebot eines Gesprächs zwischen Ali und mir darüber, was aus dieser Analyse zu folgern ist, wie diese im Zusammenhang damit steht, daß die Eltern "sich da nicht darauf einlassen". "weiß" steht im Präsens im Gegensatz zur nachfolgenden Äußerung "Ich habe dann mit denen ma gesprochen. . . ", d.h. Ali weiß es auch zum Zeitpunkt des Interviews noch nicht. Wir sollten über diesen bestimmenden Zusammenhang reden, zumal Ali durch sein analytisches Verhältnis dazu dies mit mir von Gleich zu Gleich könnte.

Zieht man nun die in unterschiedlicher Form präsentierten Erklärungen für das Verhalten des Vaters zusammen, dann ergibt sich folgendes Bild: Mit dem ersten Verweis auf die Schulbücher ist die zuletzt diskutierte Erklärung schon angesprochen. Im Kontext des Schulbuchproblems auf meine Frage hin "Wie kommt das also ich meine daß auf einmal die Schulbücher zum Problem werden?" sagt Ali: "Die großen Probleme waren jedenfalls mein Vater wollte das/ also er kannte das nicht, er kannte damals ja die Armut kann man da ja sagen. I: Was kannte der? A: Die Armut. Na also er hat hart gearbeitet in seiner Vergangenheit verstehse. I:Hmhm A: Und also als Kutscher gearbeitet und so und dann hat er |Leute weggebracht und hat angepackt für fuffzig Pfennig oder irgendwie |1s| und darum hat er /ich war ja auf ne andere/jetzt bin ich ja auf ne andere Weise ja n anderes Leben als wie er geworden." Dort wie hier ist die Grundlage des Verhaltens des Vaters (bzw. der Eltern, aber da, wo Ali von diesen redet, agiert stets nur der Vater), daß er nur die Armut kannte und in allem zu diesem Problem sich verhält – und das ist "das große Problem". Wenn Ali mit ihm redet, zeigt sich, daß Sparen zum Zwang geworden ist, obwohl er "alles Mögliche" hat, daß er die Verhältnisse nicht sieht, sondern auch in seinem Denken ganz in den Kategorien seines Herkunftslandes verbleibt.

Neben dem Problem, was man sagen darf, ist darauf hinzuweisen, daß der Ausdruck "Hippiesachen" unter türkischen Migranten gängig ist für ausgefalleneren Kleidungsstil verbunden mit der Vorliebe für Rockmusik. Bezogen wird diese Kategorie m.E. aus türkischen Videofilmen, wo in diversen Liebesdramen, Krimis, Karatefilmen u.ä. häufig das Böse, Schlechte, Unsittliche im Kontext von solchen Gruppen von jüngeren Leuten, die entsprechend aufgemacht sind und laute Rockmusik hören, praktiziert wird. Diese aber sind "Hippie", wobei dieser Ausdruck eine spezifisch antimoderne Haltung artikuliert, denn häufig wird in diesen Filmen die wirkliche Liebe mit dem entsprechenden sozial adaequaten Verhalten zwischen Mann und Frau, die Bedeutung der Familie, von Ehre und Treue zelebriert. Zugleich aber war aufgrund meines Äußeren v.a. in der ersten Zeit meiner Feldarbeit auch ich des öfteren "Hippie", so daß Ali in der Zurückweisung dieser Kategorisierung sich auf meine Seite schlägt. Insofern ist es kein Zufall, wenn er von "Mode" "heutzutage" spricht. Schließlich erklärt sich so auch, warum die Eltern hier nicht für eine anständige Wohnung sorgen, denn "dahinten" müssen sie "was haben", obwohl sie schon "alles Mögliche" haben. Diese Kenntnis der Armut läßt sie dahinten anhäufen und sich auf das Leben hier nicht "einlassen". Die so bestimmte, auf ein Ziel hin fixierte Praxis erklärt auch die Redepraxis des Vaters, die aus Nicht-Verstehen und Setzungen besteht, und auch, warum er so "natürlich nicht kapiert" (41/42). Aber die Form, in der die Bestimmungsgründe des Verhaltens des Vaters gefaßt werden, hat noch einen weiteren Sinn, auf den weiter unten zurückzukommen ist.

Hier will ich zunächst die verschiedenen Ergebnisse der Analyse zusammenziehen und rückbeziehen auf die Feststellung, daß Ali im Verhältnis zu mir seine Erfahrungen allseitig aufzuschlüsseln sucht. Ich hatte dies an reflexiven Verständigungsformen, an der Explizierung von inneren Einstellungen sowie an der Vorführung von inneren Dialogen festgemacht. Danach habe ich zunächst das von Ali konstruierte Verhältnis zwischen ihm und seinem Vater vorrangig unter Vernachlässigung dessen untersucht, daß die Geschichte mir im Interview erzählt wird und daher in allen Teilen an mich adressiert ist. D.h. die Konstruktion der Geschichte, die Inszenierung von Ali und seinem Vater im Verhältnis zueinander ist die Form, in der sich Ali zu mir als Interviewer ins Verhältnis setzt. Dies läßt sich sprachlich festmachen an Impräzisierungsformen (wie "und so", "und so weiter", "und das alles" etc., die sich in dem Auszug insgesamt 19mal finden), an dem "ja" (Vorkommen 21mal), das häufig Konsens unterstellende Bedeutung hat, sowie an dem "natürlich" (Vorkommen achtmal). Geht man den Text darauf hin durch, dann zeigt sich, daß schon in der Orientierung, der Konstruktion der familiären Szene der Kalkulation, mit vier Impräzisierungen unterstellt wird, daß ich als Hörer den für die Szene notwendigen Zusammenhang selbst mittels der Hinweise Alis herzustellen vermag. V.a. aber auch in der wörtlichen Rede Alis finden sich diese Formen: "Hör mal, ich brauche ma Geld und so weiter, ich muß ma im Kino möcht ich gerne gehen (oder) ma ne Freundin - oder - irgendwas was m/meinetwegen mir ma gefällt vom - zum Anziehen oder überhaupt so, man müßte ma paar Mark in ne Tasche haben, es gibt immer - was man braucht so für." (25-29) Zu Anfang, nach "Geld" ist nicht klar, ob "und so weiter" zur wörtlichen Rede gehört, dies läßt sich auch formal, etwa am Tonfall, nicht entscheiden. Aber wenn der Vater sich so verhält, als ob Ali ein Roboter sei und dieser nun mal mit dem Vater spricht, dann ist ja gerade die mit den Impräzisierungen "oder irgendetwas", "oder überhaupt so", "so für" verbundene Unterstellung, daß der Vater das Gemeinte anhand der sprachlichen Hinweise zu erschließen in der Lage ist, nicht sinnvoll. Aber selbst wenn dem nicht so wäre, bliebe es dabei, daß mit diesen Formen auch unterstellt wird, daß der Adressat der Erzählung anhand der sprachlichen Formen Alis die indizierte Praxis zu erfassen vermag, genau wie dies anschließend auch für die sprachliche Praxis gilt, die dem Vater zugeordnet wird. Ohne diese Unterstellung müßte Ali externe Erklärungen einfügen etwa der Art, was er mit dem Gesagten meinte.

Noch deutlicher werden in der zweiten wörtlichen Rede Alis die Übergänge fliessend, wo er noch einmal seine Ansprüche darlegt: "Sag ich jedenfalls: Ich brauch das Geld mit Freunde ma irgendwo n Kaffeee zu trinken, oder zum Unterhaltung oder Jugendzentrum ma ne Cola trinken oder so, weil ich ja damals immer im Bunker gewesen bin. - gewesen bin, und da mußt ich ma ne Cola trinken oder irgendwie [Husten] oder unterwegs für Busgeld und alles was man zum so braucht." Hier geht die wörtliche Rede in eine direkte Adressierung meiner Person mit den gleichen Impräzisierungen über, so daß direkt mir gegenüber die Normalität der Bedürfnisse Alis zum Ausdruck gebracht wird.

Diese Normalität wird durch Alis Feststellung verstärkt, daß er im "Bunker" gewesen ist als Konkretisierung von "Jugendzentrum", denn der "Bunker" ist für mich Ausgangspunkt meiner Feldarbeit gewesen und mein freundschaftliches Verhältnis zu einigen der Mitarbeiter dieses Jugendzentrums ist Ali bekannt. Beachtenswert ist die Form der Verkehrung, daß Ali in der Form der Adressierung des Vaters von "Jugendzentrum" spricht, in der direkten Adressierung meiner Person aber von "Bunker". In der türkischen Migrantenszene, die mir zugänglich war, spricht alles von "Bunker", weil dort viele der Jugendlichen hingehen bzw. hingegangen sind, aber daß jemand von Jugendzentrum gesprochen hat, habe ich nicht gehört. Darauf ist zurückzukommen.

Festzuhalten ist, daß von den 19 Impräzisierungen 11 im Kontext der wörtlichen Rede auftauchen und drei innerhalb von inneren Dialogen Alis, davon zwei am Ende des Textes, wo Ali den endgültigen Entschluß faßt wegzulaufen, was anzeigt, wie sehr unterstellt wird, daß für den Zuhörer an dieser Stelle transparent ist, wie er zu diesem Entschluß gekommen ist.

Das "ja" findet sich gehäuft zu Anfang des Textes an der Stelle der Einführung der Komplikation und zwar zunächst viermal als Gliederungsform im Verbund mit "und" und schließlich als Konsens unterstellende Abtönungspartikel dreimal da, wo Ali eine Bewertung der Situation expliziert: "Ja und das gefiel mir ja natürlich ja nicht, weil ich ja gegenüber von meinen anderen Kameraden. . . " (16/17). D.h. an der Stelle, wo es um die Etablierung der Komplikation und ihre Bewertung geht, tauchen vier Formen auf, in denen Ali die Zustimmung des Zuhörers sucht und unterstellt und so seine Bewertung zu etwas Selbstverständlichem macht. Solche Konsens unterstellende "ja" finden sich öfter im Text (z.B.44,63), genauso wie Ali im weiteren seine Bewertungen und seine Praxis als evident unterstellt mit dem Adverb "natürlich": Es gefällt ihm zweimal "natürlich" nicht (16,24); es ist für ihn "natürlich" sehr schwer (86/87); die Regeln, denen er folgt, sind "natürlich" (39-41); wenn er eine Hose aussucht, hat die "natürlich ma irgendwo Reißverschlüsse", "was natürlich jetzt Mode ist" (54/55); betrachtet man die Praxis des Vaters, dann "kapiert" der "natürlich nicht" (42). Unterstellt wird also auch, daß die Praxis des Vaters gleich bewertet wird.

Es wird deutlich, daß die ganze Geschichte in ihrer Form nur zu verstehen ist, wenn man sich die Frage stellt, wieso diese Gemeinsamkeitsunterstellungen von Ali mir gegenüber gemacht werden. Was berechtigt ihn zu dieser Unterstellung? Hier ist auf die Form der Inszenierung der Praxis von Ali und seinem Vater zurückzukommen. Zunächst habe ich herausgearbeitet, daß Ali mit seinem Vater das Gespräch sucht, nicht umgekehrt, und daß er am kommunikativen Stil auch dann noch festhält, wenn er damit bereits des öfteren gescheitert ist. Ich habe auch gezeigt, daß diese Praxis gleichbestimmt ist mit der seines Lehrers. Hier ist nun auf die Parallele zu meiner Sprachform zurückzukommen, darauf, daß ich zu Ali sage: ". . . wo wir mal drüber reden sollten." Es ergibt sich, daß Ali mit seinem Vater das praktiziert, was ich mit ihm praktiziere. Es ist eine uns beiden vertraute Praxis, wir haben sie gemeinsam und gehen so den Dingen auf den Grund: Ich rede mit Ali, um seinen Werdegang für die Gerichtsaussage zu erforschen, und er hat "dann mit denen ma gesprochen, was das eigentlich wär und so weiter". Im "und so weiter" unterstellt Ali dies als uns gemeinsame Praxis, die keiner weiteren Explikation bedarf.

Dasselbe läßt sich für den Redestil zeigen, den Ali sich selbst zuschreibt. Ich habe oben gesagt, daß Alis Anredeformen gegenüber dem Vater sich gut in das Repertoire eines Pädagogen fügen. Zunächst muß man auch hier wieder sehen, daß in der auf S.106 zitierten Rede von mir ebenfalls zweimal "mal" vorkommt, so daß Alis inszenierte wörtliche Rede schon formal nahe an der meinen ist, wenn es um das "drüber reden" geht. Ist die sprachliche Praxis Alis immer nur als Bearbeitung der Situation Interview zu verstehen, dann ist hier einzuführen, daß ich nicht der erste bin, der Ali in seiner langen devianten Karriere "half",[4] was erklärt, daß er so sensibel für die Situation und das Geforderte ist, daß er soziale Redeformen vorzeigt, die die meinigen sind bzw. die er dafür hält. Ali ist mit acht Jahren von zu Hause das erste Mal weggelaufen, seitdem mehrfach aufgegriffen worden, hat mit dem Jugendamt zu tun gehabt, ist mit Vierzehn das erste Mal gerichtlich belangt worden und hat entsprechend eine lange Erfahrung des Umgangs mit Behörden. Der Situationstyp Interview besitzt nun Ähnlichkeit mit diesen Erfahrungen Alis. Einerseits wegen der dargelegten und in der Form meiner Rede wiederkehrend zum Ausdruck gebrachten Zielsetzung des Interviews, andererseits aber auch deshalb, weil Fragen danach, woher man kommt, nach Karrieren, Erfahrungen, Absichten zur Praxis des Umgangs mit und der Verwaltung von Ausländern allgemein gehören als auch zur Praxis der Instanzen, die Alis Karriere verwaltet haben.

4 sondern, wie sich dann später herausstellte, in Deutschland einer der letzten. Er wurde eineinhalb Jahre später abgeschoben.

Die Anredeformen Alis sind also genauer zu bestimmen als dem Repertoire der Personen entstammend, die Ali ansonsten als Sozial- und Jugendarbeiter, Lehrer, Sozialpädagoge, Polizist, Bewährungshelfer, Rechtsanwälte und Richter als Problem in den Apparaten bearbeitet haben, die er durchlaufen hat. Versucht man diesen Bezug für die weiteren sprachlichen Formen des Textes herzustellen, dann ergibt sich, daß dies durchgängig möglich ist.

Nehmen wir zunächst die Form, in der Ali seine Ansprüche artikuliert. Weiter oben habe ich ausgeführt, daß er sich in der Form des Normaljugendlichen präsentiert, der wie geschaffen ist für die idealtypische deutsche Familie. Dieser Idealtypus aber läßt sich rekonstuieren als der normative Hintergrund, wie er typisch für Erziehungsberatungsgespräche beim Jugendamt, bei Gericht ist, wie er Schlichtungsversuche bei familiären Konflikten von Jugend- und Sozialarbeitern, Pädagogen und Lehrern bestimmt. Und Ali führt Elemente dessen vor: Geregelte Essenszeiten; "ein Kind braucht sein eigenes Zimmer"; das lexikalische Repertoire wie "Wohnbereich"; was mit selbstverdientem Geld zu geschehen hat und welche Selbständigkeit Jugendlichen zugestanden werden sollte, wird anhand der "Kameraden" idealtypisch inszeniert, und charakteristischerweise sind all die legitimen Ansprüche "mal" zu erfüllen. Ali bestimmt sein eigenes Verhalten bezogen auf diesen normativen Hintergrund als völlig stimmig. Dabei sagt er als Pädagoge seines Vaters, daß er "mal" ins "Jugendzentrum" muß, direkt zu mir aber, daß er im "Bunker " war. Das letzte als konkrete Übereinstimmung: Er geht im Verhältnis zu mir zu den richtigen Leuten. Das erste als Übereinstimmung in der Form.

Die selbe Rekonstruktion läßt sich auch für die Form der Inszenierung des Vaters vornehmen. Betrachtete man die Erklärungen für das Verhalten des Vaters genauer , so zeigt sich, daß der Vater andere Sitten hat, wie beispielsweise nicht über Freundinnen zu reden - ein Kontrast, wie er größer nicht sein könnte zur idealen Familie des Familienberaters, in der über alles offen gesprochen wird - , nur die Armut kennt und deshalb bei nicht mehr bestehender materieller Zwangslage zwanghaft weiterspart, alles in die Türkei schafft und daher hier nicht für eine anständige Wohnung sorgt, die Ansprüche seines Sohnes ignoriert und diesen ausschließlich hart arbeiten läßt. Dem entspricht nur, daß er sich nicht integriert: Er sieht nicht, wie die Leute hier sind, und läßt sich auch gar nicht darauf ein. Sowohl dafür stehen seine Redeformen als auch für das autoritäre Verhältnis zu seinem Sohn. So zusammengestellt aber haben wir zentrale Topoi des ethnisierenden Redens über Arbeitsmigranten vor uns: Türken haben keine anständigen Wohnungen, sparen alles, haben Reichtümer in der Türkei, integrieren sich hier nicht, sind autoritär und lassen ihre Kinder für sich arbeiten. D.h. Ali inszeniert seinen Vater in der Form, in der er erfahren hat, daß über Türken und damit auch über ihn geredet wird. Dabei zeigen die Formen der Erklärung des Verhaltens des Vaters, daß es nicht um ausländerfeindliche Stereotype geht, die Ali bei irgendwelchen sog. Ausländerfeinden erfahren hat, sondern jede dieser ist auch Bestandteil von analytischen Diskursen über türkische Arbeitsmigranten, die Ali hier vorzeigt. Er verhält sich wie gezeigt analytisch zu seinen Eltern und zeigt im Reden über Sitten eine sozialwissenschaftliche Form vor. Die Formen der Erklärung zeigen so viel eher, daß sozialwissenschaftliche Formen häufig Stereotype subventionieren, die Ali hier zurückgibt.

Deutlich wird dies auch da, wo Ali zum Ende der Erzählung aufgrund dessen, daß er auf sein zentrales Interesse an dem Interview zu sprechen kommt, kurz aus dem Konzept kommt. Nachdem in der wörtlichen Rede des Vaters dieser seine Perspektive auf die Türkei hin explizit gemacht hat, erklärt Ali, daß er das Land nicht verlasen wollte. Wie zentral dieses Thema für ihn ist, zeigt sich daran, daß sich im Anschluß die in diesem Ausschnitt einzige explizite Adressierung meiner Person findet und er dann von der Perfekt- in die Präsensform rutscht: "Ich wollte mich nicht mehr rumziehen lassen weißte. Erst von meine Großeltern weg und dann auch noch von hier weg, wo ich mich gerade dran gewöhnt habe. Das ist für mich sehr schwer natürlich." Den Anschluß an die dann etablierte Auflösung findet er, indem er kurz aus dem Konzept kommt, und mittels drei Gliederungsformen, was Indizien für den zuvor stattfindenden Bruch sind. Ali präsentiert hier einen Topos der Ausländerarbeit, nämlich daß die Kinder Schaden daran nehmen, wenn sie des öfteren den sozialen Zusammenhang wechseln, erst dort aufwachsen, dann hier, dann wieder dort. Dieser Zusammenhang wird oft thematisiert, wenn von erfahrenen kulturellen Brüchen die Rede ist. Der Tempuswechsel zeigt an, daß Ali sich jetzt "nicht mehr rumziehen lassen" will, jetzt droht es ihm und jetzt ist das für ihn "sehr schwer natürlich". Ali hat zuvor in dem Interview stets hervorgehoben, wie gut er mit den Verhältnissen zurechtkam. Bei seiner Ankunft erschienen ihm die Lichter auf der Straße wie ein Paradies, und zwar hat er auch seine Großeltern gern gehabt, aber er hat darüber zuvor nicht so geredet, als sei er von seinen Großeltern weggezogen worden. Diese spielen keine sehr große Rolle. D.h. die Dramatisierungen "rumziehen" und "gerade dran gewöhnt" fügen sich nicht in die sonstigen Ausführungen Alis.[5] Der Bruch, der so entsteht, läßt sich damit erklären, daß Ali eine Formel der Ausländerarbeit vorzeigt, wobei er mir den Topos "mal dort - mal hier"[6] als eine Art Argumentationshilfe für mein Auftreten bei Gericht an die Hand zu geben scheint, indem er seine Situation in den Kategorien der Ausländerarbeit faßt.

5 Vgl. auch die Zitate auf S.111 u. 114, wo er darüber spricht, wie er "geworden" ist und was er "gewöhnt" ist.

6 Bezogen auf die Situation innerhalb der BRD lautet der Topos "morgens Deutschland - abends Türkei". Vgl. Kunstamt Kreuzberg 1981.

Wenn diese Analysen zutreffen, dann wird auch deutlich, wie Ali im Verhältnis zu mir Gemeinsamkeit herzustellen sucht. Bereits über die Parallele zwischen meiner Praxis des Redens, der des Lehrers und der Alis wird das Interview gleichbestimmt mit der Praxis derer, die Ali in seiner Karriere als Problem bearbeiten. Ali selbst aber inszeniert sich nun doppelt: Auf der einen Seite als Normaljugendlicher, der im Kontext der pädagogischen Praxis der Apparate, die er durchlaufen hat, als legitim geltende, dort selbstverständliche Ansprüche erhebt und akzeptablen sozialen Regeln folgt. Seine Einstellungen erweisen sich an jeder Stelle als stimmig mit solchen sozialen Erwartungen und können deshalb auch, wie gezeigt, als von uns beiden geteilt unterstellt werden. Bezieht man dies noch einmal auf die Feststellung zurück, daß Ali über die sprachliche Form die Bereitschaft zur allseitigen Aufschlüsselung seiner Erfahrungen und zur Problematisierung seines Lebens signalisiert, dann erweisen sich nun diese Reflexionsformen, in denen sprachliche Fassungen und der Status des Wissens zur Disposition gestellt und innere Einstellungen und Dialoge dargelegt werden, als eigentümlich leerlaufend, denn die Regeln und daraus folgenden Ansprüche, die Alis Handeln anleiten, erledigen als Selbstverständlichkeiten die Angebote in den reflexiven Sprachformen. Ali hat die üblichen, anerkannten Bedürfnisse eines Jugendlichen und darüber braucht man nicht zu reden, die Konformität seines Fühlens, Wollens, Wünschens ist offenbar.

Andererseits inszeniert sich Ali im Verhältnis zu seinem Vater als einer von denen, die ihn selbst als Problem in seiner Geschichte verwaltet haben, indem er zum Pädagogen seines Vaters und Sozialwissenschaftler der Migrationszusammenhänge wird, denen er entstammt. D.h. Ali verhält sich zu seinem Vater und diesen Zusammenhängen wie ich mich zu ihm, diese beiden Verhältnisse sind strukturgleich. In dieser Parallele aber machen die Reflexionsformen einen guten Sinn: Erweisen sich die Perspektiven und Ausrichtungen des Vaters als hoffnungslos absurd, rückständig und stehen in Zusammenhängen, die inadaequat für die Bewältigung des modernen Lebens in der BRD sind, so kommt dies zum Vorschein durch Alis analytisches und pädagogisches Verhältnis dazu. Alis Normalität in Bewertungen und Einstellungen tritt durch den Vater um so deutlicher hervor, in den reflexiven Sprachformen bringt er Bereitschaft zur Erörterung zum Ausdruck, v.a. aber sind diese zusammen mit Alis Bearbeitungsformen von Konflikten zu verstehen als vorgezeigte, mit der des Fragenden und der Zusammenhänge, für die er steht, identische sprachliche Praxis. Auf der Ebene der Thematisierung, der Bewertung, der Konfliktverarbeitung gibt Ali zu verstehen, daß er immer schon das tut, was von ihm erwartet wird. Er ist einer von denen, die ihn bearbeiten, an seiner Normalität aber wird er einzig durch den Vater und dessen, d.h. auch seinen Hintergrund gehindert. Er verlagert alle Bestimmungszusammenhänge für seinen Werdegang nach außen.

Die Abwertung des Vaters und seiner Herkunftszusammenhänge erweist sich so aber in der Situation als eine konformistische Selbstabwertung, in der Ali sich selbst in keinerlei Differenz zu den Erwartungen des Fragenden bzw. seinen Erwartenserwartungen bestimmt, jede individuelle Abweichung ausmerzt und gleichzeitig in den Kategorien der Ausländerarbeit seine Herkunftszusammenhänge denunziert, die für ihn als Person nur einen Zwangszusammenhang darstellen, nicht aber Teil seiner selbst sind. So zielt er in der Form der Unterwerfung auf die Aufhebung des zwischen uns bestehenden Abhängigkeitsverhältnisses.

Ali bearbeitet die Situation Interview mit dieser spezifischen Überkonformität, wobei ich bis hierhin zu zeigen versucht habe, daß die Ausführungen Alis nur zu verstehen sind vor dem Hintergrund seiner Erfahrung der verschiedenen Apparate, die er durchlaufen hat und mit denen er in seiner sprachlichen Praxis das Interview als gleich bestimmt. Dann ist aber entsprechend diese Praxis zu verstehen als die sprachliche Aneignung des Interviews als Teil dieser Apparate, als Auseinandersetzungsform mit den Bedingungen, die Alis Leben nicht unerheblich bestimmt haben. Darüber hinaus hat die Analyse des Interviewausschnitts ergeben, daß Alis Äußerungen nicht einfach als Mitteilungen verstanden werden können. Er teilt nicht mit, wie das Verhältnis zwischen ihm und seinem Vater ausgesehen hat. Weiter oben habe ich bereits gesagt, daß die Frage der "Wahrheit" des Gesagten nicht von Interesse, da auch gar nicht entscheidbar ist. V.a. aber erweist sich die Geschichte als eine Konstruktion, in der qua Partizipation Alis an der Praxis derer, die ihn verwalten und befragen, das Interview sich im Hinblick auf Ali eigentlich erledigt hat, dieser verhält sich etwa zu seiner Herkunft so, wie es meine erklärte Absicht ist, er analysiert sie. Diese Bedeutung der Geschichte Alis aber läßt sich nicht als Mitteilung rekonstruieren, sondern wie gezeigt nur über die Form seiner sprachlichen Praxis, in der die Praxis der Apparate, die er durchlaufen hat, gebunden ist und die er so vorzeigt, um in konformistischer Selbstabwertung in der Situation sich dem Zugriff zugleich zu entziehen.

Mit dieser ersten Analyse sollte gezeigt werden, wie sich die Rede der Jugendlichen rekonstruieren läßt als gelernte soziale Formen der Handhabung von Situationen, die darin zugleich als gleich oder ähnlich mit bereits erfahrenen gesellschaftlich bestimmten Situationen gefaßt werden. Hier hat sich ergeben, daß die sprachliche Praxis Alis bestimmt ist durch seine Karriere in den verschiedenen gesellschaftlichen Apparaten und daß entsprechend die Erfahrung der Praxis in diesen Apparaten in der sprachlichen Praxis von Ali gebunden ist. Die Rede von Gesellschaft und von den gesellschaftlichen Bedingungen der Sprachpraxis sowie die Annahme, daß die sprachliche Praxis nicht im Hinblick auf eine dahinterliegende soziale Praxis transparent ist,[7] verlangt nun aber nach

7 Diese Annahme liegt dem Zweifel zugrunde, daß man weit kommt,

einer Klärung, was es heißt, daß in der sprachlichen Praxis Erfahrungen in diesen Apparaten gebunden sind. Entsprechend wird nachfolgend wie angekündigt in einem Exkurs das Verhältnis von Sozialwissenschaft und Sprachanalyse in Auseinandersetzung mit verschiedenen Theorien diskutiert und im Anschluß daran die theoretische Perspektive der Analyse des Gesprächs mit Ali und der anderen Analysen dargelegt.

2.2 Theoretischer Exkurs: Zum Verhältnis von Sozialwissenschaft und Sprachwissenschaft

Der Durchführung der Analyse lag die Argumentation zugrunde, daß das jeweils Gesagte nur zu verstehen ist bezogen auf die Situation, in der es geäußert wird. Als einen theoretischen Bezugspunkt habe ich bereits weiter oben neben der Objektiven Hermeneutik die in der Tradition der Ethnomethodologie[8] stehende Konversationsanalyse angegeben. Ausgangspunkt dieser Tradition waren die Arbeiten v.a. von Garfinkel (1967) und Cicourel (1968, 1973), die den in den Sozialwissenschaften verbreiteten Objektivismus kritisierten, der gesellschaftliche Wirklichkeit als soziale Tatsachen unabhängig von den praktischen Leistungen der gesellschaftlichen Subjekte zu bestimmen versucht. Bezogen auf die Sprache wird der von Sozialwissenschaftlern häufig versuchte Durchgriff durch die sprachlichen Formen auf eine dahinter liegende Realität kritisiert, der in begrifflichen Konstrukten zu fassen versucht, was erst in der sprachlichen Praxis selbst hergestellt wird. Die Sozialwissenschaften werden insofern gefaßt als Teil dieser sozialen Wirklichkeit, die in ihren spezifischen Konstruktionen selbst soziale Wirklichkeit herstellen und die – wie v.a. Garfinkel betont – als diese wissenschaftliche Haltung selbst Gegenstand empirischer Untersuchung sein sollte:

> "What must social arrangements be like in order that large numbers of persons, as we know them in our society today, can not only adopt the scientific attitude with impunity, but can, for their succes in employing it, make substantial claims for a living upon those to whom the attitude is foreign and in many cases repugnant?" (Garfinkel 1967, S. 282)

Diese Kritik ist von Garfinkel/Sacks (1976) auf methodologischer Ebene radikalisiert worden, indem sie die Sozialwissenschaften als besondere Form der Teilnahme an einem alltäglichen Phänomen der sozialen Wirklichkeit, nämlich dem *Formulieren* als Mit-vielen-Worten-sagen-was-jemand-tut fassen.[9]

wenn man Alis Fassung des Vaters als Zugang zu dem Vater nimmt, ohne aber umgekehrt den Schluß zu begründen, daß Ali "lügt".

8 Zur Herkunft des Begriffs vgl. Garfinkel 1974, zur Geschichte dieser Richtung vgl. Mullins 1981

9 In meiner Skizzierung der Praxis der türkischen Migrantenjugendlichen habe ich diesen Begriff bereits mehrfach verwendet.. Ich habe ihn

Vor dem Hintergrund dieser Kritik haben Ethnomethodologie und Konversationsanalyse sich für die Methoden interessiert, mit denen Mitglieder einer Gesellschaft – und die Sozialwissenschaftler gehören dazu – in ihrem Handeln die Situationen erst gemeinsam herstellen, in denen sie miteinander handeln, und füreinander wahrnehmbar, darstellbar machen. Man insistiert darauf, daß die Herstellung sozialer Wirklichkeit immer nur lokal zugänglich und empirisch in der Analyse realer Handlungsabläufe zu erfassen ist. Entsprechend wird Wert auf einen ethnographischen Zugang gelegt. Die Entdeckungsschritte und analytischen Verfahren werden gebunden an das jeweilige Phänomen, das es zu analysieren gilt, und es wird Offenheit der Methoden für den zu analysierenden Gegenstand gefordert. Diesem sind die praktischen Verfahren rekonstruktiv abzulesen, mit denen die Beteiligten ihr Handeln in seinem Ablauf füreinander sinnvoll machen.

Es ist mehrfach dargelegt worden, daß in der Durchführung der Analyse die Äußerungen verstanden werden als das praktische Herstellen einer Situation durch die Beteiligten, und insoweit knüpfe ich an Überlegungen aus dem ethnomethodologischen Kontext an. Arbeiten der Konversationsanalyse zur Organisation von Sprecherwechseln, zur Bedeutung von Redezügen, zur sequentiellen Struktur von Äußerungen, zur Organisation von Reparaturen u.a. vermitteln die nötige Sensibilität für die Strukturen in den Äußerungen, die in der Analyse zu beschreiben sind und an denen die jeweilige Lesweise zu entwickeln ist. Im Gegensatz zur Objektiven Hermeneutik findet man in diesen Arbeiten also die Beschreibung einer Reihe von formalen Strukturen von Äußerungen, die zu entdecken und in ihrer Bedeutsamkeit für den Fortgang der sozialen Interaktion zu begreifen sind.

Die Arbeiten der Ethnomethodologie sind wie dargelegt zunächst entstanden als Kritik einer gängigen Forschungspraxis, die wesentliche

---

u.a. dieser Arbeit von Garfinkel/Sacks sowie Mead (1983; dazu weiter unten) entnommen. Ihre Argumentation, daß Sozialwissenschaften selbst als zu untersuchendes Phänomen sozialer Wirklichkeit zu betrachten sind, wird sich im Verlauf dieser Arbeit als relevant erweisen in der Weise, daß die wissenschaftlichen Formulierungen der Praxis von Migranten, wie sie in den Alltag eingehen, wesentliches Bezugsfeld der Formulierungen der Migrantenjugendlichen darstellen.

10 Die Literatur dazu ist inzwischen unüberschaubar. Neben den genannten Arbeiten vgl. zur Ethnomethodologie allgemein Turner 1974 sowie im Deutschen den Band Weingarten/Sack/Schenkein 1976. Zur Konversationsanalyse seien hier nur einige "Klassiker" genannt: Sacks 1972, 1972a, 1978, Sacks/Schegloff/Jefferson 1972, Schegloff/Jefferson/Sacks 1977, Schegloff/Sacks 1973, Jefferson 1972, 1974, Schegloff 1968, 1972, 1979 sowie die Arbeiten in den Sammelbänden Sudnow 1972, Schenkein 1978 und Psathas 1979. Eine Einführung bzw. einen Überblick im Deutschen geben Maas 1976, Kallmeyer/Schütze 1976, Bergmann 1980 und Streeck 1983. Wo ich mich in der Analyse direkt auf Ergebnisse aus solchen Arbeiten beziehe, werde ich auf diese gesondert verweisen.

Voraussetzungen sozialen Handelns vernachlässigt. Die Analyse der Mechanismen der Gesprächskonstitution und Formen der Herstellung von Situationen gemeinsamen Handelns in der Konversationsanalyse ist Teil der Einlösung des aus der Kritik resultierenden Forschungsprogramms, die formalen Methoden und ihre Voraussetzungen empirisch zu analysieren, mit denen "Mitglieder" wechselseitig soziale Wirklichkeit als füreinander wahrnehmbare, gültige schaffen. Die so entwickelten Beschreibungen von Sprecherwechseln, Methoden der Eröffnung und Beendigung von Konversationen, des sequentiellen Anschlusses von Äußerungen etc. stellen aber keine Analyse der sprachlichen Praxis bezogen auf historisch bestimmte gesellschaftliche Verhältnisse dar, was aber zumeist auch nicht beansprucht bzw. nicht thematisiert wird. Die Mechanismen des Gesprächsaufbaus und die analysierten sprachlichen Formen der Interaktion sind nicht als das aufzufassen, was Gesellschaft hervorbringt, und umgekehrt ist Gesellschaft nicht auf die sprachliche Praxis der Mitglieder zu reduzieren. Auch die Untersuchungen sprachlicher Interaktion in bestimmten sozialen Kontexten haben als Bezugspunkt der Analyse eben diesen sozialen Kontext wie z.B. ein Zentrum zur Verhinderung von Suicid (Sacks 1972), das Aushandeln von Identität zwischen einem Vertreter und einem Studenten (Schenkein 1978a) oder Interaktion bei Gericht (Atkinson 1979). Die Analysen suchen u.a. zu zeigen, wie der soziale Kontext von den Beteiligten hervorgebracht wird und selbst eine praktische Leistung und nicht schlicht gegeben ist, aber sie sind nicht bezogen auf einen Gesellschaftsbegriff, der die Herstellung dieser Kontexte durch die Beteiligten als Teil der Reproduktion der komplexen, historisch spezifischen gesellschaftlichen Verhältnisse faßt, die zugleich als Bestimmungsmomente in diese eingehen.

Es gibt Anklänge bei Vertretern der Konversationsanalyse, den Aufbau der Gesellschaft aus Mikroprozessen wie den Mechanismen der Gesprächsorganisation heraus zu konzipieren: in der Rede von der "anonymen Maschine", die die Geordnetheit und Strukturiertheit der Interaktion hervorbringt, ebenso wie da, wo z.B. Bergmann Simmel zitiert:

> "Hier handelt es sich gleichsam um die soziologisch-molekularen Vorgänge innerhalb des Menschenmaterials, die aber doch das wirkliche Geschehen sind, das sich zu jenen makroskopischen, festen Einheiten und Systemen erst zusammenkettet und hypostasiert (. . .) Vielleicht wird von dieser Erkenntnis aus für die Gesellschaftswissenschaft erreicht, was für die Wissenschaft vom organischen Leben der Beginn der Mikroskopie bedeutete."

und selbst fortfährt:

> "Könnte nicht, so läßt sich im Anschluß an diese Bemerkung Simmels fragen, könnte nicht die Erfindung der Videoaufzeichnung für die Soziologie einmal eine ähnliche Bedeutung haben, wie die Erfindung des Mikroskops für die Biologie?" (Bergmann 1980, S.18/19)

Gegenüber diesen Tendenzen einer Reduktion des Analysegegenstandes ist an einem Gesellschaftsbegriff festzuhalten, der die komplexe Reproduktion gesellschaftlicher Verhältnisse zu fassen, in den Handlungen der Subjekte die jeweils historisch spezifische Handhabung dieser komplexen Reproduktionsbedingungen aufzuspüren und nicht umgekehrt diese aus einfacheren Handlungsformen aufzubauen sucht. Die Vergesellschaftungsformen sind den Individuen vorgängig und von diesen anzueignen. Diese Annahme liegt der Analyse des Interviewauszugs zugrunde, denn die Argumentation lautet, daß Ali das Interview mit den Formen bearbeitet, die er in seiner Karriere in den Apparaten, die er durchlaufen hat, gefunden hat, und es somit als mit diesen Apparaten gleich bestimmt. Diese aber und die zugehörige soziale Praxis sind als Vergesellschaftungsformen zu verstehen, die Ali vorgängig waren und die er angeeignet hat. Die genauere Klärung des Verhältnisses von Sprach- und Gesellschaftsanalyse wird nun nachfolgend in Auseinandersetzung mit Jürgen Habermas' "Theorie des kommunikativen Handelns" , ihrer Kritik sowie im Anschluß an Mead und sprachtheoretische Arbeiten von Maas (insb. 1984, 1985) versucht.

Habermas entwickelt einen Gesellschaftsbegriff, in dem er die mit der Entwicklung des gesellschaftlichen Verkehrs strukturell notwendigen kommunikativen Potentiale zu fassen sucht. Er begreift gesellschaftliche Entwicklung als gerichteten Prozeß, in dem mit der Entwicklung der materiellen Reproduktion eine Entwertung der kulturellen Überlieferung durch die soziale Produktion der Verhältnisse einhergeht, die damit in zunehmendem Maße kommunikative Ansprüche hervorbringt, die zu Momenten des realen Vergesellschaftungsprozesses werden und an den Strukturen der sprachlichen Interaktion abgelesen werden können. Der Begriff des Kommunikativen Handelns (KH) hat zum Gegenstand die Möglichkeit des Sich-Verfügbarmachens und der Kontrolle der Bedingungen des Handelns und in der Analyse der gesellschaftlichen Verkehrsformen zielt Habermas auf eine Kritik der Verständigungsverhältnisse, an denen die Zwänge der materiellen Reproduktion abzulesen sind, wie sie die sozialen Auseinandersetzungen um die Verhältnisse und die Formen der sozialen Integration bestimmen und damit gesellschaftlich verfügbare Potentiale der Organisation des gesellschaftlichen Verkehrs zur Geltung kommen lassen.

Will man die TdKH diskutieren, so ist zu beachten, daß es sich um Habermas theoretische Lösung für Probleme handelt, die sich ihm bereits viel früher gestellt haben. Habermas geht es schon sehr früh um den Entwurf einer kritischen Gesellschaftstheorie, die die Maßstäbe ihrer Kritik auszuweisen in der Lage ist. Sein Herangehen an die Begründung einer kritischen Gesellschaftstheorie bewegt sich in den 60er Jahren im Kontext erkenntnistheoretischer Auseinandersetzungen, wie sie sich im Positivismusstreit (Adorno u.a. 1969) ergeben hatten. Radikale Erkenntniskritik ist für ihn nur als Gesellschaftstheorie möglich. So entsprechen den erkenntnistheoretischen Überlegungen v.a. in den

Aufsätzen zum Positivismusstreit, in "Zur Logik der Sozialwissenschaften" (1970) und "Erkenntnis und Interesse" (1968) gesellschaftstheoretische Überlegungen wie in "Technik und Wissenschaft als Ideologie" (1968a). Axel Honneth (1985) und Thomas McCarthy (1980) haben gezeigt, wie die Probleme, die sich in dieser Phase für Habermas ergeben, zu verschiedenen theoretischen Montagearbeiten sprachanalytischer Art (Habermas 1984, zuerst 1976) sowie auf dem Feld der Gesellschafts- und Evolutionstheorie (ders. 1973, 1976) in den 70er Jahren führen, die schließlich in die TdKH 1981 einmünden.

In der TdKH werden diese Arbeiten zusammengezogen und in einem erneuten Anlauf u.a. in Auseinandersetzung mit soziologischen Klassikern (Weber, Mead, Durkheim, Parsons) sowie der Marx'schen und der Kritischen Theorie neu geordnet. Die TdKH ist daher nicht die Fortsetzung der sprachanalytischen Arbeiten und darüber hinaus der Erkenntniskritik mit anderen Mitteln, sondern es handelt sich um einen gesellschaftstheoretischen Entwurf, der die Intention aus "Technik und Wissenschaft als Ideologie" wieder aufnimmt und die Entwicklung der bürgerlichen Gesellschaft in Auseinandersetzung insbesondere mit Weber erneut als vereinseitigten Rationalisierungsprozeß, als Pathologie der Moderne zu bestimmen versucht. Der Begriff des KH dient dabei der Begründung eines Rationalitätskonzepts, mit dem die spezifische Form der Rationalisierung als vereinseitigt gesellschaftstheoretisch und normativ begründet kritisiert werden kann. Im folgenden wird nun kein zusammenfassender Überblick über die TdKH gegeben, sondern Argumentationsschritte von Habermas werden so dargelegt, daß deutlich wird, inwieweit für die Sprachanalyse mit Habermas Analysen etwas gewonnen ist und wo bezogen auf diese Fragestellung die Grenzen liegen.

Auf dem Hintergrund dieser Auseinandersetzung mit substantiellen Fragen einer Gesellschaftstheorie als Theorie der Rationalisierung entwickelt Habermas den Grundbegriff des KH. Im Gegensatz zu früheren Argumentationen sind KH und zweckrationales Handeln nicht mehr zwei sich gegenüberstehende Handlungstypen, sondern unter kommunikativen Handlungen versteht Habermas nun Interaktionen, in denen Verständigung als Mechanismus für die Koordinierung der Handlungen verschiedener Aktoren dient, und kommunikative Handlungen sind zu verstehen als ein Prozeß, in dem alle Aspekte menschlicher Handlungsrationalität als interne Bezugspunkte enthalten sind.

Habermas sucht das, was Verständigung heißt, mit Mitteln der Sprechakttheorie zu klären. Er unterscheidet zwischen erfolgsorientierten und verständigungsorientierten Handlungen und will mit seiner Analyse den verständigungsorientierten Sprachgebrauch als den Originalmodus nachweisen, zu dem sich jede andere Form parasitär verhalte. Was Verständigung heißt, kann nur durch Bezug auf die Rede geklärt werden, denn "Verständigung wohnt als Telos der menschlichen Sprache inne"

(1981, Bd.1, S. 387). Kommunikatives Einverständnis ist propositional differenziert und wird von den Beteiligten als gültig akzeptiert, unterscheidet sich also von faktischer wie von außen auferlegter Übereinstimmung. Die Sprechakttheorie eignet sich für Habermas besonders zu einer Analyse des Verständigungsprozesses, da sie diesen durch Explikation der kategorialen Voraussetzungen von Verständigung zu fassen sucht, die an den Strukturen der Rede abzulesen sind. In einer formalpragmatischen Analyse knüpft er daran an und stellt sich die Frage, was die handlungskoordinierende Kraft von Sprechhandlungen begründet, wenn diese nicht durch Sanktionen oder Institutionen gewährleistet wird.

Zu ihrer Beantwortung diskutiert er den Begriff der Illokution und führt aus, daß eine Sprechhandlung dann akzeptabel ist, wenn die Bedingungen erfüllt sind, die notwendig sind, damit ein Hörer zu einem von einem Sprecher erhobenen Anspruch mit Ja Stellung nehmen kann. Der Begriff der Akzeptabilität impliziert die Perspektive der Teilnahme, da nur so zu entschieden ist, was intersubjektiv für die Beteiligten eines Kommunikationsprozesses als Erfüllung eines Geltungsanspruchs zählen kann. Habermas legt in Diskussion verschiedener Sprechhandlungstypen dar, daß Erfüllungs- und Akzeptabilitätsbedingungen von Sprechhandlungen zu unterscheiden sind und daß die Bindungskraft von Sprechhandlungen nicht in der Gültigkeit des Gesagten liegt, sondern im Koordinationseffekt der Gewähr, die ein Sprecher für die Einlösung der mit einer Sprechhandlung erhobenen Geltungsansprüche bietet und die er, sofern sie bestritten werden, argumentativ verteidigen kann, um so den Hörer zur Annahme der Sprechhandlung zu veranlassen.

Er zeigt, daß mit jeder Sprechhandlung genau die drei Geltungsansprüche der Wahrheit, Richtigkeit und Wahrhaftigkeit, die rational verteidigt werden können, erhoben werden, so daß im gelingenden KH ein Sprecher sich mit einem Hörer über etwas verständigt und dabei sich selbst verständlich macht. Das entsprechend erzielte Einverständnis besteht auf den drei Ebenen der normativen Übereinstimmung, des geteilten Wissens und des Vertrauens in subjektive Aufrichtigkeit. Daß im KH genau diese drei Geltungsansprüche erhoben werden und Einverständnis in dieser Form erzielt wird, läßt sich nach Habermas wiederum mit den Funktionen sprachlicher Verständigung, die er zuvor an Bühlers Zeichenmodell diskutiert hat, erklären, nämlich mit den Funktionen der Sicherung interpersonaler Beziehungen, der Darstellung von Sachverhalten und der Manifestation von Erlebnissen.

In Reaktion auf Kritiken an seinen universalpragmatischen Arbeiten stellt Habermas dabei heraus, daß kommunikatives Handeln einen Typus von Interaktionen bezeichnet, die durch Sprechhandlungen koordiniert werden, nicht mit ihnen zusammenfallen (1981, Bd.1, S. 150f.). Damit nimmt er einerseits eine soziologische Kritik auf, die auf den Idealismus der Reduktion von Handeln auf Sprechen zielt. Umgekehrt kritisiert er mit seinem Begriff des Kommunikativen den Soziologismus bei Austin (Bd.1, S386/387), der Verständigungsprozesse mit sprachlich vermittelten Interaktionen identifiziert habe. Wesentlich daran ist, daß Habermas die Unterscheidung von Kommunikation und Handeln trifft, um das an das KH gebundene Potential des Herausspringens aus den Zwängen der Verhältnisse zu benennen, wodurch diese ein Stück weit eher sprachlich verfügbar werden insofern, als das Handeln nicht an empirisch eingespielte Routinen gebunden zu sein braucht, sondern die Beteiligten mindestens der Möglichkeit nach die Fortsetzung ihres Tuns an die Verständigung über die eingegangenen sozialen Verhältnisse, über das, was sie von der Welt annehmen, und darüber, mit wem sie es zu tun haben, und die Kritik dieser Zusammenhänge binden. In diesem Sinne spricht Habermas davon, daß Kommunikation extramundan ist und daß entsprechend Sprechen zwar auch Handeln ist, aber nicht darauf reduziert werden kann. Der formale Nachweis der Geltungskriterien, die dem KH zugrundeliegen, dient dem Aufweis dieser Differenz und soll umgekehrt mit der Behauptung, daß es sich bei dem Begriff des KH um den Grundbegriff einer soziologischen Handlungstheorie handelt, aufzeigen, daß jedes Handeln auf diese kommunikative Struktur bezogen werden muß, d.h. sinnvermittelt und damit ausweisbar ist.

Dies ist zugleich die Grundlage erstens seiner Kritik der verschiedenen handlungstheoretischen Entwürfe in der Soziologie, die jeweils in ihren Modellen des teleologischen, normengeleiteten und dramaturgischen Handelns nur den direkten Bezug der Handelnden auf die objektive, soziale oder subjektive Welt thematisieren, nicht aber die Möglichkeit der Handelnden, in Verständigungsprozessen sich in reflexiver Form die Weise ihres Bezugs zu vergegenwärtigen, und zweitens seiner Argumentation bezogen auf methodologische Probleme des Sinnverstehens in Auseinandersetzung mit der phänomenologischen Tradition (v.a. Schütz und Ethnomethodologie), daß das Sinnverstehen gebunden ist an Teilnahme im Sinne des Sich-Einlassens auf das Handeln der untersuchten Subjekte und nur ausweisbar ist im Herausarbeiten dessen, welche Gründe die Handelnden für ihr Tun selbst anführen könnten, allerdings in Form einer handlungsentlasteten Analyse. Sinnverstehen als Analyse heißt dann die Fortsetzung des verständigungsorientierten Handelns in Aufnahme und Fortsetzung dessen, was die Analysierten immer schon tun, in handlungsentlasteter Form, um so die Praxis der Beteiligten zugleich ernst zu nehmen und doch kritisch ins Auge zu fassen im Hinblick auf die Frage, woran eben diese Prxis scheitert, wie sie zu Widersprüchen führt und sich selbst blockiert. Kritik bezieht also ihre Berechtigung daraus, daß sie ein potentiell für die Beteiligten selbst verfügbares Moment der Praxis und damit aus dieser bezogen ist.

Diese Argumentation von Habermas gilt nur, wenn man unterstellt, daß es ihm gelungen ist, den Begriff des KH als grundlegenden darzulegen, demgegenüber alle anderen Begriffe des sozialen Handelns einen abgeleiteten Status haben. Dies beansprucht er, in Auseinandersetzung mit Austin und dem Perlokutionsbegriff gezeigt zu haben. Problematisch ist die dort vorfindliche Kategorisierung des Imperativ, funktioniert doch dieser aufgrund empirischer Sanktionsbedingungen. Eine solche Möglichkeit der "mundanen" Kommunikation stellt aber den fundamentalen Status des KH als Grundbegriff in Frage. Inzwischen faßt Habermas daher den Imperativ ebenfalls als parasitären Fall (1986, S. 360 - 362).

Gesetzt den Fall, dieser Umbau der Analyse erledigt den Einwand, so ist das zentrale Problem der TdKH, eine so eingeführte Handlungstheorie an Gesellschaftstheorie anzuschließen, denn in der Anknüpfung an die Sprechakttheorie bei der Entwicklung des Begriffs des KH macht Habermas verschiedene idealisierende Annahmen. Will er für die Auseinandersetzung mit Weber einen Handlungsbegriff gewinnen, der es erlaubt, das Rationalisierungsproblem anders wieder aufzunehmen, impliziert dies, daß der Begriff des KH, sofern er die Analyse von Alltagskommunikation erlauben soll, sich nur auf moderne Gesellschaften beziehen kann, denn Habermas will mit diesem veränderten Rationalitätsbegriff Rationalisierung als einen historischen Prozeß fassen, in dem die mit der Entwicklung des gesellschaftlichen Verkehrs erst hervorgebrachten kommunikativen Potentiale ungleichgewichtig in der Organisation der sozialen Praxis zur Geltung kommen. Verlangt ist damit eine Historisierung der Rationalitätsannahmen, die in der Sprechaktanalyse nicht vorgesehen sind. Nach Habermas ist dies nun möglich, indem man die Rationalisierung als historischen Prozeß an den Strukturen der Lebenswelt nachvollzieht.

Habermas stützt seine Sprechhandlungsanalysen auf sog. Standardformen, in denen über die wörtliche Bedeutung die Bedeutung der Sprechakte erschließbar ist. Diese Idealisierung sei methodisch kontrolliert zurückzunehmen bis auf die Ebene der Vielfalt der Alltagskommunikation, um dort schließlich das Hintergrundwissen in die Analyse einzuführen als entscheidend für die Frage, wie die kommunikativ Handelnden die Situation ihrer Praxis aus diesem Repertoire schöpfend interpretieren als Bedingung eines Verständnisses dessen, was etwa rational motivierte, eben für die Teilnehmenden begründete Fortsetzung ihrer Praxis heißt. In Diskussion der Frage der wörtlichen Bedeutung zeigt Habermas, daß auch rein illokutive Sprechakte immer nur bezogen auf dieses Hintergrundwissen, d.h. auf das, was er dann im Begriff der Lebenswelt zu fassen sucht, zu verstehen sind, sie sind nicht selbstexplikativ.

> "Erst mit der Rückwendung auf den kontextbildenden Horizont der Lebenswelt, aus der heraus sich die Kommunikationsteilnehmer miteinander über etwas verständigen, verändert sich das Blickfeld so, daß die Anschlußstellen der Handlungstheorie für die Gesellschaftstheorie sichtbar werden: das Gesellschaftskonzept muß an ein zum

Begriff des kommunikativen Handelns komplementäres Lebensweltkonzept angeknüpft werden. Dann wird kommunikatives Handeln in erster Linie als ein Prinzip der Vergesellschaftung interessant; und zugleich gewinnen die Prozesse gesellschaftlicher Rationalisierung einen anderen Stellenwert. Diese vollziehen sich an . . . den implizit gewußten Strukturen der Lebenswelt." (Bd.1, S.452)

Dies bedeutet, daß in jede Verständigung die Tradition der sprachlichen Verarbeitung der sozialen Realität, gebunden in den sprachlichen Formen der Verständigung, in eben diese eingeht. Eine Analyse, die Prozesse der Rationalisierung als Form der Organisation der sozialen Praxis analysieren und bestimmen will bezogen auf die historisch freigesetzten kommunikativen Potentiale, wird eine so verstandene Kritik der Verständigungsverhältnisse nur leisten können, sofern sie diese lebensweltlich bestimmten Bedeutungszusammenhänge adaequat aufnimmt. Folgt man also so weit Habermas in der Explikation des Begriffs, so hängt für die Problemstellung hier alles von der Form des Anschlusses der Handlungs- an die Gesellschaftstheorie ab.

Den Begriff der Lebenswelt (LW) entwickelt Habermas systematisch in der zweiten Zwischenbetrachtung über "System und Lebenswelt" als strikt komplementär zum Begriff des KH, nachdem er diesen Begriff in der soziologischen Tradition verortet hat in der Diskussion von George Herbert Mead, mit dem er sich im Hinblick auf die Frage einer kommunikationstheoretischen Grundlegung der Soziologie auseinandersetzt.

Habermas rekonstruiert in Begriffen des KH die Analysen Meads als Übergang von der gestenvermittelten zur symbolvermittelten Interaktion und schließlich zur sprachlich vermittelten normengeleiteten Interaktion. Der Vorzug Meads liegt für Habermas darin, daß bei ihm die beiden bewußtseinskritischen Ansätze sich verbinden, nämlich Verhaltenstheorie und Sprachanalyse, indem er die Möglichkeit von Sprache im Verhalten als eben spezifischer Verhaltensform aufsuche und dabei einen Begriff von Sprache entwickle, der immer schon auf kommunikatives Handeln bezogen sei. Dieses könne daher verdeutlicht werden als in der Struktur der Sozialität, einer evolutionär neu auftretenden Lebensform, selbst angelegt. Auf Habermas Auseinandersetzung mit Mead ist später noch einmal einzugehen. Hier ist zunächst wichtig, daß durch diese Verortung des Begriffs des KH die mit diesem angenommenen drei Weltbezüge als Dimensionen des Verhaltens deutlich werden, nämlich als Verhalten zueinander, zur Umwelt und als Verhalten zu sich selbst. Insofern, als Sprache als Zeichen für die eingegangenen Verhältnisse die Aneignung dieser ermöglicht, kann LW, zunächst lose als Hintergrundwissen verstanden, aus dem heraus neue Situationen interpretiert werden, strikt komplementär zum KH gefaßt werden als Repertoire der Formen, in denen eine soziale Gruppe die eingegangenen Verhältnisse hervorgebracht und angeeignet hat und die als gelernte die Herstellung von und Verständigung über neue Situationen strukturieren.

In Kritik der bewußtseinsphilosophischen Prämissen der phänomenologischen Lebensweltkonzeption von Schütz/Luckmann[11] definiert Habermas LW vorläufig als kulturell überlieferten, sprachlich organisierten Vorrat von Deutungsmustern und versteht in diesem Sinne lebensweltliche Verweisungszusammenhänge als Bedeutungszusammenhänge zwischen gegebener kommunikativer Äußerung, unmittelbarem Kontext und konnotativem Bedeutungshorizont. Der Zusammenhang zwischen objektiver, sozialer und subjektiver Welt ist jeweils vorinterpretiert, es kann keine völlig unbekannten Situationen geben, sie sind immer nur neu relativ zu bereits erfahrenen Situationen. Die zu bestimmenden Strukturen der LW legen die Formen der Intersubjektivität möglicher Verständigung fest. So sind die Beteiligten einer Handlungssituation zu verstehen zugleich als Initiatoren und als Produkte von Überlieferungen. In die Bewältigung von neuen Situationen geht aber nicht nur, wie Habermas in Abgrenzung zu kulturalistischen Konzeptionen der LW hervorhebt, Kultur als gelernte Formen des Verstehens von Zusammenhängen, als kulturelle Gewißheiten ein, sondern ebenfalls Gesellschaft als gelernte Formen von sozialen Beziehungen, als bewährte Solidaritäten, und Persönlichkeit als Form der Integration der gelernten Formen bezogen auf eine Lebensgeschichte, als individuelle Fertigkeiten. Im KH reproduziert sich in der Bewältigung von Situationen im Rückgriff auf diese Formen der LW als Kultur, Gesellschaft und Persönlichkeit diese zugleich, indem neue Situationen an bekannte angeschlossen und somit im Prozeß der Verständigung kulturelle Gewißheiten bewahrt und erneuert werden, Formen sozialer Integration hergestellt und bekräftigt werden und in der Teilnahme an diesem Prozeß sich Fertigkeiten ausbilden, bewähren und die Gestaltung des individuellen Lebensprozesses als Person ermöglichen.

Ein formal so gefaßter Begriff der LW als Komplement zum Begriff des KH ist in gesellschaftstheoretischer Perspektive zu erweitern, lebensweltliche Reproduktionsprozesse sind nicht nur formal zu betrachten, sondern soziologisch. Die kommunikative Alltagspraxis kommt so als Bewältigung von Situationen in den Blick, die unter den Zwängen der materiellen Reproduktion einer Gesellschaft steht. Diese bestimmen sowohl die aktuelle Praxis als auch die Formen der Praxis als Formen der kulturellen Überlieferung, sozialen Integration und der Vergesellschaftung von Individuen.

Die Brauchbarkeit eines solchen Konzeptes für die Analyse der Entwicklung von Gesellschaften sucht Habermas zu demonstrieren, indem er die Rationalisierung von Lebenswelten als zunehmende Dezentrierung beschreibt, wobei Dezentrierung die mit der Entwicklung des gesellschaftlichen Verkehrs möglich werdende Befreiung von inhaltlichen, materialen Vorgaben in der Gestaltung der Praxis meint. Dies heißt

11 Dazu kritisch aus phänomenologischer Sicht Matthiesen 1985.

bezogen auf das LW-Konzept eine zunehmende Verlagerung der Bewältigung von Situationen im verständigungsorientierten Handeln von der Seite der LW als Tradition, in der Situationen weitgehend vorinterpretiert sind, auf die Seite des KH, in das zunehmend Bestände der LW hereingezogen und dort revidiert werden. So bringt die Herausbildung der bürgerlichen Gesellschaften eine beschleunigte Umwälzung der gesellschaftlichen Verhältnisse mit sich, die kulturelle Gewißheiten verschleißt, soziale Beziehungen obsolet werden läßt und Lebensentwürfe permanent zerstört, so daß zumindest der Tendenz nach eine anhaltende Verständigung darüber notwendig wäre, was der Fall ist, welche Beziehungen man eingehen will und wer man ist innerhalb von unsteten, nicht erhaltbaren Zusammenhängen. Bringt in diesem Sinne der gesellschaftliche Verkehr kommunikative Ansprüche hervor, so ist damit nicht zugleich gesetzt, daß diese realisiert werden.

Im Unterschied zu Weber, den Habermas für sein verengtes Rationalitätskonzept kritisiert, betrachtet er als zentralen Widerspruch der Entwicklung dieser Gesellschaften die permanente Freisetzung von kommunikativen Ansprüchen bei gleichzeitiger Durchsetzung von Organisationsformen, in denen die damit gegebenen Potentiale nicht zur Geltung kommen. Theoretisch sucht er dies mit einem zweistufigen Konzept von Gesellschaft als System und LW zu fassen und als einen Prozeß der Entkopplung von System und LW und der Kolonialisierung der LW durch die Systeme zu beschreiben.

Bevor jedoch darauf eingegangen wird, seien ein paar Anmerkungen zu dem LW-Konzept gemacht. Dieses Konzept, wie es Habermas in der TdKH entwickelt und so weit es hier diskutiert ist, ist in verschiedener Hinsicht nützlich. In Überlegungen dazu, wie ein solches Konzept in der Analyse der Alltagskommunikation fruchtbar gemacht werden könnte, weist er darauf hin, wie etwa in Erzählungen die sprachliche Fassung von Ereignissen, von sozialen Beziehungen und Praktiken von Einzelnen und Kollektiven analysiert und daran als Auseinandersetzung mit anderen die Reproduktion der LW als Form der Bewältigung von sozialen Situationen untersucht werden könnte. Für die nachfolgende Analyse der Interviews lassen sich im Bezugssystem von Habermas LW-Begriff Fragen nach der Bedeutung von Tradition, ihrer Veränderung, nach dem möglichen Zerfall von Lebenswelten, aber auch nach der Form der Verständigung als Reproduktionsmechanismus der identifizierten Beziehungen stellen. Insofern als kommunikative Alltagspraxis das Medium der Reproduktion der symbolischen Strukturen der LW ist, andererseits aber die Form der Verständigung eine Rolle dafür spielt, in welcher Weise etwas zur Disposition steht, läßt sich die unterschiedliche Form von Äußerungen in Interviews auch lesen als eine bestimmte Form der Bearbeitung der durch das Interview repräsentierten Zusammenhänge. Dies war einer der leitenden Gesichtspunkte der zuvor durchgeführten Analyse. Eine kritische Analyse hat den Gebrauchswert von solchen Bearbeitungsformen zu bestimmen, wie sie umgekehrt die Frage zu stellen vermag, inwieweit die Form der Auseinandersetzung die Bedingungen des Handelns für die Beteiligten selbst verfügbar macht. Daher ist die Kritik von Habermas an verbreiteten Praktiken in der qualitativen Sozialforschung berechtigt, daß aufgrund mangelnder gesellschaftstheoretischer Anstrengung die Frage nach der Reproduktion der sozialen Verhältnisse sich häufig auflöst in Reformulierungen von Alltagswissen.

Zuletzt sei auf einen Punkt hingewiesen, der für eine später darzulegende Kritik an der Konzeption von Gesellschaft als System und LW wichtig ist. Habermas weist in der TdKH wiederkehrend darauf hin, daß Sinnverstehen an die Perspektive der Teilnahme gebunden, d.h. auf ein Sich-Einlassen auf die untersuchten Handlungszusammenhänge angewiesen ist, da nur von innen her, aus der Perspektive der Handelnden sich erschließt, wie diese sich in Situationen über etwas verständigen und was für sie als Verständigung zählt. In der Diskussion von Merkmalen der LW, die von Seiten der Phänomenologie hervorgehoben werden, nämlich daß die LW fraglos und intersubjektiv gegeben sei, hebt Habermas hervor, daß die LW nicht als LW problematisch werden, sondern nur zusammenbrechen kann, genauso wie die Gemeinsamkeit der LW nicht kontrovers werden, sondern nur zerfallen kann. Das muß so verstanden werden, daß die LW nur in der symbolischen Praxis als gemeinsame existiert und dort sich reproduziert. Die Einheit einer LW ist also in dieser Praxis als eine für die Beteiligten aufzusuchen genauso wie der Zerfall einer LW als Zerfall einer gemeinsamen Praxis zu verstehen ist. LW ist also eine Kategorie der sozialen Praxis.

Habermas begründet sein zweistufiges Konzept Gesellschaft folgendermaßen: Das Konzept der LW sei wesentlich als Prozeß der symbolischen Reproduktion der Strukturen der LW gefaßt, der zwar auf Prozesse der materiellen Reproduktion als in diese symbolische Praxis hereinragende Zwänge zu beziehen sei, für eine sozialwissenschaftliche Analysestrategie aber sei es notwendig, den "hermeneutischen Idealismus" des LW-Konzeptes zu verlassen und Prozesse der materiellen Reproduktion unter Gesichtspunkten der systemischen Integration zu untersuchen als die funktionale Vernetzung von Handlungsfolgen, die sich in ihrer Reichweite dem Horizont der Alltagspraxis entziehe.

Genauso aber wie der Idealismus eines Konzepts von Gesellschaft als LW zu vermeiden sei, so müsse eine Konzipierung von Gesellschaft als System den methodischen Primat der LW-Analyse berücksichtigen insofern, als die Beschreibung von Gesellschaft als System aus einer Beobachterperspektive zunächst die Rekonstruktion von Lebenswelten aus interner Perspektive erfordere, da nur verstandene Lebenswelten in systemischen Begriffen bezogen auf den gesamtgesellschaftlichen Zusammenhang reformuliert werden könnten. Zudem seien die symbolischen Strukturen der Reproduktion der LW als bestandswichtige Strukturen von Gesellschaften zu verstehen, von denen die Identität einer Gesellschaft und ihrer Mitglieder abhänge. Dies insofern, als die allgemeinen Strukturen der Verständigung, wie sie Habermas in der Entwicklung des Begriffs des KH an der Rede rekonstruiert hat, der Form der Reproduktion der LW als Potential eingeschrieben sind, das mit dem sozialen Handeln, wie Habermas in Auseinandersetzung mit Mead zu zeigen sucht, eröffnet sei. Die symbolische Reproduktion der LW ist also immer schon auf diese mit Sprache eröffnete Möglichkeit des Sich-verfügbar-machens der Bedingungen dieser Reproduktion in der Verständigung bezogen, diese kann nicht einfach übersprungen werden.

Mit dieser Argumentation knüpft Habermas an frühere Überlegungen aus "Zur Rekonstruktion des Historischen Materialismus" (1976) und "Legitimationsprobleme im Spätkapitalismus" (1973) an, die er dort im Rahmen von evolutions- und krisentheoretischen Ausführungen entwikkelt hatte. Darauf ist hier nicht sehr weit einzugehen, entscheidend ist die Fassung von Gesellschaft als "systemisch stabilisierte Handlungszusammenhänge sozial integrierter Gruppen" (Bd.2, S.228) und die Art und Weise, wie Habermas moderne Gesellschaften konzipiert, nachdem er als charakteristisch für sie die Entkopplung von System und LW behauptet hat. Bis zur Entwicklung der modernen bürgerlichen Gesellschaften können diese stets unter den zwei analytischen Gesichtspunkten der System- und Sozialintegration betrachtet werden, wobei Sozialintegration auf einem normativ gesicherten oder kommunikativ erzielten Konsens beruht, Systemintegration aber, die durch Handlungsintentionen hindurchgreift, auf der Verknüpfung von Handlungsfolgen. Im Verlauf der historischen Entwicklung lösen sich die Mechanismen der Systemintegration aber aus dem lebensweltlichen Zusammenhang, indem sie zunächst die Strukturen der sozialen Verhältnisse induzieren und schließlich selbständige, von sozialintegrativen Mechanismen weitgehend unabhängige Handlungsbereiche ausbilden und zwar als Folge der Rationalisierung der LW, wobei der Argumentation als allgemeine Annahme über den Verlauf der Entwicklung folgendes zugrundeliegt: Die Entwicklung der materiellen Reproduktion unterliegt wohl dem Prozeß der Entwertung von Tradition, aber fortgeschrittenere Formen der Organisation dieser materiellen Reproduktion sind gebunden an die Herausbildung von entsprechenden Kommunikationsformen als Grundlage der Schaffung der institutionellen Voraussetzungen in der LW für diese Umorganisation. Schrittmacherfunktion übernimmt die Entwicklung von Recht und Moral. Habermas sieht also die Steigerung von Systemkomplexität in Abhängigkeit vom Strukturwandel der LW und diesen wiederum gebunden an den Eigensinn der kommunikativen Rationalisierung. Die Entwicklung ist abhängig von der Freisetzung der Potentiale der Kommunikation in dem Sinne, daß das KH sich zunehmend löst von partikularen Wertorientierungen und die Rechts- und Moralsysteme abstrakter werden und sich voneinander differenzieren.

Diese Entwicklung hat nun zwei gegenläufige Tendenzen zur Folge: Mit der zunehmenden Komplexität der gesellschaftlichen Verhältnisse wird die Konsenssicherung auf eine immer abstraktere Ebene verlagert und zieht zugleich immer mehr Bestände der LW in den Prozeß der Verständigung hinein. Dies hat auf der einen Seite zur Folge die Gefahr der Überlastung von Verständigungsprozessen als Mechanismen der sozialen Integration, bringt aber als Konsequenz der Freisetzung des KH die Trennung von erfolgs- und verständigungsorientiertem Handeln mit sich, was auf der anderen Seite die Herausbildung der mediengesteuerten Subsysteme Wirtschaft und Staat ermöglicht, die ihren Verkehr nach innen und nach außen über die entsprachlichten Medien Geld und Macht steuern, allerdings aufgrund ihrer unterschiedlichen Verfaßtheit auch nach unterschiedlichen Formen der Institutionalisierung verlangen. Während der über Märkte geleitete Geldverkehr über die Institution des bürgerlichen Privatrechts in der LW verankert ist, darüberhinaus aber keiner weiteren Absicherung bedarf, verlangt Machtausübung über die Institutionalisierung im öffentlichen Recht hinaus nach der Beschaffung von Legitimation, bleibt also in diesem Sinne gebunden an sprachliche Konsensbildungsprozesse. Diese Entwicklungstendenzen des gestiegenen Kommunikationsbedarfs und der Herausbildung von mediengesteuerten Subsystemen, die sich von lebensweltlichen Prozessen zunehmend abkoppeln, lassen sich beschreiben als die Entstehung von kapitalistischer Ökonomie, Staat und Öffentlichkeit.

Die zentrale These der TdKH lautet also, daß die Rationalisierung der LW die Entstehung und das Wachstum der Subsysteme Wirtschaft und Staat ermöglicht, deren verselbständigte Imperative auf die LW destruktiv zurückschlagen und sie schließlich zu einem Subsystem schrumpfen lassen. Die Gesellschaft zerfällt damit in die Handlungsbereiche von System, als Wirtschaft und Staat, und LW, die die von Familie, Nachbarschaft und freien Assoziationen getragenen privaten Lebenssphären und die Öffentlichkeit umfaßt (vgl.Bd.2, S.458). Der Widerspruch der modernen bürgerlichen Gesellschaften liegt darin, daß mit ihrer Entwicklung die Rationalität des KH freigesetzt wird und zugleich die Herausbildung der Systeme Wirtschaft und Staat einhergeht, die immer mehr in ihren Verkehr hineinziehen, sich eigene Umwelten schaffen und damit zur Konsequenz eine Entsprachlichung der Verhältnisse in Habermas emphatischem Sinne haben. Folge dieser losgelassenen Systeme ist die Überformung und Verdrängung von Lebenswelten, was zur Ersetzung von Mechanismen der sozialen Integration auch dort führt, wo diese nicht ersetzt werden können. Die symbolische Reproduktion der LW steht damit auf dem Spiel, diese wird von den Systemen zunehmend kolonialisiert und dieses Einwirken der Systeme auf die LW, das die Handlungszusammenhänge sozial integrierter Gruppen in ihrer Struktur verändert, ohne den Schein der Autarkie der LW zu beeinträchtigen, ist an der Form der Intersubjektivität möglicher Verständigung abzulesen, als Einschränkung dieser. Kritische Gesellschaftstheorie zielt so auf die Analyse der geschichtlich variierenden Verständigungsformen als jeweiligem "Kompromiß zwischen den allgemeinen Strukturen des verständigungsorientierten Handelns und den innerhalb einer gegebenen Lebenswelt thematisch nicht verfügbaren Reproduktionszwängen". (Bd.2, S.279)

Habermas ist wegen dieser zweistufigen Fassung von Gesellschaft als System und LW von vielen Seiten kritisiert worden, wobei zahlreiche Kritiker harmonistische Tendenzen des LW-Konzeptes bemängeln und den Rückgriff auf die Systemtheorie zur Analyse moderner Gesellschaften für problematisch halten. Habermas hat sich dazu in einer längeren "Entgegnung" (1986) auf Kritiker der TdKH geäußert und Punkte dieser Erwiderung werden hier aufgenommen, um so zusammen mit Verweisen auf die TdKH den zentralen Einwand gegen Habermas Beschreibung von Gesellschaft als System und Lebenswelt zu verdeutlichen, der zugleich zu Problemen der Alltagskommunikation zurückbringen wird, die Habermas in seinem analytischen Rahmen für angehbar hält.

Er begründet in einem erneuten Anlauf seine Entkopplungsthese und erläutert, was ihn zur Übernahme des Systemkonzepts bewogen hat. Handele es sich bei der Unterscheidung von System und Sozialintegration zunächst um eine analytische Unterscheidung, so sei seine Verwendung des Systemkonzepts jedoch eine essentialistische, die ihren Grund darin habe, daß die Systeme kennzeichnende Dynamik der Abgrenzung gegen eine komplexe Umwelt in die Gesellschaft selbst einwandere, daß also in diesem strengen Sinne von Subsystembildung die Rede sein könne mit der Herausbildung der mediengesteuerten Systeme Wirtschaft und Staat, die sich ihre eigenen Umwelten schüfen und den Austausch mit diesen über ihre eigenen Kanäle, die Medien Geld und Macht regelten. Habermas weist den Vorwurf der Identifizierung von Handlungstypen und Handlungsbereichen zurück und führt demgegenüber aus, wie ihm die Unterscheidung von System und Lebenswelt zur Identifizierung von Handlungsbereichen dient.

Nachdem er eine Reihe von Kritikpunkten aufgenommen und zu entschärfen versucht hat, definiert er dort die LW negativ "als die Gesamtheit der Handlungsbereiche, die sich einer Beschreibung als mediengesteuerte Subsysteme nicht fügen" (1986, S.387). Es ist aufschlußreich, daß sich eine positive Definition als Handlungsbereiche wie noch im zweiten Band der TdKH (S.458) nicht findet, ist eine solche doch mit dem entwickelten LW-Konzept auch gar nicht verträglich. Habermas schreibt, daß ihm als Modell für seine Argumentation über Subsystembildung Marxens Analyse der Durchsetzung der kapitalistischen Produktionsweise vor Augen geschwebt habe. Ohne auf die Zweifel von Kritikern Habermas´ einzugehen, ob die Systemtheorie das richtige Analyseinstrument ist,[12] denn dies ist vielleicht, wie Habermas meint, zunächst eine theoriestrategische Frage, läßt sich folgendes Problem auch immanent sehen. Habermas beschreibt die Schaffung von eigenen Umwelten der sich herausbildenden Subsysteme als Institutionalisierung von Lohnarbeit und des privaten Arbeitnehmerhaushaltes, des Steuerstaates und des Klientenverhältnisses zur Bürokratie. D.h. er bestimmt diese Bereiche als gesellschaftliche Organisationsformen in ihrer Bestimmung durch das Kapitalverhältnis und den Staat. In der TdKH hatte er System und Lebenswelt nach den Bereichen Wirtschaft, Staat einerseits, Familie, Nachbarschaft, freie Assoziationen andererseits unterschieden, was die zitierte negative Definition der Handlungsbereiche auch nahelegt. Dies folgt aber aus der falschen Anlage der Definition.

Wenn Systeme zu bestimmen sind anhand empirischer Evidenzen wie rechtlicher Konstituierung und Organisationsniveau und die Steuerungsmedien nur anhand der Interaktionssequenzen greifbar sind, die die systemische Integration, d.h. die Vernetzung von Handlungsfolgen tragen, wenn diese analytische Perspektive gleichzeitig dazu da ist zu zeigen, daß sich gesellschaftliche Bereiche tendenziell unabhängig von den Perspektiven der Beteiligten reproduzieren und einer funktionalistischen Vernunft unterliegen,[12a] dann folgt daraus umgekehrt nicht, daß diese Bereiche nicht wesentlich sind für die Perspektiven, die die Beteiligten für ihr Leben gewinnen. D.h. die Indifferenz etwa der ökonomischen Zusammenhänge gegenüber den Perspektiven und Hoffnungen derer, die durch ihre Arbeit unter bestimmten Formbestimmungen gleichwohl Träger dieser Zusammenhänge sind, bedeutet nicht umgekehrt, daß diese nicht ihre Lebensperspektiven in Auseinandersetzung mit diesen Zusammenhängen gewinnen. Wenn Habermas kritisch von der "immer noch klassenspezifischen Verankerung der Steuerungsmedien in der Lebenswelt" spricht (1986, S.392), dann fragt sich, wo diese von den Betroffenen erfahren und zum Teil auch verarbeitet werden soll, wenn nicht in den Bereichen Wirtschaft und Staat. D.h. aber, daß die Familien- und Nachbarschaftsformen selbst von dieser Seite her bestimmt sind und es würde auch nicht einleuchten, wenn LW im Sinne von Habermas damit nichts zu tun hätte, denn woher sollten Kultur als Wissen über Zusammenhänge, Solidaritäten als eingespielte soziale Beziehungen und Fertigkeiten als Können im Hinblick auf je spezifische Anforderungen stammen, wenn nicht zu einem großen Teil aus der Auseinandersetzung mit Anforderungen der Arbeitswelt und der staatlichen Apparate, die das Leben regulieren.

Kann man so empirisch zeigen, daß die zitierte Definition der LW auf

---

12 Vgl. dazu Honneth 1985, Berger 1986, Joas 1986, McCarthy 1986.
12a Zur Kritik vgl. aber Giegel 1992

Schwierigkeiten stößt, so verweist dies auf eine grundlegende Schwierigkeit in Habermas Zugang, die darin begründet liegt, daß er sich die eigene Argumentation im Hinblick auf die unterschiedliche methodische Perspektive nicht genügend klar macht, die mit den Konzepten System und Lebenswelt verbunden ist. Er führt vielfach aus, daß die Rekonstruktion der LW die teilnehmende Perspektive des Analysierenden voraussetzt, während die Systemanalyse die externe Perspektive des Beobachters zur Identifizierung des Verbunds von Handlungsfolgen erfordere. Dies macht Lebenswelt und System in seiner Fassung aber zu Kategorien mit unterschiedlichem Status. Während Systeme nach empirischen Indikatoren in der genannten Form verlangen, verlangen Lebenswelten nach der internen Rekonstruktion des Sinns, den die Träger einer LW aus den Ressourcen dieser herstellen, nur so werden diese als solche faßbar. D.h. aber, daß die Kategorie der LW eine der sozialen Praxis ist, ihre Einheit ist eine für ihre Träger. Die LW ist also kein Handlungsbereich, sondern die Form, in der das Handeln in den unterschiedlichen gesellschaftlichen Bereichen sich gestaltet und das so in seiner Vielfalt für die Handelnden als einheitliches, eben sinnvolles erfahrbar wird.

Habermas nimmt also bei dem Versuch, die LW als Handlungsbereich zu bestimmen, eine methodische Perspektive zur LW ein, die nach seinen eigenen Prämissen unzulässig ist, und so kommt es auch zu notwendig unklaren Abgrenzungsversuchen. Ohne weiter darauf einzugehen, wäre es möglicherweise sinnvoll, wenn man in Habermas analytischem Rahmen verbleiben will, Handlungsbereiche nach den vorrangigen integrativen Mechanismen zu unterscheiden. Das hätte auch den Vorteil, den Bereich der Sozialintegration nicht homogen als LW zu fassen, sondern als Terrain der Auseinandersetzung zwischen Lebenswelten, die aber nicht bereichsspezifisch begrenzt sind. Es stellt sich jedoch die Frage, ob mit Habermas systemtheoretischer Version nicht etwas verschenkt wird, was erst zu analysieren wäre: wie nämlich in der sprachlichen Praxis die Verhältnisse reproduziert werden. Die Systemtheorie in der von Habermas diskutierten Fassung aber grenzt diese Frage von vorneherein aus.

Was ist mit einer solchen Kritik gewonnen? Habermas betont vielfach den methodologischen Primat der Lebensweltanalyse und daß LW das umfassendere Konzept sei. Dem steht gegenüber die Schrumpfung der LW in seiner Gesellschaftsanalyse, was aus der Beschränkung der LW auf Handlungsbereiche folgt. Wenn die hier entwickelte Argumentation richtig ist, daß LW als die Form der Praxis, eben als Aneignung der komplexen gesellschaftlichen Verhältnisse, die das Leben der Menschen bestimmen, zu fassen ist, und wenn Habermas eigene Gesellschaftsanalyse diese zunehmende Komplexität herausstellt, dann stellt sich die Frage nach den Konsequenzen für sein Projekt, in dem doch Gesellschaftskritik als Kritik der Verständigungsverhältnisse konzipiert ist. Entsprechend seiner kommunikationstheoretischen Fassung des Lebensweltbegriffs stellt sich die Frage nach der sprachlichen Verarbeitung der Bedingungen der sozialen Existenz, also nach der genauen Klärung dessen, wie sich die sprachliche Seite dessen, was Habermas als Hintergrundwissen, Solidaritäten und Fertigkeiten faßt, darstellt.

Dieser Seite jedoch, nämlich der Art und Weise, in der die symbolische Verfügung der Träger einer LW über die Bedingungen ihrer Existenz durch die gesellschaftlichen Organisationsformen bestimmt werden, schenkt er keine Aufmerksamkeit und dies hat seinen systemamtischen Grund in der Begrenzung der LW auf Handlungsbereiche. Zur Kennzeichnung der Verständigungsverhältnisse verweist er zumeist auf ethnomethodologische Untersuchungen über "Mißverständnisse, Dissens und Unverständnis", um die Idealisierungen seiner Konstruktion des Lebensweltbegriffs rückgängig zu machen. Weiter oben ist jedoch darauf hingewiesen worden, daß Gesellschaft als Bezugspunkt und so diese Bestimmungen des Handelns in den ethnomethodologischen Arbeiten nicht vorgesehen sind. Das muß Habermas insofern entgehen, als er in seiner Konzeption die LW selbst gesellschaftlich marginalisiert.

Habermas übergeht wie auch in seinen vielfältigen Ausführungen über den internen Zusammenhang von Bedeutung und Geltung zum Zweck des Aufzeigens des darin implizierten "Telos der Verständigung" die umgekehrte Perspektive, in der die Verständigungsverhältnisse in ihrem Verhältnis zu der Form des Bedeutens als spezifischer sprachlicher Verarbeitung der Existenz zu bestimmen wären. Er beschränkt sich auf allgemeine Bemerkungen über die "welterschließende Funktion" der Sprache, was aber eine Leerformel für dieses Desiderat bezeichnet. Geht es ihm in der Entwicklung der TdKH um eine "kommunikationstheoretische Grundlegung der Soziologie", so entgleiten ihm in der Ausführung des Programms die soziologischen Grundlagen von Sprachanalyse.

Anschlußstellen dafür lassen sich in Habermas Theorie finden, wo er im Interesse an der Entwicklung eines kommunikationstheoretischen Gesellschaftsbegriffs diese Perspektive der Analyse streift, aber liegen läßt. Gemeint ist seine Auseinandersetzung mit Mead, die ihm dazu dient, den Begriff des KH in der Diskussion von anthroplogischen Grundfragen zu entwickeln. Wie oben ausgeführt, ist diese Auseinandersetzung für seine Theorie in zweierlei Hinsicht bedeutungsvoll. Sie soll das Abstoßen von Problemen eines bewußtseinsphilosophischen Subjekt-Objekt-Modells erlauben, zudem soll der Begriff des KH verdeutlicht werden als in der Struktur der Sozialität, einer evolutionär neu auftretenden Lebensform, selbst angelegter.

Mead entwickelt seinen Ansatz im Kontext der psychologischen Verhaltenstheorie. Ausgangspunkt ist für ihn das Verhalten von Individuen einer Gattung zueinander im Verhältnis zur für diese Gattung spezifischen Umwelt. Er zielt auf die Analyse des Verhaltens des Einzelnen innerhalb einer Gruppe. Er stellt sich die Frage, was Bedeutung ist, wie Bewußtsein von Bedeutung möglich wird, und sucht die Antwort auf diese Fragen in der Analyse des Lebensprozesses einer sozialen Gruppe.

Habermas rekonstruiert in Begriffen der TdKH diese Analyse Meads als Übergang von der gestenvermittelten zur symbolvermittelten und schließlich sprachlich vermittelten normengeleiteten Interaktion. Für den Übergang von der gestenvermittelten zur symbolvermittelten Interaktion ist zentral der Begriff der natürlichen Bedeutung aus der Tierverhaltensforschung. Dort haben Gesten die Bedeutung der Reaktion eines anderen Lebewesens auf die ausgeführte Geste. Die Bedeutung besteht aber nur für den Beobachter, nicht für die sich verhaltenden Lebewesen. Der Begriff des Verhaltens ist entsprechend zu verstehen als die Summe der Reaktionen von Lebewesen auf ihre Umwelt. Mead weist auf die besondere Bedeutung bestimmter Objekte in dieser Umwelt hin, nämlich der Lebewesen, die zur selben Gruppe gehören. Er bezeichnet diese als soziale Objekte und verweist darauf, daß diese der Existenz von Bewußtsein und Identität vorausgehen. Gesten aber sind als Haltungen und frühe Anzeichen von Handlungen von Lebewesen zu verstehen, die bereits in diesem Stadium Reaktionen des Gegenübers hervorrufen. Das Problem besteht darin zu erklären, wie aus der natürlichen Bedeutung eine für die beteiligten Lebewesen selbst wird. Wie wird die Beziehung zwischen den Beteiligten als Verhaltensbeziehung diesen zugänglich und vermittelt darüber ihre Verhaltensbeziehung zur gesamten Umwelt?

Habermas rekonstruiert die Argumentation von Mead folgendermaßen:[13] Der Übergang hat auf drei Stufen zu erfolgen. Die Geste muß zum Symbol werden, d.h. die Bedeutung muß für alle Beteiligten zu einer identischen werden; an die Stelle des Reiz-Reaktions-Schemas muß eine Sprecher-Hörer-Beziehung treten und die Interaktion wird bestimmt durch die von den Beteiligten gelernte Unterscheidung zwischen verständigungsorientiertem und erfolgsorientiertem Handeln. Der Mechanismus, der diesen Übergang möglich macht, ist der der Einstellungsübernahme, d.h. zunächst der Antizipation des Tuns des anderen, die schließlich in ihrer mehrfachen Ausführung die Aneignung der objektiven Bedeutungsstrukturen ermöglicht. Habermas beschreibt diese Übernahme in drei Schritten, die schließlich die Herausbildung von Bedeutung für die Beteiligten ermöglicht. Über diese drei Schritte wird aus der objektiven Bedeutung eine für die Beteiligten, die so Regeln der Symbolverwendung ausbilden. Bedeutung für die Beteiligten ist daher zunächst gefaßt als Möglichkeit des Verhaltens zum eigenen Verhalten mittels des Verhaltens der anderen. Bedeutung wird zugänglich als Zusammenhang des eigenen Tuns mit den Reaktionen der anderen darauf.

Analog zu dieser Rekonstruktion ist nach Habermas auch Meads Analyse des Aufbaus der sozialen Welt aus der ontogenetischen Per-

13 Zum folgenden vgl. TdKH Bd.2, S.11-68 und ders. 1988, S. 210ff.

spektive des heranwachsenden Kindes angelegt. Mechanismus der Aneignung ist wieder die Antizipation des Verhaltens des Anderen, wobei Motor der Entwicklung die Assymetrie der sozialisatorischen Interaktion zwischen Kind und den erwachsenen Bezugspersonen ist, an denen das Kind sein Verhalten ausrichtet, sich so die Verhältnisse, in die es hineinwächst, aneignet und so ein Verhältnis zu sich und den Anderen entwickelt. Durch diese Antizipation des Verhaltens der Anderen wird das eigene Verhalten ebenso zugänglich wie das der Anderen und wird in dieser Perspektive bewertet, was nach Mead zur Herausbildung der Instanzen "I", "Me" und "Self" führt, wobei dem "I" Antriebspotential, Spontaneität und Kreativität entsprechen, dem "Me" die Hereinnahme des Verhältnisses der Anderen zu mir entspricht und dem "Self" die gelungene Integration dieser Perspektiven zu einem einheitlichen, auf die Zukunft der weiteren sozialen Praxis hin offenen Selbstbild.[14] Habermas macht die Schritte an Meads Stufen der Entwicklung von "play" zu "game" deutlich. An "play" und "game" wird der Prozeß der Aneignung von erfahrenen Verhaltenszusammenhängen demonstriert.

Habermas analysiert auf den verschiedenen Stufen die Aneignung des Systems der Personalpronomen als Perspektive der Beteiligten und Nicht-Beteiligten eines Handlungszusammenhangs. An die Möglichkeit des Herausspringens aus einem Zusammenhang zur Position des Unbeteiligten ist die Fähigkeit gebunden, die Eingebundenheit der zuvor in der direkten Auseinandersetzung mit einem Anderen gelernten Verhaltensmuster als besondere nun in eine allgemeine Perspektivenstruktur einzuordnen, die die Austauschbarkeit der Positionen der Beteiligten im Hinblick auf die Perspektive des gemeinsamen Handelns erkennen läßt. Die besonderen Verhaltensmuster werden zu allgemeinen der Gruppe, es bildet sich der "Generalisierte Andere" (Mead) heraus.

Dieser verallgemeinerte Standpunkt ist nun nicht der einer konkreten Gruppe, gleichwohl er so gelernt wird, sondern durch die Möglichkeit des Abziehens der Perspektivik eines Handlungszusammenhangs als für alle gültige Ziele des Handelns wird vielmehr umgekehrt nun das Verhalten eines jeden im Hinblick auf diese Ziele bestimmt. Habermas betrachtet diesen Prozeß genauer dahingehend, wie es zur Verinnerlichung von Normen und Werten als Grundlage von allgemein gültigen Zielen kommt. Er beschreibt dies als Verinnerlichung der Gewalt von Institutionen in der Struktur des Selbst als System moralischer Verhaltenskontrollen, wodurch die verallgemeinerten Verhaltensmuster ihren verpflichtenden Charakter gewinnen.

Für Habermas ist diese Form des Allgemeinen von Interesse im Hinblick auf das darin implizierte Rationalitätspotential. Er argumentiert, daß das Allgemeine im "Generalisierten Anderen" zwar gebunden ist an die Bornierungen des je besonderen sozialen Zusammenhangs, in dem es

14 Vgl. dazu auch Joas 1980, S.116ff.

sich herausbildet. Seiner Form nach aber impliziere es die Möglichkeit, Ziele und die darin implizierten Normen und Werte im Hinblick auf ihre Verallgemeinerbarkeit für alle Beteiligten zu hinterfragen. Das Kind lernt dies durch die zunehmende Integration in immer komplexere soziale Zusammenhänge, an denen sich zuvor gelernte Perspektiven brechen. In der historischen Entwicklung aber komme dieses Potential der Form des Allgemeinen zur Geltung in dem Maße, wie mit der Entwicklung des sozialen Verkehrs die Macht von Tradition gebrochen und diese im Hinblick auf ihre Legitimität befragt, d.h. im Hinblick auf einen neuen, erweiterten Verallgemeinerten Anderen bestimmt werde.

Wie er diese Argumentation für seine Gesellschaftstheorie fruchtbar macht, ist bereits diskutiert worden. Nun hat Utz Maas (1983) in einem Manuskript darauf hingewiesen, daß Habermas, indem er darauf zielt, Geschichte als einen Prozeß der Herausbildung der Rationalitätspotentiale des KH zu konstruieren, der sich an einem bestimmten Punkt im oben dargestellten Sinne umkehrt, dazu neigt, Geschichte auf eine Erscheinungsform der immanenten Logik der Entwicklung zu reduzieren. Für die Gegenwartsanalyse ist der paradoxe Status der LW gezeigt worden, die methodischen Primat besitzt, während sie mehr und mehr schrumpft: eine Folge des gleichen Überhangs des Konstruierens von Gesellschaft. Für Habermas ontogenetische Analysen ließe sich nun Ähnliches da zeigen, wo er unter Bezug auf Meads Ansatz seine Analyse reduziert auf die Rekonstruktion der Logik der Entwicklung, zugleich aber die Seite der pragmatistischen Position bei Mead übergeht, nach der jede Entwicklung Ergebnis der Auseinandersetzung mit bestimmten Verhältnissen und eine Lösung für situierte Probleme darstellt. Ontogenetische Fragestellungen werden zu entwicklungspsychologischen, wo es ihm darum geht zu klären, wie die Logik des KH in der Aneignung der Handlungsfähigkeit bei der werdenden Person zur Geltung kommt. Die so gewendete Auseinandersetzung mit ontogenetischen Problemstellungen findet ihre Fortsetzung in dem zwei Jahre nach der TdKH veröffentlichten Buch "Moralbewußtsein und Kommunikatives Handeln" (1983).[15] Neben der Diskussion von moralischen und ethischen Fragen, die als ein Schwerpunkt seiner Arbeit auch in neueren Publikationen ihre Fortsetzung findet (1991), schrumpft hier nun im entwicklungspsychologischen Fahrwasser das Programm der Kritik der Verständigungsverhältnisse tendenziell zu einer Zuordnung von Individuen zu Stufenmodellen moralischer Kompetenz, deren normativen Bezugspunkte in die-

15 Die Stoßrichtung ist nicht neu, sie findet sich in früheren Arbeiten von ihm selbst, in von ihm angeregten Arbeiten am Starnberger Institut sowie in aus dem Umkreis von Habermas publizierten Sammelbänden und Übersetzungen amerikanischer Entwicklungspsychologen. Vgl. Habermas 1975, 1976, Döbert/Habermas/Nunner-Winkler 1977, Döbert/Nunner-Winkler 1977, Miller 1986, Edelstein/Keller 1982, Edelstein/Habermas 1984, Dammon 1984, Selman 1984.

sem Buch als dem KH abzulesende formale Merkmale der Struktur der Interaktion rekonstruiert werden, sowie zu einer Charakterisierung von Lebensformen anhand eben dieser formalen Kriterien, die als Momente den Lernschritten abgelesen sind, die Individuen in der Aneignung der Handlungsfähigkeit vollziehen. Ausgespart wird damit aber, worauf vormals gezielt war: Die Kritik der Verständigungsverhältnisse als Untersuchung der konkreten Lebenszusammenhänge, in denen Kompetenzen als praktische zur Geltung kommen, im Hinblick darauf, ob und wie sie die Potentiale des sprachlichen Sich-verfügbar-machens der sozialen Verhältnisse zugänglich machen oder absperren.

Für das Gewinnen von Maßstäben dieser Kritik ist an Habermas Überlegungen zu diesem sprachlichen Potential in seiner Konzeption des KH anzuschließen. Will man sich aber mit der geschrumpften Version des Programms nicht zufrieden geben, dann bietet es sich an, mit einem in der vorgeschlagenen Weise revidierten LW-Konzept an die Seite der pragmatistischen Position bei Mead anzuknüpfen, die Habermas übergeht, nach der jede Entwicklung Ergebnis der Auseinandersetzung mit bestimmten Verhältnissen ist und eine Lösung für bestimmte Probleme darstellen muß. Mit der folgenden Lesweise von Mead[16] soll daher die Kritik an Habermas verdeutlicht und ausgehend von einer Grundüberlegung Meads in Auseinandersetzung mit neueren sprachtheoretischen Arbeiten von Maas der Bogen zur Analyse des Interviews mit Ali zurückgeschlagen werden.

In erkenntnistheoretischen Diskussionen der Möglichkeit der Entdeckung und Lösung von Problemen schreibt Mead:

> "Es gibt nur eine Weise, diese Welt der Beobachtung und des Experiments zu verorten, und diese liegt darin, ihre Stellung im Gebiet des Verhaltens, des reflektierten Verhaltens, in dem sie auftaucht, zu bestimmen. Das Problem erscheint unvermeidlich in der Erfahrung irgendeines Individuums (in seiner Biographie, S.48), denn es gehört zum Charakter des Problematischen, insofern es problematisch ist, im Widerspruch zu stehen mit der Welt, die uns allen gemeinsam ist." (Mead, 1983, S.22)
>
> "Man kann sagen, daß eine solche Welt das Problem in sich enthält und insofern seine Umgebung bildet." (S.47)
>
> ". . . die gegebene Welt umschließt und umgibt das Problem in dem Sinne, daß es auch innerhalb des Verhaltensbereichs da ist, denn das Problem entsteht, wie gezeigt, im Verhalten von Individuen und aus dem Widerstreit von Handlungen, die einander hemmen, weil dasselbe Objekt einander entgegengesetzte Reaktionen hervorruft. Wenn diese Probleme in den Bereich der Reflexion geraten, dann werden sie so formuliert, daß sie in jeder Erfahrung auftreten würden, d.h. sie nehmen eine universelle Form an." (S.48)

Zunächst einmal sind diese Zitate verträglich mit den Ausführungen von Habermas dazu, wie etwas aus dem Hintergrund einer LW heraus problematisch wird. Überträgt man nun diese Formulierungen von Mead auf den Bereich, der hier relevant ist, daß nämlich in der sozialen Pra-

16 Dabei beziehe ich mich auf Mead 1934, 1968, 1980 u. 1983.

xis von Lebenswelten etwas zum Problem wird, dann wird zentral zum einen die Form, in der es zum Widerstreit von Handlungen, die einander hemmen, kommt, und zum anderen die Form, in der Probleme reflektiert werden, d.h. sprachlich verarbeitet, eben formuliert werden.

Habermas bemüht nicht zufällig Mead für den Nachweis des an Sprache gebundenen Reflexionspotentials. Auch diesem geht es v.a. um den Nachweis der mit Sprache ermöglichten Rationalität der menschlichen Entwicklung. un ist weiter oben ausgeführt worden, daß Lebenswelten als Formen der Bearbeitung der erfahrenen gesellschaftlichen Komplexität zu verstehen und in ihrer Bezogenheit aufeinander und Auseinandersetzung miteinander zu analysieren sind im Hinblick darauf, wie in diesem Prozeß als sozialem Kampf in der Form der Auseinandersetzung die sozialen Verhältnisse zugleich mit diesen Lebenswelten reproduziert werden. LW als historisch jeweils zu bestimmende Form der konkreten Bearbeitung der gesellschaftlichen Realität ist also der "Verhaltensbereich", in dem Probleme auftauchen, sie "enthält" und "umgibt" das Problem, hier wird auch das Problem "formuliert". Will man also überhaupt verstehen, wann ein Problem formuliert wird, so verlangt dies nach der Rekonstruktion des Sinns einer lebensweltlichen Praxis aus interner Perspektive.

Setzt man aber wie zuvor "Lebensprozeß" und "Lebenswelt" gleich und sucht im folgenden, einige Implikationen der Meadschen Argumentation sich zunutze zu machen, so ist zuvor klarzustellen, daß der Begrifflichkeit "Lebensprozeß" die Entstehung der Argumentation im biologischen Kontext anzusehen ist. Dem Meadschen Wechsel zwischen phylogenetischer und ontogenetischer Argumentation unterliegt das Fehlen einer historisch gerichteten gesellschaftstheoretischen Analyseperspektive, in die die gleichwohl wichtigen Überlegungen Meads einzubauen sind.

Mead sucht wie gesagt eine Antwort auf die Frage, wie Bewußtsein von Bedeutung möglich ist, in der Analyse des Lebensprozesses von sozialen Gruppen. In der Analyse des Aufwachsens von Kindern arbeitet er heraus, daß die Bedeutung des eigenen Tuns in Handlungszusammenhängen gelernt wird, die zunächst die anderen herstellen und in denen dem eigenen Verhalten die Bedeutung des Verhaltens der anderen dazu zukommt. Diese interpretieren so das Verhalten, dessen objektive Bedeutung auf diese Weise von dem Kind eingeholt und so eine Bedeutung für es werden kann.[17] Mead beschreibt dies in "Die Genesis der Identität und die soziale Kontrolle" (1980, S.299-328) als den Erwerb von sozialen Objekten und der daran gebundenen Entwicklung der Ich-Identität (des Selbst):

"Ich möchte den Begriff soziale Handlung auf die Klasse von Hand-

17 Als detaillierte Analysen dieses Prozesses unter Bezug auf die Meadschen Überlegungen vgl. Lock 1980, Lock 1978, Clarke 1978, Oevermann u.a. 1976 sowie Miller 1986a.

lungen beschränken, die die Kooperation von mehr als einem Individuum involvieren und deren Objekt ein soziales Objekt ist. Unter einem sozialen Objekt verstehe ich einen Gegenstand, welcher auf alle Teile der komplexen Handlung bezogen ist, wenn auch diese Teile in dem Verhalten verschiedener Individuen zu suchen sind. Das Ziel der Handlung liegt aber in dem Lebensprozeß der Gruppe und nicht allein in dem der einzelnen Individuen." (S.313)

"Ein soziales Objekt, welches den Reaktionen verschiedener Individuen entspräche, könnte als ein Objekt gedacht werden, das in den Erfahrungen von Individuen dieser Gesellschaft existiert, wenn sich die verschiedenen Reaktionen dieser Individuen bei komplexen Handlungen in einem hinreichenden Maße in der Natur einzelner Individuen auffinden ließen, so daß diese für die verschiedenen Werte des Objekts sensibel wären, die den einzelnen Teilen der Handlung entsprechen." (S315/316)

Mead bindet die Möglichkeit der Herausbildung der Person und die Aneignung von Sprache und Handlungsfähigkeit an die Konstitution von sozialen Objekten, eben an die Einbeziehung von Kindern in Praxiszusammenhänge, den "Lebensprozeß der Gruppe" als Ziel der Handlung. Mit dem Begriff der Erfahrung faßt Mead die biographisch bereits eingegangenen sozialen Verhältnisse als die möglichen Formen der Erfahrung von neuen Situationen, die in diesen Formen zugänglich werden und an denen diese Formen zugleich scheitern können.

Indem Mead die Entwicklung an den Lebensprozeß der Gruppe bindet, macht er zugleich deutlich, daß die erlernte Rationalität immer so weit reicht, wie die Praxis der Gruppe (1968, S.384), der der einzelne zugehört. Interessiert er sich auf der einen Seite für die Erweiterung der Gruppenperspektiven der formalen Möglichkeit nach zur universellen Perspektive der Menschheit, die mit der Entwicklung des sozialen Verkehrs sich eröffnet,[18] so sieht er doch auf der anderen Seite, daß an die Form der erlernten Praxis eine Identität als Erfahrung der Gemeinsamkeit der Gruppe gebunden ist, die nicht so ohne weiteres hin zu einer erweiterten Perspektive überschritten wird. Er schreibt über das "Me" des einzelnen:

"it is the source of his emotional response to the values that belong to him as a member of the community." (1934, S.199)

Personen gewinnen Sicherheit in der Übereinstimmung mit anderen, diese gleiche Entwicklung aber ist Voraussetzung der Möglichkeit einer erweiterten Praxis im Umgang mit anderen, die sich darin zugleich weiter differenzieren kann.

Mead hat sich v.a. für die Möglichkeit der rationalen Erweiterung der Praxis mit der gesellschaftlichen Entwicklung interessiert, während er die Frage, wieso gesellschaftliche Gruppen an ihrer Praxis in Abgrenzung zu anderen festhalten, vorrangig auf einer moralischen Schiene erörtert, was seinen Grund nicht zuletzt in der fehlenden Perspektive

18 Er bezieht sich hier zumeist auf die wirtschaftliche Entwicklung und die Herausbildung entsprechender Institutionen wie den Völkerbund.

einer historisch gerichteten Analyse hat. Gleichwohl läßt sich der bis hierhin skizzierten Analyse Meads im Überschreiten seines Ansatzes auch die Perspektive abgewinnen, in der die Frage des Festhaltens an einer Gruppenpraxis angehbar wird. Dazu ist der "Lebensprozeß" einer Gruppe in den historisch spezifischen Verhältnissen zu verorten, in denen er organisiert ist, d.h. er ist zu beziehen auf die Zwänge der materiellen Reproduktion der LW. Die Handlungszusammenhänge, die der einzelne lernt und denen er angehört, sind dann zu verstehen als die Weise, in der eine Gruppe ihr Leben in Auseinandersetzung mit den vorgefundenen sozialen Bedingungen gestaltet, und die Zugehörigkeit zu einer Gruppenpraxis artikuliert sich in der Form der Praxis, an der abzulesen ist, daß sie "für die verschiedenen Werte des Objekts sensibel" ist. Mead spricht dies zugleich als Moment der "sozialen Kontrolle" an, die "darin besteht, eine Handlung des Individuums mit einem sozialen Objekt in Beziehung zu bringen. Das Phänomen der Kontrolle des Objekts über die Handlung ist uns ausreichend vertraut. Gerade weil das Objekt die Form der Handlung ist, steuert es als solches die Ausführung der Handlung." (1980. S.324/325) Der gleiche Prozeß also, der Zugehörigkeit gewährleistet, ist zugleich einer der Kontrolle, indem Subjekte ihre Praxis in sozial lizensierten Formen gestalten, in denen die eigene Praxis einer Gruppe oder die einer anderen artikuliert ist.

Bezieht man diese Überlegung darauf zurück, daß Lebenswelten immer nur im Plural existieren und entsprechend jede Praxis nur als Auseinandersetzung mit den historisch-spezifischen gesellschaftlichen Organisationsformen in Abgrenzung zu anderen Praxen zu verstehen ist, dann läßt sich von hier aus auf Meads Argument zurückkommen, daß ein Problem entsteht "aus dem Widerstreit von Handlungen, die einander hemmen, weil dasselbe Objekt einander entgegengesetzte Reaktionen hervorruft", und daß Probleme nach einer "Formulierung" verlangen, so daß sie "in der Erfahrung auftreten" können. Verstehen wir die entgegengesetzten Reaktionen als Auseinandersetzung zwischen Gruppen darum, wie legitime soziale Objekte auszusehen haben, als Widerstreit von sozial bewerteten Handlungen, die soziale Objekte konstituieren, dann ist der entstehende Widerstreit in den Widersprüchen der gesellschaftlich bestimmten Lebensbedingungen und der Auseinandersetzung darum, wie mit diesen umzugehen ist, zu suchen. Wie aber die Formulierung dieser Erfahrung aussieht, ist jeweils genau zu untersuchen bezogen darauf, wie gesellschaftlich die Macht der Formulierung von Problemen verteilt ist und wie entsprechend Probleme in der sprachlichen Praxis von Gruppen sich artikulieren je nach ihrer Stellung in den gesellschaftlichen Verhältnissen.

Damit sollte deutlich sein, daß die grundlegenden Ausführungen von Mead über die Entstehung eines bewußten Verhaltens, gebunden an die Herausbildung von Sprache, in ihrem kategorialen Apparat so angelegt sind, daß mit der Analyse der mit Sprache eröffneten Potentiale, für die sich Habermas interessiert, zugleich die Analyse der historisch spezifischen Verhältnisse gefordert ist. Bezogen auf Habermas Anschluß an die Entwicklungspsychologie sollte zugleich deutlich sein, daß dieser Perspektive entgeht, daß Probleme und die bestimmte Weise ihrer Lösung in den spezifischen Zusammenhängen aufzusuchen sind, da nur so das, was ein Problem und was der Gebrauchswert einer Lösung im Verhältnis zu vorhandenen anderen, sozial besetzten Lösungen ist, angehbar wird. Die soziale Bindung und Absperrung von formal identifizierten Reflexionspotentialen gerät so in den Blick und läßt die favorisierten formalen Lern- und Kompetenzbegriffe insofern problematisch werden, als sie die materialen Verhältnisse, die eine Entwicklung vorantreiben oder blokkieren, ausblenden (dazu auch Döbert/Nunner-Winkler 1982).

Wenn der kategoriale Apparat so weiter gedacht die skizzierte Herangehensweise erfordert, so läßt sich umgekehrt über diese Grundüberlegungen hinaus bei Mead selbst nicht mehr holen, zumal über die sprachtheoretischen Überlegungen zum Problem der Bedeutung hinaus dieser der empirischen Analyse der Sprache keine weitere Aufmerksamkeit geschenkt hat. Dies zeigt aber zugleich, daß mit anthropologisch orientierten Überlegungen für die Analyse von historisch spezifischen Verhältnissen noch nicht allzu viel gewonnen ist, wenn die sprachliche Praxis zu verstehen ist als die Bearbeitung von komplexen Bedingungen, die die von ihnen bestimmten, je konkret bewältigten Situationen überschreiten. Welche Situation die Beteiligten herstellen und was sie für sie bedeutet, ist ihr nicht direkt abzulesen.

Aus dieser Kritik heraus hat zuletzt Utz Maas in verschiedenen Arbeiten (1984, 1985, 1986) einen Sprachbegriff in einer Weise entwikkelt, in dem sprachliche Verhältnisse als historisch spezifische in ihrem Verhältnis zur gesellschaftlichen Entwicklung gefaßt sind und der darauf angelegt ist, in der Perspektive dieser allgemeinen theoretischen Überlegungen empirische Analysen anzuleiten. In Auseinandersetzung mit Marx und Gramsci bestimmt Maas (1984) Sprache im Verhältnis zur Entwicklung des Vergesellschaftungsprozesses. Durchaus ein Stück weit parallel zu Habermas siedelt er den Ort der Sprache da an, wo mit der fortschreitenden Arbeitsteilung und der entsprechend erweiterten materiellen Reproduktion das, was den gesellschaftlichen Zusammenhalt stets von Neuem hervorbringt, nicht mehr in der Reichweite des jeweiligen Tuns des Einzelnen oder der Gruppe liegt. Diese können den gesellschaftlichen Zusammenhalt, d.h. die Art und Weise, in der Natur angeeignet wird, und die dabei eingegangenen sozialen Verhältnisse nun nur noch sprachlich einholen und sich verfügbar machen. Geht mit der Entwicklung der materiellen Reproduktion eine Loslösung von der Abhängigkeit von Natur einher, hängt umgekehrt die Frage, ob mit dieser Entwicklung Befreiung oder Abhängigkeit und Unterdrückung in den entsprechenden sozialen Verhältnissen einhergeht, auch davon ab ob die gesellschaftlichen Verhältnisse von den Subjekten sprachlich ange Ignet und durchdrungen werden können. D.h. gefragt ist nach der Regelung des Zugangs zu den Möglichkeiten der sprachlichen Durchdringung der gesellschaftlichen Verhältnisse – der Macht der Formulierung von Problemen – als Bedingung der Möglichkeit der bewußten Veränderung. Aus diesem Grund sucht Maas im Unterschied zu Habermas den Sprachbegriff aus den historischen Organisationsformen zu entwickeln, in die sprachliche Strukturen jeweils eingeschrieben sind, die ihrerseits von diesen historischen Bedingungen der Reproduktion der gesellschaftlichen Verhältnisse bestimmt sind. Maas greift daher unter Bezug auf staatstheoretische Diskussionen in England und Frankreich auf ein Modell der Analyse moderner bürgerlicher Gesellschaften zurück, das nicht bereits aufgrund der gewählten Grundbegriffe die Reproduktion der Verhältnisse zu weiten Teilen sprachunabhängig konzipiert, wie Habermas mit seinem Begriff des Systems, sondern die doppelte Enteignung der gesellschaftlichen Subjekte sowohl von den materiellen Bedingungen der Reproduktion im Kapitalverhältnis als auch von den symbolischen Bedingungen der intellektuellen Aneignung der Verhältnisse als das Fundament von Herrschaft identifiziert.

Moderne bürgerliche Gesellschaften sind dadurch charakterisiert, daß die Lebensverhältnisse der Menschen zunehmend vergesellschaftet werden in der Form des Staates, dieser durchdringt die Verhältnisse in dem Maße, wie sie in den gesellschaftlichen Verkehr hereingezogen und differenziert werden, er ist die Form der Integration. Maas argumentiert, daß diese gesellschaftliche Organisation bis in die Details des Lebens bestimmend ist, daß etwa Familienformen, Wohnverhältnisse, Freizeitgestaltung bis ins Innerste nur in ihrem Verhältnis zur fortwährenden Umwälzung der gesellschaftlichen Verhältnisse, als Folge der mit jeder Stufe erweiterten Reproduktion des Kapitals, und zum Staat, als Form der Organisation der Reintegration der zunehmend arbeitsteilig zergliederten Verhältnisse, zu verstehen sind. Ein Kennzeichen dieses Staates ist die spezifische Weise der Regelung des Zugangs zur Kontrolle der Bedingungen des Handelns. Unter Bezug auf Gramsci nimmt Maas Marx Analyse der Trennung von Hand- und Kopfarbeit auf als Frage nach der Bedeutung des Intellektuellen in der bürgerlichen Gesellschaft (vgl. auch Maas 1987 u. 1989). Dieses bezeichnet keine Qualität an sich, sondern meint die Kontrolle über Zusammenhänge, die fortschreitend zergliedert und ausdifferenziert werden.

Läßt sich der historische Prozeß einerseits als Enteignung der Massen von den intellektuellen Bedingungen der Kontrolle beschreiben, was für den Produktionsprozeß genauso wie für politische und kulturelle Zusammenhänge gilt, dann entspricht dem andererseits die Herausbildung von organischen Intellektuellen – ein Begriff Gramscis –, zuständig für die Zusammenfügung und Kontrolle des Zusammenhalts der zergliederten Verhältnisse. Dieser Begriff umfaßt im ökonomischen Sektor Unternehmer genauso wie im sozialen, politischen und rechtlichen Sektor Beamten, Offiziere, Politiker, Sozialarbeiter, Lehrer, Erzieher, Rechtsanwälte, Richter etc. Ohne an dieser Stelle auf die weiteren Differenzierungen bei Maas einzugehen,[19] ist hier hervorzuheben, daß diese Enteignung und Absperrung von den symbolischen Mitteln der Kontrolle, von der Macht der Formulierung als historisch spezifische in all den Bereichen, in denen sie erfolgt, jeweils zu untersuchen ist und zwar als soziale Auseinandersetzung, in der die Kontrollformen bestimmt sind von der Form, in der sich die Kontrollierten mit dieser Absperrung auseinandersetzen, wie umgekehrt die Auseinandersetzungsformen immer nur zu verstehen sind im Verhältnis zu diesen Herrschaftsverhältnissen.

Indem Maas mit der skizzierten Argumentation auf die Analyse der sprachlichen Praxis als Auseinandersetzung mit der internen Determiniertheit durch die Herrschaftsverhältnisse zielt und die Frage danach stellt, wie in dieser Praxis sich die Verhältnisse reproduzieren, ist bei ihm der bei Habermas herausgearbeitete Widerspruch zwischen der mit der gesellschaftlichen Entwicklung einhergehenden Freisetzung kommunikativer Potentiale und ihrer Begrenzung, der gleichzeitig hinter dem Rücken der Subjekte, d.h. nicht von diesen kommunikativ eingeholten Reproduktion der Verhältnisse aufgenommen. Damit wird das Programm der Kritik der Verständigungsverhältnisse, das Habermas in seiner begrifflichen Fassung von Gesellschaft als System und Lebenswelt entgleitet und zur Evolutionstheorie von Gesellschaft und Person ausdünnt, in anderer Form einzulösen versucht.

Nimmt man so die oben vorgeschlagene Konzeption der LW wieder auf, dann zeigt sich, daß diese verstanden werden kann als Auseinandersetzung mit den Organisationsformen der Praxis. Im folgenden wird allerdings anstelle des Terminus LW Kultur verwendet. Diese terminologische Festlegung hat ihren Grund darin, daß ich für die Analyse des Materials und für die Entwicklung von Lesweisen, die die komplexen Bestimmungszusammenhänge von Äußerungen in Betracht ziehen, aus den kulturanalytischen Arbeiten des CCCS viel gelernt habe und damit für die inhaltliche Stoßrichtung dieser Arbeit an diese Tradition anknüpfen möchte. Die von mir hervorgehobenen Momente der LW-Analyse von Habermas sind aber damit festgehalten.

Entwickelt Maas wie gesagt seine allgemeinen theoretischen Überlegungen in der Perspektive empirischer Sprachanalysen,[20] so nimmt er diese Verklammerung vor in semiotischen Überlegungen zum Konnotationsbegriff. Diese lassen sich an die vorherigen Ausführungen zu Mead

19 Diese Diskussion wird im letzten Kapitel wieder aufgenommen.
20 Sie gehen in Maas 1984 auch den theoretischen Ausführungen voraus.

anschließen, da Maas u.a. unter Bezug auf die amerikanische Strukturalismus-Tradition argumentiert, die z.T. demselben theoretischen Auseinandersetzungskontext entstammt wie Mead. Maas führt aus, daß sprachliche Formen als bestimmte in einem konkreten Handlungszusammenhang gelernt werden und so in ihnen die Zusammenhänge symbolisch gebunden sind, die biographisch in solchen Äußerungsformen artikuliert worden sind. Umgekehrt erlaubt dies, Einheit in die gelebte Erfahrung zu bringen, diese anzueignen. Diesen reflexiven Bezug jeder Äußerung auf darin bereits zuvor artikulierte Praxiszusammenhänge bezeichnet Maas als Konnotation. Das Erlernen der vorgefundenen sprachlichen Formen erlaubt die Teilhabe an sozialen Praxen und soziale Praxen als Auseinandersetzung mit den Lebensbedingungen werden als gemeinsame einer sozialen Gruppe erfahrbar in ihrer Abgrenzung zu anderen sozialen Praxen. Diese Gemeinsamkeit einer Gruppe etabliert sich über die Artikulation der Erfahrung in gemeinsamen Formen, die die darin gelebte gemeinsame Praxis konnotieren, bzw. in der Abgrenzung zu den Formen einer anderen Praxis. Dabei ist das, was die sprachlichen Formen konnotieren, nur aus der Innenperspektive des Handelns zugänglich. Mit jeder sprachlichen Form ist unbegrenzt viel Verschiedenes sagbar, aber nicht jede Form ist für jede Artikulation geeignet, da sie begrenzt wird durch darin bereits artikulierte Erfahrungen. Diese aber sind in der Praxis gemachte in Auseinandersetzung mit anderen. Was also als Gemeinsamkeit erfahren wird, ist als Form bestimmbar, die aber eine gemeinsame für die darin Handelnden ist. Für die Analyse der sprachlichen Form ist also notwendig die Entwicklung einer Lesweise, die die darin gebundenen Praxiszusammenhänge rekonstruiert, mit denen die jeweilige Situation der Äußerung als gleich bestimmt und dadurch angeeignet wird. Zu bestimmen sind die mit der Form der Praxis eröffneten Möglichkeiten, die aber zugleich auch Begrenzungen sind.

Wie sich diese Überlegungen von Maas fruchtbar machen lassen, sei unter Rückbezug auf die Analyse des Interviewausschnitts mit Ali dargelegt. Dort ist gesagt worden, daß die sprachliche Praxis von Ali nur zu verstehen ist als Bearbeitung der Situation, in der sie erfolgt. Methodisch folgt die Analyse den zu Anfang des Kapitels dargelegten Schritten und versucht, das jeweils Verstandene an den Äußerungsformen der Beteiligten zu explizieren. Aufgefallen war der reflektierte, überlegte Eindruck Alis, der an den entsprechenden sprachlichen Formen festzumachen war. Zugleich aber erledigte die Art, wie Ali sich selbst inszenierte, diese Form der Reflexion. Der detaillierte Durchgang durch die Erzählung zeigte sodann, daß Ali in der Form, in der er sich selbst inszenierte, seinen Vater, sein Verhältnis zu diesem und schließlich seine Konsequenzen, die er aus diesem Verhältnis zog, stets Gemeinsamkeit mit mir unterstellte, was schließlich die Frage danach stellen ließ, was diese Unterstellungen begründete. Erste Indizien dafür ließen sich an der formalen Nähe bestimmter Redeformen von Ali und mir finden, die zusammen mit der Überlegung, was das Interview darstellt, schließlich die Redepraxis Alis aufzuschlüsseln erlaubte.

In Alis Ausführungen selbst waren meine, seine und seines Lehrers Sprachpraxis gleich bestimmt. Die Form, in der er seine eigene wörtliche Rede inszenierte, fügt sich, wie gezeigt, gut in das Repertoire von Pädagogen. Die Tatsache, daß das Interview in der Haftanstalt u.a. mit der Zielsetzung durchgeführt wurde, gestützt auf die Ausführungen eine Aussage vor Gericht zu machen, machte das Interview zu einer Institution unter vielen, in denen Ali häufig in seiner langen abweichenden Karriere als Problem bearbeitet worden war. Der Versuch, vor diesem Erfahrungshintergrund Alis Äußerungen zu analysieren, ergab eine erstaunliche Stimmigkeit, die sich mit Bezug auf die Begrifflichkeit von Maas reformulieren läßt: Die Form, in der Ali sich selbst als Normaljugendlichen faßt, konnotiert die Institution der Erziehungsberatung und die dort erfahrene Praxis, d.h. die dort eingeschriebenen sprachlichen Strukturen; die Form, in der er die Praxis und die Verhältnisse des Vaters faßt, konnotiert die Ausländerarbeit und die dort erfahrenen sprachlichen Bearbeitungen der eigenen Schwierigkeiten; die Form des inszenierten Verhältnisses zu dem Vater und die vorgezeigten Reflexionsformen konnotieren schließlich die erfahrene Praxis Alis in den Apparaten im Umgang mit ihm selbst. Ali artikuliert Teile seiner Biographie in den Formen der sozialen Praxis, der der Interviewer zugehört, diese ist konnotiert in den sprachlichen Formen. Er partizipiert so, wenn auch nur fiktiv, an dieser Praxis und entzieht sich damit dieser zugleich, indem er sie so überflüssig macht: Er ist als Teilhaber der falsche Adressat dieser Praxis.

Die theoretischen Ausführungen zum Konnotationsbegriff sind hier zu erweitern im Sinne der gesellschaftstheoretischen Überlegungen: Wenn Kultur als Form der Auseinandersetzung mit den Lebensbedingungen bestimmt ist und die Einheit einer kulturellen Gruppenpraxis nur in Auseinandersetzung mit anderen Praxen und den widersprüchlichen Bedingungen der Existenz zustandekommt, also diese Auseinandersetzung in den Formen der Praxis artikuliert ist, dann ist hier auf die Diskussion des Ansatzes von Mead zurückzukommen. Dort ist bezogen auf seine Ausführungen zur Entstehung von "Problemen" und zur Notwendigkeit einer "Formulierung" dieser gesagt worden, daß die "Formulierung" jeweils genau zu untersuchen ist bezogen darauf, wie gesellschaftlich die Macht der Formulierung von Problemen verteilt ist und wie entsprechend Probleme in der sprachlichen Praxis von Gruppen sich artikulieren. Dieses Problem der Macht der Formulierung läßt sich nun in dem Interview mit Ali wiederfinden. Dieser hat, wie gesagt, eine lange Karriere der Abweichung hinter sich. Die Art und Weise, wie mit Ali dabei umgegangen worden ist, hat ihm nie "geholfen" in dem Sinne, daß es eine Unterbrechung in dieser Karriere gegeben hat, d.h. er hat in diesem Kontext nie eine Lösung für Konflikte und Schwierigkeiten gefunden, die einen Gebrauchswert in diesem Sinne gehabt hätte, aber er hat sich diesem Zusammenhang, der v.a. einer der Kontrolle ist, auch nie entziehen können.

Nun spricht einiges dafür, daß Ali in seinem Werdegang mit dem Zerfall einer geteilten Lebenspraxis in dem Sinne, wie ich dies in Auseinandersetzung mit Habermas Lebenswelt-Begriff diskutiert habe, mehrfach konfrontiert war. Geboren 1966 kam er 1969 mit drei Jahren in die BRD, galt aber aufgrund der Eintragung in seinem Paß als Fünfjähriger. Sein Vater arbeitete bereits seit 1966 hier. 1970 blieb Ali aufgrund eines Unfalls im Urlaub für ca. sechs Monate in der Türkei bei seinen Großeltern, während die Eltern in die BRD zurückkehrten. 1971 wurde er mit fünf Jahren eingeschult, im dritten oder vierten Schuljahr kam er auf die Sonderschule für Lernbehinderte. 1979 wurde er entlassen und arbeitete mit dreizehneinhalb Jahren in einer Metallgießerei. Er gab diese Arbeit nach neun Monaten auf, trat danach noch für kurze Zeit zwei andere Arbeitsstellen an, zog seitdem umher zwischen verschiedenen Städten pendelnd und wurde mehrfach straffällig.

Ali hat von klein auf mehrfache rapide soziale Brüche erfahren. Zunächst ist jede Migration ein Bruch mit Vertrautem und dies dürfte seine Auswirkungen auch auf ein dreijähriges Kind haben. Mit vier Jahren wird Ali für ein halbes Jahr von seinen Eltern getrennt, direkt anschließend an die Beendigung der Trennung, die von dem Kind erst zu verarbeiten war, wird er mit fünf Jahren verfrüht eingeschult. Seit 1975 läuft Ali immer wieder von zu Hause weg, wird also bereits mit neun Jahren zum amtlich registrierten Problemfall. Da er bereits mit dreizehneinhalb Jahren im Arbeitsprozeß stand, unterlag er mit beginnender Pubertät den Zwängen des Arbeitsprozesses.

In der Form der Erzählung Alis wird nun deutlich, daß er die Perspektiven der beiden Instanzen, mit denen er von jungen Jahren an in Konflikt geriet, nicht miteinander vermittelt, mit denen beiden er aber doch weiter umgehen muß. Die sprachliche Bearbeitung des Interviews, das ich mit Ali geführt habe, läßt sich so aber verstehen als "Übergriff auf das stilistische Repertoire" (Maas 1984, S. 244) derer, die ihn verwalten und denen er sich so entziehen kann durch bedingungslosen Konformismus in der Situation der direkten Konfrontation. Nimmt man die Bestimmung von Maas auf, daß die Verhältnisse staatlich durchdrungen sind, was bei Ali besonders sinnfällig wird, und daß der Staat u.a. bestimmt ist durch die Weise, in der er den Zugang zu den sprachlichen Möglichkeiten der Durchdringung der Verhältnisse regelt, dann zeigt sich hier, daß die Erfahrung des Umgangs mit dem Staat und seinen "organischen Intellektuellen", den Betreuern und Kontrolleuren, Ali nicht mit irgendeiner Lösung zur Durchdringung seiner Verhältnisse versehen hat, wohl aber in der dauernden Konfrontation mit wiederkehrenden "Formulierungen der Probleme", denen er sich nicht entziehen konnte. Der Gebrauchswert der sprachlichen Praxis des Übergriffs auf das stilistische Repertoire der Staatsapparate im Reden über sich besteht so in der Möglichkeit des Entzugs durch Konformität mit der "Macht der Problemformulierung".

Als externe Anmerkung sei darauf hingewiesen, daß aufgrund meiner Feldbeobachtungen einiges dafür spricht, daß Ali im direkten Umgang mit seinem Vater und mit anderen Jugendlichen oft eine ähnliche Konformität an den Tag legte. Faktisch war er in seiner allgemeinen Geschäftigkeit eher einsam, hatte auch keine engen Freunde. Die formale Brillianz Alis, die in der hier analysierten Erzählung deutlich wird und die diese Flexibilität ermöglichte, mag aber so ihre Begrenzung darin gefunden haben, daß die produzierte Übereinstimmung in Situationen nicht dasselbe ist wie das Teilen einer Lebenspraxis. Insofern ist die Brüchigkeit und die Plazierung Alis zwischen verschiedenen Praxen in den Vereindeutigungen seiner Konformität artikuliert.

Was nun die Frage der Reproduktion der Verhältnisse betrifft, so funktionierte diese nicht zuletzt darüber, daß Ali von Seiten der Betreuer und Kontrolleure in den Apparaten vorgehalten wurde, daß er sich nicht an das gehalten habe, was er gesagt habe. Das hat aber nur dann einen Sinn, wenn man davon ausgeht, daß Ali etwas mitgeteilt hat.

Die Diskussion des Beispiels Ali wird hier beendet und im Schlußkapitel wieder aufgenommen, wenn die nun folgenden Analysen und ihre Ergebnisse miteinander verglichen werden. Hier kam es darauf an, den theoretischen Rahmen zu verdeutlichen, in dem die Analysen durchgeführt werden.

3. Atnan

Der im folgenden analysierte Interviewausschnitt entstammt einer Aufnahme, die im Oktober 1983 entstanden ist. Der Jugendliche Atnan war zum Zeitpunkt des Gesprächs siebzehn Jahre alt und seit ca. 4 Monaten mit der damals sechzehnjährigen Selina "verheiratet", d.h. sie lebten zusammen in einer Wohnung über der Wohnung der Eltern Atnans, ohne allerdings standesamtlich getraut zu sein. Als verheiratet betrachteten sie sich und wurden auch so zumindest von der Seite der Verwandtschaft Selinas, einer Sinti-Familie, betrachtet, da Selina im Sommer 1983 mit Atnan einige Nächte bei Verwandten von diesem verbracht hatte und Atnan sich nach heftigen Auseinandersetzungen gegen die Widerstände der Familie durchsetzte, so daß diese ihn schließlich als Ehemann von Selina anerkannten. Die Ehe fand nicht die Zustimmung der Eltern Atnans, diese sannen lange Zeit auch noch nach dem Zeitpunkt der Durchführung des vorliegenden Interviews auf Mittel, wie Selina und Atnan auseinanderzubringen seien, allerdings ohne Erfolg.

Atnan war einer der ersten türkischen Migrantenjugendlichen, mit denen ich zu tun hatte. Bereits bei ersten Versuchen von mir, mich im Feld zu orientieren, spielte Atnan eine Rolle mit seiner Bereitwilligkeit, mir einiges zu erzählen und mir die Treffen und Unternehmungen der Jugendlichen zugänglich zu machen, indem er diesen gegenüber meine relative Unbedenklichkeit erklärte. Atnan hatte auch schon an einem ersten Gruppengespräch teilgenommen, das ich anderthalb Jahre zuvor im Rahmen eines Seminars "Sprache Jugendlicher" aufgenommen hatte.

Ich hatte mich mit Atnan für den Tag der Aufnahme des hier diskutierten Gesprächs zur Mittagszeit zwischen ein und zwei Uhr zum Frühstück verabredet, da dies aufgrund seiner Arbeitslosigkeit in etwa seine Aufstehzeit war. Als ich kam, stand er auf, machte Tee und das aufgenommene Gespräch fand so beim Verzehr von Brötchen und Tee statt. Da wir uns für später am Nachmittag mit dem im Gespräch erwähnten Mehmet verabredet hatten, war die Aufnahme nach ca. eineinviertel Stunde abzubrechen. Ich ging das Interview mit Atnan ohne vorbereitetes Konzept an, da ich glaubte, daß eine zwanglose Unterhaltung mit ihm aufgrund der Vertrautheit miteinander möglich sei. Inwiefern diese Annahme problematisch war, geht aus der Aufnahme hervor.

Der Einstieg in das Gespräch zeigt, daß Atnan eine relativ klare Vorstellung davon hat, worum es gehen soll. Meine anfänglichen, eher umständlichen Erklärungen, was ich mit der Aufnahme anfangen will, nimmt er als Wink, daß es mir ethnisierend darum geht, wie er als Türke zu den Verhältnissen steht: Er wird von mir mit dem Personalpronomen "ihr" als Vertreter dieser Gruppe angesprochen. Im folgenden durchzieht Atnans Rede das Durchhalten dieser klaren Trennlinie zwischen den "Türken", denen er sich zurechnet, indem er häufig im Kollektiv "Wir" redet und aus dem So-sein dieses Kollektivs viele seiner Handlungen, Einstellungen, Absichten erklärt, und den "Deutschen", die den Gegenpol zur Gruppe der "Türken" und teilweise erweitert der "Ausländer" bilden und denen er mich mit der Anrede "ihr" zurechnet.

Wie Atnan dabei die beiden Gruppen relativ zu dem Verhandelten jeweils faßt, wie er in diversen Provokationen welche Art von Bewertungen vornimmt und wie er sich selbst etwa im Verhältnis zu seinem Bruder, in der Rede über "früher" und über die verpaßte Karriere als Boxer als gereifter Mann faßt, darauf will ich hier nicht näher eingehen, sondern gleich auf den Ausschnitt zu sprechen kommen, in dem er sich zu dem Übergang von der Hauptschule in die berufsbildende Schule äußert. Hinzuweisen ist dafür noch darauf, daß Selina, die Frau Atnans, nach ca. zehn Minuten zu dem Gepräch dazu kommt (vgl. Interview S. 5) und im folgenden partiell teilnimmt, wie auch in diesem Ausschnitt.

I: Und - ja w wie is n das eigentlich wenn du so aus der einen Schule rauskommst und dann kommste auf eima in ne andere Schule und dann sind da auf eima nur noch |1s| du bist dann nur noch mit Türken in einer Klasse?
A: Doch ↗schön↓. |1s|

I: Das fandse gut?
A: Ja klar. Warum denn nicht? Hehe. |2s| Besser als wenn ich eh

A: hingehe, komm ich aus der türkischen Klasse raus, gehe ich in deutsche - Klasse, bin ich nur noch unter Deutschen ne. Und da |1/2s| weißte |1s| wir ne, wir
I: Hmhm

A: Türken ne, unsere Jungs ne, paß ma auf Michael. Ich will dir ma was sagen. Die sind schnell erwachsen weißt du. |1s| Weißt du wie wie ich das meine?
I: Nä

A: Schnell |1 1/2 s| Mehr - genau. Nicht - ( ) mehr weißt du wenn die
S: Mehr Grips.

A: schon siebzehn sind, dann sind schon Männer weißt du, richtige die wissen weißt du was sich gehört und alles so weißt du. machen se - machen
S: Möchten gern Männer sein. [lacht]

A: se eh eh nicht daß sie Babies so weißt du. Deutsche paß ma auf. Die
S: Das stimmt.

|1 1/2s|
A: können ? achtzehn neunzehn zwanzig bääää |1s| Ne.
S: Ja auch in die Klasse ( )

A: Kleines Baby. So - ohne Dings weißt du. Man kann wohl lachen, aber so über so weißt du. W Wie? Das gibt so
I: Kannste das ma am Beispiel deutlich machen? |2 1/2s|

A: viele Beispiele Michael paß ma Warte ma. |2s| Ja. Da war
I: Erzähl ma eins. |1 1/2s|

A: einer in eine Klasse, ne, |2s| Was heißt eine? Alle. Ne. Fast alle. |1s| Die andern waren |1s| ruhig, aber älter als ich ne. |1/2s| Michael. Alle älter als ich. |1 1/2s| Waren Babies. Ehrlich. |1/2s| Wie Babies. Kleine Kinder.
I: Ja woran merkt man das daß das Babies

I: sind oder so?
A: Woran? Paß ma auf.
S: Türkische die haben gleich immer Freundinnen

S: ( )
A: atsche patsche, eh - atsche patsche Kuchen, der Bäcker hat gerufen. Ne. |1 1/2s|
I+S: [lachen]

A: Hör ma zu. Ehrlich. Haben sie Spiele gemacht, so |1/2s| Kinder ne. Tack tack tack tack. Sind eh sechzehn siebzehn Jahre alt. Ne. |1 1/2s| Was soll das? He? |1/2s|

I: Hör mal du hast doch gerade gesagt Das stimmt. Ich meine wieso meinst du daß
I: das stimmt? |1s|
S: Ja weil - meistens bei uns in den Klassen war das genauso. Wenn

S: unsere Jungs die haben schon nach Mädchen sich umgeguckt in der - dritten und vierten Klasse, Deutsche sind erst draufgekommen in der neunten und
A: und

S: zehnten Klasse nach Mädchen sich umzugucken.
A: eh eh eh oder so. Ja genau. Oder so.

A: Paß ma auf. So waren sie nicht.
S: Oder sich mit Mädchen was z zu unterhalten.

A: ↗Nein↓. Aber ↗nicht doch↓.
S: Mädchen weiße das war - für Jungs: Ach die blöden Mädchen. So reden

S: doch die Deutschen. Das stimmt.
I: Hm |1s|
A: Wie ach die so und so weißt du. Eh die

A: m eh zum Beispiel |1s| für die, gehen, mit n Mädchen gehen, ne, das ist so · bißchen dings, und bei uns bo |1s| kann so klein sein, |1s| vierzehn dreizehn vierzehn zwölf, ne, |1s| klappt. |1/2s| Ne. So geht das. |1 1/2s| Auch so bei reden |2s| eh mit ältere Leute, die wissen was sich gehört, wie sie reden sollen, wie sie reagieren sollen. |1 1/2s| Bei Jüngere, die sind mit Kindern, |1s| Kinder, drehen sie und so weißt du,, Ältere älter. |1 1/2s| Weißt du und die sind nur Kinder. |1s| Ne. Vie le. Ganz viel aber. |1s| Manche dreißig vierzig Jahre alt und der ist immer noch n Kind. Die - und b eh so mein ich das eh - bei uns eh
I: Hmhm. Ich mein

A: weißt du. Erwachsen. Ganz schnell. Weißt du schnell erwachsen. Stell dir mal vor mein Vater war fuffzehn Jahre und meine Mutter war elf Jahre haben sie

A: geheiratet |2 1/2s| Ja
I: Meinste das war weil die schon - erwachsener waren? |1s|

A: ich meine so. Kannste eh - die sind nicht erwachsen. |1 1/2s| Die si/ich weiß nicht. Blut weißt du. Mehr. D/paß ma auf.
S: Die haben - schon mehr dargestellt - weißt du.

[klopft bei "ich" auf den Tisch]
A: Zum Beispiel ich weiß - mehr als ein - zwanzigjähriger eh eh f eh zweiundzwanzigjähriger |1s| Deutscher oder so weißt du. So - die von denen ich meine weißt du ne. Weiß ich mehr so - über - über alles weißt du
I: Du weißt mehr (was weißt)

A: Über Verdienen, über eh Geld verdienen, Familie und so weißt du. Eh Kinder
I: Worüber

[klopft bei "Grips" auf den Tisch]
und alles so weißt du. Ich hab da mehr Ahnung, mehr Grips dahinter, weißt du, daß ich da - mich mehr - eh eh eh - auf Ideen und so weißt du komme als |1/2s| der. Der wird sich nie paß ma auf, wird sich nie eine vorstellen mit siebzehn Jahren alt n heiraten und ne - Familie. |1s| Ne. |1s| So
I: Hmhm |1 1/2s| Du sag

A: meint ich das. Verstehst du mich ne?
S: Bei Deutschen ist das meistens ne Muß-Sache wenn

S: se mit siebzehn oder so heiraten ( )
A: Oder heiraten bei denen ist das eh eh bißchen eh

A: eh ↗fremd↖. Fremdes Wort weißt du so. Wie n Kind. Und so.
S: Die leben erst zusammen.

A: |3s| Leben erst zusammen. |1s| Macht die Frau das eh eh eh eh befiehlt den Mann eh der soll das und das machen. Und das macht der Mann. |1 1/2s| Ein Mann gehört sich - paß ma auf. |1 1/2s| Du brauchst deine Frau ja |1/2s| nich - befehlen. Ne. Kannste auch vernünftig sagen und wenn die m Frau nicht vernünftig hört, gibse ihn eine, gibse ihre eine. |1/2s| braucht die nicht [heult] und ich geh zur Polzei. |1 1/2s| Ist doch dein Mann hat dich geschlagen du Verrückte ne. |1 1/2s| Wir lassen uns scheiden. |1s| Du haust mich.
I: Wer macht

I: das so? |2s|
A: Wer macht das so? Wie lange hält n Ehe |1s| Ehe - bei - Deutsche?

A: Wie lange? |1 1/2s| Hm? Viele jetzt die neu [es klingelt] |2s| Warte.
S: Wer ist n das?

Ausgangspunkt der Passage ist eine Frage, die von Atnan als Frage nach einer Bewertung des Übergangs von einer Schule in die andere und der entsprechenden Auswirkung, nur noch unter "Türken" zu sein, verstanden wird. Insofern diese Frage den Wechsel von den "Deutschen" zu den "Türken" zum Thema macht, ist dafür zu beachten, daß dieser Wechsel bereits zuvor mehrfach Gegenstand war.[1] Ausgangspunkt dafür war die Frage, warum Atnan, nachdem er, wie er gesagt hat, zunächst als Kind sehr viel mit Deutschen zusammen war, später nur noch mit Türken zusammen war. Dabei ist bedeutsam, daß meine Fragen danach unterstellen, daß er "nur noch" mit Türken zusammen war, daß er aber, wie sich später in der Diskussion über "Zigeuner" herausstellt, auch viele Freunde unter diesen hat, was sich mit der Heirat Selinas als sehr relevant herausgestellt hat. Gleichwohl akzeptiert Atnan im Sinne der scharfen Grenzziehung zwischen Deutschen und Türken diese Unterstellungen meiner Fragen und verschärft diese Grenzen in der Beant-

1 Wenn im folgenden von "Deutschen" und "Türken" die Rede ist, so ist dies als Zitat der ethnisierenden Redeweisen in dem Gespräch zu verstehen. Ich lasse daher im weiteren die Anführungszeichen weg.

wortung. Zunächst kennzeichnet er die Deutschen als solche, die nur "unnützig Scheiße bauen", exemplifiziert daran, daß er mit Deutschen bereits manche Dinge angestellt habe, z.B. Motorräder geklaut habe, und meint dazu: "Fuzzi. Kleiner Fuzzi. Was - was willst du vom Motorrad? Ja sag mal. Sag doch mal." Auf meine Frage "Wie kams daß du auf einmal mi/nur noch mit Türken zusammen warst?" antwortet er im Sinne seiner Fassung der Deutschen, daß er, "abgesehen daß die Deutschen nix taugen" und ihm "nur Scheiße beibringen", sich bei seinen "Landsleuten" "wohler gefühlt habe". Bezogen auf mehrfache Nachfragen von mir zu diesem Wechsel und warum man sich bei "Landsleuten" wohler fühlt, arbeitet er die Komplikation, daß man auch andere zum Freund haben könnte, am Beispiel von mir ab. Da wir uns zumindest erklärtermaßen wechselseitig als Freunde betrachten, erklärt er die Gruppe der "Studenten", der er mich zuordnet, zum Sonderfall, für die nicht alle Urteile über die Deutschen zutreffen. Dabei geht er aber auch in der stereotypen Charakterisierung der Studenten nicht zimperlich mit mir um, wenn er darlegt, was man von diesen denken sollte aufgrund der Form ihres Auftretens: Der Sonderfall der Studenten erweist sich als Kuriosität, für den es keine rechte Erklärung gibt: "Warum sind die gut? . . . Warum seid ihr so?"

Nachdem ich hinsichtlich der Landsleute nicht locker gelassen habe, fragt Atnan zurück, ob ich mich nicht auch zu meinen deutschen Freunden mehr als zu ihnen hingezogen fühle, und weist meine Antwort, daß es auf die Freundschaft und nicht auf die Nationalität ankäme, zurück mit Verweis darauf, daß sie als Ausländer hier in einem fremden Land zusammenhalten müssen. Neben den in seinen Ausführungen wiederum enthaltenen zahlreichen Attacken auf die Deutschen lehnt er damit meine Antwort als luxurierend ab, denn ich muß Freundschaften zu Migranten nicht als jemand leben, der als Ausländer behandelt wird und entsprechend auch nicht die in meiner Antwort suggerierte freie Wahl zwischen Freunden unterschiedlicher Nationalität hat, sondern eher als jemand, dem exotische Toleranz symbolischen Profit einträgt.

Die Frage nach dem Wechsel von den Deutschen zu den Türken und Atnans Reaktion darauf ist also auch vor dem Hintergrund dieses bisherigen Verlaufs des Interviews zu betrachten. Die zweimalige adverbiale Bestimmung "auf eima" ist auf die unmittelbar davorliegende Rede zu beziehen. Atnan hat gesagt, daß auf der Hauptschule in seiner Klasse nur zwei türkische Mädchen in seiner Klasse gewesen seien, sonst aber keine Türken. In der berufsbildenden Schule aber sei er in Ausländerklassen "mit Türken manchmal drin" gewesen. Die Frage vereindeutigt erneut - "nur noch mit Türken in einer Klasse" - , was von Atnan im folgenden wiederum nicht korrigiert, sondern akzeptiert und positiv gewertet wird. Mit der zweimaligen adverbialen Bestimmung faßt die Frage den Wechsel als plötzlich, abrupt und überraschend.

Wie gesagt sieht sich Atnan nach einer Bewertung des Übergangs gefragt. Es hätte zum Beispiel auch eine Erzählung über diesen Übergang folgen können. Dabei nimmt die Bewertung "doch schön" in der Partikel "doch" Bezug auf eine unterstellte andere Bewertung in der Frage. Die Nachfrage "Das fandse gut?" bestätigt die Unterstellung der impliziten Bewertung und bringt eine Begründung über das "Warum" der erfolgten Bewertung "doch schön" in Gang, die durch eine Kontrastierung eingeleitet wird: Besser als wenn das Umgekehrte der Fall wäre, nämlich aus der türkischen Klasse raus, in die deutsche Klasse rein. Man kann die folgende Argumentation in diesem Ausschnitt in Schemata sortieren und findet, daß es sich bei den Katagorien "Türken"/"Deutsche" um Verhaltenskategorien handelt, d.h. Türken und Deutsche unterscheiden sich durch ihr Verhalten, was in bestimmten sozialen Eigenschaften und dem darin fundierten Wissen begründet liegt (vgl. die folgenden Schemata).

Die Bedeutung dieser in Schemata sortierten stereotypen Bestimmungen von Türken und Deutschen ist aber erst in einer weiteren Analyse zu entschlüsseln. Entsprechend meiner in Kap. 1 u. 2 dargelegten methodologischen Überlegungen gehe ich auch hier davon aus, daß jede Äußerung nur verstanden werden kann als in der Situation des Interviews getätigte, d.h. Ausgangspunkt ist der unmittelbare Kontext, in dem die Äußerungen stehen. Anhand der von mir bis hierhin gestellten Fragen sowie der Fassung des Zwecks der Aufnahme erweist sich auch dieses Interview als zu einem Situationstyp gehörig, der für Jugendliche wie Atnan - und für eine Reihe von weiteren Jugendlichen sowie Arbeitsmigranten überhaupt - nichts Neues ist, im Gegenteil, mit ihm machen sie ständig Erfahrungen. Als Exemplar eines türkischen Jugendlichen, eines Migranten behandle ich Atnan ethnisierend bereits zu Anfang mit der Anrede "ihr", als solches ist er gefragt, wie er "hier leben" kann. Damit im Zusammenhang steht das oft unvermittelte Interesse an objektiven biographischen Stationen, etwa im betonten Festhalten der Zeit als Boxer und vor dem hier diskutierten Ausschnitt im Abfragen des Einreisedatums und der Schuldaten. Formal wird zwar hinsichtlich der Ausweisung für "die Türken" von mir Partei ergriffen, was Atnan mit der Provokation, daß Ausweisung für ihn eine Freifahrkarte in die Türkei bedeute, zurückweist, in der Bezweiflung der Gründe für die Beendigung seiner Lehre in einem Stahlwerk, die er zwischenzeitlich einmal angetreten hatte, wird er aber implizit für seine Lage selbst verantwortlich gemacht. Schließlich wird wie bereits dargestellt das Verhältnis zwischen Türken und Deutschen zum zentralen Thema gemacht. Aber solche Fragen danach, woher man kommt, nach den Karrieren, einem Teil der gemachten Erfahrungen und den zukünftigen Absichten und Planungen gehören wie gesagt zur Praxis des Umgangs mit und der Verwaltung von Migranten bei der Ausländerbehörde, beim Arbeitsamt,

Türken

	soziale Eigenschaften	Wissen	Verhalten
Türken allgemein	schnell erwachsen mehr Grips	wissen, was sich gehört	*Mann:* befiehlt seiner Frau nicht, sagt es vernünftig; hört sie nicht, gibt er ihr eine. *Frau:* hört, geht nicht zur Polizei; läßt sich nicht scheiden
17jährige Türken, unsere Jungs	schon richtige Männer	wissen, was sich gehört	haben gleich immer Freundinnen
12, 13, 14-jährige		wissen, was sich gehört, wie sie reden und reagieren sollen	mit Kindern drehen sie, Ältere (sind für sie) älter. Es klappt beim Reden mit älteren Leuten.
in der 3/4. Klasse			gucken sich schon nach Mädchen um
Atnans Eltern 11- bzw. 15jährig	stellen mehr dar		heiraten
Atnan	hat mehr Grips als 20/22jähriger Deutscher	weiß mehr als ein 20/22jähriger Deutscher vom Geld verdienen, Familie und Kindern, hat mehr Ahnung, kommt auf mehr Ideen	heiratet

bei der Jugendgerichtshilfe, bei Gericht, aber auch in Jugendzentren, in der Schule und anderen Zusammenhängen der sog. Ausländerarbeit. Dabei gilt für diese Art von Fragen und die dahinterstehenden Interessen, daß ihre Zielrichtung objektiv ambivalent ist. Ihre Beantwortung kann zum Schaden gereichen, ohne daß dies immer durchschaubar oder vorhersehbar wäre.

Dies ist als der Bezugsrahmen zu betrachten, in dem die Äußerungen auch dieses Interviewausschnitts stehen. Dies bedeutet, daß Atnan in den Kategorien Türken/Deutsche, wie er sie faßt und wie sie in den Schemata dargelegt sind, bereits implizite provokative Abgrenzungen zu anderen Wertungen vollzieht. Zunächst einmal grenzt er sich ab von der Grundlage der impliziten Bewertung in der Frage, einem ablehnenden Verhältnis zu der gleichwohl mitunterstellten Trennung von Türken und Deutschen. In einer früheren Passage des Interviews sage ich wie

Deutsche

	soziale Eigenschaften	Wissen	Verhalten
Deutsche allgemein	sind nur Kinder; wie Kinder; Frauen sind verrückt	Heiraten ist ein fremdes Wort	Mann und Frau leben erst zusammen; der *Mann* folgt den Befehlen der Frau, die *Frau* befiehlt dem Mann, geht bei Schlägen zur Polizei und läßt sich scheiden; Ehen halten nicht lange.
30-, 40-jährige	immer noch Kind		
18-, 20-, 22jährige	kleine Babies ohne Dings; weniger Grips als 17jähriger Atnan	haben weniger Ahnung als 17jähriger Atnan	lachen so über so
16-, 17-jährige in einer Klasse	Babies, kleine Kinder		machen Spiele wie: tack tack tack, atsche patsche Kuchen, der Bäcker hat gerufen. Werden sich nie eine Hochzeit vorstellen. Heiraten ist eine Muß-Sache
Jungs in der 9./10. Klasse			gucken sich erst jetzt nach Mädchen um, vorher nicht; Gehen mit Mädchen ist so n bißchen Dings; "ach die blöden Mädchen" →

Die Spalte Wissen ist nur negativ besetzt, was anzeigt, daß Deutsche nichts wissen - eben wie Kinder sind. Entsprechend sind sie nur über ihr Verhalten zugänglich, wo sich zeigt, daß sie nichts wissen, v.a. nicht, was sich gehört.

dargestellt explizit, daß es egal ist, ob ein Freund türkisch oder deutsch ist, was nicht abgestritten wird, aber unsere Freundschaft wird zum Sonderfall erklärt. So liegt Atnans Kategorien Türken/Deutsche im Verhältnis dazu eine Umwertung zugrunde. Erfahrene Feindseligkeiten werden zurückgegeben und die Grenzziehungen zwischen Türken und Deutschen positiv angeeignet unter Bezug auf Erfahrungen mit der Ausländerpädagogik: "Besser als wenn ich eh hingehe, komm ich aus der türkischen Klasse raus, gehe ich in - deutsche Klasse. . ." Hier wird geradezu die Leitlinie der integrativen Ausländerpädagogik bzw. sog. interkulturellen Pädagogik - "Leben und Lernen miteinander" - zurückgewiesen.

Atnan entwickelt aber wie gesagt seine Argumentation als Abfolge von Äußerungen in der Interviewsituation. Hörerbezüge werden deutlich an Partikeln, vermeintlichen Routineformeln sowie Impräzisierungen wie das häufige "ne", "doch", das wiederkehrende "weißt du" oder das "was sich gehört *und alles so*". Das häufige "weißt du" ergibt einen guten Sinn im Hinblick darauf, daß das Interview eine Veranstaltung ist, in der ich wissen will, so daß in den verschiedenen Versionen und Positionen, in denen es hier auftaucht, auch immer Atnan sich in ein Verhältnis zu mir als Interviewer setzt. Die Kategorien Türken/Deutsche sind also erst interessant im Hinblick auf die mit diesen ermöglichte Auseinandersetzung mit dem Geforderten im Interview. Was in den Schemata nur als stereotype Zuordnungen erscheint, ist durch die skizzierte Situation hindurch zu lesen. Diese spannt den "konnotativen Bedeutungshorizont" (Habermas) auf als ähnliche Situationen.

So sind die Gegenüberstellungen von "erwachsen" und "Kind", von "Wissen, was sich gehört", dem darauf beruhenden situationsadaequaten Verhalten und "Spielen" aufgrund von Nicht-Wissen zu beziehen auf Erfahrungen v.a. mit der Schule und Jugendzentren und andererseits dem Elternhaus und den Lebenszusammenhängen von Migranten und den entsprechenden Anforderungen in den jeweiligen Bereichen. Den Anforderungen in Schule und Jugendzentren stehe auch ich wieder nahe dadurch, daß ich Atnan und die anderen Jugendlichen in Jugendzentren kennengelernt habe und u.a. dort treffe, Vermittlungsfunktionen zwischen ihnen und institutionellen Vertretern von Schule, Justiz u.ä. übernehme. Atnan redet zwar nicht direkt über Anforderungen von Seiten der Lehrer oder Jugendarbeiter, aber in einer Klasse fast alle "haben sie Spiele gemacht, so |1/2s| Kinder ne. Tack tack tack tack. Sind eh sechzehn siebzehn Jahre alt. Ne. |1 1/2s| Was soll das? He?" Die Frage ist an mich adressiert, so daß hier entsprechend implizit zur Debatte die Praxis der Pädagogisierung in der Schule, in Jugendzentren, beim Arbeitsamt bzw. in den von dort finanzierten Maßnahmen und anderswo steht, in der die Ansprüche Atnans und der Gruppen, in denen er sich bewegt, auf die kompetente Ausfüllung der Positionen von Erwachsenen häufig nicht ernst genommen werden, die zumindest aber oft objektiv ein dauerhaftes Unterlaufen dieses Anspruchs darstellt. So unterlaufen viele Maßnahmen zur sog. beruflichen Eingliederung diesen Anspruch allein schon durch ihre Form des symbolischen Lohns, die partielle, zudem häufig sinnlose Arbeit und das sog. "soziale Lernen", das zur Grundlage die Annahme hat, daß die Arbeitslosigkeit v.a. an den Jugendlichen selbst liegt. Wie der Umgang mit den Jugendlichen von Seiten der Pädagogen dabei von Atnan erfahren worden ist, wird in der Aussage "Manche dreißig vierzig Jahre alt und der ist immer noch n Kind." deutlich.

Die Praxis dieser Apparate steht im Konflikt mit den Verhaltensanforderungen, die oft an türkische Migrantenkinder und -jugendliche zu Hause gestellt werden. Von diesen wird in Handhabung der Lebensbedingungen von Migrantenfamilien dort sowohl die Bewältigung von einer Reihe von Problemen als auch ein bestimmtes Verhalten erwartet: Mädchen sind häufig bereits früh gefordert bei der Erledigung von Aufgaben der Haushaltsführung und Kinderbeaufsichtigung, Jungen des öfteren bei Erledigungen nach außen hin, bei denen sie besser als ihre Eltern Bescheid wissen. Darüber hinaus unterliegen häufig sowohl Jungen als auch Mädchen mit zunehmendem Alter Versuchen der Kontrolle ihres Verhaltens in der für sie relevanten Migrantenöffentlichkeit. Für Mädchen sind hier relevante Felder Formen der Kleidung, der Bewegung, der Arbeit sowie die Art der Kontakte zu anderen. Jungen haben oft die Aufgabe, ihre Schwestern und verwandte und gut bekannte Mädchen zu beaufsichtigen, sowie durch ihre eigene Praxis den Ruf der Familie nicht zu schädigen. Dafür sorgen sie z.T. als Gruppe, indem diese Gruppenpraxis von den Erwachsenen und Älteren abgeschirmt wird. Zugleich aber unterliegen sie auch einem gewissen Druck der Gruppe, denn sie distanziert sich von denen, die ihren Erwartungen nicht folgen. So gesehen ist es für die Jugendlichen in vielerlei Hinsicht bedeutsam zu "wissen, was sich gehört, wie sie reden sollen, wie sie reagieren sollen". Bedeutet nun Pädagogisierung in den Apparaten immer auch Entmündigung, die die Ansprüche der Jugendlichen unterläuft, dann ist für diese zugleich von zu Hause aus die Zeit für ein "soziales Moratorium Jugend" knapper bemessen als für vergleichbare Altersgenossen. Zwar gelten Jugendliche als "delikanlı", "verrücktblütig" und entsprechend ist ihnen einiges zuzugestehen, aber von ihnen wird aus den in Kap. 1.5 dargelegten Gründen meist erwartet, so früh wie möglich zu arbeiten. Auch wenn Atnan sehr früh und gegen den Willen seiner Eltern geheiratet hat, so haben doch eine Reihe der Jugendlichen, mit denen ich zu tun hatte, bereits im Alter von 19 bis 22 geheiratet. Pädagogisierung in den Apparaten ist möglicherweise eine Chance, wenn die soziale Auszeit dafür vorhanden ist, ansonsten kann sie von Kindern und Jugendlichen als Zumutung erfahren werden, wenn sie Anforderungen, die an die Kinder und Jugendlichen gestellt werden, überspringt, nämlich als Zumutung der Spielerei.

In diesem Sinne ist mit der Argumentation von Atnan und Selina eine Konfliktlinie bezeichnet zwischen Lebenszusammenhängen, in denen sie vermittelt über zu Hause stehen, und Anforderungen der Apparate, die sie durchlaufen.[2] Gleichzeitig artikulieren sie in dieser Konfliktlinie

2 Daß dabei von den Kindern und Jugendlichen oft Konflikte, zu denen es zwischen den Bereichen kommen kann, auszubalancieren sind, macht folgendes, auf den ersten Blick harmlose Beispiel deutlich, wovon sich noch viele ähnliche aufzählen ließen: Ein türkisches Migrantenmädchen wird regelmäßig von seinen älteren Geschwistern zum Kindergarten gebracht und abgeholt. Der Kindergarten plant für

auch eigene Schwierigkeiten und Ansprüche. Zum Zeitpunkt des Interviews gerade ein paar Monate verheiratet, beanspruchen sie mit der Diskussion von "erwachsen"- vs. "Kind"-sein die kompetente Ausfüllung der neu gewonnenen Positionen: Atnan weiß mehr "über Geld verdienen, Familie und . . . Kinder" und hinsichtlich des Heiratens ist die Attacke gegen mich nicht zu überhören. Beide mehr oder weniger gezwungen zu heiraten, stellen die Situation hier auf den Kopf: "Bei Deutschen ist das meistens ne Muß-Sache wenn se mit siebzehn oder so heiraten." "Oder heiraten bei denen ist das eh eh bißchen eh eh 'fremd'. Fremdes Wort weißt du so. Wie n Kind und so." "Die leben erst zusammen." "Zusammen" aber "leben" zum damaligen Zeitpunkt meine Lebensgefährtin und ich.

Lassen sich auf diese Art und Weise in Habermas Sinne "lebensweltliche Verweisungszusammenhänge" als Bedeutungszusammenhänge rekonstruieren, dann will ich im folgenden diskutieren, wie diese Bedeutungszusammenhänge hier artikuliert werden, wie die Verständigung über diese Zusammenhänge strukturiert ist. Die Ausgangsfrage wird von Atnan wie gesagt als Frage nach einer Bewertung verstanden. Es folgt die kontrastive Bewertung "besser als" und von hier aus werden die Kategorien Türken/Deutsche als Verhaltenskategorien entwickelt, in denen Atnan und Selina sich verorten. Zunächst ist auffällig, daß kein konkretes Verhalten von Atnan und Selina vorkommt. Es werden auch keine Beispiele gegeben. Es gibt zwar so viele, wie Atnan sagt, aber es kommt zu keiner konkreten Schilderung, an der die Kategorien Türken/Deutsche "überprüft" werden können, diese werden nur entwickelt und so behauptet. Dort, wo Beispiele gegeben werden, sind diese selbst wieder generelle Verhaltenszuschreibungen: "So reden doch die Deutschen"; "Bei Deutschen ist das meistens ne Muß-Sache wenn se mit siebzehn oder so heiraten"; ". . die Frau . . . befiehlt den Mann"; ". . bei uns . . . kann so klein sein. . .klappt. . . die wissen, was sich gehört, wie

die Kinder, die demnächst eingeschult werden, einen Ausflug. Im Anschluß an diesen Ausflug sollen die Kinder gemeinsam im Kindergarten übernachten, was als Idee großen Anklang findet. Briefe werden an die Eltern verschickt, in denen dieser Plan erläutert wird. Das türkische Migrantenmädchen möchte ebenfalls gerne teilnehmen, aber die Eltern lehnen ab, wie die älteren Geschwister den Erziehern mitteilen. Die Erzieher beauftragen daraufhin die Geschwister, die Eltern zu fragen, warum das Mädchen nicht teilnehmen darf. Für die Diskussion hier interessiert nicht, was die Geschwister als Antwort der Eltern ausgerichtet haben, sondern daß sie Begründungen der Eltern mit Erfahrungen, die sie selbst mit pädagogischen Apparaten gemacht haben, vermitteln und dabei oft eine prekäre Balance zwischen den von ihnen als konfligierend wahrgenommenen Ansprüchen wahren müssen. Es liegt auf der Hand, daß die häufige Inanspruchnahme von Kindern und Jugendlichen als sog. Dolmetschern diesen so objektiv Probleme aufbürdet, die abzuarbeiten Aufgabe der pädagogischen Apparate selbst wäre.

sie reden sollen, wie sie reagieren sollen" etc.. Das einzige konkrete Beispiel, die frühe Heirat der Eltern Atnans, wird in einer Allgemeinheit aufgelöst - im Blut. Die Kategorien werden also aufgefächert, dargelegt, aber nicht detailliert auf Wirklichkeit bezogen. Atnan und Selina rechnen sich einem Verhalten zu: "bei uns", "unsere Jungs". Auf diese Art und Weise wird die Bewertung des Übergangs zwischen den Schulen dargelegt als begründet in bestimmten Aufteilungen in der Welt: Bestimmte Menschen, Türken, sind so und andere, Deutsche, sind anders; das eine hat vieles für sich und das andere gar nichts; das eine Verhalten ist adaequat und angemessen, das andere ist kindisch, unangemessen.

Die angeführten, in ihrer Rede artikulierten Konflikte zwischen unterschiedlichen Anforderungen werden so aber nur implizit ausgetragen und Atnan und Selina selbst nehmen Stellung qua Zuordnung. Sie legen dar, was Türken wissen, worauf man sich bei ihnen verlassen kann und was sie sind Aber auch wenn sich etwa Fragen wie "Was soll das?", also im Hinblick auf den Zweck und die Legitimität eines Tuns, oder "Wer macht das?" im Hinblick auf die Korrektheit des Wissens über Türken und Deutsche finden, so ist die Form der Verständigung, d.h. die Art und Weise, in der das Gesagte zur Disposition steht, davon bestimmt, daß die Kategorien Türken/Deutsche apodiktisch gesetzt werden und in Zusammenhang damit das Wissen über sie sowie die entsprechende Legitimität eines Tuns als auch die damit verbundenen Konsequenzen. Atnan und Selina ordnen sich zu, sie setzen sich nicht als Personen dazu in ein Verhältnis.

Diese Form der Verständigung, in der das Gesagte qua Setzung und Abgrenzung durchzuhalten versucht wird, ist noch einmal auf dieses Gesagte selbst zu beziehen. Wenn Atnan Türken und Deutsche unterscheidet nach ihrer sozialen Kompetenz, so steht die spezifische sprachliche Fassung, in der er diese Unterscheidung vornimmt, in Traditionslinien, die zurückreichen in Herkunftszusammenhänge. In der Türkei ist es in den Zusammenhängen, die ich mitbekommen habe, üblich, Verhaltensanforderungen an Kinder und Jugendliche in der Form zu stellen, daß sich jemand "adam gibi", also wie ein Mann verhalten solle, ich selbst war im ersten Moment (und manchmal auch noch später) aufgrund meiner Erscheinung "kız gibi", also wie ein Mädchen oder eine Frau, und inadaequates Verhalten von männlichen Jugendlichen kritisierten diese untereinander "çocuk gibi", also als kindisch. Ähnliches ist auch in der BRD unter Migranten im Umgang mit ihren Kindern und Jugendlichen bzw. bei den Jugendlichen untereinander zu hören. Es handelt sich dabei allerdings nicht um eine sog. kulturelle Eigenart "der Türken", denn bis vor nicht allzu langer Zeit wurden und in bestimmten Zusammenhängen werden wohl auch heute noch Jungen hier aufgefordert, sich wie Männer zu verhalten. Die Unterscheidungen "erwachsen"-

und "Kind"-sein stehen auch für einen Jugendlichen wie Atnan nun wie diskutiert in den Zusammenhängen in der BRD, d.h. Verhaltensanforderungen an die Jugendlichen bei sich zu Hause und im Migrantenumfeld stehen in einem spannungsgeladenen Verhältnis zu den Sozialisationsstilen und Verhaltensanforderungen der Apparate, die sie durchlaufen. Die Erfahrungen, die sie dort und zu Hause wechselseitig bezogen aufeinander machen und die strukturell bestimmt sind von den Widersprüchen des Migrantenstatus, erklären erst die spezifische Weise, in der die Felder sprachlich in Kategorien wie erwachsen/Kind im Verhältnis zu Türken/Deutsche gefaßt werden. Atnans Konzipierung des Verhaltens von Türken und Deutschen ist also nicht als einfache Subsumierung des jeweiligen Verhaltens unter aus türkischen Zusammenhängen bezogene Kategorien zu verstehen, was implizieren würde zu behaupten, daß er die Angebote der Schule, Jugendzentren und anderer Instanzen als traditionsverhafteter Jugendlicher nicht verstanden hat.[3]

Atnan setzt in seiner Rede eine Überlieferung fort, aber er verändert diese auch. Daß er die erfahrenen Verhältnisse hier in den diskutierten Unterscheidungen faßt, ist entgegen dem schnellen Verweis auf die Tradition aus den Verhältnissen hier zu erklären, diese machen den Rückgriff darauf attraktiv. Betrachtet man dazu Atnans Fassung der Deutschen im Kontrast zu den Türken, dann finden wir hier (wie auch im sonstigen Interview wiederkehrend) eine Umkehrung der absurden sprachlichen Fassungen der sozialen Praxis von türkischen Migranten, wie sie diesen allenthalben begegnen. Wird die häufig unterstellte soziale Inkompetenz von "Türken" auch ethnisierend kulturalistisch mit deren anderer Kultur "erklärt" und "verstanden", so wird dieser Verdacht hier von Atnan jedenfalls zurückgereicht. Kinder und Jugendliche werden dauerhaft als Problemfälle, eben als Ausländerproblem verhandelt, Atnan sagt, wer nach seiner Erfahrung keine Ahnung hat, der Problemfall ist: Die deutschen Jugendlichen sind lange unreif und später im Leben sind sie nicht in der Lage, eine anständige Ehe zu führen. Wie gesagt sind die Ausführungen Atnans durchzogen von Provokationen auch meiner Person, etwa wenn er die implizite Bewertung in meiner Frage

3 Dies ist ein durchaus gängiges Erklärungsmuster. So wird die häufige Bemerkung von türkischen Migrantenschülern und ihren Eltern, daß deutsche Lehrer keine richtigen Lehrer seien, fast immer darauf zurückgeführt, daß eben "türkische Lehrer" erwartet werden. Neben der schnellen Denunziation der Praxis türkischer Lehrer in der Türkei, die fast immer durch nichts gerechtfertigt ist, wird zumeist auf die Erwartung der Eltern verwiesen, daß Lehrer schlagen sollen. Auf diese Art und Weise wird aber nur allzu leicht unterschlagen, daß es erstens Aufgabe der Lehrer und Schulen ist, ihre Praxis transparent zu machen, und zweitens bei den vielen Schwierigkeiten, die viele Migrantenkinder auf den Schulen haben, der Verdacht, daß es an den Lehrern liegen könnte, ja so abwegig nicht ist. Die Forderung zu schlagen aber ist dann nichts anderes, als eine als jedenfalls erfolgreicher erfahrene Praxis einzuklagen.

bereits zurückweist, in der Attacke auf das Verhältnis von Mann und Frau bei Deutschen auch meine Praxis meint und von den dreißig- bis vierzigjährigen, die immer noch Kind sind, mich nicht ausnimmt.

Habe ich zuvor gesagt, daß das Interview als Interview und durch die Art seiner Fragen zu einem Situationstyp gehört, mit dem Migranten dauernd Erfahrungen machen, dann zeigt Atnans Aneignung des Interviews, daß er aufgrund des doppelten Verhältnisses, das wir als gute Bekannte und Interviewter und Interviewer zueinander haben, das Interview auch als Terrain zur Stilisierung als selbstbewußter türkischer Mann und zugleich zur Provokation und Abgrenzung von Haltungen und Verhältnissen zu Migranten nutzt, die ihm in den Apparaten, für die auch ich stehe, begegnet sind. Und Teil der Abgrenzung *und* Provokation ist ebenfalls die Form der Verständigung: Atnan operiert nicht nur hier mit Setzungen und insistiert auf diesen. Die Analyse des Interviews mit Ali hatte gezeigt, daß dieser sozialwissenschaftliche Formen der Erklärung vorzeigt. Dabei war auch deutlich geworden, daß diese Formen häufig nur gut verpackte Stereotype sind, in denen der Praxis der Migranten eine hoffnungslose Absurdität unterstellt wird, diese Unterstellung aber im Duktus des kulturalistischen Verständnisses verharmlost wird. Insofern in den Apparaten Schule, Jugendzentrum, Jugendgerichtshilfe und Gericht die Jugendlichen mit diesen Stereotypen zugleich immer in einer Form der Verständigung konfrontiert werden, die sich offen und reflexiv präsentiert, in der also das Gesagte vermeintlich zur Disposition steht, entspricht Atnans Form der Umkehrung der Stereotype über Migranten in seine stereotype Fassung der Deutschen auch die Umkehrung der Form der Verständigung, diese ist Teil der Abgrenzung: Er stellt seine Fassung erkennbar nur begrenzt zur Disposition und schottet sie über die Verweigerung von Beispielen, die Selina z.T. später unter seinem Beifall liefert, ab.

Läßt sich so zeigen, daß Atnan in dieser Form der Rede etwas gelingt, nämlich u.a. die Zumutungen des Interviews und der durch dieses repräsentierten Zusammenhänge zurückzuweisen und gegen diese in der sprachlichen Fassung seiner Verhältnisse im Verhältnis zu "den Deutschen" an dem Sinn seiner Lebenspraxis gegen die implizit ja anwesenden Zweifel daran[4] festzuhalten, dann könnte diese sprachliche Form gleichwohl auch Begrenzungen für Atnan (und Selina) selbst mit sich bringen. Denn in dieser Form der Abgrenzung, die unmittelbar den Gebrauchswert des Durchhaltens des Sinns der eigenen Praxis hat, fällt die Vergewisserung über die Möglichkeiten, die in dem enthalten sind, wovon man sich abgrenzt, unten durch. Sich der Möglichkeiten von Schule,

4 Wo er sagt: "Der wird sich nie paß ma auf. Wird sich nie eine vorstellen mit siebzehn Jahren alt n heiraten und ne - Familie.", schwingt in dem "nie vorstellen" auch mit, daß "der" dies für eine abwegige, absurde Vorstellung hält.

Ausbildung und dem, was sich zunächst als Spielen im Sinne von Spielerei präsentiert, aber auch einen Freiraum des Ausprobierens außerhalb von Zwängen, die das "erwachsen sein" bedeutet, darstellen kann, zu versichern, enthält das Potential, Distanz zur eigenen Lebenspraxis und damit zu den Zwängen, denen man unterliegt, zu gewinnen.

Sich mit der Frage auseinanderzusetzen, warum Mann und Frau auch ein anderes Verhältnis zueinander eingehen können und Atnans Fassung nicht die einzige Möglichkeit ist, wäre auch ein Potential für die Bewältigung von Krisen des Verhältnisses von Atnan und Selina zueinander, das unten durchfällt mit der Form der unmittelbar sicherlich berechtigten Abgrenzung von einer Pädagogik, die normativ die Anstrengung Atnans und Selinas, ihre Beziehung unter den für sie gültigen Bedingungen durchzuhalten, nur als zu frühe Heirat zu bewerten weiß, nicht aber als Leistung.

In seiner Praxis in der Stadt etwa wußte Atnan keineswegs in den Augen seines Vaters immer, "was sich gehört", wie auch der Fortgang der Aufnahme zeigt. Der Zusammenhang der Durchsetzung ihrer "Heirat" gegen den Willen beider Eltern macht für Atnan und Selina in der handfesten Auseinandersetzung mit diesen des öfteren strittig, "was sich gehört". Auch hier könnte mit der Form der Abgrenzung, die gegen den Generalverdacht der Inkompetenz aus kultureller Tradition heraus gerade die Kompetenzen unterstreicht, verloren gehen, daß die ernsthafte und nicht nur rhetorische Frage "Was soll das?" Bedingung der Aufklärung von Konflikten ist, die zur Grundlage normative Erwartungen haben, deren Eindeutigkeit und feststehende Richtigkeit mit der Unübersichtlichkeit der Lebensverhältnisse, in denen man sich bewegt, verloren gegangen ist.

Diese Identifizierung möglicher Begrenzungen, die Atnans Form der Auseinandersetzung mit dem Interview auch bestimmen mögen und die die Kehrseite ihres Gebrauchswertes darstellen könnten, ist als Verweis zu verstehen, da nicht geradlinig von Atnans Redepraxis hier auf seine sonstige geschlossen werden kann. Wie die Analyse zu Atnans sonstiger Lebenspraxis in ein Verhältnis gesetzt werden könnte, soll hier nicht mehr weiter diskutiert werden. Wie in Interviewanalysen solche Fragen weitergehender verfolgt werden können, soll v.a. in den weit ausführlicheren nachfolgenden Kapiteln über die Interviews mit Şemi und Faruk aufgenommen werden. Hier will ich zum Schluß nur noch einmal darauf hinweisen, daß die möglichen Begrenzungen, die Atnans Form der Rede mit sich bringen mag, auch ein Licht auf den Zusammenhang werfen, von dem sich Atnans Rede abgrenzt: Was ich als Potentiale angesprochen habe, die in der Abgrenzung verloren gehen mögen, ist im Umgang der Apparate, von denen sich Atnan hier abgrenzt, mit den Jugendlichen als solche Potentiale von Atnan nicht erfahren worden und in diesem Sinne sind sie dort besetzt.

4. Şemi

Gegenstand dieses Kapitels ist ein Interview mit dem zum Zeitpunkt der Aufnahme 19jährigen Şemi. Die Aufnahme fand im Juni 1984 nachmittags in meiner Wohnung einen Tag vor der Rückkehr des Jugendlichen und seiner Familie in die Türkei statt. Ich hatte Şemi in der Stadt zusammen mit anderen getroffen und während des "Zeit totschlagens" auf einer der großen Einkaufsstraßen erzählte mir der Jugendliche, daß er am nächsten Tag mit seiner Familie in die Türkei zurückkehren werde. Ich fragte ihn daraufhin, ob er Zeit hätte und bereit wäre, mit mir nach Hause zu kommen und mir auf Tonband etwas darüber zu erzählen, was er in der Zeit "in Deutschland" gemacht und erlebt habe. Er war dazu bereit und so fuhren wir zu mir nach Hause, kauften auf dem Weg dahin einige Stücke Kuchen und kochten einen Tee bei mir, so daß das aufgenommene Gespräch bei Verzehr von Tee und Kuchen stattfand.

Wie bei der Lektüre des Interviews leicht zu erkennen ist, handelt es sich um ein kurzfristig zustandegekommenes und eher chaotisches Gespräch. Zur Erläuterung ist zu erwähnen, daß der Jugendliche Şemi sich bei Verlassen der Gruppe mit einem der Jugendlichen verabredete. Dieser sollte bei mir anrufen und anschließend bei mir vorbeikommen, da Şemi mit ihm noch etwas zu erledigen hatte, so daß das Gespräch des öfteren durch Telefonanrufe unterbrochen wurde.

Zum Verhältnis zwischen Şemi und mir im Interview ist folgendes zu bemerken: Şemi ist mir als Mitglied einer Gruppe in der Stadt, der auch Atnan und teilweise Ali angehörten, bekannt und als guter Freund des Jugendlichen Mehmet, von dem in der Aufnahme des öfteren die Rede ist und mit dem ich wiederum viel zu tun habe. Şemi weiß dieses, er war einmal mit Mehmet bei mir zu Hause und einmal mit Mehmet und mir auf Arbeitssuche. Darüber hinaus haben wir uns ein paar Mal bei Mehmet zu Hause getroffen, ansonsten kenne ich Şemi hauptsächlich aus "der Stadt". Er weiß, daß ich für verschiedene Jugendliche in der in Kap. 1.5 geschilderten Weise aktiv geworden bin, er selbst aber kam nie mit irgendwelchen Anliegen, sondern wir hatten so miteinander zu tun, daß ich eben bei verschiedenen Gelegenheiten dabei und aus den dargelegten Gründen mehr oder weniger geduldet war. Auf diesen Kontext, woher und wie wir uns kennen, ist in der Gesprächsanalyse da zurückzukommen, wo er sich immanent als wichtig erweist. Gegenstand der Analyse werden drei Auschnitte des Interviews sein, im folgenden bezeichnet als ALS I, II und III.

4.1 ALS I: "Bei mir hier ist alles gut – aber keine Arbeit weißt du."

Ş: geklaut weißt nicht. Ja |1s| Weiß ich
I: Wie? Hat jemand mitgenommen oder was?

Ş: nicht. |1s| Aber |1 1/2s| scheiße ehrlich. Schweinerei ist das.
I: Ja das Gerät hat - etwas

I: über dreihundert Mark gekostet. |1 1/2s| War dein/war deins auch zum Aufnehmen? Oder
Aufnehmen. Kannst du sprechen. Aber - meine war nur drei vier Stück. Knöpfe

Ş: nicht so viel. Weiß ich nich.
Was war denn das für ne Marke? Hmhm |1 1/2s| Ja gut.

I: Eh |1 1/2s| sollen wir d/sollen wir das mal so machen? Erzähl doch mal n bißchen. Also so über die Zeit wo du hier warst. Also was hat dir/ich mein was
Ş: [lacht]

I: hat dir gefallen und was hat dir nich gefallen? Hier?
Ş: Bei mir hier ist alles - gut.

Ş: Ja. Aber - keine Arbeit weißt du. [lacht] Und muß ich jetzt Türkei. Bin ich neunzehnhundert |3s| (neunund)siebzig hier ne, und hab ich - Volkshochschule
I: Hmhm

Ş: gegangen, sechs Monat, |1s| dann bin ich |1s| fertig gemacht, bißchen hab ich Deutsch gelernt, dann bin ich Bramscher Straße, MBSE gemacht ne, da hab ich auch fertig, und die haben gesagt Wenn du hier fertig machst, dann geben wir Arbeit ne. Und da is auch fertig und keine Arbeit. Dann bin wieder Natruper Straße gegangen Schule, ein Jahr, |1 1/2s| und Be/BGJ ne, Bautechnik, da is auch fertig, auch
I: Hmhm

Ş: keine Arbeit, Da haben wir aber - wirklich bißchen Mist gemacht weißt du.
I: Hmhm

I: Wieso? Was habt ihr gemacht? |2s|
Ş: [lacht] Ja und - schwänzen, |1 1/2s| weil ich

Ş: Mathe kann ich nicht weißt du. Bißchen von Mathe, |2s| bißchen Lehrer |1s| angemacht, und dabei - haben wir was (fertig) gemacht, darum vielleicht. Und bin ich wieder - nach dem Natruper Straße ne, weil ich fertig gemacht, bin ich wieder Bramscher Straße gegangen. |1s| Sechs Monat da hab ich. Metalltechnik, fertig, jetzt bin ich - wieder arbeitslos. Zwei Jahre bin ich arbeitslos.
I: Zwei Jahre?

[geflüstert]
Ş: Ja. Nä.
I: Und da warst du auch auf keiner Schule mehr? Was hast du in der Zeit

I: gemacht? |2s |
Ş: Stadt zu Hause., Stadt zu Hause. Immer Stadt zu Hause. Und von (mat)

Ş: meinem Vater krieg ich ganz wenig Geld weißt du. Ich kriege von
I: Von wem?

Ş: meine Vater ganz viel wenig Geld.Im Monat hundert Mark. Das auch reicht/das reicht mir nicht. Von mein Vater wenn der ms.
I: Hmhm. Wie kommt man sonst zu Geld? |2s |

Ş: Aber ich - immer nich jeden - Geld geben weißt du. Bißchen - so machen. Sparen bißchen. |2s | Zum Beispiel füm Mark. |1 1/2s | Jeden Tag für Zigaretten vier
I: Hmhm

Ş: Mark. |2s | Denk mal bißchen. |1 1/2s | Jetzt geh ich für immer Türkei weil keine Arbeit ist. Vielleicht - wenn ich jetzt Arbeit finde, |2s | bleib ich ↗hier↓. |1 1/2s |

I: Hmhm |1s | Kommst du wieder zurück dann?
Ş: Ja kann ich wieder zurückkommen wenn

Ş: ich jetzt Arbeit hab. Ich hab zwei
I: Hmhm. Wiev/wieviel Geschwister hastn du?

Ş: Brüder und zwei Schwestern. Eine is siebzehn
I: Sind die älter oder jünger als du?

Ş: Jahre alt. Meine Bruder. Eine ist fünf Jahre alt. Meine Schwester ist eine zwölf. nä nä. Eine ist dreizehn eine ist zehn. Hmhm.
I: Und die gehen hier alle noch zur Schule?

Ş: Die gehen hier alle zur Schule und weil wir |1s | weil ich keine Arbeit habe ?
[gehobene Tonlage]
für i gehen wir immer/für immer Türkei. Ja weil ich keine Arbeit
I: Weil du keine Arbeit

[gepreßte Stimme]
Ş: habe. Ja weiß nicht. Mein Vater sagt: Du immer spazieren ne und
I: Warum das denn?

Ş: |1s | du machst immer Mist. Und darum. |1 1/2s | Das ja deswegen
I: Also deshalb -deshalb

S: gehen wir für immer. Weil w wenn meine Bruder Schule fertig ist kommt/bekommt er auch eh der bekommt auch keine Arbeit weißt du. Und der sagt/mein Vater sagt: Wenn er keine Arbeit findet der macht auch alle Scheise Mist und so weiter. Dann gehen wir/mein Vater geht - für mich Türkei für immer.
I: Hmhm. Wo arbeitet

I: der denn dein Vater? Und da hat der jetzt gekündigt? Hmhm.
S: Bei Klöckner. Ja. Weil

S: |1 1/2s| keine Arbeit habeweil das - da is |2s| wenn eh wenn meine Vater selbst Gekündigung, dann kriegt er Geld weißt du. Bißchen ↗da↘ |3s| Scheiße.
I: Hmhm

S: Wenn ich/ich hätte nicht Deutschland geko/kommen wäre ehrlich. ich wollte (ehrlich nicht). Da hab ich in Türkei ne, bin ich |1 1/2s| vier Jahre gearbeitet. Von meinem V/Mutter - seine Schwester Sohn ne, da hab ich gearbeitet als Schlosser Autoschlosser.

I: Hmhm
S: Und - mein Vater hat meine eh sein unsere Familie hier - gekommen ne.

S: Die sind - sieben Jahr hier, meine Mutter. Meine Vater ist elf Jahr hier. |1s| Meine Mutter sieben Jahr hier. Ich war in Türkei weißt du. Hab ich da gearbeitet.
I: Ah du

I: warst hier und deine Eltern waren schon hier?
S: Ja. Da hab ich gesagt: Vielleicht

S: da find ich Arbeit weißt du. |1s| Vielleicht ? verdien ich mehr Geld. Dann bin ich hergekommen. |1s|
I: Hast du eh - in der Zeit wo du in der Türkei warst eh bei -

I: jemand anders da gewohnt oder bei euch zu Hause oder wie war das?
S: Jemand

S: anderes. Das war meine |1 1/2s| meine M Mutters Schwester.
I: Wer war das? (Also du

I: wohntest) bei deiner Tante? Hast du da [Telefonklingeln]
S: Aber Ja. Da war ich ganz gut. |2s|

[Telefonklingel]
I: Wie alt warst du denn/warte mal eben Bommes
S: Da war ich - vierzehn Jahr alt. Dreize.

S: war ich. Da war ich - vierzehn Jahr alt war ich. |2s| Jetzt bin ich
I: Ach hallo. |4s|

S: neunzehn Jahr alt.
I: Eh warte mal eben n kleinen Moment ich - stop das mal eben ja.

|| Stop | Neustart ||

I: Okay. Ehm |1s| ja - Moment. Erzähl noch mal. Also eh |1s| du
S: So is das Michael. |1s|

I: hast bei deinen [räuspert sich] bei deiner Tante dann - gewohnt. Und mit wieviel
S: Ja

I: Jahren hastn da angefangen als - Eh
S: Vierzehn Jahr. Eh ah da hab ich zehn Jahr

S: angefangen. Bis vier Jahre da hab ich gearbeitet, |1/2s| dann bin ich Deutschland gekommen. Hab ich Brief geschrieben. Von mein Vater ne. Ich hab gesagt: Hier |1s|
I: Hast

[erhöhte, leicht gepreßte Stimme]
S: hier ist gut aber hab ich gesagt ne, ich kann hier gut essen, |1/2s| da war ich ganz dicker weißt du. Bin ich hergekommen. Schule, wieder zu Hause, Schule fertig Arbeit finden, keine Arbeit, |2 1/2s| Scheiße. So ist das.
I: Ja eh und als du |1s| also

I: du hast von zehn bis vierzehn gearbeitet in dem Betrieb von deinem - Onkel
S: Ja Ja

I: |1s| ja? Oder in/Cousin oder was ne? Eh da hast du
S: Ja ja Cousin sagt er und so.

I: gearbeitet. Und - wie alt warst du als deine Eltern hierhingekommen sind? |1s| Also dein Vater hast du gesagt ist elf Jahre hier ne? Wie alt warst du als der
S: Ja

I: weggegangen ist ? |3 1/2s| Ehm beide. Also
S: Mein Vater oder meine Mutter hier?

I: wie alt warst du als dein Vater weggegangen ist?
S: Da war ich |5s| diese sieben -

S: oder acht Jahre war ich - glaub ich. Acht - oder zehn. Bin ich zehn Jahre alt gegang/zehn Jahre war ich ne, meine Vater |1s| hier gekommen glaub ich.
I: Hmhm

S: Da - da weiß ich nicht ganz genau. Meine Mutter war - in
I: Und deine Mutter?

S: Türkei. Ja. War
I: Ja und wann ist die dann hin? Die ist doch früher hierhin als du?

S: sie früher. Meine Fam/Mutter is sieben Jahr hier.
I: Wieviel Jahre früher? |4s| Ah ja dann |1s|

I: Und du bist jetzt wie alt? Neunzehn. Also warst du da ungefähr - zwölf
S: Neunzehn.

I: dreizehn als die hierhingekommen. Und mit vierzehn bist du selbst hierhingekommen?
S Ja

S: Hmhm
I: Hm |1s| Und - aber du du wärst/also in der Türkei das hat dir aber gefallen?

S: Ja da war gut aber - |1s| kann ich nicht wenn ich spucke verstehst du das Spucke
I: ( )

S: nehm ich wieder nicht - vom Mund verstehst. Da hab ich wieder - ich hab gesagt: Ich gehe Deutschland. Schnauze voll hab ich gesagt ne. Und wenn du / wenn ich jetzt spucke ich nehm nicht wieder das vom Mund. Verstehst du was ich meine ne? Also - guck mal. Da ? hab ich meine Cousin
I: Nä das hab ich nicht verstanden.

S: gesagt ne: |1/2s| Ich gehe Deutschland. Ich arbeite nicht mehr bei dir ne hab ich gesagt. Und - dann bin ich Deutschland gekommen. Und sagt m eh der |1s| wenn ich jetzt dahin gehe ne, vielleicht er willeh nicht mehr. Ich will nicht dahin wieder zurückgehen. Verstehst du? Nein
I: Du willst nicht mehr dahin zurückgehen? Hmhm

I: Ach und so meinst du das mit dem Hm. Hmhm. und jetzt weißt
S: Jajajaja. Das mein ich.

I: du also auch gar nicht was du dann sonst machen sollst wenn du ( ) |1s|
S: Ja

I: Hmhm. Also tut/tut dir das heute n bißchen leid daß du hierhingekommen bist?

S: Hier ist gut - für mich. Aber wie kann ich leben hier wenn mein
I: Hmhm |1 1/2s|

S: [räuspert sich] wenn meine Vater weggeht? Kein Geld. keine.
I: Hmhm hmhm Und

I: warum hast du denn mit deinem Vater Krach gekriegt? |1s| Warum hast du mit
S: Wie?

I: deinem Vater Ärger gekriegt? |1 1/2s| Warum der nu nu/Warum hat der geschimpft?

S: ↗Weil ich keine Arbeit↘ habe. Und |1 1/2| da und das kann ich nicht erzählen.

I: Warum kannste das nicht erzählen? |2s| Okay. Hmhm. Und |1 1/2s|
S: Laß mal das.

I: und aufgrund dieser Geschichten - sagt der jetzt: Gut also jetzt gehen wir zurück oder? Hmhm Hmhm. Was gefällt dir denn am
S: Ja Für mich und für meine Bruder.

I: besten hier? Alles. Ja aber gibt doch bestimmt n paar Sachen die man
S: Alles. |1s| a

I: besser findet, n paar die man weniger besser - weniger gut findet.
S: Ja für mich

S: besser hier. Alles besser für mich.
I: ↗Ja↘ Hmhm. Aber |1s| gut also ich meine - wenn

I: du/wenn du in die Stadt kommst, also ne, gehst du gerne in die Stadt oder?
S: Ja

S: Geh ich gerne Stadt. Stadt gefällt
I: Und wo gefällts dir am besten in der Stadt? |2s|

S: mir. Weiß ich nicht.
I: Was gefällt dir da? Versuch mal. Versuch mal zu erzählen.

S: [räuspert sich] Ehrlich weiß ich (nicht)/(nur) was gefällt mir. |2s| [lacht] |5s| Alles. Weiß ich nicht was. |1/2s| Aber z machen wir Spaß, und |2s| die ärgern nicht
I: Ja was Hmhm

S: verstehst du wenn ich Spaß mache, wenn die Spaß machen ich ärger auch nicht. Aber das ist gut Spaß verstehst du. Aber wenn ich Türkei gehe, - wenn
I: Hmhm

S: ich jetzt komm ich Deutschland, ? zum Beispiel ich gehe von Deutschland ↗Türkei↘, zum Beispiel leb ich/jetzt ha ich Geld ne, haben wir bißchen. Jetzt leben wir ein Monat oder zwei Monat, |1s| dann eh die Leute kommen, Ge/wenn Geld fertig ist, |1 1/2s| guck mal Sachen und so weiter verstehst du. Und ich will ger/darum bleib ich/wollt ich hierbleiben. |1 1/2s| |1s| Weil die haben von Deutschland gekommen,
I: Hmhm

Ş: keine Haus und zum Beispiel keine Dings, ne. Und - darum wollt ich hier - bleiben. Ich will nicht.

Der Einstieg in das Interview findet nach der Unterhaltung über das Aufnahmegerät, einen "Walk-Man", statt. Das Ende davon ist noch zu Anfang der Aufnahme zu hören. Eine solche Unterhaltung fangen viele der Jugendlichen an, da sie häufig selbst einen "Walk-Man" besitzen, besessen haben oder gerne besitzen würden und es sich bei meiner Ausführung um ein technisch aufwendigeres Gerät handelt, was regelmäßig die Frage nach dem Preis aufbringt.

Die offizielle Intervieweröffnung findet statt in der Äußerung: "Ja gut. Eh |1 1/2s| sollen wir d/sollen wir das mal so machen? Erzähl doch mal n bißchen. Also so über die Zeit wo du hier warst."

Es handelt sich um eine Überleitung von der belanglosen Unterhaltung über "Walk-Men" zum verabredeten Gespräch. "Ja gut" ist Abschlußformel und Gliederungsform zugleich. Dem "eh" und der Pause von |1 1/2s| folgt die Frage "sollen wir d/sollen wir das mal so machen?". Das "so" bezieht sich auf die Verabredung in der Stadt, daß Şemi erzählen soll, was er "in Deutschland" gemacht bzw. erlebt hat. Die Frage zielt auf die erneute Ratifizierung des Vorhabens durch Şemi. Dieser sitzt am Tisch bei eingeschaltetem Aufnahmegerät, erwartet, was da kommen soll und demonstriert so seine Bereitschaft. Bezogen darauf handelt es sich auch um keine wirkliche Frage, sondern sie ist eine weitere Formel zur Eröffnung des Interviews, auf die ich auch gar keine Antwort erwarte. Ich fahre ohne Pause fort mit der Aufforderung "Erzähl doch mal . . ". Die Korrektur "Sollen wir d/sollen wir" zeigt als Unsicherheit dabei die Brisanz des Beginns an.

Im Hinblick darauf, daß es sich um die Eröffnung des Interviews handelt, erweist sich die Einstiegsaufforderung "Erzähl doch mal n bißchen. Also so über die Zeit wo du hier warst.">als ausgesprochen ungeschickt<da sie viel zu unspezifisch ist. Zwar wiederholt sie die Verabredung in der Stadt, aber sie enthält keinerlei Hinweis darauf, wie und wo zu beginnen wäre, was interessiert und was nicht. Die angehängte Spezifizierung ist keine wirkliche, da sie nur das von mir ebenfalls in der Stadt bereits bekundete Interesse an "der Zeit hier" wiederholt. Formal handelt es sich also zwar um eine Eingrenzung dessen, worüber erzählt werden soll, aber auch so ist nicht zu ersehen, wie und wo anzufangen wäre. Darüber hinaus sind folgende Aspekte der Äußerung festzuhalten. Die Präteritumsform "warst" ist nicht unproblematisch, da Şemi noch da ist. Seine Mitteilung, daß er und seine Familie in die Türkei zurückkehren werden, wird hier aufgenommen, als seien sie schon weg. Şemi wird aufgefordert, Bilanz einer abgeschlossenen Zeit zu ziehen. Ebenfalls ist die unspezifische lokale Referenz zu beachten: "wo

du hier warst". Was heißt "hier"? Bezogen auf Şemis Mitteilung der bevorstehenden Abreise in die Türkei meint "hier" so etwas wie "Osnabrück", "Deutschland" o.ä. Zu verfolgen ist aber, was Şemi und ich im folgenden jeweils unter "hier" verstehen.

Die Unspezifik der Eröffnung des Interviews findet ihre Entsprechung in der Reaktion Şemis darauf. Er lacht verlegen. Dies mag auch seinen Grund in der Brisanz des Beginns haben, v.a. aber dürfte diese Verlegenheit daraus resultieren, daß schon gleich der ersten Aufforderung nur schwierig nachzukommen ist, also die Eröffnung problematisch ist. Das Lachen Şemis veranlaßt mich zur Reparatur: "Also was hat dir/ich mein was hat dir gefallen und was hat dir nich gefallen?" Formal schließt die Äußerung vor der Korrektur wie die an die Aufforderung angehängte Eingrenzung mittels der Gliederungspartikel "also" an. Aber der Frageansatz "was hat dir" wird abgebrochen und der Versuch der Klärung wird expliziert: "ich mein". D.h. der Grund für die Nichtbefolgung der Aufforderung wird von mir identifiziert in der mangelnden Klarheit dessen, worauf die Aufforderung zielt. Problematisch ist aber die Art der erfolgenden Klärung. Geklärt wird nicht, was Şemi erzählen soll oder wo er beginnen soll, sondern er soll alles das erzählen, was sich unter "gefallen" und "nicht gefallen" sortieren läßt. Ein spezifischer Einstieg wird auch so nicht ermöglicht.

Darüber hinaus ist noch einiges zu dem Charakter der Frage zu bemerken. Mit der Formulierung "die Zeit wo du hier warst" unterstelle ich zunächst die Abgeschlossenheit der Zeit "hier" und Şemi ist so aufgefordert, Bilanz zu ziehen. In diese Linie fügt sich auch die Klärung, denn gefragt wird nach dem, was gefallen hat, nicht danach, was gefällt. Nun kann man sich fragen, wer sich nach einer Zeit in einem anderen Land und bei der Abreise solche Fragen stellt und auch stellen kann. Nach einem längeren Auslandsaufenthalt frage ich mich vielleicht, was mir gefallen hat. In den verwickelten Umständen, unter denen aber türkische Arbeitsmigranten ihre Rückkehr in die Türkei betreiben und durchführen, ist nicht die abstakte Frage des Gefallens von Bedeutung, sondern zentral sind Konstellationen innerhalb der Familie, die Lebens- und Arbeitssituation, die Erfahrung des Umgangs der autochthonen Bevölkerung, "der Deutschen" mit einem selbst und anderen Migrantenfamilien, Verwandtschaftsverhältnisse, ökonomische Zwänge und Möglichkeiten in der BRD und der Türkei etc. Die Frage unterstellt also Mobilität nach freier Wahl und projiziert damit der Tendenz nach Möglichkeiten des Fragenden auf die Situation des Befragten.

Zusammengefaßt ergibt sich für den Beginn des Interviews, daß für den Befragten wenig durchsichtig ist, was der Interviewer von ihm will. Dieser eröffnet keine konkrete Einstiegsmöglichkeit, operiert aber mit Unterstellungen im Hinblick auf die Abgeschlossenheit der Zeit "hier" und projiziert tendenziell in der Form seiner Frage sein eigenes, eher touristisches Verhältnis zum Aufenthalt in einem anderen Land und zur Rückkehr auf den Befragten.

"Bei mir hier ist alles - gut." Mit dieser kurzen Antwort nimmt Şemi bereits wesentliche Verschiebungen in der Perspektive vor. Bei Şemi *ist* alles gut, d.h. für ihn ist "die Zeit" "hier" noch nicht vorbei. Er korrigiert damit die Unterstellung der Abgeschlossenheit in der Aufforderung und Frage von mir. Wenn aber "alles gut" ist, dann stellt dies zugleich klar, daß die Frage der Rückkehr nicht davon bestimmt ist, ob es Şemi gefällt, sondern offensichtlich sind dafür andere Gründe bestimmend. Gleichzeitig läßt sich, wenn "alles gut" ist, der Aufforderung zu erzählen, was gefallen und was nicht gefallen hat, nicht nachkommen, Gefallen ist keine strukturierende Kategorie der "Zeit hier". Schließlich könnte es sein, daß in dem "bei mir" Şemi zugleich einen Wink gibt. "Bei mir" kann m.E. hier sowohl "bei mir" als auch "für mich" heißen. Dies aufgrund dessen, daß Şemi Schwierigkeiten mit den Präpositionen hat, was in der Transkription zuvor an einer Stelle bereits deutlich wird, wo er über die Knöpfe *an* seinem Gerät spricht, die Präposition aber wegläßt.[1] Aber unabhängig davon, ob man beide Bedeutungsmöglichkeiten annimmt oder nicht, kann man fragen, "bei wem" (oder "für wen") "hier" nicht "alles gut" ist, so daß er sich zur Rückkehr in die Türkei entschließt. Und weiter könnte man fragen, von wem Şemi derart abhängig ist, daß dessen Entschlüsse für ihn bedeutsam sind und nicht die Frage, ob es "hier" für ihn gut ist.

Die Antwort Şemis löst eine Nachfrage meinerseits aus: "Hier?" Sie scheint also für mich überraschend zu sein. Şemi beantwortet diese Nachfrage eindeutig mit "Ja", er hört sie also nicht als Zweifel, als Aufforderung zur Explizierung, sondern fährt fort: "Aber - keine Arbeit weißt du. [lacht] Und muß ich jetzt Türkei." Das adversative "aber" stellt die Äußerung "keine Arbeit weißt du" dem "bei mir hier ist alles gut" gegenüber. Die Frage, ob es hier gut ist, hängt also nicht davon ab, ob er Arbeit hat oder nicht. Umgekehrt aber wird damit ein Grund für die Rückkehr in die Türkei eingeführt. Şemi lacht im Anschluß an die Mitteilung, daß er keine Arbeit hat, verlegen, dies ist ihm nicht angenehm. "Und muß ich jetzt Türkei." legt die Folge dieses Zustandes der Arbeitslosigkeit dar. Zwar schließt Şemi die Äußerung mit einer koordi-

1 In der Zweitspracherwerbsforschung sind Präpositionalkonstruktionen als zentraler Bereich bestimmt worden, mit dem Lerner Schwierigkeiten haben (vgl.Keim 1984, Rückert 1985 sowie Kap. 1.2). Die spezifische Präpositionalform, die Şemi hier und an anderen Stellen wählt, und die Probleme, die dabei auftauchen, lassen sich z.T. bei einem Vergleich mit dem Türkischen weiter aufklären. Im Türkischen stehen häufig einfache Kasus, wo im Deutschen Präpositionalkonstruktionen erforderlich sind, im übrigen finden sich dort statt Präpositionen Postpositionen. (dazu Meyer-Ingwersen, Neumann, Kummer 1981, S.177ff.)

nierenden Konjunktion an und formal wäre zur Vereindeutigung des Folgeverhältnisses etwa eine koordinierende Adverbialbestimmung wie "deshalb" oder eine subordinierende Konjunktion wie "so daß" erforderlich. Der Zusammenhang wird aber hier durch Aneinanderreihung von Şemi zum Ausdruck gebracht.[2]

An diese Äußerungen schließt Şemi nun eine "biographische Wiedergabe" (Rehbein 1982) an, die sich von "bin ich neunzehnhundert . . . " bis ". . . jetzt bin ich - wieder arbeitslos. Zwei Jahre bin ich arbeitslos." erstreckt. Hat Şemi in den Äußerungen zuvor die impliziten Unterstellungen meiner Aufforderung bzw. Frage korrigiert, so nimmt er nun seine Feststellung "keine Arbeit" als Fokus, mittels dessen er seine Biographie in der "Zeit hier" strukturiert. Er zählt seine verschiedenen Bemühungen um Arbeit auf, die aber alle mit dem gleichen Ergebnis, der Arbeitslosigkeit enden. Şemi gibt sich also in Korrektur meiner Vorgaben und angesichts der Undurchsichtigkeit dessen, was ich von ihm will, selbst das Gliederungsprinzip vor, anhand dessen er "über die Zeit hier" reden kann.

Für die biographische Wiedergabe sind folgende Punkte kennzeichnend: Şemi strukturiert seinen Werdegang vom Resultat, der Jetzt-Zeit her. Von "Keine Arbeit weißt du" ausgehend endet er mit "zwei Jahre bin ich arbeitslos". Diese Arbeitslosigkeit besteht trotz seiner Bemühungen, Arbeit zu bekommen. Er schildert drei Versuche, qua Schulbesuch Zugang zu einer Arbeitsstelle zu bekommen, diese scheitern aber alle. Es ist darauf zu verweisen, daß das häufige "fertig gemacht" zu verstehen ist als "bis zum Ende besucht", d.h. Şemi hat den Volkshochschulkurs, MBSE, BGJ und den Metalltechnikkurs bis zum Ende der jeweiligen Bildungsmaßnahme besucht. "fertig gemacht" ist nicht zu verstehen als Erlangen eines über diese Maßnahmen vergebenen Bildungszertifikates. Die Begründung dafür werde ich weiter unten darlegen, sie ist nicht darin zu suchen, daß Şemi, wie ich weiß, tatsächlich keines dieser Zertifikate abgesehen von einer Bescheinigung des Besuchs von MBSE erlangt hat. Er könnte immerhin versuchen, dies mir gegenüber zu behaupten.

Über die schulischen Maßnahmen erfährt man folgendes: Şemi hat sie unter der Prämisse besucht, daß er im Anschluß daran eine Arbeit erhalten würde. Für die erste solche Maßnahme macht er dies explizit: "die haben gesagt Wenn du hier fertig machst, dann geben wir Arbeit ne. Und da is auch fertig und keine Arbeit." Für "BGJ" und "Metalltechnik" folgt dann nur noch die parallele Gegenüberstellung "auch fertig, auch keine Arbeit" bzw. "fertig . . . wieder arbeitlos". Festzuhalten ist,

2 Andere Autoren wie Rückert 1985 u. Meyer-Ingwersen, Neumann, Kummer 1981 weisen darauf hin, daß Schwierigkeiten mit subordinierenden Konjunktionen durch die häufige Produktion von koordinierenden Konjunktionen wie "und", "und dann" und "aber" umgangen werden.

daß Şemi nicht weiter identifiziert, wer "die" sind, die sagen "geben wir Arbeit". Das können Lehrer, Arbeitsamtsberater, Beamte der Ausländerbehörde sein, wer auch immer. Wesentlich ist nur, daß Şemi mit dem Versprechen von "denen" im Rücken Schulen besucht.

Die drei Maßnahmen MBSE, BGJ Bautechnik und der Kurs Metalltechnik unterscheiden sich von dem Kurs in der Volkshochschule dadurch, daß Şemi hier angibt, was er gelernt hat: "bißchen hab ich Deutsch gelernt". Für die drei Maßnahmen gibt Şemi nur das Ergebnis, die Arbeitslosigkeit an. Die Ausdrücke Bautechnik und Metalltechnik stehen nur als Namen für die besuchten Maßnahmen. Der Volkshochschulkurs ist von Şemi freiwillig besucht worden in dem Sinne, daß er keine formale Bedingung für den Zugang zum Arbeitsmarkt darstellt wie MBSE, mit deren Besuch die Erlangung einer Arbeitserlaubnis möglich wird.

Şemis biographische Wiedergabe rekonstruiert also seinen Werdegang vom Ergebnis her, der Arbeitsosigkeit. Er selbst hat mehr als das Erforderliche unternommen, indem er aktiv eine Voraussetzung mit dem Erwerb der deutschen Sprache geschaffen und im übrigen alle Maßnahmen besucht hat, an die "die" das Erlangen eines Arbeitsplatzes knüpfen. Şemi faßt in seiner Rede den Besuch dieser Maßnahmen als fremdbestimmt, als notwendigen Umweg, den "die" als Bedingung für den Zugang zu einem Arbeitsplatz fordern. Die Maßnahmen selbst sind nur als Stationen gefaßt, die darüber hinaus nicht weiter charakterisiert werden etwa im Hinblick darauf, was Şemi dort gelernt haben könnte. "Die" aber halten ihr Versprechen nicht ein, daß sie, wenn Şemi "fertig macht", "Arbeit geben".

Die bisherige Analyse dieser Wiedergabe klammert die Passage aus, in der Şemi auf den "Mist" zu sprechen kommt, den sie "gemacht" haben. D.h. nach den Einstiegsäußerungen von mir und Şemi bin ich von dem eingeschlagenen sequentiellen Vorgehen abgewichen, da die diskutierte Passage sich als eine realisierte "Großform des Sprechens" (Rehbein), als biographische Wiedergabe identifizieren läßt. Auf der anderen Seite aber ist klar, daß sich diese Großform nur realisiert in der Folge der Äußerungen von Şemi und mir. Und eine zentrale Stelle in der Realisierung dieser Form des Sprechens ist die Äußerung "Da haben wir aber - wirklich bißchen Mist gemacht weißt du". Diese Äußerung ist bereits von der Intonation her deutlich eine Unterbrechung der Aufzählung. Vor dem "Hmhm" von mir endet Şemis Äußerung "auch keine Arbeit" mit leicht ansteigender Stimme, indizierend, daß noch etwas folgt, was in der Transkription mit dem Komma notiert ist. Şemi bricht diese Aufzählung ab und beginnt mit tieferer Stimmlage als zuvor "Da haben wir . . .".

Die Äußerung erweist sich bei genauerem Hinsehen als schwierig zu verstehende und zwar wegen dem "aber", dem "wirklich" und dem "wir".

Şemi hat zuvor in Ich-Form gesprochen, hier aber wechselt er über zum "wir", ohne anzugeben, um wen es sich handelt, wer also die Gruppe "wir" bildet. Aufgrund dessen, woher und wie Şemi und ich uns kennen, ist hier wohl von der Gruppe der gleichaltrigen Freunde die Rede, wobei dies nicht durchgängige Identität der Personen, die damals dabei waren und heute in der Stadt dazugehören, impliziert. Das "aber" stellt das "Mist machen" in der Natruper Straße, also "da", dem MBSE gegenüber. Für die Natruper Straße im Gegensatz zum MBSE wird hier konzediert, daß sie "da" "aber wirklich Mist gebaut haben", im MBSE aber nicht. Wem gegenüber wird hier in dem "wirklich" was konzediert? Zunächst einmal räumt Şemi mir gegenüber etwas ein, aber da das, was hier strittig ist, nämlich "da Mist machen", zwischen uns noch gar nicht strittig war, auch nicht in vorherigen Gesprächen, da Şemi und ich uns darüber nie unterhalten haben, stellt sich die Frage, welches Verhältnis zwischen Şemi und mir so entsteht? Wieso erwartet Şemi, daß mir gegenüber etwas zu konzedieren ist für einen allerdings eingegrenzten Bereich? Wieso wehrt er mir gegenüber in der Begrenzung zugleich etwas ab? Indem er etwas konzediert und andeutet, daß dies zugleich strittig sein könnte, stellt sich die Frage danach, wieso Şemi mir gegenüber als Interviewer ein solches strittiges Terrain eröffnet.

Ich reagiere auf Şemis Äußerung mit zwei Fragen: "Wieso? Was habt ihr gemacht?" Die erste Frage ist in ihrem Bezug doppeldeutig. Sie kann auf eine Begründung sowohl für das "Mist machen" als auch für Şemis Meinung, warum er meint, daß sie da "Mist gemacht" haben, zielen. Die zweite Frage richtet sich auf das, was als "Mist machen" bewertet wird. In meiner Reaktion unterstelle ich, daß die Gruppe der Gleichaltrigen gemeint ist, da ich nach keiner Aufklärung des "wir" verlange, eine andere Gruppe, der Şemi zugehört, mir aber nicht bekannt ist.

Es folgt eine Pause von |2s| und ein Lachen, das aber nicht eindeutig verlegen ist, wie das Lachen zu Anfang, sondern es könnte auch ein Lachen aus Spaß über das, was da gemacht worden ist, sein.

Ş: [lacht] Ja und - schwänzen, |1 1/2s| weil ich Mathe kann ich nicht weißt du. Bißchen von Mathe, |2s| bißchen Lehrer |1s| angemacht und dabei - haben wir was (fertig) gemacht, daum vielleicht.

Şemi gibt zwei Beispiele für das, was sie gemacht haben und was er zuvor als "Mist" bezeichnet hat. Er leitet diese mit den Gliederungsformen "Ja und" im Sinne von "Ja also" ein. Dabei unterscheiden sich die beiden Beispiele zunächst dadurch, daß er einmal für sich und einmal für die Gruppe spricht. Da, wo er für sich spricht, begründet er das, was er gemacht hat. Er hat geschwänzt, weil er Mathematik nicht kann. Schwänzen kann also durchaus eine Gruppenpraxis sein, Şemi führt aber für seine Teilnahme daran einen individuellen Grund an und löst damit die Gruppenpraxis auf. Der Wechsel vom "wir" zum "ich" und die sprachliche Form der Begründung zeigen an, daß es sich um eine

Legitimationsanstrengung handelt, in der Şemi einräumt, daß er selbst verantwortlich ist für sein Handeln. Die Erklärung des Schwänzens, das ein Beispiel für "Mist" darstellt, ist aber selbst nicht unproblematisch. Eine mögliche Reaktion auf eine solche Erklärung besteht in dem typischen Lehrer- und Pädagogeneinwand, daß das Nicht-Können von Mathematik eher einen Grund darstellt, am Unterricht teilzunehmen. Andererseits aber sind Reaktionen der Art, daß man bei dauerndem Scheitern einer Sache fernbleibt, nichts Ungewöhliches. Aber solche wiederkehrenden Mißerfolgserfahrungen werden von Şemi nicht angeführt. Nun könnte man sagen, daß Şemi dies aber sagen "wollte" und etwa allein mit einem zusätzlichen "sowieso" gesagt hätte. Bevor man aber solche Annahmen über mangelndes Sprachvermögen macht, gilt es zu überlegen, mit wem ein Jugendlicher wie Şemi in Auseinandersetzungen über die Frage des Umgangs mit der Schule und dem Schulbesuch geraten könnte und ob bezogen auf solche Auseinandersetzungskontexte es sich bei der Äußerung um eine akzeptable Erklärungsform handelt, die keine Annahmen darüber erfordert, was er sagen "wollte".

Für solche Auseinandersetzungen kommen Lehrer, Eltern sowie Jugend- und Sozialarbeiter, Polizei, Gerichte u.ä. in Frage. Diese Bezugspunkte legen auch den Wechsel vom "wir" zum "ich" nahe ebenso wie die Anstrengung, für die Teilnahme an einer Gruppenpraxis einen individuellen Grund anzuführen. Aber für solche staatlichen Instanzen dürfte die Erklärung Şemis nicht akzeptabel sein, da über die Lehrer und Sozialarbeiter hinaus auch die anderen Instanzen in solchen Fragen ihren Zugriff auf die Jugendlichen ins Verhältnis zu pädagogischen Anforderungen setzen. Ein Richter wird etwa in der Beurteilung eines Jugendlichen unregelmäßigen Schulbesuch nicht zu dessen Gunsten auslegen und eine Erklärung wie die von Şemi hier geäußerte kaum akzeptieren.

Akzeptabel aber könnte die Erklärung Şemis für seine Eltern sein. Unter türkischen Migranteneltern war es nach meiner Erfahrung nicht unüblich, über ihre Kinder zu urteilen im Hinblick auf die Frage, ob "der Kopf gut arbeitet" oder nicht. Arbeitet der Kopf gut, sind sie hoffnungsvoll bezüglich der schulischen Karriere, arbeitet der Kopf aber nicht gut, so wird man nicht viel daran ändern können. Oft machen diese Eltern deshalb auch den Kindern keine Vorwürfe, wenn sie etwas nicht können. Sie dringen nicht in sie und suchen nicht, durch endlose Übung dem Mißstand abzuhelfen.[3] Vor diesem Hintergrund könnte die

3 Schulische Mißerfolge haben in der Türkei nach meiner Erfahrung bei weitem nicht die Bedeutung für die soziale Stellung einer Familie, wie sie dies in der BRD haben. Aber auch hier ist davor zu warnen, diese Haltung zum Lernen der Kinder (und zum Lernen insgesamt) als bloßen kulturellen Reflex zu betrachten. Es handelt sich auch um eine Möglichkeit, Mißerfolgserfahrungen für die Beteiligten erträglich zu verarbeiten, was auf der anderen Seite nicht ausschließt, ernsthafte Angebote der schulischen Förderung der Kinder sehr

Erklärung Şemis für das Schwänzen durchaus akzeptabel sein, denn im Gegensatz zu dem, was von Seiten der anderen Instanzen gefordert wäre, müßte er hier nicht die wiederkehrende Anstrengung, Mathematik doch zu lernen, vorführen, um sein Aufgeben als ultima ratio einsichtig zu machen. Sein Fernbleiben vom Unterricht mag zwar nach wie vor kritisierbar sein, aber es ist doch verständlich, denn warum soll er sich etwas aussetzen, was er ohnehin nicht versteht.

Damit stellt sich aber das Problem, wieso Şemi eine solche Erklärung mir gegenüber äußert, denn hier hätte sie als problematische, in gewisser Weise fehlplazierte Legitimationsform zu gelten, nimmt man wie in den bisherigen Interviewanalysen an, daß ich jemand bin, der den staatlichen Apparaten, die für die Jugendlichen zuständig sind, und ihren Begründungsformen nahe steht. Aber wer ich in meinem Verhalten für Şemi bin, ist in dieser Analyse zu klären, und dann ist auf dieses Problem der möglicherweise fehlplazierten Legitimationsform zurückzukommen.

Das zweite Beispiel für "Mist machen" hat mit dem ersten gemeinsam, daß Şemi beide minimiert: "bißchen von Mathe" - "bißchen Lehrer angemacht". Es ist eben ein "bißchen Mist". Aber wie gesagt redet Şemi im zweiten Beispiel über die Gruppenpraxis auch also solche, indem er zum "wir" zurückkehrt. Wichtig ist der Wechsel in der Lautstärke nach der Pause. Bis zu "Lehrer" spricht Şemi in der gleichen Lautstärke wie zuvor, nach der Pause aber spricht er leise bis zu "(fertig) gemacht" und kehrt mit "darum vielleicht" zur alten Lautstärke zurück. Das "angemacht" nach der Pause nach "Lehrer" wird leicht lachend gesprochen. Das erste Beispiel und die Erklärung werden deutlich artikuliert vorgetragen, das zweite Beispiel aber wird leise, undeutlich gesprochen. Zum ersten Beispiel trägt Şemi eine Erklärung vor, die sein Verhalten legitimieren soll. Im zweiten Beispiel aber wird der "Mist" keineswegs eindeutig mehr als solcher vorgetragen. Der Lehrer wurde "angemacht", das "angemacht" wird erst nach einer Pause, leise und lachend gesagt. Es ist von "Lehrer anmachen", nicht etwa von "ärgern" o.ä. die Rede, so daß die sprachliche Fassung der Praxis nicht einer Legitimationsanstrengung entspringt, sondern eher die aktive Perspektive der Beteiligten zum Ausdruck bringt. Die Jugendlichen reden auch untereinander von "anmachen", wenn sie etwa von erfolgreichen Provokationen mit anschlies-

bereitwillig aufzugreifen, wie Erfahrungen mit entsprechenden Angeboten zeigen. Dies verweist darauf, daß solche Reaktionsformen auch einen Schutz vor dem häufigen Vorwurf der Inkompetenz der Eltern (und Kinder) von Seiten der Lehrer und Pädagogen darstellen, die mittels ethnisierender Diskriminierung eigene Mißerfolge weiterreichen, aber auch alltägliche Organisationsprobleme lösen (dazu Radtke u.a.1992). Zu überlegen wäre, inwieweit ein solcher Hintergrund es den Migranten ermöglicht hat, die pädagogische Selbstentlastung gegenüber den Eltern und Kindern, die als Hauptproblem ihre kulturelle Ausstattung faßt, relativ gleichmütig hinzunehmen. Darauf ist hier aber nicht weiter einzugehen.

send bestandener Schlägerei berichten. Zudem ist "anmachen" ein Ausdruck, der Eingang in das Türkisch einiger Jugendlicher gefunden hat. In dem Lachen setzt sich Şemi zu der so gefaßten Perspektive zugleich in ein positives Verhältnis, so daß das Verhältnis zu dieser Praxis als "Mist", für das sie ja ein Beispiel sein soll, in der Form des Beispiels gleichzeitig dementiert wird. Das "angemacht" wird aber zusammen mit "und dabei - haben wir was (fertig) gemacht" leise, zurückgenommen gesprochen. Das "fertig" ist kaum zu verstehen und daher nicht gesichert. Şemi führt also ein Beispiel für "Mist machen" an, für das er keine Legitimationsanstrengung unternimmt, das er sich nicht als einzelnem zurechnet wie das Schwänzen, das er implizit im Lachen anders aneignet als mit der Bewertung "Mist", das er aber zugleich nur sehr zurückgenommen und schwer verstehbar äußert.

Er beschließt die beiden Beispiele in alter Lautstärke mit "darum vielleicht". Dieser Teil der Äußerung hat keinen unmittelbar einsichtigen Bezug. Zunächst läßt er sich zurückbeziehen auf meine Frage "Wieso?", die wie dargelegt auf eine Begründung sowohl für das "Mist machen" als auch für Şemis Meinung, daß sie da "Mist gemacht" haben, zielen kann. Şemi hat aber nur im ersten Teil seiner Äußerung eine Begründung für das Schwänzen gegeben, die zudem so bestimmt geäußert wird, daß es nicht plausibel wäre, "darum vielleicht" als Relativierung dieser Erklärung erst nach dem zweiten Beispiel zu interpretieren. Für das zweite Beispiel bliebe er außerdem die Erklärung des Verhaltens schuldig. Bezieht man das "darum vielleicht" aber auf die Frage nach der Begründung für die Meinung Şemis, daß sie damals Mist gebaut haben, dann würde dies heißen, daß er wegen dem "Schwänzen" und "Anmachen" meint, daß sie "darum vielleicht" "da Mist gemacht" haben. Setzt man dies in Relation dazu, daß Şemi zunächst konzediert, daß sie Mist gemacht haben, dann distanziert sich Şemi hier wieder ein Stück weit von dem, was er zuvor zugestanden hat, nachdem er in dem zweiten Beispiel bereits eine andere Wertung als "Mist" implizit artikuliert hat.

Wo aber war die Äußerung "Da haben wir aber - wirklich bißchen Mist gemacht weißt du." gefallen? Ich habe ausgeführt, daß Şemi das "Mist machen" in dem "da" eingrenzt auf die Natruper Straße. Zentrales Thema der biographischen Wiedergabe bis dahin war das Aufzählen der Bildungsstationen in der BRD und der Gegensatz "fertig machen" - "keine Arbeit", obwohl gesagt worden ist, daß Arbeit gegeben wird, wenn man "fertig macht". Äußert Şemi so implizit eine Erklärung seiner Situation der Arbeitslosigkeit, nämlich Betrug bzw. das Nicht-Einhalten von Versprechen, dann gewinnt die Eingrenzung "da" zusammen mit dem "aber" einen speziellen Sinn: "Da", also nachdem das Versprechen von Arbeit nicht eingehalten worden ist, haben sie "Mist gemacht". In dem "aber" wird dies gegen den MBSE-Kurs abgegrenzt. Das "Mist machen" folgt also dem Nicht-Einhalten von Versprechen. Dann stellt sich aber auch die Frage, ob beim Besuch von Maßnahmen, deren Sinn stets an angeblich eröffnete Zugänge zum Arbeitsmarkt gebunden wird, was aber tatsächlich nicht geleistet wird, "Mist machen" überhaupt "Mist machen" ist, denn "Schwänzen" und "Lehrer anmachen" ist in diesem Fall eine durchaus sinnvolle Praxis, in der die spezifischen Bedingungen, unter denen in den diversen Maßnahmen der gesperrte Zugang zum Arbeitsmarkt reguliert wird, gelebt werden in einer Form, die, wie das Lachen Şemis andeutet, auch Spaß macht. Umgekehrt heißt dies, daß bei der Frage "Mist machen" implizit zur Debatte steht, wer an der Lage der Arbeitslosigkeit schuld ist: Şemi selbst, weil er "Mist gemacht" hat, oder "die", die sagen, daß man durch den Besuch von Maßnahmen und Kursen eine Arbeit bekommen könnte.

Das "darum vielleicht" ist also eine Relativierung, die es Şemi im Anschluß daran erlaubt, seine biographische Wiedergabe zu Ende zu bringen in der Form, die ich oben bereits dargelegt habe. Hier sollte dann deutlich sein, warum "fertig gemacht" nicht das Erlangen von Bildungszertifikaten meint. Hätte Şemi diese erlangt, wäre kaum brisantes Thema, ob "Mist machen" in der Schule für den versperrten Zugang zum Arbeitsmarkt verantwortlich ist.

Faßt man die bisherige Analyse zusammen, dann handelt es sich bei den Ausführungen Şemis um eine biographische Wiedergabe, in der Şemi vom Ergebnis der Arbeitslosigkeit her seinen Werdegang als Durchlaufen verschiedener Bildungsmaßnahmen darstellt, die alle mit dem Versprechen versehen waren, daß an sie der Zugang zu einer Arbeitsstelle geknüpft wäre, was sich aber als leeres Versprechen erwiesen hat. In diese Wiedergabe flechtet er ein, daß diese Einschätzung nicht unumstritten ist, daß sie, also die Gruppe, der er sich zurechnet, wohl auch "Mist gemacht" haben, daß aber erstens die Praxis, die als "Mist" gelten soll, erst nach dem Nicht-Einhalten des Versprechens ihren Anfang nimmt und zweitens es keineswegs eindeutig ist, ob es sich tatsächlich um "Mist" handelt, wenn doch auch die Maßnahmen etwas anderes sind, als sie vorgeben zu sein. Mindestens bringt Şemi implizit im Lachen ein anderes Verhältnis dazu zum Ausdruck.

An einer solchen Zusammenfassung fällt sofort auf, daß das, was hier ausgeführt ist, von Şemi so nicht gesagt wird, sondern zusammengefaßt wird hier eine Lesweise des von Şemi Gesagten. Entsprechend ist hier noch einmal auf die Form einzugehen, in der Şemi sich äußert. Ist die dargelegte Lesweise plausibel, dann ist festzuhalten, daß in der biographischen Wiedergabe das Durchlaufen der Stationen als abgelaufenes Geschehen dargelegt wird, demgegenüber sich Şemi jedes wertenden Kommentars enthält. Die Maßnahmen werden nur im Hinblick auf das Ziel Arbeit erwähnt. Das distanzierte Verhältnis Şemis ihnen gegenüber kommt darin zum Ausdruck, daß er im Gegensatz zum Deutsch-Kurs in der Volkshochschule kein Wort darüber verliert, wie diese Maßnahmen ausgesehen haben, was er dort gelernt haben könnte. Daß er diese Maßnahmen fremdbestimmt durchläuft, wird deutlich daran, daß "die" gesagt haben, daß er dann Arbeit bekommen würde. Artikuliert Şemi so implizit seine Distanz zu diesem Teil seines Werdegangs, so bringt er gleichwohl das Verhältnis anderer zu seiner Praxis bzw. zu der Praxis der Gleichaltrigengruppe in der Schule, deren Wertung im Gegensatz zur eigenen explizit zur Sprache. Er konzediert eingeschränkt die Wertung "Mist", um sich implizit zugleich davon zu distanzieren. Er legt also seinen Werdegang so dar, daß aufgrund der objektiven Gegebenheiten jedesmal Arbeitslosigkeit das Ergebnis seiner Anstrengungen ist. Wer "die" sind, wird nicht gesagt. Er konstatiert nur, daß "die" etwas sagen und sich nicht daran halten. nimmt aber nicht Stellung dazu. Er konzediert, daß er "Mist gemacht" hat, diskutiert dies nicht explizit, sondern artikuliert nur implizit seine Distanz dazu. Şemi legt also seinen Werdegang als objektives Geschehen dar, verhält sich zu dem Verhältnis anderer, das er als zutreffend konzediert, implizit, formuliert aber kein explizites eigenes Verhältnis zu seinem Werdegang und dessen Hintergrund. Dies ist als Form der Artikulation der in der entwickelten Lesweise herausgearbeiteten Konflikte festzuhalten.

Von hier aus ist zu der Frage zurückzukehren, welche Bedeutung es hat, daß Şemi in der Interviewsituation eine solche Thematisierung seines Werdegangs vornimmt. Die Analyse des Einstiegs in das Interview hat ergeben, daß er bezogen auf die Unklarheit meiner Vorgaben eine Strukturierung vornimmt, in der er zunächst meine Problemstellung als irrelevant für die Frage der Rückkehr in die Türkei erweist und als bestimmenden Bezugspunkt Arbeitslosigkeit einführt. Von diesem Bezugspunkt her strukturiert er seinen biographischen Werdegang in der BRD. Wenn Şemi in seiner Wiedergabe das Verhältnis "Mist" zu seiner bzw. der Gruppe Praxis in der analysierten Form thematisiert, dann war zu fragen, welches Verhältnis so zwischen uns entsteht. Indem Şemi das Verhältnis "Mist" zu seiner Praxis einführt als ein umstrittenes und sich auf die Nachfrage dafür rechtfertigt und zugleich implizit seine Distanz zu der Bewertung artikuliert, geht er jeweils auch ein unterschiedliches Verhältnis zu mir ein. Konzediert er den "Mist", dann muß er davon ausgehen, daß es mir gegenüber etwas zu konzedieren gibt. Er artikuliert also die Erwartung, daß ich eine bestimmte Praxis in bestimmter Weise einschätzen könnte. Mit der Form der unvermittelten Einführung der Bewertung provoziert er meine Nachfrage "Wieso?", die so auch danach fragt, wieso Şemi glaubt, daß ich eine bestimmte Praxis so einzuschätzen werde, wie er dies mir gegenüber konzediert.

Die beiden Beispiele mit ihren Unterschieden als Antwort auf meine Fragen kann man daher auch verstehen als zwei verschiedene Arten und Weisen, mein Verhältnis zu dem bewertenden Verhältnis zu seiner Praxis herauszufinden. Auf der einen Seite unterstellt Şemi in dem ersten Beispiel für "Mist", daß sein Verhalten mir gegenüber zu rechtfertigen ist, und entsprechend geht er in dieser Erklärung zu mir ein Verhältnis ein wie zu denen, mit denen er in dieser Form vermutlich einen Konflikt über seine Schulpraxis austragen würde. Dies habe ich oben diskutiert. In dem zweiten Beispiel aber redet er ansatzweise offensiv über den "Mist" in Form von "Lehrer angemacht", denn er läßt immerhin sein positives Verhältnis zu dem, was gleichwohl "Mist" sein soll, in dem Lachen durchscheinen und überläßt es mir, ob ich den Spaß nachvollziehen kann oder "Lehrer anmachen" als eindeutiges Beispiel für "Mist machen" verstehe. Ist dies richtig, dann hat das anschließende "darum vielleicht" auch den Sinn, daß ich jemand bin, demgegenüber "darum vielleicht" zu konzedieren ist, daß sie "Mist gemacht" haben.

Daß es an dieser Stelle um das Austesten meines Verhältnisses zu dem, was Şemi als eine fremde Wertung konzediert, geht, wird auch deutlich daran, daß die Passage verkürzt dem entspricht, was Schenkein (1978) als die Struktur eines Puzzles beschreibt und dessen Bedeutung er für die Aushandlung von Identität im Gespräch hervorhebt. Er beschreibt dies als eine Abfolge von vier Schritten: A: Puzzle | B: Pass | A: Solution | B: Comment. Dabei sind der erste Schritt von Şemi als Puzzle - "Da haben wir aber - wirklich bißchen Mist gemacht" - , der zweite von mir als Pass - "Wieso? Was habt ihr gemacht?" - und der dritte von Şemi mit den beiden Beispielen als Solution zu verstehen. Wenn Schenkein schreibt: "The turn at talking following a . . . solution is ripe for demonstrations of affiliation with the . . . categories enlivened by the solution", dann entspricht es dem Gesprächstyp Interview, daß der letzte Zug, der Kommentar wegfällt insofern, als ich als Interviewer zu einem Kommentar nicht verpflichtet bin.

Man kann also festhalten, daß Şemi das Problem der Arbeitslosigkeit als zentral für sein "Hier"-sein dargelegt hat, daß es bezüglich der Hintergründe dafür wie gezeigt zwei unterschiedliche Einschätzungen gibt, deren eine er in einem Puzzle thematisiert, und daß er zugleich herauszufinden sucht, welches Verhältnis ich dazu eingehe, um zu sehen, wer ich als Interviewer bin.

Der Abschluß der biographischen Wiedergabe ist mit der Jetzt-Zeit erreicht: "Zwei Jahre bin ich arbeitslos." Darin wird resümierend noch einmal deutlich, was in Şemis Erfahrung die ganzen Anstrengungen gebracht haben, nämlich nichts. Auf die Nachfrage "Zwei Jahre?" von mir reagiert er mit einer einfachen Bestätigung, er nimmt sie nicht zum Anlaß einer weiteren Kommentierung.

"Und da warst du auch auf keiner Schule mehr?" Diese Frage ist bezogen auf Şemis Ausführungen nicht unproblematisch, fragt sie doch nach mehr von demselben, was sich zuvor als aussichtsloses Unterfangen erwiesen hat. In diesem Sinne geht die Frage nicht auf die dargelegten Konstellationen ein, sondern steht für eine Weise der Interviewführung, in der objektive Stationen abgefragt werden, das Verhältnis des Befragten dazu aber übergangen wird. Das von Şemi auf die Frage hin geflüsterte "Nä" mag sich dadurch erklären, denn so wie er zu Anfang verlegen lacht bei dem Eingeständnis, daß er keine Arbeit hat, so mag sich diese Verlegenheit hier wiederholen, denn die Frage nach der Schule kann auch verstanden werden als Frage danach, ob er etwas vorzuweisen hat, womit er die Zeit ausgefüllt hat. Nachdem Arbeitslosigkeit durch Şemi zum Thema geworden ist und er versucht hat, mein Verhältnis zu den Ursachen dafür herauszufinden, hat mein Fragestil hier nun einige Ähnlichkeit mit dem, was auf Arbeitsämtern passiert. Man muß bezogen auf das Problem des Zugangs zur Arbeit darlegen, wie man seine Zeit verbracht hat. Hat man dafür keine legitimen Füller wie Schule, dann fällt auf den Befragten, zumal wenn er Jugendlicher ist, immer auch der Verdacht der Zeitverschwendung. In dem geflüsterten "Nä" realisiert Şemi also den tendenziell bürokratischen Charakter meiner Frage. Daran schließt auch meine nächste Frage - "Was hast du in der Zeit gemacht?" - an, denn sie zielt genau auf die Zeit, die nicht durch Schule oder Arbeit gefüllt ist.

"|2s| Stadt zu Hause, Stadt zu Hause. Immer Stadt zu Hause." Şemi gibt hier eine ausgesprochen treffende Fassung seiner und der anderen Jugendlichen Praxis, wie ich sie in Kap. 1.5 dargelegt habe. Die Monotonie dieser Praxis des "Nichts-tuns" wird in der Wiederholung der beiden Bezugspunkte "Stadt" und "zu Hause" und dem Abschluß "Immer Stadt zu Hause" als immer gleiche Bewegung deutlich. "Stadt" und "zu Hause" stellen das Feld dar, in dem Şemi das macht, was er macht. Vor dem Hintergrund des bisherigen Gesprächsverlaufs sind diese beiden Bezugspunkte durch die Abwesenheit von Arbeit und Schule bestimmt, wobei die Schule zuvor in einer bestimmten Weise erfahren worden ist.

"Und von (mat)/meinem Vater krieg ich ganz wenig Geld weißt du." Şemi führt zwei Bedingungen seiner Praxis ein, also dessen, was er als Arbeitsloser machen kann. Er bekommt nur wenig Geld und er bekommt dieses Geld von seinem Vater, ist also von diesem abhängig, was zugleich eine Bestimmung des "zu Hause" als auch bedeutsam für das, was man in der "Stadt" machen kann, ist.

Auf die Nachfrage "Von wem?" wiederholt Şemi "Ich kriege von meine Vater ganz viel wenig Geld." Er steigert "ganz wenig Geld" zu "ganz viel wenig Geld". Eine Steigerung ist dies deshalb, weil das türkische "çok" "viel" sowie "sehr" heißen kann und Verwechslungen diesbezüglich bei türkischen Migranten nicht selten sind. Er bildet die Konstruktion "pek çok az" ("ganz sehr/viel wenig") im Deutschen nach, nicht beachtend, daß im Deutschen entweder "ganz" oder "sehr" zu Zwecken der Steigerung wiederholt werden, aber nicht beides hintereinander als modifizierende Bestimmung des Adjektivs stehen kann. Şemi unterstreicht also in der Wiederholung, daß er nur wenig Geld bekommt.

Im Anschluß daran macht er mit einer Quantifizierung deutlich, was "ganz viel wenig" heißt: "Im Monat hundert Mark. Das auch reicht/das reicht mir nicht." Hundert Mark im Monat ist kein geringer Betrag. Für eine Reihe von türkischen Migrantenvätern, so weit ich dies mitbekommen habe, gilt, daß sie ihren Söhnen nicht wenig Taschengeld in Relation zu ihrem Verdienst und der sonstigen materiellen Lage der Familie geben. Auf die Gründe dafür ist später noch einzugehen. Für den Zusammenhang hier ändert dies aber nichts daran, daß das Geld für die Jugendlichen meist zu wenig ist im Hinblick auf ihre Ansprüche, die ich im Kapitel über ihre Lebenszusammenhänge dargelegt habe. Dafür "reicht" es nicht, wie Şemi sagt, darauf bezogen ist es "ganz wenig Geld".

Nach einem Rezeptionssignal stelle ich die Frage "Wie kommt man sonst zu Geld?" Damit mache ich die Voraussetzung, daß Şemi eine andere Möglichkeit hat, sich Geld zu beschaffen. Ich verstehe also Şemis bisherige Charakterisierung seiner Lage während der zwei Jahre Arbeitslosigkeit nicht so, daß er, wenn der Vater ihm nur wenig Geld gab, er auch nur wenig Geld hatte bzw. sich mit dem wenigen Geld abfand, sondern daß er sich nach anderen Kanälen der Geldbeschaffung umgesehen hat. Gestellt wird diese Frage mit Blick auf die Gruppe, in der Şemi sich in der Stadt bewegt. Diese bzw. Teile dieser haben verschiedene Wege, sich Geld zu beschaffen, und unterstellt wird von mir hier, daß Şemi an dieser Praxis teilhat. Als Kontext ist anzuführen, daß Şemi mindestens von dieser Praxis weiß und weiß, daß ich davon weiß.

Aber die Unterstellungen meiner Frage sind offensichtlich nicht unproblematisch. Es folgt eine Pause von |2s| und in der anschließenden Antwort "Von mein Vater wenn der (ms)." bleibt der Vater die Quelle, woher Geld auch über die hundert Mark hinaus zu beziehen ist. Er macht in dem Konditional die Abhängigkeit von dem Vater deutlich. Dieser gibt nur, wenn er "(ms)". Dieser Teil der Äußerung ist nicht interpretierbar, aber klar ist doch, daß es Extra-Geld nur in Abhängigkeit von etwas gibt, was der Vater macht, denkt, sieht o.ä.

"Aber ich - immer nich jeden - Geld geben weißt du. Bißchen - so machen. Sparen bißchen." Diese Äußerung läßt sich in zwei unterschiedliche Richtungen lesen. Man kann sie erstens so verstehen, daß Şemi sagt, daß er selbst nicht jedem Geld gibt und "so macht". Zu diesem "so machen" gehört eine Geste, in der die Faust mit der nach oben gewendeten Vorhand gezeigt wird. Diese Geste steht für die Redewendung "sein Geld (in der Hand) festhalten", die so von türkischen Migranten im Deutschen zu hören ist als entsprechende Form zu der türkischen Wendung "parayı elinde tutmak". Das "Sparen bißchen" ist eine Explizierung der Geste und des "so machen". Versteht man die Äußerung so, dann ist der Bezug des adversativen "aber" zu klären. Bleibt der Vater die einzige Geldbezugsquelle, steht die Äußerung der Frage "Wie kommt man sonst zu Geld?" und den darin gemachten Unterstellungen gegenüber, daß Şemi sich auf anderen Wegen Geld beschafft, da er sich mit seinem Taschengeld nicht zufrieden gibt. Er bekommt zwar nur Geld vom Vater, "aber" er spart eben und gibt "nicht jedem Geld", d.h. er gibt es nicht leichtsinnig aus. Reichen ihm auch die hundert Mark nicht, die er von seinem Vater bekommt, wie er zuvor sagt, so heißt dies nicht, daß er dagegen angeht auf den Wegen, auf die ich vorschnell hinaus will. Şemi grenzt sich also entsprechend dieser Lesweise von der Unterstellung der Geldbeschaffung auf zweifelhaften Wegen ab.

Aber die Äußerung Şemis läßt sich noch auf eine andere Weise verstehen, wenn man das kurze Absetzen nach "Aber ich" als Korrektur deutet. In diesem Fall wäre der Vater das Subjekt der Prädikate "immer nich jeden - Geld geben" und "bißchen - so machen. Sparen bißchen." Aufgrund der infiniten Verbformen läßt sich dies nicht formal entscheiden, wobei der Wechsel zu diesen infiniten Formen ausgelöst sein mag durch Schwierigkeiten mit der Modifikation des Stammvokals des Verbs "geben". Was für eine solche Lesweise sprechen mag, ist Şemis Äußerung "das reicht mir nicht". Wenn ihm das Geld nicht reicht, ist nicht zu erwarten, daß er spart. Andererseits kann "Sparen" als Explikation des "so machen" als "Geld festhalten" aber auch nur heißen, daß Şemi das Geld nicht leichtfertig ausgibt. Der Ausdruck "Geld festhalten" steht aber auch für "Sparen" bei Migranten, die ihr Geld für längerfristige Planungen in der Türkei kalkulieren. Mir scheint es nicht möglich, eine der Möglichkeiten auszuschließen. Entsprechend wäre die Äußerung, wenn man den Vater als Bezugspunkt nimmt, so zu verstehen, daß der Vater zwar der ist, von dem über die hundert Mark hinaus noch Geld zu bekommen wäre, "aber" dieser gibt "immer nich jeden Geld". Geht man davon aus, daß Şemi nicht nur die Selbstverständlichkeit mitteilen will, daß der Vater "nicht jedem" Geld gibt - das hätte keinen Sinn - , dann ist unter "jeder" jeder der Familienmitglieder zu verstehen. Şemi hat zuvor seine Praxis in den Feldern "Stadt" und "zu Hause" angesiedelt und der Vater ist dem "zu Hause" zuzurechnen. Der Vater würde also nicht jederzeit - so ist das "immer nich" dann zu verstehen - in der Familie Geld geben, sondern nur zu bestimmten Zeiten. Die Erklärung dafür ist, daß er spart. Şemi kommt also "sonst zu Geld" über seinen Vater, aber der spart und gibt von daher nicht so häufig außer der Reihe Geld. Ich lasse beide Lesweisen so nebeneinander stehen, sie widersprechen sich bis hierhin nicht und schließen sich von daher wechselseitig nicht aus.

Nach einer Pause von |2s| reagiere ich mit einem Verstehenssignal "Hmhm". Insofern, als solche Verstehenssignale, wenn sie für sich stehen, auch die Bedeutung haben, daß damit dem Adressaten gegenüber angezeigt wird, daß er noch am Zug ist, daß also noch mehr erwartet wird (vgl. Schegloff 1978), ist dieses "Hmhm" nicht unproblematisch, da es erst nach einer Pause von |2s| von mir geäußert wird, einer Pause nach einer vollständigen Antwort von Şemi, die also verstanden werden kann als Übergabe des Rederechts an mich. Mit dem Verstehenssignal lehne ich also diese Übergabe ab und signalisiere, daß noch mehr zu dem in Frage stehenden zu sagen ist.

Im Anschluß daran fährt Şemi fort, das Gesagte weiter zu erläutern: "Zum Beispiel füm Mark. |1 1/2s| Jeden Tag für Zigaretten vier Mark. |2s| Denk mal bißchen. |1 1/2s|" Bezieht man diese Äußerung auf die erste mögliche Lesweise des von ihm zuvor Gesagten, dann führt Şemi mit diesem Beispiel vor Augen, warum er sparen muß und warum ihm das Geld nicht reicht. Hat er beispielsweise fünf Mark, so zeigt sich, wie wenig dies ist, da er davon schon den Großteil für seinen Normalkonsum an Zigaretten verbraucht. Versteht man die Äußerung bezogen auf die zweite Lesweise, dann führt er hier ein Beispiel dafür an, wie wenig der Vater außer der Reihe gibt und warum dies an der Gesamtsituation des knappen Geldes im Hinblick auf die täglichen Bedürfnisse nichts ändert. Man kann sich fragen, ob das Beispiel nicht dafür spricht, die zweite Lesweise zu bevorzugen, da die fünf Mark als Beispiel für die Größenordnung zu verstehen wäre, in der der Vater außer der Reihe Geld gibt, wenn er solches gibt. Aber eine Vereindeutigung läßt sich auch so nicht begründen.

Schließlich fordert Şemi mich auf "Denk mal bißchen." Mögliche Paraphrasen sind "Überleg mal ein bißchen", "Denk mal ein bißchen nach". Nach meiner Erfahrung steht bei einer Reihe von türkischen Migranten "denken" auch für "überlegen" oder "nachdenken". Im Türkischen heißt "düşünmek" sowohl "denken" als auch "überlegen" und "nachdenken". Trifft dieses Verständnis zu, dann handelt es sich hier um eine Äußerungsform, die einen Vorwurf enthält in dem Sinne, daß die Aufforderung, ein bißchen zu überlegen, im Hinblick auf das Gesagte dem Adressaten gegenüber die Unterstellung enthält, daß dieser bisher gedanklich nicht adaequat bei der Sache ist, sonst könnte er sich das Gesagte bei ein wenig Überlegen selber denken. Şemi fordert mich also auf, mich in seine Lage zu versetzen. Ausgangspunkt für diese den genannten Vorwurf enthaltende Aufforderung ist das verzögerte Verstehenssignal sowie die nachfolgenden Pausen zwischen den Äußerungen, während derer ich nicht übernehme und ihn damit zu weiteren Ausführungen zu dem Thema Geld anhalte. Er weist also den von meinem Verhalten ausgehenden Thematisierungsdruck im Hinblick auf Verhältnisse zurück, die für mich auch so einsehbar sein sollten, und schließt damit zugleich das Thema Verfügbarkeit von Geld ab.

Nach einer weiteren Pause von |1 1/2s|, während der ich wieder nicht übernehme, schlägt Şemi den Bogen zurück zu seinem Einstieg in die biographische Wiedergabe: "Jetzt geh ich für immer Türkei weil keine Arbeit ist." "keine Arbeit" war der Fokus der Strukturierung seiner

Biographie. Das Resultat, Arbeitslosigkeit wird hier explizit als Grund für die Rückkehr in die Türkei gefaßt. Gegenüber meiner Eröffnungsfrage nach "Gefallen" wird der Zwangscharakter der Rückkehr noch einmal herausgestellt. Dieser drückt sich auch in dem unter türkischen Migranten üblichen Ausdruck "für immer Türkei" aus, in dem die Beschränkungen, die der Bewegungsfreiheit durch die Ausländergesetzgebung auferlegt sind, gefaßt sind: "für immer" v.a. deshalb, weil man später keine Option der Wiederkehr mehr hat.

"Vielleicht - wenn ich jetzt Arbeit finde, |2s| bleib ich ◡ hier‹ ." Ist der Zwangscharakter der Rückkehr von Şemi in der Äußerung zuvor etabliert, dann hebt diese Äußerung die Endgültigkeit der Absicht der Rückkehr, die Abgeschlossenheit der "Zeit hier" auf, die ich zu Anfang unterstellt habe. Hatte Şemi dies bereits implizit durch den Tempuswechsel weiter oben getan, so macht er dies hier explizit. Das "vielleicht" öffnet die Situation, es hat hier wohl die Funktion eines Konjunktivs. Şemi nennt die Bedingung, die erfüllt sein müßte, damit er hier bliebe. Das Adverb "jetzt" ist aber wörtlich zu lesen. Şemi wird am nächsten Tag mit seiner Familie in die Türkei fahren. Also müßte zur Erfüllung der Bedingung noch etwas am Tag des Interviews geschehen. Die ansteigende Stimme des "◡ hier‹ " läßt sich paraphrasieren mit "wer weiß", "ich weiß das noch nicht", aber auch mit "was meinst du?". Şemi äußert das "bleib ich ◡ hier‹ ." nach einer Verzögerung von |2s|. Es handelt sich daher bei der Äußerung insgesamt um eine Problemformulierung, zu der ich mich als Interviewer verhalten soll. Denn Şemi macht deutlich, daß der Rückkehrentschluß kein feststehender ist, gibt die Bedingung an, unter der dieser zurückgenommen werden könnte, und formuliert diese Bedingung so, daß die Erfüllbarkeit dieser Bedingung durch uns beide beurteilt werden kann. Da Şemi aber, wie er zuvor dargelegt hat, keine Arbeit gefunden hat, steht folglich mein Urteil hinsichtlich der Erfüllbarkeit der Bedingung in Frage, was Şemi mit der ansteigenden Stimme zum Ausdruck bringt. Wie ich zu Anfang des Kapitels geschrieben habe, war er einmal mit mir und einem anderen Jugendlichen auf Arbeitssuche, so daß dies den Hintergrund abgeben mag für seinen Versuch hier. Aber festzuhalten ist, daß er bis hierhin nicht explizit fragt, ob ich nicht quasi im letzten Moment vor der Abreise doch noch eine Arbeit weiß, sondern nur sagt, was er tun würde, wenn es eine Arbeit gäbe.

Ich reagiere mit einem verspäteten Verstehenssignal und einer Korrektur Şemis: "|1 1/2s| Hmhm |1s| Kommst du wieder zurück dann." In dem Rezeptionssignal wird dieser implizite Versuch Şemis übergangen. Mit der Korrektur gebe ich Şemi zu verstehen, daß ich seine Äußerung so interpretiere, daß er auch im Falle des Findens eines Arbeitsplatzes erst mit seiner Familie in die Türkei fahren, anschließend aber wieder in die BRD zurückkehren wird. Damit ist Şemi indirekt aufgefordert, den Ausdruck "bleib ich hier" weiter zu klären dahingehend, ob er sich auf die geplante Fahrt am nächsten Tag bezieht oder auf deren Endgültigkeit, das "für immer Türkei", und damit auf die Verlagerung des Lebensschwerpunktes. "bleib ich hier" meint im zweiten Falle die Aufrechterhaltung des Lebensschwerpunktes in der BRD.

Şemi bestätigt mein Verständnis seiner Äußerung: "Ja kann ich wieder zurückkommen wenn ich jetzt Arbeit hab." Mit der erneuten Formulierung der Bedingung in dieser Bestätigung zielt er dabei weiterhin auf eine Stellungnahme meinerseits zu der Erfüllbarkeit dieser Bedingung. Die von mir folgende Äußerung zeigt aber, daß Şemi mit seinen impliziten Versuchen keinen Erfolg hat: "Hmhm. Wiev/Wieviel Geschwister hastn du?" Ich behandle seine vorhergehenden Äußerungen als Mitteilungen über seine Absichten, indem ich sie mit einem "Hmhm" registriere, also in der Rezeptionshaltung des Interviewers mich dem Versuch Şemis entziehe. Diese Haltung des Interviewers expliziere ich sodann, indem ich eine typische Interviewfrage nach objektiven Lebensverhältnissen Şemis anschließe. D.h. ich verweigere in dieser Form, mich auf das von Şemi Gesagte einzulassen, was im Widerspruch zu meiner Eröffnung steht, in der ich mit der Aufforderung, "doch mal n bißchen zu erzählen" ja auch zu verstehen gebe, für das von Şemi zu Erzählende offen zu sein, also keinem Katalog von Fragen folgen, sondern mich in meinen Fragen und meinem Verhalten von Şemi leiten lassen zu wollen. Was sich in den Pausen meiner vorherigen Äußerungen schon wie auch in dem vorherigen Rezeptionssignal anbahnte, daß ich nämlich mit Şemis Äußerung, daß er unter der genannten Bedingung hierbleiben will, so recht nichts anzufangen weiß, wird nach dem vermeintlichen Eingehen darauf in der Korrektur hier nun offenbar. Ich bearbeite diese Ratlosigkeit im Rückzug auf die Position des Interviewers, die es erlaubt, Fragen ohne weiteres Eingehen auf das zuvor Gesagte und ohne Begründung, sofern diese nicht den Bereich des zulässig Erfragbaren überschreiten, zu stellen. Die Frage nach der Anzahl der Geschwister ist aber geradezu eine Demonstration meiner Position als Interviewer, mit der ich mit abruptem thematischem Bruch, was ich in der Reparatur "Wiev/Wieviel" wohl selbst realisiere, das von Şemi Gesagte übergehe.

Weiter oben habe ich Şemis Äußerungen hinsichtlich der Schule gedeutet als Versuch, bezogen auf die Bewertung seiner bzw. der Gruppe Paxis herauszufinden, wer ich als Interviewer bin. Şemis Äußerungen hier lassen sich nun verstehen als Versuch zu klären, wie ich mich zu den von ihm dargelegten problematischen Hintergründen für die beabsichtigte Rückkehr verhalte. Die implizite Form seines Versuchs, die ihre Parallele in der Frage der strittigen Bewertung der Schulpraxis hat, führt dazu, daß ich Ratlosigkeit hinsichtlich des Gesagten durch Rückzug auf die Position des Interviewers überspiele und so Şemis Versuch der Klärung, ob noch eine Chance des Hierbleibens besteht, unterlaufe.

Dieses Unterlaufen hat zunächst Erfolg in dem Sinne, daß wir ein Interview praktizieren, indem ein Fragenkatalog durchgegangen wird:

Ş: Ich hab zwei Brüder und zwei Schwestern.
I: Sind die älter oder jünger als du?

Ş: Eine is siebzehn Jahre alt. Meine Bruder. Eine ist fünf Jahre alt. Meine Schwester ist eine zwölf, nä nä. Eine ist dreizehn eine ist zehn.
I: Und die gehen hier alle

I: noch zur Schule?
Ş: Die gehen hier alle zur Schule und weil wir |ls| weil ich keine Arbeit habe ? für i gehen wir immer / für immer Türkei.

Der Durchlauf dieses Katalogs erstreckt sich bis zu Şemis Äußerung "Hmhm. Die gehen hier alle zur Schule". Der Frage nach der Zahl der Geschwister folgen weitere nach deren Alter und Schulbesuch. Zur letzten Frage ist eine weitere Unaufmerksamkeit meinerseits festzuhalten. Da Şemis Familie am nächsten Tag in die Türkei zurückkehren will, gehen die Geschwister auch bereits nicht mehr zur Schule, zumal die Sommerferien schon angefangen haben. Aber ich werde in Şemis nachfolgender Äußerung von ihm nicht korrigiert. Er bestätigt, daß die Geschwister zur Schule gehen, und interpretiert so "noch zur Schule gehen" als Thematisierung der sozialen Position der Geschwister in Abgrenzung zu der Position eines bereits Arbeitenden oder Arbeitsuchenden. Dies ist zugleich der Punkt, an dem Şemi das Durchlaufen des Fragekatalogs durchbricht, indem er die Rede über die soziale Position der Geschwister als Ausgang für die Rückkehr zum Thema Arbeitslosigkeit nutzt. Er führt also dieses Thema in Umbiegung meiner problematischen Vorgaben zum zweiten Mal in das Interview ein.

Şemi spricht die Auswirkungen seiner Arbeitslosigkeit auf die Familie an – so verstehe ich das "wir" –, sie ist Ursache für die Rückkehr der ganzen Familie. D.h. seine Arbeitslosigkeit spielt auch in der Familie eine zentrale Rolle, nicht umgekehrt, da der Vater ohnehin zurückkehren will, kann Şemi nicht in der BRD bleiben, weil er keine Arbeit hat und folglich nicht auf eigenen Beinen stehen kann. Şemi spricht also hier auch an, unter welchem Druck er familiär steht, wenn seine Arbeitslosigkeit der Grund für die Rückkehr der ganzen Familie ist. Damit löst er eine entsprechende Reaktion meinerseits aus:

I: Weil du keine Arbeit [gehobene Tonlage] Warum das denn?
Ş: Ja weil ich keine Arbeit habe. |ls|

In dem ersten Äußerungsansatz wird durch Wiederholung eines Teils der vorherigen Äußerung Şemis und durch die Herausstellung des "du" mittels der Betonung angekündigt, daß die Begründung für die Rückkehr der Familie ihrerseits für erklärungsbedürftig gehalten wird. Noch vor Beendigung dieser Wiederholung bestätigt Şemi und wiederholt selbst noch einmal emphatisch mit gehobener Stimme "weil ich keine Arbeit habe". Er hebt damit erneut diesen für ihn zentralen Sachverhalt hervor und verleiht ihm Nachdruck, signalisiert aber zugleich darin auch Übereinstimmung, daß der Sachverhalt in seinem Begründungsverhältnis bemerkenswert ist. Es folgt eine Pause von |1s|, nach der ich das Verlangen nach einer Erklärung dafür, warum Şemis Arbeitslosigkeit ein Grund für die Rückkehr der ganzen Familie ist, expliziere: "Warum das denn?" In der Partikel "denn" bringe ich dabei zugleich mein Erstaunen über die Begründung für die Rückkehr zum Ausdruck.

[gepreßte Stimme]
Ş: Ja weiß nicht. Mein Vater sagt: Du immer spazieren ne. und |1s| du machst immer Mist. Und darum.

Diese Äußerung Şemis ist in ihrer Klammerung widersprüchlich: zu Anfang "Ja weiß nicht" und am Ende "Und darum." Mit dem "Ja weiß nicht" bezieht sich Şemi auf die Begründungsforderung. Diese erfolgt nach einer Pause von |1s|, interpretiert also Şemis Schweigen so, als habe er den Wiederholungsansatz "Weil du keine Arbeit", in dem durch Betonung der erklärungsbedürftige Teil seiner Äußerung markiert ist, nicht als Begründungsforderung gehört. Mit dem "Ja" wird Konsens bezüglich der gestellten Frage und damit bezüglich dessen geäußert, daß es etwas zu erklären gibt. Er hätte dies getan, aber er weiß es nicht. Er fährt fort damit, daß er seinen Vater zitiert. Nicht von Bedeutung ist, ob es sich um ein "wirkliches" Zitat handelt, wovon allerdings kaum auszugehen ist, da Vater und Sohn miteinander Türkisch sprechen, sondern daß der Vater erkennbar zitiert wird. Es ist seine, nicht Şemis Äußerung in Şemis Äußerung. Der "Vater sagt: Du immer spazieren." Es handelt sich bei dem, was der Vater sagt, um einen Vorwurf. Die Schwere des Vorwurfs bringt Şemi auch mit der gepreßten Stimme zum Ausdruck. Der Vater wirft ihm vor, daß er *immer* spazierengeht, vorrangig ist dies illegitim. Aber wie ich in dem Kapitel über Lebenszusammenhänge der Jugendlichen ausgeführt habe, ist "spazieren" in der BRD nicht mehr unbelastet, sondern gefährlich. Die Söhne fassen gegenüber ihren Eltern ihre Praxis als "spazieren" und es ist davon auszugehen, daß die meisten Eltern inzwischen zumindest vom Hören wissen, welche Gefahren diese mit sich bringt. Sie können nicht viel daran ändern, daß ihre Kinder keine Arbeit haben, realisieren aber zugleich, wie in Kap. 1.5 beschrieben, daß die Zusammenhänge in "der Stadt" nicht mehr gewährleisten, daß Grenzen des "Spazierengehens" eingehalten werden. So auch in Şemis Äußerung hier der Vater, er kritisiert Şemis Praxis: "du machst immer Mist". D.h. er mischt sich ein, interessiert sich für das, was der Sohn macht, wenn er spazierengeht, und hält es ihm als "Mist" vor.

Zu klären ist die Bedeutung der widersprüchlichen Klammer. Şemi sagt zunächst, daß er nicht weiß, warum seine Arbeitslosigkeit ein Grund für die Rückkehr der Familie in die Türkei ist. Er fährt fort: Mein Vater sagt: . . ." und schließt "Und darum." D.h. der Vater sagt, bewertet in diesem Sagen Şemis Praxis und er hat das Sagen. "Und darum." Şemi weiß also den Grund für die Rückkehr nicht, er weiß nur, daß der Vater sagt, was er sagt und daß sie darum gehen. Merkwürdig ist das Verhältnis der Distanzierung, das Şemi so im Verhältnis zu mir zu dem Verhältnis des Vaters zu seiner Praxis eingeht. Er zitiert es nur, nachdem er sich zuvor in dem "Ja weiß nicht" dazu auf Abstand begeben hat, aber er setzt sich damit nicht auseinander in dem Sinne, daß er es bezweifelt, bestätigt oder kritisiert.

Ein ähnlich distanziertes Verhältnis findet sich bereits oben zu dem Verhältnis "Mist" zur Praxis der Gruppe in der Schule. Şemi artikuliert auch dort seine Distanz dazu im "darum vielleicht", ohne sich damit explizit auseinanderzusetzen. Dies ist zugleich ein Hinweis darauf, woher die fremde Wertung "Mist", die Şemi mir gegenüber konzediert, stammt. Allein die Tatsache, daß Şemi weiter oben von "Mist" spricht und hier den Vater mit dieser Wertung zitiert, reicht für eine solche Vermutung sicher nicht aus. Weiter oben habe ich versucht zu zeigen, daß Şemi sich in seinem Legitimationsversuch einer Form bedient, deren Akzeptabilität über die Eltern hinaus nicht ohne weiteres angenommen werden kann. Zusammen damit weist aber v.a. auch die parallele Form der Distanzierung in den Klammern "wirklich bißchen Mist" – "darum vielleicht" und "Ja weiß nicht" – "Und darum" darauf hin, daß es in beiden Fällen um mein Verhältnis zu der konfliktären Relation des Verhältnisses "zu Hause", d.h. des Vaters zu Şemis Praxis außerhalb in der Schule bzw. "Stadt" geht. Dabei ist festzuhalten, daß der Vater Şemi als einzelnem seine Praxis als "Mist" vorwirft, dieser aber konzediert dieses, wenn überhaupt, dann nur für die Praxis der Gruppe, er redet von "wir".

Habe ich gesagt, daß Şemi sich nicht explizit mit den Wertungen "Mist" seiner Praxis auseinandersetzt, so finden sich gleichwohl andere Einschätzungen seinerseits. Zu Anfang sagt er "Bei mir hier ist alles - gut . . . aber keine Arbeit weißt du". In der Ausführung dessen, was "Mist gemacht" heißt, kommt das Gefallen im Lachen zu Anfang und beim "Lehrer angemacht" zum Ausdruck. Hat Şemi bis hierhin immer wieder dargelegt, wie zentral das Problem der Arbeitslosigkeit ist, dann wird nun deutlich, daß diese v.a. ein Problem im Verhältnis zu seinem Vater ist, da der Şemis Arbeitlosenpraxis in bestimmtem Sinne bewertet und deshalb zurück in die Türkei will. Şemi selbst setzt sich nicht ins Verhältnis zu diesen Bewertungen, sondern artikuliert nur seine Distanz dazu. Indem er das Verhältnis seines Vaters zu seiner Praxis zitiert und seine Distanz dazu zum Ausdruck bringt, ist dies zugleich auch wieder die Form, in der Şemi im Verhältnis zu mir austestet, ob dies eine

Begründung für mich ist, ob damit die Frage "Warum das denn?" beantwortet ist, ob also das Verhältnis des Vaters zu seiner Praxis für mich ein plausibles ist.

I: |1 1/2s | Also deshalb - deshalb
Ş: Das ja deswegen gehen wir für immer.

Ich setze an zu einer Nachfrage, in der die zweifache koordinierende Adverbialbestimmung "deshalb" von Şemi als Hinweis auf eine Aufforderung zur Bestätigung verstanden wird, daß das Gesagte der Grund für die Rückkehr in die Türkei ist, der er vor ihrer Beendigung nachkomt. Er hört diese Aufforderung zugleich als Explizierungsforderung: "Weil w wenn meine Bruder Schule fertig ist kommt/bekommt er auch eh der bekommt auch keine Arbeit weißt du." Şemi sieht es als sicher an, daß der Bruder auch keine Arbeit bekommen wird, wenn er mit der Schule fertig ist. Bezogen darauf, daß in der biographischen Wiedergabe durchscheint, daß der Grund für die Arbeitslosigkeit nicht unumstritten ist, fällt auf, daß Şemi für seinen Bruder das gleiche Schicksal wie sein eigenes prophezeit. Mit dem "weißt du" zentriert er mich auf diese Prognose.

"Und der sagt/mein Vater sagt: Wenn er keine Arbeit findet der macht auch alle Scheise Mist und so weiter." So wie oben sagt und bewertet wieder der Vater. Er erwartet für seinen zweiten Sohn das Gleiche wie für den ersten. Was Şemi anführt, ist ein Stück weit entlastend, da der Vater auch mit Blick auf die zu erwartende Karriere des Bruders gehen will. Zugleich ist es aber belastend insofern, als Şemi das warnende Beispiel ist. Hätte er nicht "Scheiße Mist und so weiter" gemacht, hätte der Vater nicht solche Erwartungen hinsichtlich der Karriere des zweiten Sohnes.

"Dann gehen wir/mein Vater geht - darum für mich Türkei für immer." Wesentlich an dieser Äußerung ist die Korrektur. Das "Dann gehen wir" wäre durchaus konsistent innerhalb der dem Vater zugeschriebenen Rede fortzusetzen gewesen, etwa in der Form "dann gehen wir besser in die Türkei" o.ä. Man könnte die Korrektur damit erklären, daß man vermutet, daß Şemi seine Rede zu komplex wird und er aus dem Konzept kommt. Das muß man nicht ausschließen, aber wesentlich ist zu beachten, wie die Äußerung korrigiert wird. "gehen wir" und "mein Vater geht" stehen sich gegenüber. Letzteres wird von Şemi betont gesprochen. So wie Şemi in der Begründung für die Rückkehr durchhält, daß der Vater sagt und bewertet und er auf Distanz dazu bleibt, so hält er mit der betonten Korrektur von "wir" zu "mein Vater" durch, daß der Vater "darum" geht. Er schließt so das Mißverständnis aus, daß er selbst als Mitglied der Familie, "wir", aus diesem Grund in die Türkei geht. Er wahrt also in dieser Form wiederum Distanz.

Schließlich ist festzuhalten, daß das "für mich" eine doppelte Bedeutung hat. Der Vater geht für Şemi, d.h. für ihn in die Türkei. Wenn bis hierhin deutlich geworden ist, daß Şemi Distanz zu den Entschlüssen und Wertungen seines Vaters artikuliert, so heißt dies wie gesagt nicht, daß er den Vater kritisiert. Entsprechend kann es durchaus sein, daß Şemi zugesteht, daß der Vater für ihn in die Türkei zurückkehrt. Zugleich kann "für mich" auch als "wegen mir" verstanden werden, so daß es eher die Bedeutung eines Schuldeingeständnisses hätte. Ich höre dies so, da Şemi, wie weiter oben bereits angesprochen, Schwierigkeiten mit Präpositionen hat und nach meiner Erfahrung derartige Verwechslungen bei türkischen Migranten nicht selten sind, was seinen Grund auch darin haben mag, daß im Türkischen "benim için" sowohl "für mich" als auch "wegen mir" heißen kann.

Eine solche Annahme hinsichtlich sprachlicher Schwierigkeiten habe ich weiter oben verworfen, so daß hier der Eindruck entstehen kann, daß sie von mir da gemacht wird, wo sie in die Deutung paßt. Dazu ist folgendes zu sagen: Erstens ist sie nicht notwendig und kann daher auch fallen gelassen werden. Zweitens aber gibt es doch einen immanenten Grund, der an dieser Stelle dafür spricht. Wenn nämlich der Vater die Rückkehr unternimmt, um damit auch etwas "für" Şemi zu tun, dann hat Şemi zuvor doch auch dargelegt, daß der Vater mit Blick auf die Karriere des Bruders, also auch "für" *ihn* zurückkehrt. Warum sollte Şemi dies nun allein auf sich bezogen noch einmal feststellen wollen? Darüber hinaus handelt es sich bei der Äußerung in dem zweimaligen "darum" auch um eine zusammenfassende Charakterisierung des zuvor Gesagten im Hinblick auf das von mir Gefragte als den kausalen Zusammenhang für die Rückkehr der Familie *wegen* Şemis Arbeitslosigkeit.

"Hmhm. Wo arbeitet der denn dein Vater?" Die bereits zuvor festgestellte problematische Reaktionsweise meinerseits auf Şemis Vorgaben kehrt hier wieder. Şemi indiziert, wie die Analyse zeigt, eine Reihe von Problemen, zu denen etwas zu sagen bzw. zu fragen wäre. Statt mich aber zu den Konflikten zwischen Şemi und seinem Vater zu verhalten, stelle ich eine Frage bezogen auf den Vater, die genau wie die bezogen auf die Geschwister eine "Fragebogenfrage" ist, die auf objektive soziale Daten zielt und damit das Gesagte von Şemi übergeht. Sie übergeht aber nicht nur das zuvor Gesagte, sie demonstriert genau wie die Frage zu den Geschwistern Unaufmerksamkeit, denn wenn die Familie am nächsten Tag in die Türkei zurückkehrt, dann wird der Vater kaum noch in irgendeinem Betrieb arbeiten.

Şemi antwortet: "Bei Klöckner." Er versteht also meine Frage so, daß sie auf den bisherigen Arbeitsplatz des Vaters zielt. In meiner nachfolgenden Frage "Und da hat der jetzt gekündigt?" gebe ich zu erkennen, daß ich weiß, daß der Vater jetzt wohl nicht mehr bei Klöckner arbeitet. Erfragt wird, ob der Vater selbst gekündigt hat, was von Şemi mit "Ja." bestätigt wird. Nach einem Rezeptionssignal von mir führt Şemi eine zweiteilige Begründung dafür an:

Ş: Weil |1 1/2s| keine Arbeit habeweil das - da is |2s| wenn eh wenn mein Vater
selbst Gekündigung, dann kriegt er Geld weißt du. Bißchen ↗da↙ |3 1/2s|
I: Hmhm

Der eine Grund für die Kündigung ist der auch zuvor von Şemi angeführte für die Rückkehr der Familie, seine Arbeitslosigkeit. Şemi stellt so in Beantwortung meiner Frage den Zusammenhang zu dem zuvor von ihm Gesagten wieder her. Der unmittelbare Anlaß für die Kündigung durch den Vater selbst war die Möglichkeit, Geld, also eine Abfindungssumme zu bekommen, wie sie im Jahre 1984 von Firmen wie Klöckner gezahlt wurden, wenn langjährig dort Beschäftigte von sich aus ihren Arbeitsplatz aufgaben.[4] Den Zusammenhang der Gründe für die Kündigung, Şemis Arbeitslosigkeit und vor diesem Hintergrund die im Sommer 1984 sich ergebende Möglichkeit, durch eigene Kündigung Geld zu bekommen, bringt Şemi durch die Hintereinanderstellung und den schnellen Anschluß des zweiten "weil das" an "keine Arbeit habe" zum Ausdruck. Er gibt damit aber auch zu verstehen, daß die sich ergebende Möglichkeit, relativ viel Bargeld zu bekommen, ein Auslöser und auch Grund gewesen sein könnte, den Entschluß zur Rückkehr in die Türkei zu fassen. Das führt er nicht weiter aus, sondern zentriert mich mittels des "weißt du" auf eben diesen Punkt, daß der Vater für seine Kündigung des Arbeitsverhältnisses Geld bekommt.

Meinem Verstehenssignal folgt nur noch "bißchen da", wodurch aufgrund der ansteigenden Stimme die Erwartung erzeugt wird, daß nun eine Aufzählung erfolgt, woher der Vater weiteres Geld bekommt. Es folgt aber eine Pause von |3 1/2s| und danach fährt Şemi ganz anders fort. Bevor ich darauf eingehe, ist auch hier festzuhalten, daß Şemi das, was er andeutungsweise nahelegt, daß nämlich der Vater noch andere Gründe für die Rückkehr haben könnte, nicht weiter ausführt und sich mit den vom Vater angeführten Gründen nicht explizit auseinandersetzt.

"Scheiße. Wenn ich/ich hätte nicht Deutschland geko/kommen wäre ehrlich. Ich wollte (ehrlich nicht)." Şemi wertet den Deutschlandaufenthalt mit Blick auf das, was dabei herausgekommen ist, und wirft sich seine Entscheidung, hierhingekommen zu sein, selbst vor. Er hätte nicht nach Deutschland kommen sollen. Die Schwierigkeiten mit dem Konjunktiv II begründen die Korrekturen, die dazu führen, daß sich jeweils unvollständig die beiden Formen "Wenn ich (doch nur) nicht (nach)

4 Diese Abfindungssummen stellten im Jahre 1984 zusammen mit den sog. Rückkehrförderungsgeldern Verschwindeprämien dar, mit denen man "das Ausländerproblem" zu lösen trachtete. "Das Ausländerproblem" aber war in der Regierungserklärung von Bundeskanzler Kohl als "Türkenproblem" identifiziert worden. Entscheidungen von türkischen Migranten zur Rückkehr sind damals verstärkt unter dem regierungsoffiziell gebilligten Druck auf die Migranten, endlich zu gehen, zustande gekommen.

Deutschland geko(mmen) wäre." und "Ich hätte nicht (nach) Deutschland kommen (sollen)." ergeben. Das "Scheiße" bewertet die Irrealität und Nichterfüllbarkeit der Bedingung bzw. die verspätete Einsicht. Diese Bewertung wird mit dem "ehrlich" als eine von Şemi hier wahrhaftig geäußerte unterstrichen. Zu beziehen ist diese Wertung auf Şemis bisherige Darlegung seiner Situation. Er ist zur Schule gegangen, hat keine Arbeit gefunden, hat sich stets zwischen "Stadt" und "zu Hause" bewegt, ist vom Vater finanziell abhängig und wird in seiner Praxis von diesem kritisiert dafür, daß er ständig "spazierengeht" und "Mist macht". Şemi sagt zu Anfang des Interviews "Bei mir hier ist alles gut." und daß er hierbleiben will, wenn er Arbeit findet. Herkommen, Hier-sein und Hierbleiben sind also verschiedene Dinge. Wesentlich ist die *Konstellation*, daß er keine Arbeit hat, daß er vom Vater abhängig ist, von diesem kritisiert wird und dieser wegen ihm zurückgeht. Im Hinblick darauf, daß er mit der Rückkehr in die Türkei konfrontiert ist, sind zugleich die Mittel Thema, die man in der Hand hat. Der Vater hat "bißchen da", aber was hat Şemi? Auch im Hinblick darauf ist der Selbstvorwurf zu lesen, daß er nicht nach Deutschland hätte kommen sollen.

"Ich wollte (ehrlich nicht)." Dieser letzte Teil ist ungesichert. Şemi könnte sagen, daß er damals nicht wollte, aber auch, daß er das "so" nicht wollte, also mit Blick auf das, was dabei herausgekommen ist. Das lasse ich offen.

"Da hab ich in Türkei ne, bin ich |1 1/2s| vier Jahre gearbeitet. Von meinem V/ Mutter - seine Schwester Sohn ne, da hab ich gearbeitet als Schlosser Autoschlosser." Şemi hat, bevor er nach Deutschland gekommen ist, in der Türkei vier Jahre bei seinem Cousin als Autoschlosser gearbeitet. Zunächst einmal wird mit dieser Äußerung ein Hintergrund für Şemis distanzierte Redeweise über schulische Erfahrungen und sein instrumentelles Verhältnis dazu deutlich. Er hat bereits vier Jahre gearbeitet und so ist die Schule hier für ihn v.a. eine, wie ihm gesagt worden ist, notwendig zu durchlaufende Schleuse ins Arbeitsleben, dieses selbst aber kennt er bereits. Ganz wesentlich aber hat diese Arbeitserfahrung in seiner Biographie auch schwerwiegende soziale Bedeutungen. Şemis jetziges Verhältnis zum Vater ist durch Arbeitslosigkeit, "Spazieren" und Abhängigkeit bestimmt. Wenn er arbeitet, verändert sich das Verhältnis zu diesem grundlegend. Vermittelt über familiäre Bande ist Şemi in der Türkei einer durchaus angesehenen Arbeit als Autoschlosser nachgegangen. Betrachtet man also die gesamte Äußerung von "Scheiße" bis "gearbeitet als Schlosser Autoschlosser", dann war die Situation in der Türkei bestimmt von Akzeptabilität – Şemi hat eine anerkannte Arbeit –, Konstanz – er hat lange, nämlich vier Jahre gearbeitet –, Erreichbarkeit – er hat im familiär kontrollierten Kontext gearbeitet – und Autonomie – er verdient selbst Geld. Die Situation war also durch all das bestimmt, was in Deutschland nicht der Fall ist: Şemi ist hier vom Vater abhängig, Konstanz ist nicht gegeben, Nicht-Erreichbarkeit im Sinne der Kontrolle einer problematischen Arbeitslosenpraxis hält der Vater ihm mit dem Vorwurf des dauernden "Spazierens" vor und was Şemi tut, ist für den Vater nicht akzeptabel, eben "Mist".

Şemi geht mit der Darlegung seiner Vergangenheit ein Verhältnis zu seiner Geschichte in Deutschland und der dortigen Konstellation, in der er sich bewegt, ein. Die Form, in der die Vergangenheit hier Thema ist, ist von der Konstellation der Jetzt-Zeit bestimmt. Weiter oben habe ich gesagt, daß Şemi kein Verhältnis zu dem Verhältnis seines Vaters zu seiner Praxis eingeht, sondern nur seine Distanz dazu artikuliert. Dies ist verträglich mit den Ausführungen Şemis hier, wo er die Vergangenheit als andere Konstellation der Jetzt-Zeit gegenüberstellt. Diese Jetzt-Zeit ist davon bestimmt, daß er mit dem, was sich in Deutschland ergeben hat, zurückgehen soll. Da hätte er besser dableiben können.

Nach einem Verstehenssignal von mir fährt er fort: "Und - mein Vater hat meine eh sein - unsere Familie hier - gekommen ne. Die sind - sieben Jahr hier, meine Mutter. Meine Vater ist elf Jahr hier. |1s| Meine Mutter sieben Jahr hier. Ich war in Türkei weißt du. Hab ich da gearbeitet." Der Vater hat die Familie "hier(her)", nach Deutschland gebracht oder geholt. "hier-gekommen" ist an dieser Stelle ein transitives Verb, das für hierherbringen steht. Das kurze Absetzen zeigt dabei, daß Şemi ein Problem in seiner Äußerung registriert. Auffällig ist die Korrektur der Possesivpronomen. Es mag sich um die Suche der "richtigen" Form handeln, aber keines der drei wäre "falsch". Die Reihenfolge aber, in der sie auftreten, ergibt einen guten Sinn. Der Vater holt die Familie aus der Türkei nach Deutschland. In der Türkei ist es in gewissem Sinne Şemis Familie, denn die Abwesenheit des Vaters räumt dem ältesten Sohn in der Familie manches seiner Rechte ein. In diesem Sinne ist es "meine Familie". Holt der Vater die Familie von dort, so zeigt sich seine Macht der Entscheidung, es ist "seine Familie". In "unsere Familie" wird der Bruch zwischen den unterschiedlichen Perspektiven geheilt.

Wenn der Vater "unsere Familie" geholt hat, so war Şemi, dies wird im folgenden klar, dabei nicht eingeschlossen. "Die sind - sieben Jahr hier, meine Mutter." Die Proform schließt Şemi nicht mit ein. Zu Anfang hat er gesagt, daß er 79 gekommen ist, also zum Zeitpunkt des Interviews vor fünf Jahren. Die Proform wird gefüllt mit "meine Mutter". Da Şemi von einer Gruppe spricht – "die sind" –, steht "meine Mutter" für sie und die Kinder, die noch von ihr abhängig sind, also nicht wie Şemi arbeiten. Der Vater ist elf und die Mutter, wie Şemi wiederholt, sieben Jahre hier. Mit dieser Wiederholung unterstreicht er, daß der Vater, die Mutter und die Geschwister länger als er hier sind. Dies expliziert er im folgenden, indem er mich mit dem "weißt du" darauf zentriert, daß er damals in der Türkei war und dort gearbeitet hat.

Diese Äußerungen stehen in der Folge seiner verspäteten Einsicht, daß er besser nicht nach Deutschland hätte kommen sollen. Es wird deutlich, daß Şemi sein Leben bereits ein Stück weit unabhängig von der Familie bewältigt hat. Von der Jetzt-Zeit aus wird das Leben als ein solches unabhängiges gefaßt, er geht dieses Verhältnis zu seiner Vergangenheit ein als Verhältnis zu seiner Gegenwart.

I: Ah du warst hier und deine Eltern waren schon hier?
Ş: Ja. Da hab ich gesagt:

Ş: Vielleicht da find ich Arbeit weißt du. |1s | Vielleicht ? verdien ich mehr Geld. Dann bin ich hergekommen. |1s | ( ) |1s |

Die Frage von mir ist offensichtlich verwirrend, sie sollte wohl lauten "Du warst da und deine Eltern waren schon hier?" Mit dieser Frage bringe ich ein Erstaunen über diesen Sachverhalt zum Ausdruck. Şemi versteht die Frage in dem korrigierten Sinne, wie die Bestätigung mit "ja" zeigt, und fährt fort mit der Darlegung dessen, was ihn zur Migration nach Deutschland motiviert hat. "Da", also zur Zeit, als er in der Türkei noch gearbeitet hat und die übrige Familie bereits hier war, hat er gesagt "Vielleicht da find ich Arbeit". Mit dem "weißt du" zentriert er mich darauf, wie bereits in der Türkei dieses Motiv der Arbeit für ihn bestimmend war. Bezogen auf seine Ausführungen zu Anfang, denen zufolge er Schulen besucht hat, um Arbeit zu bekommen, unterstreicht er also hier, daß dies der Motor seines Tuns schon in der Türkei war. Arbeit allerdings hat er auch in der Türkei. Das folgende expliziert, wieso er in Deutschland arbeiten will: "Vielleicht ? verdien ich mehr Geld." Diese Hoffnung hat ihn zur Migration veranlaßt, denn die Folge dessen, was er gesagt hat, ist sein Herkommen. Der Abschluß der Äusserung ist nicht zu verstehen. Wie man bis hierhin bereits weiß, ist die Hoffnung als Motiv für die Migration entäuscht worden, dafür hat er den mit der Arbeit verbundenen Status relativer Autonomie aufgegeben.

"Hast du eh - in der Zeit wo du in der Türkei warst eh bei - jemand anders da gewohnt oder bei euch zu Hause oder wie war das?" Die allgemeine Formulierung "Zeit wo du in der Türkei warst" bezieht sich auf die Zeit, in der die übrige Familie Şemis bereits nach Deutschland migriert war. Die Frage erscheint auf den ersten Blick merkwürdig, denn es ist doch kaum davon auszugehen, daß ein zwölf- bis vierzehnjähriger alleine "zu Hause" wohnen bleibt. Das ist aber auch nicht unterstellt. Aus anderen Familien wußte ich damals bereits, daß in das Haus der Eltern, wenn diese in die BRD migriert waren und die Kinder (zunächst) zurückgelassen hatten, Verwandte eingezogen waren, um dort auf die Kinder aufzupassen, was für die Verwandten in einigen Fällen mit Vorteilen wie mehr Wohnraum, Mieteinsparung u.ä. verbunden war.

Ş: Jemand anderes. Das war meine |1 1/2s| meine M Mutters Schwester.
I: Wer war das?

I: (Also du wohntest) bei deiner Tante.
Ş: Aber Ja. Da war ich ganz gut.

Şemi beantwortet die Frage formal korrekt, indem er eine der angebotenen Alternativen als zutreffend bestätigt. "Jemand anderes" verlangt aber nach einer weiteren Bestimmung, die ich erfrage. Şemi hat bei seiner Tante gewohnt. Dabei ist zu beachten, daß Şemi die differenzierte Verwandtschaftsterminologie, wie sie im Türkischen existiert, hier wie auch schon in der Rede zuvor über den Cousin als den Sohn der Schwester der Mutter im Deutschen abbildet.[5] Dies ist keineswegs bei allen türkischen Migrantenjugendlichen der Fall, wie bereits am Beispiel Ali zu sehen war. Der Şemi von mir vorgelegte Verstehensschluß "(Also du wohntest) bei deiner Tante.", den er mit "Ja." ratifiziert, ist also nicht einfach als eine sprachliche Klärung zu verstehen, denn er hebt die Differenzierung, die Şemi durchhält, auf. Das Festhalten an dieser Differenzierung ergibt aber im Lichte der obigen Interpretation einen guten Sinn, denn wenn es auch um Erreichbarkeit geht – die Kritik des Vaters am ständigen Spazierengehen bezieht sich ja auf die soziale Unübersichtlichkeit dieser Praxis in Deutschland –, dann ist diese hier und auch zuvor über die Verwandtschaftsterminologie artikuliert, die eine genaue soziale Verortung der Lebenspraxis erlaubt.

Nach der Ratifizierung folgt die Wertung der damaligen Zeit: "Da war ich ganz gut." Dies läßt sich auf zwei verschiedene Weisen verstehen, nämlich zunächst wörtlich "Da war ich ganz gut." und "Da ging es mir ganz gut." Das "ganz" ist als Verstärkungs- und nicht als Abschwächungsmodifikator zu verstehen, der als solcher unter türkischen Migranten üblich ist und dem im Türkischen "pek" oder "çok" entspricht. Die Bedeutung "Da ging es mir ganz gut." läßt sich ebenfalls durch einen Verweis auf das Türkische plausibilisieren. Dem Deutschen "Mir geht es gut" entspricht dort, wie inzwischen jeder Türkeitourist weiß, "iyiyim", "ich (bin) gut." Zugleich aber war Şemi damals auch "ganz gut" im Sinne der Bewertung seiner Praxis. Er hat da gearbeitet, war relativ unabhängig etc., die Konstellation war als Ganze "gut" und daher auch Şemi.

I: Hast du da [Telefonklingeln] Wie alt warst du denn/ warte mal eben [Telefonklingeln]
Ş: Da war ich

5 Der Tante im Deutschen entsprechen im Türkischen drei Ausdrücke: hala → Schwester des Vaters; teyze → Schwester der Mutter; Yenge → Frau des Bruders des Vaters oder der Mutter. Vergl. zu der Art und Weise, wie in dieser differenzierten Verwandtschaftsterminologie traditionell soziale Verpflichtungen gebunden sind, Schiffauer 1987.

I: Bommes Ach hallo. |4s|
Ş: vierzehn Jahr alt. Dreizehn war ich. Da war ich - vierzehn Jahr

Ş: alt war ich. |2s| Jetzt bin ich neunzehn Jahr alt.
I: Eh warte mal eben n kleinen Moment

I: ich stop das mal eben ja. || STOP | NEUSTART ||

Die zwei Frageansätze sind bezogen auf das Vorausgegangene nicht eindeutig in ihrer Zielrichtung. Nach dem zweiten Telefonklingeln fordere ich Şemi leise auf zu "warten", d.h. die Unterbrechung durch das Telefonklingeln als eine solche zu akzeptieren, also auch nicht als Beendigung des Interviews zu betrachten. Şemi fährt aber fort, während ich bereits telefoniere. Er spricht für das Aufnahmegerät, was deutlich zeigt, daß die Situation des Aufgenommen-werdens sich im Focus der Aufmerksamkeit Şemis befindet. Er spricht für mich als jemanden, der an dem Gespräch als Aufgezeichnetes interessiert ist, und kann daher hier auch ohne meine Teilnahme für die Aufzeichnung sprechen. Die Angaben Şemis zeigen, daß er den zweiten Frageansatz für sich ergänzt als Frage nach seinem Alter zum Zeitpunkt der Einreise nach Deutschland, denn wenn er "da" vierzehn Jahre alt war und jetzt neunzehn ist, dann ist "da" vor fünf Jahren, also 1979 gewesen, das Jahr seiner Migration in die BRD. Bemerkenswert ist schließlich noch die Unsicherheit in den Altersangaben, worauf ich hier aber nicht weiter eingehen will.[6]

I: Okay. Ehm |1s| ja - Moment. Erzähl noch mal. Also eh |1s|
Ş: So ist das Michael. |1s|

I: du hast bei deinen [räuspert sich] bei deiner Tante dann - gewohnt. Und mit
Ş: Ja.

I: wieviel Jahren hastn da angefangen als - Eh
Ş: Vierzehn Jahr. Eh ah da hab ich

Ş: zehn Jahr angefangen. Bis vier Jahre da hab ich gearbeitet. |1/2s| dann bin ich Deutschland gekommen.

6 Vagheit bei biographischen Datenangaben sind mir bei einer Reihe v.a. älterer türkischer Migranten immer wieder aufgefallen. Dies betrifft z.B. Altersangaben für sich, für ihre Kinder oder Frauen, biographische Zeiträume in der Türkei oder in der BRD und hat sicherlich auch damit zu tun, daß die Lebensverhältnisse in der Türkei insbsondere auf dem Land staatlich häufig nicht so weit durchdrungen sind (waren), daß der einzelne seinen Lebenslauf, sofern er als solcher und als "ganzer" überhaupt Thema wird, selbstverständlich entlang bürokratisch relevanter Daten spinnt. Die Biographisierung des Lebenslaufs (Kohli 1986) ist also nicht durchgesetzt.

Das "Okay" nach Einschalten des Gerätes ist eine Wiedereröffnungsform des Interviews. Şemi reagiert darauf mit einem Kommentar als Abschlußformel, der zugleich Resumee zieht: "So ist das Michael." Die Dinge sind so, wie sie sind, und wenn ich diese Äußerung richtig höre, dann entspricht ihr im Türkischen "Işte böyle", in der immer auch mitschwingt: So wie es ist, ist es Schicksal, es ist nicht die Schuld von irgendjemand und schon gar nicht dessen, der sich so äußert. Ich reagiere im folgenden auf diese Äußerung v.a. als Abschlußformel. "Ehm |1s| ja - Moment. Erzähl noch mal." So weit ist es noch nicht, Şemi ist noch nicht entlassen, sondern wird aufgefordert, noch mal zu erzählen. Um ihm den Wiedereinstieg zu ermöglichen, rekapituliere ich von ihm Gesagtes, was er als zutreffend ratifiziert, und stelle im Anschluß daran eine Frage, die Şemi bereits vor ihrer Beendigung, indem er in die Planungspause in Antizipation ihrer Zielrichtung einspringt, beantwortet. Er erwartet offensichtlich die Frage, die er dem zweiten Frageansatz während des Telefonklingelns unterlegt hat. Er sagt dort bereits, daß er vierzehn Jahre alt war und bezieht sich dabei auf sein Einreisealter, über das er sich, während ich bereits telefoniere, Gewißheit verschafft hat. Aufgrund des Irritationssignals "eh" von mir und der von mir unvollständig geäußerten Frage realisiert er, daß seine Antizipation vorschnell war. Im "Ehm ah" gibt er direkt im Anschluß zu verstehen, daß er die Korrekturbedürftigkeit seiner Äußerung erkannt hat und legt dann dar, daß er mit zehn Jahren angefangen hat zu arbeiten, für vier Jahre gearbeitet hat und dann nach Deutschland gekommen ist.

I: Hast
Ş: Hab ich Brief geschrieben. Von mein Vater ne. Ich hab gesagt: Hier |1s| Hier ist
[erhöhte, leicht gepreßte Stimme]
gut aber hab ich gesagt ne, ich kann hier gut essen, |1/2s| da war ich ganz dicker weißt du. Bin ich hergekommen, Schule, wieder zu Hause, Schule fertig Arbeit finden, keine Arbeit, |2 1/2s| Scheiße. So ist das.

Der Ansatz von mir zeigt, daß ich ohne abzuwarten, ob Şemi noch etwas zum Gefragten zu sagen hat, Fragen zu stellen versuche. Şemi setzt an zu beschreiben, wie er seinen Plan, nach Deutschland zu kommen, umgesetzt hat. Er hat einen Brief an den Vater geschrieben.[7] Diese Äußerung folgt der, daß er vier Jahre gearbeitet hat und dann nach Deutschland gekommen ist. Es geht also wohl um den Brief, in dem er den Wunsch gegenüber seinem Vater geäußert hat, daß er nach Deutschland kommen will, hat er doch zuvor deutlich gemacht, daß die Initiative für seine Migration von ihm selbst ausging.

7 Wie auch schon zuvor setze ich hier und im weiteren die passenden Präpositionen ein und verweise dazu auf die Anmerkungen, die ich zu Anfang der Analyse hinsichtlich der Probleme Şemis mit Präpositionen und den entsprechenden Konstruktionen gemacht habe.

Bemerkenswert ist, was er im folgenden über den Brief sagt. "Ich hab gesagt: Hier |1s| Hier ist gut aber hab ich gesagt ne." Er zitiert, was er geschrieben hat. Nach dem ersten "Hier" folgt eine Pause von |1s|, dann ein Neuansatz mit einem zweiten "Hier", in dem Şemi herausstellt, daß es "gut aber" ist. Auffällig sind das betonte "gut" und das adversative "aber". Dieses läßt sich unterschiedlichen Seiten zuschlagen, nämlich dem Gesagten sowohl als auch dem Sagen: " |Hier ist gut aber | hab ich gesagt" oder " |Hier ist gut| aber hab ich gesagt". Von der Intonation wie von der Stellung her läßt sich dies nicht entscheiden, da sie für beide Seiten "falsch" ist. Beide Möglichkeiten ergeben aber einen Sinn.

Bezieht man das "aber" auf "Hier ist gut", ordnet es also dem Gesagten zu, dann ist dies zusammen mit dem ersten "Hier" und der Pause zu betrachten. Im Hinblick darauf, daß es um den Brief geht, der die Migration nach Deutschland ermöglichen soll, fällt auf, daß Şemi ansetzt "Ich hab gesagt: Hier" und nach der Pause von |1s| betont herausstellt "Hier ist gut aber". Bevor er sagt, was er zur Verwirklichung seines Planes geschrieben hat, stellt er dem adversativ gegenüber, daß es "Hier gut ist". Es ist, als wenn er das, was er auch über das "Hier" gesagt hat, zurückhält und nach der Pause sogleich korrigiert. Wenn er bei Verwandten gelebt hat, dort eine Arbeit hatte und versorgt war, dann wird er ohne handfesten Grund kaum diese Verwandten gegenüber seinem Vater kritisieren können. Er kann also seinen Wunsch, nach Deutschland zu kommen, durchaus damit verbunden haben zu sagen, daß es "gut" ist, daß er also nicht aus Gründen der Unzufriedenheit mit den Verwandten nach Deutschland möchte. Wie dem auch sei, hier interessiert nicht, was Şemi wirklich geschrieben hat, sondern daß von ihm bezogen auf seine Vergangenheit in der Türkei auffällig betont wird, daß es gegen alle Relativierungen, die sich anbieten könnten, "gut" war. Er grenzt sich mit "aber" bereits davon ab, bevor überhaupt welche vorgenommen worden sind. Formal mögen diese Überlegungen ihre Bestätigung darin finden, daß vor dem ersten "Hier" Şemi sagt "ich hab gesagt" und nach der Pause "Hier ist <u>gut</u> aber hab ich gesagt" fortfährt. Die beiden "hab gesagt" mögen anzeigen, daß es um zwei Aussagen Şemis geht, wovon er die erste abbricht. Im Vorgriff sei darauf verwiesen, daß sich im weiteren Interview zweimal diese Figur findet, dabei aber jeweils jedem Sagen eine Aussage zugeordnet ist. Ist die Argumentation schlüssig, dann kann man sagen, daß Şemi die Verträglichkeit in der sprachlichen Fassung des damalig Gesagten mit seiner zuvor entwickelten Perspektive von der Jetzt-Zeit her auf diese Vergangenheit herstellt.

Bezieht man das "aber" auf "hab ich gesagt", dann ist die Äußerung in Bezug zu setzen zu Şemis Fassung seiner Vergangenheit als ein Bild von Autonomie, zu seiner Formulierung, daß er in der Türkei "ganz gut" war, und gleichzeitig dazu, daß er von sich aus wegen dem erhofften Mehrverdienst nach Deutschland will. Dann ergibt sich, daß Şemi, auch wenn er einen Brief an seinen Vater geschrieben hat, um nach Deutschland zu kommen, "aber" damals schon gesagt hat: "Hier ist gut." Şemi grenzt sich also von der möglichen Vermutung ab, daß er, weil er nach Deutschland kommen wollte, damals etwas anderes gesagt habe, und hält so seine heutige Wertung und sein damaliges Handeln miteinander verträglich. Beide Lesweisen führen also zu keinen stark voneinander abweichenden Ergebnissen. In beiden Fällen geht es um die Verträglichkeit von Şemis heutigem und damaligem Verhältnis zu seiner Arbeitserfahrung in den für ihn gültigen Lebenszusammenhängen in der Türkei.

Im folgenden führt Şemi aus, wie er seinem Vater gezeigt hat, warum es ihm gut geht, er kann "hier gut essen". Als für mich notwendige Hintergrundinformation, wie er mit "weißt du" expliziert, fügt er an, daß er damals "ganz dicker" war. Dabei unterstreicht er dies durch die erhöhte und leicht gepreßte Stimmme.[8] Diese Tatsache belegt das an den Vater Geschriebene. Indem er das Essen als Kriterium für sein Wohlergehen bestimmt, zeigt er seinem Vater und damit mir, daß er gut versorgt war und also wie in einer Familie gelebt hat. Mit diesen Äußerungen über das Essen setzt Şemi das fort, was er mit "Hier ist gut aber" begonnen hat und baut es aus. Daß es in der sprachlichen Fassung seines damaligen Verhältnisses zu seinen Lebensverhältnissen um sein Verhältnis zum Zeitpunkt des Interviews zu seiner Vergangenheit als Auseinandersetzung mit der Gegenwart geht, findet eine Stütze auch darin, daß er das Essen als Kriterium einführt. Die Unterschiede des Essens in Deutschland und der Türkei und die Güte des Essens in der Türkei spielen in der Rede türkischer Migranten eine große Rolle, darin artikulieren sie ihr Verhältnis zu ihrer Lebenssituation in der BRD.[9] Der zu erwartende Anlaß für den Brief aber, da Şemi von ihm im Kontext seiner beabsichtigten Migration nach Deutschland spricht, nämlich daß er seinen Vater auffordern oder bitten will, ihn zu holen, kommt nicht mehr zur Sprache, er ist einzig in dem "aber" implizit anwesend.

Von hier aus fährt Şemi mit einem Resümee dessen fort, was er zu Anfang dargelegt hat: "Bin ich hergekommen, Schule, wieder zu Hause, Schule fertig Arbeit finden, keine Arbeit, |1/2s|" Er endet mit der Bewertung dieser Karriere als "Scheiße" und der Abschlußformel "So ist das", die, wie ausgeführt, seine Geschichte als Schicksal faßt. Sein Irrtum be-

8 Wer dick ist, gilt in den Augen vieler Türken und türkischen Migranten, soweit ich dies erfahren habe, als gesund. Wenn man für Kinder und Jugendliche zu sorgen hat, dann ist Zeichen der verantwortungsbewußten Übernahme dieser Versorgungsaufgabe, daß sie gut zu essen haben. In diesem Sinne bedeutet "Ich kann hier gut essen" auch "Ich werde gut versorgt". Dicke Kinder gelten als gesund. Gesunde Kinder sehen aus "bir ay parçası gibi", also wie ein Stück Mond (vgl. Mıhçıyazgan 1986). Bei einer zwischenzeitlichen, langwierigen Erkrnakung wurde ich in der Türkei und hier mehrfach darauf hingewiesen, daß ich früher "viel dicker" gewesen sei.

9 Vgl. dazu auch das Gruppeninterview.

stand darin, daß er in der Hoffnung auf Verbesserung in die BRD gekommen ist, dafür eine aus der jetzigen Perspektive gute Lebenssituation aufgegeben und sich Arbeitslosigkeit und Kritik eingehandelt hat.

Um die Ausführungen wenigstens etwas abzukürzen, beschränke ich mich für die folgende Interviewpassage von "I: Ja eh und als du |1s| also du hast . . . " bis "I: . . .Und mit vierzehn bist du selbst hierhingekommen? Ş: Hmhm" auf eine zusammenfassende Darstellung einer gleichwohl detailliert durchgeführten Analyse, da es sich um relativ umständliche, aber für das folgende in ihren Details nicht sehr bedeutungsvolle Klärungen handelt. Es wird mehr oder weniger geklärt, wie alt Şemi war, als der Vater und die Mutter in die BRD gegangen sind, bzw. wieviel Jahre diese vor Şemi dorthin migrierten und wie alt Şemi zum Zeitpunkt des Interviews ist. Folgende Punkte sind festzuhalten: Die erste resümierende Frage, wie lange Şemi im Betrieb seines Cousins gearbeitet hat, ist problematisch dahingehend, daß sie Şemis Genauigkeit in der Bestimmung seines Verwandtschaftsverhältnisses zu dem, bei dem er gearbeitet hat, mißachtet und in der demonstrativ unpräzisen Formulierung "Onkel |1s| ja? Oder in/Cousin oder was ne?" für nebensächlich erklärt. Şemi nimmt dies in seiner Bestätigung "Ja ja Cousin sagt er und so" hin, damit sicherlich Erfahrungen widerspiegelnd, daß solche Verhältnisse häufig in der BRD keine große Rolle spielen. Er besteht also nicht auf der genauen Bestimmung des Verwandtschaftsverhältnisses, wie er sie zuvor noch mit dem umständlichen Begriff "meiner Mutter Schwester Sohn" vorgenommen hat. Bezüglich der umständlichen Klärung, wie alt Şemi war, als der Vater in die BRD gegangen ist, möchte ich nur noch einmal darauf hinweisen, daß sich hier die gleiche Unsicherheit und Vagheit bei der Angabe von biographischen Daten wie bereits weiter oben findet und daß entsprechend Şemi auch die Zeitabstände zwischen bestimmten Ereignissen nicht angibt, hier z.B., um wievieles die Mutter früher als er in die BRD gegangen ist. Insgesamt ist zu der Passage zu sagen, daß ich, statt Fragen zu stellen, die den Problemen nachspüren, die Şemi zuvor angedeutet hat, mich vor der Komplexität der Situation wieder in die Interviewerpose flüchte, in der qua "Fragenkatalog" Daten abgefragt werden. Darauf ist später zurückzukommen.

Nach den umständlichen Klärungen stelle ich wieder eine Rückversicherungsfrage: "Hm |1s| Und - aber du wärst/also in der Türkei das hat dir aber gefallen?" Hier wird nicht von Şemi Gesagtes wiederholt, sondern eine Bestätigung erfragt für die Art, in der ich Şemi interpretiere. Nach dem ersten abgebrochenen Ansatz, dessen Richtung nicht zu ersehen ist, ziele ich auf eine Ratifizierung meines Verständnisses Şemis, daß es ihm nämlich in der Türkei "gefallen" hat. Dies ist allerdings ein problematisches Verständnis, denn Şemi hat gesagt, daß er "gut" war und es da "gut" war. Die Analyse hat ergeben, daß es in dieser Rede Şemis darum geht, welche Position er einnahm, daß er als Arbeitender in der Türkei eine gewisse Autonomie im Vergleich zu seiner jetzigen Lage besaß, zumal er nicht mehr in der engeren Familie lebte, und daß er eine angesehene Arbeit hatte. Die Wertung dieser Verhältnisse als "gut" war zu verstehen als sein Verhältnis zu seiner Lage in Deutschland, wo er keine Arbeit hat, vom Vater abhängig ist und auch moralisch wegen seiner Praxis, die der Vater als "Mist" einstuft, unter Druck gerät, und als sein Verhältnis zu der bevorstehenden Rückkehr. Er war in der Türkei "gut", weil all die Dinge nicht gegeben waren, die in Deutschland "schlecht" sind und die er mit in die Türkei bringen wird, wobei aber festzuhalten ist, daß Şemi keine einzelne Sache als schlecht, sondern die Gesamtkonstellation als "Scheiße" wertet, der er die damalige Gesamtkonstellation in der Türkei, so wie er sie dargelegt hat, gegenüberstellt. Es geht also überhaupt nicht darum, ob es Şemi gefallen hat, sondern um seine respektable Position im Vergleich zu der in Deutschland, die ihn im Verhältnis zu dem Vater und der ganzen Familie unter Druck geraten läßt, die eben nicht respektabel ist. "gefallen" ist also ein luxurierender Begriff, dem die Verhältnisse, die Şemi in seiner Rede faßt, entgehen. "gefallen" ist ein Verhältnis zur Türkei, das Touristen eingehen, an Şemis Verhältnis zu seinen Verhältnissen in der Rede über die Türkei geht es grundlegend vorbei.

Schließlich ist noch auf das "aber" in der Frage einzugehen. Şemi wollte von sich aus nach Deutschland kommen und will zudem, wenn es möglich ist, dort bleiben. Wenn es Şemi also in der Türkei "gefallen" würde, so stünde dies im Widerspruch dazu. Dies ist in dem "aber" zum Ausdruck gebracht. Es zeigt zugleich, daß in der Äußerung "hier ist gut aber" Şemis Antizipation einer möglicherweise bestehenden Erwartung, daß es in der Türkei nicht "gut" war, treffsicher war.

"Ş: Ja da war gut aber - jetzt |1s| kann ich nicht wenn ich spucke verstehst du das Spucke nehm ich wieder nicht - vom Mund verstehst du. Da hab ich wieder - ich hab gesagt: Ich gehe Deuschland. Schnauze voll hab ich gesagt ne. Und wenn du/ wenn ich jetzt spucke ich nehm nicht wieder das - vom Mund. Verstehst du was ich meine ne?"

Şemi bestätigt mein Verständnis des von ihm Gesagten, nicht ohne an die Stelle meiner Fassung wieder "da war gut" zu setzen, um im folgenden wohl in Reaktion auf das "aber" in meiner Frage zu begründen, warum es falsch wäre zu glauben, seine Absicht hierzubleiben stehe im Widerspruch zu dieser Aussage.

"Aber - jetzt", also zum Zeitpunkt des Interviews und allgemein gilt für Şemi eine Regel: Wenn er spuckt, dann nimmt er die Spucke nicht wieder in den Mund bzw. kann er dies nicht. Zu dieser Umformulierung komme ich über folgende Schritte: Das "wieder nicht" halte ich für einen Stellungsfehler. "Vom Mund" ergibt hier keinen Sinn. Şemis Schwierigkeiten mit Präpositionen werden hier wieder deutlich. "In den Mund" statt "vom Mund" ergibt sich aber daraus, daß es im Türkischen eine

Redensart gibt, nach der man von jemand sagt, daß er seine Spucke wieder aufleckt, wenn er wortbrüchig wird, Gesagtes wieder zurücknehmen oder einen Rückzieher machen muß. Şemi äußert dieser Redensart entsprechend, daß er seine Spucke nicht wieder aufleckt bzw. nicht wieder auflecken kann, wenn er einmal gespuckt hat,[10] daß er also irgendetwas nicht zurücknehmen kann oder will.

"Da hab ich wieder - ich hab gesagt: Ich gehe Deutschland. Schnauze voll hab ich gesagt ne." Der deiktische Verweis "da" bezieht sich auf das gleiche "da" damals, als es "gut" war, zu dieser Zeit hat er gesagt: "Ich gehe Deutschland. Schnauze voll." Die Korrektur liegt wohl begründet darin, daß Şemi realisiert, daß "wieder" nicht paßt. Daß er "wieder" sagt, könnte auf das Türkische zurückzuführen sein, denn "daha" heißt abhängig vom Kontext sowohl "wieder" als auch "noch". Trifft dies zu, dann hat Şemi das, was er gesagt hat, damals "noch" gesagt. Bei diesem handelt es sich um das, was gespuckt war.

Weiter oben hatte sich ergeben, daß Şemi in der Artikulation seines Verhältnisses zur Vergangenheit als Auseinandersetzung mit der Gegenwart bezüglich des Briefes an den Vater ausspart, warum er nach Deutschland kommen wollte, und bezüglich der Begründung, warum er herkommen wollte, in dieser sein Streben damals schon als bestimmt von dem Problem Arbeit und Geld verdienen faßt. Hier deutet er nun an, daß in der Türkei nicht alles "gut" war. In dem "Schnauze voll" wird deutlich, daß er unter den Verhältnissen auch gelitten hat. Daß Şemis Situation als Lehrling nicht nur "gut" war, kann kaum überraschen. Die Anforderungen an einen zehn bis vierzehnjährigen als "Autoschlosser" dürften nicht gering gewesen sein. Denn solche Lehrverhältnisse in der Türkei, wenn es welche sind, in den zahllosen Garagen sind durch enorme Abhängigkeit und sehr geringe Bezahlung gekennzeichnet. Gelernt wird im wesentlichen durch Mitarbeit. Wenn Şemi also als Ziel seiner Migration zuvor "mehr verdienen" angibt, dann ging es wohl auch um den Versuch, der dortigen Abhängigkeit zu entkommen. Aber in der Folge seiner Äußerungen zuvor sind die Verhältnisse in der Türkei ein Bild der jetzt erstrebten Autonomie und auch einer Position, die er jetzt haben könnte, falls er ohnehin zurück muß.

Aber Şemi konnte damals auch sagen "Ich gehe Deutschland", d.h. er besaß eine Möglichkeit der Kritik und des Sich-Distanzierens von den Verhältnissen, die sich ihm real bot und die er auch wahrgenommen hat. Hat man einmal ansatzweise in der Türkei mitbekommen, wie die reale Präsenz der Arbeitsmigranten jedes Jahr und deren Erzählungen das Material der Träume und der (allerdings meist folgenlosen) Kritik der Verhältnisse bereit stellen,[11] was sich in dem Topos "Almanya/Deutsch-

10 Die entsprechende Formulierung im Türkischen würde lauten "Tükürdüğümü yalamam" bzw. "Türkürdüğümü yalayamam."

11 Das gilt m.E. bis heute, auch wenn die Türken in der Türkei um die Probleme ihrer Landsleute wissen. Auch der Druck, unter den die

land" bündelt, dann wird einem die schwerwiegende Bedeutung von Şemis Ausspruch deutlich. Er ist 1979 einer der wenigen, die die Möglichkeit überhaupt noch haben zu sagen, ich gehe nach Deutschland. Und diese relative Unabhängigkeit hat er genutzt, um zu sagen, daß es ihm reicht, daß er auf die Arbeit in der Türkei nicht angewiesen ist. Dabei dürfte zwar auch, aber nicht nur die Aussicht des Mehrverdienstes eine Rolle gespielt haben, sondern an der Vorstellung, nach Deutschland zu gehen, hängt auch die Hoffnung auf ein ganz anderes Leben, die jedes Jahr durch die Migranten auf "Urlaub" mindestens durch die Form ihrer Präsenz (Autos, Kleidung, Häuserbau, Hochzeiten, relativ viel Geld etc.) und z.T. auch durch ihr Reden genährt wird.[12]

So wird ansatzweise die Diskrepanz zwischen Şemis damaliger und heutiger Wertung seiner Verhältnisse in der Türkei deutlich. Als gelebte hat er sich davon distanziert, diese kritisiert. Seine Biographie aber hat den Bezugspunkt seiner Kritik, "Deutschland", zerstört.[13] Er ist nach Deutschland gegangen und alles das, was in dem "Ich gehe Deutschland" gebündelt ist, hat sich nicht erfüllt. Umgekehrt aber sind die Verhältnisse als erinnerte im Hinblick auf Şemis Gegenwart ein Gegenbild der Autonomie geworden. Statt sich in Deutschland unabhängig machen zu können von dem, wovon er die "Schnauze voll" hat, ist er von einer Abhängigkeit in eine andere geraten. Damals war er ein Stück weit gegenüber dem Vater autonom und auch wenn er in Verhältnissen gearbeitet hat, von denen er die "Schnauze voll" hatte, so war dies doch sozial akzeptabel. Jetzt aber hat er sich Abhängigkeit von seinem Vater und soziale Inakzeptabilität hier und auch gegenüber denen eingehandelt, zu denen er zurückkehren soll. Zudem steht er aufgrund des von ihm Gesagten unter Druck, was es zusätzlich schwierig macht, die alte Position wieder einzunehmen. Deshalb *war* es da "gut", aber *ist* es nicht mehr.

"Un wenn du/wenn ich jetzt spucke ich nehm nicht wieder das - vom Mund. Verstehst du was ich meine ne?" Durch die Korrektur wechselt Şemi von der allgemeinen Formulierung als Maxime, zu der er mit dem "du" als Indefinitpronomen im Sinne von "man" ansetzt, zur Formulierung einer Regel, die für ihn gilt. "Ich gehe Deutschland. Schnauze voll." war gespuckt und Şemi will dies nicht vor den anderen wieder

Almancılar in der Türkei häufig geraten, widerspricht dem nicht, sondern hat oft genug genau zum Anlaß, daß diese nicht geschafft haben, was die in der Türkei Lebenden von ihnen erwarten.

12 Allerdings habe ich auch oft genug mitbekommen, daß die Erzählungen der Migranten das, was die Form ihrer Präsenz in Relation zu den materiellen Möglichkeiten der Nachbarn, Verwandten und Bekannten nahelegt, gar nicht zu destruieren vermögen.

13 In der in den letzten Jahren wachsenden Aufmerksamkeit für das Schicksal der Rückkehrer scheint mir diese Frage wenig Beachtung zu finden, ob nämlich eine Reihe von Rückkehrern dieses Material der Kritik der Verhältnisse aufgrund gemachter Erfahrungen nicht mehr teilen können und was dies für ihr Verhältnis zu denen bedeutet, die sich dieses Materials wiederkehrend bedienen.

auflecken, will nicht zurücknehmen, was er gesagt hat, wobei er im Hinblick auf das "Schnauze voll." wohl gewärtigt, daß man ihm wie vielen Almancılar vorhalten wird, daß er sich für etwas besseres gehalten hat. Mit der Frage rückversichert er sich, ob ich ihn verstanden habe. Das Gesagte ist ihm also wichtig und er ist sich zugleich der Verständlichkeit seines Bildes "Spucke vom (in den) Mund nehmen" nicht sicher.

I: Nä das hab ich nicht verstanden.
Ş: Also - guck mal. Da ? hab ich meine Cousin gesagt ne: |1/2s| Ich gehe Deutschland. Ich arbeite nicht mehr bei dir ne hab ich gesagt. Und - dann bin ich Deutschland gekommen. Und sagt m eh der |1s| wenn ich jetzt dahin gehe ne, vielleicht der willeh nicht mehr. Ich will nicht dahin wieder zurückgehen. Verstehst du?

Nach meiner Verneinung bezüglich der Frage, ob ich ihn verstanden habe, erläutert Şemi das Gesagte. "Da", also damals in der Türkei hat er zu seinem Cousin etwas gesagt. Gegenüber den Ausführungen zuvor wird nun der Adressat dessen, was er gesagt hat, genannt, nämlich der Cousin, bei dem er gearbeitet hat. Şemi übernimmt den Terminus Cousin, was seinen Grund wohl darin hat, daß er mir etwas zu verdeutlichen sucht, was ich zuvor nicht verstanden habe, und entsprechend Verständlichkeit am ehesten zu erzielen ist, wenn er, was er sagen will, ein Stück weit in meinen Termini faßt. Dem Cousin hat Şemi gesagt: "Ich gehe Deutschland. Ich arbeite nicht mehr bei dir." Der erste Teil des Gesagten stimmt mit dem überein, was er auch zuvor als seine damalige Rede faßt. Aber der zweite Teil ist nun eine Kündigung, die Wertung "Schnauze voll" wiederholt Şemi nicht. Dies kann man als einen weiteren Hinweis darauf verstehen, daß Şemis damaliges kritisches Verhältnis zu seinen Verhältnissen nur noch in Ansätzen durchscheint. Aber auch die Möglichkeit Şemis, als Vierzehnjähriger seinem Cousin mit Verweis darauf zu kündigen, daß er nach Deutschland geht, indiziert, daß diese stets präsente Möglichkeit in dem Arbeitsverhältnis zwischen ihm und seinem Cousin eine Rolle gespielt haben könnte. Er konnte eben sagen "ich gehe", wenn er die "Schnauze voll" hatte.

"Und sagt m eh der |1s| wenn ich jetzt dahin gehe ne, vielleicht er willeh nicht mehr." Şemi setzt an zu sagen, was der Cousin sagen wird. Nach der Pause klärt er, daß es um das zu erwartende Verhalten des Cousins im Falle seiner Rückkehr geht, äußert aber nach der Nennung dieser Bedingung nur noch die Vermutung, daß der Cousin "nicht mehr will". Nicht-mehr-wollen meint, daß der Cousin ihn nicht mehr einstellen wird, wenn er "jetzt" wieder dahin kommt, nachdem er "da", damals gekündigt hat. Daß Şemi die Überlegung nicht zu Ende vorführt, was der Cousin bei seiner Rückkehr sagen könnte, stimmt zusammen mit seiner bisherigen Fassung dieser Vergangenheit. Der Cousin würde mit dem, was er sagen würde, sich zu dem äußern, was Şemi damals gesagt hat, und dies würde erst deutlich machen, warum er "nicht mehr will". Diese Seite aber, nämlich das, was Şemi zur Migration in die BRD veranlaßt hat, kommt bereits zuvor nur verkürzt unter der Perspektive der Jetzt-Zeit zur Sprache. Bezieht man das mögliche Nicht-Wollen des Cousins auf die Ausführungen über das Spucken zurück, dann zeigt sich, daß dieser nun in der Position der Überlegenheit Şemi zurückweisen kann. "Ich arbeite nicht mehr bei dir" war gespuckt, denn Şemi ist wieder in der Position dessen, der auf eine Arbeit wie die bei seinem Cousin angewiesen ist. Die Vermutung, daß der Cousin nicht mehr will, und die Blöße, die sich Şemi mit seiner Rückkehr gibt, ist umgekehrt auch Grund für Şemis Bestimmtheit, daß er selbst nicht "dahin wieder zurückgehen" will, die in der Betonung von "will" und "zurückgehen" zum Ausdruck kommt. "dahin" ist dabei nicht nur auf den Cousin zu beziehen, sondern auch auf das "da", wo er dem Cousin gekündigt hat, also auf die "Türkei", mit der die Lebenszusammenhänge gefaßt sind, von denen Şemi als für ihn vor seiner Migration gültige gesprochen hat. In diesen steht er als jemand da, der gespuckt hat. Zum Schluß versichert sich Şemi erneut, daß er verstanden worden ist.

I: Du willst nicht mehr dahin zurückgehen? Hmhm. Ach und so meinst du das
Ş: Nein.

I: mit dem Hm. Hmhm.
Ş: Jajaja. Das mein ich.

Meine Rückfrage bezieht sich darauf, daß Şemi hintereinander sagt, daß der Cousin vielleicht nicht will und daß er nicht will. Nach Şemis Bestätigung zeigt mein Äußerungsansatz "Ach und so meinst du das mit dem" nicht an, daß ich das Spezifische von Şemis Darlegungen verstanden habe, nämlich die Begründung dafür, warum er nicht mehr zurückgehen will, wohl aber unterstrichen mit dem "Ach" den Anspruch, verstanden zu haben. Habe ich Şemis erste Ausführungen über das Spucken nicht verstanden, dann wird in Şemis nachfolgenden Erläuterungen das, was für ihn die Rückkehr so schwierig macht, nicht deutlicher, denn daß die Kündigung den Cousin dazu veranlassen kann, nun Şemi seinerseits zurückzuweisen, wird von Şemi nicht weiter begründet, sondern als Vermutung geäußert. Daß im Falle der Rückkehr ein Wieder-Vorsprechen wegen Arbeit bei seinem Cousin einen Gesichtsverlust bedeuten würde, weshalb Şemi selbst nicht mehr zurück möchte, ist zu erschließen, keineswegs von Şemi aber hier ausgeführt.

Dann stellt sich die Frage, wieso Şemi noch vor Beendigung meiner Äußerung schnell und versichernd bestätigt "Jajajaja. Das mein ich.". Er hat sich zweimal meines Verständnisses versichert und bestätigt hier nun sofort, daß ich ihn richtig verstanden habe, obwohl dies aus meinen Äußerungen gar nicht hervorzugehen scheint. Aber aus diesen geht hervor, daß ich verstanden habe, daß Şemi nicht mehr zurückgehen will. Dies scheint also das Wesentliche zu sein. Aufgrund der Entwicklung des Interviews bis hierhin ist dies nicht erstaunlich. Von Anfang an ist Thema, daß Şemi zurück muß, weil er keine Arbeit hat. In diesem Zusammenhang hat er weiter vorne gesagt: "Vielleicht - wenn ich jetzt Arbeit finde |2s| bleib ich ↗ hier↘." Die Analyse dieser Äußerung und meiner nachfolgenden Reaktion hat ergeben, daß Şemi implizit auf eine Stellungnahme von mir zielt, ob er eine Chance hat, eine Arbeit zu bekommen, da er in diesem Falle in der BRD bleiben würde. Diese Andeutungen werden von mir durch Rückzug auf die Position des Interviewers übergangen. Auf Şemis Rede über die Türkei, warum es da "gut" war, habe ich in der Form reagiert, daß ich ihm mein touristisches Verhältnis dazu unterzuschieben versuche. Vor diesem Hintergrund habe ich tatsächlich das Wichtige verstanden, daß Şemi nämlich hierbleiben will und daß seine Rede über die Türkei diesen Wunsch nicht abschwächt oder gar außer Kraft setzt. So mag ich nun für die Frage offen sein, was man tun kann, damit Şemi hierbleiben kann.

I: Und jetzt weißt du also auch gar nicht was du sonst machen sollst wenn du ( )
Ş: Ja

I: |1s| Hmhm. Also tut/tut dir das heute n bißchen leid daß du hier hingekommen bist?

Ş: Hier ist <u>gut</u> - für mich. Aber wie kann ich leben hier wenn mein
I: Hmhm |1 1/2s|

Ş: [räuspert sich] wenn meine Vater weggeht? Kein Geld, keine.
I: Hmhm hmhm

Die nächste Frage von mir fügt sich in das, was Şemi "meint", noch gut ein, da ich ihm eine Schlußfolgerung von mir aus dem von ihm Gesagten zur Ratifizierung vorlege, die er sofort und noch vor ihrer Beendigung mit "Ja" passieren läßt. Diese parallele Bestätigung noch vor Beendigung der Äußerung stützt die Interpretation, daß Şemi zuvor so schnell und versichernd mein richtiges Verständnis bestätigt, da ich sein wesentliches Anliegen, nämlich seinen Bleibe-Wunsch verstanden habe, denn auch meine Schlußfolgerung bringt einen weiteren Grund hervor, warum er nicht zurückgehen will.

Problematisch aber ist die nächste von mir mit "also" vorgezeigte Schlußfolgerung. Zunächst könnte man meinen, daß von mir gar nicht erschlossen zu werden bräuchte, daß es Şemi "bißchen leid tut", daß er "hierhin gekommen" ist, dies und mehr ist von Şemi explizit gesagt worden: "Scheiße. Wenn ich/ich hätte nicht Deutschland geko/kommen wäre ehrlich." Aber diese Schlußfolgerung erfährt von Şemi keine Bestätigung: "Hier ist gut - für mich." Das vorgezeigte Verständnis für

Şemi wird von diesem zurückgewiesen. Betrachtet man noch einmal die Stelle, wo Şemi sagt, daß er nicht nach Deutschland hätte kommen sollen, dann schließt diese Äußerung sequentiell an die Passage an, in der die Mittel des Vaters und implizit die Mittellosigkeit Şemis Thema sind. Şemis Äußerung und die nachfolgenden Ausführungen über die Türkei fallen also da, wo er sich in der Rede über die Möglichkeiten seines Vaters unmittelbar mit der am nächsten Tag anstehenden Rückkehr in die Türkei konfrontiert sieht. Diese Verortung meines Schlusses als demonstriertes Verstehen ist aber hier nicht gegeben, hier geht es darum, daß Şemi nicht wieder zurück, daß er hierbleiben will. Die Analyse hat ergeben, daß dies eine Möglichkeit ist, die er keineswegs abgeschrieben hat, und ihm kommt es darauf an, daß ich dies verstanden habe. Vor diesem Hintergrund ist Şemis Antwort zu verstehen. Mit der Aussage "Hier ist gut - für mich." begrenzt er den Selbstvorwurf, daß er nicht hätte herkommen sollen, auf den Fall, daß er in die Türkei zurückkehren muß. Eine allgemeine Bewertung ist damit nicht ausgesprochen.

Was aber heißt "Hier ist gut - für mich."? Bis hierhin war bereits häufig von "gut" die Rede. Gleich zu Anfang sagt Şemi "Bei mir hier ist alles - gut." Im Zusammenhang damit, daß er bei seiner Tante gewohnt hat, sagt er "Da war ich ganz gut.". In dem Brief an den Vater heißt es "Hier ist gut aber.". Und auf die Frage, ob es ihm in der Türkei gefallen habe, sagt er wieder "Da war gut". Zu Anfang war die Äußerung "Bei mir hier ist alles gut" v.a. in Bezug auf meine Frage zu lesen: Er kehrt nicht in die Türkei zurück, weil es ihm in der BRD nicht gefällt. Ein Stück weit parallel dazu ist die Äußerung hier zu lesen. Şemi stellt heraus, daß es für ihn gut ist, im Kontext dessen, daß er nicht zurück will. Ebenfalls parallel zu dieser anfänglichen Äußerung findet sich auch hier die Begrenzung: dort "bei mir", hier "für mich". Bevor ich darauf eingehe, ist zunächst zu klären, inwieweit "hier ist gut" mit "da war ich ganz gut" und "da war gut" verträglich ist. In der Analyse dieser Passagen hat sich gezeigt, daß Şemi in seinem Verhältnis zu seiner Arbeitsvergangenheit sein Verhältnis zur Gegenwart artikuliert. "Da war ich ganz gut." war auch wörtlich zu lesen: Şemi war gut, weil er konstant und in einem respektablen Beruf gearbeitet und in kontrolliertem Kontext gelebt hat, d.h. weil seine Praxis sozial akzeptabel war. Dies kontrastierte mit dem, was der Vater ihm vorwirft. Seine Lebenspraxis dort war legitim, entsprechend war er dort auch gut, was über das "hier" nicht gesagt ist, hier ist es gut *für* ihn.

Man kann also fragen, ob "hier ist gut - für mich" heißt, daß es für Şemi gut ist, weil er sich damit all den Konflikten und Schwierigkeiten, die auf ihn in der Türkei zukommen, entziehen kann, und er die Wertung auf seine Person, "für mich" und "bei mir" begrenzt, weil er sich in dieser besonderen Lage befindet. Dann wären "hier ist gut - für mich" und "da war gut" bzw. "da war ich ganz gut" miteinander verträglich, da Şemi im Falle seiner Rückkehr in die Türkei dort jetzt nicht "gut" wäre und dies mit seinem Hierbleiben umgehen könnte. Dies ist sicherlich eine Bedeutung der Eingrenzung "für mich", aber daß es für Şemi nur deshalb "gut" ist, läßt sich daraus nicht schlußfolgern.

Şemi sagt zu Anfang "bei mir hier ist alles - gut." und fährt fort "aber keine Arbeit weißt du." Ich habe gesagt, daß das "bei mir" Hinweis darauf ist, daß dies möglicherweise für einen oder mehrere andere nicht gilt. Im weiteren Verlauf stellt sich heraus, daß für den Vater hier nicht alles gut ist. Er macht sich Sorgen wegen des "Spazierengehens" seines Sohnes, da dieser dabei "immer" "Mist macht". Zugleich war aber zu sehen, daß Şemi sich die Bewertung seiner Praxis als "Mist" nicht zu eigen macht, daß da, wo er ein Beispiel für "Mist" in der Schule gibt, sein Spaß daran durchscheint und daß diese Bewertung für seinen Vater ein Grund für die Rückkehr in die Türkei ist, für Şemi aber nicht. Ich habe darauf hingewiesen, daß Şemi zwar Distanz zu den Wertungen seines Vaters artikuliert, das Verhältnis seines Vaters zu seiner Praxis als Zitate vorzeigt, aber kein Verhältnis zum Verhältnis seines Vaters zu seiner Praxis eingeht. Der Vater sagt das, was er sagt, und geht darum in die Türkei zurück. Damit, daß Şemi gegenüber mir kein Verhältnis zum Verhältnis seines Vaters eingeht, paßt zusammen die Form, in der er seinen Werdegang in der BRD faßt, die biographische Wiedergabe, in der der Werdegang vom Resultat, der Arbeitslosigkeit, her strukturiert wird als objektiver Ablauf von Geschehnissen. Es findet sich darin keine explizite Wertung Şemis, diese Wirklichkeit als Gewordene ist so wie sie ist. Sie wird auch nicht wieder aufgegriffen, wo die Vorhaltungen des Vaters gegenüber Şemi wegen seines Spazierengehens zur Sprache kommen, in dem Sinne, daß er sich verteidigt. Es ist also zu beachten, daß Şemi *kein* Verhältnis zum Verhältnis seines Vaters zu seiner Praxis eingeht, sondern in der Rede im Verhältnis zu mir nur Distanz dazu hält, was nicht dasselbe wie ein kritisches Verhältnis ist. Entsprechend läßt sich nicht ausschließen, daß es für ihn hier nicht nur aus Gründen der Vermeidung der in der Türkei zu erwartenden Schwierigkeiten "gut" ist.

Im folgenden habe ich argumentiert, daß Şemis Verhältnis zur Vergangenheit sein Verhältnis zur Gegenwart ist, was dem zu widersprechen scheint, daß er kein Verhältnis zum Verhältnis seines Vaters eingeht. Es war aber stets zu beachten, daß Şemi der Konstellation in Deutschland die Konstellation der Vergangenheit in der Türkei gegenüberstellt. Diese ist dadurch bestimmt, daß Şemi dort ein sozial akzeptables Leben führt, wobei alles das, was der Vater kritisiert, damals nicht zu kritisieren war. Damals lebte Şemi den Standards des Vaters entsprechend, er war "gut" und entsprechend war es "da" "gut", weil diese Konflikte nicht vorhanden waren. Şemis Verhältnis zur Vergangenheit ist also eine Bearbeitung des prekären Verhältnisses zu seinem Vater. Damals war es "gut", weil es nicht prekär war. Die Gegenwart aber ist prekär nicht schlicht deshalb, weil der Vater Şemi kritisiert, sondern weil des Vaters Kritik (für) Şemi nicht zu greifen scheint, sie scheint nicht an ihn heranzukommen. Der Vater beschließt so, mit seiner Familie in die Türkei zurückzugehen. Und in seinen weiteren Ausführungen legt Şemi die Konsequenzen dieser Rückkehr für ihn dar. Wenn also Şemi sich nicht ins Verhältnis zu dem Verhältnis seines Vaters zu seiner Praxis setzt und dies auch nicht Kritik ist, dann ist damit verträglich, daß es "gut" war, wenn bezogen auf die Forderungen des Vaters er diesen entsprechend leben konnte. Er kritisiert eben die Werte des Vaters nicht. Der Zusammenhang aber, in dem diese griffen, ist zerfallen: "So ist das." Dies ist wohl eine Bedeutung dieser Abschlußformel, daß damit, daß er hergekommen ist, Schule fertig gemacht und keine Arbeit gefunden hat, dieses Passungsverhältnis objektiv zerstört worden ist. Şemi setzt seinerseits nichts an die Stelle, er hält Distanz zu den Reparaturversuchen des Vaters, sagt damit im Reden über die Vergangenheit auch nicht, daß es für ihn "hier" nicht "gut" ist. Im Bedauern seines Herkommens und der anschließenden Rede über die Vergangenheit ist dies nicht Thema, sondern die besondere Form des Verhältnisses zum Vater. Es läßt sich also auch so nicht ausschließen, daß es für Şemi auch aus anderen Gründen als der Vermeidung der Schwierigkeiten in der Türkei "gut" sein könnte.

Nach dem Rezeptionssignal von mir fährt Şemi fort: "Aber wie kann ich leben hier wenn mein [räuspert sich] wenn meine Vater weggeht?" Das doppelte "wenn mein [R] wenn meine" ist auf das Räuspern zurückzuführen, denn bei "wenn mein" wird die Stimme immer belegter, was das Räuspern behebt. Mit der Äußerung spricht er die weiter oben schon thematisierte Abhängigkeit vom Vater an und fragt, wie er ohne diesen hier leben kann. Meine Interpretation der Frage als rhetorische in den folgenden zweifachen Rezeptionssignalen mögen dabei durchaus an einem weiteren Versuch Şemis, von mir eine Antwort auf diese Frage zu erhalten, vorbeigehen. Sein Abschluß "Kein Geld, keine." unterstreicht die Abhängigkeit vom Vater, denn wie soll er ohne diesen hier leben, wenn er kein Geld, gar nichts – so verstehe ich das zweite "keine" – hat.

I: Und warum hast du denn mit deinem Vater Krach gekriegt? |ls| Warum hast
Ş: Wie?

I: du mit deinem Vater Ärger gekriegt? |ls| Warum der nu nu/Warum hat der geschimpft?

Ş: ↗Weil ich keine Arbeit↙ habe. Und |1 1/2s| da und das kann ich nicht erzählen.

Şemi kann ohne seinen Vater hier nicht leben, was von mir wie gesehen als Aussage behandelt wird. Vor diesem Hintergrund komme ich auf das frühere Thema zurück, daß der Vater wegen ihm zurückgeht, und frage nach den Gründen dafür. Şemi hat zwar bereits Gründe dafür genannt – Arbeitslosigkeit, "Spazierengehen" und "Mist machen" –, aber es ist nicht klar, was "Mist machen" heißt. Şemis Rückfrage "Wie?" wird von mir als Reparaturaufforderung verstanden. Ich formuliere die Frage um, indem ich "Ärger" durch "Krach" ersetze. Die folgende Pause von |1s| deute ich als nicht behobene Reparaturnotwendigkeit und frage nun nach einer weiteren internen Reparatur, mit der ich einen dritten Versuch vor Beendigung abbreche, "Warum hat der geschimpft?" Şemi antwortet mit bis "Arbeit" ansteigender und dann abfallender Stimme "Weil ich keine Arbeit habe.", womit er zum Ausdruck bringt, daß das, wonach ich frage, bereits von ihm gesagt worden ist. Man könnte meinen, Şemi habe dies noch nicht gesagt, aber der Vorwurf des Vaters, daß er "immer spazieren" geht, enthält den Vorwurf, daß er immer noch arbeitslos ist. "Arbeitslos sein" heißt im Türkischen "boş gezmek" → "leer/'frei' spazierengehen", aber auch pejorativ "faulenzen, nichts tun". Şemi fährt fort "Und |1 1/2s| da und das kann ich nicht erzählen." Den zögernden Ansatz zur weiteren Explizierung bricht er mit dem Verweis auf die Nicht-Erzählbarkeit des Vorgefallenen ab. Mit dem abgebrochenen Ansatz "Und |1 1/2s| da" gibt er auch zu verstehen, daß er sieht, daß die Frage insofern, als Şemis Arbeitslosigkeit allein in dieser Allgemeinheit noch nicht den Konflikt zwischen dem Vater und ihm transparent macht, auf eine Spezifizierung zielt.

Man kann fragen, warum Şemi auf die dritte Frage antwortet, die beiden anderen aber Probleme erzeugen, die zu einer Nachfrage nach einer Pause und zu einer weiteren Pause führen, die mich zu den genannten Reparaturen veranlassen. Und warum ist die Reparatur der dritten Frage gelungen? Ein Grund könnte in dem grammatischen Subjekt der ersten und zweiten Frage liegen. Es könnte nämlich sein, daß Şemi die Fragen so hört, als wäre der "Krach" oder "Ärger" von ihm ausgegangen. Das aber würde Şemis Weise zuvor, sich mit dem "Ärger", den ihm der Vater macht, in der Rede auseinanderzusetzen, widersprechen. Şemi widerspricht nicht dem, was der Vater sagt, sondern er verhält sich nicht dazu. In diesem Sinne macht er auch dem Vater keinen Ärger oder Krach, sondern der ihm. "mit jemand Ärger oder Krach kriegen" impliziert zwar nicht notwendig, daß der "Krach" oder "Ärger" von dem ausgeht, der mit jemandem "Krach" oder "Ärger kriegt", aber es könnte sein, daß Şemi dies so hört, und in dem Falle würde in den Fragen etwas unterstellt, was Şemi nicht gesagt hat, so daß sich so seine Nachfrage "Wie?" und die Pause nach der zweiten Frage erklären würde.

In seiner Antwort auf die dritte Frage weist er diese als bereits beantwortet zurück und realisiert zugleich in dem "Und |1 1/2s| da", daß sie auf mehr zielt, was er aber zumindest hier im Interview nicht erzählen kann. Darauf hinzuweisen ist, daß die detaillierte Schilderung von Konflikten es schwieriger macht, solche Trennungen vorzunehmen bzw. durchzuhalten, wie sie Şemi zuvor in Bezug auf solch holistische

Kategorien wie "Mist" und "spazierengehen", die sich auf die gesamte Praxis von Şemi beziehen und auch nicht weiter zerlegt werden, vollzogen hat: Der Vater sagt sie und Şemi weiß nicht.

I: Warum kannste das nicht erzählen? |2s| Okay. Hmhm. Und |1 1/2s|
Ş: Laß mal das.

I: und aufgrund dieser Geschichten - sagt der jetzt: Gut also jetzt gehen wir zurück oder? Hmhm
Ş: Ja. Für mich und für meine Bruder.

Die Frage von mir erzeugt Thematisierungsdruck, da sie nach Gründen für die Weigerung zu erzählen verlangt und damit erkennbar versucht, diese rückgängig zu machen, da eine Begründung selbst schon dazu drängt, von dem zu sprechen, was gerade nicht erzählt werden soll. In Reaktion auf diesen Druck folgt eine Pause von |2s|, nach der Şemi den Versuch, ihn zum Reden zu bringen, zurückweist. Leicht verlegen lachend fordert er mich auf, von dem Thema abzulassen, was von mir zunächst akzeptiert wird: "Okay. Hmhm." In dieser Reaktion wird im Akzeptieren zugleich die Zurückweisung verarbeitet, denn das Rezeptionssignal behandelt Şemis Reaktion auf meine Frage als eine Antwort. Diese Form ist der Versuch, die Position des erfolgreichen Interviewers durchzuhalten. Dies setzt sich fort in der nachfolgenden Aufforderung zur Ratifizierung meines Verständnisses des von Şemi Dargelegten, in der ich Şemis Nicht-Erzählen-Wollen als etwas Gesagtes behandle, aus dem Schlüsse zu ziehen sind. Dabei ist das nachgestellte "oder?" zugleich eine Aufforderung zu korrigieren, wenn es sich anders verhält. Soll er mich aber korrigieren, dann zielt dies wieder auf die Thematisierung dessen, wovon er gerade nicht erzählen will. Zugleich nehme ich in dem vorgezeigten Verstehen eine Verschiebung vor dergestalt, daß Şemis Betonung darauf, daß der Vater geht, weil er keine Arbeit hat, keinen Stellenwert mehr erhält. "Diese Geschichten" sind nun der Grund. Aufgrund seiner Weigerung zu erzählen wird Şemi verdächtigt, daß die Absichten des Vaters ganz andere Ursachen als die von ihm angegebenen haben. Das erklärte Einverständnis, von dem, was Şemi nicht erzählen will, abzulassen, wird also von mir nicht eingehalten und ich setze in dieser Form der Verdächtigung den Thematisierungsdruck fort.

Şemi ratifiziert mein Verstehen mit "Ja", so daß ich nicht weiter nachfragen kann, denn wenn er nicht im Detail darauf eingeht und es auch nicht korrigiert, sind "die Geschichten" für mich tabu. Entsprechend kann ich diese Bestätigung auch nur mit Rezeptionssignal als angemessene Reaktion auf meine Aufforderung ratifizieren. Im Anschluß daran aber korrigiert Şemi mit der Äußerung "Für mich und für meine Bruder." die Unterstellungen meines Verstehens. Weiter oben hat Şemi gesagt, daß der Vater wegen der Arbeitslosigkeit Şemis und der zu erwartenden Arbeitslosigkeit seines Bruders zurückkehrt. An diesem Bruder hat Şemi zugleich die Objektivität des Schicksals Arbeitslosigkeit demonstriert und dargelegt, warum seine Praxis des "Spazierengehens" und "Mist machens" dem Vater eine Warnung im Hinblick auf den Bruder ist. Mit der kurzen Bemerkung "Für mich und für meine Bruder." setzt Şemi also seine Fassung wieder ein und läßt sich so auf jede weitere mögliche Unterstellung nicht ein bzw. weist sie zurück.

I: Hmhm. Was gefällt dir denn am besten hier? Alles. Ja aber gibt doch
Ş: Alles. |1s| a

I: bestimmt n paar Sachen die man besser findet. n paar die man weniger besser - weniger gut findet. ◡Ja◂
Ş: Ja. Für mich besser hier. Alles besser für mich.

Nach einem weiteren Rezeptionssignal komme ich nun auf das "hier" in bereits bekannter Weise zu sprechen. Eine meiner Anfangsfragen lautet "was hat dir gefallen und was hat dir nicht gefallen?", worauf Şemi antwortet "Bei mir hier ist alles gut." Nachdem Şemi wenig zuvor gesagt hat "Hier ist gut - für mich", stellt dies einen erneuten Versuch dar, mehr darüber zu erfahren, aber in der gehabt problematischen Weise. Zwar ist Şemis Äußerung "Hier ist *alles* gut" aufgenommen, denn es wird nicht mehr gefragt, was *nicht* gefallen hat, sondern nach Abstufungen, was "am besten" gefallen hat. Aber wie diskutiert, ist die Frage nach "gefallen" problematisch, da sie nicht das trifft, was Şemi mit "gut sein" faßt. Die entsprechende Perspektivenverzerrung ist also Ausgangspunkt für das Folgende.

In seiner Antwort unterläuft Şemi den Versuch, Abstufungen in Erfahrung zu bringen, er bleibt bei seiner holistischen Aussage "Alles." Bis hierhin ist noch keine einzige Bestimmung erfolgt, was für Semi "alles" ist. Nach einer Pause von |1s| wiederhole ich Şemis Antwort. Das Echo kündigt an, daß diese Antwort von mir noch bearbeitet werden wird, daß ich mich damit nicht zufrieden geben werde. Mein Anfang zu dieser Bearbeitung erfolgt wenig vor dem Versuch der Reaktion Şemis, der die verzögerte Wiederholung seiner Antwort als ein Verlangen nach Explizierung hört, mit diesem Versuch aber nicht zum Zug kommt. In meiner Bearbeitung signalisiere ich mit dem "ja", daß ich verstanden habe, und melde mit dem "aber" einen Einwand an. Und dieser Einwand besteht in einer Alltagsweisheit, einer Sentenz, die ich Şemi mit dem durch die Abtönungspartikel "doch" verstärkt den Gegensatz zu seiner Aussage markierenden Positionsausdruck "bestimmt" entgegenhalte: Jeder, eben "man" findet manche Dinge besser, manche weniger gut.

Aber auch dieser Versuch, Şemi zu Abstufungen und damit zu Detaillierungen zu veranlassen, scheitert. Şemi stimmt mir zu, um in seiner Formulierung nur das zweimalige "besser", das aufgrund des Versprechers in meiner Äußerung vorkommt, aufzugreifen, auf das "hier" zu beziehen, von dem in der Frage vorher die Rede war, und auch im Sinne dessen, daß er nicht in die Türkei zurück will, zu sagen: "Ja. Für mich besser hier." In Reaktion auf meinen sich in dem mit ansteigender Stimme gesprochenen "Ja" anbahnenden Einwand kombiniert er diese Weise der Verarbeitung meiner Vorgabe mit seiner ersten Antwort "Alles" und paßt diese so meiner Vorgabe an: "Alles besser für mich." Meinen Versuch, das "Alles" weiter aufzulösen, hat er damit unterlaufen. In der Isolierung des "besser" aus der Sentenz und der Verknüpfung mit "hier" gelingt es ihm, seine frühere Antwort durchzuhalten: "Für mich besser hier" entspricht "Hier ist gut für mich."

I: Hmhm. Aber |1s| gut also ich meine - wenn du/wenn du in die Stadt kommst, also ne, gehst du gerne in die Stadt? Oder Und wo gefällts
Ş: Ja Geh ich gerne Stadt.

I: dir am besten in der Stadt? |2s|
Ş: Stadt gefällt mir.

Şemis Unterlaufen ist zunächst erfolgreich. Indem er in seiner Rede meine sprachliche Vorgabe, also "besser" aufnimmt, ist seine Rede formal auf meine bezogen, auch wenn sie das unterläuft, worauf gezielt ist. Mit dem "Hmhm" demonstriere ich Verstehen, aber das Nachfolgende zeigt eine beträchtliche Irritation an. Einen Versuch des Einwandes in dem "aber" breche ich ab und nach einer Pause von |1s| fahre ich fort "gut also ich meine". Das "gut" drückt das Akzeptieren der Äußerungen Şemis aus, daß verstanden worden ist, daß es für ihn hier besser ist, und die entsprechende Implikation, daß er hierbleiben will, aber auch, daß das von Şemi Gesagte als Antworten auf meine Fragen angenommen wird, daß also meine Fragen zu reparieren sind. Mit Gliederungspartikel schließe ich die Explizierung des Versuchs der Klärung, "ich meine", an. Die Irritation zeigt sich auch noch in dem Versuch der Klärung an dem Absetzen und der Korrektur nach dem ersten "wenn du".

Nach der Formulierung der Bedingung "Wenn du in die Stadt kommst" setze ich qua Gliederungspartikel "also" dazu an, diese weiter zu explizieren. Mit dem "Ja" zeigt Şemi seine Kooperativität bezüglich meines Klärungsversuchs, er ist bei der Sache und folgt mir. Damit sehe ich mich bereits von Şemi verstanden, was ich in dem "ne" expliziere. Ich verstehe ihn so, daß er versteht, wovon ich rede, und stelle nun die Frage, ob er, wenn er in die Stadt geht, gerne in die Stadt geht. Nach der Anzeige in dem "oder", daß die Frage variiert werden kann, sollte sie sich als falsch gestellt erweisen, bestätigt Şemi sogleich "Geh ich gerne Stadt." Diese Bestätigung wird von mir als Vorklärung behandelt, um bezogen auf "die Stadt", die das "hier" eingrenzen, näher bestimmen soll, zu erfragen, wo es ihm "am besten in der Stadt" "gefällt".

Nach einer Pause von |2s| antwortet Şemi "Stadt gefällt mir." Formal passiert hier nach dem Klärungsversuch das Gleiche wie zuvor, Şemi greift meine sprachlichen Vorgaben auf und gibt sie als Antworten zurück. Bei der ersten Antwort ist dies bezogen auf die geschlossene Frage kein Problem, bei der zweiten, offenen Frage aber beantwortet er das, was gefragt worden ist, nicht. Er sagt nicht, "wo" es ihm "gefällt", sondern nach der Pause, daß "die Stadt" ihm "gefällt". Parallel zu der Sequenz bis zu dem Klärungsversuch ist die Verweigerung der Spezifizierung. Aber bei genauem Hinsehen findet sich auch ein Anhaltspunkt dafür, wieso Şemi auf die Frage nach einer Lokalität in der Stadt, die ihm gefällt, antworten kann, "Stadt gefällt mir". Am Ende der biographischen Wiedergabe hat Şemi auf die Frage, was er in der Zeit der Arbeitslosigkeit gemacht habe, "Stadt" und "zu Hause" als zwei Praxisfelder benannt, so daß "Stadt" für eine Praxis steht und "zu Hause" für eine andere. Zu erinnern ist, daß des Vaters Kritik sich auf Şemis Praxis in der Stadt bezieht, er spricht von "Spazierengehen". "Stadt gefällt mir." ist also auch bezogen darauf zu verstehen. Einerseits bietet die Stadt Entzugsmöglichkeiten, sie ist eine Praxis, die von "zu Hause" abgegrenzt ist. Aber weiter oben war ebenfalls zu sehen, daß Şemi das Gefallen implizit auch da durchhält, wo von "Mist" die Rede ist, die Stadt also nicht nur eine Entzugsmöglichkeit darstellt.

Läßt sich das so eingrenzen, so steht die Äußerung doch in der Linie des bisherigen Verlaufs. Ausgangspunkt war die Frage, was "hier" "am besten" "gefällt". Eine Spezifizierung des "hier" mißlingt und "gefallen" war meine Interpretation des "gut" von Şemi und umgekehrt. In der von der Frage ausgehenden Sequenz ist zu erfahren, daß "alles besser" ist, Şemi also die Auflösung von "alles" und Abstufungen von "gefallen" bzw. "gut" nicht vornimmt. In dem Klärungsversuch finden sich nur die beiden Antworten "Geh ich gerne Stadt." und "Stadt gefällt mir." Beide Wertungen, "gerne" und "gefällt mir" sind aber sprachliche Vorgaben von mir. Wenn Şemi also Stellung nimmt, dann einmal so, daß er nicht verneint, daß er gerne in die Stadt geht. Beim zweiten Mal aber ist die Antwort im Hinblick auf meine Frage wieder eine Verweigerung. Er setzt an die Stelle meiner Kategorie "Stadt" als Ort die seine als Praxis und das erlaubt ihm, meine Worte zu reproduzieren, damit also auf meinen Fragedruck eine Explizierung dessen zu verweigern, was "gerne" und "gefällt mir" heißt, indem man etwa angibt, wo es einem gefällt.

I: Was gefällt dir da? Versuch mal. Versuch mal zu erzählen.
Ş: Weiß ich nicht. [räuspert sich]

Ş: Ehrlich weiß ich (nicht) (nur) was gefällt mir. |2s| [lacht] |5s| Alles. Weiß ich nicht was. |1/2s| Aber z machen wir Spaß, und |2s| die ärgern nicht verstehst du
I: Ja was Hmhm

S: wenn ich Spaß mache, wenn die Spaß machen ich ärger auch nicht. Aber das ist gut Spaß verstehst du.
I: Hmhm

Ich hake weiter nach, nehme Semis Antwort so auf, als gefalle es ihm in der ganzen Stadt, "da", und frage ihn nach dem "was". Stadt wird also von mir wieder als Ort gefaßt, nicht als Praxis wie bei Semi. Er antwortet darauf lachend "Weiß ich nicht.". Sein Lachen, ein keineswegs verlegenes Lachen, ist einerseits darauf zu beziehen, daß auch Semi darum weiß, daß es merkwürdig ist, wenn er sagt, daß die Stadt gefällt, er aber nicht zu sagen weiß, was ihm da gefällt. Sein Lachen ist andererseits aber auch so, wie wenn er gerade über das lacht, was "Stadt" ist, aber nicht sagen kann, warum er lachen muß. Entsprechend ist "Weiß ich nicht." auch nicht nur als Verweigerung aufzufassen, sondern Semi mag möglicherweise wirklich nicht wissen, was ihm gefällt. So wie bekanntlich mit der Erklärung, warum man über etwas lacht, das Lachen nicht hervorgebracht wird (und des öfteren auch vergeht), so bringt auch die Erklärung nicht das "Gefallen" hervor, was immer im einzelnen "gefallen" meint. Die Frage danach, "was gefällt", ist also auch eine Frage nach Wertungen, die, indem sie spezifiziert werden sollen, im Verhältnis zu anderen Wertungen stehen werden. In der Frage wird daher vorausgesetzt, daß jeder ein Verhältnis zu seiner Praxis im Sinne einer solchen Spezifizierung in der einen oder anderen Form eingeht. Mit dem "weiß ich nicht" gibt Semi auch zu verstehen, daß er ein solches Verhältnis hier nicht eingeht.

Mit meiner Reaktion zeige ich, daß ich Semis Antwort nicht als letztes Wort nehme. Mit der Aufforderung "Versuch mal. Versuch mal zu erzählen." konzediere ich, daß es schwierig sein mag zu erzählen, was einem gefällt, aber zugleich weise ich damit zurück, daß vor einem solchen Versuch die Antwort auf die Frage mit dem Verweis auf Nicht-Wissen abgelehnt werden kann. Nicht Nicht-Wissen wird also für die Ablehnung verantwortlich gemacht, sondern Verbalisierungsprobleme hinsichtlich dieses Wissens in der Interviewsituation. So setze ich ihn weiter unter Thematisierungsdruck im Hinblick auf sein Verhältnis zu den Details seiner Praxis. Auf die Aufforderung hin versichert er mit dem "ehrlich" seine Aufrichtigkeit unterstreichend noch einmal sein Nicht-Wissen. Nicht deutlich zu verstehen ist das "nicht", es könnte auch "nur" gesagt sein, was ich aber vernachlässige.

Semis Antworten haben die Frage bzw. Aufforderung erledigt in dem Sinne, daß Semi sich zu ihnen verhalten hat durch den Verweis auf sein Nicht-Wissen, was eine Beantwortung bzw. eine Befolgung der Aufforderung unmöglich macht. Der Ordnung im Interview entsprechend wäre ich am Zug, auf erfolgte Reaktionen hin weitere Fragen zu stellen. Es folgt aber eine Pause von |2s| und ein Lachen Semis. Er versteht also mein Schweigen als intendiert derart, daß ich meine Aufforderung, es zu versuchen, noch als gültig ansehe, daß ich also auch seine Versicherung nicht als letztes Wort betrachte. Auf diesen gesteigerten Thematisierungsdruck reagiert das Lachen und nach weiteren |5s| Pause startet er einen "Versuch" und gibt sich damit geschlagen. Das Interview erweist sich so in der Form, in der es hier von mir durchgeführt wird, als eine Veranstaltung, die Șemi auch deshalb unter Druck zu setzen in der Lage ist, weil er mit einer Weigerung, auf die Aufforderung weiter einzugehen, die gesamte Situation sprengen müßte, da er im Gegensatz zu weiter oben, wo er mit Verweis darauf, daß er etwas nicht erzählen kann, die Beantwortung einer Frage ablehnt, hier nicht die Möglichkeit der Eingrenzung einer möglichen Weigerung über die versuchte hinaus hat. Nur Nicht-Wissen ist vielleicht einsichtig im Hinblick auf das Nicht-Reden-Wollen über das, was einem "gefällt", aber dem habe ich weiter oben bereits die Sentenz entgegengehalten und hier reduziere ich es auf überwindbare Verbalisierungsprobleme.

"Alles. Weiß ich nicht was." Dieser erneute Versuch bestätigt das obige Verständnis des "Weiß ich nicht.". Es gefällt "alles", ohne daß er sagen kann, "was" es ist, das gefällt. Șemi hält an der holistischen Redeform fest: "hier", "Stadt", "alles". Nach einem Absetzen von |1/2s| fährt er leise fort "aber", damit anzeigend, daß noch etwas folgt, und also realisierend, daß ich ihn mit dem erneuten "weiß ich nicht" wohl nicht aus dem Druck entlassen werde, was der Ansatz "Ja was" von mir im Anschluß daran bestätigt. Șemi wehrt sich aber gegen diesen Einbruch in seine Rede, deren Fortsetzung er in dem "aber" markiert hat, indem er bei "was" mit "z" fortfährt, mir also das Terrain nicht überläßt.

Gegenüber dem "machen wir Spaß" signalisiere ich mit dem Rezeptionssignal, daß Ausführungen in diese Richtung eine Chance haben, als Antwort bzw. als Befolgung meiner Aufforderung akzeptiert zu werden. Șemi zeigt mit dem nachfolgenden "und" vor der |2s| Pause wiederum an, daß er das Terrain behalten will, wobei der von mir ratifizierte Ansatz ihn diesesmal vor einem Einbruch in seine Rede durch mich schützt. Auffällig an diesem Ansatz ist, daß Șemi wieder zum kollektiven "wir" wechselt, ohne anzugeben, wer "wir" ist. Dasselbe war bereits weiter oben geschehen, wo er den "Mist" ebenso wie das "Lehrer anmachen" der Wir-Gruppe zuschreibt. In der Weiterentwicklung des Ansatzes bleibt dieses Problem bestehen: "die ärgern nicht verstehst du wenn ich Spaß mache, wenn die Spaß machen ich ärger auch nicht." Wer sind "die"? Den holistischen Redeformen "Stadt", "hier" und "alles" entspricht die erneute anonyme Verwendung der Proformen "wir" und "die".

Für die Deutung dessen, was "Spaß machen" heißt, unterstelle ich wie oben, daß von der Gruppe der Jugendlichen in der Stadt die Rede ist, da dies der Zusammenhang ist, für den Șemi unterstellen kann, daß ich weiß, wovon er spricht. Wenn Șemi "Spaß machen" sagt, dann faßt er damit, wie von mir im Kapitel 1.5 dargelegt, eine ihrer zentralen Beschäftigungen, mit denen sie Schnitte im öden Alltag anbringen. Ereignisse, die es zu schaffen gilt, bestehen nicht zuletzt aus Spaß. Daß Şemi "Spaß machen" anführt, ist bezogen auf seine Person kein Zufall, trug er doch den Spitznamen "Kemal Sunnal", den Namen eines türkischen Komikers, der sich bei den türkischen Migranten und in der Türkei großer Beliebtheit erfreut. Im Vorgriff auf das, was sich später herausstellt, aber als Kontext auch hier gilt, sei darauf verwiesen, daß Şemi vier Jahre in Istanbul gearbeitet hat, und nicht zuletzt diese Erfahrung dürfte ihm das Material verschafft haben, zusammen mit einigen anderen ein exzellenter "Spaziergänger" gewesen zu sein, der sich der Sympathie einer Reihe anderer Jugendlicher sicher sein durfte.

Was aber meint "die ärgern nicht" und "ich ärger auch nicht"? Unterstellt man, daß "wir" = "die" und "ich" die Gruppe in der Stadt meint und "Spaß machen" zentraler Bestandteil ihrer Praxis ist, dann unterliegt der Betonung Şemis, daß "die" und er sich "nicht ärgern", auch die Erfahrung, daß der Spaß nicht für jedermann Spaß ist. Die, die an dem Spaß teilnehmen, sind dadurch ausgezeichnet, daß sie sich verstehen. Diese Gemeinsamkeit ist zu beziehen auf die Praxis, in deren Zusammenhang der Spaß gemacht wird. Von "Stadt" ist die Rede, diese ist Praxisfeld in Abgrenzung von "zu Hause", zugleich aber auch das Feld, das durch Abwesenheit von Arbeit und die Versperrung des Zugangs dazu gekennzeichnet ist. So läßt sich "Spaß" als die Form verstehen, in der die Bedingungen, die die Jugendlichen vorfinden und die Şemi zu Anfang dargelegt hat, von der Gruppe gelebt werden. Wer sich nicht ärgert, der versteht den Spaß, weil er die Bedingungen mitlebt, auf die hin der Spaß Sinn hat. Die Gemeinsamkeit wird also in der Handhabung der Bedingungen qua Spaß gelebt als geteilte Form der Praxis.[14] Wenn Şemi also herausstellt, daß "die" und er sich nicht ärgern, dann liegt dies in der Linie seiner Antwort "Alles. Weiß ich nicht was.". Denn benannt hat er so, daß ihm der gelebte Sinn der Praxis als Handhabung seiner Bedingungen "gefällt", und das ist in gewisser Weise "Alles". *Was* das aber ist, der gelebte Sinn dieser Praxis, *was* ihm daran gefällt, d.h. eine Formulierung dieser Praxis, hat er damit nach wie vor nicht gesagt. Formal wird dies auch deutlich an den anonymen Proformen, die die holistische Rede fortsetzen.

In "die ärgern nicht" schwingt mit, daß es andere gibt, die sich ärgern. Wer das ist, ist hier nicht weiter bestimmbar, diese zeigen aber so, daß sie nicht dazugehören. Daß aber des Vaters Verhältnis zu Şemis Praxis auch den "Spaß" meint, ist offensichtlich, denn wenn er Şemis Praxis als "immer Mist machen" bezeichnet, zielt er auch auf das, was Şemi hier anführt. Damit verfehlt der Vater aber die Bedeutung des

14 Daß Spaß immer nur Spaß im Zusammenhang einer bestimmten sozialen Praxis ist, wird sehr schön in Sacks 1978 gezeigt.

gelebten Sinns von Şemis Praxis, den dieser mit "Spaß" indiziert und bereits zuvor bei "Lehrer angemacht" im Lachen durchgehalten hat.

Wie bezogen auf die, die sich ärgern könnten, und natürlich bezogen zunächst einmal auf mich fängt Şemi mögliche Einwände auf: "Aber das ist gut Spaß verstehst du." Er bewertet die Praxis des Spaßes als "gut" und verteidigt sie im "aber" gegen mögliche andere Wertungen, etwa beruhend darauf, daß sich andere ärgern könnten. Hier und zu Anfang nach "die ärgern nicht" sucht Şemi, sich meines Verstehens zu versichern. Im Hinblick auf den Druck, den ich auf ihn ausgeübt habe, ist dies v.a. dann nicht erstaunlich, wenn die Lesweise zutrifft, daß er sich nicht einfach geweigert hat zu antworten, sondern "weiß ich nicht" einen Sinn hat, den ich in meinen Formen des Nachhakens bezweifelt, weil nicht verstanden habe. "Spaß machen" und "nicht ärgern" sind eine Explizierung von "Alles. Weiß ich nicht was.", weil "Alles" das Verstehen, der gelebte Sinn des Spaßes, d.h. die Form der Praxis der Gruppe ist, und "das ist gut". Şemi verteidigt also diese Seite des Spaßes, auch wenn er wie weiter oben nichts im Detail dagegen setzt, wenn jemand wie sein Vater ein anderes Verhältnis zu seiner Praxis eingeht. Das möchte ich hier einen Moment zurückstellen und zuvor den gewählten Ausschnitt ALS I bis zum Ende durchgehen.

Ş: Aber wenn ich Türkei gehe, - wenn ich jetzt komm ich Deutschland, ?zum Beispiel ich gehe von Deutschland ↗Türkei↙, zum Beispiel leb ich/jetzt ha ich Geld ne, haben wir bißchen. Jetzt leben wir ein Monat oder zwei Monat, |1s| dann eh die Leute kommen, Ge/wenn Geld fertig ist, |1 1/2s| guck mal Sachen und so weiter verstehst du. Und ich will ger/darum bleib ich/wollt ich hierbleiben. |1 1/2s|

I: Hmhm |1s| Weil du
Ş: Weil die haben von Deutschland gekommen, keine Haus und zum Beispiel keine Dings, ne. Und - darum wollt ich hier - bleiben. Ich will nicht.

Diese Passage über das, was es heißt, aus Deutschland in die Türkei zurückzukehren, wird mit "aber" der vorherigen Fassung der Praxis in der Stadt als "Spaß" gegenüberstellt. "wenn ich Türkei gehe, - wenn ich jetzt komm ich Deutschland," Şemi legt dar, was passiert, wenn er in die Türkei geht als jemand, der aus Deutschland kommt. "komm ich Deutschland" ist als quasi lexikalische Einheit zu verstehen, die den Prädikatsausdruck für das Subjekt, also "ich" bildet.[15] Im Anschluß daran konzipiert er die Äußerung um, sei es, weil er das Problem seiner Konstruktion realisiert, sei es, weil er in der Adverbialbestimmung

15 Im Vorgriff sei darauf verwiesen, daß sich eine ähnliche Konstruktion später im Interview noch einmal findet: "Und wenn ich nicht arbeite, da bin ich - jetzt - Soldat gehen ne, und darum die verlängern nicht." (Interview mit Şemi S.14) Wenn Şemi nicht arbeitet, dann "ist" er "Soldat gehen".

"jetzt" den Beispielcharakter nicht hinreichend deutlich werden sieht, denn es kommt ihm wie gesehen darauf an, die Frage der Rückkehr offen zu halten. "Zum Beispiel" geht er von Deutschland in die Türkei und lebt dort "zum Beispiel". Als Klärung schiebt er ein, daß er, wenn er von Deutschland in die Türkei kommt, erst einmal ein "bißchen Geld" hat, bzw. "wir", die Familie. Auch hier, wo er im Beispiel redet, hält er die Differenzierung durch. "Zum Beispiel" meint also: Nehmen wir an, ich gehe "jetzt" mit meiner Familie zurück. Dann hat nicht Şemi Geld, sondern die Familie. Nach dieser Differenzierung fährt er so fort, daß sich das Beispiel auf die Familie bezieht: "Jetzt leben wir ein Monat oder zwei Monat" in der Türkei nach der Rückkehr. Dann kommen "die Leute", "wenn Geld fertig ist", d.h. wenn es ausgegeben ist. "guck mal Sachen und so weiter verstehst du." kann man erstens so verstehen, daß Şemi sagt "guck mal", sie kommen wegen "Sachen und so weiter", d.h. als Begründung für ihr Kommen, oder zweitens so, daß Şemi die Leute zitiert: "guck mal" deren/was für "Sachen", d.h. als sprachliche Inszenierung des Verhaltens der Leute in der Türkei zu den Rückkehrern. Mit dem "verstehst du" sucht er sich meines Verständnisses des Gesagten rückzuversichern.

Şemi chrakterisiert so den Erwartungsdruck, der auf Remigranten lastet. Sie haben eine gewisse Zeit, in der sie sich wieder niederlassen können. In dieser Zeit geben sie ihr Geld aus für alle möglichen Dinge und legen es an. Nach Ablauf dieser Zeit aber "kommen die Leute", d.h. die Nachbarn, Verwandten und Bekannten und beginnen, die "Sachen" zu begutachten, denn in diesen manifestiert sich, was man in Deutschland geschafft hat und wie weit dies reichen wird, ein respektables, angesehenes Leben als jemand, der in Deutschland die Chance gehabt hat, zu führen. Ein solcher wird also beurteilt nach dem, was er im Verhältnis zu den Lebensbedingungen dort und den Erwartungen im Hinblick auf Deutschland handfest mittels "Sachen" vorweisen kann. Dabei nützen ihm keine Gründe für das Verfehlen der Erwartungen.

"Und ich will ger/darum bleib ich/wollt ich hierbleiben." Mit der ersten Korrektur expliziert Şemi im "darum" die Logik seines Wollens, die mit der Verknüpfung "und" implizit bleibt. In der zweiten Korrektur setzt er das Modalverb wieder ein, das mit der ersten verloren gegangen war, wobei die Präteritumsform sein Verhalten gegenüber dem Streben der Familie faßt, während zu Anfang in der Präsensform sein fortbestehender Bleibewunsch zum Ausdruck kommt. Nach einer |1 1/2 s| Pause, einem Rezeptionssignal von mir und einer weiteren Pause von |1s| überschneiden sich der Beginn von Şemis Fortsetzung und ein Ansatz von mir zum Vorzeigen meines Verständnisses seiner Begründung dafür, warum er nicht zurückgehen will. Er fährt fort darzulegen, was ihn in der Türkei erwartet, als Begründung für seinen Wunsch hierzubleiben: "Weil die haben von Deutschland gekommen, keine Haus und zum

Beispiel keine Dings ne. Und - darum wollt ich hier - bleiben. Ich will nicht." Das "weil" lese ich als Abkürzung für "weil die sagen". Dies mag dafür sprechen, zuvor "guck mal Sachen" als Zitat der Leute zu verstehen, da Şemi so deren Rede hier weiter vorführt. Er verdeutlicht, welche Erwartungen an die Remigranten als solche, die aus Deutschland kommen, gestellt werden in Form von Dingen, die man besitzen sollte, wie ein Haus und "Dings", eine Leerform als Verweis auf darüberhinausgehende Erwartungen, und daß der Nicht-Besitz von solchen Dingen in der Rede der anderen als Nichterfüllung der Erwartungen registriert wird, d.h. sozial auffällig ist. Er wiederholt, daß er darum hierbleiben wollte, und hängt an, daß er nicht zurück will, was angesichts der Situation, in der er sich zum Zeitpunkt des Interviews befindet, auch seine Verzweiflung deutlich werden läßt.

Wie sehr Şemi zwischen allgemeinem Beispiel, um so für sich die Situation v.a. gegenüber mir offen zu halten, und dem konkreten Beispiel der Familie schwankt, zeigt sich auch daran, daß zuerst er "zum Beispiel" da lebt, dann leben "wir" und die Leute kommen, zuletzt aber sagen die Leute, "die" haben "kein Haus". Das aber gilt nicht für den Vater. Der hat ein Haus, will darüberhinaus ein neues bauen und hat zudem keine schlechten ökonomischen Perspektiven, ein Kontextwissen, das mindestens hinsichtlich der beiden ersten Punkte auch für Şemi zu unterstellen ist. "die" bezieht sich also wieder allgemein auf solche Remigranten, die die Erwartungen nicht zu erfüllen in der Lage sind, denn zumindest die konkret genannte Erwartung erfüllt der Vater und damit seine Familie problemlos. Aber Şemi selbst wird sie nicht erfüllen, er ist also einer von solchen Remigranten. Als neunzehnjähriger ist er nicht mehr einfach Familienmitglied, der nach den Leistungen des Vaters beurteilt wird, sondern auf ihn als jemand, der kurz vor der Militärzeit steht, richten sich ebenfalls bereits Erwartungen, daß er etwas vorzuweisen hat, an dem erkennbar wird, daß er sich unter angenommen günstigen Lebensbedingungen in die Lage versetzt hat, demnächst, spätestens nach Ablauf der Militärzeit einen respektablen Hausstand zu gründen. Die Nichterfüllung dieser sozial gültigen Erwartung stellt den Hintergrund für Şemis Rede dar.[16]

Von hier aus möchte ich noch einmal darauf zurückkommen, daß

16 Ich habe später bei verschiedenen Jugendlichen miterleben können, wie sie genau mit solchem Erwartungsdruck konfrontiert wurden. Eine Weile nach ihrer Rückkehr wurden sie von vielen Seiten immer wieder gefragt, was sie mit ihrer Zeit in Deutschland gemacht hätten. Das Blendende mitgebrachter Konsumartikel erwies sich als sehr schnell vergänglich, "Sachen" aber, d.h. solche Dinge, auf die es für das tägliche Leben ankommt, hatten sie nicht vorzuweisen. Den Jugendlichen nützten Erklärungen ihrer Situation in Deutschland kaum etwas, Arbeitslosigkeit wurde nicht als wirkliches Problem anerkannt und man sagte über sie häufig, daß sie in Deutschland zu viel und zu lange "spazierengegangen" seien.

Şemi das, was ihn als Remigrant in der Türkei erwartet, dem "Spaß" gegenüberstellt, der "gut" ist. Die Analyse des "Spaß" als das, was in der "Stadt gefällt", hat ergeben, daß Spaß die gemeinsam gelebte Handhabung der Bedingungen "hier", in "Deutschland", also an dem bestimmten Ort, an dem man lebt, ist und daß er "gut" ist, weil die Praxis, das "nicht ärgern" das Leben des gemeinsamen Sinns ist, ohne daß man "weiß", was der Sinn ist. Wird man in der Türkei, in den dortigen Lebenszusammenhängen aber mit deren Erwartungen konfrontiert, dann wissen "die Leute" nichts über die Bedingungen und sie wollen es auch nicht wissen. Der Maßstab der Dinge sind "Sachen", die eine objektive soziale Bedeutung haben. Um wieviel schwerer ist es da, den Sinn einer Praxis als Handhabung von Lebensbedingungen sagen zu wollen.

Ich unterbreche an dieser Stelle den sequentiellen Durchgang durch das Interview und fahre damit an anderer Stelle zum Ende des Interviews hin fort. Zuvor möchte ich einige Punkte des bisherigen Durchgangs zusammenfassend festhalten. Zu Anfang waren zwei Dinge aufgefallen: a) der Objektivismus der biographischen Wiedergabe und b) daß Şemi bei gleichzeitiger Abwesenheit von wertenden Stellungnahmen, die er sich zurechnet, eine "fremde" wertende Stellungnahme konzediert, um sich implizit davon zu distanzieren. In der biographischen Wiedergabe legt er seinen Werdegang unter dem leitenden Gesichtspunkt Arbeitsplatzerwerb dar, den er qua Besuch von drei verschiedenen Schulen bzw. Kursen anstrebt, aber verfehlt. Danach war er bis zum Zeitpunkt des Interviews für zwei Jahre arbeitslos und damit auch v.a. finanziell vom Vater abhängig. Indirekte Versuche Şemis, von mir zu erfahren, ob sich noch im letzten Moment vor der Rückkehr Arbeit finden läßt, scheitern, da ich mich aus der Unsicherheit, die die sprachliche Bündelung von Problemen in Şemis Ausführungen und sein Versuch, mich zu einem Verhalten dazu zu veranlassen, bei mir hervorbringen, davon stehle, indem ich mich entgegen meiner Ankündigung "Erzähl doch mal so" nicht offen halte für das, was kommt, sondern auf die "neutrale" Interviewerposition durch als solche identifizierbare Interviewerfragen nach objektiven Daten zurückziehe. Şemi hält aber gegenüber den verschiedenen Rückzugsversuchen von mir durch. Er macht deutlich, daß die Familie wegen ihm in die Türkei zurückgehen will, weil er keine Arbeit hat und der Vater sich Sorgen wegen Şemis Arbeitslosenpraxis macht. Auffällig ist dabei, die Form, in der Şemi das Verhältnis seines Vaters zu seiner Praxis faßt. Dieser wertet Şemis Praxis, Şemi aber verhält sich nicht zu den Wertungen des Vaters, sondern distanziert sich davon. Schon zu Anfang des Interviews sagt er, daß für ihn "hier" "alles gut" sei, später macht er deutlich, daß der Vater, nicht er wegen dieser Wertungen seiner Praxis und damit wegen ihm in die Türkei geht.

Verhält sich Şemi nicht zu dem Verhältnis des Vaters zu seiner Praxis, so verhält er sich in der Darlegung seiner Arbeitsvergangenheit in der Türkei im Modus der Vergangenheit zum prekären Verhältnis zwischen ihm und seinem Vater. Fallen Şemis Praxis und des Vaters Wertungen hier auseinander in dem Sinne, daß sie für Şemi als Abhängigem zwar relevant sind, aber von ihm wie ein objektives Ereignis gefaßt werden ("Ja weiß nicht"), gegen das er sich nicht verteidigt und dem er auch nicht zustimmt, dann bestand in der Türkei ein Passungsverhältnis zwischen den Werten, die hinter der Kritik des ständigen "Spazierengehens" und "Mist machens" stehen, und dem, was Şemis Lebenspraxis in der Türkei ausgemacht hat. So wie Şemi kein kritisches Verhältnis zum Verhältnis seines Vaters zu seiner Praxis eingeht, sondern Distanz dazu hält, so ist umgekehrt sein Verhältnis zur Vergangenheit sein Verhältnis zu dem Verhältnis zwischen ihm und seinem Vater, aber nicht sein Verhältnis zu seiner Praxis hier. Da war er gut, hier ist es gut für ihn. In dieser Darlegung seiner Vergangenheit wird aber auch deutlich, daß die Lebenszusammenhänge der Vergangenheit nicht seine Zukunft sind. Aufgrunddessen, daß er, wie er andeutet, im Konflikt mit denen weggegangen ist, bei denen er gearbeitet hat, kann er dort nicht wieder hin, da er dann einen Rückzieher machen müßte bezüglich dessen, was er gesagt hat, als er gegangen ist. Er könnte zudem, wie sich zuletzt zeigte, nicht die Erwartungen erfüllen, die an ihn als Remigranten gestellt würden.

Was das distanzierte Verhältnis zu den Wertungen des Vaters anbetrifft, so wird in der Auseinandersetzung um das, was ihm "hier" "gefällt", deutlich, daß Şemi, wie die verschiedenen Äußerungen "hier ist gut", "alles besser für mich", "Stadt gefällt mir" zeigen, weiß, daß seine Praxis als gelebte "gut" ist, für ihn Sinn hat, in diesem Sinne ihm "gefällt", daß er aber nicht weiß, *was* ihm gefällt. Dies hält Şemi gegen meinen Thematisierungsdruck durch, der ihn zu zwingen sucht, ein Arrangement aufzubrechen, das für ihn handhabbar zu sein scheint, nämlich an der Erfahrung des Sinns einer gelebten Praxis festzuhalten, indem man sie auf Distanz hält von den Formulierungen dieser Praxis in moralischen Kategorien. Es stellt sich allerdings zunächst die Frage, ob es überhaupt sinnvoll ist, über ein Arrangement zu reden, das für Şemi bedeutsam sein könnte, bevor man nicht klärt, was das Interview hier ist, was die Form seiner Durchführung kennzeichnet und was Şemi in der Form seines Redens daraus macht als das, was es für ihn bedeutet.

Ich habe darauf hingewiesen, daß sich in Şemis biographischer Wiedergabe keine explizit wertenden Stellungnahmen seinerseits finden. Ebenfalls habe ich gezeigt, daß er die Wertungen seines Vaters kenntlich zitiert und seine Distanz deutlich macht. Da, wo er über seine Praxis hier spricht als Aneignung von Bedingungen, bindet er sie ein in die anonymisierte Proform "wir", ohne anzugeben, wer "wir" und "die" sind, mit denen er seine Praxis gestaltet. Die Felder der Praxis sind nur indiziert als "Stadt" und "zu Hause", "hier" ist es "gut", "alles" ist "gut".

Diesen holistischen Formen entsprechen auch die globalen Wertungen, mit denen der Vater zitiert wird: "immer spazierengehen", "immer Mist", "alles Scheiße Mist". Der Fragestil im Interview drängt aber zumeist nicht dazu, diese holistischen Formen aufzulösen, sondern übergeht gerade die Andeutung von Problemen und Konflikten.

Wenn ich davon gesprochen habe, daß ich mich an verschiedenen Stellen gegenüber den sprachlichen Bündelungen von Problemen in Şemis Äußerungen auf die "neutrale" Interviewerposition zurückziehe, dann ist darauf hier noch einmal genauer einzugehen. Meine Anschlußfragen an die biographische Wiedergabe habe ich bereits weiter oben als bürokratisch charakterisiert. Innerhalb der biographischen Wiedergabe, so habe ich gezeigt, ist Şemis Konzedierung des "Mist" in der Form des Puzzle auch zu verstehen als Versuch, mein Verhältnis zu dem Verhältnis "Mist" zu seiner bzw. der Gruppe Praxis in der lachenden Präsentation von "Lehrer angemacht" auszutesten, um so auch herauszufinden, was das Interview ist bzw. wer ich als Interviewer bin. Eine solche implizite Ambivalenz findet sich danach in dem analysierten Ausschnitt nicht mehr. Betrachtet man nach der biographischen Wiedergabe über die "Arbeitsamtsfrage" hinaus die Fragen, mit denen ich mich auf die "neutrale" Interviewerposition zurückziehe, dann haben diese mit der Arbeitsamtsfrage den bürokratischen Charakter gemeinsam, daß sie auf die Angabe von objektiven biographischen Daten und Familienverhältnissen der Geschwister, des Vaters und der Mutter zielen. In ihrer Abfolge nehmen diese Fragen wiederkehrend ein Rearrangement der Ordnung vor, in der etwas zu thematisieren ist, in dem Sinne, daß Şemis Vorgaben abgebrochen oder aufgenommen werden, um als Bezugspunkt stets irgendwelche objektiven Verhältnisse, "Schulbesuch", "Arbeit", "Kündigung", "Ankunft hier, als die Eltern schon da waren", "Wohnverhältnisse in der Türkei", "Altersangaben", "Arbeitsdauer" vorzugeben. Das Interview erweist sich entgegen der betont informellen Vorgabe zu Anfang, "Erzähl doch mal n bißchen. Also so über die Zeit wo du hier warst.", als ein offizielles Ereignis, in dem Äußerungen nicht nur auf Band objektiviert werden, sondern wo in der Form der Fragen zum Ausdruck kommt, daß entgegen der zu Anfang signalisierten Bereitschaft, sich auf das einzulassen, was da kommt, und immanenten Verweisen zu folgen, ein nicht durchschaubares Raster existiert, im Hinblick auf das Gesagtes sortiert und verstanden wird und von dort aus Anlaß zu weiteren Fragen gibt. Das Raster selbst dürfte Şemi aus Deutsch-Kurs, MBSE, Nachfolgeschulen, Ausländerbehörde sowie Arbeitsamt nicht neu sein. Nicht klar ist, was es für ihn ist. Klar aber ist eines: Ob es ihm in der Türkei gefallen hat, warum er mit dem Vater Krach/Ärger bekommen hat, warum der geschimpft hat, Unterstellungen, wie Şemi sonst zu Geld kommt, Verdächtigungen, daß der Vater wegen "dieser Geschichten" zurückkehren will, und schließlich das

Insistieren darauf zu sagen, was "hier" "gefällt", dies alles sind in diesem Kontext jedenfalls Fragen, deren Antworten Gefahr laufen, in einem moralischen Diskurs verortet zu werden, d.h. im Interview nachfolgend die Eröffnung eines solchen durch mich möglich und wahrscheinlich zu machen. Wie ich im Interview sage: "Gibt doch bestimmt n paar Sachen die man besser findet, n paar die man ( ) weniger gut findet." Die Frage ist, was "besser" oder "gut" meint und in welche Zusammenhänge es in der Rede gerückt wird. Drängt der Fragestil im Interview nicht dazu, die holistischen Sprachformen aufzulösen, so erklärt sich die Form dieser Rede wohl auch dadurch, daß, weil die deklarierte Offenheit des Interviews nicht gegeben ist, die Şemi zu Anfang noch austestet, jede ungeschützte Rede Gefahr läuft verschoben zu werden.

Trifft die Charakterisierung der Interviewführung als bürokratisch zu, stellt sich im Hinblick auf die spannungsgeladene Sequenz zum Schluß über das, "was gefällt", die Frage, wieso Şemi diese Spannungen nicht auf eine für ihn doch wahrscheinlich unproblematische Weise auflöst, indem er etwa sagt, daß es in der Stadt Freunde gibt, mit denen er sich gut versteht, mit denen er Spaß hat und seine Langeweile vertreiben kann. Wenn er sich mit mir im Interview als einem, der sich in der Form seiner Fragen als offizielle Instanz produziert, auseinanderzusetzen hat, warum taucht keine solche Begründungsfigur auf, die ihn vermutlich einer Reihe von Problemen entledigen würde, weil er damit die Erwartungen des Fragenden treffen würde?

Für eine mögliche Antwort auf diese Frage ist noch einmal auf die biographische Wiedergabe zurückzugehen. In der Analyse des Puzzles über "Mist gemacht" hat sich gezeigt, daß in der Auflösung zwei unterschiedliche Beispiele gegeben werden, deren eines durch eine Legitimationsanstrengung gekennzeichnet ist, deren Akzeptabilitätserwartung problematisch ist. Ein möglicher Adressat, für den die Legitimation akzeptabel sein könnte, sind die Eltern, der tatsächliche Adressat aber bin ich. Betrachtet man, wie ich es getan habe, das Puzzle als Test im Hinblick auf mein Verhältnis zu dem Verhältnis "Mist" zu Şemis Schulpraxis, dann ist die Seite des Tests, auf der es für den Fall, daß "Mist" für mich die richtige Wertung ist, darum geht, sich zu rechtfertigen, dadurch gekennzeichnet, daß sie unterstellt, daß Erklärungen, die in einer Auseinandersetzung für die Eltern akzeptabel sein könnten, dies auch für mich sind. Im weiteren Verlauf des Interviews kommt Şemi auf den Grund der Rückkehr der Familie in der dargelegten Form zu sprechen, der Vater geht wegen seines Verhältnisses zu Şemis Arbeitslosenpraxis zurück. Hier findet sich kein Rechtfertigungsversuch Şemis, sondern seine Distanz zu dem Vater, aber mit der Thematisierung des Verhältnisses des Vaters zu seiner Praxis eröffnet er die Möglichkeit, daß ich mich dazu verhalte, nachdem ich zunächst mein Erstaunen darüber bekundet habe, daß Şemis Arbeitslosigkeit ein Grund dafür sein soll, daß die Familie zurückgeht. Nachdem ich aber auch diese Möglichkeit verstreichen lassen habe und stattdessen immer stärker meine (Un-) Ordnung der Dinge als Interviewer in der Reaktion auf Şemi durchdrücke in Form von Fragen nach objektiven Verhältnissen, reduziert er die Chancen, von dem aus, was er sagt, das Verhältnis des Vaters zu seiner Praxis zu thematisieren. Man kann jedenfalls nicht ausschließen, daß er auch aus dem Grund, daß die Form der Fragen nicht mehr wie vielleicht das Erstaunen über den Grund für die Rückkehr der Familie nahelegt, daß er jemanden vor sich hat, der "auf seiner Seite" ist, nicht einmal mehr so, wie er auch die Begründung, daß er keine Arbeit hat, wiederholt, des Vaters "Schimpfen" über den "Mist" wiederholt, weil er damit eine neue Thematisierungschance eröffnen würde. Und so sagt er, daß er das nicht erzählen kann. Meine Reaktion auf diese Weigerung, die Verdächtigung wegen "dieser Geschichten", die Şemis Begründung, daß der Vater schimpft, weil er keine Arbeit hat, implizit für unwesentlich und möglicherweise vorgeschoben erklärt, zeigt, daß ihm eine problematische Thematisierung ins Haus gestanden hätte. Ist die Reduktion der sprachlichen Aufschlüsselung der Verhältnisse bis hierhin eine Möglichkeit, sich dem zu entziehen, worauf das Interview in dieser Form zielt, so wird dies problematisch in der Sequenz über "gefallen". Ich versuche dort, Şemi dazu zu bringen, die holistischen Redeformen aufzuschlüsseln, was zu den skizzierten Spannungen mit der dargelegten Auflösung durch Şemi anhand von "machen wir Spaß" führt, die er bezeichnenderweise beendet: "Aber das ist gut Spaß verstehst du." Dies zeigt auch, daß er sich unter Legitimationsdruck sieht.

Eine mögliche Begründung dafür, warum Şemi die aufkommenden Spannungen nicht in einer Weise verhindert, die wahrscheinlich unproblematisch gewesen wäre, ist da zu finden, wo er zu Anfang einen Legitimationsversuch unternimmt und wo er seine Rede für mich noch offener hält. Ist die Deutung plausibel, daß die Erklärung des "Schwänzens" ein in gewisser Weise fehlplazierter Legitimationsversuch ist, weil er mir das Verhältnis der Eltern zum schulischen Lernen unterschiebt, dann unterscheidet sich diese Stelle von der, wo der Vater zitiert wird – vor dem Hintergrund, daß beide offen gehalten sind für ein Verhalten meinerseits dazu –, dadurch, daß sich hier überhaupt ein Legitimationsversuch findet, auch wenn beide Passagen das Moment der Distanz in der Klammerung gemeinsam haben. Was die Praxis in der Schule anbetrifft, gibt es für Şemi eine Möglichkeit, eine Erklärung anzubieten, die wie diskutiert für die Eltern im Verhältnis zur Schule akzeptabel sein könnte. Für das Verhältnis des Vaters zu Şemis Praxis bietet er keine Rechtfertigung an, was natürlich nicht den Schluß begründen kann, daß er allgemein, über das Interview hinaus keine hat.

Hier ist auf die Frage zurückzukommen, warum er mir eine Erklärung anbietet, die mir in ihrer Akzeptabilität nicht ohne weiteres über die Eltern hinaus erweiterbar erscheint. Betrachtet man Şemis Darlegung seiner Verhältnisse, dann fällt auf, daß die Lebensbedingungen, von denen er spricht, also die Schulen und die Arbeitslosigkeit als objektive Randbedingungen seiner Praxis gefaßt, aber nicht Gegenstand einer Auseinandersetzung seinerseits damit sind in dem Sinne, daß er sich explizit wertend dazu äußern würde. Er artikuliert implizit zu Anfang, daß er sich betrogen sieht. Bezogen auf diese Randbedingungen faßt er seine Praxisfelder als "Stadt" und "zu Hause". So weit es um Wertungen von Şemis Praxis geht, haben diese alle offen oder implizit das Verhältnis von "zu Hause" zur "Stadt" zum Thema. Bezogen auf des Vaters Kritik ist dies offensichtlich, bezogen auf die Erklärung für das "Schwänzen" zeigt sich dies implizit an der Akzeptabilitätserwartung. Wäre es nun auch möglich, daß es sich um einen fehlplazierten Legitimationsversuch handelt, so sprechen doch auch die sonstigen Ausführungen dafür, daß es hier ebenfalls um mein Verhältnis zu dem Verhältnis des "zu Hause", eben der Eltern zu seiner Praxis geht, das Şemi mit seiner Distanz dazu vorzeigt. Die parallele Form der Distanzierung, wie sie sich zu der Wertung des Vaters findet, ist ein weiteres Indiz dafür.

Für die weitere Analyse möchte ich nun vor dem Hintergrund der bisherigen Argumentation folgende Überlegung festhalten: Laut Şemis Fassung seiner Karriere in der BRD hat er drei Jahre lang Schulen besucht und alle "fertig gemacht" mit dem Ziel, auf diese Weise eine Arbeit zu bekommen. Dies ist nicht gelungen, etwas anderes aber gibt es über die Schulen nicht zu sagen. Daß er, wie er später ausführt, zuvor in der Türkei vier Jahre lang gearbeitet hat, mag den Hintergrund für die objektivierende Redeweise über Schule und die Distanz und das instrumentelle Verhältnis dazu, das darin artikuliert ist, abgeben. "Stadt" – "zu Hause" ist die konfliktäre Relation im Sinne des Verhältnisses von "zu Hause" zur "Stadt". Bezogen darauf geht es im Gespräch immer auch um mein Verhältnis zum Verhältnis von "zu Hause" zur "Stadt", wozu Şemi selbst nur seine Distanz artikuliert. In dem Maße nun, wie das Verhältnis zwischen mir und Şemi problematisch wird aufgrund der Interviewführung, entzieht er mir nicht nur ein Stück weit das Verhältnis von "zu Hause" zu seiner Praxis, sondern er überträgt die Form der Distanzierung, die zuvor im Verhältnis zum Verhältnis von "zu Hause" zu seiner Praxis im Verhältnis zu mir zu identifizieren war, nun direkt in das Verhältnis zwischen mir und ihm. Gerade weil meine Fragen vor dem Hintergrund, daß sie auf einen moralischen Diskurs zusteuern, darauf zielen, von ihm zu erfahren, was ihm "gefällt", hält er nun Distanz zu Formulierungen seiner Praxis, die in einen moralischen Diskurs hineingezogen werden können. Dies ist ein Sinn der holistischen Formulierungen "Alles", "Für mich besser hier", "Alles besser für mich", "geh ich gerne Stadt" und "Stadt gefällt mir", der um so deutlicher wird, wenn man im Verhältnis dazu die Form der Rede über die

Vergangenheit betrachtet. Dort gibt er detailliert die sozialen Beziehungen zu denen an, bei denen er gearbeitet hat, er sagt, was er gearbeitet hat, konnte gut essen und war dick. Hier werden legitime soziale Beziehungen und Praktiken gefaßt, die den Standards entsprechen, die die Kritik am "Spazierengehen" und der Praxis als "Mist" leiten. Es handelt sich um die Detailierung von eingegangenen sozialen Verhältnissen, die mit den Erwartungen des "zu Hause" konform gehen. Distanz zu Formulierungen seiner Praxis "hier" ist aber auf der anderen Seite auch der Sinn des "weiß ich nicht", das so eine Parallele zu dem "Ja weiß nicht. Mein Vater sagt" darstellt. In dieser Distanzierung schafft es Şemi, mir und darüber vermittelt den Wertungen seines Vaters gegenüber im Reden über "Spaß" durchzuhalten, daß seine Praxis als gelebte einen Sinn hat und in diesem Sinne "gut" ist.

Warum er aber die Spannungen nicht umgeht mittels Begründungsfiguren, die ihm wie angesprochen erlaubt hätten, sich der Situation zu entziehen, mag sich nun erklären darüber, daß Şemis dargelegtes Verhältnis zur Schule und den objektiven Randbedingungen seines Lebens auch entsprechen mag, daß er als einzelner sich auf das Schulgeschehen nicht sehr weit eingelassen hat, nie in Auseinandersetzungen mit den benannten Instanzen verwickelt war und also von dort auch nicht unter Legitimationsdruck geriet. Şemis Verweis auf Mist in der Schule bezieht sich auf eine Gruppenpraxis und als Gruppe ist es möglich, sich dem Druck der Schule zu entziehen, sofern diese einen nicht als Exponenten der Praxis isoliert. Wo er sich rechtfertigt für den "Mist" in der Schule, trifft die Form bezeichnenderweise auch nicht den Akzeptanzhorizont eines Lehrers.

Ich möchte dies hier als Überlegung stehen lassen, auf die mit dem Fortgang der Analyse zurückzukommen ist. Sollte sie sich als plausibel erweisen, dann ist die Reserve gegenüber der Schule und die mangelnde Erfahrung in der Auseinandersetzung als einzelner mit diesen Instanzen aufgrund der Möglichkeit, sich zu entziehen, als der Kontext zu betrachten, in dem Şemi nicht auf Formen zurückgreift, die es ihm ermöglicht hätten, die Spannungen um die Frage, was ihm "gefällt", zu umgehen.

Es bleibt die Frage, wie die Form, die Şemi tatsächlich wählt, möglich ist. Denn zwar mag es für die einmalige Situation des Interviews eine Möglichkeit sein, sich zu verweigern, um Distanz aufrechtzuerhalten, aber wiederkehrend im Umgang mit einer Person erscheint dies schwer vorstellbar. Nun habe ich aber gesagt, daß Şemi die Form der Distanz zum Verhältnis des "zu Hause" zu seiner Praxis im Verhältnis zu mir direkt in das Verhältnis zu mir in der Situation des Interviews verlegt. Ist dies aber eine Möglichkeit, die handlungspraktisch relevant wird in der Auseinandersetzung mit mir, dann stellt sich die Frage, inwieweit die Distanzierung in der Form, in der sie hier zu finden ist, auf eine Möglichkeit verweist, die unter Umständen für Şemi in seinem

Leben praktizierbar ist. Verweist also diese Form der Bearbeitung des Interviews auf eine Lebensform, dann stellt sich die Frage danach, wie man sich das vorzustellen hat. Mit diesen Fragen und Problemen im Hintergrund will ich zunächst die Analyse weiterführen.

4.2 ALS II: "Stadt nicht gut . . . Dorf ist gut. Aber ich will mal wieder gerne Deutschland bleiben."

Bevor ich mit dem detaillierten Gang durch den Ausschnitt ALS II beginne, möchte ich einige Bemerkungen über den Ablauf des Interviews bis dahin machen. Es werden eine ganze Reihe von Themen in eher chaotischer Weise angerissen: "Sachen", die man als Remigrant in der Türkei mit Blick auf die Erwartungen von Verwandten, Nachbarn und Bekannten haben sollte; welche Art von "deutschem Mädchen" Şemi heiraten würde; eine Arbeitsbescheinigung, die er für das türkische Konsulat wegen der Verlängerung seines Passes braucht; die Frage, wovon Şemi leben will, wenn er in der BRD bleibt; die Polizeifragen, wie es mit der Aufenthaltserlaubnis und mit Vorstrafen bestellt ist; der vormalige und jetzige Aufenthaltsstatus der Familie; Zollfragen in der Türkei und finanzielle Möglichkeiten der Familie; Şemis Dorf in der Türkei; die Aushandlung von Modalitäten meines Besuchs in Şemis Dorf; das gemeinsame Lesen einer Straßenkarte der Türkei. Das Lesen der Straßenkarte reicht bis zu dem Punkt, wo ich mit der Detailanalyse wieder einsetze. Wie die Transkription des Interviews zeigt, ist die Karte Ausgangspunkt folgender Themen: Istanbul; daß ich Şemis Dorf sehen und "Leute" interviewen möchte; was Şemi mir zeigen will; was sein Lehrer da erlebt hat und schließlich welche Route Şemis Familie von der BRD aus in der Türkei bis zum Heimatdorf fährt.

Es ist offensichtlich, daß es sich bei der Aufnahme zwischenzeitlich um kein Interview mehr handelt. Şemi schafft es, nach der Darlegung dessen, wie ein "deutsches Mädchen" sein sollte, das er heiraten würde, das Problem einer Arbeitsbescheinigung, die er für das türkische Konsulat braucht, so anzusprechen, daß ich mich diesesmal angesprochen sehe, anders als zu Anfang des Interviews, wo er, wie die Analyse gezeigt hat, mich bereits indirekt nach Arbeit fragt. Şemi hat, wie sich im Interview zeigt, den Plan, in der BRD zu bleiben, nicht aufgegeben. F- will zunächst einmal mit seiner Familie in die Türkei fahren, da dies aus zolltechnischen Gründen notwendig ist, anschließend aber in die BRD zurückkehren. Dabei macht er sich, wie sich zeigt, weniger Sorgen hinsichtlich seines Lebensunterhaltes als vielmehr hinsichtlich des Problems der Verlängerung seines Passes durch das türkische Konsulat, da er seinen Militärdienst noch nicht abgeleistet hat und so bei dauerhafter Arbeitslosigkeit Gefahr läuft, dazu herangezogen zu werden. Vor diesem Hintergrund biete ich ihm im Interview an, die notwendige Arbeitsbescheinigung zu besorgen und kläre das dazu Notwendige direkt telefonisch ab. Diesem Angebot sowie dem Telefonanruf folgt eine Diskussion dessen, was ich dem Vater sagen soll. Später folgen Passagen, in denen ich mit Şemi aushandle, was ich in der Türkei bei ihm will bzw. nicht will. Auf S.27 der Transkription ist Şemi der Meinung, daß es sich nun nicht mehr um ein Interview handelt und will abschalten. Im übrigen sind diverse Passagen wie die über die Verschrottung des Autos in der Türkei davon bestimmt, daß ich Şemi widerspreche, Besserwisserei an den Tag lege und sowohl für die BRD als auch für die Türkei Kenner- und Spezialistentum zur Schau stellen möchte. Wo es um Şemis Lehrer geht, geschieht dies offensichtlich in Konkurrenz zu einem anderen "Spezialisten". Dabei hindere ich Şemi des öfteren daran, zu Wort zu kommen, zu Ende zu erzählen, seine Perspektive zur Geltung zu bringen. Auf Details der hier nicht genauer zu beschreibenden Ausschnitte ist da zurückzukommen, wo sie als interner Kontext für die folgende Analyse bedeutsam werden. Der Ausschnitt ALS II beginnt, nachdem Şemi und ich auf der Straßenkarte die Route diskutiert haben, auf der seine Familie von der BRD aus in die Türkei fährt.

Die Analyse des nachfolgenden Ausschnitts wird detailliert nur bis zu der mit # gekennzeichneten Stelle vorgeführt. Sie ist für den gesamten Ausschnitt durchgeführt worden und ihre Ergebnisse werden zum Teil später wieder aufgenommen. Aus Platzgründen muß die Gesamtdarstellung hier jedoch entfallen

[faltet Karte zusammen]
I: Hmhm.
Ş: Türkei ist auch schön, aber - nicht Arbei/keine Arbeit weißt du. |2s|

I: |1 1/2s| Was glaubs/was - was gefällt dir denn in der Türkei besser als hier? Oder hier besser als in der Türkei? |3 1/2s|
Ş: Eh wenn Arbeit hast. |1 1/2s| Türkei ist ? ganz

Ş: besser verstehst du. Was ist besser? |7s| [lacht]
I: Was ist besser in der Türkei? |3s|

I: Ja wenn du sagst ist besser, - mußt du doch wissen was besser ist.
Ş: Ja alle. Weiß

Ş: ich nicht. Besser aber weiß ich nicht. |3s| Was gefällt mir
I: Ja was gef/meine |1/2s|

Ş: in Türkei meinst du. Weil ich kenne
I: Ja. Ja. Was ist da besser? |1s| Al/was gefällt dir (da)

Ş: Türkei weißt du. Und |1s| hier kenn ich nich n viel. |1 1/2s| In Deutschland.
I: Du kennst doch/ Du

I: kennst doch viel hier.
[klopft mit Löffel auf Teller oder Tasse]
Ş: Ja hier eh kenn ich viel. ›aber‹ |2s| [seufzt] |3s| [lacht] Weiß

Ş: ich nicht. Gefäl eh mach mal diese zu. Diese Sache zu Weiß ich nicht. Weiß
I: Was? ›[lacht]

Ş: ich (ehrlich) nicht.
I: Na gut. |1 1/2s| Dann - ja dann noch ne andere Frage. Weil du eben

I: sagtest eh |1s| du hast vier Jahre in Istanbul gewohnt ne. Dann haste ja vier Jahre
Ş: Ja.

I: lang in ner Stadt - gelebt ne. Inner großen - also großen Stadt. Und Osnabrück -
Ş: Ja Istanbul. Ja.

I: is ja ne - ziemlich kleine Stadt, aber ne Stadt. Und wenn du jetz hast du praktisch
Ş: Ja.

I: wie du zehn Jahre alt warst bist du nach - Istanbul gegangen. Und dann bist du
Ş: Ja.

I: von Istanbul hierhingekommen. Und wenn du jetzt zurückgehen würdest, |1s|
Ş: Ja.

I: und würdest auf m Dorf leben. Ja. |1/2s| Gefällt
Ş: Dorf? Stadt nicht gut. Dorf gefällt mir.

I: di/ ja das wollt ich wissen. Gefällt dirs Dorf besser?
Ş: Ja in Türkei gefällt mir Dorf.

Ş: Stadt nicht. Guck mal Michael. |2s| %In Stadt |2s| immer Geld ausgeben.%
I: Warum?

Ş: Brot, |1s| Tomaten, %alle Lebensmittel% ? bezahlst du Geld. Brot auch. Aber von Dorf? Machst du Brot selber. Machst du Tomaten selber. Alle Lebensmittel. Brauchst du nicht Geld ausgeben. |1 1/2s| Ne. Darum gefällt mir Dorf. |2s| Wenn du
I: Hmhm

Ş: Stadt gehst, |1s| wenn du ein Million hast, drei Million hast, zweit oder zud viert
[reibt die Hände dazu]
Monate, Ende. Wenn du im - Dorf ist, wenn das - vier Million hast, zwei Monate,

Ş: vielleicht ne, zwei Monate oder ein Jahre, acht Million. Verstehst du was ich meine?

I: Hmhm
Ş: Das gefällt mir. In Türkei. Aber hier - was gefällt mir nicht, kaufst du selber, hier kannst du nicht eh selber machen, meine Mutter macht hier selber - nur - Brot. |1s| Ne. Tomaten n nicht selber - machen. |1s| Eh |1/2s| alle Lebensmittel -
I: Hmhm

Ş: kaufen wir selber. Das gefällt mir nicht. In Türkei auch nicht Stadt gefällt
I: Hmhm Hmhm

Ş: mir nicht. Dorf besser. Dorf gefällt mir auch. Meinst du das?
I: → # Ja |1s| eh |1s| ja ich

I: wollte wissen wie du/ob dir s Dorf gefällt oder nicht ne, weil jetzt haste
Ş: Hä. Dorf is/ gefällt mir.

I: zehn Jahre in der Stadt gelebt. Und wenn du ins Dorf zurückkommst is vielleicht ja nicht so leicht. Gefällt dir besser.
Ş: Hä. Dorf gefällt mir (Michael). Gefällt mir besser.

I: Aber kannste dir nicht vorstellen |1s| wenn du |1s| nach zehn Jahren ins Dorf kommst ne, nach |1s| nach meinetwegen n paar Wochen eh daß vielleicht langweilig wird?
Ş: Ja. Ja.

Ş: Zu/ach du meinst so: Ich hab eh zum Beispiel ich hab Dorf - zwei Monat gelebt. Und in Stadt |1s| fünf Jahre oder zehn Jahre gelebt. Meinst du das? Wenn
I: Ja. |1 1/2s|

Ş: ich Dorf bißchen noch mal |1 1/2s| eh bleibe Dorf wieder gefällt mir. Stadt nicht.

I: Gefällt dir wieder. Und glaubst du daß du |1 1/2s| nicht vielleicht
Ş: Ja gefällt mir wieder.

I: eh
Ş: Guck mal ich weiß es in Istanbul ne, in Stadt, hab ich vier Jahre - da. Und ich hab alles selber gekauft. Mit meine Cousin ne. Alles selber sagt er. |1 1/2s| Im Dorf besser als Stadt sagt er auch. Guck mal, er macht - Auto, ne mit Farbe, |1s| zehntausend Lira kriegt er. Jetzt weiß ich nicht wieviel kriegt. Und - Mietesgeld - s eh fünf |1s| drei - tausend Lira ne. Essen, |2s| Brot, Tomaten, alles mit Lebens eh mit Geld. Wenn er Dorf arbeitet, |1 1/2s| besser. Aber Dorf is keine so viel Auto. |2s| Darum gefällt mir Dorf. |1s|
I: Hm |2 1/2s| Und daß du vielleicht |1s| also |1 1/2s| ich

I: mein wenn du hier - in der Stadt bist ne, also: bist irgendwo in der Spielothek
Ṣ: Ja.

I: oder biste - wo gehst du normal hin in der Stadt? Wo
Ṣ: Ja. Stadt geh ich - Spielothek.

I: noch? Wo noch? |2s|
Ṣ: He? Eh |3s| Bleib ich Spielothek, komme wieder Stadt, |1s| wieder Spielothek, |1 1/2s| nach Hause. |1s| Geld fertig, zum eh geh ich Spielothek wenn ich zehn Mark habe, |1s| spiel ich. Fertig, geh ich Stadt, guck zu Cola trinken.
I: Hmhm

Ṣ: gehst du nach Hause wieder Geld nimmst, von meinem Vater, Vater gib mal bißchen Geld, %sagt er:% zum Beispiel, %ich hab eben gegeben. Was hast du gemacht?% Ja wenn ich sage ich hab gespielt, - krieg ich kein Geld ne. Ich sage: Ja. Ausgegeben. Fertig. |2s| [schnalzt mit der Zunge] Das gefällt mir auch nicht. |1 1/2s|
I: Hmhm |1s|

I: Gehst du auch in Diskotheken? Hmhm
Ṣ: Ja geh ich. Manchmal. Sonntag eh ach Samstag

I: Hmhm. In welche Diskotheken gehst du? Hmhm. Kenn ich. Ich hab dich
Sunshine.

I: auch glaub ich schon mal da gesehen ne? Ja |1s| eh
Ṣ: Weiß ich nicht. Warst du mit

Ṣ: Yusuf da glaub ich. Yusuf. Mehmet war auch da
I: Ich war mit Yusuf mal da jaja.

Ṣ: oder was?
I: Ja ach ja ich war ja schon ein paarmal da ne. Eh |2s| ja und wenn du

I: jetzt - jetzt gut jetzt guck mal jetzt gehste zum Beispiel hier gehste Spielothek oder in die Stadt oder in die Diskothek oder - ne. Stehst in der Stadt, redest mit
Ṣ: Ja. Ja.

I: Leuten, sind viele Leute. |1s| Ja jetzt jetzt nehmen wir an jetzt kommst du ins
Ṣ: Ja. Ja( )

I: Dorf zurück. Gibts keine Spielothek, gibts keine Diskothek, |1s| gibts nicht so
Ṣ: Ja.

I: viele Leute, macht nix? Oder Hmhm
Ṣ: So viele Gibts keine Spielothek. Eins. Das egal. Aber

Ş: türkische Dings. Kahve. Karten spielen. Eins. Und viele Leute ganz nett. |1s |ne.
I: Hmhm

Ş: Ganz gut wir spazieren. Wir spielen Fußball im Dorf. Ganz große Berg so ne,
I: Hmhm

Ş: und |2s |wir gehen ganz große Berg hoch, mit - Schnur, Schnu/Schnur ne, festhalten hoch, oben, wir machen da eine Schaf, wir bezahlen bißchen - Geld, Schaf schneiden da machen wir bißchen Feuer, |2s |immer trink essen trinken, ganz gut. Ehrlich.
I: Hmhm

Ş: %Hier gehst du Spielothek, schmeißt du Geld, ißt du/duessen nicht. Gehst du% - z m eh zum Beispiel ich gehe Türkei, geh ich Dorf, |1s |mit Freunde, Freund kaufen [imitiert Krähen eines Hahnes] wir Schaf oder |1s |ü rü ü ü. Weißt du ne? Ja. Kaufen wir, gehen wir |1s |
I: Hahn?

Ş: bißchen zu |2 1/2s |essen, zu weit gehen wir, Ja. Trinken, besoffen, |1s |
I: Raus? Hmhm

Ş: gut. Aber hier gehst du spaz/Spielothek. Wenn ich arbeite ne, ich gehe nie
I: Hmhm

Ş: Spielothek. Wenn du eh wir arbeiten, schwitzen, aber jetz unser/meine Vater arbeitet. Wir ich wir wissen nicht - ob das ›schwer‹ - arbeitet oder nicht. Ne. Und wir nehmen Geld Spielothek. Aber jetzt - wenn ich arbeite, ich denke oh Arbeit schwer. Warum schmeiß ich meine Geld Automaten? Eine Stunde nehm ich |1s |zehn Mark oder ne? Ehm - Stunde Arbeit? |1 1/2s |Und - schmeiß ich meine Geld wieder - Automaten. Warum? |1 1/2s | Ist doch so ne?
I: Hmhm Und warum schmeißt

I: du es jetzt in n Automat?
Ş: Jetzt nicht mehr. Weiß ich nicht. |6s |[In der Pause lacht Ş 2s, dann I 3s]

I: Also du glaubs daß/du glaubs daß dir das gut/daß du da gut wieder zurande kämst im Dorf. |1 1/2s | Hmhm
Ş: Dorf ist gut. |1s |Aber ich will mal wieder gerne - Deutschland bleiben.

Die Äußerung von Şemi zu Anfang dieses Ausschnitts ist auf den ersten Blick nicht stimmig mit den Äußerungen, die Gegenstand der bisherigen Analyse waren. Ganz zu Anfang des Interviews sagt Şemi: "Bei mir hier ist alles - gut. Aber - keine Arbeit weißt du. [lacht] Und muß ich jetzt Türkei." Etwas später: "Jetzt geh ich für immer Türkei weil keine Arbeit ist." Danach: "weil ich keine Arbeit habe ? für i gehen wir immer/für immer Türkei." Şemis Arbeitslosigkeit ist der Grund für die Rückkehr des Vaters, weil Şemi "spazierengeht" und "Mist macht", aber in Şemis Darlegungen, warum er nicht in die Türkei zurückkehren will, spielt die Aussicht, daß er da keine Arbeit bekommen wird, keine Rolle, sondern die Erwartungen der Menschen dort an ihn als Remigranten und die Schmach, daß er, was er bei seiner Migration nach Deutschland gesagt hat, nicht zu erfüllen in der Lage war.

Betrachtet man aber die sequentielle Plazierung der Äußerung, dann ergibt sich ihr Sinn weniger im Hinblick auf frühere Aussagen und Erklärungen von Şemi, sondern vielmehr bezogen auf den Touristen-Diskurs, den wir zuvor bezogen auf mein Verhältnis zur Türkei auch führen. Şemi sagt am Ende von Band-Seite 1: "Meine Dorf aber ganz schön." Er zitiert wenig später seinen Lehrer, der das Gleiche gesagt hat, erzählt von Plätzen, wohin viele Touristen gehen, und der Lehrer hat ebenfalls gesagt: "Oh, ganz schön." Im Versuch, mein Türkei-Spezialisten- und -Kennertum zu demonstrieren, sage auch ich über die Gegend am Tuzgölü: "Ist auch ganz schön da." In diesem Kontext ist die Äußerung zu lesen. Sie ist eine typische Redensart, wie ich sie oft von türkischen Migranten eher schwermütig gehört habe, wenn die Türkei und der Urlaub Thema sind. Ist Şemis Äußerung aufgrund ihrer Plazierung als ein solcher Topos zu verstehen, dann artikuliert er darin zugleich, daß er in seinen früheren Äußerungen die Türkei nicht denunzieren wollte, und liefert den sozial gemeinhin angenommenen Grund, der ihn an der Rückkehr in die Türkei hindert, der also nichts damit zu tun hat, daß er sich nicht zugehörig fühlt. Das "auch", für das es ja keinen unmittelbaren Bezug gibt, bezieht das bis hierhin abgelaufene Gespräch über die Türkei zurück auf Şemis Wunsch hierzubleiben, weil es für ihn hier "gut" ist. Şemi faßt bezogen auf meine Interessens- und Gefallensbekundungen und seine sich darauf einlassenden Darlegungen zusammen, daß die Türkei "auch schön" ist, und ordnet damit diese Äußerungen in einen gemeinsamen Zusammenhang mit dem vorherigen ein, um so die Verträglichkeit mit diesem herzustellen.

Bezogen auf meine Gefallensbekundungen, mein demonstratives Kennertum und meine Interessen in der Türkei ist festzuhalten, daß Şemi so konzediert, daß die Türkei "auch schön" ist, daß er aber gegenüber mir sich das distanzierte Interesse des "gerne etwas sehen und machen mögens", des "Fragens, wie man lebt, über Unterschiede in der Türkei und hier" nicht erlauben kann, nicht so distanzierte Gegenüberstellungen vornehmen kann. Für ihn sind Bedingungen relevant, für die es nicht bedeutsam ist, ob etwas "schön" ist wie etwa ein Salzberg oder -see. Şemi geht in der Konzedierung, daß die Türkei "auch schön" ist, um mich im Anschluß mit "weißt du" auf "keine Arbeit" zu zentrieren, gegen die Distanzierung gegenüber ihm an, die in meinem vorherigen Verhältnis zur Türkei artikuliert ist, das im Interesse und den Gefallensbekundungen die Schwierigkeiten, von denen Şemi im Hinblick auf seine Rückkehr in die Türkei gesprochen hat, unter den Tisch fallen läßt und nicht als etwas erwähnt, dem nachzugehen wäre. Etwas Ähnliches fand sich bereits zu Anfang des Interviews. Dort frage ich: "Was hat dir gefallen und was hat dir nich gefallen?" Ich habe gezeigt, daß dies eine Frage ist, die mein touristisches Verhältnis zum Problem der Abreise in die Türkei artikuliert, nicht aber Şemis Lage trifft. Nachdem ich hier mein touristisches Verhältnis zur Türkei zum Ausdruck gebracht habe, konzediert Şemi dies als von diesem Standpunkt zutreffend, aber unter den für ihn geltenden Bedingungen als luxurierend.

Auf die Äußerung Şemis folgt eine Pause von |2s|, ein Verstehenssignal von mir und eine weitere Pause von |1 1/2s|. Während dieses Zeitraums lege ich die Straßenkarte beiseite und frage im Anschluß daran: "Was glaubs/was - was gefällt dir denn in der Türkei besser als hier? Oder hier besser als in der Türkei?" Die Frage greift den ersten Teil von Şemis Äußerung – "Türkei ist auch schön" - auf und fordert ihn zum Vergleich auf. Mit Bezug auf das "auch" ist die Aufforderung demonstrativ offen gehalten, unterstellend, daß es Dinge gibt, die Şemi in der Türkei besser gefallen, und Dinge, die ihm "hier" besser gefallen. Nur besteht der Sinn von Şemis Äußerung gerade nicht darin, zum Thema zu machen, was in der Türkei "schön" ist oder "besser gefällt", sondern als abschließende Bestätigung geht es in der Konzedierung darum zu sagen, daß ein solches Verhältnis für Şemi nicht praktizierbar ist. So wird die gleiche Perspektivenverzerrung wie schon zu Anfang hier bestimmend.

Darüber hinaus hat sich Şemi auf seine Äußerung in der Form des Topos wieder meine Standardfrage an einer Stelle eingehandelt, an der für ihn und wohl auch für mich zuvor fraglich ist, ob überhaupt noch ein Interview stattfindet. Zuvor (Transkript S. 27) will er das Gerät an dem Punkt abschalten, wo ich die Straßenkarte aufschlage. Im folgenden suchen wir sein Dorf auf der Karte; reden über die Orte, die ich in der Türkei aufsuchen will, über Istanbul, wo, wie sich herausstellt, Şemi die vier Jahre gearbeitet hat; frage ich Şemi, ob ich "Leute auf den Dörfern" so wie ihn jetzt befragen kann und ob er mir Dorf und Umgebung zeigt; bietet er mir Unterstützung an bei beidem, erzählt von Attraktionen seiner Heimatregion und suchen wir schließlich die Reiseroute der Familie auf der Karte, nachdem ich für Land und Wege Gefallen und Kennertum zur Schau gestellt habe, was sich dann auch noch als fälschlich beansprucht herausstellt. Es handelt sich also seit einiger Zeit mehr oder weniger um das Treffen von praktischen Arrangements für meine Türkeireise, die auch der Anlaß für den Touristen-Diskurs sind, im Anschluß an den Şemis Äußerung zuvor fällt. Die Frage nach "Gefallen" ist in ALS I gleich zu Anfang des Interviews als Explizierung der Einstiegsaufforderung und einmal auf S.5 bezogen auf die Türkei gestellt worden. Am Ende des Auschnitts bringt die Frage danach, was Şemi "hier" "am besten" gefällt, die spannungsgeladene Sequenz bis "Machen wir Spaß" in Gang. Die Frage in der Form, in der sie hier erneut gestellt wird, nimmt also abrupt und bezogen auf den bisherigen Verlauf deutlich wahrnehmbar das Interview wieder auf..

Auf die Frage folgt eine Pause von |3 1/2s|, was Şemis Überraschung im Hinblick auf den Sprung zurück in das Interview und seine Reorientierung darauf anzeigt. "Eh wenn Arbeit hast |1 1/2s| Türkei ist ? ganz besser verstehst du." In der Antwort formuliert Şemi eine Bedingung, die für ihn nicht gilt: Wenn man - so interpretiere ich die zweite Person von "haben" - Arbeit hat, dann ist die Türkei "ganz besser". Die Äußerung verbleibt in der Linie des Topos. Darüberhinaus aber findet sich etwas, was bereits im Ausschnitt ALS I von Bedeutung war. Şemi demonstriert im Vorzeigen der sprachlichen Form, die er meiner Rede entnimmt, den Bezug der Äußerung auf die Frage. Mit dem betonten "ganz" nimmt er zugleich eine Verschiebung vor. Drückt er mit dem "auch" noch einen gemeinsamen Zusammenhang aus, in dem es um die Verträglichkeit der Sequenz zuvor mit Şemis Absicht, in der BRD zu bleiben, geht, dann ist nun die Türkei "ganz besser", wobei zur Erklärung für das "ganz" als Verstärkungsmodifikator auf die Ausführungen weiter oben verwiesen, aber auch hier auf die Bedeutung des Umfassenden hingewiesen sei. Der Offenheit der Frage folgt also eine eindeutige Aussage in eine Richtung.

Die Äußerung liegt in der Linie von Şemis Ausführungen in ALS I. Dort hat er gesagt, daß es bzw. er in der Türkei ganz gut war, als er da gearbeitet hat, und im Hinblick darauf, daß er darin das prekäre Verhältnis zwischen ihm und seinem Vater artikuliert, ist es in der Türkei auch "ganz besser", wenn man Arbeit hat, da dann das, was prekär ist, nicht mehr gegeben ist. Die Verhältnisse stimmen als Ganze wieder. Dabei ist formal in der Äußerung nicht festgelegt, wo man die Arbeit haben muß, damit die Türkei "ganz besser" ist. Im Hinblick darauf, welche Probleme Şemi auf sich als arbeitslosen Remigranten zukommen sieht, wäre die Türkei eben auch "ganz besser", wenn er sich mit Arbeit in der BRD an die Verwirklichung dessen heranmachen könnte, was er in seinem Karriereentwurf anspricht: "Wollt ich auch bißchen hier arbeiten Geld sparen, Haus haben. Und - auch tarla kaufen, heiraten." In diesem Entwurf erklärt er den Zweck von Arbeit, sich nämlich als ein Mann zu verwirklichen, der die Erwartungen in seinem Dorf und derer, die relevante Personen für ihn sind, erfüllt.

Liest man die Äußerung in dieser Linie, dann entspricht dem "besser" nicht mehr das "schön" aus Şemis Äußerung zuvor. Geht es da v.a. um mein touristisches Verhältnis zur Türkei, dann entspricht dem "besser" hier wieder das "gut" in "da war gut" bzw. "Da war ich ganz gut". Diese Verschiebung von "schön" zu "gut" macht auch hier einen Sinn, denn zuvor habe ich gezeigt, daß meine Frage übergeht, daß Şemis erste Äußerung auch sagt, daß er dieses Verhältnis zur Türkei nicht eingehen kann. Knüpft die Frage mit "was gefällt dir besser" an das "schön" an, so macht Şemi im formalen Eingehen darauf das "gut" daraus, setzt an die Stelle der Offenheit der Frage seine Eindeutigkeit und löst den Subjektivismus der Frage auf in der Form der Antwort: Nicht ihm gefällt etwas, sondern in der Türkei *ist* es "ganz besser". Auch diese Verschiebungen sind bereits in ALS I von Bedeutung gewesen. So wie also die erste Äußerung des Topos die Spannung meines Touristenverhältnisses zur Türkei zu Şemis Verhältnis dazu artikuliert, so findet sich diese Spannung wieder in meiner Frage, die nur Şemis Konzedierung "Türkei ist auch schön" aufgreift, und Şemis Antwort darauf. Er wiederholt den Topos in veränderter Form und artikuliert gleichzeitig in den Verschiebungen, die er vorgenommen hat, seine Differenz zu meinem Verhältnis zur Türkei bzw. entsprechend zu einem Vergleich zwischen "hier" und der Türkei. In dem "verstehst du" zentriert er mich wieder darauf, sich rückversichernd, ob ich ihn verstehe, wobei der Wechsel von "weißt du" zu "verstehst du" einen guten Sinn macht: Von dem Verstehen des Unterschieds zwischen "schön" und "ganz besser" hängt es ab.

I: Was ist besser in der Türkei? |3s | Ja wenn du sagst ist
Ş: Was ist besser? |7s | [lacht]

I: besser, - mußt du doch wissen <u>was</u> besser ist?
Ş: Ja alle. Weiß ich nicht. Besser aber weiß ich nicht. |3s |

Auf seine Antwort handelt sich Şemi erneut eine Nachfrage ein. Er soll spezifizieren, was in der Türkei besser ist. Daß die Türkei besser ist und nicht gefällt, ist in der Frage aufgenommen. Bedeutsam ist, daß ich wie in der Frage zuvor jeweils Türkei als Lokalität fasse, also von "in der Türkei" spreche. Das gilt nicht unbedingt für Şemi, wenn er sagt "Türkei ist ganz besser". Hier mag ein Lebenszusammenhang gefaßt sein.

Der Frage folgt eine Pause von |3s |. Das, was von Şemi gesagt worden ist, ist in der Form des Topos gesagt worden und so erklärt sich die Pause und die überraschte Wiederholung der Frage, denn bezogen auf Gemeinplätze, auf täglich sich als fraglos gültig bewährende Formen machen Fragen keinen Sinn. Wer sie stellt, zeigt aber, daß er sie nicht teilt. Die folgende Pause von |7s | ist eine Auseinandersetzung zwischen Şemi und mir darum, wie seine Wiederholung der Frage zu verstehen ist. Als Wiederholung ist sie auch eine Frage nach der Frage und insofern eine Aufforderung an mich zu explizieren, um was für eine Frage es sich handelt, worauf gezielt ist. Ich behandle die Wiederholung aber so, als würde Şemi die Frage noch einmal an sich selbst stellen, als wäre die Frage also nicht explizierungsbedürftig. Den |7s | folgt ein irritiertes Lachen, sodann eine Äußerung von mir, in der die Erklärungsbedürftigkeit der Frage bestritten wird. Das "Ja" bezieht sich dabei auf die

Frage nach der Frage, bestreitet also die Unangemessenheit der Frage, indem es bestätigt, daß dies die Frage ist. Mit dem folgenden begründe ich die Angemessenheit der Frage, indem ich Şemi eine Implikation des von ihm Gesagten vorhalte, daß er nämlich mit der Aussage, daß die Türkei besser ist, auch die Verpflichtung übernommen hat, zu "wissen" und damit auch sagen zu können, was besser ist. Zu beachten ist, daß das Interview hier als Form wieder aufgenommen ist mittels Fragen, an die bereits eine spannungsgeladene, problematische Geschichte des Interviews gebunden ist. Vor diesem Hintergrund steigere ich den Thematisierungsdruck, indem ich Şemi im Vorhalten der Implikationen des von ihm Gesagten mit der Konsequenz konfrontiere, daß ein Nicht-Wissen und entsprechendes Nicht-Sagen entweder auf Verschweigen und damit auf Unaufrichtigkeit oder auf Inkonsistenz und Unüberlegtheit seiner Rede beruht.

Die Reaktion auf den gegenüber dem in der analysierten Passage zu "Gefallen" in ALS I noch gesteigerten Thematisierungsdruck von mir durch Şemi ist parallel zu der dortigen: "Ja alle. Weiß ich nicht. Besser aber weiß ich nicht." Für das Lachen ist auch hier davon auszugehen, daß er um die Problematik und Angreifbarkeit seiner Äußerung weiß. Andererseits ist das Lachen so, als solle er über eine Selbstverständlichkeit reden, die gerade aufgrund ihrer Selbstverständlichkeit sich nicht weiter explizieren läßt. Diese Selbstverständlichkeit unterstreicht ebenfalls das "Ja". Das kann an dieser Stelle nicht weiter überraschen: Hat Şemi sich zuvor in Topoi geäußert, dann wird in der Wiederholung meiner Frage "Was ist besser?" seine Überraschung und die Erklärungsbedürftigkeit der Frage deutlich. Da ich aber auf der Vernunft meiner Frage insistiere und Şemi seine mögliche Unvernunft damit entgegenhalte, sieht er hier nur die Möglichkeit, seine Gewißheit, daß alles "besser" ist, zu wiederholen und zugleich zu sagen, daß er aber im einzelnen, vergleichend nicht weiß, was besser ist.

Zuvor habe ich die Äußerung "Türkei ist ganz besser." in der Linie gelesen, daß darin Şemis Verhältnis zu den Verhältnissen in Deutschland als Ganzen artikuliert ist. In dieser Linie ist auch Şemis Äußerung hier in ihrer vordergründigen Widersprüchlichkeit sinnvoll und konsistent. "Alles", die Türkei als Lebenszusammenhang ist "besser", was aber im einzelnen "besser" ist, weiß er nicht, denn es geht um stimmige Verhältnisse als Ganze.

I: Ja was gef/meine |1/2s| Ja. Ja. Was ist da besser? |1s|
Ş: Was gefällt mir in Türkei meinst du.

I: Al/was gefällt dir (da)
Ş: Weil ich kenne Türkei weißt du. Und |1s| hier kenn ich nich n viel.

In der sich entwickelnden Pause warte ich auf mehr von Şemi, der aber der gegebenen Antwort nichts mehr folgen läßt. Nach |3s| starte ich einen Versuch der Explizierung der Frage. "Ja was gef/" ist der Ansatz zu einer erneuten oder auch Neuformulierung der Frage. Mit dem "meine" expliziere ich, daß die Frage, die von mir jetzt gestellt werden soll, ein Versuch der Klärung ist.

Es ist bemerkenswert, daß die letzten drei Äußerungen alle mit der Partikel "ja" beginnen, was den hier stattfindenden Konflikt anzeigt insofern, als alle drei "ja" jeweils Formen des Bemühens von Gemeinsamkeit sind, in denen dann zusammen mit der Gesamtäußerung das entsprechend vom anderen Gesagte partiell bestritten oder zurückgewiesen wird.[17] Das erste "ja" bestreitet die Erklärungsbedürftigkeit der Frage, das zweite die Gültigkeit der behaupteten Implikation und das dritte setzt dem wieder im Ansatz entgegen, daß die Frage nach dem "was" sinnvoll sei. Zunächst operiere ich mit einer für mich gültigen Selbstverständlichkeit, die ich Şemi auf seine Nachfrage "Was ist besser?" als wohl auch für ihn geltende Verpflichtung, Norm - "du mußt doch" - entgegenhalte. Dem hält Şemi seine Selbstverständlichkeit entgegen, worauf ich wiederum ansatzweise gleich reagiere, um dann anzuzeigen, daß ich mich erklären will: "(ich) meine".

Şemi wartet den Klärungsversuch nicht ab, sondern nutzt die Pause, um selbst zu sagen, was er verstanden hat, daß ich meine. In seiner Fassung meiner Frage fällt jedoch die Aufforderung zum Vergleich heraus, gleichzeitig hebt er das "gefällt" mittels Betonung hervor. Schon sein Ansatz zur Explizierung seines Verständnisses dessen, was ich meine, findet vor seiner Beendigung in meinem "Ja." Zustimmung. Nach der Beendigung von Şemis Äußerung wiederhole ich die Zustimmung, richtig verstanden worden zu sein, korrigiere aber im Anschluß sein Verständnis dahingehend, daß ich die Aufforderung zum Vergleich wieder in Kraft setze. Nach |1s| setze ich leise an "Al/", eine abgebrochene Gliederungspartikel "also", und fahre fort "was gefällt dir (da)". Diese erneute Korrektur meiner Korrektur von Şemis Verständnis meiner Frage wieder zurück zu seinem explizierten Verständnis zielt wohl darauf, auf die von ihm als verstanden gekennzeichnete Frage eine Antwort zu erhalten, nachdem ich mit der Aufforderung bereits einmal gescheitert bin. Ich stelle sie also erst einmal zurück.

Hier fällt Şemi mir ins Wort "Weil ich kenne Türkei weißt du. Und |1s| hier kenn ich nich n viel." Mit dieser Antwort kommt er der Aufforderung zum Vergleich nach. Er zeigt in dem "weil", daß er die Fragen "Was ist besser?" oder "Was gefällt dir besser?" als Fragen nach Begründungen dafür hört, warum etwas besser ist oder gefällt. Sein Wechsel von "Türkei ist ganz besser." zu "Was gefällt mir in Türkei meinst du." erlaubt ihm nun eine Bagatellisierung. Er redet nicht mehr über die Türkei, sondern spricht nur noch für sich: Weil er die Türkei

17 Vgl. dazu auch Lütten 1979 u. Weber 1983

kennt und "hier" nicht viel, ist es dort besser. Aber die Antwort läßt sich nicht darauf reduzieren, sie ist verträglich mit den anderen Äußerungen über die Türkei und "hier". Bezogen auf die Argumentation in der Zusammenfassung der Analyse von ALS I könnte es auch hier einen guten Sinn haben, wenn Şemi sagt, daß er die Türkei kennt und hier nicht viel. Dort habe ich gezeigt, daß Şemi im Reden über die Vergangenheit das zerstörte Passungsverhältnis "hier" zwischen seiner Praxis und dem Verhältnis seines Vaters dazu bearbeitet. Zu dem aber, was ihm hier "gefällt", geht er kein Verhältnis ein, er lebt seine Praxis, er weiß aber nicht, was ihm daran gefällt. Diesbezüglich macht es einen Sinn, daß Şemi die Türkei "kennt", nämlich im Hinblick auf das Verhältnis zwischen Wertungen, Rechtfertigungen und Begründungen einer Praxis und der möglichen Praxis selbst, das "hier" aber nicht, da das Verhältnis zwischen Erwartungen und möglicher Praxis brüchig geworden ist.

Ş: |1 1/2s| In Deutschland. Ja hier eh kenn ich viel, ↗ aber
I: Du kennst doch/Du kennst doch viel hier.

[klopft mit Löffel auf Teller oder Tasse]
Ş: |2s| [seufzt] |3s| [lacht] Weiß ich nicht. Gefäl eh mach mal diese zu. Diese Sache
I: Was?

Ş: zuWeiß ich nicht. Weiß ich (ehrlich) nicht.
I: [lacht] Na gut. |1 1/2s|

Nach den |1 1/2s| überschneiden sich Şemis und meine Äußerung. Er ergänzt "In Deutschland" und macht so durch die Explizierung des "hier" seinen Vergleich sichtbar. Wegen der Überschneidung wiederhole ich meinen ersten Ansatz und behalte so das Terrain zur Äußerung. Ich bestreite die Wahrheit von Şemis zweitem Teil der Antwort und weise damit seine Begründung, warum es ihm gefällt bzw. warum es besser ist, zurück. Şemi konzediert die Richtigkeit des Einwandes, daß er also "viel kennt", setzt mit "aber" mit ansteigender Stimme zur Erwiderung auf diesen Einwand an, bricht diesen ab, seufzt nach |2s|, lacht nach |3s|, klopft während dieser |5s| mit Besteck auf Geschirr und sagt schließlich lachend "Weiß ich nicht. Gefäl eh mach mal diese zu." Ich frage nach "Was?", woraufhin er beide Teiläußerungen zusammenzieht: "Diese Sache zuWeiß ich nicht." Bei der Fortsetzung "Weiß ich (ehrlich) nicht." lachen wir schließlich beide bis zum Ende der Pause |1 1/2s| nach meinem "Na gut.". Sowohl das Lachen von Şemi als auch dann von mir ist nicht verlegen, sondern offen.

Was ist hier passiert? Indem ich Şemis Begründung bestritten habe, habe ich auch bestritten, daß ihm aufgrund seiner besonderen Lage, seines Fremd-Seins die Türkei gefällt, und damit eingeklagt, daß es für ihn allgemein nachvollziehbare, nicht von einer solchen Sonderlage abhängige Gründe geben kann, weil er in der Lage ist, Türkei und

Deutschland in ein Verhältnis zueinander zu setzen, sie also zu vergleichen, da er hier "viel kennt". Da Şemi dies konzediert, wäre er in einer Erwiderung gezwungen zu spezifizieren, was er mit "kennen" meint, will er den Einwand entkräften und an seiner Begründung festhalten. Hier blockt er nun ab in der Form, daß er nach der Pause, in der er artikuliert, daß er sich unter Druck gesetzt fühlt, wiederholt "Weiß ich nicht", ansetzt "gefällt" und mich schließlich auffordert "Mach mal diese zu.", womit er das Aufnahmegerät meint.

Wie ist diese Form Şemis, sich dem Thematisierungsdruck zu entziehen, zu verstehen? Der Verlauf der Sequenz bis hierhin läßt ihre Parallelität zu der Sequenz über "Gefallen" am Schluß von ALS I ins Auge springen. Wir finden dort wie hier der Form nach gleiche Antworten von Şemi, die ich nicht akzeptiere, aufgrund derer ich ihn unter Druck setze, die aber, wie die Interpretation gezeigt hat, in ihrer jeweils paradoxen Formulierung durchaus einen Sinn haben. Parallel sind auch die langen Pausen als Auseinandersetzungen darum, wer am Zug ist. Mein Insistieren führt jeweils zu einem Versuch von Şemi über die paradoxen Formulierungen hinaus, dort über "Spaß", hier über "kennen". Beide haben Sinn, v.a. aber explizieren beide, daß sie das Insistieren als Begründungsforderung danach, warum etwas gefällt, hören. Dort schließt Şemi ab "aber das ist gut Spaß verstehst du", hier markiert er seine Antwort mit "weil" als Begründung. Dort aber hat der Versuch über "Spaß" Erfolg, ich akzeptiere ihn, hier weise ich den Verweis auf das, was er "kennt", zurück.

Weiter oben habe ich gesagt, daß die Frage "Was gefällt dir denn in der Türkei besser als hier? Oder hier besser als in der Türkei?" das Interview als Form bezogen auf die interne Geschichte des Gesprächs deutlich markiert wiedereröffnet. In der Zusammenfassung der Analyse von ALS I habe ich gezeigt, daß die Sequenz über "Gefallen" bezogen auf eine bürokratische Interviewführung zu lesen ist, aufgrund derer Şemi Gefahr läuft, von mir in einen moralischen Diskurs hineingezogen zu werden, der er sich entzieht, indem er in der dargelegten Weise auf Distanz geht. Nun läßt sich für die Sequenz hier nicht ohne weiteres das Gleiche behaupten. Die Frage, was besser in der Türkei ist, ist überraschend, da sie sich auf einen Topos bezieht, und insoweit auch nicht so leicht beantwortbar. Entscheidend ist aber die Reaktion auf die Überraschung. So wie ich in ALS I Şemi eine Sentenz entgegenhalte – "Gibt doch bestimmt n paar Sachen die man besser findet, n paar die man weniger ( ) gut findet." –, so weise ich hier mit der |7s|-Pause seine Artikulation von Überraschung in der Frage nach meiner Frage zurück, halte ihm meine (vermeintliche) Selbstverständlichkeit, die Implikation des von ihm Gesagten entgegen und setze ihn so und im folgenden unter Druck. D.h. es entsteht ein paralleles Verhältnis zwischen uns wie in der Sequenz über "Gefallen" in ALS I und damit rückt dieses Verhältnis in den Entwicklungsverlauf der Gesamtsequenz ALS I. Meine Form der Auseinandersetzung mit Şemis Antworten konnotiert also das Verhältnis, das zwischen uns in ALS I entstanden ist. Dies artikuliert Şemi in dem "weil".

Ist diese Lesweise plausibel, dann sprengt Şemi dieses Verhältnis da, wo er sich nach |5s| Ringen zunächst wieder auf das "Weiß ich nicht" zurückgezogen hat, aber aufgrund der bereits gegebenen Antwort und dem Zugeständnis auf meinen Einwand hin mit der Penetranz meines Insistierens weiterhin rechnen muß: "Mach mal diese zu." Ähnlich wie in ALS I, wo er mit "Laß mal das." einen Bereich aus dem Interview ausgrenzt, erklärt er hier das mitlaufende Tonband zum Hindernis. Vergleicht man aber, worauf sich "Laß mal das." und "Mach mal diese zu." beziehen, dann bezieht sich jenes auf einen eingegrenzten Bereich, nämlich auf etwas, von dem er sagt, daß er das nicht erzählen kann, dieses aber nicht. Hier ist es für Şemi schwer möglich, sich mit dem Verweis darauf zu entziehen, daß er nicht erzählen kann, was besser ist oder was er kennt. Stattdessen führt er eine Unterscheidung zwischen mir und dem Aufnahmegerät ein, denn das "Mach mal diese zu." enthält ja noch das Angebot zu reden, wenn das Gerät abgestellt wird. Andererseits entsteht mein Interesse an dem, was Şemi dazu sagt, während ich ihn aufnehme. So ist das "Mach mal diese zu." aber auch eine Thematisierung unseres Verhältnisses zueinander, das Şemi als ein solches Verhältnis nur im Interview kennt.

Wie ich zu Anfang gesagt habe, war mir Şemi zuvor zwar gut bekannt, aber nicht als einer, der mit allen möglichen Schwierigkeiten oder Problemen im Umgang mit Behörden o.ä. kam. Dies nicht zuletzt deshalb, weil er die, wie sich hier im Interview zeigt, auch kaum hatte. Auch das Problem der Arbeitslosigkeit bzw. der notwendigen Bescheinigung spricht er sozusagen "im letzten Moment" an und so weit ich dies beurteilen kann, hat er auch keine Versuche bei anderen Sozialarbeitern oder ähnlich Tätigen unternommen. Bei der Arbeitssuche war er Gelegenheitsbegleiter, für den wohl auch die Abwechslung der langen Fahrt willkommen war. Er selbst hat nie von sich aus gefragt, ob ich etwas weiß oder ob wir irgendwo nachfragen können. Das bedeutet umgekehrt, daß ich Şemi als einer bekannt war, der zwar in Bezug auf andere Jugendliche sich in alles Mögliche einmischte, der aber ansonsten mit in der Stadt rumhing, sich an den Späßen mitfreute, wenn auch nicht beteiligte, und insofern zwar eher langweilig war, sich aber auch in dieser passiven Partizipation meist raushielt und dort v.a. solche Fragen wie hier zumindest an ihn nicht stellte.

Die Äußerung "Mach mal diese zu." läßt sich so auch verstehen als Aufforderung, einmal so zu sein, wie ich bin, wenn ich Şemi nicht interviewe. Dort muß er mir nicht alles erklären, damit ich es wenigstens partiell verstehe. Für diese Interpretation spricht auch das Lachen.

Wenn ich gesagt habe, daß Şemi das Verhältnis, das zwischen uns bis dahin entstanden ist, sprengt, dann ist dies nicht so zu verstehen, daß er die gesamte bestehende Situation in Frage stellt, sondern in Şemis Äußerung ist das nicht verlegene, sondern offene Lachen zugleich ein Angebot, sich in der gemeinsamen Geschichte, die eben nicht aus Interviews besteht, entweder zu finden oder vor dem Hintergrund dieser die hier stattfindende Krise zu verarbeiten.

Ist diese Argumentation plausibel, dann ist noch einmal darauf zurückzukommen, daß meine Form der Auseinandersetzung mit Şemis Antworten das Verhältnis, das zwischen uns in ALS I entstanden ist, konnotiert. Şemis Reaktion darauf ist wie gezeigt ähnlich wie in ALS I. Er hält wie dort in den paradoxen Formulierungen Distanz, diese machen aber in dieser Distanz auch Sinn. Gelingt ihm in ALS I der Versuch "Machen wir Spaß", in dem er gleichwohl den Sinn von "Alles. Weiß ich nicht was." durchzuhalten in der Lage ist, so gelingt ihm der Versuch über das, was er "kennt", zwar von daher, daß er den Sinn auch der Äußerungen zuvor in dem, was "kennen" meint, und zugleich die Distanz durchhält, die darin liegt, daß er seine Aussage "Türkei ist besser" bagatellisiert. Dieser Versuch mißlingt aber andererseits, da ich ihn nicht wie "machen wir Spaß" als akzeptable Antwort gelten lasse. Gleichzeitig greift meine Zurückweisung seiner Begründung den Teil seiner Äußerung auf, in dem er über das spricht, was er hier kennt. In der Auseinandersetzung darum, was in der Türkei besser ist, haben wir also sowohl das Verhältnis reproduziert, das zwischen uns bereits in ALS I entstanden war, als auch den Punkt erreicht, wo es wieder um das "hier" geht. Und Şemi konzediert, daß er viel hier kennt, "aber". . . Ist der Versuch der Distanz und des Durchhaltens in ALS I gelungen, dann mißlingt er hier und Şemis Reaktion "Mach mal diese zu." läßt sich nun verstehen als ein Versuch, die Differenz zwischen mir als Interviewer und mir als aus der Stadt Bekannter zu nutzen. Bin ich als Interviewer jemand, der dazu tendiert, Şemi in moralische Diskurse zu ziehen, und setzt Şemi sich damit so auseinander, daß er in seinem Reden auf Distanz geht und dieses holistisch, unspezifisch hält, so daß es nicht in solche moralischen Diskurse gezogen werden kann, dann versucht er nach dem Scheitern der Distanzierung das sonstige Verhältnis zwischen uns herzustellen, in dem mein Verhalten zu seinem Verhalten ein anderes als das des Interviewers ist, eben ein Stück weit an "der Stadt" als Praxis partizipiert. Der Wechsel zwischen diesen beiden Verhältnissen ist der Versuch des Sprungs in der Situation von einem Verhältnis in das andere, also einer Aufspaltung meiner Person bezogen auf die unterschiedlichen Praxen, in denen Şemi mich erfahren hat. Şemis Zusammenziehung "Diese Sache zuWeiß ich nicht." auf meine Nachfrage "Was?" realisiert sprachlich das Paradoxe dieses Versuchs der Aufspaltung, da er in dem "Weiß ich nicht" daran festhält, daß er es, wenn das Abschalten des Gerätes das Verhältnis nicht ändert, wenn ich also dann noch solche Fragen stelle, auch dann nicht weiß. Şemi springt also seinerseits zwischen dem Versuch, mich in das Verhältnis zu ihm zu bewegen, in dem ich ein Stück weit an seiner Praxis "Stadt" partizipiere, und der Distanz, die er gegenüber dem Verhältnis wahrt, das ich zu ihm als Interviewer eingehe. Die Wiederholung "weiß ich (ehrlich) nicht", in der das "ehrlich" wegen Şemis lachender Rede nicht genau zu identifizieren ist, realisiert, daß die angestrebte Aufspaltung nicht funktionieren kann. Er kehrt zur Position der Distanz zurück. Von da an lache ich mit Şemi und erkläre mein Einverständnis, daß wir die Sache fallen lassen, mit "Na gut". Wir lachen noch darüberhinaus und wie das folgende zeigt, verstehe ich Şemi nicht so, daß ich abschalten soll.

Folgende Punkte sind festzuhalten: Şemi vollzieht den Versuch des Sprungs in der Situation von einem Verhältnis ins andere unvermittelt. Er gibt keine Erklärung dafür, begründet ihn nicht, er versucht ihn. Er kündigt der Form nach einen Moment das Interview auf, da er von mir stark unter Druck gesetzt wird, dies aber so, daß er mittels des Lachens die gemeinsame Basis zu wahren und sozusagen mit hinüberzunehmen sucht. Im Hinblick auf die Spannung, die bis dahin aufgekommen ist, als Şemi in der |5s| Pause seufzt und auf Geschirr klopft, ist die Auflösung der Krise in ihrer Paradoxie des Sprungs zwischen den Verhältnissen und dem gemeinsamen Lachen am Schluß, das es mir im weiteren erlaubt, das Interview mit einer "anderen Frage" weiterzuführen, erstaunlich, wobei Lachen am Schluß mir gestattet ist, weil Şemi mir die Möglichkeit dazu eröffnet. Da ich, wie meine Interviewführung zeigt, erheblich unter Druck stehe, was mitverhindert, daß ich Şemi angemessen zuhöre, und mich öfters in die Interviewerpose flüchten läßt, entlastet Şemi so auch mich mit seinem Lachen, dem ich mich dankbar anschließe. Für mich wäre es erheblich schwieriger geworden, hätte er etwa mein Insistieren zurückgewiesen. Auch hier läßt sich wie in ALS I die Frage stellen, wieso Şemi die Krise in dieser Form auflöst und wie diese Form zu verstehen ist. Diese Frage ist ebenfalls festzuhalten. Hier fahre ich zunächst mit dem detaillierten Gang durch den Text fort.

I: Dann - ja dann noch ne andere Frage. Weil du eben sagtest eh |ls |du hast vier Jahre
in Istanbul gewohnt ne. Dann haste ja vier Jahre lang in ner Stadt - gelebt ne.
Ş: Ja.

I: Inner großen - also großen Stadt. Und Osnabrück - is ja ne - ziemlich kleine Stadt.
Ş: Ja Istanbul. Ja. Ja.

I: aber ne Stadt. Und wenn du jetz hast du praktisch wie du zehn Jahre alt warst
bist du nach - Istanbul gegangen. Und dann bist du von Istanbul hierhingekommen.
Ş: Ja. Ja.

I: Und wenn du jetzt zurückgehen würdest. |1s | und würdest auf m Dorf leben.
Ş: Dorf?

I: Ja. |1/2s |
Ş: Stadt nicht gut. Dorf gefällt mir.

Ich verstehe Şemi nicht so, daß ich das Gerät abschalten soll. In dem "Dann - ja dann noch ne andere Frage" gebe ich ihm in Hinblick auf die Möglichkeit, daß er das Interview als Ganzes beenden will, zu verstehen, daß ich seine Aufforderung "Mach mal diese zu." auf die weitere Behandlung der Frage beziehe, was besser in der Türkei ist bzw. gefällt, daß ich sie also nur darauf eingeschränkt als gültig betrachte. Mit der Ankündigung zeige ich, daß ich mit dem Interview weitermachen, mit "anderen Fragen" aber von dem strittigen Fragebereich ablassen will. Dies wie die folgende Begründung für die kommende Frage sind Teil der Renormalisierung unseres Verhältnisses und damit zugleich der Verarbeitung der Zurückweisung. Ohne dies im Detail zu zeigen, läßt sich diese Passage, die Entwicklung der Frage und Şemis Reaktion darauf lesen als wechselseitig demonstrative Reparatur der vorherigen Krise. Wenn dort die Fragen und die Antworten für den jeweils anderen verblüffend waren, dann steht dem hier die demonstrativ explizite Vorbereitung einer Frage mit der begleitend von Şemi zum Ausdruck gebrachten Kooperativität gegenüber, die Şemi beschließt, indem er die Frage antizipiert und damit sein Verstehen meiner Art von Fragen demonstriert.

I: Gefällt di/ja das wollt ich wissen. Gefällt dirs Dorf besser?
Ş: Ja in Türkei gefällt mir
Dorf. Stadt nicht.

Nach dem Ansatz "gefällt di/" expliziere ich, daß Şemi mich richtig verstanden und die Frage zutreffend antizipiert hat. Danach stelle ich die Frage, auf die er die Antwort bereits gegeben hat. Er bestätigt noch einmal mit dem Zusatz "in Türkei", womit er das Gefallen des Dorfes gegenüber der Stadt auf die Türkei begrenzt, was insofern nicht überraschend ist, als er das Dorf als Lebenszusammenhang in der BRD wohl kaum kennengelernt haben dürfte.

I: Warum?
Ş: Guck mal Michael. |2s | %In Stadt |2s | immer Geld ausgeben.% Brot. |1s|
Tomaten. %alle Lebensmittel% ?bezahlst du Geld. Brot auch. Aber von Dorf? Machst du Brot selber. Machst du Tomaten selber. Alle - Lebensmittel. Brauchst du nicht Geld ausgeben. |1 1/2s | Ne. Darum gefällt mir Dorf.
I: Hmhm

Mit der Fokusierungsform "guck mal" und direkter Anrede mit Namen eröffnet Şemi die Begründung. In der folgenden Gegenüberstellung von

Stadt und Dorf demonstriert Şemi die Vorzüge des Dorfes am Essen, so wie auch schon in ALS I die Vorzüge der Vergangenheit daran gezeigt wurden, daß Şemi dort "gut essen" konnte. Ähnliches ist von vielen Migranten zumeist in der Gegenüberstellung der Türkei und Deutschland zu hören.[18] Dann ist von frischen und gesunden Lebensmitteln die Rede, wobei mit Vorliebe wie hier von Şemi die Tomaten hervorgehoben werden, da sie sich auch in ihrer Größe erheblich von den hierzulande lange Zeit üblichen kleinen Treibhaustomaten unterscheiden. Daß das Essen neben Feldern und Gärten für die Vorzüge der Türkei steht, ist so überraschend nicht, die Vorfreude auf Gewohntes nach längerer Abwesenheit und damit v.a. auch auf das Essen als leibgebundene Erfahrung des Vertrauten ist nichts Migrantenspezifisches. Für die Migranten bietet sich das Schwärmen von den heimischen Lebensmitteln allerdings insofern an, als sie meistens im Sommer in ihre Herkunftsregionen fahren und zu dieser Zeit viele Lebensmittel billig und zahlreich vorhanden sind. Daß es in der toposartigen Rede über die Lebensmittel aber v.a. um die Verarbeitung der Lebenssituation in der Migrationssituation geht, ist mir oft am Realismus türkischer Migrantenhausfrauen klar geworden, die hier und auch in der Türkei gegenüber ihren Männern, Kindern oder Verwandten auf die Vorzüge verwiesen, die es hat, wenn man das ganze Jahr über Dinge bekommt, die es in der Türkei nur saisonweise oder, wie v.a. Fleisch, zu enorm hohen Preisen gibt.

Essen und Lebensmittel in der Türkei sind also ein Topos, in dem viele türkischen Migranten ihr Verhältnis zu ihrer Lebenssituation artikulieren, und wenn Şemi sich in einem solchen Topos äußert, dann tut er dies mit der Betonung auf "Selber machen" versus "Geld ausgeben" in der Gegenüberstellung von "Stadt" und "Dorf". Das Hervorheben des "Selber machens" ist eine ebenso in der Türkei wie auch häufig in der BRD vorfindbare Abgrenzungsform zwischen Land und Stadt. Bauern preisen die Vorzüge ihrer selbsthergestellten Lebensmittel gegenüber den Städtern, die alles kaufen müssen. Was diese Form aber hier bedeutet, ist damit noch nicht erfaßt. Darauf ist zurückzukommen.

|1 1/2s| nach "Brauchst du nicht Geld ausgeben" reagiere ich mit einem Rezeptionssignal, was Şemi als eine Bewertung des von ihm Gesagten als adaequate Begründung aufnimmt, der er mit "ne" Nachdruck verleiht. Mit "Darum gefällt mir Dorf." kennzeichnet er noch einmal das Gesagte als Begründung. Nach |2s| Pause, während der ich nicht übernehme, baut er die Begründung weiter aus.

Ş: Wenn du Stadt gehst. |1s| wenn du ein Million hast drei Million hast. zweit oder
[reibt die Hände dazu]
zud viert Monate. Ende. Wenn du im - Dorf ist. wenn das - vier Million hast. zwei
Monate. vielleicht ne. zwei Monate oder ein Jahre. acht Million. Verstehst du was

18 vgl. auch das Gruppeninterview, Transkript S.60ff.

Ş: ich meine? Das gefällt mir. In Türkei.
I: Hmhm

"Wenn du Stadt gehst" versus "Wenn du im - Dorf ist" meint hier die Rückkehr aus Deutschland in die Türkei entweder in die Stadt oder ins Dorf. Dies ergibt sich aus den Summen, mit denen Şemi operiert. Eine, drei, vier und acht Millionen meint Geld in türkischer Währung, einer Million türkischer Lira entsprach zum Zeitpunkt des Interviews ca. 7000 DM. Mit den genannten Zahlen sucht er ungefähr die Summen zu indizieren, mit denen die Migranten bei ihrer Rückkehr wirtschaften, wobei die Unbestimmtheit eins, drei, vier auch zeigt, daß Şemi nicht von sich selbst zu reden in der Lage ist. Ihm steht solches Geld nicht zur Verfügung. Er bestimmt die Perspektiven der Rückkehr in die Stadt oder ins Dorf derart, daß man mit dem hier Erreichten, den gesparten Geldsummen in der Stadt keine Zukunft hat – dort wird das Geld nach etwa zwei bis vier Monaten zu Ende sein –, im Dorf aber, wo man allerdings auch schon mit mehr Geld, mit vier Millionen antritt, wird sich das Geld im Zeitraum von zwei Monaten bis zu einem Jahr verdoppeln.

Die Rückkehrperspektive, die Şemi entwirft, ist eher unüblich. Viele der türkischen Migranten, die aus Dörfern stammen, haben, wenn man sie fragt, nicht die Absicht, in ihre Dörfer zurückzukehren, sondern meistens ist von einem "Geschäft" o.ä. in der nächsten Kreisstadt, der Provinzhauptstadt oder (v.a. bei Migranten aus dem Osten) in Istanbul, Ankara oder Izmir die Rede. Der Anknüpfungspunkt für Şemis Perspektive ist die ökonomische Lage des Dorfes, aus dem er stammt. Er stammt aus einem Dorf ca. hundert Kilometer südlich von Kayseri. Es handelt sich nach meinem Eindruck um ein prosperierendes Dorf. Ich habe Şemi ca. zweieinhalb Monate nach diesem Interview besucht und bin zweieinhalb Wochen in dem Dorf geblieben. Die Zeit dort habe ich im wesentlichen mit Jugendlichen verbracht, die mir das Dorf und die Umgebung zeigten. Bei der Ernte und auf der Baustelle des neuen Hauses, das die Familie zur damaligen Zeit baute, habe ich mitgearbeitet und so einen leidlichen Eindruck vom Leben in diesem Dorf bekommen, so weit dies in der kurzen Zeit möglich war.

Das Dorf liegt an einer Hauptstraße und es gibt ein ausgebautes Bewässerungssystem. Zuckerrüben, Getreide und Obst werden angebaut und die Bauern verkaufen ihre Produkte in der nächsten Kreisstadt. Im Dorf selbst finden sich zwei Cafes, zwei Gemischtwarenläden und ein Teil der Bevölkerung lebt von Arbeit im Bau- und Transportwesen. Das Transportwesen stellt einen günstigen Erwerbs- und Beschäftigungsbereich dar, da unweit des Dorfes Erz abgebaut wird und daher Tag und Nacht LKW rollen, die das Erz zur nächsten, ca. 80 km entfernten Bahnstation transportieren. Der Erzabbau ist auch die Ursache dafür, daß das Dorf an einer gut ausgebauten Straße liegt.

Die relativ günstige Situation des Dorfes drückt sich wohl auch darin aus, daß nur drei Familien von dort als Arbeitsmigranten nach Mitteleuropa gegangen sind. Zwei davon sind inzwischen wieder in die Türkei in ihr Dorf zurückgekehrt. Bei einer von diesen, bei Şemis Familie habe ich gewohnt. Nach Aussage derer, mit denen ich gesprochen habe, gibt es keine allzu großen Besitzunterschiede im Dorf. Anfallende Arbeit etwa bei der Ernte wird in wechselseitiger Hilfe erledigt und die Bewohner betonten mir gegenüber häufig den guten Zusammenhalt des Dorfes.

Die Familie Şemis lebt seit 1984 wieder in diesem Dorf. Der Vater wollte damals mit seinen Söhnen zusammen "ein Geschäft" aufmachen. !984 hat man v.a. ein neues Haus gebaut, da das alte zwar für Urlaubszwecke genügte, aber nicht, um dort mit der ganzen Familie ständig zu wohnen. In den folgenden zwei Jahren ist es dem Vater gelungen, der Familie ein vergleichsweise gutes Auskommen zu sichern, indem er teils Landwirtschaft betreibt und z.T. im Transportwesen tätig geworden ist. Er hat einen LKW gekauft und hält diesen zusammen mit seinen beiden ältesten Söhnen am Laufen. Wie bisher in dem Interview deutlich geworden ist, will der Vater wegen Şemi zurück. Daß er für sich und seine Familie diese Entscheidung getroffen und auch für Şemi dort bessere Perspektiven gesehen hat, wird auch mit der ökonomischen und sozialen Lage des Dorfes zusammengehangen haben. So ist die Familie Şemis heute eine der wenigen Remigrantenfamilien, von denen ich weiß, daß sie es geschafft haben, wieder im Dorf Fuß zu fassen.

Aber stellt dies auch den Hintergrund für die Perspektive auf die Rückkehr ins Dorf oder in die Stadt dar, wie sie Şemi hier darlegt, so hat man damit noch nicht die Bedeutung des von ihm Gesagten geklärt. Er läßt die Perspektiven "Dorf" und "Stadt" hier so stehen, daß sich ergibt, daß in der Stadt das Geld nach zwei bis vier Monaten zu Ende ist, weil man es da ausgibt, im Dorf aber nicht, weil man dort alles selber macht. D.h. die realistischen Anknüpfungspunkte erklären, woher er den Topos "Essen" in Verbindung mit dem des "Selber machens" vs. "Geld ausgeben" als ländliche Abgrenzungsform bezieht, aber was veranlaßt Şemi, darauf zurückzugreifen, redet er doch nicht über reale ökonomische Verhältnisse. Auch in seinem Dorf muß man Geld ausgeben und macht nicht alle Lebensmittel selber, wenn auch eine ganze Menge, worauf man stolz ist. Aber selbst wenn dem so wäre, warum sollte dies für Şemi atrraktiv sein?

Zuletzt rückversichert sich Şemi, ob er von mir verstanden worden ist, und macht nach meiner Bestätigung qua Verstehenssignal wieder sichtbar, daß er meine Frage beantwortet hat: "Das gefällt mir." Sodann aber fährt er fort "In Türkei.", obwohl er zuvor noch über den Unterschied zwischen "Dorf" und "Stadt" in der Türkei gesprochen hat. Liest man "Das gefällt mir." und das nachgeschobene "In Türkei." zusammen, dann hat man auf einmal die Antwort auf eine Frage, die Şemi selbst weiter oben als sein Verständnis meiner Fragen formuliert hat und das ich als richtiges Verständnis dieser bestätigt habe: "Was gefällt mir in Türkei meinst du?" Im Anschluß an dieses nachgeschobene "In Türkei" fährt er fort: "Aber hier - was gefällt mir nicht. . .", was nun auch mit Betonung auf "hier" die Antwort auf meine Korrektur seines Verständnisses meiner Frage – "Ja. Was ist besser?" – ankündigt.

Ş: Aber hier - was gefällt mir nicht, kaufst du selber, hier kannst du nicht eh selber
machen, meine Mutter macht hier selber - nur - Brot. |1s | Ne. Tomaten n
I: Hmhm

Ş: nicht selber - machen. |1s | Eh |1/2s | alle Lebensmittel kaufen wir selber. Das gefällt
I: Hmhm

Ş: mir nicht. In Türkei auch nicht Stadt gefällt mir nicht. Dorf besser. Dorf
I: Hmhm

Ş: gefällt mir auch. Meinst du das?

Was Şemi nun "hier" nicht gefällt, entspricht den Nachteilen in der türkischen Stadt. Man kauft "hier" nur und kann nichts selber machen. Die Mutter macht allein das Brot selber. Nach |1s| Pause zielt Şemi durch das "Ne." auf eine Exothese der positiven Rezeption der von ihm angeführten Sachverhalte als Antworten auf die wieder aufgenommene Frage, was ihm hier nicht gefällt, die in dem "Hmhm" auch erfolgt. Danach fährt er fort mit dem schon zuvor genannten Lebensmittel Tomaten, alle Lebensmittel müssen gekauft werden. Er schließt vorläufig ab "Das gefällt mir nicht.", begleitet von zwei Rezeptionssignalen von mir. Schließlich stellt er noch einmal heraus, daß ihm auch in der Türkei die Stadt nicht gefällt und das Dorf besser ist. Die doppelte Verneinung ist wohl so zu erklären, daß Şemi zwei Aussagen miteinander verbunden spricht: "In der Türkei auch nicht." und "Stadt gefällt mir nicht." als Verallgemeinerung. Zu "Dorf gefällt mir auch" ist wohl zu ergänzen "da", nämlich in der Türkei, nachdem er darüber zuvor im Vergleich zum "hier" gesprochen hat.

"Meinst du das?" Die Frage zum Vergleich Dorf/Stadt war von mir angestrengt begründet vorbereitet und von Şemi dann, bevor ich sie tatsächlich gestellt habe, bereits antizipiert und diese Antizipation von mir als zutreffend bestätigt worden. Die im Anschluß daran von Şemi entwickelte Antwort wird von mehreren Verstehenssignalen meinerseits begleitet, so daß das "Meinst du das?" bezogen auf die von mir zuletzt gestellte Frage keinen rechten Sinn ergibt. Nun hat Şemi aber in der Entwicklung seiner Antwort auf die Frage nach "Dorf" und "Stadt" daraus zugleich die Antwort auf die Frage "Was gefällt mir in Türkei?" und "Was ist da besser?" gemacht. Indem er die Antworten auf die

Fragen nachreicht, die zuvor noch Teil des Komplexes waren, der schließlich zu der Krise und der speziellen Form der Auflösung führt, repariert er auch versuchsweise nachträglich den Bruch, der in der Aufforderung "Mach mal diese zu." lag. Ausgehend von dem Thema Stadt/Dorf findet und demonstriert er die Antwort auf die zuvor brisanten Fragen, was nicht zuletzt daran deutlich wird, daß ab "Das gefällt mir. In Türkei." fünfmal von "gefallen" die Rede ist. Bezogen auf diese zuvor noch brisanten Fragen fragt er also "Meinst du das?".

Es stellt sich die Frage, warum er diese Antwort hier findet, nicht aber vorher. Die Analyse der Sequenz bis "Na gut." hat ergeben, daß die Form meiner Fragen das ist, worauf Şemi mit seinen Antworten reagiert. Er hat sich bereits dort in einem Topos geäußert: "Türkei ist auch schön, aber keine Arbeit." bzw. "Wenn Arbeit hast, Türkei ist ganz besser." Was hindert ihn dort, genau das, was er bezogen auf den Dorf/Stadt-Vergleich anführt und im Anschluß daran auf den Vergleich zwischen "hier" und "Türkei" überträgt, direkt bezogen auf die Frage "Was ist besser in Türkei?" anzuführen? Weiter oben habe ich dargelegt, daß mit der Form meiner Reaktion auf Şemis Überraschung im Hinblick auf meine Nachfrage "Was ist besser?" sich das gleiche Verhältnis zwischen uns wie in ALS I entwickelt und daß in der Entwicklung dieses Verhältnisses wir aufgrund des Begründungsversuches von Şemi und meiner Zurückweisung dieses an dem Punkt ankommen, wo es um das "hier" geht. Er versucht, die Situation zunächst durch Distanz und dann durch den Sprung zwischen den zu mir eingegangenen Verhältnissen als Interviewer und als partieller Partizipant an der Praxis in der Stadt zu bewältigen. In dem Maße also, wie das "hier" und das, was Şemi "kennt", Thema ist und er meine Fragen, wie das "weil" zeigt, als Begründungsfragen hört, warum etwas gefällt, ist er in der Entfaltung seiner Rede in Topoi blockiert.

Weiter oben habe ich die Frage danach gestellt, was Şemis positives Verhältnis zum Dorf und sein Rückgriff auf ländliche Abgrenzungsformen bedeuten, da diese sich nicht erklären daraus, daß es dafür bezogen auf seine Herkunft realistische Anknüpfungspunkte gibt. Darauf ist hier zurückzukommen. Läßt sich Şemis Ausführung darüber, was ihm "hier" nicht gefällt, als nachgereichte Antwort zu einer früheren Frage verstehen, dann heißt dies nicht, daß das, was er über Dorf und Stadt sagt, nicht auch eine Bedeutung hätte, die in der Bewältigung und Reparatur der zuvor abgelaufenen Krise zugleich verträglich ist mit Şemis vorherigen Äußerungen. Dazu ist genauer auf seinen Vergleich einzugehen. Wenn er zu Anfang sagt "Stadt nicht gut. Dorf gefällt mir." und im folgenden sich dazu ausführlich äußert, dann ist die Wertungsform "gefällt mir"/"gefällt mir nicht" zu lesen mit Blick darauf, daß es um die Reparatur der Krise geht. Der verweigerten Antwort stehen die mehrfach vorgezeigten Antworten gegenüber. Sie geben sich als solche in der achtmaligen Rückgabe meiner Wertungsform zu erkennen. Die Bereitwilligkeit und Möglichkeit zu dieser Reparatur ergibt sich offensichtlich aus meiner Vorgabe, die auf das Verhältnis von Şemi zu Stadt und Dorf hinaus will, auf die er sich sofort einläßt, da er dazu, wie sich zeigt, ein klares Verhältnis hat.

Die Aussage zu Anfang "Stadt nicht gut. Dorf gefällt mir." ist zunächst nicht verträglich mit seiner Äußerung in ALS I "Stadt gefällt mir.". Nun könnte man meinen, daß er im folgenden diesen Widerspruch aufhebt mit der Aussage"In Türkei gefällt mir Dorf. Stadt nicht.", aber damit ist das Verhältnis Dorf/Stadt in Deutschland zunächst nur ausgeklammert. Nach den Ausführungen über Stadt und Dorf in der Türkei realisiert Şemi nämlich das Beantwortungspotential des Gesagten auch für das Verhältnis "Türkei"/"hier", das er nun gleich bestimmt mit dem Verhältnis Dorf/Stadt in der Türkei, weil die Türkei als Lebensverhältnisse eben das Herkunftsdorf ist. Um das aber genauer zu unterscheiden, sagt er zum Abschluß "In Türkei auch nicht Stadt gefällt mir nicht", womit er zugleich impliziert, daß ihm "hier" im Verhältnis zum Dorf nicht gefällt, weil es eine Stadt ist.

Werden die Vorzüge des Dorfes gegenüber der Stadt in der Türkei und "hier" gepriesen, dann ist zu fragen, was Stadt "hier" und in der Türkei für Şemi im Gespräch jeweils waren. Über die Stadt in der Türkei hat er gesagt, daß er dort vier Jahre gearbeitet hat, daß er da "ganz gut war" und "es gut war". Zudem kennt er diese Stadt, nämlich Istanbul, "wie seine Hand". Was bringt ihn also hier dazu zu sagen, daß "Stadt nicht gut" ist? Dieselbe Frage stellt sich für "hier", hat er doch zu Anfang gesagt "Bei mir hier ist alles gut", dies ähnlich später wiederholt und schließlich zum Schluß von ALS I "Stadt gefällt mir" gesagt. Dazu ist die Abgrenzungsform genauer zu betrachten, auf die Şemi zurückgreift. Er betont die Möglichkeit des "Selber machen" für das Dorf, in der Stadt aber hängt man vom Geld ab, weil man alles kaufen muß. Dies haben die Stadt in der Türkei und in Deutschland gemeinsam. Es erscheint mir wenig plausibel, daß ein Jugendlicher, der seinen Spaß am "Spazierengehen" hat und darin einige Fertigkeiten besitzt, tatsächlich davon fasziniert ist, täglich seine Lebensmittel selbst zu produzieren.[19] Wenn er als zehnjähriger das Dorf verlassen hat, dürfte er auch kaum Erfahrungen mit dieser Art von Arbeit haben. Mit dem Verweis darauf, daß die Mutter hier nur Brot selber macht, hebt er hervor, daß vermittels des zentralen Lebensmittels Brot auch die anderen am Wert des "Selber machen" festhalten. Aber es ergibt vielleicht auch einen guten Sinn, daß die Mutter in Deutschland für das "Selber machen" steht,

19 Nur hinweisen will ich darauf, daß Şemi in der Türkei auf seinem Dorf alles andere als begeistert davon war, bei der Ernte oder anderen Arbeiten in der Landwirtschaft mit anzufassen. Dies kann natürlich nicht das Verständnis des Textes begründen.

denn das Dorf, so wie er es hier anspricht, ist auch Kindheitserinnerung.

Hält man sich vor Augen, daß Şemi im Interview zuvor, worauf hier hinzuweisen ist, auch gesagt hat, daß er im Dorf gar nichts selber machen kann, sondern seinen Vater erst fragen muß, ob er überhaupt bei ihm bleiben kann (Interviewtranskript S.9), sowie die Form, in der er die Erwartungen faßt, mit denen er im Falle seiner Rückkehr konfrontiert sein wird, dann ist die reale Perspektive, die mit dem Dorf verbunden ist, nicht die Möglichkeit des "Selber machens". Versteht man aber die Äußerungen über das Dorf nicht so sehr als realistische Rede, sondern als ein Bild für Autonomie, was in der wiederkehrenden Betonung auf "selber" auch da, wo es nicht paßt - also "kaufst du selber" - deutlich wird, und entsprechend die Rede über die Stadt als Bild für Abhängigkeit, dann zeigt sich die Aktualität dieser Bilder für Şemi: In Istanbul hat er gearbeitet und war so ein Stück weit aus der Sicht der Gegenwart bereits vom Vater unabhängig und hat zudem in legitimen Zusammenhängen gelebt. Insofern war es "gut" da. Aber in ALS I in den Darlegungen seiner Vergangenheit in der Türkei als seinem Verhältnis zur Gegenwart schimmern auch Momente der Abhängigkeit dort durch, die er aber genauso wie sein damaliges kritisches Verhältnis dazu nur sehr zurückgenommen äußert, denn mit seiner Geschichte in Deutschland ist sein kritisches Verhältnis dazu haltlos geworden. Die Instrumente der Kritik - "Ich geh Deutschland. Schnauze voll." - konkret erwartete bessere Lebensverhältnisse an einem anderen Ort, sind zerstört worden. In diesem Sinne hat er mit der Kritik damals gespuckt, er hat jetzt nichts Besseres zu bieten. Ist dies zutreffend, dann verschiebt sich dieses Moment der Kritik von "Deutschland" als Hoffnung auf ein besseres Leben auf das "Dorf", in dem man zugleich als Ort der Autonomie nicht darauf angewiesen ist, seine Spucke wieder aufzulecken, einen Rückzieher zu machen.

Ähnlich besteht die Relevanz des Dorfes als Bild für Autonomie bezogen auf das "Hier" darin, daß es ein Gegenentwurf zu der Abhängigkeit von dem Vater ist, auf dessen Geld Şemi angewiesen ist und dessen Kritik an seiner Praxis er sich so anhören muß. Entsprechend ist es nicht zufällig, wenn er das Dorf ins Verhältnis zum "Hier" setzt, denn dieses bezeichnet die Gesamtsituation, also Şemis Lebenspraxis auf den Feldern "Stadt" und "zu Hause". Wenn er aber in ALS I "Stadt gefällt mir" sagt, dann ist von dem Praxisfeld "Stadt" abgegrenzt von "zu Hause" die Rede. Die "Stadt" hier aber, die nicht gut ist, meint jeweils ganze Lebensverhältnisse und entsprechend meint dann "gefallen" als übernommene Wertungsform jeweils etwas anderes. Wenn von "Dorf gefällt mir" die Rede ist, so bezieht sich dies auf ein Leben, in dem Autonomie gewährleistet ist und man sich nicht in den Zwickmühlen befindet, die einen jetzt bedrohen. Darin ist der Wunsch des Herausspringens artikuliert. "Stadt gefällt mir" aber meint wie gesehen das gelebte Gefallen an einer Praxis, das nicht weiter expliziert wird. Dies verweist noch einmal auf die Frage der Blockierung der Rede in Topoi, die die vorherige Krise zur Folge hatte. Mein Thematisierungsdruck zielt auf die Explizierung dessen, was Şemi auch schon in ALS I bei "Stadt gefällt mir" verweigert hat, die Topoi aber handeln jeweils von Lebensverhältnissen insgesamt.

Die nachfolgenden Passagen bis zum Ende des Ausschnitts ALS II werden nun wie angekündigt aus Platzgründen nicht mehr im Detail diskutiert. Şemis Bevorzugung des Dorfes wird darin von mir mehrfach in Frage gestellt. Dazu sei hier nur festgehalten, daß Şemi es schafft, gegen mein Insistieren durchzuhalten, daß das Dorf besser ist als die Stadt in dem Sinne, der sich zu Anfang der Gegenüberstellung ergeben hatte, nämlich das Dorf als Bild für Autonomie gegenüber der Stadt als Bild für Abhängigkeit, die Şemis Situation in den beiden Städten, in denen er gelebt hat, kennzeichnete. Er baut im Verlauf der Auseinandersetzung das Dorf aus als Ort, der nicht nur Autonomie, sondern auch Teilhabe an legitimer Gemeinschaftlichkeit gewährleistet. Wo ich aber mit wenig Geschick versuche, die Attraktivität der Stadt für Şemi als Praxisfeld anzusprechen, thematisiert er die Spielothek als Ort des "Geld-ausgebens" und artikuliert darin das, was die Stadt zuvor als "hier" auch schon problematisch gemacht hatte, nämlich die Abhängigkeit vom Vater und das prekäre Verhältnis zwischen ihnen. Wie wenig bezogen auf Dorf und Stadt über konkrete Lebenszusammenhänge gesprochen wird, kann man sich an verschiedenen Punkten noch zusätzlich klar machen. Wenn Şemi auf meine Frage, ob er sich vorstellen kann, daß es ihm im Dorf langweilig wird, antwortet, daß es ihm nach einer Weile "wieder" gefallen wird, dann sagt er damit auch, daß es ihm erst nicht gefallen könnte. Das Bild, das er dann aber von dem Dorf und seinen Möglichkeiten entwirft, ist eine Idylle, eine Versprachlichung türkischer Postkartenmotive. Und als diese Idylle steht das Dorf für einen Zusammenhang, in dem man erreichen kann, was ihm jetzt fehlt. Mit dem Gefallen an einem konkreten Lebenszusammenhang hat dies nichts zu tun, über den weiß er ja eine Menge zu erwartender Schwierigkeiten zu berichten. Ähnlich kritisiert er in der Feststellung, daß er, wenn er Geld in die Automaten schmeißt, nicht "ißt", den illegitimen Gebrauch des Geldes. In der gesamten Rede über die Spielothek fehlt aber, daß dies ein Ort ist, aus dem die Jugendlichen etwas machen, wo sie auch Spaß haben und wo sie entsprechend nicht nur Geld ausgeben. Implizit ist dies durchgehalten in dem hier wieder zu findenden Wechsel zwischen "ich" und "wir", aber im Gegensatz zur Kritik ist dies nicht formuliert als etwas, was einer solchen Kritik entgegensteht.

Daß es nicht um konkrete Lebensperspektiven geht, macht auch der Schluß des zweiten hier zur Analyse gewählten Ausschnitts deutlich. Nach dem Lachen von Şemi und mir und nach |1s| Pause frage ich Şemi die Auseinandersetzung zusammenfassend:

I: Also du glaubs daß/du glaubs daß dir das gut/daß du da gut wieder zurande kämst im Dorf. |1 1/2s| Hmhm
Ş: Dorf ist gut. |1s |Aber ich will mal wieder gerne - Deutschland bleiben.

Bezogen darauf, wieviel Mühe Şemi darauf verwendet hat, deutlich zu machen, daß er sich seiner Einschätzung sicher ist, und daß er an einer Stelle gegenüber einem versuchten Einwand von mir herausgestellt hat, daß er es weiß, ist die Zusammenfassung ein wiederholter Angriff auf den Status, den diese Einschätzung hat. Ich fasse sie wieder als "Glaube". In Variation der Ausgangsfrage, zu der ich vor der zweiten Korrektur ansetze, lege ich ihm mein Verständnis des von ihm Gesagten, daß er nämlich "da" im Dorf "gut wieder zurande käme", zur Ratifizierung vor.

Vor dem Hintergrund des bisherigen Verlaufs kann es nicht erstaunen, daß Şemi zwar wiederholt, daß das Dorf "gut" ist, daß er aber zugleich mein Verständnis seiner Ausführungen korrigiert. Von dort "gut zurande kommen" etwa im Sinne von "gut leben können" hat er nichts gesagt und sofern dieses Verständnis für mich den Schluß nahelegt, daß er über konkrete Lebensperspektiven gesprochen hat, unterstreicht er demgegenüber, was er schon mehrfach gesagt hat, daß er nämlich "mal wieder (d.h. noch) gerne in Deutschland bleiben" will.

Für den Fortgang der Analyse, die mit dem Durchgang durch ALS III fortgesetzt wird, sind Ergebnisse, Probleme und Fragen, die sich in ALS II ergeben haben, festzuhalten, wovon hier folgende noch einmal kurz benannt seien: Es hatte sich in der Analyse der Anfangskrise und Şemis verspätetem Reparaturversuch die Frage ergeben, wieso er die Spannungen in der analysierten Form des Sprungs in der Situation zwischen unterschiedlichen Verhältnissen zu mir zu lösen sucht und was dies für eine Form ist. Neben diesen Fragen hat sich gezeigt, daß so, wie in seinem Verhältnis zur Vergangenheit in der Türkei in ALS I sein Verhältnis zur Gegenwart, in der Gegenüberstellung von Dorf und Stadt sein Verhältnis zu den Ergebnissen des Durchlaufs der biographischen Stationen Istanbul und Osnabrück artikuliert ist. Kennzeichnend für die Form, in der dieses Verhältnis gefaßt ist, ist hier wie auch in ALS I, daß jeweils der Versuch oder Wunsch des Herausspringens aus den für Şemi tatsächlich gültigen Verhältnissen bestimmend ist. Es handelt sich um Gegenüberstellungen, bei denen das bevorzugte Andere, also das Dorf mit seinen Vorzügen, nicht mit dem hier Erfahrenen vermittelt ist, sondern das Andere und das Erfahrene jeweils in Bildern einander gegenübergestellt werden, Autonomie und Partizipation an legitimer Gemeinschaftlichkeit der Abhängigkeit und nicht-legitimen Gemeinschaftlichkeit, die entsprechend sprachlich auch nur in Proformen indiziert, aber nicht in einer für eine Anknüpfung greifbaren Weise formuliert wird im Gegensatz zur sprachlichen Anstrengung der Beschreibung, wie legitime Gemeinschaftlichkeit aussieht. Diese Anstrengung wird etwa deutlich an der Flexibilität, mit der es gelingt, die Bergbesteigung mit Seil oder den Kauf des Hähnchens zu verdeutlichen. Bei dieser Benennung von Punkten will ich es belassen. Darauf und auf die Frage, wie sich die Ergebnisse der Durchgänge durch ALS I und II zueinander verhalten, will ich zusammenfassend nach der Analyse von ALS III zurückkommen.

4.3 ALS III: "Wenn meine Vater mir Ärger . . . sprech ich gar nix."

Vor dem Beginn von ALS III war zwischenzeitlich die Rückfahrt mit dem Auto und die Anzahl der Mitfahrenden, Şemis Moscheenbesuch in der Türkei und der BRD, Alkoholkonsum und der Weg zu seiner Wohnung Thema. Vor der Frage von mir, seit wann die Rückkehr der Familie in die Türkei feststeht, die ich zu Anfang des Ausschnitts stelle, legt Şemi dar, wie die türkischen Migrantenfamilien sich vor Augen führen, welche Summen an Geld sie in der Zeit ihres Aufenthalts in der BRD für Miete ausgegeben haben und daß es besser gewesen wäre, wenn sie das Haus, in dem sie gelebt haben, gemeinsam gekauft hätten, als die Gelegenheit dazu bestand.

I: Seit wann - steht das denn fest daß ihr zurückgeht? |1 1/2s| Wann hat dein Vater - endgültig gekündigt bei - Karmann? Seit einem
Ş: Seit ein Monat oder zwei Monat.

I: Monat. Und vorher? Immer nein vielleicht? Hmhm |2 1/2s/ Hat
Ş: Vorher war nein. Ja.

I: der vorher immer ganz fest gesagt Nein? Oder hat der gesagt Vielleicht geh ich vielleicht geh ich nicht? Wie lange? |2 1/2s|
Ş: Gedanken gemacht. Denken gemacht.

Ş: Weiß ich nicht. Bis ich Arbeit finde. |2s| Sagt er Wenn du Arbeit findest, |1 1/2s| gehen wir nicht. %Ich hab versucht, - nix.% Sagt er: Ja. Gehen wir. Kündigung.

I: Çok düşündü..
[er überlegte viel/lange]
Ş: Çok düşündü. |1 1/2s| Und hat er |2s| hat er gehört, diese - wenn - selber Kündigung kriege, |1/2s| zehntausendfünfhundert. Denken gemacht, gut. Vom Stadt tausendfünfhundert. Denken gemacht, gut. |1 1/2s| Vielleicht - darum vielleicht - bei mir - sagt er: Alles für dich geh ich. Sagt er. |1 1/2s| Alles deine Schuld sagt er.
I: Sagt er jetzt auch? Jetzt auch noch? |1s| Alles deine Schuld? |3s|

I: Und was hast du dazu gesagt? Hm?
S: Ich spreche gar nix. Wenn meine Vater mir Ärger ne, |1s| %er sprech%, ich (fsche)/sprech ich - gar nix. |1s| Ich immer so. Ich sage keine Wort meine Vater. Ich kann ? |1s| Ich sage nicht.
I: Warum nicht? Warum

I: sagst du dann nix? Hmhm.
S: Das ist meine Vater weißt du. Und ich will nicht - m meine Vater schämen. Wollt ich nicht. Ich will
I: Bitte - was willst du den nicht?

S: nicht eh schä eh - eh sauer sein - von mein Vater. Wenn ?er was sagt, alles r... .g was er sagt. |1s| Zum Beispiel: Du hast hier gekommen, hast du keine Arbeit gefunden, richtig. Du hast eh hergekommen, Schule gegangen, - Mist gebaut, auch richtig. Ne. Ja für immer geht
I: Glaubst du denn selber daß das richtig ist? Oder |2s| Wenn wenn

I: du aus der Wohnung rausgehst, paß auf, dein Vater sagt: |1s| dein Vater sagt: |2s|
S: Ja.

I: Du hast nur Mist gebaut. Ja? Dann s/dann sagste, dann bleibste
S: Ja und geh mal nach Hause.

I: sitzen sagst nix und denkst richtig. Ne? Jetzt gehste raus in die Stadt. Und dann
S: Ja. Ja.

I: denkste dein Vater - der hat das gesagt. Denkste dann immer noch Ja richtig? Oder denkste dann: Stimmt nicht?
S: Ja bißchen denken denken, wenn ich - Lust habe

S: ne bißchen - vom Mädchen- küssen - Kopf keine. Weg. Verstehst du?
I: Hmhm Ja.

I: Aber denkst du nicht manchmal hinterher also - so Behältst
S: Ich behalte drin. |2s|

I: drin. |1s| Sagst nie was. Zu keinem. |1s| Hast du irgendwelche Freunde mit denen
S: Nä.

I: du dann - dadrüber redest? |1 1/2s| Redet
S: Ja ich rede keine. Zum Beispiel wenn mein Vater schlägt, soll ich dahingehen eh - Scheiße. Heute meine Vater hat mich geschlagen. Soll ich sagen? Nein. |1s| Das ist nicht gut weißt du. Dann sagen die: Ouh gut. Zum Beispiel wenn ich Mehmet sage was zum Beispiel ne, oh Mehmet heute

[es klingelt]

w hat mein Vater hat mich geschlagen. Soll ich sagen? Und ? - er geht dahin Oh Şemi hat heute Schläge gekriegt. Er geht: Şemi hat heute Schläge gekriegt. Komm bei mir, ouh Kopf so. Nicht gut das weißt du.

I: Hmhm |4s| [Gerät abgeschaltet]

Nachfolgend wird zunächst der Anfang von ALS III bis zu Şemis Äusserung "Gedanken gemacht. Denken gemacht." analysiert. Mit meiner ersten Frage will ich wissen, wann der Entschluß zur Rückkehr in die Türkei gefaßt worden ist. Es fehlt die Differenzierung, daß Şemi für sich dies keineswegs als feststehend betrachtet. Nach einer Pause von |1 1/2s| ersetze ich die Frage durch eine nach dem Zeitpunkt einer praktischen Handlung des Vaters, in der sich der Entschluß zur Rückkehr manifestiert hat, wie ich unterstelle. "endgültig gekündigt" ist dabei eine elliptische Formulierung – man kann nur kündigen oder nicht kündigen –, die etwa zu paraphrasieren ist: "Wann hat dein Vater sich endgültig entschlossen zu kündigen und dies dann getan?" Darüberhinaus demonstriert die Frage meine Unaufmerksamkeit, denn der Vater hat, wie Şemi gesagt hat, nicht bei Karmann, sondern bei Klöckner gearbeitet.

Şemi weiß nicht genau, wann der Vater gekündigt hat, "seit ein Monat oder zwei Monat". Verblüffend ist, daß Şemi, der sich so sehr dagegen sträubt, in die Türkei zurückzukehren, nicht genau weiß, wann der Vater gekündigt hat, war dies doch in gewisser Weise das einschneidende Datum, denn von da an gab es für die Familie kaum noch ein Zurück.

Ich reagiere zunächst mit Echo auf Şemi – "Seit einem Monat." – und frage sodann: "Und vorher?" Das Echo verkürzt seine Aussage, nimmt ihr die Vagheit und vereindeutigt sie. Diese ungerechtfertigte Vereindeutigung nehme ich meiner Erinnerung nach vor, da ich Şemis Familie die gleiche Kurzfristigkeit des Entschlusses zur Rückkehr unterstelle, wie ich dies im Sommer 1984 bei anderen Familien mitbekommen habe, die unter dem Druck der zeitlichen Fristen, die mit den sog. "Rückkehrhilfen" verbunden waren, und des politisch-sozialen Klimas, in dem ihre Anwesenheit als Problem, das nach einer Lösung verlangt, galt, sich in relativ kurzer Zeit zur Remigration entschlossen haben. Die Frage "Und vorher?" bezieht sich auf die Zeit, bevor der "endgültige Entschluß" zur Kündigung und damit zur Rückkehr gefaßt wurde. Şemis Antwort "Vorher war nein." läßt sich so verstehen, daß entweder vorher nicht beabsichtigt war zurückzugehen oder der Vater vorher nicht gekündigt hat.

In meiner Reaktion "Immer nein vielleicht?" verstehe ich Şemis Antwort als Aussage, daß vorher nicht die Absicht existierte zurückzugehen, und stelle dem gegenüber, wie ich mir denke, daß es war, und lege Şemi nahe, daß der Vater vorher wankelmütig war, mal "nein" und mal "vielleicht" sagte. Şemi akzeptiert mit "Ja.", was ich als Antwort nahelege. Nach dem Rezeptionssignal und der Pause von |2 1/2s| mache ich einen Neuansatz, da meine Gängelung Şemis, indem ich eine Antwort vorgebe, zu dem möglichen Widerspruch geführt hat, daß er zunächst sagt, daß vorher nicht beabsichtigt war zurückzugehen, sodann aber meine Vorgabe bestätigt, daß der Vater sich unsicher war.

"Hat der vorher immer ganz fest gesagt Nein? Oder hat der gesagt Vielleicht geh ich vielleicht geh ich nicht?" Die erste Frage sucht Şemis "Vorher war nein." aufzunehmen, was noch einmal zeigt, daß ich dies so verstehe, daß vorher nicht die Absicht bestand zurückzugehen. Die Frage ist jedoch in ihrer Fassung nicht sehr sinnvoll, denn wenn der Vater "immer ganz fest nein gesagt hat", dann muß auch dauerhaft jemand da gewesen sein, der gefragt hat, ob er zurückgehen will. Fragt er sich dies aber selbst, dann hat mit der Frage bereits die Überlegung eingesetzt, ob eine Rückkehr sinnvoll wäre, und entsprechend würde er nicht "ganz fest nein sagen".[20] Im Anschluß daran frage ich alternativ danach, ob sich der Vater unsicher war und entsprechend mal das eine, mal das andere gesagt hat. Zusammen genommen läßt sich die Äußerung so lesen, daß danach gefragt ist, ob die Entscheidung zur Rückkehr abrupt gefallen ist, nachdem der Vater zuvor hier in Deutschland bleiben wollte, oder nach längerem Überlegen und Abwägen. Şemi versteht sie so und antwortet: "Gedanken gemacht. Denken gemacht." Die Wiederholung liegt in der sprachlichen Unsicherheit bezüglich der Formen "Gedanken" und "Denken" begründet.

I: Wie lange? |2 1/2s|
Ş: Weiß ich nicht. Bis ich Arbeit finde. |2s| Sagt er Wenn du Arbeit findest, |1 1/2s| gehen wir nicht hat er gesagt. %Ich hab versucht. - nix.%Sagt er: Ja. Gehen wir. Kündigung. Çok düşündü. |1 1/2s|
I: Çok düşündü.

Die Frage "Wie lange?" zielt darauf, in Erfahrung zu bringen, seit wann der Vater sich Gedanken hinsichtlich der Rückkehr in die Türkei gemacht hat. Nach |2 1/2s| Pause, also nach einigem Überlegen antwortet Şemi zunächst "Weiß ich nicht.", eine Antwort, die nicht neu ist, die aber v.a. an dieser Stelle ähnlich überraschend ist wie sein ungenaues Wissen in Bezug auf des Vaters Kündigung, will er doch seinerseits auf

20 Meine Frage zeigt allerdings, daß in gewisser Weise stets jemand da ist, der fragt, wann der Vater zurückkehren will. Diese Frage gehört zum alltäglichen Umgang mit Migranten und ist in die sozialwissenschaftlichen Fragekataloge der Migrationsforschung eingegangen. Ohne daß dies von mir intendiert war, verweist die Frage so auch darauf, daß v.a. türkische Migranten als Verkörperung des "Ausländerproblems", das die bundesrepublikanische Gesellschaft hat, gegen die dauerhafte implizite Aufforderung, die auch in solchen Fragen liegt, und gegen die offene Aufforderung zurückzukehren "ganz fest nein sagen" müssen.

jeden Fall hierbleiben. Im Anschluß daran fährt er lachend fort "Bis ich Arbeit finde." Das Lachen ist nicht wie zu Anfang von ALS I, wo er nach "Keine Arbeit weißt du" verlegen lacht, sondern offen. Formal ergibt die Antwort auf die Frage "Wie lange?" keinen Sinn. Mit "Bis ich Arbeit finde." benennt er wohl die Zeitspanne, in der noch nicht klar war, ob er Arbeit findet. Innerhalb dieser hat sich der Vater Gedanken gemacht und nachdem es als geklärt galt, daß Şemi keine Stelle findet, entschloß sich der Vater zur Rückkehr.

Seine Antwort ergibt also bis hierhin, daß er nicht weiß, wie lange sich der Vater Gedanken gemacht hat, daß er es aber für die genannte Zeitspanne weiß, weil er da auch von den Gedanken weiß, und daß des Vaters Nachdenken mit der Klarheit darüber endet, daß Şemi keine Arbeit findet. Dies paßt zusammen damit, daß für den Vater nicht nur problematisch ist, daß Şemi keine Arbeit hat, sondern daß er aufgrund dessen "immer spazierengeht" und "Mist macht". Wie lange aber der Vater sich deshalb schon "Gedanken macht", mag Şemi durchaus nicht wissen, hält er doch, wie in ALS I gesehen, Distanz zur Kritik des Vaters.

Wieso aber äußert Şemi "Bis ich Arbeit finde." lachend? Der Vater hat sich wegen Şemi, aber nicht mit dessen Einverständnis zur Rückkehr entschlossen, dieser will hierbleiben. Şemi gelingt es im letzten Moment, d.h. wie dargelegt im Interview mit mir, sich dem Beschluß des Vaters zu entziehen, mit meiner Hilfe, wie er hier glaubt, doch in die BRD zurückzukehren. Stellt man die Frist "Bis ich Arbeit finde." als Bedingung des Vaters für das Hierbleiben dem gegenüber, wofür der Vater ihn kritisiert, nämlich dem "Spazierengehen" und "Mist machen", etwas, was Şemi "Spaß macht", und das der Vater mit der Forderung nach Arbeit abstellen will, dann ist das Lachen angesichts der Perspektive des Hierbleibens und der Rückkehr des Vaters in die Türkei auch als Befreiung von seiner Kritik und seinen Forderungen zu verstehen. Dieser kann demnächst nicht mehr solche Bedingungen wie "Bis ich Arbeit finde." setzen und davon Şemis Zukunft abhängig machen.

Nach der |2s| Pause erzählt Şemi, wie der Vater die Bedingung "Arbeit finden" gesetzt hat. Er hat zu Şemi gesagt, daß es von ihm abhängt, ob sie zurückgehen. Wenn er Arbeit findet, dann will der Vater mit der Familie dableiben. Şemi hat ohne Erfolg versucht, Arbeit zu finden, wobei er die Intensität seiner Anstrengungen mit der erhöhten Tonlage zum Ausdruck bringt. Aufgrund dieser Mißerfolge sagt der Vater entsprechend seiner Ankündigung "Ja. Gehen wir." und kündigt. Şemi legt also dar, was er von den Gedanken des Vaters weiß, nämlich das, was ihm in Gestalt der Forderungen und Schlüsse, die der Vater ihm sagt, gegenübertritt. Die Gedanken selbst und die Beweggründe für das, was er beschließt, werden nicht mitgeteilt. Von daher ist mein Kommentar "Çok düşündü" auch schlicht fehl am Platze, denn daß der Vater viel und intensiv nachgedacht hat, hat Şemi nicht gesagt. Die von mir vorgezeigte türkische Form ist auch weniger motiviert im intensiven Eingehen auf das von Şemi Gesagte, als vielmehr im Streben nach billigem Erfolg bei Şemi. Von meinem damals allemal wenigen Türkisch kann ich an vermeintlich passender Stelle etwas unterbringen. Şemi bestätigt "Çok düşündü." Er hat dies zwar nicht gesagt, aber er widerspricht dem auch nicht und fährt nach |1 1/2s| Pause fort:

Ş: Und hat er |2s| hat er gehört, diese - wenn - selber Kündigung kriege, |1/2s| zehntausendfünfhundert, Denken gemacht, gut. Vom Stadt tausendfünfhundert, Denken gemacht, gut. |1 1/2s| Vielleicht - darum vielleicht - bei mir - sagt er: Alles für dich geh ich. Sagt er. |1 1/2s| Alles deine Schuld sagt er.

Hier gibt Şemi nun Beispiele für das, was der Vater gedacht hat. Diese Gedanken haben zum Gegenstand die materiellen Randbedingungen der Rückkehr. Der Vater hat gehört, daß er, wenn er selber kündigt, zehntausendfünfhundert Mark bekommt, sich darüber Gedanken gemacht und dies für gut befunden. Dasselbe gilt für eintausendfünfhundert Mark, die er von der Stadt bekommt. Nach der Darlegung dieser Gedanken des Vaters fährt er fort: "Vielleicht - darum vielleicht - bei mir - sagt er: Alles für dich geh ich. Sagt er. |1 1/2s| Alles deine Schuld sagt er." Liest man von "Bis ich Arbeit finde" bis zu "Alles deine Schuld sagt er." in einem, dann kündigt der Vater wegen Şemi und wirft ihm vor, daß er keine Arbeit gefunden hat. Aber genau wie zu Anfang in ALS I führt er auch hier die Möglichkeit des Vaters, bei Kündigung und Rückkehr Geld zu bekommen, was dieser für gut befindet, als Anlaß und möglicherweise auch als Grund für die Kündigung und den Entschluß zur Rückkehr an. Der Vater hat auch etwas von dieser.

Dies sind Verstehensmöglichkeiten, Şemi selbst aber referiert die Ereignisse nur. Er zitiert den Vater im Hinblick auf die Bedingung, die dieser ihm setzt, er versucht es, scheitert und der Vater entscheidet. Er macht sich Gedanken und kritisiert Şemi schließlich, indem er sagt "Alles für dich geh ich." und "Alles deine Schuld.". Şemi selbst aber setzt sich wiederum damit nicht auseinander, indem er etwa die Kritik des Vaters zurückweist oder sagt, daß der Vater noch aus anderen Gründen gegangen ist. Er redet aus der Position des Beobachters seines Vaters, der sich Gedanken darüber macht, ob dieser "Vielleicht - darum vielleicht" etwas zu ihm gesagt hat. Die entsprechenden Formen finden sich bereits in ALS I: Wo Şemi über die Schule und den "Mist", den sie dort gemacht haben, redet, endet er mit "darum vielleicht." Die Kritik des Vaters zitiert er mit der Rahmung "Weiß ich nicht. . . Und darum." Die Passage über die Gedanken des Vaters beginnt mit "Weiß ich nicht." – er weiß nicht, wie lange sich der Vater Gedanken über die Rückkehr macht –, es folgen die Gedanken, so weit Şemi sie aus der Konfrontation mit dem Vater kennt, und aus diesen schließt Şemi, daß der Vater "darum vielleicht" zu ihm das sagt, was er sagt. Şemi hält die Distanz des Beobachters und Nichtbeteiligten zu dem, was der Vater sagt und tut, und ist gleichzeitig davon Betroffener. Er vermutet die Gründe, weist sie nicht zurück, wertet sie nicht und verteidigt sich nicht. Wenn der Vater sagt "Alles deine Schuld", dann hat Şemi zuvor gesagt, daß er angestrengt nach Arbeit gesucht hat. Aber genau wie zuvor in ALS I verteidigt er sich nicht etwa dahingehend, daß es nicht seine Schuld ist, wenn es keine Arbeitsplätze gibt. Was also hier wiederkehrt, ist die Distanz Şemis zu dem Verhältnis des Vaters zu dem, was Şemi in Deutschland geworden ist, aber auch zu der Praxis des Vaters. Dies wird zu Anfang von ALS III bereits deutlich, wo Şemi selbst für ein auch für ihn einschneidendes Ereignis wie die Kündigung nicht genau angeben kann, wann der Vater diese ausgesprochen hat. In dem "Weiß ich nicht." und "Darum vielleicht" setzt sich dies fort.

Ohne auf die Interviewpassage über die in sieben Jahren des Aufenthalts der Familie in der BRD geleisteten Mietzahlungen und den abgelehnten, vom Hausbesitzer den Mietparteien, türkischen Migrantenfamilien, unterbreiteten Vorschlag des Hauskaufs vor Beginn von ALS III genau einzugehen, will ich doch auf die Form hinweisen, in der Şemi dort die Überlegungen des Vaters hinsichtlich des Hauskaufs faßt:

Ş: Aber meine Vater - denken: Vielleicht |ls| ich schicke meine Familie wieder zurück. Hat er Gedanken gemacht, weiß ich nicht. |ls| Vielleicht hat mein Vater hat gedenken: Wenn wir diese Haus - verkaufen, wie verkaufen wir wieder? |ls| Die haben so gedenken, weiß ich nicht.

Diese Form entspricht der Form, in der Şemi in ALS III die Position des Beobachters einnimmt. Mit den Positionsausdrücken "vielleicht" sowie mit der wiederkehrenden Kennzeichnung des Status des Geäußerten als ungesichertes Wissen demonstriert Şemi die Distanz zur Praxis des Vaters. Er sagt nicht, daß er den Vater gefragt hat oder daß der ihm etwas erzählt hat. Şemi überlegt sich, was der Vater sich "vielleicht" gedacht haben könnte, wie wenn er nicht weiß und nicht wissen kann, was den Vater wirklich bewegt haben könnte. Und genau wie er über diese Gedanken spekulieren muß, genauso sagt der Vater "darum vielleicht", daß alles Şemis Schuld ist.

Genauer zu betrachten ist die Kritik des Vaters, die Şemi zitiert. Wenn der Vater sagt "Alles für dich geh ich.", dann bedeutet "Alles für dich" zweierlei, da "für" sowohl wörtlich als auch als "wegen" zu verstehen ist. Da Şemi, wie mehrfach gesehen, Schwierigkeiten mit Präpositionen hat und dem "für" und "wegen" die türkische Postposition "için" entspricht, läßt sich "Alles für dich" auch als "Alles wegen dir" verstehen. Der Vater geht also zurück und unternimmt die entsprechenden Anstrengungen dafür sowohl "für" als auch "wegen" Şemi. Der Vorwurf des Vaters hat dann unterschiedliche Implikationen. "Wegen" Şemi geht die ganze Familie zurück, sie muß also als Ganze die Konsequenzen aus Şemis Praxis tragen. Der Vater tut aber auch alles "für" Şemi und geht daher auch "für" ihn. Er ist also ein guter Vater, der sich für seine Söhne verantwortlich fühlt und deshalb seinen ganzen Haushalt in die Türkei verlagert. Auf diese Art und Weise beschämt er seinen Sohn, indem er alles "für" ihn tut, obwohl dieser nichts erreicht hat, "immer spazierengeht" und "Mist macht". In diesem doppelten Sinne ist es Şemis Schuld, wie er abschließend den Vater zitiert.

I: Sagt er jetzt auch? Jetzt auch noch? |1s| Alles deine Schuld? |3s| Und was hast du dazu gesagt? Hm?
Ş: Ich spreche gar nix. Wenn meine Vater mir Ärger ne, |1s| %er

Ş: sprech%, ich (fschte)/sprech ich - gar nix. |1s| Ich immer so. Ich sage keine Wort meine Vater. Ich kann ? |1s| Ich sage nicht.
I: Warum nicht? Warum sagst du dann nix?

Ş: Das ist meine Vater weißt du. Und ich will nicht - m meine Vater schämen.
I: Hmhm.

Ş: Wollt ich nicht.

Meiner Nachfrage "Sagt er jetzt auch? Jetzt auch noch?" sowie nach |1s| Pause der fragenden Wiederholung "Alles deine Schuld?" folgt eine |3s| Pause. Warum sollte entsprechend den ersten beiden Nachfragen der Vater "jetzt" etwas anderes sagen, denn schließlich will die Familie am nächsten Tag "für" Şemi zurückkehren. Aber auch auf die fragende Wiederholung "Alles deine Schuld?" reagiert Şemi nicht als Frage nach seiner Position dazu, so wie auch die ersten beiden Nachfragen gehört werden könnten als Fragen danach, ob sich seit des Vaters Entschluß zur Rückkehr etwas in dem Verhältnis von Şemi und dem Vater ergeben hat, das dessen Position verändert oder aufgehoben hat. Nach der Pause expliziere ich die Frage nach Şemis Position zu dem Vorwurf.

Şemi antwortet nicht bezogen auf die konkrete Frage nach seiner Position zu dem Vorwurf, daß alles seine Schuld sei, sondern legt sein allgemeines Verhalten gegenüber dem Vater dar, wenn dieser ihm Ärger macht. Formal wird dies zunächst deutlich daran, daß er auf die Frage, was er dazu gesagt hat, im Präsens antwortet: "Ich spreche gar nix." Dies wiederholt er nach dem fragenden "Hm?" bezogen auf die allgemeine Bedingung, unter der dies gilt. Wenn der Vater ihm Ärger macht, dann sieht dies so aus, daß er auf Şemi einspricht – so ist das "er sprech" mit gedehntem Vokal in "sprech" und erhöhter Tonlage zu verstehen – und Şemi gar nichts sagt. Er expliziert die Allgemeingültigkeit der Beschreibung seines Verhaltens, er ist immer so. "Ich sage keine Wort meine Vater." expliziert "sprech ich gar nix" als "nicht widersprechen". Im Türkischen entspricht dem die parallele Wendung "Babama bir şey (oder bir laf) söylemem", was bedeutet, daß man dem Vater nicht widerspricht.

Auf meine erste Begründungsfrage setzt Şemi mit "Ich kann ? " zu einer Antwort an, die er abbricht und an deren Stelle er nur wiederholt "Ich sage nicht." Auf die erneute, ausgebaute Frage nach einer Begründung zentriert er mich darauf, daß sein Vater sein Vater ist, d.h. eine bestimmte soziale Position einnimmt, die die Beachtung bestimmter Verhaltensregeln ihm gegenüber erforderlich macht, wie ihm in solchen Situationen wie der beschriebenen nicht zu widersprechen, denn Şemi will ihn nicht beschämen. "Ich will nicht - m meine Vater schämen." ist so zu verstehen bzw. so, daß Şemi nicht will, daß der Vater sich schämt. Wenn Şemi widersprechen würde, dann würde er sich respektlos benehmen und dies würde den Vater beschämen, da dessen Ansehen nicht zuletzt auch davon abhängt, wieviel Respekt ihm seine Söhne entgegenbringen. Der Vater müßte sich für das Verhalten seines Sohnes schämen und damit auch dafür, daß er keine Autorität im eigenen Haus besitzt. Dies lehnt Şemi ab, er "will" und er "wollte" nicht der Grund dafür sein, daß sein Vater sich schämt, ihn also nicht beschämen.

I: Bitte - was willst du den nicht?
Ş: Ich will nicht eh schä eh - eh sauer sein - von mein Vater. Wenn ? er was sagt, alles richtig was er sagt. |ls| Zum Beispiel: Du hast hier gekommen, hast du keine Arbeit gefunden, richtig. Du hast eh hergekommen, Schule gegangen, - Mist gebaut, auch richtig. Alles richtig. Ne.

Die Frage von mir zeigt, daß ich Şemis vorherige Äußerung so gehört habe, daß er seinem Vater etwas nicht antun will. Ich höre Şemis infinitivische Formulierung "meine Vater schämen" also nicht als Objektsatz, in dem der Vater das Subjekt des Prädikats wäre, das ich nicht verstanden habe, sondern "meine Vater" als Objekt des Prädikats "will nicht ( )". Şemi korrigiert in seiner Antwort dieses Verständnis nicht, sondern so wie er vor "meine Vater schämen" stockt und zwei Ansätze zu "meine" macht, so stockt er mit dem Füller "eh" vor dem Ansatz von "schämen" und korrigiert nach zwei weiteren Füllern dahingehend, daß er nicht sauer sein will gegenüber seinem oder auf seinen Vater. "von" ist hier so zu verstehen, da Şemi aufgrund seiner Schwierigkeiten mit Präpositionen verschiedentlich "von" äußert, wo er die Zielrichtung oder Bewegung einer Tätigkeit hin auf jemanden oder etwas ausdrücken will, wie etwa in ALS I, wo er die Spucke nicht wieder in den Mund nehmen will, aber "vom Mund" sagt, oder im Interview auf S. 18, wo der Junge wieder zurückzahlt an den Opa, Şemi aber "vom Opa" sagt. Hier wie auf S. 18 würde im Türkischen die jeweilige Beziehung nur durch einen Fall, den "e-hali" ausgedrückt. Şemi realisiert also im Wechsel von "schämen" zu "sauer sein auf den Vater" die

Intransitivität des Verbs "schämen",[21] dessen transitive Form "beschämen", nach der er wohl entsprechend dem Türkischen[22] sucht, ihm zumindest hier nicht verfügbar ist.

Wenn der Vater etwas sagt, dann ist dies alles richtig für Şemi. Sich meines Verständnisses versichernd wiederholt er dies, in der zweifachen Betonung hervorhebend, daß dies ohne Ausnahme gilt. Er bindet die Richtigkeit von Gesagtem daran, daß es vom Vater gesagt wird. Er gibt zwei Beispiele für das, was der Vater sagt, die solche Kritikpunkte wiederholen, die schon zuvor eine Rolle gespielt haben. Daß Şemi hergekommen ist und keine Arbeit gefunden hat, war Thema und Ausgangspunkt für die Frage, ob Şemi die Schuldvorwürfe des Vaters akzeptiert. In der Analyse dieser Passage hat sich ergeben, daß Şemi in der Form, in der er die Gedanken und Vorwürfe des Vaters sprachlich faßt, zugleich Distanz dazu wahrt. Hier ist die Feststellung des Vaters, die implizit den Vorwurf enthält, daß Şemi schuld an seiner Arbeitslosigkeit ist, richtig und zwar richtig, wenn der Vater sie Şemi sagt. Das zweite Beispiel wiederholt einen Vorwurf, der in ALS I bereits eine Rolle gespielt hat und von dem sich Şemi dort ebenfalls zweifach implizit distanziert hat, der aber auch in der Situation der Konfrontation, also da, wo der Vater ihn Şemi macht, richtig ist. Neu an den Vorwürfen ist der jeweils gleiche Anfang "Du hast hier gekommen" bzw. "hergekommen". Erinnert man sich daran, daß Şemi gesagt hat, daß er, weil er herkommen wollte, seinem Vater einen Brief geschrieben hat und daß er "mehr Geld verdienen" wollte, dann kann der Vater ihm das Herkommen auch vorhalten, da er ihn auf seinen Wunsch hat kommen lassen, Şemi aber nichts von dem erreicht hat, was er als Ziel seines Herkommens angegeben hat. Nach den beiden Beispielen wiederholt er noch einmal "Alles richtig." und sucht sich mit "Ne." meines Verständnisses des Gesagten zu versichern.

I: Glaubst du denn selber daß das richtig ist? Oder |2s| Wenn wenn
Ş: Ja für immer geht

I: du aus der Wohnung rausgehst. paß auf. dein Vater sagt: |1s |dein Vater sagt: |2s |
Ş: Ja.

I: Du hast nur Mist gebaut. Ja? Dann s/dann sagste, dann bleibste
Ş: Ja und geh mal nach Hause.

I: sitzen sagst nix und denkst richtig. Ne? Jetzt gehste raus in die Stadt. Und dann
Ş: Ja. Ja.

21 Nicht des reflexiven Verbs "sich schämen", denn in Şemis Rede zuvor taucht es nicht als solches, sondern stets ohne Reflexivpronomen auf.

22 utanmak → sich schämen/utandırmak → beschämen

I. denkste dein Vater - der hat das gesagt. Denkste dann immer noch Ja richtig? Oder denkste dann: Stimmt nicht?
Ş: Ja bißchen denken denken, wenn ich - Lust habe ne

Ş: bißchen - vom Mädchen - küssen - Kopf keine. Weg. Verstehst du?
I: Hmhm

Da Şemi die Richtigkeit des vom Vater Gesagten damit begründet hat, daß der Vater es sagt, frage ich ihn nach seinem Verhältnis zu dem Gesagten, ob er denn selbst glaubt, daß es richtig ist. Nach "Oder" folgt eine Pause von |2s| und im Anschluß daran äußert sich Şemi, die Pause nicht oder aufgrund ihrer sich entwickelnden Länge nicht mehr als redezugintern verstehend: "Ja für immer geht". Bei "geht" falle ich ihm ins Wort, wobei formal das Beanspruchen des Rederechts möglich ist durch den Bezug auf die Pause als redezugsinterne. Das Wahrnehmen dieser Möglichkeit aber mag seinen Grund darin haben, daß mir der Ansatz Şemis zur Beantwortung der Frage bezüglich meiner Erwartungen in die falsche Richtung weist. Im Ansatz bestätigt er, daß er selbst glaubt, daß es richtig ist, was der Vater sagt, aber die Begründung wird nicht deutlich. Allerdings kann man vermuten, daß er sagen wollte, daß sein Vater "für ihn" bzw. "wegen ihm" für immer in die Türkei geht. Insofern wäre das, was der Vater sagt, für ihn richtig aufgrund der Konsequenzen, die der Vater aus Şemis Situation und seiner zugehörigen Praxis zieht. Aber dies ist Spekulation, da Şemi nicht zu Ende spricht.

Im folgenden entwerfe ich sprachlich das Verhältnis zwischen Şemi und dem Vater, bezogen auf das ich Şemi dann befrage. Er begleitet diesen Entwurf mit der vierfachen Anzeige seines Verständnisses und seiner Kooperativität im "Ja." Die Entwicklung eines Problems in diesem Entwurf, bezogen auf das ich eine Frage stellen will, etabliere ich an zwei Stellen formal auf eine interessante Weise, nämlich indem ich, nachdem Şemi bereits mit "Ja" die Rezeption des Gesagten angezeigt hat, jeweils im Anschluß daran mich mittels "Ja?" und "Ne?" fragend seines Verständnisses versichere. Beide Male passiert dies da, wo ich ihn zitiere bzw. sein Zitat des Vaters zitiere. Şemi bestätigt mit seinem "Ja" also, daß es sich so verhält. Mit dem Rückverweis Şemis durch "Ja?" und "Ne?" auf das von mir Gesagte gebe ich zu verstehen, daß das Gesagte Probleme enthält, die mit seinen einfachen Rezeptionsformen "Ja" nicht erledigt sind, auf die hin ich ihn orientiere und die entsprechend in meiner folgenden Rede aufgenommen werden werden. Die Şemis Rezeptionsformen nachgestelten Formen der Verständnissicherung "Ja?" und "Ne?" haben also hier eine reorientierende und zugleich auf das Kommende hin orientierende Bedeutung (vgl. dazu auch Jefferson 1980).

Zu Anfang des Entwurfs der Szene nenne ich eine Annahme, die ich jedoch für das folgende für mich mit der Fokusierungsform "Paß auf."

stillschweigend wieder gelöscht habe, bezogen auf die aber Şemi einen ersten Einstieg unternimmt, indem er meine Fassung dessen, was der Vater sagt, fortsetzt mit dem, was der Vater noch sagt, wenn er ihm den Vorwurf, wie ich ihn fasse, außerhalb der Wohnung, also in der Stadt macht. Er wird ihn nach Hause schicken, womit Şemi zugleich implizit zu verstehen gibt, daß es unwahrscheinlich ist, daß der Vater ihm noch außerhalb der Wohnung Vorwürfe machen wird. Er wird die Differenzen mit ihm zu Hause und nicht öffentlich wahrnehmbar austragen.

Das zweimalige "Dein Vater sagt" und die anschließenden Pausen kommen wohl dadurch zustande, daß ich mich nicht wohl fühle bei der "Wiederholung" der Vorwürfe des Vaters, da eine solche "Wiederholung" in ihrer jeweiligen Form das eigene Verständnis des Gesagten und damit ansatzweise das Verhältnis dazu deutlich werden läßt. Im Verhältnis zu Şemis Fassungen liegt im "nur" eine Verschärfung der Vorwürfe aufgrund der Wertung von Şemis Praxis als ausschließlich "Mist".

Ich unterbreche Şemis Fortsetzung der Rede des Vaters, wobei hier wie auch bei der vorherigen Unterbrechung die jeweiligen Äußerungsanfänge von mir wiederholt werden, nachdem Şemi das Terrain wieder frei gegeben hat. Mit "Dann sagste" beanspruche ich, mit dem folgenden Şemi zu zitieren, also ihm seine Rede vorzuzeigen, was er im Anschluß daran mit "Ja" akzeptiert. Er hat nichts davon gesagt, daß er "sitzen bleibt", aber er bestreitet es auch nicht. Seine Reaktion zeigt, daß er beginnt, sich hinsichtlich der stillschweigend von mir wieder getilgten Annahme, daß er aus der Wohnung rausgeht, umzuorientieren. Anlaß dazu dürfte für ihn das "sitzen bleiben" sein, denn er hat zuvor gesagt, daß er im Falle, er wäre in der Stadt, vom Vater nach Hause geschickt würde. Würde er also daran festhalten, daß die Szene sich in der Stadt abspielt, dann müßte er protestieren, da er in dem Falle nicht sitzen bleiben würde, wäre dies doch ein Sich-Widersetzen gegenüber dem Vater.

Nach dem bereits diskutierten "Ne?" wird diese Tilgung manifest: "Jetzt gehste raus in die Stadt." Nach Şemis Rezeptionsform fahre ich fort mit der Unterstellung, daß Şemi, wenn er "raus in die Stadt" geht, daran denkt, was der Vater gesagt hat, wobei die Betonung auf "denken" liegt. Dies meint wohl, daß Şemi, wenn er das Haus verläßt und in die Stadt geht, sich den Kopf zerbricht über das, was der Vater gesagt hat. Bezogen auf diese Unterstellung frage ich ihn, ob er dann immer noch denkt "Ja richtig" oder "Stimmt nicht". Es geht mir also darum zu erfahren, ob für Şemi das, was der Vater sagt, nur richtig in der Situation und in dem Moment ist, in der bzw. in dem der Vater dies zu ihm sagt, oder ob dies auch darüber hinaus gilt. Allerdings mache ich mit diesen Fragen eine Unterstellung, die schon bezogen auf Şemis bisherige Äußerungen problematisch ist, nämlich daß er quasi jederzeit ein Verhältnis zu dem, was der Vater sagt, haben muß in der Form, daß es für ihn entweder richtig oder falsch ist. Nun hat die bisherige Analyse ergeben, daß Şemi seinen Vater in der Form zitiert, daß er selbst ein solches Verhältnis dazu gerade nicht eingeht. Seine Formen der Distanzierung lassen offen, ob das, was der Vater sagt, richtig oder falsch ist. Er weiß nicht, warum der Vater das sagt, was er sagt, er setzt sich damit nicht auseinander in dem Sinne, daß er eine Position dazu bezieht.

Şemis Antwort auf meine Frage bestätigt diese Analysen, sie gibt aber auch den Schlüssel zur Lösung einer Reihe von Problemen in die Hand, die sich im Verlauf der Analysen von ALS I, II und III ergeben haben. Mit "Ja bißchen denken denken" erweist er meine Unterstellung des intensiven Nachdenkens als falsch, zudem geschieht dieses "bißchen denken" auch nur, wenn er "Lust" hat. Wenn er in der Stadt ist, dann verschwinden mit dem, was er da macht, die Gedanken: "Kopf keine. Weg." "Vom Mädchen - küssen" vergehen die Gedanken, sofern sie überhaupt da sind, wobei das Lachen in der Äußerung sowohl für den männlichen Eroberungsstolz und den Erfolg als Mann steht, mit dem zugleich Gemeinsamkeit zwischen uns als Männern dahingehend signalisiert wird, daß es darauf ankommt,[23] als auch für den "Spaß", den Stadt bedeutet. Şemi zeigt so mit seiner Antwort, daß die entscheidende Annahme meiner Frage falsch ist, daß er in jeder Situation ein Verhältnis zu dem, was der Vater sagt, haben muß, daß es für ihn als Person wichtig ist, ob dies falsch oder richtig ist. Auf die Implikationen von Şemis Antwort bezogen auf die Entwicklung der Sequenz ALS III bis hierhin ist zurückzukommen, zuvor möchte ich aber den Durchgang durch ALS III beenden, da das folgende eine Weiterentwicklung darstellt.

I: Ja. Aber denkst du nicht manchmal hinterher also - so Behältst
Ş: Ich behalte drin. |2s|

I: drin. |1s| Sagst nie was. Zu keinem. |1s| Hast du irgendwelche Freunde mit denen
Ş: Nä.

I: du dann - dadrüber redest? |1 1/2s| Redet
Ş: Ja ich rede keine. Zum Beispiel wenn meine Vater schlägt, soll ich dahingehen eh - Scheiße. Heute meine Vater hat mich geschlagen. Soll ich sagen? Nein. |1s| Das ist <u>nicht</u> gut weißt du. Dann sagen die: Ouh gut. Zum Beispiel wenn ich Mehmet sage was zum Beispiel ne, oh Mehmet
[es klingelt]
heute w hat meine Vater hat mich geschlagen. Soll ich sagen? Und ? - er geht dahin Oh Şemi hat heute Schläge gekriegt. Er geht: Şemi hat heute Schläge gekriegt. Komm bei mir, ouh Kopf so. Nicht gut das weißt du.
I: Hmhm |4s|

Nach dem Rezeptionssignal versichert sich Şemi mit "Verstehst du?"

23 Vgl. dazu auch das Interview auf S. 38, wo ein entsprechender Männerscherz von meiner Seite ausgeht, als Şemi "viele Mädchen" für seinen reduzierten Moscheenbesuch verantwortlich macht.

meines Verständnisses, was anzeigt, daß ihm das "Hmhm" als Signal für meine positive Rezeption nicht hinreicht. Ich bestätige mit "Ja.", um daran eine Tendenzfrage anzuschließen, die mit "aber" meine Unzufriedenheit mit Şemis Antwort demonstriert. In dieser Frage halte ich daran fest, daß er "hinterher", also nachdem der Vater ihm Vorwürfe gemacht hat und er sich aus der Situation mit dem Vater harausbegeben hat, "denkt", und setze dazu an, diese Unterstellung auszuarbeiten. In dem Adverb "manchmal" ist seine Antwort aufgenommen, er "denkt" nicht immer. Ich frage ihn, ob er nicht wenigstens manchmal hinterher denkt "also - so", aber nach diesen Gliederungsformen antwortet er bereits antizipierend, worauf ich hinaus will: "Ich behalte drin." Mit dieser Antwort legt er etwas nahe, was meine Unterstellung, daß er ein dauerhaftes Verhältnis im Sinne von "richtig" oder "falsch" zu dem, was der Vater sagt, haben muß, wieder sinnvoll erscheinen läßt. Er "behält drin", also für sich, was er sich denkt, aber immerhin denkt er sich was.

Nach |2s| Pause reagiere ich auf Şemis Antwort mit Echo – "Behältst drin." – und lege sodann die Schlußfolgerungen, die ich daraus ziehe, dar: "Sagst nie was." Şemi bestätigt mit "Nä.", reagiert aber auf "Zu keinem." nicht. Nach |1s| Pause frage ich, ob er "irgendwelche Freunde" hat, mit denen er "dadrüber redet". "Dann" bezieht sich auf Situationen im Anschluß an Vorwürfe von Seiten des Vaters. Die anonyme Redeweise "irgendwelche Freunde" ist bemerkenswert, sind mir doch viele der Freunde bekannt. Nach |1 1/2s| Pause überschneiden sich Şemis und mein Redeansatz. Wie mein Ansatz "Redet" zeigt, sehe ich mich durch die Pause zur Reformulierung als Verdeutlichung der Frage veranlaßt.

Mit "Ja ich rede keine." bestätigt Şemi zwar, daß er Freunde hat, weist aber zugleich zurück, daß er zu einem reden würde über das, was zwischen ihm und seinem Vater vorgefallen sein könnte. Er erklärt dieses Verhalten im folgenden an einem Beispiel, mit dem er deutlich macht, daß er meine Erwartungen, wozu Freunde da sind und was man mit diesen besprechen sollte, nicht teilt. Er fragt rhetorisch, ob er, wenn sein Vater ihn schlägt, "dahingehen" und sich darüber beklagen soll. Er weist eine solche Erwartung für sich kategorisch mit "nein" zurück und begründet dies im folgenden. Dies ist nämlich "nicht gut", da dann "die" anderen sagen: "Ouh gut." Wenn er "zum Beispiel" dem uns beiden vertrauten Mehmet etwas sagt, sich "zum Beispiel" darüber beklagt, daß sein Vater ihn geschlagen hat, dann ergeben sich daraus Konsequenzen, die Şemi erst darlegt, nachdem er noch einmal gefragt hat: "Soll ich sagen?" Diese Konsequenzen, Mehmets Verhalten, zeigen die einzig mögliche Antwort auf diese Frage. Dieser "geht dahin", also wohl zu den anderen, und setzt die erzählenswerte Neuigkeit bei diesen in Umlauf, indem er es herumerzählt. So deute ich die Wiederholung von "Er geht: Şemi hat heute Schläge gekriegt." Die anderen werden sowohl sich über Şemi lustig als auch seine Familie zum Gegenstand von Gerede machen.

"Komm bei mir" kann heißen, daß die anderen zu ihm kommen und ihn darauf ansprechen, aber auch, daß das, was er Mehmet gesagt hat, über andere wieder zu ihm zurückkehrt. Der Effekt dessen wird "ouh Kopf so" sein, er wird sich also dafür schämen, daß die Auseinandersetzung zwischen ihm und seinem Vater nach außen gedrungen ist. Zum Abschluß wiederholt er die Wertung "Nicht gut das", mich wie zu Anfang mittels "weißt du" erneut darauf zentrierend.

Şemi verdeutlicht mit seinem Beispiel für das, was er nicht sagen würde, auch, was er "drin behält". Dabei handelt es sich um die Verletzung, die erhaltene Schläge allemal bedeuten, aber nicht um Kopfzerbrechen, Nachdenken oder eine Auseinandersetzung damit, ob das, was der Vater gesagt hat, richtig oder falsch ist. Das, was "ich behalte drin" nahezulegen scheint, bestätigt sich also im Fortgang nicht, "denken", so wie ich es im Interview verstehe, spielt für ihn nicht die Rolle, die ich u.a. in der Tendenzfrage nahelege. In den drei Fragen "Soll ich dahingehen?", "Soll ich sagen?" und noch einmal "Soll ich sagen?", in denen er sich mit meiner Erwartung, wozu Freunde da sind und wie man mit Freunden umgehen sollte, auseinandersetzt, artikuliert er sicherlich auch die Erfahrung, daß u.a. eine Reihe von deutschen Jugendlichen, aber auch einige türkische Migrantenjugendliche familiäre Konflikte eher öffentlich machen,und distanziert sich von dieser Praxis wie von meiner Erwartung mit der Wertung "nicht gut". Diese Wertung sagt sowohl etwas über die Praxis in der Familie als auch in der Gruppe aus und darauf ist nun die gesamte Sequenz ALS III rekapitulierend genauer einzugehen. Das Interview endet hier. Während Şemis Erklärung klingelt es zweimal. Nach dem "Hmhm" stehe ich auf und öffne die Türe. Şemi schaltet währenddessen das Gerät ab in der zutreffenden Erwartung, daß der Jugendliche, mit dem er sich verabredet hat, gekommen ist. Zugleich war dies allerdings u.U. auch eine durchaus willkommene Gelegenheit, das Interview von sich aus zu beenden.

Zusammenfassung

Die Analyse des Beginns von ALS III hat ergeben, daß Şemi den Zeitpunkt der Kündigung seines Vaters nicht genau weiß und auch nicht weiß, wie lange sich der Vater Gedanken gemacht hat, ob er in die Türkei zurückkehren will. Zieht sich die Rede Şemis über Gesagtes, Gedanken, Beweggründe und Entschlüsse des Vaters in der Form, daß er aus der Position des Beobachters und Nicht-Beteiligten spricht, selbst da, wo er Adressat der Rede des Vaters ist, durch die Aufnahme hindurch, dann muß dies hier deshalb überraschen, weil Şemi mehrfach betont hat, daß er nicht in die Türkei zurückkehren will. Rückkehrbeschluß und Kündigung des Vaters betreffen Şemi also ganz zentral.

Hinsichtlich des Vorwurf des Vaters, daß die Rückkehr der Familie Şemis Schuld ist und daß der Vater alles für ihn und wegen ihm tut, hält Şemi so wie in ALS I seine Distanz zur Rede des Vaters durch, er kritisiert sie nicht, weist sie nicht zurück, sondern zitiert sie und spekuliert als Adressat des Vorwurfs zugleich aus der Position des Beobachters über die Beweggründe. Hier ist nun noch einmal darauf einzugehen, daß er im folgenden auf die Frage hin, was er zu den Vorwürfen des Vaters sagt, deutlich macht, daß er dem Vater nicht widerspricht, weil er diesen nicht beschämen will, daß er sich also als respektvollen Sohn darstellt, für den alles richtig ist, was sein Vater sagt. Die Begründung dafür, daß alles richtig ist, ist darin zu suchen, daß Şemi seinem Vater als respektvoller Sohn nicht widerspricht. Er hält also im Zusammensein mit seinem Vater – vorrangig "zu Hause" – eine akzeptable Vater-Sohn-Beziehung aufrecht, indem er der Norm folgt, daß ein Sohn seinem Vater nicht zu widersprechen hat. Ist aber das, was der Vater sagt, "alles richtig", dann kann auch nichts falsch sein, mit dem man sich auseinandersetzen müßte. Der Respekt erledigt es also ein Stück weit auch, sich auf das einzulassen, was der Vater sagt. Frage ich im Anschluß, ob Şemi auch noch "denkt", daß das, was der Vater gesagt hat, richtig ist, wenn er nicht mehr mit dem Vater zusammen ist, so hat Şemis Antwort darauf gezeigt, daß die Unterstellung, daß er ein Verhältnis zu dem, was der Vater sagt, eingehen muß, falsch ist. Şemi geht in die Stadt, er wechselt die Situation und mit dieser ist das, was der Vater gesagt hat, aus dem Kopf, "Kopf keine. Weg." Diese Antwort erschließt sich darüber, daß er, wenn in der Situation mit dem Vater alles richtig ist, dort auch nicht "denkt", wie ich fälschlicherweise unterstelle, sondern Respekt zeigt.

"Respekt zeigen" hat also für die Jugendlichen durchaus einen gewissen Gebrauchswert in dem Sinne, daß sie damit die Eltern auf Distanz halten können, sofern diese sich Sorgen über die Praxis ihrer Söhne machen und aufgrunddessen versuchen, in diese zu dringen, sie zur Rede zu stellen, um sie zu einer anderen Praxis zu veranlassen. Vor diesem Hintergrund wird aber auch die Doppeldeutigkeit von Şemis Äußerung offenbar, daß er seinem Vater "kein Wort" sagt. Ihm nicht zu widersprechen heißt auch, nicht über das zu sprechen, was Anlaß für die Vorwürfe des Vaters ist.

Hier möchte ich nun Überlegungen dazu anstellen, wieweit die Annahme, daß Respektbezeugung vor dem Vater für Şemi einen Gebrauchswert hat, etwas hergibt für die Beantwortung der Fragen, die sich im Laufe der Analyse ergeben haben. Um es deutlich zu sagen: Ich lasse mich im folgenden versuchsweise von der Annahme leiten, daß Şemis Verweis auf sein respektvolles Auftreten vor dem Vater nicht, wie dies beliebt ist, schlicht damit zu erklären ist, daß er einen "traditionsgebundenen türkischen Vater" hat, der auf der formalen Respektbezeugung durch seine Söhne besteht. Das Bild, das häufig von "türkischen Vätern" gezeichnet wird, halte ich ohnehin für einen Skandal. Wie dieser sich in den Erfahrungen der Jugendlichen wiederfinden läßt, zeigt die Analyse des Interviews mit Ali (vgl. aber auch Bommes 1990). Darüberhinaus aber würde auch das Bestehen des Vaters auf dem Einhalten der Respektformen, gesetzt dies wäre der Fall, nicht erklären, daß Şemi sich daran hält. Die Vermutung, daß Şemis Umgangsform mit dem Vater für ihn selbst einen Gebrauchswert hat, erlaubt aber möglicherweise, einen Widerspruch aufzulösen, der bis hierhin Bestand hat. Şemi will nicht zurück in die Türkei und wehrt sich doch nicht gegen die Vorwürfe, aus denen schließlich der Entschluß zur Rückkehr resultiert. Er kritisiert auch nicht die Absicht des Vaters, dorthin zu gehen, er sagt nur, daß er selbst nicht dorthin will.

Hier ist noch einmal zum Anfang des Gesprächs mit Şemi zurückzukehren. Er hat dort in der Fassung seiner Karriere dargelegt, daß er in der BRD drei Jahre lang Schulen besucht und diese alle "fertig gemacht" hat mit dem Ziel, Arbeit zu bekommen. Dies ist nicht gelungen und die Analyse dieser biographischen Wiedergabe hat ergeben, daß Şemis objektivierender Redeweise über Schule Fremdbestimmung, seine Distanz und sein instrumentelles Verhältnis dazu artikuliert ist. Schule und Arbeitslosigkeit sind als objektive Randbedingungen seiner Praxis gefaßt, die Praxisfelder aber sind "Stadt" und "zu Hause". Zum Schluß der Analyse von ALS I habe ich die Überlegung angestellt, daß die Gruppe, nachdem die Schule sich nicht als Schleuse zu einem Arbeitsplatz erweist, die Form der Bearbeitung der Verschulung und Vermaßnahmung des Problems der Arbeitslosigkeit darstellt. Şemi redet von dem, was als "Mist machen" in der Schule bezeichnet wird, als einer Gruppenpraxis, die es erlaubt haben mag, sich den Zumutungen der Schule ein Stück weit zu entziehen, wobei auch die lange Arbeitserfahrung in Istanbul den Hintergrund dafür abgeben dürfte, daß bei Nicht-Einhalten des Versprechens, daß Schule den Zugang zu einem Arbeitsplatz eröffnet, die Erwartungen der Schule als Zumutungen erfahren werden.

Ausgehend davon bleibt in Şemis Karriere die Gruppe die zentrale Instanz, in der die Situation der Arbeitslosigkeit auch im Anschluß an die Schule gelebt wird. Sie ermöglicht es, sich der Kontrolle von "zu Hause" zu entziehen, in ihr können die Probleme des Nichts-tun, des Geldmangels, der Langeweile gelebt werden, so wie ich dies in Kapitel 1.5 dargelegt habe. Mit Şemis Entwicklung hier wird das Verhältnis zwischen "Stadt" und "zu Hause" prekär, die "Stadt" ist das Feld der Praxis der Gruppe, "zu Hause" ist das Verhältnis des Vaters zu dieser Praxis. Von hier gerät Şemi unter Druck und wird vom Vater für seine Praxis kritisiert. Dieser macht sich Sorgen im Hinblick auf das, was er wie viele andere über das, was die Jugendlichen machen, hört.

Als Hintergrundwissen möchte ich hier einfügen, daß meines Wissens der Vater nicht von der Beziehung Şemis zu einem alten Mann wußte, wie dies im Interview zur Sprache kommt, wohl aber davon, daß Şemi in der Spielothek von der Polizei vorläufig festgenommen worden war. Obwohl er sich sicherlich zu verteidigen wußte, da er tatsächlich nichts gemacht hatte, und er auch ansonsten nicht wie andere in irgendwelche illegalen Aktivitäten verwickelt war, hat dies den Vater nicht zu beruhigen vermocht, da er davon wußte, daß Freunde Şemis in der einen oder anderen Art und Weise mit dem Gesetz in Konflikt gekommen waren. Er machte sich stets und zunehmend um Şemi Sorgen, da dieser des öfteren nachts nicht nach Hause ging. So suchte der Vater ihn auch manchmal in der Stadt, was indirekt in Şemis Rede deutlich wird, wo er meine Rede des Vaters als Rede in der Stadt fortsetzt "und geh mal nach Hause", denn Şemi bestätigt damit und mit dem "Ja" zuvor, daß der Vater ihm folgt. Zudem suchte der Vater Rat bei einem Lehrer im Hinblick auf die Probleme mit seinem Sohn.

Şemi wird also zunehmend vom Vater kritisiert, hält aber, wie die Analyse von ALS I ergeben hat, stets an dem gelebten Sinn der Gruppenpraxis fest, indem er sie auf Distanz hält zu den Wertungen des Vaters und zu Versuchen der Thematisierung durch mich. Nun zeigt der Ausschnitt ALS III, daß der Form, in der Şemi Distanz hält, nämlich der Zitierweise des Vaters aus der Position des Nicht-Beteiligten und der Spekulation über Beweggründe des Vaters die Form entspricht, in der Şemi sein Verhalten gegenüber dem Vater faßt. Er zeigt Respekt und widerspricht nicht in der gemeinsamen Situation mit diesem. Dies erlaubt ihm zugleich, nichts zu sagen und sich auch nicht mit dem auseiandergzusetzen, was der Vater sagt. Es wird von hier aus klarer, warum die Wertungen des Vaters so gefaßt werden, als höre sie Şemi, wie ich dies zum Ende der Analyse von ALS I dargelegt habe, als ein objektives Ereignis, dem er sich aufgrund seiner Abhängigkeit nicht entziehen kann, zu dem er aber auch kein Verhältnis eingeht. Şemis Form der Rede entspricht der Form seiner Praxis im Umgang mit dem Vater, wie er sie dargelegt hat. Der Vater redet und Şemi sagt ihm kein Wort. Şemi zitiert den Vater und sagt dazu "kein Wort" in dem Sinne, daß er da, wo es ihn betrifft, nur seine Distanz dazu artikuliert.

Hat der Vater sich zunehmend wegen Şemis Praxis Sorgen gemacht, so habe ich darauf hingewiesen, daß viele Eltern der Jugendlichen, mit denen ich zu tun hatte, sich Sorgen machen im Hinblick auf die Entwicklung ihrer Söhne. Sofern diese keine Arbeit haben, befürchten sie, daß diese in Konflikte mit anderen Jugendgruppen, mit Polizei und Justiz verwickelt werden, und einige ziehen daraus die Konsequenz, daß in ihre Verantwortlichkeit eine stärkere Kontrolle der Söhne fällt, die der Sozialzusammenhang nicht mehr zu gewährleisten imstande ist. Ebenfalls habe ich darauf hingewiesen, daß die Separierung der Praxis der Gruppe vom Elternhaus ein gutes Stück weit selbstverständlich ist.

Viele der Eltern wissen allgemein, daß ihre Söhne in der Gruppe Dinge tun, die sie zu Hause bzw. im Beisein der Eltern nicht tun würden, wie etwa Spielen, Rauchen, Trinken, sexuelle Abenteuer mit Mädchen, Bordellbesuche etc., also Dinge, von denen angenommen wird, daß Männer und männliche Jugendliche dies tun, wenn sie "spazierengehen". Dieses Wissen ist aber allgemein und nicht spezifisch. Man weiß nicht, ob der eigene Sohn auch tatsächlich darin verwickelt ist oder nicht.

Die Eltern aber, die nun aufgrund der Sorgen, die sie sich machen, versuchen, in ihre Söhne zu dringen, ihnen auch manches Mal in die Stadt folgen und anderweitig Erkundigungen einziehen, heben die Praxis der Separierung ein Stück weit auf. Ausgangspunkt dafür sind häufig Konflikte mit der Schule, Sozialarbeitern, Polizei, Gericht. Die Eltern realisieren aufgrund der Instabilität der Verhältnisse ihren "Erziehungsauftrag", wie dies Richter beim Jugendgericht des öfteren formulieren, d.h. sie stellen ihre Söhne zur Rede, fragen sie nach Gründen für ihr Tun, suchen sie zu disziplinieren und ihre Praxis zu regulieren.[24]

24 Dabei hat dies manchmal einen paradoxen Effekt. In dem Maße, in dem die Eltern sich um das kümmern, was ihre Söhne machen, werden diese ohne ihr Zutun um so "schlechter". Denn das, was die Eltern allgemein über die Praxis von Gleichaltrigengruppen von Jugendlichen wissen, wird nun zu konkretem Wissen und als konkret gewußte im Verbund mit dem, was der Anlaß für das Eindringen in die Praxis der Söhne war, wird diese Praxis moralisch schlecht. Verhält sich der Sohn zu Hause korrekt, ist dies keine Gewähr dafür, daß er dies außerhalb tut. Da die sozialen Situationen nicht die Übersichtlichkeit und Strukturiertheit besitzen, daß sie ein bestimmtes Verhalten erwartbar machen bzw. diesem Grenzen ziehen, die akzeptabel sind, ist es notwendig, darauf zu achten, daß der Sohn sich diese Grenzen selber zieht. Wird in diesem Sinne Gegenstand, was der Sohn außerhalb tut, gerät genau die Konstellation unter Druck, nach der im Zusammensein mit dem Vater bzw. den Eltern viele Dinge nicht getan werden dürfen, diese Situationen aber von denen mit den Gleichaltrigen separiert werden, wo vieles erlaubt ist als Praxis unter Gleichberechtigten. Der Sohn hat sich in gewisser Weise dauerhaft zu schämen und der Vater hält ihn für durch und durch schlecht. Die Handhabung dieses Spannungsfeldes durch Eltern und Söhne ist nicht einheitlich und widersprüchlich. Für die Analyse des Gesprächs mit Şemi hier gibt diese Überlegung insofern vielleicht etwas her, als er gemessen an anderen Jugendlichen, mit denen ich zu tun hatte, wenig Probleme für "zu Hause" produzierte. Wenn er seinen Vater zitiert "Du machst *immer* Mist", dann mag dies auch mit dem Eindringen des Vaters in die Praxis seines Sohnes zusammenhängen. Diese Überlegung muß aber bezogen auf den Fall spekulativ bleiben, da ich den Vater selbst in der BRD nur einmal "in der Stadt" mitbekommen habe, als er seinen Sohn suchte. Ob sein Sohn aber für ihn wirklich "immer Mist" machte, vermag ich nicht zu sagen, da der Vater zwar von den Sorgen erzählte, die er sich wegen Şemi machte, aber seinen Sohn nicht mir gegenüber verurteilte. In der Türkei jedoch, wo sich die Situation grundlegend geändert hatte, erklärte er nur, daß er Şemi nicht nach Deutschland schicken könne, da er dort keine Arbeit habe und nicht für seinen Lebensunterhalt sorgen könne. Auf die resultierenden Gefahren für Şemi verwies er allgemein, sagte aber nicht, was ihn konkret beunruhigte.

Die Regulierungsversuche der Eltern sind mit verschiedenen Schwierigkeiten verbunden. In meiner Skizzierung der Praxis der Jugendlichen habe ich versucht zu zeigen, daß diese einen Sinn hat, der von den Jugendlichen gelebt wird als spezifische Barbeitung der Bedingungen ihrer Existenz, die gekennzeichnet sind durch eine Form der Verschulung und Vermaßnahmung ihrer schlechten Perspektiven auf dem Arbeitsmarkt oder Arbeitslosigkeit. Şemi hat dies auch für sich als wesentliche Randbedingungen seines Lebens in der BRD gefaßt. Bezogen darauf sind die Eingriffsversuche der Eltern aber weitgehend notwendig hilflos, denn an der Arbeitslosigkeit können auch sie zumeist nichts ändern, abgesehen von den seltenen Fällen, wo sie über ihnen zugängliche Kanäle eine Arbeit für ihre Söhne finden. So reduziert sich ihr Versuch der Regulierung der Praxis der Jugendlichen notwendig auf den moralischen Appell, in dem diese Praxis gewertet und von den Jugendlichen erwartet wird, daß sie im Sinne dieser Wertung davon ablassen. Aber wie die Versuche dieser Eltern ist der Versuch des Vaters, aufgrund der Instabilität der sozialen Verhältnisse, die ein sozial akzeptables Verhalten nicht mehr von sich aus gewährleisten, in Şemis Praxis einzugreifen, sie zu formen und so eine akzeptable Linie in diese Praxis zu bringen, ein Bemühen, sich auf die Verhältnisse einzulassen. Er sieht, daß die Verhältnisse viel zu verworren, wechselhaft und inhomogen sind, als daß sie ein bestimmtes Verhalten erwartbar machen und seine Kontrolle gewährleisten könnten. Er richtet diese Erwartung entsprechend an Şemi als Person, dieser hat eine Linie in sein Verhalten zu bringen, eine Einheitlichkeit, und damit diese zustande kommt, ist er als Person stärker zu formen, eben zu erziehen. Was die beliebte Rede von den "traditionsgebundenen türkischen Vätern" anbetrifft, so wird diese Seite viel zu häufig übersehen, denn dieser Versuch der Regulation ist der Form nach nicht "traditionsgebunden", sondern modern.
Aber Bezugspunkt des Sich-Einmischens und der Kritik des Vaters sind Erwartungen im Hinblick auf die von einem Jugendlichen einzuschlagende Karriere. Zitiert Şemi die Kritik seines Vaters auch nur holistisch, so wird in dem, was "gut" war und was er auch gerne wollte, deutlich, wie eine solche sozial und moralisch akzeptable Karriere, und im Reden über das Dorf, wie eine legitime Gemeinschaftlichkeit aussehen würde. Şemi will arbeiten, Soldat werden, ein Haus und Felder kaufen und heiraten. Das Dorf steht für stabile, überschaubare soziale Verhältnisse, in denen sich legitim spazierengehen läßt.

Die Umstrukturierung des Verhältnisses zwischen den Eltern, v.a. dem Vater und dem Sohn vollzieht sich also u.a. in dem im Herkunftsland gelernten kulturell-moralischen Material, in dem als Formen die Wahrnehmung und Wertung sozialer Beziehungen und Praktiken strukturiert ist, was dann aber verschiedene Widersprüche mit sich bringen mag. Um dies etwas schematisch am Beispiel zu verdeutlichen:

Wenn Achtung und Respekt erweisen verlangt, daß der Sohn im Beisein des Vaters nicht raucht, trinkt und spielt, aber die Separierung ihrer Praxis aus den geschilderten Gründen zum Problem wird, dann wird daraus entweder eine tendenziell absolute moralische Forderung (du sollst nicht rauchen, trinken und spielen) oder das Ausdrücken von Achtung und Respekt wird flexibilisiert und nicht gebunden an festgelegte Verhaltensformen. Aber auch das bedeutet eine Verschiebung der Beziehung zwischen Vater und Sohn hin zur Personalisierung: Nicht mehr in einzelnen, festgelegten Verhaltensformen, die zu bestimmten Situationen gehören, besteht das Zeigen von Achtung, sondern in der Summe seines Verhaltens zeigt ein Sohn, ob er Achtung vor seinem Vater hat (vgl. auch Schiffauer 1983). Daß dies dann schließlich Rückwirkungen auf das Konzept der Achtung selbst haben wird, liegt nahe. Das soll aber hier nicht weiter interessieren. Mögen Jugendliche auch als "delikanlı" (verrücktblütig) gelten, so läßt die "Schamlosigkeit" deutscher Mädchen in den Augen vieler Eltern diese zwar stets die Schuldigen sein, wenn es zu Konflikten kommt, auf der anderen Seite aber verwerfen sie auch das Verhalten der Söhne, wenn sie konkret zu viel hören oder mitbekommen vom "Mädchen küssen". Eine Form, dies unter Kontrolle zu bekommen, besteht darin, sie zu verheiraten.

Die Überlegungen bis hierhin bleiben bezogen auf den vorliegenden Fall notwendig spekulativ, da das Verhältnis zwischen Şemi und seinem Vater hier nicht mehr besteht und ich zuvor solche Fragen nicht gestellt habe. Es geht mir darum, aufgrunddessen, was ich über die Geschichte dieses Verhältnisses weiß, mögliche Linien, in denen dieses Verhältnis stand, zu identifizieren, um so eine Verstehensmöglichkeit der Rede von Şemi zu verdeutlichen. Und dafür kommt es mir darauf an, daß mit dem simplen Strickmuster, daß "traditionsgebundene türkische Väter" ihre Söhne nicht verstehen, nichts gewonnen ist, sondern daß Widersprüchlichkeiten wie die gekennzeichneten in Betracht zu ziehen sind (vgl. dazu auch allgemein Bommes 1992a).

Vor dem Hintergrund der bis hierhin entwickelten Argumentation möchte ich die Frage wieder aufnehmen, welchen Gebrauchswert das Festhalten an Formen der Respektsbezeugung gegenüber dem Vater, wie Şemi sie beschreibt, hat. Ich habe dargelegt, daß Şemi in der Form seiner Rede genauso zu der Rede des Vaters Distanz hält wie in der Situation mit dem Vater, in der er nicht widerspricht und sich so auch nicht mit dem auseinandersetzen muß, was der Vater im Detail sagt, da "alles richtig" ist. Diese Entsprechung der Form, in der Şemi seinen Vater zitiert und in der er sein Verhalten gegenüber ihm faßt, ist nun noch einmal genauer zu betrachten.

Daß Şemi im Umgang mit seinem Vater an den Respektformen festhält, unterscheidet ihn von keinem der Jugendlichen in den anderen Einzelanalysen. Auch Ali und Halit (Bommes 1990), die ihre Väter massiv kritisieren, wahren immer wieder im direkten Umgang mit diesen die Respektformen. Şemi aber unterscheidet von diesen sein Festhalten an der Distanz zu dem, was der Vater sagt, im Reden mit mir. Er befindet sich im Reden mit mir nicht in der Situation mit dem Vater und er bringt deutlich zum Ausdruck, daß er nicht in die Türkei zurückkehren will. Gleichwohl geht er, wie die Analyse gezeigt hat, kein Verhältnis zu dem Verhältnis des Vaters zu seiner Praxis ein, er hält dieses nur auf Distanz. Und das unterscheidet ihn ganz erheblich von Ali und Halit, die ihre Väter im Reden mit mir massiv kritisieren, also ein Verhältnis zu deren Verhältnis zu ihnen eingehen. Und wie sich zeigte, entstammt das Material der Kritik den Apparaten, die Ali und Halit verwaltet haben. Mit diesem Material haben sie das Interview als einen weiteren solchen Apparat angeeignet. Ist die massive Präsenz der Apparate das, was es erlaubte, die Redeformen von Ali und Halit, aber auch die provokativen Abgrenzungen von Atnan ein Stück weit aufzuklären, dann kann man sich hier nun die Frage stellen, ob nicht umgekehrt die "Abwesenheit" der Apparate weiterhilft bei der Analyse der Rede Şemis. "Abwesenheit" ist hier zu beziehen auf die Rede Şemis, darin sind sie "abwesend", was zugleich ihre spezifische Präsenz ist.

Şemi faßt, worauf ich bereits mehrfach hingewiesen habe, die Schule und Arbeitslosigkeit als objektive Randbedingungen seiner Praxis. Versteht man nun die Gruppe und ihre Praxis, die der Vater als "Mist" bezeichnet, wie ich es getan habe, als den Zusammenhang, in dem Şemi die Zumutungen der Schule lebt bzw. sich diesen entzieht und in dem er die Bedingungen der Arbeitslosigkeit im Verhältnis zu den Anforderungen von zu Hause, aber auch zu denen der Migrantenszene lebt, ohne wie andere Jugendliche wie Ali, Halit oder Atnan mit Instanzen der Kontrolle von solchen Gruppen isoliert als einzelner massiv in Konflikt zu kommen, dann ist diese Praxis in ihrer Form selbst als gebastelte aus Elementen des Hier und der Herkunft zu verstehen, wie ich dies in dem Kapitel über Lebenszusammenhänge verdeutlicht habe. Şemi macht in seinem Reden an anderer Stelle im Interview darüber, wie ein Mädchen, das er heiraten würde, sein sollte, deutlich, daß er u.a. auch wegen der Gruppe ein Mädchen wieder "loslassen" müßte, das "in der Stadt dabei" war und "alles kennt". Zum Schluß des Interviews sagt er, daß es nicht gut ist, wenn er der Gruppe davon erzählt, daß der Vater ihn geschlagen hat, da diese dann sowohl sich über ihn lustig als auch die Familieninterna zum Gegenstand von Gerede machen würde.

Kontrolliert also die Gruppe die Gestaltung der Praxis ihrer Mitglieder dahingehend, ob sie mit der Praxis der Gruppe konform geht, und finden sich darin eine Reihe von Elementen, die durchaus die Zustimmung der Eltern finden, so sind diese Elemente doch Teil einer integrierten Praxis, deren Einheit als Handhabung der Lebensbedingungen von Seiten des Vaters in der Kritik übersprungen wird. Und bezogen darauf muß man sich für Şemi genau wie für all die anderen Jugendlichen klar machen, daß in gewisser Hinsicht aus der Perspektive der Gruppe gesehen jeder seine Außenbeziehungen als einzelner leben muß. Jeder wird als einzelner "angerufen" (Althusser), sei es zu Hause, sei es in der Schule, im Jugendzentrum, bei der Polizei, der Jugendgerichtshilfe oder bei Gericht. Und wie jeder diese Außenbeziehungen handhabt, muß er für sich im Verhältnis zur Gruppe aushandeln. Die Gruppe selbst läßt diese Konflikte in gewisser Weise unangetastet. Als Form der Handhabung der Widersprüche, in denen die Jugendlichen leben, kontrolliert sie die Verträglichkeit der Handhabung der Außenbeziehungen mit der Praxis der Gruppe. Die Bearbeitung dieser jeweils unterschiedlichen Außenbeziehungen würde die Gruppe überlasten, was umgekehrt aber die Möglichkeit des Rückzugs in die Gruppe eröffnet.

Şemis Hinweis darauf, daß es nicht gut ist, über die Schläge des Vaters zu reden, läßt sich auch als Kontrolle der Verträglichkeit verstehen genau wie die Kritik, die Ali und Halit (vgl. Bommes 1990) für die Veröffentlichung von Familienkonflikten einstecken mußten. Im Falle eines Jugendlichen, dessen Bewährungshelfer ab und zu in der Stadt auftauchte und mit dem sich der Jugendliche gut verstand, führte dies zur Trennung von der Gruppe, da die anderen fanden, daß er sich stark geändert habe, man sich auf ihn nicht mehr verlassen könne und er zu viel rede, während er die anderen dafür kritisierte, daß sie immer nur "Scheiße bauen", was "überhaupt keinen Sinn" habe.

Vor diesem Hintergrund und bezogen auf den Punkt, daß die Kritik des Vaters die Praxis in ihrer Einheit trifft, was nicht die Übereinstimmung in Elementen dieser Praxis ausschließt, ist darauf zurückzukommen, was es heißt, daß die Praxis als Gelebte einen Sinn hat. Die Analyse von ALS I hat gezeigt, daß Şemi am Sinn der Praxis der Gruppe als Ganzem festhält, aber keine Formulierungen dieser Praxis gibt in Bezug darauf, daß er Gefahr läuft, von mir in einen moralischen Diskurs hineingezogen zu werden. Er hätte sich aber im Verhältnis zu mir den Spannungen der Situation entziehen können, wenn er den Erwartungen von mir als Fragendem entsprechende Formulierungen seiner Praxis angeboten hätte. Zum Schluß der Analyse von ALS I habe ich die Überlegung angestellt, daß u.U. Şemis mangelnde Erfahrung als einzelner in der Auseinandersetzung mit Instanzen wie Schule, Sozialarbeit u.ä. den Hintergrund dafür abgeben mag, daß er nicht auf Formen zurückgreift, mit denen er sich dem Druck von meiner Seite hätte entziehen können. Diese Überlegung ist nun zu beziehen auf ein anderes Ergebnis der Analyse, daß Şemi nämlich im Reden über die Vergangenheit und über das Dorf das zerstörte Passungsverhältnis zwischen den Werten, die die Kritik des Vaters an seiner Praxis leiten, und dieser Praxis bearbeitet, daß er aber nicht diese Kritik und die dahinterstehenden Werte kritisiert.

Die Praxis der Gruppe wird gelernt durch Teilnahme, durch das Hineinwachsen bzw. -leben in die Lebensbedingungen und in der Handhabung dieser Bedingungen. In dieser Auseinandersetzung werden Gemeinsamkeiten hergestellt bzw. entdeckt mit den einen in Abgrenzung von anderen. In der Entwicklung dieser Praxis mag sich diese dabei immer weiter von dem entfernen, was man für gut und richtig hält, wie man sich die Bahnen gedacht hat, in denen das eigene Leben verlaufen wird, ohne daß gleich etwas an die Stelle dieser gelernten Werte und normativen Erwartungen tritt, denn mit einer Praxis werden nicht notwendig Begründungen, Rechtfertigungen und formulierte Werte, die diese stützen könnten, gleichzeitig mitgelernt. Dies wird etwa da deutlich, wo Şemi an anderer Stelle bezogen auf "deutsche Mädchen" feststellt: "Zum Beispiel bei - bei euch - schämen nicht. Mädchen. Ne. . . . Von der Stadt. Kannst du machen was du willst." (Interview S.11) Die entsprechenden Verhaltensunsicherheiten lassen sich dann zwar verarbeiten, indem man auf die Mädchen der Stadt schiebt, daß diese "nicht gut" seien, wie dies Şemi tut, und in der Gruppe ist es üblich, z.B. "deutsche Mädchen" als "orospu" (Nutten) zu bezeichnen und die Träume von den guten Mädchen, die man heiraten will, für "türkische Mädchen" zu reservieren. Dies entspricht aber, wie ich in Kapitel 1.5 dargestellt habe, nicht den wirklichen Beziehungen, die sie zu "deutschen Mädchen" haben. Diese Beziehungen lassen sich nicht auf das ethnisierende Schema reduzieren, dieses erlaubt es aber, sich zu entziehen, wenn es schwierig wird.

Das Lernen von Formulierungen von Werten sowie von Begründungen und Rechtfertigungen und die spezifische Form, in der diese gelernt werden, wird nicht zuletzt davon abhängen, in welchen Auseinandersetzungsfeldern man mit der Forderung der Explikation der eigenen Praxis konfontiert wird und wie man damit konfrontiert wird. Läßt sich Şemis Praxis verstehen als eine, die sich entfernt hat von dem, was auch er, wenn er sich dazu äußern muß, selbst für gut und richtig hält und was er wollte, dann ist der Versuch des Vaters, in diese Praxis einzugreifen, auch ein Versuch, Şemi dazu zu zwingen, das Verhältnis seiner Praxis zu dem, was in gewisser Weise ihnen beiden als gut und richtig gilt, zu klären. Und Şemi ist diesem Versuch aufgrund seiner Abhängigkeit von dem Vater dauerhaft ausgesetzt. Trifft es zu, daß Şemi keine Erfahrung in der Auseinandersetzung als einzelner mit Instanzen wie Schule, Sozialarbeit u.ä. hat, daß er sich mittels der Gruppe diesen entzogen hat, und versteht man so die Fassung seiner Praxisfelder "Stadt"/"zu Hause" auch als Felder der Auseinandersetzung, dann ist Şemis Verhalten zu den Versuchen des Vaters in seiner Entwicklung zu verstehen vor dem Hintergrund, daß er in der Gruppe in der Stadt die Praxis gelebt hat, nicht aber damit konfrontiert und auch nicht dazu gezwungen war wie Ali und Halit, Formulierungen von Werten, Begründungen und Rechtfertigungen bezogen auf diese Praxis zu lernen. Setzt Şemi nämlich den Wertungen des Vaters hier im Interview nichts entgegen, dann läßt sich dies verstehen, weil er mit der Verhaltensmöglichkeit, auf die er im Verhältnis zu dem Vater zurückgriff, dies auch sonst nicht mußte. Worin aber besteht diese Möglichkeit Şemis?

Zielt der Vater darauf, die Separierung der Praxis der Jugendlichen von "zu Hause" ein Stück weit aufzuheben, dann mag wie diskutiert eine Folge davon die Verwandlung von an bestimmte Situationen gebundene Verhaltensanforderungen tendenziell in allgemeine moralische Postulate sein. Vollzieht sich nun des Vaters Versuch der Umstrukturierung des Verhältnisses zwischen sich und seinem Sohn in dem im Herkunftsland gelernten kulturell-moralischen Material, dann verteidigt Şemi seine Praxis, die er jeden Tag von Neuem lebt und auf die das Material der Kritik und die daraus resultierenden Formulierungen des Vaters nicht passen, weil sie den von Şemi täglich erfahrenen Sinn, gegen den auch kein guter Vorsatz hilft, verfehlen, indem er auf die gelernte Form des Verhaltens gegenüber dem Vater zurückgreift und strikt auseinanderhält, was beides ein Recht hat. So könnte aber nun ein spiegelverkehrtes Verhältnis zwischen den Auseinandersetzungsformen der beiden bestanden haben: In der gelernten Form des respektvollen, die Traditionen achtenden Sohnes verteidigt Şemi seine Praxis, indem er sie so separiert, und lebt darin die veränderten Bedingungen hier, während der Vater genau die Form des Verhältnisses zu seinem Sohn, an der dieser festhält, aufbrechen, verändern will, dies aber unter Rückgriff auf das gelernte kulturell-moralische Material.[25]

Es ist wichtig zu sehen, daß Şemis Rückgriff auf diese Möglichkeit nicht als strategischer zu verstehen ist, sondern als die Reaktualisierung einer gelernten Form in den spezifischen Konstellationen, in die er geraten ist. Die Separierung von Bereichen ist zu verstehen als eine Form, in der Şemi in der Entwicklung der Auseinandersetzung mit seinem Vater sein Verhältnis zu diesem gestaltet, er führt diese Separierung nicht nachträglich ein. Versteht man dies so, so ist man vorschnell versucht, von Verdrängung, Verleugnung o.ä. zu sprechen, wo Şemi die Trennung in einer sozialen Form praktiziert, deren Grundlage die Abwesenheit der Erwartung eines gleichorientierten Verhaltens über verschiedene Praxisbereiche hinweg ist. Das Verhalten in den verschiedenen Bereichen darf allerdings auch nicht beliebig weit auseinanderfallen und Şemis Rede über das Dorf und die Vergangenheit artikuliert wohl auch seine Irritation darüber, wie weit es hier auseinanderfällt.

Der relative Erfolg dieser Form der Auseinandersetzung mit dem Va-

25 Bezogen auf die dargelegten Felderfahrungen mit den schweigenden Söhnen im Angesicht empörter Väter ist die hier skizzierte Konstellation auch für andere Jugendliche und ihre Väter, mit denen ich zu tun hatte, gültig. Allgemeiner ist dies in Bommes 1992a ausgeführt.

ter mag nun begründet liegen in dem, was bereits oben einmal angesprochen worden ist. Der Vater kommt möglicherweise an Şemi auch deshalb nicht heran, weil dieser im Zeigen von Respekt in der Situation mit dem Vater sich nichts zu Schulden kommen läßt, entstammen doch die Respektformen Şemis dem gleichen Material, in dem der Vater den Versuch der Umgestaltung des Verhältnisses zu dem Sohn vornimmt. Widerspricht Şemi also nicht und sagt v.a. "kein Wort", dann ist das, was den Vater auf Distanz hält, zugleich eine Form des Umgangs, die den Vater als Vater anerkennt und die von daher von diesem nur schwer aufzubrechen ist.

Mag dies ein Stück weit den relativen Erfolg begründen, so begründet es in Şemis Fall zugleich auch den relativen Mißerfolg, denn in dem Maße, in dem es Şemi gelingt, den Vater auf Distanz zu halten, wird für diesen vielleicht auch deshalb die Möglichkeit der Rückkehr in die Türkei aktuell, denn der respektvolle Sohn läßt erwarten, daß er, wenn er in den "richtigen Zusammenhängen" lebt, sich dort wieder einer akzeptablen Praxis befleißigen wird. V.a. aber kommt dieser Mißerfolg nicht zuletzt deshalb zustande, weil Şemi sich nicht gegen die Rückkehrabsichten wehrt, er widerspricht auch hier nicht. Die Rede Şemis im Interview zeigt deutlich, daß die Trennung nicht einfach eine strategische ist und daß die wohl auch sonst nicht erfahrene Anforderung zur Explikation der eigenen Praxis unter moralischem Druck seine Folgen hat. Denn spätestens hier, wo der Vater für ihn eine einschneidende Entscheidung trifft, wäre er darauf angewiesen, sich zu wehren. Aber er wehrt sich nicht, sondern das, was den Vater in seiner Kritik leitet, ist auch für ihn als moralische Form richtig, die aber nicht paßt auf das, was er hier macht, und die er darum davon fern hält. Wie gesehen bearbeitet Şemi in der Rede über die Vergangenheit und über das Dorf dieses zerstörte Passungsverhältnis, was aber kein kritisches Verhältnis zur Kritik und dem, was diese anleitet, ist.

Nun könnte man einwenden, daß die Entdeckung, daß Şemi sich hier im Interview nicht wehrt, so weitreichende Schlußfolgerungen nicht plausibel macht. Ohnehin ist festzuhalten, daß es hier um die Entwicklung einer an der Form kontrollierten möglichen Lesweise geht, die in der Darlegung der möglichen Verzweigungen einen Horizont abstecken will. Wenn ich gesagt habe, daß Şemi im Gegensatz zu Ali und Halit auch im Reden mit mir den Vater nicht kritisiert, dann mag dies an der Interviewführung liegen, die wie gezeigt alles andere als unproblematisch ist. Ein solcher Einwand hat partiell seine Berechtigung, denn wie die Analyse v.a. von ALS I zeigt, lasse ich mich auf die Thematisierungsangebote nicht ein. Aber diese Analyse hat zugleich ergeben, daß die Form, in der ich mich nicht darauf einlasse, dazu führt, daß ich in der Entwicklung später auf eine Thematisierung dränge, in der Şemi Gefahr läuft, von mir im Rahmen einer bürokratischen Interviewführung in einen moralischen Diskurs hineingezogen zu werden. Und die Abwesenheit der Apparate, von der ich weiter oben gesprochen habe, wird so nicht nur deutlich in Şemis Rede über seinen biographischen Werdegang, sondern eben in der Abwesenheit von Formen der Aneignung des Apparates Interview, die eine problemlosere Bewältigung meiner Form des Insistierens ermöglich hätte.

Über die Form, in der Şemi diesen Apparat aneignet, habe ich zum Ende der Analyse von ALS I gesagt, daß sie der Form des Verhältnisses zu den Wertungen seiner Praxis durch den Vater entspricht, daß er also die Form der Distanz in das Interview, also das Verhältnis zwischen mir und ihm überträgt. So weit ich bis hierhin entsprechend der Frage, die sich dort gestellt hat, plausibel gemacht habe, daß diese Form der Distanzierung als Form der Bearbeitung des Interviews tatsächlich eine Lebensform im Rücken hat, ist nun gerade diese Form der Spannungsverarbeitung im Interview als Praktizierung in ihrer Entsprechung zu der Form, in der Şemi sein Verhalten gegenüber dem Vater faßt und in der er ein Verhältnis zur zitierten Rede des Vaters eingeht, ein Argument dafür, daß die Trennungen, die Şemi vornimmt, keine einfach strategischen sind, wobei die merkwürdige sprachliche Form der Rückgabe meiner Vorgaben und die holistischen Formulierungen sich nun z. T. auch dadurch erklären, daß Şemi mir gegenüber nicht die Möglichkeit hat, respektvoll zu schweigen. Wenn meine Interviewführung versuchten Zwang zur Explikation darstellt, dann ist die Abwesenheit von relativ harmlosen Formulierungen der Praxis, die der sozialen Form des Drucks gerecht werden, Indiz dafür, daß Erfahrungen mit solchen Explikationsforderungen fehlen. Und in gewisser Weise fehlt damit auch das Material, mit dem sich eine Auseinandersetzung als Kritik mit dem Vater bestreiten ließe. Damit ist natürlich nicht gesagt, daß dieses Material nur oder gar v.a. aus Apparaten wie der Schule, Sozialarbeit o.ä. bezogen werden kann – im Gegenteil sprechen die bisherigen sowie nachfolgenden Analysen dafür, daß das von dort beziehbare Material mit seinen ethnisierenden Zuschreibungstendenzen nur bedingt brauchbar ist – gesagt ist aber, daß die Auseinandersetzung mit Schule und Nachfolgeinstanzen in der Form des *Entzugs* in die Gruppe ihre Kosten hat.

Diese Überlegung entspricht im übrigen der Analyse von ALS II, wo Şemis Äußerung "Hier kenn ich nicht viel" einen Sinn ergab mit Blick darauf, daß für die hier mögliche Praxis ihm die entsprechenden Formulierungen dieser Praxis als Begründungen und Rechtfertigungen nicht vertraut sind. Die Passage, der diese Äußerung zugehört, läßt sich ebenfalls entsprechend der dazu entwickelten Analyse als Praktizierung der Form der Distanzierung durch Şemi im Interview verstehen, die er dort noch weiter ausbaut. Da dort die Form der Distanzierung, die er parallel zum Schluß von ALS I über "Gefallen" handhabt, scheitert, versucht er in der Situation des Interviews in gewisser Weise das, was er in ALS III dargelegt hat im Hinblick darauf, was er in der Stadt "denkt": Er hält "zu Hause", wo der Vater ihm Ärger macht und wo er ihm nicht widerspricht, und "Stadt" strikt auseinander. Şemis Springen in der Situation zwischen zwei unterschiedlichen Verhältnissen zu mir, zwischen dem Verhältnis zu mir als Interviewer, gegenüber dem er Distanz im "weiß ich nicht" wahrt, und dem Verhältnis zu mir als partieller Partizipant an der Praxis in der Stadt, läßt sich verstehen als Versuch, sozusagen mit mir in die Stadt zu gehen, wo sich solche Fragen nicht stellen, mich damit also zur Teilnahme an der Praxis der Separierung zu veranlassen.

Die bis hierhin entwickelte Argumentation läßt sich weiter stützen durch Verweis auf Formen der Rede, die in der Analyse aufgefallen waren: Ausführlich habe ich in der Analyse von ALS I die holistischen Sprachformen diskutiert. Wenn ich dort und auch später gesagt habe, daß ernst zu nehmen ist, wenn Şemi sagt, daß er nicht weiß, was ihm gefällt, und deshalb an den holistischen Redeformen "Alles", "Hier" und "Stadt" festhält, dann sind diese, wie nun deutlich geworden sein sollte, als Formen zu verstehen, in denen ein soziales Verhältnis eingegangen wird. Daß Şemi nicht weiß, was ihm gefällt, gilt eben nur für den Fall, daß man ihn in einen moralischen Diskurs, wie ich dies tue, hineinziehen will. Über ein Wissen außerhalb eines so eingegangenen Verhältnisses ist nichts gesagt. Zugleich möchte ich darauf verweisen, daß die sprachlichen Schwierigkeiten, die Şemi im Deutschen hat, auch mit den Auseinandersetzungsfeldern zu tun haben, die er als für sich relevant bestimmt hat: Er braucht in gewisser Weise nicht mehr. Als brillianter Spaziergänger ist er aber zugleich in der Lage, schwierige Situationen zu handhaben und eine Lösung zu finden. Dies wird im Interview sprachlich ansatzweise da deutlich, wo er vorhandene sprachliche Formen flexibel in der Arbeit, etwas sagen zu wollen, einsetzt, wie in der Rede über das Dorf, wo er sich rückversichert hinsichtlich der Bergbesteigung mit "Schnur", als er Seil meint, und wo er, als ihm der Ausdruck "Hähnchen" nicht einfällt, eben kräht (vgl. ALS II).

Darüber hinaus wird die Distanzierung und Separierung der Praxis der Gruppe auch deutlich darin, daß Şemi von ihr stets nur in den Proformen "die" und "wir" spricht und damit diese Praxis auch weniger identifizierbar macht. Davon unterscheidet sich, daß er in ALS I an der differenzierten Verwandtschaftsterminologie festhält, die für legitim eingegangene soziale Beziehungen steht. In der Schilderung dessen, was man im Dorf alles machen kann, spricht er explizit von Freunden.

Bei der Gegenüberstellung von Dorf und Stadt handelt es sich wie gezeigt um eine Gegenüberstellung von Bildern, in denen das Erfahrene in Istanbul und Osnabrück mit dem bevorzugten Anderen nicht vermittelt ist. Abhängigkeit und nicht-legitime Gemeinschaftlichkeit, die nur in Proformen und Bildern – "du essen nicht" – indiziert ist, wird mit einigem sprachlichem Aufwand die Beschreibung, wie legitime Gemeinschaftlichkeit aussieht bzw. aussehen könnte, gegenübergestellt. Mit dem Bild des Dorfes für Autonomie und Eingebundensein verarbeitet Şemi den Zerfall des Passungsverhältnisses zwischen seiner Praxis und dem, was die Kritik seines Vaters anleitet und was für ihn selbst in seinen Selbstentwürfen bedeutsam bleibt. Entsprechend zu Şemis Praxis des Auseinanderhaltens geht es in dieser Verarbeitungsform nicht um Vermittlung, den Versuch der Klärung des Verhältnisses zwischen beidem, sondern um den Wunsch des Herausspringens aus der bestehenden prekären Konstellation. Dies wird deutlich daran, daß der Gegenüberstellung von Dorf und Stadt im "selber machen" und der legitimen Gemeinschaftlichkeit unvermittelt die Sorge, was ihn tatsächlich im Dorf in der Türkei erwartet, die er am Ende von ALS I äußert, gegenübersteht.

Die Analyse des Puzzles "da haben wir aber wirklich bißchen Mist gebaut" hat ergeben, daß Şemi sich dort einer Legitimationsform bedient, deren Akzeptabilitätserwartung problematisch war. Nun lassen sich aber auch noch andere Erklärungs- und Legitimationsversuche identifizieren, die ebenfalls für die Gesamtargumentation bedeutsam sind. Wenn Şemi da, wo er mir eindringlich deutlich machen will, daß er nicht wieder in die Türkei zurückkehren will und kann, dies in der Redensart, daß er seine Spucke nicht wieder in den Mund nehmen kann, versucht, dann unterscheidet ihn dies beispielsweise von Ali im Hinblick darauf, daß er genau wie dieser ein praktisches Ziel damit verfolgt – Ali hat meine Aussage vor Gericht im Blick, Şemi will, wie sich später zeigt, eine Bescheinigung haben –, aber auf eine Form zurückgreift, die nicht sehr vielversprechend ist. Ali verweist auf die anderen Sitten seiner Eltern und der Menschen in der Türkei und darauf, daß er sich an das Leben in Deutschland gewöhnt hat, und trifft damit wie gezeigt die Erwartungen des Fragenden. Şemi aber greift auf eine Form, die Redensart zurück, von der nicht zu erwarten ist, daß ich sie verstehe, und ich verstehe sie ja auch nicht. Diese Form wird also im Verfolgen eines praktischen Ziels dem sozialen Ort, dem Interview in der von mir durchgeführten Form, nicht gerecht und so mag dies die andere Bedeutung des schnellen Einverständnisses "Jajajaja" sein, daß nämlich angesichts der Unzuverlässigkeit der Formen, die Şemi praktisch zur Verfügung stehen, er das erzielte Resultat gegenüber möglichen Verunklarungen festzuhalten sucht.

Ähnliches gilt an anderer Stelle, wo Şemi es umgehen will, über den bereits erwähnten alten Mann zu reden, aber gleichzeitig vermeiden will, in den Verdacht zu geraten, daß er mit illegalen Mitteln seinen Lebensunterhalt zu bestreiten beabsichtigt (vgl. das Interview S. 17). Auch dort bedient er sich einer Redensart – "ich kann mein Brot vom Stein rausholen" – die nicht erwarten läßt, daß ich sie verstehe, und ich verstehe auch den entscheidenden Punkt nicht, daß Şemi nämlich mit legalen Mitteln für seinen Unterhalt kämpfen will. Zum Ende der Passage sieht er sich gezwungen, gegenüber der möglichen Verdächtigung, die in dem von mir geäußerten "Rausholen." als Reaktion darauf mitschwingt, zu explizieren, daß er nicht "so ne Scheiße machen" will.

Weniger dramatisch aber dem durchaus entsprechend sind folgende Formen: a) "so machen" + die nach oben gewendete Faust als Konzept für Sparen, das, sofern es sich auf den Vater bezieht, auch die gesamte Familienplanung des Vaters als bestimmend dafür, daß Şemi wenig Geld bekommt, nur indiziert, aber nicht weiter ausführt (man vergleiche im Gegensatz dazu die Denunziation des Sparens des Vaters bei Ali); b) der Beleg, daß es damals "gut" war, durch den Verweis darauf, daß er damals "viel dicker" war; die Bearbeitung des möglichen Widerspruchs, daß er damals weg wollte, obwohl es doch gut war, geschieht auch hier in einer Form, die zumindest nicht vermittelt ist damit, daß "dick" in der BRD seit einiger Zeit nicht als gesund gilt; c) auch die Rede über die Spielothek in ALS II, in der Şemi es für nicht weiter erklärungsbedürftig hält, daß er nur sagt "Ja. Ausgegeben." und dann Geld bekommt, verweist darauf, daß ihm Erwartungen hinsichtlich möglicher pädagogischer Irritationen des Gegenübers im Hinblick auf die Nicht-Explizierung des Verhaltens gegenüber dem Vater fernliegen.

Schließlich ist darauf zu verweisen, daß die häufigen Rückversicherungen des Verständnisses und die Fokusierungsformen "verstehst du" und "weißt du" in zwei Richtungen zu verstehen sind. Die Analyse hat gezeigt, daß Şemi da, wo es schwierig wird, allen Grund zu solchen Fokusierungen und Rückversicherungen hat angesichts dessen, daß ich häufig nicht richtig zuhöre und ihn auch überfahre. Auf der anderen Seite aber stehen diese Formen im Hinblick auf den von mir ausgehenden Explikations- und Thematisierungsdruck auch dafür, daß das, was Şemi sagt, manchmal "tatsächlich" schwer zu "verstehen" und zu "wissen" ist. "Tatsächlich" in dem Verhältnis, das sich zwischen uns entwickelt hat, und dann in gewisser Weise nicht nur für mich, sondern auch für Şemi, der angesichts des Drucks im Kampf mit mir auch mit sich kämpft, denn wenn die Gesamtargumentation plausibel ist, dann sucht er in der Rückversicherung auch die Bestätigung, daß die gewahrte und hergestellte Balance zwischen den Wünschen des Herausspringens, Hoffnungen, wer man sein wird, den Konflikten mit dem Vater und dem, was man in der Stadt tut, verstanden werden kann.

Zum Schluß sei noch folgendes herausgestellt: Die Analyse der Ausschnitte ALS I - III hat versucht, plausibel zu machen, daß Şemi aufgrund der Konstellation, in die er hier geraten ist bzw. in die er sich in Auseinandersetzung mit den Bedingungen auch ein Stück weit selbst manövriert hat, seine Auseinandersetzungen mit zu Hause bzw. mit dem Vater als dem wesentlichen Feld der Auseinandersetzung in der Form des respektvollen Sohnes gegenüber dem Vater bestreitet. Dabei ist versucht worden zu zeigen, daß die Form der Auseinandersetzung vor dem Hintergrund der widersprüchlichen Zusammenhänge, in denen sich Sohn und Vater befinden, zu lesen ist. Wenn Şemi die Verschulung der Situation arbeitsloser türkischer Jugendlicher als Zumutung für sich zurückweist, dann ist dies wie die Reaktion vieler anderer Jugenlicher ein deutlicher Hinweis darauf, wie stark die Schulen sowie die diversen Vermaßnahmungen des Daseins als Migrationsjugendlicher in MBSE, BVJ, BGJ u.ä. Verwahranstalten sind, die für die Jugendlichen keinen Gebrauchswert haben. Die Bewältigung und Handhabung dessen, der Arbeitslosigkeit und des Drucks von zu Hause, wo den Jugendlichen als Schuld vorgehalten wird, daß sie keine Arbeit haben, ist das, was die Gruppenpraxis, an der Şemi teil hat, bestimmt. Die widersprüchlichen Felder, die des Vaters Auseinandersetzung mit Şemi bestimmt haben könnten, sind zuvor ausführlich diskutiert worden, wobei betont sei, daß das Abschreiben der sog. ersten Generation in der Ausländerpolitik in solchen Details seine Folgen zeitigen mag. Die Auseinandersetzung mit den Apparaten in der BRD ist in der Form der Auseinandersetzung zwischen Sohn und Vater in ihrer Abwesenheit präsent. Şemi ist nicht einfach der traditionsverbundene türkische Junge, der stets und ständig Respekt vor seinem Vater hat, sondern diese Form erhält hier einen neuen Gebrauchswert, der nicht zuletzt wie gezeigt in der Ermöglichung des Durchhaltens der gefundenen Formen der Handhabung der Lebensbedingungen in der Gruppe qua Abschottung liegt. Der Respekt als Möglichkeit der relativ erfolgreichen Auseinandersetzung findet aber zugleich seine Begrenzung auch in dieser Form der Handhabung, der Gruppenpraxis. Da, wo es dringlich wird, vermag sie keine Form der Gegenwehr zur Verfügung zu stellen, sie läßt ihre Träger als einzelne allein.

5. Faruk

Die folgende Analyse hat ein Gespräch mit dem Jugendlichen Faruk zum Gegenstand, das ich bei mir zu Hause aufgenommen habe. Wir hatten zunächst vereinbart, das Gespräch bei Faruk zu Hause zu führen. Ich wollte bei ihm zu seiner normalen Aufstehzeit, die etwa zwischen ein und zwei Uhr mittags lag, vorbeikommen. Da die Familie Faruks gerade umgezogen war und der ältere Bruder sich für den Tag Urlaub genommen hatte und dabei war, die Wohnung zu renovieren, meinte Faruk bei meiner Ankunft, bei ihnen zu Hause hätten wir keine Ruhe und wir sollten daher zu mir nach Hause fahren. Er war gerade aufgestanden, hatte noch nicht gefrühstückt und schlug daher vor, dies bei mir zu machen. Er war des öfteren mit einigen anderen Jugendlichen, von denen später die Rede sein wird, bei mir zu Hause. Sie bewegten sich dort inzwischen mit zwangloser Selbstverständlichkeit, so daß der entsprechende Vorschlag von Faruk in unserem Verhältnis zueinander nichts Besonderes war.

Zum Zeitpunkt des Interviews kannte ich Faruk bereits drei Jahre. Aufgrund seines Alters begann er für mich wahrnehmbar erst seit ca. 1984 in den Gruppen der Jugendlichen eine Rolle zu spielen, war mir jedoch bereits im Sommer 1983 aufgefallen aufgrund seines Eifers, mit den Älteren gleichzuziehen. Er war mir gegenüber stets sehr offen und bereitwillig, was Auskunfterteilung u.ä. anbetrifft, und erzählte von sich aus eine Menge. Enger miteinander in Kontakt gekommen waren wir darüber, daß Faruk sich Anzeigen wegen Körperverletzung und Diebstahl eingehandelt hatte und mich deshalb fragte, wie er sich dazu verhalten solle. Er gehört zu den wenigen Jugendlichen, für die damit einige handfeste Vorteile verknüpft waren, die hier im einzelnen nicht weiter zu interessieren brauchen, die aber beispielsweise erklären, warum des öfteren freizügig von "Anzeigen" die Rede ist. Wie sich unser Verhältnis zueinander im übrigen gestaltete, soll sich aus der Analyse des Gesprächs ergeben. Dort sind jeweils an den entsprechenden Stellen notwendige Hintergrundinformationen weiter einzuführen, sofern der Text dies zu seinem Verständnis erforderlich macht. Ich beginne die Analyse mit dem Ausschnitt FKA I, insgesamt werden drei Ausschnitte aus dem vorliegenden Interview Gegenstand der Analyse sein. Daran anschließen werde ich die Analyse eines Gruppeninterviews, an dem Faruk ebenfalls teilgenommen hat, um dabei Fragestellungen, die sich aus der Analyse des Einzelinterviews ergeben, weiter zu verfolgen.

5.1 FKA I: "Wenn du Kohle hast, hast du auch immer Kumpel."

Der Ausschnitt FKA I setzt ein, nachdem im Interview zuvor Faruk gesagt hat, mit wem er zusammen ist, die Vorzüge seiner neuen Begleiter hervorgehoben und begründet hat, warum er nicht mehr so viel mit Haşmet zusammen ist, und schließlich erklärt hat, was der Name "Kelle" bedeutet.

I: Und mit dem bist du auch nicht mehr so viel zusammen.
F: Nä der muß ja arbeiten.

F: |2s| Ja du hast doch gesehen, ich war einmal zusammen, hat der - den Typ da zusammengeschlagen. Kieferbruch zweimal. Siehste. Und ich will auch nicht in der Scheiße sitzen weißt du, ich hab - kein Lust darauf. |1s| Ich weiß auch nicht du mit welchen - ich rumlaufen soll. |3s|
I: Was würdste denn sagen von den Leuten

I: mit denen du zusammen bist wer da - so dein bester Freund ist? |2s|
F: Weißt du. |1s|

F: bester Freund gibs überhaupt k/nirgendswo weißt du. |2s| Wenn du Kohle hast, hast du immer Freunde heißt das doch. |1s| Jedenfalls. Und wenn du keine Kohle hast, immer das Gleiche. Okay ich bin - sehr oft mit Achim zusammen ne. |1s| Ja wegen die Alten ne. |1 1/2s| Sonst |1s| würd ich auch nicht rumlaufen. Weiß ich auch nicht, ich hab - bißchen dran gewohnt an den Arsch ne. Da eh wirds |2s| Sonst ach Freunde - Freund, wie heißt das bei uns? Da gibs n Spruch. Ehm |1 1/2s| wenn du ? we/wenn du Geld hast |1s| weißt du - ? normal also d du sollst keinen Freund haben ne, dein Geld ist dein eigenes Freund heißt das bei uns so ne. Wenn du Geld hast, hast du auch - automatisch Freunde. |1s| Zum Beispiel wenn ich
I: Hm

F: keine Kohle hab guck mal, hab ich auch keine hinter mir weißt du. Wenn ich Kohle hab ne, hängen sofort zehn Leute hinter mir, ei wo wollen wir hin oder so ne, wenn ich d - jetzt n Stapel Hunderter in der Tasche hab ne, siehste so ist das. Oder nicht? |1 1/2s| Ja vielleicht bei dir nicht, aber - bei uns ist das so. Meistens weißt
I: Hm ja Hmhm

F: du, weil |2 1/2s| Freunde gibts normalerweise wohl nirgendswo. So n richtigen Kumpel gibts nirgendswo.
I: Würdst du sagen auf keinen von denen kannst du dich

I: verlassen, auch wenn du kein Geld hast?
Hmhm Könnt ich mich nicht verlassen. |1 1/2s|

I: Nicht. |1 1/2s| Auf wen könntest du dich denn verlassen wenn du kein Geld

I: hast? |2s| Hmhm
F: Nur mich selbst allein. |2s| Da/das ist/das ist das Beste. |2s| Mit/

F: wenn ich Geld hab, kann ich auch so gut allein überall hingehen weißt du. Allein, hab Kohle, ich kann überall trinken ne. |1s| Okay das macht n bißchen mehr Spaß, wenn man mit - weißt du Kumpanen da si - bist ne, (na dann) okay, da ist immer n bißchen mehr was los ne, ja gut. Aber sonst weißt du, - für die ist ja nur einmal und dann nix mehr weißt du, wenn du keine Kohle hast. Das ist immer so gewesen. Wird auch immer so bleiben find ich. |1s| Weißt du wenn du Kohle hast, hast du auch immer Kumpel heißt das. Jedenfalls - das Spruchwort - auf uns/auf unsere Sprache verstehst du, auf Türkisch ne. |1s| Weiß ich auch nicht ei. |2s| Zum Beispiel zu Hause, wenn du fragst ne, die sagen: Warum gehst du nicht s zu/geh doch alleine und such dir Arbeit meinen die ne. |1 1/2s| Hä ha hängst du hinter deine Kumpels her? Die geben dir sowieso kein Arbeit. Die geben dir auch keine Kohle meinen die ne. Haso w was hast du dann davon? Siehste? |1s|
I: Hmhm |1s|

F: Normal haben die recht ne? Und dann sagste hey Kumpan ne, Obwohl ich Geld hab/ wenn ich Geld stapelweise Geld hätte ne, würde ich alle wieder rufen. Immer wieder. |1s| Ich kann das nicht haben weißt du. Ich bin da alleine ne oder trink allein und die gucken zu. Kann ich nicht/kann ich nicht haben. Muß sofort ausgeben. |1s| Ist bei mir so jedenfalls. |2s| Vielleicht bei die anderen nicht ne, aber bei mir ist das so. |1s| Vielleicht denken die schlecht da, ich nicht. |1s|
I: Hmhm |3s| Du sagtest

I: eben in eurer Sprache heißt das so. Kannst du das sagen wie das heißt [Tassen klappern] Sprache? |2s|
F: M ah [lacht] ? ? Ah ist ja (wieder) total schwer w ei kann

F: das besser auf Deutsch weißt du. |1s| Vergessen wir lieber auf Türkisch. Vergessen
I: Was?

F: wir lieber auf Türkisch ei. |1s| Weiß ich auch nicht ei. Total |2s| ich hab mich jetzt so dran gewohnt ne, wenn ich auch mit n - türkischen - Typ, weißt du mit m Kumpel rede oder so ne, im - Bahnhof ne, |1 1/2s| ein Wort Türkisch und zehn Wörter hab ich sofort Deutsch ei. Au kommt automatisch so raus weißt du. |1s| Weil du zwei Sprachen auf einmal sprichst ne, |1s| eh Tür eh zu Hause sprichst du Türkisch und ja, wenn du draußen bist g automatisch oder mit n Deutschen oder so sprichst immer Deutsch ne. Ja und wenn du |1 1/2s| und dann vergißt du das wenn du mal mit jemanden auf Türkisch redest oder so ne, dann redest du alles Deutsch [lacht] Und dann sagen die Ja hier - was laberst du meinen die ne.
I: Hmhm |1s|

F: Red mal Türkisch und so ja. Scheiße. |2s|

I: Bist du denn viel mit Deutschen zusammen?

F: |1s| Früher. Jetzt nicht mehr. Sehr früher. Wo ich noch |3s| zum Dings. Heiligenwegschule gegangen bin ne. Da |1s| wo ich - deshalb ab und zu im Bunker kam. |2s| Wa / Hatt ich auch bißchen/ich hatte auch deutsche Kumpel gehabt ne. Sehr viele kannst du sagen ei. V |2s| Und dann weiß ich auch nicht. Hab ich/kam ich auch im Bunker rein, |1s| öfters ne, und dann immer kennengelernt so so durch ne, und dann - seit dem her bin ich mit Kanaken zusammen. Schwarzköpfe. |3s|

I: Wie kommt das daß du dann nicht mehr mit den Deutschen zusammen warst? |2s|

F: Weiß ich auch nicht.

F: |2 1/2s| Gewohnheit von mir jetzt weißt du. |4s| M außerdem |1 1/2s| meiw hast n deutschen Kumpel, ja okay der ist in Ordnung. |1s| Weißt du |1s| seine Alten, du weißt ja nicht wie seine Alten sind oder so ne. |2s| Gehst mal mit oder so ne, |1 1/2s| vielleicht haben die was gegen dich und dann motzen die da rum (oderso) ne. Ja dann biste schlecht aufgelaunt, ei willst denen eine aufe Fresse ziehen. Siehste.

I: Haste das denn schon mal erlebt? |1s|

F: Ja erlebt hab ich noch nicht. |2s| Aber will ich überhaupt gar nicht erleben. Kein Lust darauf weißt du.

I: Ja aber wie kommste denn darauf daß die da so sind?

F: Die sind meistens also was |1 1/2s| Wie soll ich sagen? Ich hab das Vorstellung von die. Find ich jedenfalls ja.

I: Hmhm |1 1/2s|

F: Vorstellung hab ich das. |1 1/2s| Weil viele sagen hier eh scheiß Ausländer oder so ne. Und das wird ja immer viel auf - auf die Türken |1s| geworfen die ganz sch schlechte Wörter ne. Ja siehste. Und da hat man auch automatisch schlechte - Gedanken kannste sagen.

I: Hmhm |2s| Und deshalb probierst du es dann auch gar nicht mehr aus?

F: Nä. Ja das ist die Frage. Kein Lust darauf weißt du. |1s| Die Wörter zu hören und gleichzeitig nervös zu werden. Kein Lust. Verzicht ich lieber drauf.

Zu Anfang stelle ich fest: "Und mit dem bist du auch nicht mehr so viel zusammen." Das "auch" bezieht sich auf Haşmet, das "so viel" aber ist darauf zu beziehen, daß Haşmet, Bülent, Faruk, Achim sowie allerdings weniger regelmäßig zwei, drei andere Jugendliche eine Zeit lang regelmäßig und viel zusammen waren, in der Vierer-Besetzung mich wiederkehrend abends und an Wochenenden besucht haben und ich mit ihnen häufiger abends in Diskotheken und Kneipen unterwegs war. Die Feststellung wird von Faruk entsprechend der Tatsache, daß wir ein Interview führen, als Aufforderung zur Bestätigung und Erklärung dieses Sachverhalts gehört. Nun kommt diese Feststellung meinerseits nicht allein aufgrund des Wissens um Faruks Praxis zustande, sondern Faruk hat "Kelle" bzw. "Wuşlu", also Bülent zuvor im Interview in seiner Aufzählung derer, mit denen er hauptsächlich zusammen ist, nicht aufgeführt, und ohne zu sagen, daß er nicht mehr so viel mit diesem zusammen ist, hat er doch schon eine Begründung dafür gegeben, indem er darauf verweist, daß ich selbst bei einem gemeinsamen "Kneipen"besuch gesehen hätte, daß Bülent "sofort beleidigt" sei (vgl. Transkript S. 4/5). Darauf wird weiter unten noch eingegangen. Wird die Feststellung also als Explikationsforderung gehört, so wird sie dies vor dem Hintergrund, daß bereits eine Begründung gegeben worden ist, die aus welchen Gründen auch immer nicht hingereicht hat.

"Nä der muß ja arbeiten." ist eine `praktische Erklärung´, in der Faruk die Umstände, Bülents Arbeit, dafür verantwortlich macht, wobei er gleichzeitig in dem "ja" dies als uns gemeinsam bekannten Umstand bemüht. Einerseits knüpft Faruk mit dieser Erklärung daran an, daß ich bezogen auf ihn zuvor darauf eingegangen bin, daß er, wenn er gearbeitet hat, nicht so viel mit den anderen Jugendlichen zusammen sein konnte. Folglich gilt dasselbe für Bülent. Aber diese Erklärung ist andererseits insofern problematisch, als uns beiden ebenfalls bekannt ist, daß Bülent auch schon gearbeitet hat, als sie noch viel zusammen waren, und besitzt von daher nicht besonders viel Aussicht auf Erfolg.

Nach einer |2s| Pause folgt eine weitere Explikation. Faruk interpretiert also die Pause als fortbestehende Explikationsforderung und in dem "Ja du hast doch gesehen" wird deutlich, daß er dies auch als Nicht-Übereinstimmung und Kritik seines bisher Gesagten hört. In dem "Ja du hast gesehen" bemüht er die Gemeinsamkeit von Erfahrungen, in der Partikel "doch" artikuliert er den Gegensatz zu möglicherweise bestehenden Einwänden.

"ich war einmal zusammen, hat der - den Typ da zusammengeschlagen. " Mit dem Fall, in dem er mit Bülent zusammen war, demonstriert er, was dabei herauskommt. Er war nicht nur "einmal" mit ihm zusammen, sondern dies ist so zu verstehen, daß "einmal" während der vielen Male, während der er mit Bülent zusammen war, dieser jemanden "zusammengeschlagen" hat. In dem lachend geäußerten "zusammengeschlagen" bringt er seinen Spaß daran zum Ausdruck. In dieser positiven Aneignung des Schlagens steckt auch eine Provokation mir gegenüber.

"Kieferbruch zweimal. Siehste. Und ich will auch nicht in der Scheiße sitzen weißt du, ich hab kein - Lust darauf." Zunächst benennt er den

Schaden, den Bülent angerichtet hat, um mir sodann die Angemessenheit seiner Praxis, nicht mehr so viel mit Bülent zusammen zu sein, als in dem Dargelegten begründet mit "Siehste." vor Augen zu führen. Das, was er nicht will, "nicht in der Scheiße sitzen", bzw. worauf er "keine Lust" hat, meint die polizeilichen und rechtlichen Konsequenzen, die "zusammenschlagen" hat. So weit ist diese weitere Erklärung bezogen auf unsere gemeinsame Geschichte, in der ich die Jugendlichen wiederkehrend davor gewarnt habe, mit Gericht und Polizei in Konflikt zu geraten, plausibel. Festzuhalten ist der Stil, in dem Faruk die Konsequenzen faßt, der auch seinem sonst im Interview deutlich werdenden demonstrativ männlich-harten Stil entspricht. Wenn er von "in der Scheiße sitzen" spricht, dann paßt dies zu "Boß", "Obermacker", "total Scheiße", "Arschlöcher", "Japse", "pleite machen", "dumm aus der Wäsche gucken", "ein auf Fresse ziehen" etc.

Zu der gegebenen Erklärung ist jedoch eine Hintergrundinformation einzuführen, die sie erheblich problematischer macht, als sie erscheint: War schon der Verweis auf die Arbeit Bülents nicht sonderlich erfolgversprechend, so gilt für den Fall, den Faruk hier anführt, daß er daran beteiligt war, den Betreffenden "zusammenzuschlagen". Er hat ihm nicht den Kieferbruch zugefügt, aber er war erstens der, der zuerst geschlagen hat, und ist zweitens darüber hinaus dem "in der Scheiße sitzen" nur knapp entgangen, da Bülent in dieser Angelegenheit bei der Polizei auf Drängen seiner Eltern und entgegen meinem Rat eine Aussage gemacht und unterschrieben hatte, in der er sich erheblich selbst belastet und über die übrigen Beteiligten nichts gesagt hatte.[1] Faruk war meinem

1 Was das Zustandekommen solcher Aussagen bei der Polizei anbetrifft, so bin ich zu der Überzeugung gelangt, daß diese durch die Polizeibeamten erheblich manipuliert und von den Jugendlichen schließlich unterschrieben werden, da sie sich immer wieder durch miteinander abwechselnde Versprechungen und Drohungen der Beamten in der Situation des Verhörs verwirren lassen. Eine erhebliche Rolle spielt dabei auch die Art und Weise, in der die Jugendlichen mit Schrift konfrontiert werden. In den meisten Situationen, in denen relevant geschrieben wird, tun dies andere für sie in undurchsichtiger Weise. Gehen sie zur Ausländerbehörde, holt der zuständige Beamte Akten hervor, trägt etwas ein, korrigiert meist ohne Begründung von ihnen ausgefüllte bzw. vorgelegte Formulare und fällt davon ausgehend Entscheidungen. Ähnliches gilt für das Arbeitsamt. Bei der Jugendgerichtshilfe unterhält sich der zuständige Sozialarbeiter mit den Jugendlichen betont "locker" und "freundschaftlich", macht dabei aber laufend Notizen, liest in Akten, zitiert Teile daraus etc. Wenn die Jugendlichen bei der Polizei mit der Forderung konfrontiert sind, ihre Aussagen durchzulesen und zu unterschreiben, dann unterschreiben sie meist, ohne die Aussage noch einmal kontrolliert zu haben. Sie wissen allerdings häufig auch gar nicht, woraufhin sie kontrollieren sollen, denn viele Formulierungen sind von ihnen hinsichtlich ihrer rechtlichen Konsequenzen gar nicht abschätzbar. Liest man ihnen hinterher vor, was sie bei der Polizei gesagt haben sollen, so sind sie meistens erstaunt, was sie unterschrieben haben — nicht zuletzt, um der Situation des Verhörs zu entkommen. Haben sie

Rat, der polizeilichen Vorladung nicht Folge zu leisten, gefolgt, und da die Staatsanwaltschaft in diesem Falle einen Schuldigen hatte – ohne die Aussage Bülents hätte sie wahrscheinlich gar keinen gehabt, da es keine Zeugen für den Vorfall gab –, war sie an Faruk nicht mehr weiter interessiert, das Verfahren gegen ihn wurde eingestellt. Der Vorfall selbst soll hier nicht weiter interessieren. Zu der Schlägerei war es nach den üblichen wechselseitigen Provokationen gekommen, bei denen der letztlich Geschädigte sich aufgrund seiner nicht unerheblichen Körperkraft gegen die sehr reaktionsschnellen Faruk und Bülent zuviel zugemutet hatte.

Von Interesse ist hier die Form, in der Faruk erklärt, daß er nicht mehr so viel mit Bülent zusammen ist. Dieser ist der Schuldige, weil er zum offiziell Schuldigen, der anderen erhebliche Verletzungen beigebracht hat, erklärt worden ist. Da ich als Interviewer zu Faruk ein offizielles Verhältnis eingehe, macht dies Sinn, da ich auch sonst die Jugendlichen dränge, von Sachen abzulassen, mit denen sie sich strafbar machen, nicht zuletzt mit dem steten Verweis darauf, daß sie aufgrund der Tatsache, daß sie unter das Ausländerrecht fallen, erheblich mehr Nachteile in Kauf zu nehmen haben als andere Jugendliche, die sich strafbar machen. Das spricht Faruk mit "in der Scheiße sitzen" an. Insofern läßt sich der Verweis darauf, daß er nicht weiter mit jemandem zusammen sein will, der offiziell zum Schuldigen geworden ist, auch so verstehen, daß jemand, der mit den Kontrollinstanzen in Konflikt geraten ist, ein Problem darstellt, da man über diesen vermittelt in deren Blick gerät. Daß nicht von zumindest vorgezeigter Distanzierung vom "Schlagen" die Rede sein kann, zeigt das Lachen, das sich gleichzeitig auch noch als Freude über den gemeinsamen Sieg verstehen läßt.

Aber diese Verstehensweisen vermögen nicht den Bruch zu beseitigen, daß die Form der Distanzierung von Bülent mir gegenüber als Erklärung für das reduzierte Zusammensein aufgrund unserer gemeinsamen Geschichte keine besonders große Chance der Akzeptabilität besitzt. Ohne diese Geschichte besäße sie diese. Wie dieser Bruch zu erklären ist, ist hier nicht weiter aufklärbar. Die weitere Analyse des Interviews mag darüber Aufschluß geben.

"Ich weiß auch nicht du mit welchen - ich rumlaufen soll." Mit diesem Fazit expliziert Faruk zugleich, daß er die Fragen und Feststellungen von mir hört als Forderungen nach normativen Erklärungen dafür, warum er mit wem zusammen ist bzw. nicht zusammen ist. In der Offenbarung "Ich weiß auch nicht" zusammen mit der direkten Adres-

---

aber erst einmal unterschrieben, nützt ein Widerruf der Aussage bei Gericht nichts mehr. Die Richter halten ihnen ihre Aussage vor und fragen sie, ob sie lesen können, was sie bejahen, schon allein, um sich nicht zu blamieren. Aber meist können sie auch lesen, nur teilt diese Fertigkeit nichts mit über die Frage des Umgangs mit schriftlichen Texten, wie sie hier produziert werden.

sierung "du" gibt er zu verstehen, daß er sich die Frage als normative zu eigen macht, auch wenn er keine Antwort darauf weiß. Mit "rumlaufen" faßt er seine Praxis als arbeitsloser Jugendlicher im Verbund mit anderen.

Er kommt über diese Erklärungsformen hinaus auf seine erste Erklärung, in der er sich bereits von Bülent distanziert hatte, nicht mehr zurück. Da bezieht er sich auf einen Konflikt zwischen ihm und Achim einerseits und Bülent auf der anderen Seite, in dem Bülent zwar "beleidigt" war, aber die "Schuldverteilung" keineswegs so eindeutig zugunsten von Faruk gelagert war, daß sich dies zu einer Erklärung in dritter Runde, also zur Erfüllung der wahrgenommenen gesteigerten Explikationsforderung eignen würde.[2]

Nach |3s| Pause frage ich Faruk, wer "so sein bester Freund" unter denen, mit denen er zusammen ist, sei. Nach |2s| antwortet er auf die Frage, indem er ihre zentrale Unterstellung als falsch zurückweist. Das, wonach gefragt ist, gibt es nicht, wobei Faruk die Äußerung in zwei "weißt du" als Zentrierungen einbettet. Die Frage nach einer wertenden Einordnung derer, mit denen er zusammen ist, liegt in der Linie des bisherigen Verlaufs. Faruk hat bereits über die gesprochen, die er "voll in Ordnung findet", und darüber, warum er dies so sieht. Es handelt sich bei seiner Antwort hier also auch um eine Zurückweisung des Versuchs der Intensivierung. Zugleich weist er zurück, daß das Konzept "bester Freund" für seine Praxis eine Bedeutung hat.

Nach |2s| expliziert Faruk diese seine Sicht bzw. begründet seine Kritik der Unterstellung der Frage. Hier wie auch schon zuvor unternimmt er den Versuch ohne weitere Aufforderung dazu. "Wenn du Kohle hast, hast du immer Freunde heißt das doch." Er begründet die Zurückweisung unter Berufung – "heißt das doch" – auf eine Sentenz, in der die entsprechende Lebenserfahrung gebündelt ist und die in ihrer Allgemeingültigkeit auch mir deutlich machen sollte, warum es "beste Freunde überhaupt nirgendwo" gibt. In dieser Sentenz stilisiert sich Faruk zugleich als weise und lebenserfahren und fährt in diesem Sinne fort: "Jedenfalls. Und wenn du keine Kohle hast, immer das Gleiche." Was der Fall ist, wenn man keine Kohle hat, wird nicht gesagt, aber mit "immer das Gleiche" wird unterstellt, daß der Hörer die Umkehrung entsprechend der Sentenz selbst vorzunehmen in der Lage ist.

---

2 Nach z.T. noch spaßigen Auseinandersetzungen um geforderte Gleichbehandlung beim Zigarettenverteilen und Getränkeausgeben und um das Ausnehmen eines betrunkenen Deutschen, was Bülent stark kritisierte, machte sich Achim schließlich an eine deutsche Frau heran, mit der Bülent bereits angebändelt hatte, so daß er gehen wollte, das Lokal verließ, die anderen nach einer Weile folgten und wir schließlich gemeinsam in eine andere Diskothek fuhren.

F: Okay ich bin - sehr oft mit Achim zusammen ne. |1s| Ja wegen die Alten ne. |1 1/2s| Sonst |1s| würd ich auch nicht rumlaufen. Weiß ich auch nicht, ich hab - bißchen dran gewohnt an den Arsch ne. Da eh wirds |2s|

Faruk führt einen Diskurs vor, in dem er bereits mögliche Einwände, die sich gegen das von ihm Gesagte ergeben könnten, aufgreift und vorab zu erledigen sucht. Er ist mit Achim[3] "wegen die Alten" zusammen, "sonst" würde er "auch nicht" mit diesem "rumlaufen". Es gibt also einen Grund, mit Achim das zu tun, was Faruk als Arbeitsloser ohnehin tun muß, nämlich "rumlaufen". Faruk und Achim haben zum Zeitpunkt des Interviews Freundinnen, die gemeinsam in Gaststätten beschäftigt sind, so daß sie schon deshalb am Abend viel Zeit zusammen in Kneipen verbringen. Achim ist damals der eindeutig Geschicktere im Aufschliessen des Nachtlebens für die beiden, was auch damit zusammenhing, daß er älter aussah und virtuoser in der Handhabung sich dort ergebender Situationen war. Faruk war in seinem Auftreten viel zu demonstrativ männlich und gerade darin als Jugendlicher erkennbar. Festzuhalten ist die erneut auftretende Form "weiß ich auch nicht", in der Faruk die Arbeit an seiner Erklärung vorzeigt, aber auch der erneut deutlich maskuline Stil: Er hat sich "wegen die Alten" "an den Arsch gewohnt". Darin ist die rauhe Männerbeziehung zu Achim gefaßt wie auch ein bestimmendes Moment des Daseins als Mann, das sich um "die Alten" dreht.

Sonst ach Freunde - Freund, wie heißt das bei uns? Da gibs n Spruch. Ehm |1 1/2s| wenn du ? we/wenn du Geld hast |1s| weißt du - ? normal also d du sollst keinen Freund haben ne, dein Geld ist dein eigenes Freund heißt das bei uns so ne. Wenn du Geld hast, hast du auch - automatisch Freunde. |1s|

Nach "Da eh wirds" bricht er ab und fährt nach |2s| fort: "Sonst ach Freunde - Freund," Abgesehen von dem möglichen Einwand, daß er viel mit Achim zusammen sei, der aber keiner ist, "sonst", sind "Freunde - Freund" oder auch die Suche danach und damit die, die danach suchen oder fragen, eher abschätzig zu werten, wie dies Faruk in dem "ach" tut. Sodann fährt er fort "wie heißt das bei uns?", mit dem "uns" wohl "die Türken" bezeichnend, denen er sich zurechnet. Faruk äußert sich also als Experte. Er ist als "türkischer Jugendlicher" gefragt und nimmt nun Türkisches zur Aufklärung von Sachverhalten in Anspruch, wobei er in der Frage den Besinnungsprozeß auf "seine" Zusammenhänge vorführt. "Da gibs n Spruch." Das Türkische, das hier zur Aufklärung dienen

3 Achim ist ebenfalls ein Migrantenjugendlicher türkischer Herkunft, der aber den Spitznamen Achim hat. Dieser rührt nach der Erzählung des Jugendlichen daher, daß Schulfreunde ihm diesen Namen gegeben hätten, da ihnen der Name Ahmet nicht gefallen und für sie so schwierig auszusprechen gewesen wäre. Heute heißt er auch unter den Migrantenjugendlichen Achim.

soll, ist Element der Folklore, es existiert in der Form des Spruches. Nach anfänglicher Unsicherheit formuliert er den Spruch zunächst als Gebot – "du sollst" –, beschließt dieses mit "heißt das bei uns so ne", es damit als Ergebnis der Besinnung vorzeigend, und wiederholt sodann die Sentenz von zuvor, allerdings mit dem Wechsel von "Kohle" zu "Geld" und "immer" zu "auch automatisch", was dem Ernst des Anlasses entspricht, ist doch Stütze seiner Aussage, daß es "beste Freunde" nicht gibt, die "eigene Kultur" in Form eines Spruches, dem die seriöse Form "Geld" statt "Kohle" und "auch automatisch" als Benennung und nicht nur Nahelegung des inneren Zusammenhangs eher angemessen sind.

Nach |1s| Pause und "Hm" von mir fährt Faruk fort. Für dieses Fortfahren mag das verkürzte Rezeptionssignal eine Rolle spielen insofern, als Faruk dies als sich anbahnendes Nicht-Einverständnis hören mag, zumal es nicht sofort, sondern erst nach der Pause geäußert wird.

F: Zum Beispiel wenn ich keine Kohle hab guck mal, hab ich auch keine hinter mir weißt du. Wenn ich Kohle hab ne, hängen sofort zehn Leute hinter mir, ei wo wollen wir hin oder so ne, wenn ich d - jetzt n Stapel Hunderter in der Tasche hab ne, siehste so ist das. Oder nicht?

Faruk verdeutlicht das Gesagte am Beispiel, der Spruch erfaßt seine Situation. Dabei erfährt der Ausdruck "Freund" eine Interpretation, Freunde haben heißt, "jemanden hinter sich haben". Bedingung dafür ist "Kohle haben", wie Faruk aus eigener Erfahrung weiß. Hat er "keine Kohle", hat er niemand "hinter sich", hat er "Kohle", was bedeutet, "n Stapel Hunderter in der Tasche zu haben", hat er "sofort" viele, "zehn Leute" "hinter sich". Faruk hält den maskulinen Sprachstil durch. Bedeutet "Freund" "jemand hinter sich haben", dann sind Freunde als solche zu verstehen, die zu Faruk stehen, die auch einen Machtfaktor in Auseinandersetzungen darstellen können. Freunde sind nur gegeben, wenn man Geld hat, denn "die Leute" wollen davon profitieren, sich mittels des Geldes des Besitzers, also hier mittels Faruks Geldes amüsieren. So ist das "ei wo wollen wir hin oder so" zu verstehen, wobei in dem "ei" der Versuch des kumpelhaften Umgangs mit dem Geldbesitzer vorgeführt wird. Diese Leute sind damit aber auch nicht "beste Freunde", denn sie "hängen hinter ihm" angezogen vom Geld, wie die Motten vom Licht.

Faruk artikuliert darin sicherlich auch den realen Ablauf mancher Tage oder Abende. Besitzt einer aus welchen Gründen auch immer viel Geld, so führt dies meist zu einem oder mehreren amüsanten Tagen oder Abenden für eine Gruppe von Jugendlichen. Wer Geld besitzt, gewinnt einen gewissen Einfluß, aber allein aufgrund von Geld ist dieser auf Dauer nicht zu bewahren, was beispielsweise Ali mehrfach schmerzhaft erfahren mußte. Faruk faßt in dieser Passage wohl auch ein Generalproblem der Jugendlichen, Geldmangel, und bringt darin Phantasien von "Kohle" und "Macht" zum Ausdruck. Aber insgesamt ist dieser Abschnitt eher als eine Selbststilisierung zu verstehen. Das Problem "beste Freunde" ist für ihn keines und die Frage wird so zum Terrain, auf dem er Welterfahrenheit des harten Mannes vorführt, der weiß, worauf es ankommt, nämlich "Kohle", diese Erfahrenheit abschirmt gegen mögliche Einwände durch Hervorhebung dessen, was gleichrangig im Leben eines Mannes zählt, "die Alten", und der schließlich seine Erfahrenheit weiter abstützt und immunisiert durch Verweis a) auf Gebote und Sprüche "seiner Kultur" und b) auf Erlebtes. Diese Erlebnisse wie auch die Sprüche besagen, daß ein Mann im Leben allein ist.

Faruk beschließt mit "siehste so ist das. Oder nicht?", mir damit die Konsequenz seiner Rede vorhaltend und mich zugleich nach noch bestehenden Einwänden fragend.

F: |1 1/2s| Ja vielleicht bei dir nicht, aber - bei uns ist das so. Meistens weißt
I: Hm ja Hmhm

F: du, weil |2 1/2s| Freunde gibts normalerweise wohl nirgendswo. So n richtigen Kumpel gibts nirgendswo.

Nach |1 1/2s| Pause reagiere ich mit eingipfligem Rezeptionssignal und gedehntem "ja", wobei das "Hm" einen ebenen Tonverlauf hat. Nichtübereinstimmung antizipierend reagiert Faruk bereits auf dieses. Er erklärt den Fall, daß ich "vielleicht" andere Erfahrungen gemacht haben könnte, zum Sonderfall und nutzt das Potential seines Verweises auf den "Spruch bei uns". So wie es diesen gibt, so verhält es sich auch "bei ihnen" anders. Er immunisiert in der Berufung auf sein kulturelles Expertentum seine Ausführungen. Nachdem ich mit "Hmhm" reagiert habe, das er wohl als ansatzweise gewonnene Zustimmung hört, fährt er fort, um das Gesagte zu zementieren. Allerdings beinhaltet das erste "Hm ja" wohl weniger einen Vorbehalt meinerseits, sondern ist v.a. ein Versuch, sich zu entziehen. Das zweite, zweigipflige Rezeptionssignal ist dann die Form, in der ich das Interviewer-Verhältnis zu Faruk reetabliere, indem ich in die Zuhörerposition zurückkehre und so vermeintlich keine Stellung beziehe.

"Meistens weißt du, weil |2 1/2s|" So wie Faruk gleich einräumt, daß es "vielleicht" bei mir anders ist, so ist es bei ihnen, wie er hier hinzufügt, "meistens weißt du" so, damit Ausnahmen zulassend und mögliche Einwände meinerseits bereits bearbeitend. Dies ist so "weil", er macht also die Anstrengung der Begründung sichtbar. In dieser Form besetzt er das Terrain, macht die nachfolgende Pause zur redezuginternen. Nach dieser nennt er den Grund: "Freunde gibts normalerweise wohl nirgendswo. So n richtigen Kumpel gibts nirgendswo." Hier wird Faruks Begründung zirkulär, denn Ausgangspunkt der Passage war sein Bestreiten der Unterstellung meiner Frage, daß es "beste Freunde" gibt.

Dieses Bestreiten hat Faruk im folgenden begründet und hier begründet er nun diese Begründung mit dem Begründeten. Allerdings ist der Formwandel zu beachten. Sagt er zu Anfang kategorisch: "gibts überhaupt nirgendswo", so schränkt er hier ein "normalerweise" und stuft durch die Abtönungspartikel "wohl" die Aussage zur Vermutung herab. In der Hochstufung von "Freunde" zu "n richtigen Kumpel" bleibt er dabei, daß es den "nirgendswo gibt".

Die Bedeutung dieser letzten Äußerungen ist in den identifizierten Formwandlungen im Verhältnis zu dem Vorhergehenden zu suchen, will man nicht bei der Feststellung stehenbleiben, daß Faruks Argumentation zirkulär ist. Betrachtet man Faruks Rede in dem bisher analysierten Ausschnitt noch einmal, dann sind folgende Merkmale auffallend. Zu Anfang, wo er über das reduzierte Zusammensein mit Bülent redet, äußert er zwei Erklärungen dafür hintereinander. Die Nutzung der Frage nach dem "besten Freund" als Terrain der Selbststilisierung als harter Mann vollzieht sich in der Form, daß er mögliche Einwände antizipiert und zu erledigen sucht. Der Hintereinanderreihung von Erklärungen als Reaktion auf möglichen Widerspruch und der Auseinandersetzung mit möglichen Einwänden entsprechen die diskursiven Formen, die Faruks Rede bis hierhin durchziehen. In wiederkehrenden Adressatenbezügen wie "weißt du", "ja" und "ne" bezieht er den Hörer in die Rede mit ein; in "doch", "jedenfalls", "okay" und "sonst" werden Gegenüberstellungen und Eingrenzungen des Geltungsbereichs des Gesagten vorgenommen sowie mögliche Einwände antizipiert; mit "so", "oder so" wird mit der Unterstellung, daß das Gemeinte mit dem Gesagten erschließbar ist, zum Mitvollzug der Rede aufgefordert; in "ich weiß auch nicht" und "weiß ich auch nicht" werden Unsicherheiten kundgegeben; mit "wie heißt das bei uns" wird gedankliche und Erinnerungsarbeit vorgeführt. Ähnliches findet sich nun hier, wo Faruk auf mögliche Nichtübereinstimmung reagiert, in den Ausdrücken "vielleicht", "meistens weißt du weil", "normalerweise" "wohl" als Bearbeitung von Einwänden.

Weiter oben habe ich gesagt, daß Faruk in der Antizipation und Erledigung eines Einwandes einen Diskurs vorführt. Die hier aufgelisteten Formen fasse ich als diskursive Formen, da in diesen, so wie sie die Rede von Faruk bis hierhin durchziehen, alles Gesagte in Relation zu einer dem Hörer gegenüber unterstellten Explikations- und Begründungspflicht gesetzt wird, die so aufgenommen und z.T. prophylaktisch abgearbeitet wird.

Faruks diskursive Rede ist in ihrer Offensivität zugleich provokativ. So wie er weiter oben bei "zusammengeschlagen" lacht, so redet er hier von "die Alten" und "den Arsch" und mit dem Selbstentwurf als Mann, der weiß, was im Leben zählt, nämlich "Kohle", attackiert er die sanfte Form, in der ich nach "besten Freunden" frage. Zum Schluß hält er mir wie gesehen offensiv die Konsequenz seiner Rede vor – "Siehste so ist das" – und fragt "Oder nicht?" War nun Faruks Reaktion auf mein "Hm ja" als Antizipation von Nichtübereinstimmung in ihrer Logik zirkulär, dann ist gleichwohl ihr Sinn in den diskursiven Formen als vorgezeigtes Sich-Einlassen auf mögliche Einwände und ihre Berücksichtigung zu suchen. Faruk setzt sich in seiner Rede ins Verhältnis zu möglichen Einwänden, läßt Ausnahmen zu, nimmt Einschränkungen vor, stellt Zusammenhänge her und stuft kategorische Aussagen zu Vermutungen herab. Ist also der maskuline Stil der Rede kennzeichnend und die diskursive Rede in ihrer Offensivität provokativ, dann erlaubt diese selbe Rede zugleich Defensivität, sie wird bereits dem Ansatz von Nichtübereinstimmung als Form entgegengehalten.

I: Würdst du sagen auf keinen von denen kannst du dich verlassen, auch wenn du kein Geld hast?
Hmhm Könnt ich mich nicht verlassen. |1 1/2s|

I: Nicht. |1 1/2s| Auf wen könntest du dich denn verlassen wenn du kein Geld hast? |2s| Hmhm
F: Nur mich selbst allein. |2s|

Meine Frage ist eine Interpretation des "hinter mir" als dem, was Faruk über Freunde gesagt hat, und in ihrer Hervorhebung dieses Aspekts zugleich eine Verdeutlichung dessen, was das Konzept "bester Freund" für mich beinhaltet. Indem sie das "hinter mir" so interpretiert, bringt die Frage Zweifel daran zum Ausdruck, daß Faruk an dieser Implikation des von ihm Gesagten festhalten will, und artikuliert die Erwartung, daß er seine Aussagen entsprechend modifizieren wird. "auf keinen von denen" bezieht sich wiederum auf die, von denen Faruk zuvor gesagt hat, daß er mit ihnen zusammen ist. Noch vor Beendigung der Frage bejaht Faruk diese mit "Hmhm" und expliziert nach ihrer Beendigung "Könnt ich mich nicht verlassen." Nach |1 1/2s| Pause wiederhole ich nur als Echo "Nicht.", was Faruk zusammen mit der nachfolgend sich entwickelnden Pause nicht als Aufforderung zur weiteren Explizierung hört, so daß ich im Anschluß nach jemandem frage, auf den er sich verlassen könnte, wenn er kein Geld hat.

"Kumpel" und "Freunde" kommen dafür nicht in Frage. Faruk führt aber auch keine anderen Personen an, die Mitglieder einer sozialen Kategorie sind – also etwa Familie –, sondern antwortet in der Linie seiner Antworten zuvor: "Nur mich selbst allein." Damit ist die Frage vollständig beantwortet. Ich reagiere verzögert nach |2s| mit Verstehenssignal, was eine weitere Explizierungsrunde in Gang setzt. Dabei zeigt sich, daß er die Frage als Zweifel an seiner Einschätzung, daß es Freunde nicht gibt, hört.

F: Da/das ist/das ist das Beste. |2s| Mit/ wenn ich Geld hab, kann ich auch so gut allein überall hingehen weißt du. Allein, hab Kohle, ich kann überall trinken ne, |1s| Okay das macht n bißchen mehr Spaß, wenn man mit - weißt du Kumpanen da si- - bist ne, (na dann) okay, da ist immer n bißchen mehr was los ne, ja gut. Aber sonst weißt du, - für die ist ja nur einmal und dann nix mehr weißt du, wenn du keine Kohle hast. Das ist immer so gewesen. Wird auch immer so bleiben find ich. |1s| Weißt du wenn du Kohle hast, hast du auch immer Kumpel heißt das. Jedenfalls - das Spruchwort - auf uns/auf unsere Sprache verstehst du, auf Türkisch ne. |1s|

Unter eventuell bestehenden anderen Möglichkeiten ist es "das Beste", sich "auf sich selbst allein", sich also ausschließlich auf sich selbst zu verlassen. Dies begründet Faruk nach einer weiteren |2s| Pause. Wenn er Geld hat, kann er "so gut allein überall hingehen". Dies kann er sowohl im Hinblick auf Mobilität als auch auf Türen, die sich mit Geld öffnen, die für die Jugendlichen jetzt häufig verschlossen sind. Im folgenden beschreibt er, wie dies sein wird: "Allein, hab Kohle, ich kann überall trinken ne," bricht aber diese Aufzählung ab und antizipiert nach |1s| wieder einen möglichen Einwand. In diesem wird das "allein" aufgenommen. Es macht "n bißchen mehr Spaß" und es ist "n bißchen mehr was los" mit "paar Kumpanen", dies ist mit "Okay" und "ja gut" zugestanden. Aber für die Kumpanen hat dies "nur einmal", also in dem Moment, wo man mit ihnen "da" ist, Bedeutung. Ansonsten ist da nichts, wenn man "keine Kohle" hat. Und dies ist ehernes Gesetz, das Bestand hatte und weiterhin haben wird.

Faruks Ausführungen, wie es ist, wenn er Geld hat, erklären unmittelbar gar nicht, warum es das Beste ist, wenn er sich nur auf sich selbst verläßt, wenn er kein Geld hat. Aber liest man die Äußerung "das ist das Beste" zusammen mit diesen Ausführungen, dann zeigt sich, daß er die Frage nicht nur als Attacke auf seine Einschätzung, daß es Freunde nicht gibt, hört, sondern vor dem Hintergrund der verweigerten Zustimmung weiter oben sowie dem Echo "Nicht." als normative Frage derart, daß man bezogen darauf, daß man "Freunde" oder jemanden, auf den man sich verlassen kann, haben sollte, zu erklären ist, warum er niemanden hat, auf den er sich verlassen kann, und warum keiner von denen, mit denen er zusammen ist, sein "Freund" ist.

Faruk nimmt diese Erklärung vor in der beinahe sentimentalen Selbststilisierung als einsamer Mann am Tresen, der zwar auch lieber mit anderen zusammen wäre und um den Spaß weiß, der ihm verloren geht, der aber aus Lebenserfahrung klug geworden – "Das ist immer so gewesen. Wird auch immer so bleiben find ich." – um den Schein dieses Spaßes weiß, denn "für die ist ja nur einmal". Er rundet diesen stilisierten Selbstentwurf als einsamer Mann am Tresen ab mit der Wiederholung der Sentenz "Weißt du wenn du Kohle hast, hast du auch immer

Kumpel heißt das.", damit diese Lebenserfahrung kennzeichnend als eine, die sich in Übereinstimmung befindet mit der allgemeinen Erfahrung, die in einer solchen Sentenz als Form ihren Niederschlag gefunden hat. Allgemeinen Ausdruck hat diese Erfahrung "jedenfalls" "auf unsere Sprache", "auf Türkisch"als "Spruchwort" gefunden. Faruk schirmt damit selbstethnisierend seine Ausführungen so wie zuvor ab, indem er sie, sofern sie von mir bezweifelt werden, zumindest – "jedenfalls" – ihre Stütze in dem finden läßt, was für Türken gültige Erfahrung ist. Gegenüber dem vorherigen Verweis auf den "Spruch" "bei uns" unterscheidet sich der hier dadurch, daß Faruk explizit von "unserer Sprache", "Türkisch" spricht, was hinsichtlich der Frage und der Interpretation, die er dieser gibt, einen guten Sinn ergibt.

Faruks Reaktion auf die Frage nach dem "besten Freund" und seine Reaktion hier sind durch weitere Verschiebungen zueinander gekennzeichnet. Gemeinsam ist beiden Passagen die diskursive Form der Rede sowie das Moment der Selbststilisierung als Mann, der seinen Weg allein gehen muß. Aber während dies in der zweiten Fassung einen eher sentimentalen Anstrich erhält, ist in der ersten Fassung noch eine Schärfe der Formulierungen kennzeichnend da, wo Faruk einen Einwand antizipierend seine Praxis in Ich-Form als die eines harten Mannes faßt, der "wegen die Alten" mit "dem Arsch" zusammen ist, für den also die Frage nach dem besten Freund keine Bedeutung hat und hinter dem "sofort zehn Leute hängen", wenn er "n Stapel Hunderter in der Tasche" hat. Demgegenüber redet er in der zweiten Fassung in der Antizipation eines Einwandes nicht mehr in Ich-Form offensiv von seiner Praxis, für die "bester Freund" und "sich-verlassen-können" keine Bedeutung haben, sondern bestreitet die Bedeutung des gegenüber dem Einwand zugestandenen allgemeinen Sachverhalts – "das macht n bißchen mehr Spaß, wenn man mit - weißt du paar Kumpanen da si - bist ne" –, indem er darauf verweist, daß es "für die ja nur einmal" ist "und dann nix mehr". Damit gesteht er gegenüber der Frage und ihren normativen Implikationen zu, daß Beziehungen längerfristig zu sein haben und man nicht nur "für einmal" "Spaß" miteinander haben sollte. In dieser Linie liegen bereits die Minimierungen "bißchen mehr was los" und "bißchen mehr Spaß", wo es in der tagtäglichen Praxis der Jugendlichen genau das ist, worauf es ankommt, nämlich mit mehreren "was los" zu machen und "Spaß" zu haben. V.a. macht sich Faruk aber die normativen Implikationen der Frage in der Form zu eigen, daß er auf "die" anderen abschiebt, daß es so ist, wie es ist. Das unterscheidet sich von der Distanzierung von Achim als "besten Freund", denn auf diesen schiebt er nichts ab, sondern zeigt mittels ihrer Beziehung, warum Männer zusammen sind, und besetzt damit das durch die Frage eröffnete Terrain. Ist dies also für die Auseinandersetzung mit der Frage nach dem "besten Freund" kennzeichnend, dann ist für die Auseinandersetzung mit der Frage nach jemand, auf den er "sich verlassen" kann, entsprechend den gekennzeichneten Verschiebungen bestimmend, daß er an der Stilisierung als Mann, der allein seinen Weg gehen muß, festhält, aber in dieser Stilisierung zugleich Zugeständnisse macht gegenüber den von ihm verstandenen normativen Implikationen der Frage, diese also nicht nur wie in der ersten Auseinandersetzung unterläuft.

F: Weiß ich auch nicht ei. |2s| Zum Beispiel zu Hause, wenn du fragst ne, die sagen: Warum gehst du nicht s zu/geh doch alleine und such dir Arbeit meinen die ne |1 1/2s| Hä ha hängst du hinter deine Kumpels her? Die geben dir sowieso kein Arbeit. Die geben dir auch keine Kohle meinen die ne. Haso w was hast du dann davon? Siehste? |1s| Normal haben die recht ne?
I: Hmhm |1s|

Nach der Pause, die auf "Wird auch immer so bleiben find ich." folgt, hat Faruk noch einmal die Sentenz wiederholt und als türkisches Sprichwort gekennzeichnet. Hier fährt er nach einer weiteren |1s| Pause damit fort, daß er seine Unsicherheit gegenüber den diskutierten Problemen expliziert, damit die Diskursivität seiner Rede fortsetzend, die sich in der Passage zuvor in den Formen "weißt du", "ne", "okay", "na dann okay", "ja gut", "aber sonst", "ja", "find ich", "jedenfalls", "verstehst du" manifestiert. Seine Äußerung bedeutet einen weiteren Rückzug. Beendet Faruk die Sequenz im Anschluß an die Frage nach dem "besten Freund" offensiv "Siehste so ist das. Oder nicht?", so hängt er an die Beendigung der Sequenz, in der sich wie gesehen intern Verschiebungen in der Auseinandersetzung mit der Frage des "besten Freundes" und des "Sich-verlassen-könnens" ergeben haben, "weiß ich auch nicht ei" als Angebot, daß er offen für jeden neuen Gesichtspunkt ist, der ihm noch entgangen sein mag, seine Stellung zu den Fragen eben ungesichert ist.

Nach einer weiteren |2s| Pause fährt er mit einem Beispiel fort, das einen Aspekt vorführt, der in Faruks gedanklicher Arbeit an dem zur Debatte stehenden Problem eine Rolle spielt. Mit dem "du" in "wenn du fragst" als Indefinitpronomen spricht er davon, wie es ist, wenn er "zu Hause" fragt, und verweist zugleich mich auf das, was "die" sagen werden, wenn ich sie frage. Er gibt nicht explizit an, was gefragt ist.

"Die" als Personen zu Hause umfaßt seine Mutter, seinen älteren Bruder, die Frau des Bruders, die jüngere Schwester und die beiden Kinder des Bruders. Die Personen, die sinnvoll Adressaten der Frage darstellen können, sind die Mutter und der Bruder, die übrigen sind für die Fragen, um die es hier geht, keine Ansprechpartner, die berechtigt sind, sein Verhalten zu kommentieren. "Die" zu Hause sagen, er solle alleine gehen und sich Arbeit suchen. Adressat der Aufforderung von zu Hause, sich Arbeit zu suchen, ist hier eindeutig Faruk. "Geh doch alleine" ist darauf zu beziehen, daß er seine Praxis mehrfach als "rumlaufen" mit anderen faßt. Dieses "Rumlaufen" ist nicht davon bestimmt, daß man sich Arbeit sucht, in seiner Schilderung des Tagesablaufs kommt dies nicht vor.

Nach einer weiteren Pause fährt er mit dem Zitat einer Rechtfertigungsaufforderung von zu Hause fort: "Hängst du hinter deinen Kumpels her?" Im Hinweis auf das, was er von seinen Kumpels nicht bekommt, nämlich "Arbeit" und "Kohle", bestreiten "die" einen rationalen Grund für sein "hinter den Kumpels herhängen". Mit der letzten Frage "Haso w was hast du davon?" wird die Aufforderung zur Erklärung dieses Hinterherhängens wiederholt, wobei in dem "haso", das ich als "also" verstehe, als gliederndem Rückverweis auf die ausgeschlossenen akzeptablen Gründe die Möglichkeit einer sinnvollen Erklärung bestritten wird.

Die Frage ist in ihrer Zuordbarkeit erneut doppeldeutig. Sie kann sowohl zitierte Frage derer zu Hause an Faruk als auch eine Frage Faruks an mich sein. Im zweiten Fall bedeutet dies, daß er sich mit mir weiterhin in der Form auseinandersetzt, daß er unterstellt, daß ich der Meinung bin, daß er etwas davon hat, wenn er mit "den Kumpels" zusammen ist. Für diese Auseinandersetzung mit mir hat er nun die Rückendeckung von zu Hause und beendet so die Passage wieder offensiv mit "Siehste." Was Faruk hier als weiteren Aspekt einführt und dessen Einsichtigkeit er in dem "Siehste." hervorhebt, ist aber genauer zu betrachten im Vergleich zu dem, was er davor gesagt hat. Denn das, was "die" "zu Hause" sagen in der Fassung, die Faruk gibt, ist eine Form der Auseinandersetzung mit mir, die eine weitere Verschiebung und Rücknahme gegenüber dem vorherigen darstellt.

Waren in Faruks sentimentaler Selbstfassung als einsamer Mann am Tresen schon Verschiebungen kennzeichnend in dem Sinne, daß er Zugeständnisse gegenüber den normativen Implikationen der Frage machte, dann stellt sein Bezug auf "zu Hause" einen Bruch gegenüber beiden Selbststilisierungen als Mann dar, da er nun seine Erziehungsinstanzen bemüht, die in ihren Fragen, Aufforderungen und Feststellungen seine Position abstützen, wie er dies zumindest in dem "Siehste." nahelegt. Erstens machen diese zitierten Äußerungen von zu Hause etwas anderes zum Thema, nämlich warum Faruk, statt "hinter" seinen "Kumpels" "herzuhängen", nicht "alleine geht" und sich Arbeit sucht, da die "Kumpels" ihm keine Arbeit und "keine Kohle" geben werden. Darum aber ging es zuvor nicht. Strittig war nicht, ob Freunde oder Kumpel Arbeit und Geld verschaffen, sondern ob unabhängig davon Freunde überhaupt vorhanden sind und ob Faruk sich auf jemanden "verlassen" kann. Bestritten ist damit allerdings wiederum die Relevanz der Fragen durch Verweis auf das, worauf es wirklich ankommt. Zweitens stellt Faruks Bezug auf zu Hause in der Form einen Bruch dar, da er im Gegensatz zur zuvor vorgezeigten Lebenserfahrung sich zum partiell Abhängigen und Unerfahrenen macht, der zu Hause fragt, der aber auch von dort kontrolliert und kritisiert wird dafür, daß er "hinter den Kumpels herhängt".

Faruk artikuliert hier u.a., daß Geld ein Dauerproblem ist, von dem abhängt, was man machen kann, aber auch, daß von zu Hause die Forderung zu arbeiten an die Jugendlichen früh herangetragen wird. An dieser Realität gehen meine Fragen nach "bestem Freund" und "Sich-verlassen-können" vorbei. Wesentlich ist aber die Form, in der Faruk die Auseinandersetzung um diese Fragen bestreitet. Er ist mit der Bemühung dessen, was die zu Hause sagen, auf der Seite einer der Instanzen, die ihn kontrollieren. Mit dem "Haso was hast du dann davon? Siehste." eignet er sich den Realitätsdruck, daß Arbeit auf Dauer der einzige Zugang zu Geld sein wird, positiv an und bestreitet entsprechend der Doppeldeutigkeit der Äußerung, daß er etwas davon hat, bzw. gesteht zu, daß er nichts davon hat, "hinter den Kumpels herzuhängen". Faruk hat zuvor im Interview im Zusammenhang mit Arbeit bereits ähnliches gesagt: "Wenn du auf n Freund anguckst, ja hast du keine Arbeitsstelle, hast du keine Kohle, was willst du machen?" (Interview S.4) Dort finden sich auch einige Legitimationsversuche dafür, daß er eine Arbeit in Atter aufgegeben hat, die zeigen, daß er annimmt, daß ich der Meinung bin, daß man für das Aufgeben eines Arbeitsplatzes gute Gründe haben sollte. Darüberhinaus war auch Faruk schon mit mir zusammen auf Arbeitssuche, es ist also von ihm auch praktisch erfahren worden, daß ich einem Arbeitsplatz Bedeutung beimesse. Nimmt man hinzu, daß ich für Faruk einige Vermittlungsfunktionen übernommen habe im Verhältnis zur Jugendgerichtshilfe, zum Gericht und zu Mitarbeitern von Jugendzentren, dann erhält seine Auseinandersetzung mit mir hier in der Form des Zitats von "zu Hause" einen doppelten Sinn: Die Aufforderung, sich Arbeit zu suchen, und die Hinweise auf das, was er von seinen Kumpels nicht bekommen wird, entsprechen dem, was Faruk auch aus dem Umgang mit mir kennt. Als Zitat des "zu Hause", dem er zustimmt, ist es die Übereinstimmung mit einer Erziehungsinstanz. Da ich aber zumindest zeitweise mich zu ihm als eine weitere Erziehungsinstanz verhalten habe, setzt er sich in der Rede über zu Hause und in seiner Zustimmung zu dessen Verhältnis zu ihm zu mir als eine solche Instanz ins Verhältnis. Dann ist aber die Passage über "zu Hause" als Stütze für Faruks Position durch ihre innere Widersprüchlichkeit bestimmt: Er weist die Unterstellungen und normativen Implikationen meiner Fragen zurück in der Übernahme einer Position, der ich zumindest praktisch nahestehe.

Diese innere Widersprüchlichkeit ist die scharfe Zurückspiegelung der häufig widersprüchlichen Umgangsweise mit den Jugendlichen, die ich wiederhole, in der sie mit hehren Ideen und Vorstellungen von Freundschaft, Vertrauen und Sich-Verlassen auf andere konfrontiert werden, die aber alle dann nichts mehr bedeuten, wenn die Realität sie eingeholt hat – und die holt sie in ihrer Lage häufig schneller als viele andere Jugendliche ein. Für einen Arbeitsplatz, gleich an welchem Ort und welcher Qualität, ist alles aufzugeben. Indem Faruk also sich zu mir als Erziehungsinstanz ins Verhältnis setzt und mir zurückspiegelt, was doch sonst meine Position ist, weist er den Idealismus meiner Fragen zurück, der an der Unstetigkeit der Verhältnisse eines Jugendlichen wie Faruk vorbeigeht.

Zu beachten ist, daß Faruk in der Rede über das, was er von den Kumpels nicht bekommt, die Distanzierung von diesen so weit vorantreibt, daß er am Schluß nichts mehr "davon hat". Sagt er zunächst, daß es "beste Freunde", "richtige Kumpel" nicht gibt, um aber doch zu sagen, was er von Achim hat, "trinkt" er "allein" in der zweiten Runde, weil es "für die nur einmal" ist, aber es macht doch immerhin "n bißchen mehr Spaß", dann hat er hier nichts mehr von den "Kumpels". Indem er nichts von diesen hat, macht er sich in der Zustimmung die Kritik an seiner Praxis mit den anderen und also an der Form, in der er seine meiste Zeit verbringt, zu eigen.

Faruks Auseinandersetzung mit meinen Fragen läßt sich bis hierhin zusammenfassend folgendermaßen charakterisieren: Zunächst setzt er sich mit der Frage nach dem "besten Freund" provokativ und offensiv auseinander und zwar sowohl in der Selbststilisierung als harter Mann, der seinen Weg allein gehen muß, als auch in der diskursiven Form. Entsprechend beendet er die Passage auch offensiv mit "Siehste so ist das. Oder nicht?". Nach der signalisierten Nichtübereinstimmung von mir macht er partielle Rückzieher im "vielleicht" und "normalerweise wohl". Nach meinen weiteren Fragen nach jemand, auf den er "sich verlassen" kann, macht er auch in der Form der Selbststilisierung als einsamer, lebenserfahrener Mann am Tresen Rückzieher, parallel dazu bleibt zum Schluß dieser Passage die Defensivität der diskursiven Rede erhalten. Danach löst sich diese Parallelität auf. Faruk bricht mit der Form der Selbststilisierung als einsamer, lebenserfahrener Mann und macht sich zum erziehungsbedürftigen, abhängigen Jugendlichen, der sich die Vernunft der Erziehungsinstanz "zu Hause" zu eigen macht. Indem er sich diese zu eigen macht und sich damit zu mir als partielle Eriehungsinstanz ins Verhältnis der Übereinstimmung setzt, was zugleich eine implizite Kritik meiner Fragen und Distanz zu dem, was für ihn gilt, ist, wird es ihm möglich, dies in der Frage "Haso was hast du dann davon?"und im "Siehste." gegen mich zu wenden. Der Defensive der partiellen Übereinstimmung mit mir in der Form entspricht also die damit wiedergewonnene Möglichkeit der offensiven diskursiven Rede. Mit der weiter oben dargestellten Doppeldeutigkeit der Frage gelingt es, sie als Frage von "zu Hause" an Faruk an mich weiterzureichen als meine eigene Frage, die ich an meine Fragen nach dem "besten Freund" und "sich verlassen können" zu stellen hätte.

F: Normal haben die recht ne? Und dann sagste hey Kumpan ne. Obwohl ich Geld hab/ wenn ich Geld stapelweise Geld hätte ne, würde ich alle wieder rufen. Immer wieder. |1s| Ich kann das nicht haben weißt du. Ich bin da alleine ne oder trink allein und die gucken zu. Kann ich nicht/kann ich nicht haben. Muß sofort ausgeben. |1s| Ist bei mir so jedenfalls. |2s| Vielleicht bei die anderen nicht ne, aber bei mir ist das so. |1s| Vielleicht denken die schlecht da, ich nicht. |1s|

Nach dem Verstehenssignal von mir baut Faruk die gewonnene Position aus, indem er offensiv nach meiner Zustimmung fragt, aber auch gar keine Antwort mehr darauf abwartet, was zeigt, daß er das "Hmhm" als gewonnene Übereinstimmung versteht. Den Ansatz "Und dann sagste hey Kumpan ne," bricht er ab und fährt mit lauter Stimme deutlich von dem vorherigen abgehoben fort. Versteht man den Ansatz als begonnene Beschreibung dessen, was er in Reaktion darauf, was die zu Hause zurecht sagen, den anderen, seinen "Kumpels" sagt, dann handelt es sich bei dem folgenden um einen mit gehobener Lautstärke markierten Widerruf dessen, was er zuvor gesagt hat. "Die" "zu Hause" mögen recht haben und "für sich alleine zu gehen" mag "das Beste" sein. Im Ansatz der Schilderung, was er sagen würde, aber realisiert er, daß er nichts dem zuvor Gesagten Entsprechendes sagen würde, sondern er würde sie "alle wieder rufen, immer wieder", gleichgültig, was "das Beste" ist und was "die" "zu Hause" sagen.

Faruk hat sich zuvor in der Auseinandersetzung mit mir immer weiter von den anderen distanziert. An dieser Stelle nimmt er diese Distanzierung zurück. Er begründet im folgenden, warum er alle immer wieder rufen würde, wobei diese Begründung abgesetzt ist durch die Rückkehr zur alten Lautstärke. Faruk kann es nicht haben, wenn er da allein ist, allein trinkt und die anderen gucken zu. Er muß ihnen dann sofort ausgeben. Was Faruk hier anspricht, gilt für fast alle Jugendlichen, mit denen ich zu tun hatte. Wer Geld hat, lädt die anderen ein, was vorhanden ist, wird geteilt, niemand wird ausgeschlossen. Die Werte des Einladens, Ausgebens und Teilens erfahren ihre Stütze zum Teil durch die Eltern, die sich z.B. auch Sorgen darüber machen, daß sie ihren Söhnen zu wenig Geld geben, so daß diese die anderen nicht gleichrangig einladen können. Diese Sorge dürfte begründet liegen in der Tradition, daß man Gast von jemand nur sein sollte, wenn man selbst auch wieder Gastgeber sein kann, da so die Beziehung als eine zwischen Gleichen aufrechterhalten werden kann, während man ansonsten Gefahr läuft, in Abhängigkeit zu geraten. Aber mag dies der Hintergrund sein, so erhalten diese Werte ihre Aktualität v.a. in einer Gruppenpraxis, die als solche nur möglich ist, wenn temporäre Unterschiede im Besitz von Geld durch Teilen, Ausgeben und Nicht-Ausgrenzen aufgehoben werden.

Faruk begründet also die Rücknahme der Distanzierung und das, was zunächst ein Widerruf des zuvor Gesagten ist, in der Form, daß er dieses als für sein Handeln nicht bestimmend kennzeichnet, sondern die konkurrierenden Werte des Teilens und Nicht-Ausgrenzens. Vernunft und Lebenserfahrung mag lehren, daß es das Beste ist, für sich allein zu leben, und daß die zu Hause recht haben, aber in der praktischen Situation sind für Faruk die genannten Werte handlungsorientierend, dort kann er es nicht haben, wenn die anderen zugucken.

Das, was Faruk "nicht haben kann", läßt sich doppelt lesen. Gibt er hier eher eine Fassung seines faktischen Verhaltens als da, wo er sich als einsamer Mann am Tresen entwirft, so läßt sich seine Äußerung auch so verstehen, daß er es nicht nur nicht haben kann, wie er zweimal herausstellt, wenn die anderen zugucken, sondern auch nicht, wenn er "da allein" ist und "allein trinkt". "da" ist als einer der Orte zu verstehen, wo er überall hingehen kann, und davon will er die anderen nicht ausschließen. Aber umgekehrt hätte er auch nichts davon, wenn er alleine dort hingehen würde. Denn das "da sein" besitzt seinen Reiz genau wie das Trinken nur als Gruppenpraxis, Faruk "kann" es also auch "nicht haben", allein zu sein. "sofort ausgeben" ist dann die Voraussetzung dafür, daß man nicht alleine bleibt, ein "muß". Diese letzte Passage läßt sich also bis hierhin auch verstehen als Realisierung auf Seiten Faruks in der Entwicklung seiner Rede, daß er, was immer er zuvor gesagt hat, mit den anderen weiterhin zusammen bleiben und seine Praxis gestalten wird.

Ausgehend von der Provokation über die diskutierten Verschiebungen ist die Ankunft bei der Selbstfassung als einsichtiger Jugendlicher für Faruks Praxis nicht bestimmend. Auf der einen Seite begründet er dies in Anknüpfung an seine Rede darüber, daß er mit Geld gut allein überall hingehen und trinken könnte, damit, daß für ihn praktisch in der Situation Werte des Teilens und Nicht-Ausgrenzens bestimmend wären. Auf der anderen Seite zeigt die zweite Lesweise, daß in dieser Rede mitgesagt ist, daß auch für Faruk selbst das Allein-sein keinen Sinn hätte. In der Form der Begründung nimmt er also die Distanzierung von den anderen nur ein Stück weit zurück, denn er gibt nur aus, weil er nicht ansehen kann, wie sie zugucken. Damit hat er nicht zurückgenommen, daß es für sie "nur einmal" ist oder daß das, was "die" "zu Hause" sagen, richtig ist. Entsprechend der anderen Lesweise aber sagt er, daß er, was immer man sonst sagen kann, es nicht haben kann, allein zu sein. Praktisch ist es die Gruppe, mit der er seinen Tag auf eine Weise verbringen kann, daß er ihn "haben kann".

Bezieht man dies zusammen mit dem mit gehobener Lautstärke als eine Art Ausruf geäußerten Widerruf zurück auf die gesamte Passage über "beste Freunde" und jemand, auf den man "sich verlassen" kann, dann sagt Faruk hier auch, daß, was immer er in der Auseinandersetzung mit mir im Interview gesagt haben und wo immer er auch angekommen sein mag, keine Konsequenzen für das hat, was er praktisch tun wird und was für ihn sinnvoll ist. Dieses Mitgesagte tritt in einer paradoxen Verpackung auf, denn gleichzeitig handelt es sich auch um eine Begründung dafür, warum er alle wieder rufen würde, die in ihrer Form an von ihm zuvor Gesagtes anschließt. Faruk gibt also das Terrain im Interview nicht frei, um darin zugleich zu sagen, daß das, was hier passiert, keine Bedeutung für seine Praxis außerhalb des Interviews hat.

Faruk fährt nach |1s| fort "Ist bei mir so jedenfalls." Er bekräftigt noch einmal das zuvor Gesagte, in dem "jedenfalls" bereits mögliche Einwände aufnehmend, die sich dann entsprechend auf andere Geltungsbereiche beziehen müssen. Nach weiteren |2s| äußert er: "Vielleicht bei die anderen nicht ne, aber bei mir ist das so." Auch hier ist Faruks häufig wiederkehrende Interpretation von Pausen als weiterhin bestehende Explikationspflicht zu finden. Die "anderen" mögen sich anders verhalten oder die Dinge anders sehen, aber bei Faruk "ist das so", für ihn ist dies also kein Grund, sein Verhalten und seine Sicht der Dinge zu ändern. Im Anschluß daran nach einer weiteren |1s| Pause fährt er fort: "Vielleicht denken die schlecht da, ich nicht." Er spricht davon, daß die anderen "schlecht denken" mögen, aber zunächst hat er von den anderen "schlecht gedacht". Er weist in dieser letzten Äußerung zurück, daß er bei "sofort ausgeben" von den anderen "schlecht denkt", und dreht so den Spieß um. Im Sinne der vorherigen Ausführungen könnte man die letzten Äußerungen als Rückkehr Faruks zur Distanzierung von den anderen verstehen. Da es für sie "nur einmal" ist und man Freunde nur hat, wenn man Geld hat, mag es sein, daß es bei "den anderen" anders als bei ihm ist, sie mögen nicht "sofort ausgeben" und "schlecht denken", aber er ist so und stellt damit in Abgrenzung von den anderen heraus, daß er teilt, nicht ausschließt und nicht "schlecht denkt".

Aber diese letzten Äußerungen lassen sich auch noch anders verstehen. Insofern, als Faruk im Anschluß an die Pausen diese zusammen mit "Ist bei mir so jedenfalls." als weitere Explikationen nachschiebt, mir gegenüber also das Gesagte weiter als erklärungsbedürftig betrachtet und in den Positionsausdrücken "vielleicht" und "jedenfalls" die diskursive Auseinandersetzung mit mir fortsetzt, ist auch "die anderen" nicht nur auf die zu beziehen, von denen er zuvor gesprochen hat, sondern auch auf meine Befragung Faruks als einem von mehreren. Er weiß und hat auch schon mitbekommen, daß ich andere Jugendliche befragt habe. So gesehen verteidigt er das von ihm Gesagte auch gegen das, was andere mir gesagt haben mögen oder noch sagen werden, und gegen die Schlüsse, die ich daraus gezogen haben mag oder noch ziehen werde. Faruk beugt also gegenüber möglichen Abschweifungen, Einwänden und abweichenden Schlüssen meinerseits vor und weist damit auch zurück, daß ich mich aufgrund meines Zusammenseins mit den Jugendlichen und des von ihnen Erzählten als befugt betrachte, die Äußerungen Faruks nach meinem Gutdünken zu interpretieren. Es findet sich also hin-

tereinander von Faruk mitgesagt, daß das Gesagte hier im Interview nicht bestimmend ist für seine sonstige Praxis und daß es nicht für jede Interpretation durch mich offen steht.
Gibt Faruk zu verstehen, daß das Gesagte für seine sonstige Praxis nicht relevant ist, dann ist zu fragen, wofür das Gesagte relevant ist, was damit anzufangen ist, und daraufhin sind einige Ergebnisse des bisherigen Durchgangs durch den Text noch einmal aufzunehmen. Faruk begründet, warum er nicht mehr so viel mit Bülent zusammen ist, hintereinander jeweils verschieden zunächst mit seiner Arbeit, sodann damit, daß er "den Typ da zusammengeschlagen" hat. Ähnlich haben sich in Faruks Auseinandersetzung mit den Fragen nach dem "besten Freund" und jemand, auf den man "sich verlassen" kann, Verschiebungen in seinen Auseinandersetzungsformen damit gefunden. Von der Nutzung der Frage nach dem "besten Freund" als Terrain zur provokativen Selbststilisierung in Abgrenzung zum sanften Konzept des "besten Freundes" als harter Mann, der seinen Weg allein gehen muß und der weiß, was zählt, nämlich "Kohle" und "die Alten", über die modifizierte sentimentale Stilisierung als einsamer Mann am Tresen, in der gleichwohl in dem Verweis, daß es "für die nur einmal" ist, Konzessionen gemacht werden gegenüber den Erwartungen, die hinter den Fragen nach dem "besten Freund" und "sich verlassen können" stehen, bewegt er sich hin zur Neutralisierung der als normativ gehörten Rede über "beste Freunde" und "sich verlassen können" in meinen Fragen durch Zurückspiegelung einer anderen, mir zugehörigen Rede über die Notwendigkeit von Arbeit und darüber, daß Freunde hierbei nicht helfen.

Nun läßt aber die spezifische Form der Neutralisierung auch das Bezugsfeld der Provokationen genauer bestimmen. Trifft die Analyse dieser Neutralisierung, die zugleich als ein Rückzug Faruks zu verstehen war, zu, dann hört er die Fragen nach dem "besten Freund" und jemand, auf den man "sich verlassen kann", als pädagogische Konzepte, die gerade darum mit dem Verweis auf das, was das "zu Hause" als eine Erziehungsinstanz dazu sagt, erledigen lassen, weil dieser Verweis die Widersprüchlichkeit des Umgangs mit den Jugendlichen im Nebeneinanderstellen der Redeformen aufzeigt, in denen die Verhältnisse der Jugendlichen sprachlich gefaßt und bewertet werden. Um eine Neutralisierung handelt es sich hierbei insofern, als der Widerspruch in den Sprach- als Umgangsformen mit den Jugendlichen besteht, aber nicht aufgehoben wird. Er wird jeweils ad hoc in jedem Falle gehandhabt vor dem Hintergrund, daß aber beides stets als richtig gilt. Daß Faruk meine Rede als pädagogische Konzepte hört, habe ich weiter oben erklärt mit dem Verweis auf meine Übernahme der verschiedenen Vermittlungsfunktionen zwischen ihm und den angesprochenen Apparaten. Diesen gehören die Redeformen zu, die Faruk hier durch Nebeneinanderstellung gegeneinander ausspielt.

Entsprechend sind die Provokationen Faruks auf dieses Bezugsfeld hin genauer zu bestimmen, denn ist die Neutralisierung *auch* ein Rückzug, der in seiner bestimmten Form deutlich macht, wem gegenüber der Rückzug erfolgt, dann ist umgekehrt genauer zu bestimmen, wie die Provokationen bezogen auf dieses Gegenüber aussehen. Die Selbststilisierung als harter, einsamer Mann, der weiß, was zählt, hatte ich bereits weiter oben als Abgrenzung gegenüber der sanften Form des "besten Freundes" bezeichnet. Nun läßt sich für die gesamte Rede Faruks festhalten, daß sie gespickt ist von "starken" Ausdrücken wie hier "Kohle", "Kumpel", "Alten", "Arsch", vorher und nachher "Boß", "Obermacker", "schuften", "motzen", "aufe Fresse ziehen", "rumpoppen" etc. In Faruks Rede ist der Anspruch artikuliert, ein Mann zu sein, der die wesentlichen Verhältnisse im Leben kennt – wer der "Boß" ist; was du "verdienen sollst"; "hast du keine Arbeitsstelle, hast du keine Kohle, was willst du machen?"; wo man "schuften muß wie n Esel" – und der sich in den rauhen Anforderungen des Lebens durchzuschlagen und um die wesentlichen Dinge des Lebens weiß, "Kohle" und "die Alten". Dieser Anspruch ist auch immer noch da mitartikuliert, wo er auf das verweist, was die "zu Hause" sagen, wenn er fragt, wo gleichwohl noch von "Kumpels" und "Kohle" die Rede ist.

Woher Faruk dieses Material seiner Rede bezogen hat, ist von mir nicht genau untersucht worden, aber m.E. kommen dafür drei Bereiche v.a. in Betracht. Er hat seit der vierten Klasse die Sonderschule und daran anschließend das BVJ besucht und dürfte einen Teil dieser Rede nicht zuletzt mit Gleichaltrigen dort praktiziert und dabei auch gelernt haben. Darüber hinaus verweist die Rede auf die bereits weiter oben angesprochene Kneipenszene, in der dieser harte männliche Stil im Umgang mit den dort befindlichen Nichtmigranten praktiziert und von Faruk z.T. sogar zelebriert wird. Schließlich verweist diese Rede auf eine entsprechende Sprache in Krimis und Actionfilmen, zu deren Repertoire "Boß", "Kohle", "Kumpel", das spätere "Baby", mit dem Faruk mich anspricht, "schuften" etc. sowie die Sentenzen und sentimentale Selbststilisierung als einsamer Mann zu zählen sind und das Faruk aus langen Stunden vor dem Videogerät bekannt ist.

In dieser sprachlichen Form der selbstbewußten Stilisierung als ein solcher Mann entwirft sich Faruk im Hinblick auf die zu erwartende und versuchsweise ja auch schon eingeschlagene Karriere als Arbeiter, wobei das demonstrative Vorzeigen dieser Form sowie auf der anderen Seite der Bruch, der da deutlich wird, wo er sich im Verweis auf "Zu Hause" zum abhängigen, zu erziehenden Jugendlichen macht, darauf verweisen, daß diese vorgezeigte Form des harten Mannes, der sich im Leben auskennt, nicht von ihm realiter gelebt wird. Sie ist als positiv angeeignete Form ein Vorgriff, dem die reale Abhängigkeit von "zu Hause" sowie der versuchte Zugriff solcher Instanzen gegenübersteht, für die ich hier im Interview stehe, auf Jugendliche wie Faruk, ein Vorgriff also als Auseinandersetzungsform mit den realen Abhängigkeiten.

Nutzt Faruk also die Frage nach dem "besten Freund" als Terrain zur Selbststilisierung als harter Mann, dann steckt in dieser Form auch, daß der, der hier fragt, ihm nichts über das wirkliche Leben sagen kann. Faruk ist dieses Wissen bereits in der Form der Sentenz verfügbar. Bezogen darauf, daß weichlich nach "besten Freunden" gefragt ist, ist die Rede davon, daß "Kohle" allein im Leben zählt und es auf "die Alten" ankommt, eine Attacke auf die entsprechenden sanften Konzepte von "Freundschaft" und "Vertrauen", wo Geld gerade nicht zählen soll, und daran anschließend von "Mädchen" und "Frauen", zu denen die Jugendlichen eine "vertrauensvolle Freundschaft" eingehen sollen, also auf die Formen, in denen sie kontrolliert werden. Diese sanften Konzepte sind idealistische Konzepte: Menschen wie ich können danach fragen und dies zum Problem erklären insofern, als die relativ privilegierte soziale Situation, aus der heraus sie fragen, auch konstante Freundschaften erlaubt. Auch in diesem Sinne hat man eben Freunde, wenn man Geld hat. Umgekehrt heißt dies, daß Faruk mit denen, mit denen er zusammen ist, zunächst seine Zeit verbringt, weil sie in der gleichen Lage sind. Die idealistische Frage überspringt dies. Auch so gesehen sind der Fragende und die Zusammenhänge, für die er steht, ahnungslos. Dies ist deutlich in dem abschätzigen "Sonst ach Freunde - Freund" artikuliert.

Die Form der Selbststilisierung ist hier kombiniert mit der Form des ethnisch kulturellen Experten. Im Durchgang durch die entsprechenden Passagen habe ich Faruks Kennzeichnung der Sentenz "Wenn du Geld hast, hast du auch Freunde." als türkischen Spruch als Immunisierung des Gesagten gegen mögliche Einwände bezeichnet. Damit sage ich nicht, daß es solche Sprüche im Türkischen nicht gibt. Es gibt sie dort,[4] es gibt sie auch im Deutschen. Die Erwartung Faruks, daß eine solche Immunisierung erfolgreich sein wird, muß in der Erfahrung begründet liegen, daß der ethnisierende Verweis auf das Türkische als Hintergrund für Einstellungen, Werte, Maximen etc. ausreicht, eben diese zu begründen oder zu verteidigen. Sein Verweis auf das Türkische hat hier keinen anderen Stellenwert. Das, was er gesagt hat, ist nicht unklar und der Verweis auf das Türkische eröffnet auch kein Feld, auf dem durch weitere Fragen eventuelle Unklarheiten zu beseitigen wären. In Faruks Rede ist so wie bei Halit (vgl. Bommes 1990) die Erfahrung artikuliert, daß es für solche wie mich ausreicht, auf das Türkische als Immunisierung des eigenen Gesagten zu verweisen. Ähnlich wie bei Halit dürfte diese Erfahrung in der Konfrontation mit der Pädagogik als Ausländerpädagogik gemacht worden sein und es zeigt sich, daß Faruk mich als

4 "Paran varsa arkadaşın var." und "Arkadaş edinme paran arkadaşındır." sind zwei Versionen, die mir andere türkische Migrantenfamilien gegeben haben.

jemanden erfährt, der diesen Zusammenhängen zuzurechnen ist, mit dem in dieser Form zu reden ist. In dem Maße, in dem über "Türken" und damit über einen selbst mit Verweis auf die "eigenständige Kultur" tendenziell alles gesagt werden kann, wird es umgekehrt auch möglich, über sich selbst und andere vieles zu sagen, sofern es "Eigenart des Türkischen", der "eigenen Kultur" ist. In diesem Sinne ist die ethnisierende Rede über das vermeintlich Eigene – Faruk sagt "bei uns" und später "auf unsere Sprache, auf Türkisch" – die Aneignung und Auseinandersetzung mit der Form, in der breite Teile der Personen, die in den Apparaten arbeiten, die die Jugendlichen durchlaufen, die Anwesenheit der Migranten und ihrer Kinder in ihren Arbeitsfeldern verarbeiten in der Rede über angenommenes "Eigenes" als "Kultur" und ihre Rückspiegelung. Faruks Selbstfassung als erfahrener Mann erfährt so ihre Stütze in dem Verweis auf den spezifischen kulturellen Zusammenhang, in dem diese Erfahrung in Form eines Spruches sedimentiert ist.

Liegt der Provokation und ihrer modifizierten Fassung in ihrer Kombination mit der Form des kulturellen Experten sowie dem Bruch damit im Rückzug auf den einsichtigen Jugendlichen in ihren verschiedenen Auseinandersetzungsformen der Abgrenzung und der widersprüchlichen Annäherung als einheitliches Moment die jeweils spezifische Erfahrung und Bestimmung des Interviews als staatlichen Apparat des Zugriffs auf die eigene Person zugrunde, dann findet sich dieses einheitliche Moment in Faruks Form der Rede bei allen Widersprüchen und Verschiebungen in dieser in der durchgehaltenen Diskursivität. Weiter oben habe ich entsprechend den Wechseln in der Form der Auseinandersetzung Faruks mit den Fragen auch auf die jeweils wechselnd offensive und defensive diskursive Rede Faruks hingewiesen. Diese Rede ist ebenfalls durchgängig gekennzeichnet durch Formen der Rückversicherung wie "weißt du" und "ne". Dem entspricht die Form der Antizipation von Einwänden und die sofortige Bearbeitung von Anzeichen der Nichtübereinstimmung mit Zugeständnissen und erweiterten Begründungen. Diese Suche nach Rückversicherung in der Form einer ausgebaut diskursiven Rede zeigt sich formal darüber hinaus darin, daß der Sinn seiner Rede da, wo sie in Reaktion auf mögliche Nichtübereinstimmung als Begründung in ihrer Logik zirkulär wird, gerade im Vorzeigen der Form der Diskursivität zu suchen ist.

Darauf ist auch zu beziehen, daß er wiederkehrend nach Pausen seine Rede weiter ausbaut, sei es, wie zu Anfang der Sequenz, daß er eine gegebene Begründung für sein reduziertes Zusammensein mit Bülent durch eine weitere ergänzt, wo er aber in dieser Ergänzung bereits die Pause als impliziten Widerspruch meinerseits hört, sei es, daß er für eine gegebene, formal vollständige Antwort eine Begründung gibt, oder sei es schließlich, daß er im Anschluß an eine solche Pause in einer weiteren Begründung mit der bereits gegebenen im Rückzug auf den einsichtigen

Jugendlichen in der Form bricht. Faruk begründet ohnehin ausführlich in seiner Rede. Die Interpretation der Pausen in der hier diskutierten Form ist aber zugleich der Versuch, das Terrain des Widerspruchs, das er mit seiner Rede eröffnet, mitzubesetzen, da die Pausen zumindest als weitere Explikationsforderung gehört werden, der durch Antizipation von Widerspruch und Einwänden, aber auch durch Modifikationen als Zugeständnisse und unterschiedliche Begründungsangebote nachzukommen ist.

Nimmt man die durchgehaltene Diskursivität der Rede zusammen mit diesem Versuch, das Terrain des Widerspruchs durch Formen der Rückversicherung und der Variation der Angebote zu besetzen, dann ergibt sich nun ein aufschlußreiches Bild des Vor und Zurück, denn wenn einheitliches Moment in den unterschiedlichen Auseinandersetzungsformen Faruks mit dem Interview die Erfahrung und Bestimmung dessen als Staatsapparat ist, dann läßt sich seine diskursive Rede jederzeit der Form nach auf das Geforderte ein. Er begründet, rechtfertigt, reflektiert, diskutiert, bezieht unterschiedliche Perspektiven mit ein, setzt sie ins Verhältnis zueinander, relativiert, expliziert eigene Standpunkte als solche, benennt Unsicherheiten, macht also das, was in den Apparaten gefordert ist, die er durchlaufen hat. Sind den Apparaten diese Forderungen als sprachliche Strukturen der Diskursivität eingeschrieben, dann ist Faruks Rede die Aneignung und Auseinandersetzung damit in der Form des Vor und Zurück. Denn die Besetzung des Terrains der Frage nach dem "besten Freund" in der Form der Selbststilisierung als harter Mann, die sich von der pädagogisch sanften Form des "besten Freundes" abgrenzt, erfährt ihre Verstärkung nicht zuletzt in eben dieser diskursiven Form der Rede. Haben die Provokationen als Bezugspunkt das Konzept des "besten Freundes" als Teil des pädagogischen Diskurses über "Freundschaft, Liebe, Vertrauen" als Formen der Kontrolle auf Seiten der Apparate, dann gehört zu diesen Kontrollformen, daß sie stets mit der Form der Begründung und Rechtfertigung versehen sind, sie sind begründete Formulierungen der sozialen Praxis und der Verhältnisse der Jugendlichen. Der "harte Mann", der mit anderen wegen "die Alten" zusammen ist und weiß, daß "Kohle", nicht "Freunde" zählen, ist das Falsche und Unbegründete: Solche, die nicht um die wirklichen Werte von "Vertrauen, Freundschaft, Liebe" wissen und entsprechend auftreten, sind arbeitslos, leben "chancenlos" und "isoliert" "am Rande der Gesellschaft" und greifen deshalb zu solchen "Ersatzlösungen" wie "den harten Mann spielen", d.h. sie praktizieren das Unbegründete und Unbegründbare aus "sozialen Gründen", weil sie "benachteiligt" sind. Faruk aber dreht die Situation um, er besetzt das Terrain der Frage in der begründeten, zusätzlich durch die eigene Kultur verstärkten Rede über "Kohle", "Geld" und "die Alten" und dreht darin auch das erfahrene Verhältnis zwischen uns um, indem er die erste Runde mit dem demonstrativen Hinweis darauf, daß er gezeigt habe, wie es sich verhält – "siehste so ist das" –, beendet und mich sodann fragt, ob es sich etwa nicht so verhält – "Oder nicht?"

Versteht man dies als eine Bewegung des Vor, als offensive Besetzung des Terrains, dann wird im darauf folgenden die Besetzung des Terrains möglichen Widerspruchs deutlich, wo Faruks Ausführungen in Reaktion auf sich andeutende Nichtübereinstimmung zirkulär werden, er aber in dieser Zirkularität v.a. die Berücksichtigung des Gegenübers und seiner abweichenden Position als kulturelle Verschiedenheit und bezogen darauf die relative Gültigkeit des Gesagten und die moderate Vertretung von Behauptungen durch Kennzeichnung des Status des Gesagten als Vermutung vorzeigt. Diese Besetzung des Terrains des Widerspruchs durch Vorzeigen von Diskursivität ist zugleich eine einsetzende Bewegung des Zurück, die sich im folgenden in der Modifikation der Selbststilisierung zusammen mit dem Zugeständnis, daß es doch auf längerfristige Beziehungen ankommt, und in der expliziten Kennzeichnung des Spruchs als Türkischem fortsetzt und schließlich in dem Rückzug auf die Form des einsichtigen Jugendlichen, der zu Hause fragt, terminiert. Dabei ist dieser letzte Rückzug als neues Angebot erneut eine Besetzung des Terrains des Widerspruchs, in der wie gezeigt Faruk in der widersprüchlichen Form der Übereinstimmung als Zurückweisung von möglicher Nichtübereinstimmung die normative Rede von dem "besten Freund" und jemand, auf den man "sich verlassen" kann, neutralisiert. Seine Rückkehr zur offensiven diskursiven Rede wird durch die Rückspiegelung der Redeformen der Apparate möglich. Er stellt also nicht wie zu Anfang in der Selbststilisierung als harter Mann die Situation auf den Kopf, indem er das Unbegründete zum Begründeten macht, sondern indem er Begründetes durch Begründetes, die nebeneinander in der sozialen Praxis bestehen, neutralisiert.

Dies bedeutet aber, daß das Begründete, Richtige wie Unbegründete, Falsche, also die diskursiven Strukturen der Rede in den Apparaten von Faruk erfahren werden als eine soziale Form, die in verschiedenen Verknüpfungen mit den Kategorien, in denen die Verhältnisse sprachlich gefaßt werden im Hinblick auf ihren Zustand und darauf, wie sie sein sollten, auftritt. Dabei zeigt sich gerade daran, wie Faruk die Rede vom "besten Freund" und "sich verlassen können" neutralisiert, daß die Verknüpfungen je nach Anlaß unterschiedlich und widersprüchlich, wenn auch nicht beliebig sein können. Was heute das Begründete ist, ist morgen das Unbegründete und umgekehrt, aber bei all diesen Wechseln wird alles stets diskursiv auseinandergelegt, warum es jetzt das Richtige oder Falsche ist.[5] *Daß* es jetzt auch das Richtige oder Falsche ist, hat

5 "In unserer reflexionsreichen und räsonierenden Zeit muß es einer noch nicht weit gebracht haben, der nicht für alles . . . einen guten Grund anzugeben weiß. . . Wenn auf Gründe provoziert wird, so ist

seinen Grund nicht zuletzt in der vorhandenen und auch genutzten Macht der Durchsetzung.

Dazu ein Beispiel: Wenn Faruk bei der Jugendgerichtshilfe dazu verpflichtet wird, einen Teil der Arbeitsstunden, die er von Gericht auferlegt bekommen hat, in einer von derselben Jugendgerichtshilfe eingerichteten Bastelgruppe, die von einer Sozialpädagogik-Studentin betreut wird, abzuleisten, dann tut er dies widerwillig, weil er muß. Aber entsprechend muß dann auch die Begründung des Jugendgerichtshelfers bei ihm ankommen: Er würde in dieser Gruppe vielleicht Freunde finden, mit denen er "über seine Probleme reden" könnte, da die Jugendlichen dort alle aus dem einen oder anderen Grund in Konflikt mit dem Gesetz gekommen seien, aber auch den Willen hätten, "ihre Probleme anzugehen" und so von "der schiefen Bahn" herunterzukommen. Dies aber unterscheide sie von den Jugendlichen im Bunker, die ohnehin Faruks Freunde seien, die ihn aber von seinen Straftaten nicht abgehalten hätten. Entsprechend sei es auch nicht sinnvoll, wenn er dort seine Stunden ableiste. Faruk hat sich in diesem Gespräch heftig dagegen gewehrt und bis zum Schluß die Argumente des Jugendgerichtshelfers zurückgewiesen. Aber das hat ihm nichts genützt, er mußte trotzdem in diese Bastelgruppe, was nicht zuletzt im Hinblick auf seinen Anspruch, jemand zu sein, der seinen Mann steht, eine enorme Zumutung für ihn darstellte.

Die diskursive Rede, das Richtige und das Falsche wird so aber leicht als die soziale Form des versuchten Zugriffs auf die Person erfahren, die im Zweifelsfalle mit Machtmitteln der Durchsetzung ausgestattet ist. Wenn Faruk also zunächst diese soziale Form besetzt, indem er provokativ das zum Begründeten macht, was das Unbegründete ist, und damit das häufig so erfahrene Monopol des begründeten Sagens attackiert, schrittweise die Provokation zurücknimmt, das von ihm Gesagte gegenüber möglicher Nichtübereinstimmung durch Nebeneinandersstellung eines Begründeten neben ein anderes Begründetes als wechselseitige Neutralisierung verteidigt und schließlich zum Ende dieser Passage zu verstehen gibt, daß das von ihm hier Gesagte keine Relevanz für seine Praxis außerhalb des Interviews besitzt, dann zeigt seine Form der Auseinandersetzung mit dem Interview, die dieses bestimmt als staatlichen Apparat des Zugriffs auf die eigene Person, in ihrem Vor und Zurück, in dem Wechselspiel der provokativen Attacke und der formalen Übereinstimmung mit dem Gegenüber als Bewahrung der eigenen Unangreifbarkeit, daß die Formen des Umgangs der Apparate mit ihm und den anderen Jugendlichen als wiederkehrende versuchte Regulie-

---

man zunächst geneigt, davor zurückzutreten, hat man dann aber die Erfahrung, wie es sich damit verhält, so wird man harthörig dagegen, und läßt sich dadurch nicht weiter imponieren." (Hegel, Werke Bd.8, Frankfurt/M.; S. 252) rungen der eigenen Lebenspraxis erfahren werden als soziale Macht, die in ihrer diskursiven sprachlichen Verfaßtheit flexibel auf die jeweiligen Zielrichtungen ausrichtbar ist und der Faruk entsprechend flexibel in der Form des Vor und Zurück, der Attacke und des Anschmiegens sich zu entziehen sucht.

In dieser Form der Auseinandersetzung, die wie gezeigt als einheitliches Moment die Diskursivität der Rede hat, kommt damit aber zugleich die Erfahrung zum Ausdruck, daß man in den Apparaten provozieren oder durch Annäherung sich entziehen kann, aber nicht den Apparaten sich entziehen kann. Dies wird da deutlich, wo Pausen oft als fortbestehende Explikationspflicht verstanden werden, wirft aber zugleich noch einmal ein bezeichnendes Licht auf die Formen der Provokation, auf die Selbststilisierung als harter Mann. Ich habe den Rückgriff auf diese Formen als Vorgriff bezeichnet, der v.a. auch in der Auseinandersetzung mit den Apparaten sich vollzieht. Auf die Apparate hin definiert sind diese quasi eine Bühne, auf der diese Stilisierung zu praktizieren ist. So erklärt sich aber auch ein Stück weit die große Bereitschaft Faruks, im Interview zu reden. Sowohl die Stilisierung, die Provokation als auch das Sich-Entziehen in der Form der Übereinstimmung mit dem Gegenüber, sollte die Rede in Zweifel gezogen werden, finden eben *in* den Apparaten statt. Wenn man also Faruks Auseinandersetzung mit dem Interview als Auseinandersetzung mit den Apparaten etwas pathetisch als Widerstand bezeichnen will, dann ist zu sehen, daß die Apparate noch in der Form seines Widerstandes anwesend sind als der Bezugspunkt, auf den hin Faruk demonstrativ anders, nämlich ein Mann ist. So ist in seine Rede die Form des versuchten Zugriffs auf die Jugendlichen im Vor und Zurück eingeschrieben.

Ich kehre von hier aus zur Textanalyse zurück, auf das zuvor Ausgeführte ist später wieder zurückzukommen.

I: Du sagtest eben in eurer <u>Sprache</u> heißt das so. Kannst du das <u>sagen</u> wie das heißt [Tassen klappern] Sprache? |2s|

Ich reagiere zunächst mit Verstehenssignal und nach |3s| Pause, in der Faruk nicht mehr übernimmt, halte ich ihm das, was er gesagt hat, mit Betonung auf "Sprache" vor und frage ihn, ob er das, was er gesagt hat, auf Türkisch sagen kann, "wie das heißt?". Was ich genau gesagt habe, ist aufgrund des Geschirrklapperns nicht zu identifizieren. Wie das folgende aber zeigt, versteht sich Faruk nach dem Türkischen gefragt. Der Bezug der Frage ist hier einsichtig, hat Faruk zuvor doch vom Spruchwort "bei uns", "auf unsere Sprache, auf Türkisch" gesprochen.

F: M ah [lacht] ? ? <u>Ah</u> ist ja (wieder) total schwer w ei kann das besser auf Deutsch weißt du. |1s| Vergessen wir lieber auf Türkisch. Vergessen
I: Was?

F: wir lieber auf Türkisch ei. |1s| Weiß ich auch nicht ei. Total |2s| ich hab mich jetzt so dran gewohnt ne, wenn ich auch mit n - türkischen - Typ, weißt du mit m Kumpel rede oder so ne, im - Bahnhof ne, |1 1/2s| ein Wort Türkisch und zehn Wörter hab ich sofort Deutsch ei. Au kommt automatisch so raus weißt du. |1s| Weil du zwei Sprachen auf einmal sprichst ne, |1s| eh Tür eh zu Hause sprichst du Türkisch und ja, wenn du draußen bist g automatisch oder mit n Deutschen oder so sprichst immer Deutsch ne. Ja und wenn du |1 1/2s| und dann vergißt du das wenn du mal mit jemanden auf Türkisch redest oder so ne, dann redest du alles Deutsch. [lacht] Und dann sagen die Ja hier - was laberst du meinen die ne.

I: Hmhm |1s|

F: Red mal Türkisch und so ja. Scheiße. |2s|

Nach |2s| Pause äußert Faruk einen Füller, lacht, macht zwei Ansätze, die nur als Knacklaute wahrnehmbar sind, und äußert sodann schnell und undeutlich "Ah ist ja (wieder) total schwer w ei kann das besser auf Deutsch weißt du." Mit der Frage habe ich Faruk offensichtlich in eine Verlegenheit gebracht. Er hat sich zuvor auf die "türkische Sprache" als "unsere Sprache" berufen und kann sie nun nicht vorzeigen. Daraus läßt sich natürlich nicht schließen, daß er generell nicht auf Türkisch sagen kann, was er zuvor als türkischen Spruch gekennzeichnet hat. Die Frage, ob er den Spruch auf Türkisch sagen kann, ist eine Kontrollfrage, die Faruks Verlegenheit erklärt. Er steht unter Druck, denn kann er es hier nicht auf Türkisch sagen, dann muß er eine Erklärung dafür haben, wieso er sich auf einen Spruch berufen kann, den er selbst nicht sagen kann. So sagt er, daß es "total schwer" ist und daß er "das besser auf Deutsch" kann, wobei das "das" auf die entsprechenden Proformen in meiner Frage und von dort zurück auf seinen Spruch zu beziehen ist.

Nach einer |1s| Pause sagt er, daß wir besser vom Türkischen ablassen sollen: "Vergessen wir lieber auf Türkisch.", was er auf meine Nachfrage hin mit nachgestelltem "ei" wiederholt. Diesen Sachverhalt, daß er "das besser auf Deutsch kann" und wir "auf Türkisch besser vergessen" sollen, setzt er an zu erklären, wobei er zunächst die Bemühung um eine Erklärung vorzeigt: "Weiß ich auch nicht ei." Das nachfolgende "Total" vor der |2s| Pause kann Ansatz zur Wiederholung des "total schwer" sein, ist aber v.a. eine Füllform, mit der Faruk sicherstellt, daß er das Terrain nicht verliert, da so die Pause eine redezuginterne ist, die mir nicht erlaubt, das "Weiß ich auch nicht ei." so zu verstehen, daß er zu dem Problem nichts mehr zu sagen weiß. So wird diese Äußerung um so deutlicher zur Form der Demonstration der gedanklichen Arbeit.

Faruk hat sich jetzt so sehr "dran", d.h. an das Deutsche gewöhnt, daß er auch, wenn er mit einem "türkischen Typ" oder "Kumpel" im Bahnhof redet, ein Wort Türkisch redet und zehn Wörter "sofort"

Deutsch, was "automatisch so rauskommt". Faruk sagt hier, daß er sich so sehr an das Deutsche gewöhnt hat, daß er selbst in der Unterhaltung mit einem Türken vom Türkischen auf das Deutsche wie von selbst umschwenkt. Dabei stellt er heraus, wie weit dieser Gewöhnungsprozeß sein Sprachverhalten bestimmt, indem er den Wechsel vom wenigen Türkisch, "ein Wort", auf das bestimmende Deutsch, "sofort zehn Wörter Deutsch", im Umgang "mit m Kumpel" "im Bahnhof" "automatisch" passieren läßt. Zuvor hat er geschildert, wie sein Tagesablauf aussieht, und darin kommt regelmäßig der Bahnhof als Treffpunkt vor, wo alle sind, wo man sich unterhält etc.. Das Problem des automatis 'ıen Springens vom Türkischen ins Deutsche ist also sein Alltag. Wiederum kennzeichnend sind die wiederkehrenden expliziten Adressierungen meiner Person, mit "ei" als Adressierungsform, die mit Nachdruck auf das Gesagte fokussiert, "weißt du" und "ne". In "mit m Kumpel oder ne" unterstellt Faruk, daß das Gesagte ausreicht, um mir den Kreis von Leuten vorstellen zu können, mit denen er spricht.

Hat er bis hierhin den Sachverhalt, daß er "das besser auf Deutsch kann", damit erklärt, daß er sich so sehr an das Deutsche gewöhnt hat, daß er in seiner türkischen Sprachpraxis stets ins Deutsche umschlägt, dann liefert er im folgenden für diesen Umschlag eine allgemeine Erklärung. Die Erklärung, daß er sich "so dran gewohnt" habe, besteht aus einer Beschreibung seines besonderen Sprachverhaltens, dargelegt in Ich-Form. Dieses besondere Verhalten erklärt er im folgenden, indem er einen allgemein gültigen Zusammenhang darstellt. Der Allgemeinheitsanspruch wird etabliert im Wechsel vom Ich zum Du als Indefinitpronomen. Diese Erklärung für sein Sprachverhalten des Wechsels zwischen Türkisch und Deutsch läßt sich etwa so wiedergeben: Der automatische Wechsel kommt zustande, weil man zwei Sprachen spricht, Türkisch, wenn man zu Hause ist, und Deutsch, wenn man draußen oder mit Deutschen zusammen ist. Und dann vergißt man das, wenn man mal mit jemand Türkisch redet und redet alles Deutsch.

An dieser Erklärung springt ihre Vagheit ins Auge. "zu Hause sprichst du Türkisch und ja,", wo in dem "und ja" unterstellt ist, daß wir gemeinsam wissen, wovon die Rede ist. "wenn du draußen bist g automatisch oder mit n Deutschen oder so sprichst immer Deutsch ne." Hier indiziert Faruk nur, wo man "immer Deutsch spricht", nämlich "draußen oder mit n Deutschen oder so", wobei er mit der Impräzisierung "oder so" auch anzeigt, daß die Indizierung für mich ausreicht, den gemeinten Zusammenhang herzustellen. "Und dann vergißt du das wenn du mal mit jemanden auf Türkisch redest oder so ne,". Nicht klar ist der Bezug von "das", was also hier vergessen wird. "das" kann sich auf das Türkisch beziehen, es kann aber auch meinen, daß man vergißt, daß man "draußen" mit einem Türken, wenn man "mal"mit dem redet, Türkisch reden sollte. Die Gelegenheit, bei der "das" vergessen wird, wird selbst nur indiziert mit "Türkisch redest oder so", wiederum unterstellend, daß der Zusammenhang von mir damit bereits herstellbar ist.

Neben dieser Vagheit irritierte mich diese Erklärung beim ersten Lesen gleich, da Faruk einen Zusammenhang darlegt, der für ihn gar nicht so ohne weiteres zu gelten scheint. Er spricht "draußen" keineswegs "automatisch" Deutsch, da er die meiste Zeit mit türkischen Jugendlichen verbringt. Er hat zuvor auch nur türkische Jugendliche genannt, mit denen er zusammen ist. Entsprechend war für mich auch die Fassung "wenn du mal mit jemanden auf Türkisch redest" irritierend. Faruk macht es hier zur seltenen Gelegenheit, daß er mit anderen Türkisch redet. Die Vagheit der Erklärung, die gleichwohl so abgefaßt ist, daß sie unterstellt, daß für mich durchsichtig ist, wovon die Rede ist, und die für mich irritierende Fassung des Zusammenhangs, aus dem heraus sich die sprachliche Praxis Faruks erklären soll, zusammengenommen lassen danach fragen, um was für eine Erklärungsanstrengung es sich handelt.

Auslöser dieser Anstrengung ist die Frage danach, ob er den von ihm bemühten Spruch auf Türkisch sagen kann. Insofern, als dieser Spruch Demonstration des besonderen kulturellen Zusammenhangs war, in dem er lebt und aus dem heraus sich sein Verhältnis zur Frage des "besten Freundes" auch erklären soll, steht Faruk vor dem Problem, daß er in der Situation des Interviews den Spruch nicht auf Türkisch sagen kann. In Bezug auf diese Kontrollfrage muß er erklären, warum es auf Türkisch für ihn "total schwer" ist. Und zunächst gibt er eine Beschreibung seines Sprachverhaltens, mit der Darlegung des automatischen Wechsels vom Türkischen ins Deutsche als alltägliche Erscheinung im Umgang mit seinen Kumpels die Dringlichkeit des Problems vor Augen führend. Für dieses dringliche Problem unternimmt er die Anstrengung der allgemeinen Erklärung in der diskutierten Form. Ist diese wie analysiert vage und irritierend, dann ergibt sich ihr Sinn aber, wenn man Faruks Rückgriff auf den türkischen Spruch im Verhältnis zu dieser Erklärung, warum er ihn gleichwohl auf Türkisch nicht sagen kann, betrachtet.
Weiter oben habe ich in der Diskussion der entsprechenden Passage Faruks Rede über das vermeintlich Eigene in der Kennzeichnung der Sentenz als spezifisch türkischen Spruch bestimmt als Aneignung, Auseinandersetzung mit einem Repertoire an Formen, in denen in den Apparaten, die er durchlaufen hat, die Anwesenheit von Migranten sprachlich verarbeitet wird, und die sich unter der Überschrift "Beachtung der Eigenständigkeit der Kultur" zusammenfassen lassen. Der Sinn von Faruks auf den ersten Blick vager und irritierender Erklärung, warum er den Spruch nicht auf Türkisch sagen kann, ist ganz parallel ebenfalls in der Rückspiegelung einer weiteren sprachlichen Verarbeitungsform der Anwesenheit von Migranten in den diversen Apparaten zu suchen. So wie er mit dem Bezug auf den türkischen Spruch die Bearbeitungsform "Beachtung der Eigenständigkeit der Kultur" in einer ihrer

Ausprägungen zurückspiegelt, so läßt sich seine Erklärung des eigenen Sprachverhaltens als Rückspiegelung der Ausprägungen der Verarbeitungsform "Leben zwischen zwei Kulturen" verstehen. Trotz aller Differenzierungen, die in die Diskussionen um die sog. "multikulturelle Gesellschaft" und "interkulturelle Pädagogik" inzwischen eingeführt worden sind, die jedoch die Grundproblematik der Perspektive nicht aufheben (vgl. Bommes 1992b), reduziert sich die Argumentation im pädagogischen Alltag zumeist darauf, daß die jeweiligen Migrantengruppen oder einzelnen Migranten "zwischen zwei Kulturen" leben, "der "türkischen", "portugiesischen", "jugoslawischen" etc. einerseits und der "deutschen" andererseits. Und eine entsprechende saubere Aufteilung ordnet dann das Tun jeweils der Türkei, Portugal, Jugoslawien etc. einerseits und Deutschland andererseits zu. So leben angeblich die Migranten, wie eine Ausstellung des Kunstamt Kreuzbergs, die durch die BRD reiste, hieß, "morgens Deutschland, abends Türkei" (bzw. Portugal, Jugoslawien etc.). Diese Annahmen über das "Leben zwischen zwei Kulturen" sind ein bevorzugter Erklärungsrahmen für Schwierigkeiten von Migranten bzw. des Umgangs mit Migranten.[6] Aber wie immer sich die Probleme der "interkulturellen Pädagogik" darstellen, ein Gebrauchswert dieser für die davon betroffenen Jugendlichen dürfte nicht zuletzt in dem möglichen Verweis auf dieses "Leben zwischen zwei Kulturen" bestehen, mit dem man ähnlich wie mit dem Verweis auf die "eigene Kultur" sich entziehen kann.

Der Sinn von Faruks Erklärung in ihrer Vagheit und Brüchigkeit im Verhältnis zu von ihm vorher Gesagtem über die, mit denen er zusammen ist, ist genau in dieser Anspielung auf das "Leben zwischen zwei Kulturen" zu suchen. Die Vagheit ist eine im Verhältnis zu mir, in den Formen der Impräzisierung ist unterstellt, daß ich den Zusammenhang zu erschließen vermag, um den es geht. In der Abtönungspartikel "ja" wird zweimal Konsens zwischen Faruk und mir unterstellt, daß es sich so verhält. Der unklare Bezug des "das" überläßt es ebenfalls mir, Bezüge herzustellen. V.a. aber ist die schematische Aufteilung "zu Hause" – "draußen" eine, die das "draußen" *den* Deutschen im Deutsch-Sprechen zuordnet und so die Trennung reproduziert, die dem häufig schematischen Umgang mit den Jugendlichen entspringt, der mit der Bestimmung von Schwierigkeiten als Folge des "Lebens zwischen zwei Kulturen" schnell bei der Hand ist und die "Entfremdung", den "Identitätsverlust", die "Haltlosigkeit" der Jugendlichen beklagt.

Faruk bearbeitet die Kontrollfrage, ob er den Spruch auf Türkisch sagen kann, also so, daß er neben eine Form der Bearbeitung des

6 Vgl. dazu die Diskussion der Arbeiten von Rehbein in Kap.1.3, die allgemeine Diskussion in Kap.1.5 sowie Bommes/Scherr 1991. Als besonders abschreckende Beispiele aus der ausländerpädagogischen Diskussion vgl. insbesondere Essinger 1987, Gross 1987 und Nitzschke 1987.

Interviews, die Rückspiegelung des Redens derer, die in den Apparaten mit den Jugendlichen umgehen, über "die Eigenständigkeit der Kultur", "das Eigene", eine andere stellt, die ebenfalls dem Repertoire dieses Zusammenhangs entstammt, und die es erlaubt, sich solchen Kontrollen wie meiner Frage zu entziehen. Daß sie dies erlaubt, liegt aber nicht an der internen Logik dieser Antwort, denn sie läßt diesbezüglich viele Fragen nicht nur wegen ihrer Vagheit und Brüchigkeit offen, sondern auch etwa im Hinblick darauf, warum Faruk es nicht auf Türkisch sagen kann. Will man diese Frage nach Logik aber weiter verfolgen, dann hat dies im Hinblick auf das zu geschehen, was Faruk hier zurückspiegelt. Die Rede über "das Eigene", "die Eigenständigkeit der jeweiligen Kulturen" steht eben unvermittelt neben der über das "Leben zwischen zwei Kulturen", "Entfremdung" und "Identitätsverlust". Und insofern, als dieses versozialwissenschaftlichte Repertoire die Werkzeugkiste ist, in die je nach Bedarf im Umgang mit den Jugendlichen gegriffen werden kann, spiegelt Faruk zurück, daß die sprachlichen Verarbeitungsformen der Migration in den Apparaten wechselseitig durch einander beliebig ersetzbar sind. Die "Unlogik" seiner Rede zeigt auch, daß für die Auseinandersetzung mit Personen wie mir Logik nicht gefordert ist, sondern die gekonnte Anspielung auf das Repertoire des Gegenübers im Umgang mit einem selbst.

Nun kann man einwenden, daß Faruk doch hier durchaus ein reales Problem anspricht. Das soll mit der dargelegten Lesweise nicht bestritten sein, sondern es geht um die Form, in der er das Problem faßt, und die entstammt den gekennzeichneten Zusammenhängen. Daß es sich um ein für Faruk reales Problem handeln mag, darauf mag sein Lachen hindeuten, das bei "Deutsch" einsetzt. Dieses Lachen ist von dem zweiten Lachen nach der Pause nach meinem Verstehenssignal deutlich abgesetzt und ist nicht wie etwa das Lachen zu Anfang des Ausschnitts bei "zusammengeschlagen" offensiv und Ausdruck von Spaß, sondern eher verlegen. Das zweite Lachen aber ist demonstrativ offen und daher zugleich etwas künstlich. Es ist eine Ankündigung für das Kommende. "Und dann sagen die Ja hier - was laberst du meinen die ne. Red mal Türkisch und so ja. Scheiße." Faruk benennt die Reaktion der anderen darauf, daß er "alles Deutsch redet" bzw. daß das Deutsche "automatisch so rauskommt". Dieses Lachen und auch der stilistische Wechsel von "reden" zu "was laberst du" aber erklärt sich dadurch, daß Faruk die Rezeption mittels "Hmhm" als Gelingen seiner Erklärung hört und sich damit aus der Defensive, in die er durch die Kontrollfrage geraten war, befreit sieht. Er besetzt das Terrain wieder offensiv. Das Lachen bei "Türkisch und so" ist zu verstehen als Einlösung der Ankündigung, daß es etwas zu lachen gibt. Der abschließende wertende Kommentar "Scheiße." liegt in der Linie seiner Darlegung des Sprachproblems als alltagspraktische Schwierigkeit, aber ist stilistisch zugleich eine Form, in der er die offensive Wiederaneignung des Terrains durchhält. Gerade der stilistische Wechsel vor und nach dem Rezeptionssignal und die beiden unterschiedlichen Lachen machen aber deutlich, daß es, selbst wenn Faruk ein reales Problem anspricht, hier nicht um die Bearbeitung des Problems, sondern des Interviews als Form des Zugriffs auf die eigene Person geht, der unterlaufen wird durch die Rückspiegelung der sprachlichen Formen, die den Apparaten, die mit den Migrantenjugendlichen umgehen, eingeschrieben sind, was erneut zeigt, daß ich in der Durchführung des Interviews als ein solcher Apparat erfahren werde.

Zugleich erweist sich seine Bearbeitung der Kontrollfrage als eine Form, die der vorherigen Form des Rückzugs auf den einsichtigen Jugendlichen entspricht. Dort hatte sich ergeben, daß das Nebeneinanderstellen der Redeformen, in denen die Verhältnisse der Jugendlichen sprachlich gefaßt und bewertet werden, die Widersprüchlichkeit des Umgangs mit den Jugendlichen demonstriert und zugleich in der daraus resultierenden Neutralisierung sich zunutze macht. Genauso wird hier die Widersprüchlichkeit des Umgangs mit den Jugendlichen im Nebeneinanderstellen der Formen der "Beachtung der Eigenständigkeit der Kultur" und "Berücksichtigung des Lebens zwischen zwei Kulturen" bearbeitet. So wie man einmal "Kulturexperte" und einmal "identitätslos" und "entfremdet" ist, was in seiner Widersprüchlichkeit praktisch nebeneinander steht und höchst diskursiv jeweils ad hoc gehandhabt, aber nicht aufgehoben wird, so kann man einmal Gesagtes in der Form des "kulturellen Experten" verteidigen und immuniseren und einmal sich zum Problemjugendlichen machen, der die Schwierigkeiten des "Lebens zwischen zwei Kulturen" zu meistern hat.

I: Bist du denn viel mit Deutschen zusammen?

F: |1s| Früher. Jetzt nicht mehr. Sehr früher. Wo ich noch |3s| zum Dings. Heiligenwegschule gegangen bin ne. Da |1s| wo ich - deshalb ab und zu im Bunker kam. |2s| Wa / Hatt ich auch bißchen/ich hatte auch deutsche Kumpel gehabt ne. Sehr viele kannst du sagen ei. V |2s| Und dann weiß ich auch nicht. Hab ich/kam ich auch im Bunker rein. |1s| öfters ne, und dann immer kennengelernt so so durch ne, und dann - seit dem her bin ich mit Kanaken zusammen. Schwarzköpfe. |3s|

Die Rückfrage von mir, die in der Abtönungspartikel Erstaunen ausdrückt, ist zugleich ein Schluß von mir aus dem von Faruk Gesagten, nämlich daß er "viel mit Deutschen zusammen" ist. Dies hat er zwar nicht gesagt, aber nahegelegt, so wie seine Anspielung eben Raum für eine Reihe von Schlüssen läßt.

Faruk war früher viel mit Deutschen zusammen, jetzt nicht mehr. Mit "sehr früher" verlegt er den Zeitraum des Zusammenseins betont weiter zurück in die Vergangenheit. Eine Bestimmung dieses Zeitraums nimmt er vor durch Verweis auf eine biographische Station, den Besuch der "Heiligenwegschule", als Beleg, daß es "sehr früher" war, da er 1979 von dieser auf eine andere Schule gewechselt hat. "Da", zu dem Zeitpunkt kam Faruk "deshalb ab und zu im Bunker", weil er noch zur Heiligenwegschule ging. Nach |2s| fährt er fort "Wa/Hatt ich auch bißchen" und korrigiert zu "Ich hatte auch deutsche Kumpel gehabt ne. Sehr viele kannst du sagen ei." Er reflektiert explizit auf die sprachliche Form, in der er sein Verhältnis zu Deutschen faßt und schließt damit die aufgrund des "bißchen" vor der zweiten Korrektur mögliche Vermutung aus, daß er nur wenige deutsche Kumpel gehabt habe. Nach |2s| äußert er "Und dann weiß ich auch nicht." Er sieht sich hier wie zuvor in der Pflicht zu erklären, warum sich die Dinge so verhalten. Er hat die Frage vollständig beantwortet in dem Sinne, daß das Fortdauern der Pause nicht ihm als auffälliges, beobachtbares Verhalten zugerechnet werden könnte. Mit der Äußerung gibt er zu verstehen, daß das, was "dann" war, in seinen inneren Zusammenhängen wissenswert wäre, aber auch, daß er sieht, daß es hier darum geht, was "dann" war und warum es nicht mehr wie "früher" ist. Es folgt eine Beschreibung des Ablaufs der Geschehnisse, aus dem die Zusammenhänge zu rekonstruieren wären. Er kam "öfters" "im Bunker rein", hat da "immer kennengelernt", "so so durch ne" als Indizierung des Wie und des Wodurch. "Seit den", also seit er öfters in den Bunker gegangen ist und da "immer kennengelernt" hat, ist er "mit Kanaken zusammen", mit "Schwarzköpfen".

Faruk beantwortet die Frage, ob er viel mit Deutschen zusammen ist, indem er sie für "früher" bejaht, aber für heute verneint. Dabei gibt er den Zeitraum an, in dem er viel mit Deutschen zusammen war und legt dar, wie es dazu gekommen ist, daß er mit "Kanaken" zusammen ist. Festzuhalten an dieser Beantwortung ist wieder die Diskursivität, manifestiert in Formen wie "deshalb", "kannst du sagen", "Und dann weiß ich auch nicht", die dem entspricht, daß er sich in der Pflicht sieht zu erklären, warum er früher, aber heute nicht mehr mit Deutschen zusammen ist.

Er beendet die Passage damit, daß er die, mit denen er jetzt zusammen ist, als "Kanaken" und "Schwarzköpfe" bezeichnet. Dies entspricht dem, was die Jugendlichen häufig untereinander im Beisein von Deutschen, bevorzugt Sozialarbeitern, Erziehern und Lehrern praktizieren. Sie beschimpfen sich rüde als "Kanaken", "Schwarzköpfe", "Knoblauchfresser", "Kümmeltürke", wenden sich sodann an die Erzieher, Sozialarbeiter oder Lehrer und sagen etwa "Mit Kanaken kann man nicht diskutieren. Sie sind zu dumm, etwas zu kapieren." oder "Kanaken kannst du kein Geld leihen. Die hauen ab in die Türkei und dein Geld ist weg." Sicherlich verbraucht sich auch diese Provokation, aber es gelingt durch überraschende Wendungen doch immer wieder, die, die sich stets von allen "Ausländerfeinden" distanzieren, durch diese Besetzung des Repertoires zur Beschimpfung von Migranten genau wie durch das

Erzählen von Türkenwitzen in Verlegenheit zu bringen, wobei sich die Jugendlichen biegen vor Lachen, man aber nicht weiß, ob sie über den Witz lachen oder darüber, daß ihr Gegenüber nicht mitlachen darf, entsprechend also von ihnen in eine Falle gelockt worden ist, in der es nichts mehr zu sagen weiß. Das heißt natürlich nicht, daß "Kanake" oder "Schwarzkopf" keine Beleidigung für sie darstellen kann, aber es kommt darauf an, wer etwas wo sagt. Genauso darf umgekehrt nicht jeder den Jugendlichen Türkenwitze erzählen. Beides kann Anlaß ernsthafter Auseinandersetzungen werden und die Jugendlichen rechtfertigen häufig die Verwicklung in eine Schlägerei damit, daß die Gegenseite "Kanake" gesagt habe. Der Gebrauchswert der Besetzung des Schimpfrepertoires gegenüber Lehrern, Erziehern, Sozialarbeitern und eben auch mir besteht darin, die, die sich stets und überall von "Ausländerfeinden" distanzieren, häufig erklärte "Ausländerfreunde" sind, aber auch stets das Sagen haben, wenn es um die sprachliche Fassung der Verhältnisse, ihre Erklärung und Legitimation geht, in eine Falle dergestalt zu locken, daß sie nicht mitlachen oder -schimpfen, aber offensichtlich auch einen Migrantenjugendlichen nicht zum "Ausländerfeind" erklären können. Mit der daraus resultierenden Sprachlosigkeit ist diese Besetzung eine Form der Auseinandersetzung, die gegenüber denen, die stets das Sagen haben, einen empfindlichen Punkt trifft. Zudem attackiert diese Provokation das Gemeinsamkeitsideal, das der pädagogischen Arbeit mit diesen Jugendlichen meist zugrundeliegt, denn die Besetzung des Schimpfrepertoires und die ironische Selbstbezeichnung als "Kanaken" und "Schwarzköpfe" eröffnet zugleich die Möglichkeit der selbstbewußten Abgrenzung, indem man mit den Zuschreibungen durch andere spielt.

Faruk beendet also die Beantwortung der Frage nach dem Zusammensein mit Deutschen mit einer solchen Provokation, in der er die, mit denen er jetzt zusammen ist, in den Schimpfkategorien der "Ausländerfeinde" faßt und sich darüber lachend freut. Ich entziehe mich, indem ich nach |3s| Pause frage:"Wie kommt das, daß du dann nicht mehr mit den Deutschen zusammen warst?" Die Frage von mir übergeht das, was Faruk zuvor gesagt hat, nämlich "Und dann weiß ich auch nicht." Ich dränge ihn also mit meiner Frage zu einer Erklärung von etwas, von dem er gesagt hat, daß er es nicht erklären kann.

F: Weiß ich auch nicht. |2 1/2s| Gewohnheit von mir jetzt weißt du. |4s| M außerdem |1 1/2s| meiw hast n deutschen Kumpel, ja okay der ist in Ordnung. |1s| Weißt du |1s| seine Alten, du weißt ja nicht wie seine Alten sind oder so ne. |2s| Gehst mal mit oder so ne. |1 1/2s| vielleicht haben die was gegen dich und dann motzen die da rum (oderso) ne. Ja dann biste schlecht aufgelaunt, ei willst denen eine aufe Fresse ziehen. Siehste.

Nach |2s| wiederholt Faruk "Weiß ich auch nicht", fährt aber nach |2 1/2s| fort "Gewohnheit von mir jetzt weißt du." Eine ähnliche Antwort findet sich weiter oben, wo er zunächst auch Schwierigkeiten hat in der Beantwortung der Frage, ob er den Spruch auf Türkisch sagen kann. Dort sagt er: "Weiß ich auch nicht ei. Total |2s| Ich hab mich jetzt so dran gewohnt ne. . ." "gewohnt", "Gewohnheit" sind daher sicher auch Leerformen, die aber deutlich machen, daß Faruk dem Druck zu erklären stets sich fügt. Auch hier tut er dies wieder nach Pausen.

Nach einer erneuten, vergleichsweise langen Pause von |4s| fährt er mit einer weiteren, auch formal mit "außerdem" als solche gekennzeichneten Erklärung fort. Es zeigt sich hier besonders deutlich, was bereits häufig zu sehen war, daß Faruk nämlich Pausen als Verhalten von mir gegenüber dem, was er gesagt hat, in dem Sinne versteht, daß es noch weiter auszubauen ist. Das "M außerdem" ist nicht nur formale Kennzeichnung der kommenden Erklärung, sondern auch Demonstration der Bereitschaft fortzufahren, mit der zugleich die Pause verkürzt werden kann, schließt sich doch noch einmal eine Pause von |1 1/2s| an.

Die folgende, in ihrer Form wieder diskursive Erklärung zeigt, daß Faruk sich erneut unter Legitimationsdruck sieht, er hört die Frage also als normative. Er greift Einwände auf und erledigt sie. Das "meiw" ist wohl ein `verschlucktes´ Adverb "meinetwegen". Er redet nicht mehr konkret über sich, sondern wechselt zum "du" als Indefinitpronomen, faßt also wieder allgemein gültige Zusammenhänge. Im "ja okay" konzediert er Teile möglicher Einwände als zutreffend. Ein "deutscher Kumpel" mag "in Ordnung" sein, aber "du weißt ja nicht wie seine Alten sind oder so ne." Nach |2s| Pause macht er am Beispiel deutlich, wieso die Eltern – diese sind hier mit "Alten" im Gegensatz zu weiter oben gemeint, wo "die Alten" Mädchen bzw. Frauen meint – ein Problem sein könnten. "Gehst du mal mit oder so ne, |1 1/2s| vielleicht haben die was gegen dich und dann motzen die da rum (oder so) ne." Falls man mal mit dem "deutschen Kumpel", der "in Ordnung sein mag", nach Hause geht, haben vielleicht die Eltern etwas gegen einen und "motzen da rum". "Ja dann biste schlecht aufgelaunt, ei willst denen eine aufe Fresse ziehen." Folge des "Rummotzens" der Eltern wird sein, daß man schlecht gelaunt sein wird und sie schlagen will. Faruk beendet diese Erklärung lachend mit "Siehste.".

Faruk findet eine Erklärung, warum er nicht mehr mit den Deutschen zusammen war. Nicht der "deutsche Kumpel" ist das Problem, sondern "die Alten". Und er nutzt das Erklärungsmuster zur Selbststilisierung als harter Kerl, der sich nichts gefallen läßt. "Die Alten" "motzen rum", dann ist er "schlecht aufgelaunt", wobei "aufgelaunt" zustandegekommen sein könnte als Konstuktion Faruks parallel etwa zu "aufgebracht", "aufgeladen" oder als Zusammenziehung von "schlecht drauf" und "schlecht gelaunt". Dann will er "denen eine auf e Fresse ziehen".

Zu dieser Erklärung Faruks ist zu sagen, daß für die Praxis der Jugendlichen miteinander in der Stadt unerheblich ist, was die Eltern eines der Beteiligten sagen, es sei denn, diese fangen an, sich in die Praxis der Jugendlichen handfest einzumischen, wie im Falle von Haşmet, von dem Faruk zuvor an anderer Stelle im Interview erzählt hat. Aber erst wenn wie hier praktische Rückwirkungen da sind, die die Jugendlichen durch ihr eigenes Zuhause unter Druck geraten ließen, da die Beschwerden des Vaters über die Eltern aufgrund deren in gemeinsamen Herkunftszusammenhängen begründeten engen Verbindungen an die beteiligten Jugendlichen weitergegeben wurden, führt dies zu Konsequenzen wie der Trennung voneinander. Ansonsten sind die Eltern oft nicht mit den Freunden ihrer Söhne einverstanden, was die aber meist nicht weiter beeindruckt. Sind sie bei einem von Seiten der Eltern nicht gern gesehen, gehen sie dort nicht hin, das tut aber der gemeinsamen Praxis in der Stadt keinen Abbruch.

Vor diesem Hintergrund läßt sich die Frage stellen, wie sich die Äußerungen Faruks noch verstehen lassen, wenn sie verstanden als Mitteilung, daß er aus dem Grund mit Deutschen nicht mehr zusammen ist, weil es zu Konflikten mit den Eltern kommen könnte und er als harter Kerl, der sich nichts gefallen läßt, diese dann schlagen möchte, mit der Erfahrung mit der Praxis der Jugendlichen nicht übereinstimmen und gleichwohl nicht als bloße Erfindungen Faruks abgetan werden sollen. Faruk reagiert auf den Druck von mir, eine Erklärung für etwas zu finden, von dem er zuvor gesagt hat, daß er es nicht zu erklären weiß. Wenn er also "erfindet", dann wird er von mir dazu angehalten. Über den Auftraggeber der "Erfindung" mag sich also die Erklärung weiter entschlüsseln.

Betrachtet man die von ihm gewählte Form, das möglicherweise spannungsvolle Verhältnis zu den Eltern, für einen Moment absehend von der Selbststilisierung im Verlauf der Entwicklung von Faruks Rede, dann läßt sie sich verstehen als seinen vorherigen Äußerungen entsprechendes Verhalten zu mir als zugehörig zur sozialen Kategorie der Agenten der Erziehungs- und Kontrollapparate, mit denen er konfrontiert war. Er thematisiert das Verhältnis zur Erziehungsinstanz, zu den Eltern möglicher Freunde und artikuliert in der Äußerung möglicher Konflikte zwischen den Eltern und ihm mir gegenüber so das Verhältnis zwischen den Erziehungsinstanzen in Relation zu den Jugendlichen: Mögliche Konflikte mit dem Elternhaus oder mit den Eltern von Freunden sind immer auch beanspruchtes Bearbeitungsfeld von Jugend- und Sozialarbeit sowie der entsprechenden Erziehungs- und Kontrollapparate, notwendig zum Zwecke des "verständnisvollen", "Erfahrungen und Bedürfnisse berücksichtigenden" Umgangs mit den Jugendlichen. Die bevorzugte Thematisierung des Elternhauses, möglicher Konflikte dort liegt nicht zuletzt darin begründet, daß es sich um das soziale Feld handelt, auf dem die Ansprüche des Sich-Einmischens, der Beeinflussung und Kontrolle v.a. gegenüber den unteren Schichten der Arbeiterklasse vergleichsweise mit viel wissenschaftlicher und politischer Unterstützung vorgetragen werden können insofern, als die sozioökonomischen Bedingungen der Existenz nicht zur Disposition stehen,[7] die Regulation von Lebensweisen vor diesem Hintergrund aber der Gegenstand der jeweiligen Apparate ist. Das Verhältnis zwischen den Erziehungs- und Kontrollapparaten und Elternhaus in Relation zu den Jugendlichen ist insofern in Faruks Äußerungen artikuliert, als für diese als einer Erklärungsform im Verhältnis zu mir, die sein Nicht-Zusammensein mit Deutschen allgemein – er spricht in Du-Form als Indefinitpronomen – verdeutlichen soll, die praktisch in den Apparaten beanspruchte Zuständigkeit als Ansprechpartner und häufig auch Regulator solcher Konflikte den Hintergrund darstellt, vor dem die Fassung des Problems, warum er nicht mehr mit Deutschen zusammen ist, als Verhältnis zwischen Eltern und Jugendlichen bezogen auf den Adressaten Erfolg verspricht. Dabei ist offensichtlich, daß die gewählte Erklärungsform als Variante, die zunächst diesen allgemeinen Hintergrund des bevorzugten Zugriffsfeldes artikuliert, zugleich auch auf die besonderen Ausprägungen verweist, die dieser im Umgang mit Migranten gefunden hat. Ist es bezogen auf die Migrantenfamilien deren "Kultur", deren "tradierte Lebensformen" oder auch das "Leben zwischen zwei Kulturen", dann sind es bezogen auf "deutsche" Eltern deren "Vorurteile", die es abzubauen gilt, damit diese kein Hindernis in der Jugendarbeit darstellen, wo es um die Entwicklung eines "Miteinanders" und der "Begegnung" von Jugendlichen "verschiedener Nationalitäten" geht. So hat auch Faruk "n deutschen Kumpel", "ja okay der is in Ordnung", aber "die Alten" sind das Problem, "du weißt ja nicht wie seine Alten sind".

Faruks Antwort, seine "Erfindung" läßt sich so weit als Rückgriff auf eine Erklärungsform verstehen, die Plausibilität beanspruchen könnte aufgrund ihrer sozialen Plazierung, was umgekehrt heißt, daß er in Auseinandersetzung mit mir sich zu dem Interview als sozialem Ort wie zuvor verhält, indem er es bestimmt und erfährt in seiner Rede als Apparat des Zugriffs auf die Person, der auf die Regulation der Verhältnisse durch Verhalten zu dem Verhältnis zwischen Jugendlichen und Eltern zielt und in diesem Verhalten die Lage der Jugendlichen als wesentlich dadurch bestimmt konstruiert. Aber offensichtlich verhält sich Faruk zu diesem Anspruch in seiner Antwort nicht einfach affirmativ, indem er schlicht auf mögliche Konflikte mit den Eltern deutscher Freunde verweist, sondern er nutzt die potentiell akzeptable

7 Arbeitsplätze und ihre Gestaltung sowie Wohnbedingungen etwa sind nicht oder kaum für pädagogisch-sozialarbeiterische Regelungsversuche erreichbar, wohl aber im "Gemeinwesen"jargon verklärbar.

Erklärungsform in der Entwicklung seiner Rede wie gesagt als Terrain der Selbststilisierung als harter Kerl, der sich nichts gefallen läßt, und karikiert sie darin.

Zunächst benennt er allgemein als Problem das mögliche Verhältnis zu den Eltern – "seine Alten, du weißt ja nicht wie seine Alten sind oder so" – und nach einer |2s| Pause fährt er fort, das eröffnete Feld anhand eines Beispiels zu besetzen, das er zunächst ungebrochen im Sinne der akzeptablen Erklärungsform eröffnet mit "Gehst du mal mit oder so ne, |1 1/2s| vielleicht haben die was gegen dich", dem er dann aber eine Wende gibt mit "motzen die da rum", "biste schlecht aufgelaunt", "willst denen eine aufe Fresse ziehen" und lachendem "Siehste" am Schluß. Ist dies eine Stlisierung in Übereinstimmung mit der vorherigen Form der Selbststilisierung als harter Mann, so ist sie dies, wenn die Überlegungen zur von Faruk vorgezeigten Erklärungsform zutreffen, in Auseinandersetzung mit der Konstruktion der Verhältnisse der Jugendlichen in den Formulierungen der Apparate als Familienkonflikte und den entsprechend daraus resultierenden Formulierungen und Vorgaben von Lösungen. Faruks Fassung einer potentiellen Lösung für solche Konflikte grenzt sich von solchen Vorgaben ab, indem er dem bevorzugten "Reden", "Abbauen von Vorurteilen", "Vertrauen gewinnen" etc. "willste denen eine aufe Fresse ziehen" gegenüberstellt und im lachenden "Siehste" sowohl seinen im Interview wiederkehrend zu findenden Spaß an dieser Auseinandersetzungsform artikuliert als auch wie zuvor mir gegenüber offensiv die Logik seiner Erklärung und entsprechend die Richtigkeit seiner Praxis, nicht mehr mit Deutschen zusammen zu sein, hervorhebt. Faruk setzt sich also mit meiner Frage nach einer Erklärung dafür, daß er nicht mehr mit Deutschen zusammen ist, die wie gesehen ignorant gegenüber Faruks vorheriger Äußerung war, daß er nicht weiß, wie es dazu gekommen ist, in der Form auseinander, daß er sich mit Leerformen suchend den Erklärungsdruck zu eigen macht und schließlich eine Erklärungsform findet, die in ihrem Zuschnitt zeigt, daß er das Interview als Kontroll- und Erziehungsapparat erfährt, mit dem er sich in der Umbiegung und provokativen Besetzung der Erklärungsform auseinandersetzt.

I: Haste das denn schon mal erlebt? |1s|
F: Ja erlebt hab ich noch nicht. |2s| Aber will ich überhaupt gar nicht erleben. Kein Lust darauf weißt du.

Faruk hat auf meine Frage eine Erklärungsform gefunden. Bezüglich dieser und ihrer Umbiegung frage ich kontrollierend danach, ob er "das" schon mal erlebt habe, also Auseinandersetzungen mit deutschen Eltern in der von ihm dargelegten Form. Entsprechend der allgemeinen Erklärung, die er für sein Nicht-Zusammensein mit Deutschen gegeben hat, sagt er, daß er es noch nicht erlebt habe, aber auch "überhaupt gar nicht erleben will", da er "kein Lust darauf" habe. Mit dieser Antwort hält Faruk am Allgemeinheitsanspruch seiner Erklärung fest und nutzt ihn zugleich, denn wenn die Erklärung gültig ist, dann gibt es keinen Grund, sich in eine Situation zu begeben, in der es zu Konflikten mit den Eltern kommen könnte.

I: Ja aber wie kommste denn darauf daß die da so sind?
F: Die sind meistens also was |1 1/2s| Wie soll ich

F: sagen? Ich hab das Vorstellung von die. Find ich jedenfalls ja.
I: Hmhm |1 1/2s|

F: Vorstellung hab ich das. |1 1/2s| Weil viele sagen hier eh scheiß Ausländer oder so ne. Und das wird ja immer viel auf - auf die Türken |ls| geworfen die ganz sch schlechte Wörter ne. Ja siehste. Und da hat man auch automatisch schlechte - Gedanken kannste sagen.

Mit meiner Frage insistiere ich auf einer Begründung für die von Faruk gewählte Erklärung. Mag diese den Grund dafür abgeben, daß er "nicht erleben will", was er annimmt, so stellt sich die Frage, woher er diese Erklärungsform bezieht, wie er also "darauf kommt, daß die", also die Eltern, "da", zu Hause, "so sind", wie er es erwartet. Widerspruch und Zweifel meldet die Frage mit "ja aber" an und mit der Abtönungspartikel "denn" ist hier wie auch schon in der Frage zuvor Erstaunen über seine Ausführungen und damit ebenfalls Zweifel insofern zum Ausdruck gebracht, als in der ersten Frage Faruks Erfahrung zur Kontrolle als Kriterium der Gültigkeit der von ihm angeführten Erklärung eingeführt wird und mit dem "denn" gleichzeitig die "externe Motivation" (Weydt/Henschel 1983) durch Faruks Ausführungen angezeigt ist, die meinen Erwartungen hinsichtlich seiner Erfahrungen zu widersprechen scheinen, und als in der zweiten Frage mit dem "denn" darauf verwiesen wird, daß mir aufgrund der Äußerung Faruks, daß er selbst es "noch nicht erlebt" hat, die Grundlage für seine Erklärung nicht mehr deutlich ist.

Faruk beginnt zunächst affirmativ "Die sind meistens" mit Betonung auf "sind", bricht aber mit Gliederungspartikel und Fragepronomen "also was" ab. Nach |1 1/2s| Pause fährt er mit der Explizierung der Arbeit an der sprachlichen Form fort: "Wie soll ich sagen?" Er hat diese "Vorstellung" von den Eltern, was er mit gehobener Lautstärke als Form der Versicherung äußert. "Find ich jedenfalls ja." Diese Äußerung ist bezogen auf das zuvor von ihm Gesagte formal problematisch, denn ob er eine Vorstellung von etwas hat, kann nicht strittige subjektive Meinung oder Position von ihm sein, die von anderen sinnvoll bezweifelt werden kann. Aber wichtiger als die Identifikation eines solchen formalen Problems ist die hier wiederkehrende Form der Auseinandersetzung mit meinen Kontrollfragen. Den zunächst affirmativen Einstieg, in dem er allerdings auch schon in dem Modalwort "meistens" Beschränkungen seiner Aussage im Hinblick auf ihren Geltungsbreich vornimmt, bricht er ab und fährt fort mit reflexivem Bezug auf das Problem der sprachlichen Form, in der er seine Antwort fassen soll, und nimmt zum Ende hin Relativierungen vor im Hinblick darauf, daß er das Gesagte zumindest als für sich gültig erklärt. Neben der Antwort, daß er darauf, wie die Eltern sind, aufgrund seiner "Vorstellung" kommt, findet sich also wiederum die ausgebaut diskursive Redeform.

Nach meinem Verstehenssignal und der |1 1/2s| Pause wiederholt Faruk "Vorstellung hab ich das." und nach einer weiteren |1 1/2s| Pause begründet er diese "Vorstellung": "Weil viele sagen hier eh scheiß Ausländer oder so ne." Festzuhalten ist zunächst nur die Vagheit dieser Begründung. "Viele" "hier" sagen etwas, ohne daß angegeben wird, wer die Vielen sind und was "hier" meint. Was gesagt wird, ist nur indiziert mit "scheiß Ausländer oder so". In der Impräzisierung ist unterstellt, daß das Gesagte ausreicht, den gemeinten Zusammenhang zu erschließen.

"Und das wird ja immer viel auf - auf die Türken |1s| geworfen die ganz sch schlechte Wörter ne. Ja siehste." Mit dem ersten "ja" unterstellt Faruk Gemeinsamkeit hinsichtlich der von ihm gemachten Aussage. "das", also was "viele sagen", wird "immer viel auf die Türken geworfen", was also viele hinsichtlich der Ausländer sagen, richtet sich am stärksten gegen die Türken, diese werden mit den "ganz schlechten Wörtern" beworfen. Letzteres ist ein wertender Begriff für das, was gegen Ausländer und dabei hauptsächlich gegen Türken gesagt wird. Der Ausdruck "schlechte Wörter" ist nach meiner Erfahrung in der Rede türkischer Migranten üblich. Mit "Ja siehste" hält Faruk mir schließlich entgegen, daß es gute Gründe für seine "Vorstellung" von den Eltern gibt, nämlich die häufige Beschimpfung von Ausländern und v.a. von "Türken".

"Und da hat man auch automatisch schlechte - Gedanken kannste sagen." Wo sich dies so verhält, ist zwangsläufige Folge dieser Sachlage und dieser zugehörig, daß "man" "schlechte Gedanken hat". Faruk beantwortet die Frage, wie er darauf kommt, daß die Eltern so sind, mit dem Verweis auf seine Vorstellung und der Erklärung, daß diese Vorstellung Folge des Sachverhalts der Ausländerbeschimpfung ist. Die Ableitungshierarchie der Erklärungen ist formal darin markiert, daß hier von "man" die Rede ist, in der Erklärung des Nicht-Zusammenseins mit Deutschen aber von "du". "schlechte Gedanken" bedeutet dabei zweierlei, nämlich daß man von den Eltern Schlechtes annimmt und daß man ihnen "eine aufe Fresse ziehen" will, was damit zugleich als verständliche, wenn auch vielleicht falsche aggressive Reaktion entschuldigt ist. Aber Faruk will es ja auch "gar nicht erleben". Mit "kannste sagen" kennzeichnet er den Ausdruck "schlechte Gedanken" als angemessene sprachliche Form, so wie er zuvor schon die Angemessenheit des Ausdrucks "Vorstellung" reflektiert hat.

I: Hmhm |2s| Und deshalb probierst du es dann auch gar nicht mehr aus?
F: Nä. Ja das ist die Frage. Kein Lust darauf weißt du. |1s| Die Wörter zu hören und gleichzeitig nervös zu werden. Kein Lust. Verzicht ich lieber drauf.

Nach dem Verstehenssignal und der |2s| Pause erfrage ich die Bestätigung meiner Schlußfolgerung aus dem von Faruk Gesagten. Mit "Nä." bestätigt er diese, wobei er die Desambiguierung dieser Antwort nach "Ja das ist die Frage." in "Kein Lust darauf weißt du." vornimmt. Mit "Ja das ist die Frage." stimmt er zu, daß die Frage nach der Schlußfolgerung ein relevantes Problem, das sich wirklich stellt, anspricht, und bestätigt damit, daß wir in unserer Perspektive auf den von ihm dargelegten Sachverhalt der Ausländerbeschimpfung und daraus resultierender "schlechter Gedanken" als Vorurteile und Aggressionen übereinstimmen, indem wir es uns zur Frage machen, wie man sich dazu verhalten sollte. Und er erklärt sein Verhalten, das "Nä." als Bestätigung, daß er "es nicht mehr ausprobiert", damit, daß er "keine Lust darauf" hat, "die Wörter zu hören und gleichzeitig nervös zu werden". "Nervös zu werden" ist hier als unter türkischen Migranten üblicher Ausdruck für "aufgeregt und aggressiv werden" zu verstehen, dem im Türkischen "sinirli" entspricht, was im Lexikon mit "nervös" angegeben ist. Jugendliche erzählten mir öfters von Schlägereien, denen vorherging, daß einer wegen irgendetwas "nervös" geworden war. Ebenfalls wurde "sinirli" beispielsweise von Eltern, wie mir ein Lehrer mitteilte, als "aggressiv", "aufgeregt" und "böse" verstanden, wo er über Nervosität der Schüler im üblichen Sinne sprechen wollte. Mit der Äußerung Faruks haben wir also eine Umformulierung der imaginierten Situation mit Eltern, wo diese "rummotzen" und er "schlecht aufgelaunt" wird und ihnen "eine aufe Fresse ziehen" will, in die Linie der Begrifflichkeit seiner Erklärung, wie er darauf kommt, warum die Eltern so sind: Er hört "schlechte Wörter", "wird nervös", hat darauf, wie er wiederholt, "keine Lust" und "verzichtet lieber drauf", wie er ironisch anmerkt.

Aber so eindeutig, wie Faruk hier zweimal erklärt, daß er "keine Lust" auf Konflikte mit Eltern wegen deren Ausländerbeschimpfung habe, ist dies von ihm in der Erklärung, warum er nicht mehr mit Deutschen zusammen ist, nicht gesagt worden. In dem lachenden "Siehste" äußert er auch seinen Spaß an der Auseinandersetzungsform "aufe Fresse ziehen" und die Redeformen dort waren als provokative Umbiegung der gefundenen Erklärungsform zu verstehen. Seine Ausführungen hier sind wiederum Antworten auf Kontrollfragen, die von meiner Seite her wohl nicht zuletzt zustande kommen als Reaktion auf Faruks provokative Selbststilisierung. Bereits in der Beantwortung der ersten Frage bestreitet er die "Lust", die in dem lachenden "Siehste" zum Ausdruck kommt. In der Beantwortung der zweiten Frage aber ist das provokative Element der offensiven Selbstbehauptung verschwunden, Faruk wird zum Opfer. Nach der explizierten Arbeit an der sprachlichen Form der Antwort auf die Frage, wie er darauf kommt, daß die Eltern so sind, und der wiederholten Fassung, daß er diese "Vorstellung" von den Eltern hat, begründet er diese Vorstellung damit, daß "viele" "hier" auf die "Ausländer" schimpfen, indem sie sie mit "schlechten Wörtern" bewerfen. Nun habe ich bereits auf die Vagheit der Erklärung hingewiesen: Wer ist "viele"? Was heißt "hier"? Mit "schlechte Wörter" und "scheiß Ausländer oder so" ist nur ein Zusammenhang indiziert, für den Faruk in dem "oder so", dem zweimaligen "ne" und "ja" unterstellt, daß er mir wie ihm vertraut und darum erschließbar ist. Dieser Zusammenhang erklärt dann, daß "man" allgemein und entsprechend auch Faruk "schlechte Gedanken" hat. Diese sind Ausfluß der Ausländerbeschimpfung, seine Vorstellung von den schimpfenden Eltern resultiert daraus ebenso wie seine Form der Auseinandersetzung damit. "Schlechte Gedanken" sind sie aber erst in der Bearbeitung meiner Frage geworden, zuvor verhält sich Faruk im Lachen zu "willste denen eine aufe Fresse ziehen" nicht als etwas Schlechtes.

Faruk hat auf die Frage nach dem Nicht-Zusammensein mit Deutschen, nachdem er zunächst gesagt hat, daß er keinen Grund dafür weiß, eine Erklärungsform gefunden und diese zugleich provokativ umgebogen. Daraufhin wird als Kriterium für die Gültigkeit dieser Erklärungsform Erfahrung eingeführt. Im Zusammenhang seiner Darlegung, wie es dazu kam, daß er mit "Kanaken" und "Schwarzköpfen" zusammen ist, haben die Eltern gar keine Rolle gespielt und Faruk greift auf die Erklärungsform zurück in der Auseinandersetzung mit meiner Frage, wie es kommt, daß er nicht mehr mit Deutschen zusammen ist, die seine Äusserung, daß er dies nicht weiß, übergeht. Schon hier war es wichtig zu beachten, daß er zwar wiederholt, daß er es nicht weiß, sodann aber nach einer Erklärung sucht und sie in der diskutierten Form findet. Nachdem sein erster Versuch, sich aus der Affäre zu ziehen, daß er nämlich gar nicht erleben will, wovon er gesprochen hat, gescheitert ist in dem Sinne, daß ich nicht ablasse und nach Herkunft und Begründung der Erklärung frage, bearbeitet Faruk diese Frage mit einer weiteren Erklärungsform, aus der er die vorherige ableiten kann, nämlich der der "Ausländerfeindlichkeit". Daß es sich um eine Erklärungsform handelt, die als Bearbeitungsform der Kontrollfrage zu verstehen ist, wird deutlich an der Vagheit der Erklärung.

Nun könnte man einwenden, diese sei nicht vage, denn es gibt doch "viele", die "hier" auf "Ausländer" schimpfen, und "die Türken" sind auch vorrangige Zielgruppe von Ausländerbeschimpfungen. Dies ist richtig und falsch zugleich. Wenn Faruk sagt, daß er sich "n deutschen

Kumpel" vorstellen kann, der "in Ordnung ist", wieso soll dann erfahrene "Ausländerfeindlichkeit" den Grund dafür abgeben, mit den Eltern auch nur versuchsweise nicht mehr umzugehen. Hier wird die Vagheit der Erklärung bedeutsam, denn für wen und bei welcher Gelegenheit reicht es hin festzustellen, daß "viele" "hier" "scheiß Ausländer oder so" sagen? Für Faruk und die meisten Jugendlichen, mit denen ich zu tun hatte, reicht dies nicht hin als Sortierung dafür, mit wem sie etwas zu tun haben wollen. Tatsächlich gibt es hin und wieder deutsche Jugendliche, die sich den Gruppen der türkischen Migrantenjugendlichen anschließen, es gibt aber auch in Kneipen, Diskotheken und Spielotheken deutsche Jugendliche und Erwachsene, zu denen sie ein gutes bis herzliches Verhältnis haben, ohne regelmäßig mit ihnen zusammen zu sein. Faruk und Achim haben sich wochenlang mit Vorliebe im Elternhaus einer deutschen Freundin aufgehalten und mir häufig über die Offenheit und Freundlichkeit dieser Eltern vorgeschwärmt, ohne daß die Frage, daß es sich um deutsche Eltern handelte, eine Rolle spielte. Solche ethnisierenden Unterscheidungen sind also nicht überall von Bedeutung.

Dies alles heißt nicht, daß es keine Auseinandersetzungen gab und gibt, was insbesondere seit der Vereinigung der beiden deutschen Staaten augenfällig ist. Das Brisante an solchen inzwischen zunehmend gewaltförmigen Auseinandersetzungen ist, daß sie zu verschiedenen Gelegenheiten und Anlässen, bezogen auf unterschiedliche Streitpunkte und Konflikte als Auseinandersetzungen zwischen "Türken" und "Deutschen" geführt werden, ebenso wie Konkurrenz in Schulen und auf dem Arbeitsmarkt ausgetragen werden kann in der Form des Sich-Verhaltens zu Migranten und deren Kindern als "Ausländern", was als Basis nicht zuletzt die ständige rechtlich-bürokratische Reproduktion von Migranten als "Ausländern" hat. Insofern Konkurrenz und Konflikte in dieser Gesellschaft im Verhältnis zu Migranten als Verhältnis zu "Ausländern" und zu sog. "fremden Ethnien" ausgetragen werden können, die im Hinblick auf ihre Heterogenität gerade nicht begriffen sind, wenn sie schlicht als "Ausländerfeindlichkeit in dieser Gesellschaft" bezeichnet werden, führt dies zwar dazu, daß etwa Jugendliche diesen Umgang mit ihnen als "Ausländern" und "Türken" sich ein Stück weit auch als positive Abgrenzungsformen zu eigen machen,[8] daß sie aber umgekehrt sehr wohl in ihrer Praxis darauf angewiesen sind, sich genau dazu zu verhalten, was es an unterschiedlichen Plätzen – in der Schule, auf der Arbeit, beim Arbeitsamt, bei der Ausländerbehörde, bei der Polizei, bei Gericht, bei der Jugendgerichtshilfe, im Jugendzentrum, in der Spielothek, Diskothek, in der Kneipe etc. – jeweils bedeutet, daß mit ihnen als "Ausländer" und "Ethnie" umgegangen wird. An-

8 Dies ist auch eine Bedeutung der Rede Faruks von "uns" und "auf unsere Sprache"; vgl. auch seine Ausführungen im Interview S. 28 darüber, daß "türkische Mädchen" wissen, "wie wir sind".

ders gesagt, es gibt einen klassen- und gruppenspezifischen Umgang mit Migranten als "Ausländer", und entsprechend auch klassen- und gruppenspezifische Versionen dessen, was gemeinhin als "Ausländerfeindlichkeit" bezeichnet wird. Dies wird von den Migranten durchaus wahrgenommen, was ich hier an zwei Beispielen deutlich machen will.

Mir ist mehrfach in Kneipen, die von türkischen Migranten geführt wurden, aufgefallen, daß Streit zwischen den regelmäßigen deutschen und türkischen Gästen häufig lautstark mit dem einschlägigen Vokabular wie "Kanake" und "Kartoffel" und wechselseitigen Verdächtigungen, was "Türken" oder "Deutsche" seien, ausgetragen wurde. Das führte aber nur in wenigen Fällen zu Handgreiflichkeiten, zumeist tranken dieselben Gäste nachher wie vorher ihr Bier (oder Weinbrand, Rakı etc.) zusammen. Zudem erzählte man sich häufig Türken- genau wie Ostfriesen- und Bayernwitze. Kam es aber zu Handgreiflichkeiten, die zu Eingriffen durch Kontrollinstanzen wie Polizei oder Gericht führten, dann mochte es gegenüber z.B. dem Richter durchaus attraktiv sein, darauf hinzuweisen, daß der andere "Kanake" gesagt hatte, was Richter, Rechts- und Staatsanwälten Gelegenheit gab, *die* "Ausländerfeindlichkeit" zu beklagen, womit sie zugleich die Möglichkeit hatten, sich einmal mehr von den "unzivilisierten" Lebensformen der unteren Klassen zu distanzieren.

In einem Hauptschulabschlußkursus erzählten deutsche Schüler im Unterricht lautstark Türkenwitze im Beisein von zwei Mitschülern türkischer Abstammung, einem Mädchen und einem Jungen. Einer der Schüler fragte das Mädchen, warum sie stets ein Kopftuch tragen würde. Überhaupt würde er sich fragen, warum sie und "ihre Leute", "die Türken", sich nicht anpassen könnten. Der Junge war zu Anfang ob solcher Attacken verlegen, schließlich aber machte er seine Witze über die anderen und lachte bei deren Sprüchen zum Teil mit. Das Mädchen wußte sich von Anfang an gut zu verteidigen, indem es z.B. darauf verwies, daß es seine Sache sei, was es anzieht, und darüberhinaus die nicht gerade sorgfältige Kleidung dessen ansprach, der sie gefragt hatte, und zurückfragte, ob dies gut angepaßt und die Form sei, an die sie sich anpassen solle. Die Lehrer in diesem Kurs waren sich einig über "die Ausländerfeindlichkeit" der Schüler. Diese aber sei kein Wunder aufgrund ihrer Elternhäuser – fast alles "Problemfamilien" – und aufgrund der Tatsache, daß sie durch diese "Feindlichkeit" sich als etwas Besseres erfahren könnten, wo sie doch ansonsten Gescheiterte seien. Nun wäre dies alles u.U. eine griffige Erklärung, wäre da nicht der irritierende Sachverhalt gewesen, daß in den Freistunden, aber auch teils nach dem Unterricht die Schüler zusammen ihre Zeit verbrachten und zwar, so weit ich das beurteilen konnte, durchaus freundschaftlich. Die Lehrer haben in ihrer Lageanalyse übergangen, daß die Attacken der deutschen Schüler auf die türkischen Mitschüler das Material ihrer Auseinandersetzung mit den Lehrern war. Denn nur gegenüber erklärten und nicht-erklärten "Ausländerfreunden" ist dies eine wirksame Form der Auseinandersetzung, die, provokativ genug vorgetragen, etwa mit Türkenwitzen, über die der Lehrer nicht lachen darf, diesen sprachlos macht. Sprachlosigkeit von Lehrern als den täglichen Formulierern der eigenen Verhältnisse ist auch hier Anzeichen für momentanen Erfolg in der täglichen Auseinandersetzung. Ohne darauf weiter einzugehen, weist m.E. der Umgang der Schüler miteinander außerhalb des Unterrichts darauf hin, daß sie praktisch um die Bedeutung solcher Auseinandersetzungen wissen, sie verlängern sie nicht über die Situation hinaus, in der sie ihren Platz haben.

Damit sollen andere Konstellationen nicht bestritten sein, in denen es zu heftigen Konflikten kommen kann und kommt. Mir kommt es auf den jeweils zu unterscheidenden sozialen Zusammenhang an, in dem Verhältnisse als solche zwischen "Deutschen" und "Ausländern" bzw. "Türken" gestaltet werden, und entsprechend darauf, daß die Jugendlichen mit diesen nicht einheitlich da, wo es zu Konflikten kommt, als "Ausländerfeindlichkeit" umgehen. Weiter oben habe ich gefragt, wo und für wen es attraktiv ist, über "Ausländerfeindlichkeit" zu sprechen. Auch dafür mögen die beiden Beispiele aufschlußreich sein. Zu Anfang meines Besuchs der erwähnten Kneipen durchzuckte es mich regelrecht, wenn in den angesprochenen Auseinandersetzungen die einschlägigen Reizwörter wie "Kanake", "Knoblauchfresser", "Schwarzkopf" fielen oder Türkenwitze erzählt wurden. Aber ich stellte fest, daß ich der einzige war, der ein schlechtes Gewissen hatte und zur Zensur neigte. Die beschriebene Reaktion der Lehrer war zunächst auch meine eigene. Der Verweis auf "Ausländerfeindlichkeit" bei den Schülern und der Reflex der Zensur, daß man dies alles nicht sagen dürfe, machen deutlich, daß die Entdekkung der "tagtäglichen Ausländerfeindlichkeit" auch eine Selbstentlastungsform ist, in der die praktische Ratlosigkeit gegenüber den allerdings oft erheblichen Problemen und Konflikten und dem Material, in dem sie ausgetragen werden, in der moralischen Denunziation der anderen als vermeintlicher Erklärung übersprungen werden kann und so selbst Teil der Reproduktion dieser Auseinandersetzungsformen ist.[9]

9 Wer sich in den einschlägigen Initiativen der sog. Ausländerarbeit auskennt, der weiß, daß dort stets und ständig in den letzten Jahren auf die "Ausländerfeindlichkeit im Alltag", den "alltäglichen Rassismus" "in unserer Gesellschaft" hingewiesen wird. Es handelt sich hierbei um Topoi der Lebenswelt der beteiligten Lehrer, Jugend- und Sozialarbeiter. Auf der politischen Bühne ist es beliebt, darauf hinzuweisen, daß es auf das tagtägliche "Miteinander von Ausländern und Deutschen" ankommt. Stellt man "Ausländerfeindlichkeit" fest, dann läuft dies meist darauf hinaus, daß es die "sozial Schwachen" sind, die sich "den Ausländern" gegenüber nicht anständig verhalten, eine bekannte Figur der Denunziation. In beiden Fällen handelt es sich um Selbstentlastungsformen, die das Scheitern der pädagogischen und

Nun könnte man einwenden, so wie in der Selbstentlastungsform kein einheitlicher Umgang mit den Verhältnissen verarbeitet wird, sondern zu den Brüchen und Widersprüchen der Praxis ein vereinheitlichendes Verhältnis eingegangen wird, das so erst die Entlastung erlaubt, so schließt umgekehrt die Notwendigkeit, sich zu den unterschiedlichen Formen des Umgangs mit den Jugendlichen als "Ausländern" und "Türken" sich jeweils auch praktisch differenzierend zu verhalten, nicht aus, daß die Jugendlichen zu diesen unterschiedlichen Umgangsformen ein einheitliches Verhältnis eingehen, indem sie "die Deutschen" der "Ausländerfeindlichkeit" bezichtigen. Dies trifft für Faruks Erklärung hier zu, er geht ein solches Verhältnis dazu ein. Aber es ist zu beachten, daß er dies in Bearbeitung meiner Kontrollfragen tut, und wie gesehen ist dies als Erklärung dafür, warum er es mit den Eltern nicht mehr versucht, angesichts der Einräumung, daß der "deutsche Kumpel" "in Ordnung" sein mag, widersprüchlich. Er äußert die Erklärungsform der "Ausländerfeindlichkeit" gegenüber mir als jemandem, den er auch zuvor in seinem Reden als den Zusammenhängen zugehörend bestimmt hat, in denen auch die Misere des gesellschaftlichen Umgangs mit Migranten in der Rede von der "Ausländerfeindlichkeit" selbstentlastend verarbeitet wird. In seiner vagen Rede von der Ausländerbeschimpfung und seiner Form des Problembewußtseins – "Ja das ist die Frage" – bearbeitet Faruk die Kontrollfragen im Rückgriff auf das Erklärungsrepertoire des ihn Befragenden. Dieser fragt bezeichnenderweise auch nicht mehr nach, was er meint, wenn er von "den schlechten Wörtern" redet, die auf "Ausländer" und "Türken" "hier" von "vielen" "geworfen" werden.

Es findet sich hier eine Parallele zu Faruks vorheriger sprachlicher Praxis im Interview. Nachdem er zuvor noch die Erklärungsform, daß die Eltern im Verhältnis der deutschen und türkischen Jugendlichen zueinander das Problem seien, im Verlauf ihrer Darlegung provokativ umgebogen hat, macht er nach den beiden Kontrollfragen hier wieder einen Rückzieher, indem er qua "Ausländerfeindlichkeit", vorgezeigtem Problembewußtsein sowie der Übersetzung von "rummotzen", "schlecht aufgelaunt" und "aufe Fresse ziehen" in "schlechte Wörter", "schlechte Gedanken" und "nervös werden" nun das Verhältnis zu den Eltern faßt

sozialarbeiterischen Verwaltung der politischen, rechtlichen und ökonomischen Festschreibung des Status von Migranten als "Ausländern" abwälzen auf die "tagtägliche Ausländerfeindlichkeit". Der absurde Streit darum, ob "die deutsche Bevölkerung" "ausländerfeindlich" ist, der mit Umfragen, Verweisen auf die Geschichte u.ä. ausgetragen wurde, war ebenso Teil dieser Selbstentlastungsform wie die inzwischen zum geflügelten Wort geratende Rede von den Modernisierungsverlierern bezüglich rechtsradikaler Jugendlicher (vgl. Bommes 1992c), in der die Selbstbeteiligung durch die Bereitstellung ethnisierender Unterscheidungsformen im inter- und multikulturellen Design (vgl. Radtke 1990) als eine Bedingung dessen, was dann als "Ausländerfeindlichkeit" bezeichnet wird, ausgespart wird.

und erklärt in den seriösen Formen des Gegenübers. Dieses hier wiederkehrende Vor und Zurück wird auch daran deutlich, daß er wenig vorher in der Schilderung dessen, seit wann er mit anderen türkischen Migrantenjugendlichen zusammen ist, noch provokativ mit diesem Verhältnis seines Gegenübers zu Konflikten als "Ausländerfeindlichkeit" in der Rede von "Kanaken" und "Schwarzköpfen" spielt.

Ich beende die Analyse dieses Ausschnitts und fahre an anderer Stelle des Interviews fort. Zuvor möchte ich aber ein Problem der bisherigen Analyse deutlich machen, das im weiteren zu verfolgen ist. Mit der bisher entwickelten Lesweise des Interviewausschnitts ließ sich zeigen, daß die Brüche in der Rede Faruks bei genauerem Hinsehen einen guten Sinn haben. Seine Äußerungen waren nicht als Mitteilungen zu verstehen, denn wollte man die Analyse darauf beschränken, so würde man schnell bei der normativen Sichtweise ankommen, daß Faruk Schwierigkeiten hat, inhaltlich konsistent zu reden. Nun habe ich weiter vorne gezeigt, daß er selbst zu verstehen gibt, daß das Gesagte keine Relevanz für seine Praxis außerhalb des Interviews mit den anderen Jugendlichen hat. Zudem habe ich dort versucht zu zeigen – und die Analyse der nachfolgenden Passagen hat dies bestätigt – , daß die Form der Rede Faruks deutlich macht, daß er das Interview bestimmt und erfährt als staatlichen Apparat des Zugriffs auf die eigene Person und daß die Formen des Umgangs der Apparate mit ihm und den anderen Jugendlichen als wiederkehrende versuchte Regulierungen der eigenen Lebenspraxis erfahren werden als soziale Macht, die in ihrer diskursiven sprachlichen Verfaßtheit flexibel auf die jeweiligen Zielrichtungen ausrichtbar ist, der er sich in der Form des Vor und Zurück, in dem Wechselspiel der provokativen Attacke und der formalen Übereinstimmung mit dem Gegenüber als Bewahrung der eigenen Unangreifbarkeit zu entziehen sucht.

Endet man mit einer vorschnellen normativen Lesweise bei der Diagnose von "Defiziten" auf Seiten Faruks, so legt die bis hierhin durchgeführte Analyse nahe, Faruk zu einem Sprachjongleur zu erklären, der auf der sprachlichen Ebene in der Art des Hase-Igel-Rennens immer schon da ist, wo der Interviewer möglicherweise hinkönnen wollte. Beide Alternativen sind aber unbefriedigend. Will man sich nicht mit einer normativen Sprachentmächtigung des Analysierten begnügen, so kann es andererseits auch nicht überzeugen, dies durch eine Gegenkonstruktion umgehen zu wollen, indem man den Analysierten zum Kontrolleur der Sprachpraxis stilisiert. Sofern die Analyse dies bis hierhin nahelegt, ist dies m.E. ein Stück weit unvermeidlich. Sie zielt zunächst auf den Sinn einer Praxis, nicht auf den Sinn für die Beteiligten. Beide, sowohl Faruk als auch ich, waren anschließend kaum der Meinung, daß wir das getan hätten, was die Analyse behauptet. Sagt man aber, daß Faruk und ich "nicht wußten", was wir getan haben, daß wir also kein Verhältnis zu dem durchgeführten Interview eingegangen sind, wie ich es mit dieser Analyse dazu eingegangen bin, dann stellen sich verschiedene Fragen.

Wenn Faruk, wie die Analyse gezeigt hat, durch das Nebeneinanderstellen von Erklärungsformen diese neutralisiert, dann führt dies gleichwohl dazu, daß er hintereinander sich etwa zum Experten für "türkische Kultur" und zum entfremdeten Jugendlichen "zwischen zwei Kulturen" macht. Wenn er nahelegt, daß er viel mit Deutschen zusammen sei, anschließend aber sagt, daß das schon lange her ist, und wenn er in Reaktion auf die Frage nach dem "besten Freund" mit gegebenen Erklärungen bricht, dann sind dies Brüche im Text, die sich in der Analyse durch Auffüllen von Bedingungen heilen ließen in dem Sinne, daß sie den Text zu einem sinnvollen werden ließen, die aber doch die Frage aufwerfen, was die analysierte Sprachpraxis für Faruks sonstige Praxis bedeuten mag. Denn nimmt man an, daß er genau wie jeder andere auch nicht schlicht Herr im (Sprach-)Haus ist, dann mag es von Bedeutung für seine Praxis außerhalb des Interviews sein, wenn er in diesem zwischen Erklärungsformen springt, mal provoziert, mal sich zurückzieht, denn wenn die Annahme richtig ist, daß er das Interview als einen Apparat wie die, die er durchlaufen hat, erfährt und daß das Durchlaufen dieser Apparate für die Betroffenen als Form ihrer Vergesellschaftung bedeutsam ist, dann ist die Frage, die sich hier stellt, ob die Regulierung des Verhältnisses der Jugendlichen zu ihrer Praxis in diesen Apparaten und ihre Auseinandersetzungsform damit auch als eine Begrenzung zu verstehen ist, die sie möglicherweise nicht einfach überspringen können. Hält man dies als Fragen fest, steht man aber vor dem Problem, wie an eine Lösung heranzugehen wäre. Die Analyse des Interviews kann hier direkt natürlich nicht weiter helfen. Wie sie es indirekt aber vielleicht doch kann, darauf will ich nach dem Durchgang durch die Auschnitte FKA II und III zurückkommen.

5.2 FKA II: "Hat er vielleicht kein Recht, aber trotzdem."

Der Ausschnitt FKA II findet sich im Interview auf Seite 21/22. Die Analyse wird nachfolgend aus Platzgründen bis zu der Frage, ob Faruk seinen Bruder, wenn der ihm "eine scheppert", "zurückschlagen" würde, nicht vorgeführt, sondern nur zusammengefaßt wiedergegeben.

Faruk hat erklärt, was für ihn eine Schande ist, was Anlaß ist, über einen "Typ" untereinander zu reden, und wie er sich dazu verhält, wenn ihm von zu Hause empfohlen wird, mit einem Jugendlichen nicht mehr zusammen seine Zeit zu verbringen. Die erste Frage von mir in FKA II – "Und wie kommst du mit deinem Bruder klar?" – knüpft daran an insofern, als Faruk gesagt hat, daß es "uninteressant" sei, was zu Hause gesagt wird hinsichtlich der Frage, mit wem er zusammen ist. Er beendet die Passage: "Wer soll mich denn zwingen? Oder wer soll mich denn machen? |1s| Zu Hause auch nicht . . . Wenn ich kein Lust hab hab ich - keins. |3s| Feierabend dann bei mir. So ist das." Aus dem Verlauf des Interviews bis zu diesem Punkt ist ersichtlich, daß der Vater Faruks gestorben ist. Neben der Mutter, die arbeitet, hat der fünf Jahre ältere Bruder Faruks, der ebenfalls arbeitet, eine Reihe der Verantwortlichkeiten des Vaters übernommen. Er ist selbst verheiratet und hat zum Zeitpunkt des Interviews zwei Kinder. Faruk lebt mit seiner Mutter, seiner jüngeren Schwester und der Familie des Bruders in einem Haushalt. Der Bruder führt gemeinsam mit seiner Mutter und seiner Ehefrau alle wesentlichen Planungen durch, renoviert etwa zum Zeitpunkt des Interviews die vor kurzem neu bezogene Wohnung nach Feierabend in Eigenarbeit, spart Geld für Familienprojekte in der Türkei und in der BRD etc. Wegen der Konflikte, in die Faruk mit Polizei und Justiz gekommen ist, war der Bruder mit ihm einmal bei der Jugendgerichtshilfe und einmal bei Gericht und hat auch dort seine Verantwortung für ihn zum Ausdruck gebracht.

I: Und wie kommst du mit deinem Bruder klar?
F: Ah prima. |2s| [lacht] |1 1/2s| Komm

F: damit/ich komm - persönlich mit den sehr gut klar weißt du. |5s| Dumme Margarine. |1s| Ich komm - mit den sehr gut - klar weißt du. Ah der versteht
I: Nicht schlimm. |1s|

F: das auch weißt du. Wenn einer nicht verstehen will, oder nicht verstehen kann ne, dann ist er/hast du meistens immer Streit ne. Und der versteht das auch ne. Weißt auch/der weiß |1s| weil das bei ihn auch vielleicht so gewesen ist ne, und der weiß daher daß er |1 1/2s| daß daß ich bißchen frei - leben muß weißt du. Da nicht unterdrückt werde ne. Wenn einer unterdrückt wird ein Jugendlicher, dann macht er immer alles verkehrt ne. Siehste. Daher kommt das. Ja der f |1s| versteht
I: Hmhm |1s|

F: das auch. Auch viele sagen das daß mein Bruder voll in Ordnung ist ne. Alle können ihn auch leiden ne. |1s| Weißt du. Weil er ruhig ist ne. hat nix gegen anderen weißt du, labert auch nichts über anderen weißt du, zieht auch nicht her, ist total ruhig. Für sich alleine immer ne. So ist er. Weil er - über niemanden
I: Hmhm |1 1/2s|

F: urteilen tut weißt du. Wenn einer fragt, nä weiß ich nicht. So ist bei ihm das - jedenfalls ne. [drückt Papiertüte zusammen] Ja Baby. So ist das.
I: Hmhm Hast du denn

I: schon mal mit dem auch Streit über - irgendwelche Sachen die du machst?
F: Ja wir hatten mal

F:Streit gehabt. Ja. War auch mein eigener Fa/fe/verkehrt hab ich ihn eine auf Fresse gekriegt. Von den. Ja macht nichts. Das ging über ein Mädchen
I: Warum habt ihr da Streit gehabt?

F: weißt du. |1s| Du dumme Tante ei.. Ich kam nicht nach Hause und so ne, |1s| da meint er ›warum kommst du nicht‹, ›du machst doch nur Ärger‹ und so ne, |1s| ja und dadurch hab ich ihn eine auf Fresse gekriegt ne. |2s| [lacht] Hab ich eine auf Fresse gekriegt, |1s| kam ich wieder zu Verstand. Sonst - guck mal in mein Leben waalso |1s| bis wie alt/also ich werd bald achtzehn. In diese Jahr ne. Zum Beispiel hat mich seit/seit mein Vadder ? also für seit - Geburt an hat mich keiner geschlagen. Sogar mein Vadder nicht ne. Er war der ä ä einzigste. Hat er bei mir entschuldigt und so, meint er ja ich war w wütend, ich wußte nichts mehr ne und so. |1s| [lacht]
I: Hmhm

I: Würdst du denn wenn der dir eine/wenn der dir eine scheppert würdst du den zurückschlagen? Hm?
F: M M |2s| Nä. Vielleicht hat der recht. Wü/Vielleicht hat der recht

F: mein ich. |1 1/2s| Zum Beispiel |1s| ohne Grund kannst du j sowieso niemanden zusammenschlagen oder? |1s| Kannst du nie. Muß immer n Grund geben oder |1s| der ist ja älter als ich ne, und der weiß auch wie das ist ne. Und der ist auch zu Hause immer weißt du. ? Bei mein Mutter und so ne. Und guck mal ich lauf immer rum. Ich mach nichts. Guck mal der macht die Dusche und so fertig, ich mach überhaupt gar nichts ne. Siehste. |1s| Ja und - wenn wenn Wirklichkeit was geben würde ne, |2s| und da wird er wohl bestimmt recht haben und - mir eins auf Fresse zu hauen. Ohne Grund wird er mir auch keine au - auf/eins auf Fresse ziehen. |2 1/2s| Wenn er o - wie - also - kein Grund gibt und haut mir ein auf Fresse ne, dann wird er auch s einsehen und - wieder selbst bei mir entschuldigen weißt du.

I: Hmhm
F: Ich hab kein Grund ihn eine auf Fresse ziehen. Wozu? Ja paar eh der ist paar Jahr älter als ich. Trotzdem ne. Hat er vielleicht kein Recht, aber trotzdem. |1s| Würd ich nicht machen. |1 1/2s| Vielleicht machen andere, aber ich nicht.

Meine Frage nach dem Bruder bezieht sich wie angeführt darauf, daß Faruk zuvor sagt, daß die zu Hause ihn auch nicht zwingen können, wenn er "keine Lust" habe, womit er auf das Verhältnis zwischen ihm und "zu Hause" bezüglich der Frage, mit wem er zusammen ist, zu sprechen kommt. Da der Bruder der ist, der v.a. für Regulationsversuche der Praxis Faruks in Frage kommt, knüpft die Frage in diesem Sinne an Faruks Darlegungen an und zielt auf die Thematisierung des allgemeinen Verhältnisses zwischen Faruk und seinem Bruder über die besondere Frage, mit wem er zusammen ist, hinaus.

Auf das Nachfolgende wird nun wie gesagt nicht im Detail eingegangen. Für die spätere Diskussion ist festzuhalten, daß sich bei genauerer Analyse ergibt, daß Faruk auf die Frage danach, wie er mit seinem Bruder "klarkommt", eine Begründung dafür liefert, warum er mit dem Bruder "sehr gut klarkommt", in der er das Verhalten des Bruders zu ihm in z.T. karikaturartiger Rede in der Form der Pädagogik als "Verstehen" faßt. Er entwirft den Bruder als an dieser Praxis Partizipierenden, mit dem er aufgrund dessen gut auskommt, und faßt sich selbst als "Jugendlichen" als adaequaten Adressaten dieser Praxis, so daß ihr Verhältnis zueinander als funktionierendes Verhältnis zwischen einem Pädagogen und einem Jugendlichen dem entspricht, worauf sozialpädagogische Arbeit in Erklärungen ihres Bestrebens zielt. Versteht man so die gegebene Begründung als sprachliche Fassung des Verhältnisses zwischen ihm und seinem Bruder, die zurückgreift auf die sprachlichen Formen, in denen in sozialpädagogischer Praxis ein Verhältnis zu dieser Praxis eingegangen wird, dann geht in dieser Begründung Faruk mit mir wiederum als Teilhaber an dieser Praxis um.

Im Anschluß faßt Faruk den Bruder als "ruhig" in dem Sinne, daß er "nix gegen anderen" hat, "auch nichts über anderen" "labert", "auch nicht herzieht". Er hält sich aus der Gerüchteküche und dem Klatsch[10] in den Migrantenzusammenhängen heraus. Formal ist bis hierhin und auch im weiteren Faruks Rede durch die Fortsetzung der zuvor hinreichend diskutierten Diskursivität gekennzeichnet.

Für die folgenden Sequenzen ist nun von Bedeutung, daß die sprachliche Fassung des Verhaltens des Bruders zu seinem Fehler in einer Form erfolgt, die über das Interview verteilt an verschiedenen Stellen bis hierhin des öfteren zu finden ist: Cavuş und Ferat, zwei genannte Jugendliche, "ziehen" anderen "keine aufe Fresse"; Faruk will "den Alten" "eine aufe Fresse ziehen"; seine Mutter hat Angst, daß er "eine aufe Fresse kriegt", und Faruk hat schließlich von seinem Vater "eine aufe Fresse gekriegt". Wenn ich in der Analyse von FKA I den Ausdruck "aufe Fresse ziehen" zusammen mit "rummotzen" und "schlecht aufgelaunt" als Besetzung einer Erklärungsform gedeutet habe, dann ist zugleich deutlich zu machen, daß Faruk, wie sich dort gezeigt hat, Limitierungen des Ausdrucks realisiert, wenn er im folgenden in der Rede über "Ausländerfeindlichkeit" dies als "schlechte Gedanken" und seine Reaktion auf "schlechte Wörter" als "nervös werden" faßt. Dies zeigt auch das Lachen an verschiedenen Stellen, in dem Faruk sowohl seinen Spaß an dieser Auseinandersetzungsform, in der er sehr erfolgreich ist, artikuliert, als auch die provokative Abgrenzung. Aber die verschiedenen Vorkommen des Ausdrucks bis hierhin und, worauf ich im Vorgriff verweise, im Nachfolgenden an Stellen, die nicht vorangig gekennzeichnet sind durch Probleme der Abgrenzung und provokativen

10 Was Faruk hier anspricht, wird im Türkischen als "dedikodu" bezeichnet. Zur Untersuchung von Klatsch als Sozialform vgl. Keppler 1987.

Auseinandersetzung, weisen darauf hin, daß Faruk in "aufe Fresse ziehen" bzw. "aufe Fresse kriegen" eine Form der sozialen Auseinandersetzung faßt, die Relevanz besitzt für seine Lebenspraxis und zu der er ein Verhältnis eingeht einerseits im Rückgriff auf diese sprachliche Form, in der drastisch artikuliert ist, daß wesentlicher Teil der Lebenspraxis und ihrer Bewältigung Gewalt ist, und andererseits im (antizipatorischen) Verhalten zum Verhalten anderer, also hier meinerseits zu dieser sprachlichen Form sei es im Lachen, sei es in wertenden Kommentierungen, wie da, wo er bezogen auf seinen Vater, von dem er ebenfalls "eine auf Fresse gekriegt" hat, sagt: "fand ich auch gut weißt du. Ganz ernst", worin deutlich zum Ausdruck kommt, daß diese Wertung mir von ihm nicht selbstverständlich als geteilte unterstellt wird.

Teil der Rede über den Bruder ist nun die Fassung eines Momentes ihrer Beziehung als "hab ich ihn eine aufe Fresse gekriegt." Wie verhält sich dies zu Faruks vorherigen Ausführungen? Dort hat er seinen Bruder im Verhalten zu sich als Pädagogen gefaßt, der "versteht", "weiß daß er frei leben muß", "nicht unterdrückt werden darf" und "über niemanden urteilen tut". Wenn Faruk das Verhalten des Bruders zu ihm als gewalttätiges faßt, dann ist dies nicht ohne weiteres verträglich mit der Rede zuvor, denn das pädagogische Repertoire, auf das er anspielt, sieht Schlagen und erst recht "aufe Fresse ziehen" nicht vor.

Bei genauerer Analyse ergibt sich, daß Faruk zuerst den Sachverhalt, daß er von seinem Bruder geschlagen worden ist, in einer Form äußert, in der er qua Lachen und schnellem Sprechen realisiert, daß das von ihm Gesagte mit der vorherigen Rede nicht verträglich ist. Zugleich bringt das Lachen auch das positive Verhältnis Faruks zu dieser Auseinandersetzungsform zum Ausdruck. Im folgenden reduziert er die Möglichkeit des Dissenses in der Bagatellisierung "Ja macht nichts.". In der Darlegung dessen, warum er und sein Bruder Streit gehabt haben, faßt er die Schläge des Bruders als einsichtige Folge des Konflikts. Dies läßt er aber als Antwort nicht stehen, sondern sieht sich durch die anschließende Pause zu weiteren Erklärungen veranlaßt, wobei er zunächst im Lachen Unsicherheit verarbeitet. Auffällig ist nun, daß er die Bearbeitung der Äußerung "auf Fresse gekriegt" als Herausarbeitung eines Verhältnisses dazu mit dem affirmativen Rückgriff auf eine Form beginnt – "Hab ich eine auf Fresse gekriegt, kam ich wieder zu Verstand – die wohl das Verhältnis des Elternhauses und der zugehörigen sozialen Zusammenhänge zum Schlagen als einer zulässigen Erziehungsform artikuliert. In der Fortführung aber spricht er dann von "schlagen" und dieses Schlagen des Bruders wird eine einmalige Entgleisung, der gegenübersteht, daß Faruk ansonsten in seinem Zuhause niemals geschlagen worden ist. Wenn Faruk etwas verkehrt gemacht hat, es sein Fehler war und man durch Schlagen wieder zu Verstand kommt, dann will die Entschuldigung des Bruders nicht so recht passen, obwohl natürlich nicht ausgeschlossen ist, daß der Bruder "Schlagen" selbst bei Fehlern für unangemessen hält. Im Hinblick auf den möglichen Einwand aber, daß das Verhalten des Bruders nicht zu dem Pädagogen paßt, als den ihn Faruk zuvor entworfen hat, ergibt die Fassung des Verhaltens des Bruders als einmaliger Ausrutscher einen guten Sinn, zumal er in der Manier eines guten Pädagogen seinen Fehler einsieht, erklärt und sich entschuldigt. Faruks Hintereinanderreihung der beiden Verhältnisse zum Schlagen läßt sich so als Kompromißbildung verstehen, in der er zunächst den Effekt des Schlagens benennt und daran festhält, daß im Sinne seiner Darlegung des Konfliktes es Gründe zum Schlagen gibt, um sodann den Bruder und also sein Zuhause als eines zu entwerfen, wie es sich der Pädagoge wünscht: Dort wird normalerweise nicht geschlagen.

Noch nicht eingegangen wird darauf, daß beim ersten Hören bzw. Lesen sofort auffällt, daß in einem Punkt das Gesagte Äußerungen, die Faruk ca. zwölf Minuten vorher gemacht hat, widerspricht. Er sagt, daß er sogar von seinem Vater nicht geschlagen worden sei, hat aber zuvor (Interview S. 17) gesagt, daß er wegen Anzeigen von seinem Vater "eins auf Fresse gekriegt" hat und dies "auch gut fand".

Man könnte fragen, ob Faruk schlicht lügt, aber dann wäre er ein schlechter Lügner. Mit einer solchen Annahme würde man jedoch nicht mehr verstehen, sondern man hätte nur eine moralische Bewertung zur Hand, eine vorschnelle zudem. Zum Schluß der Analyse von FKA I ist darauf hingewiesen worden, daß die Brüchigkeit der Rede Faruks, die gleichwohl einen guten Sinn als Auseinandersetzungsform mit dem Interview als Staatsapparat hat, in ihrer Bedeutung für Faruks Praxis zu klären ist. Auf die Frage, wie die Widersprüchlichkeit in der Rede hier zu verstehen ist, ist später zurückzukommen.

I: Würdst du denn wenn der dir eine/wenn der dir eine scheppert würdst du den zurückschlagen? Hm?
F: M M |2s| Nä. Vielleicht hat der recht. Wü/Vielleicht hat der recht mein ich.

Ich frage Faruk, ob er seinen Bruder zurückschlagen würde. Den ersten Ansatz der Frage breche ich wohl auf der Suche nach der angemessenen sprachlichen Form für "Schlagen" ab. Die schließlich gewählte Form "scheppern" ist mein Verhalten zur Form der Rede Faruks über gewaltförmige Auseinandersetzungen bis hierhin und im besonderen zu seinen Äußerungen zuvor. Als wahrnehmbare stilistische Annäherung ist es ein Verhalten zu den möglichen Distanzierungen mir gegenüber, die in Faruks Rede ebenfalls enthalten sind da, wo er im Lachen mein Verhältnis dazu austestet und in den verschiedenen Angeboten der eingehbaren Verhältnisse zum Schlagen zu verstehen gibt, daß dies für mich sinnvolle Möglichkeiten sein könnten. Ähnlich wie bei Faruk "Hab ich eine auf Fresse gekriegt, kam ich wieder zu Verstand" neben der Einordnung dieses Ereignisses als einmaliges "Schlagen", wofür sich der Bruder entschuldigt hat, steht, so steht in meiner Frage "scheppern" neben "zurückschlagen". Die Widersprüchlichkeit und Unübersichtlichkeit, die Faruk als Praxis der durchlaufenen Apparate, als Teil derer er das Interview bestimmt, erfahren hat und die er in seiner Rede zurückspiegelt, findet er in dem Nebeneinander der Formen "scheppern" und "zurückschlagen" bestätigt. Die betonte Jugendlichkeitsattitüde hebt die im Durchgang durch FKA I diskutierten Widersprüche nicht auf, sondern handhabt sie in einer Form, die die Fremdbestimmung der Jugendlichen in der gleichzeitigen Selbstentlastung qua formaler Annäherung zu kaschieren sucht, die jedoch, wie die Rede Faruks zeigt, ein Stück weit durchschaut wird.

Faruk antwortet direkt mit "M M" und nach |2s| Pause mit "Nä." Dies kommt dadurch zustande, daß er bei "M M" noch den Mund voll hat, danach schluckt und sodann spricht. Er würde seinen Bruder nicht zurückschlagen, denn "vielleicht hat der recht". Er wiederholt dies noch einmal auf meine Nachfrage "Hm?", wofür er einen Ansatz "Wü" fallen läßt, mit dem Zusatz "mein ich", worin er expliziert, daß er dies zuvor auch gesagt hat, daß es sich also um eine Wiederholung handelt. Faruk würde seinen Bruder aufgrund der Möglichkeit, daß dieser ihn zurecht schlagen könnte, nicht zurückschlagen. Mit seiner Antwort nimmt er nicht in Anspruch, dies selbst wissen und entscheiden zu können.

F: |1 1/2s| Zum Beispiel |1s| ohne Grund kannst du j sowieso niemanden zusammenschlagen oder? |1s| Kannst du nie. Muß immer n Grund geben oder |1s| der ist ja älter als ich ne, und der weiß auch wie das ist ne. Und der ist auch zu Hause immer weißt du. ? Bei mein Mutter und so ne. Und guck mal ich lauf immer rum. Ich mach nichts. Guck mal der macht die Dusche und so fertig, ich mach überhaupt gar nichts ne. Siehste.

Faruk erläutert seine Antwort weiter. "Zum Beispiel" ist hier im Hinblick auf das, was folgt, ein Pausenfüller in der Form der diskursiven Rede. Im Anschluß daran macht er eine Feststellung, die die Vernunft seiner Vermutung, daß der Bruder recht haben könnte, zum Vorschein bringt. Nun kann man besserwisserisch dagegen halten, daß ein Grund nicht unbedingt ein hinreichender Grund sein muß bzw. aus einem Grund noch kein Recht erwächst. Zunächst aber ist Faruks Äußerung wieder als Versuch der Begründung seines Verhaltens gegenüber dem Schlagen des Bruders in Auseinandersetzung mit mir zu verstehen. Erinnert man sich, daß Faruk schon zuvor die Logik des Schlagens darzulegen versucht hat, was er im Anschluß daran ein Stück weit wieder zurücknimmt, dann läßt sich seine Feststellung auch so verstehen, daß er gegenüber der schnell unterstellten Irrationalität, Unbegründetheit, Falschheit des Schlagens darauf besteht, daß es für das Schlagen aus seiner Erfahrung heraus immer einen Grund gibt.

Er wartet nicht auf eine Antwort auf das nachgestellte "oder?", sondern insistiert "Kannst du nie. Muß immer n Grund geben.". Kann man wie auch schon vorher sagen, daß dieses als Argument leer ist, dann stellt sich die Frage, was er hier sagt. Mag die Erfahrung Faruks mit Schlägen *eine* Erklärung sein, so artikuliert die Form der Äußerung, die es nahelegt, sie als leer beiseite zu schieben, auch die Erfahrung, daß man in einem zu spezifizierenden Sinne nichts ohne Grund tun kann. Im Durchgang durch FKA I habe ich diskutiert, wie Faruks Form der Rede bestimmt ist von der Auseinandersetzung mit der diskursiven Struktur der Umgangsformen der Apparate mit den Jugendlichen, wo jede Maßnahme stets in der Form des Begründeten durchgeführt wird. In diesem Sinne läßt sich die Äußerung Faruks auch hier verstehen. Was immer du tust, du kannst es nicht ohne Grund tun: "Muß immer n Grund geben." Versteht man dies nicht so sehr als allgemeine Äußerung, die abstrakt auf ihre Logik und Wahrheit hin zu befragen ist, sondern als Äußerung über soziale Verhältnisse, dann spiegelt Faruk die Forderung darin zurück, daß man für alles einen Grund haben muß, sei es als formale Bedingung der Durchsetzung des eigenen Strebens, sei es als Rechtdfertigung für etwas, was den Beifall derer nicht findet, die für alles Gründe fordern und wissen, was Gründe sind. In der Äußerung besteht Faruk also nicht nur auf seiner Erfahrung mit dem Schlagen, sondern er hält sie fest im Verweis auf einen Grundsatz des Gegenübers, der für diese Forderung, daß es für alles einen Grund geben muß, steht und sie ihm gegenüber im Interview praktiziert.

Diese mögliche Lesweise findet eine Bestätigung in dem folgenden "oder". Denn danach findet sich nach einer |1s| Pause ein Wechsel in der Begründung, warum Faruk nicht zurückschlagen würde, der auch formal abgehoben ist durch eine schnellere Sprechweise bis "Siehst du.". Verhält sich nämlich Faruk hier wie in FKA I zu dieser Forderung nach Begründung, dann ist die Forderung nach Gründen als Anspielung auf einen Grundsatz des Gegenübers ein "Grund", das, was folgt, ein anderer. Es muß immer einen Grund geben und man muß entsprechend suchen und anbieten, was ein Grund sein könnte.

Der Bruder ist "älter" als Faruk, "der weiß auch wie das ist", "der ist auch zu Hause immer", bei der "Mutter und so". Faruk aber "läuft immer rum" und "macht nichts". Der Bruder "macht die Dusche und so fertig", Faruk "macht überhaupt gar nichts". In der Gegenüberstellung finden sich vier "ne", einmal "weißt du" sowie zweimal "guck mal". Die Verhaltensweisen des Bruders, die Faruk anführt, sind jeweils mit der Impräzisierung "und so" versehen, so daß sowohl "zu Hause" bleiben "bei der Mutter und so" als auch "die Dusche machen" für einen indizierten, erschließbaren Zusammenhang steht. Faruk beendet die Gegenüberstellung mit "Siehste.", unterstellend, daß aus dem Gesagten deutlich wird, warum er den Bruder nicht zurückschlagen würde.

Wieso kann er dies unterstellen? Faruk führt das Alter des Bruders an. Den älteren Brüdern wird von den Jugendlichen, mit denen ich zu tun hatte, üblicherweise Respekt entgegengebracht und es wird oft auch hingenommen und für richtig befunden, wenn sie von diesen geschlagen werden. Das heißt, das höhere Alter kann bereits ein Grund sein nicht zurückzuschlagen.[11] Aber "der ist ja älter als ich" kann auch als Verweis auf die größere Erfahrung verstanden werden. Die nachfolgende Äußerung "der weiß auch wie das ist" läßt sich im Sinne einer solchen Bestimmung von "älter" lesen, wenn man die Hintereinanderreihung mit der koordinierenden Konjunktion "und" konsekutiv liest. Da es für die Proform "das" keine Bezüge im zuvor von Faruk Gesagten gibt, lese ich die Äußerung in dem Sinne, daß der Bruder weiß, wie das Leben und seine Anforderungen aussehen, also mehr Erfahrung hat. Wenn der Bruder "immer" "zu Hause", "bei der Mutter" ist, dann zeigt dies, daß er für die Familie Verantwortung übernommen hat. Er hat die Rolle des verstorbenen Vaters eingenommen und ist daher "bei mein Mutter und so", d.h. auch bei seiner Frau, seinen Kindern und der Schwester Faruks, für die er sorgt und eintritt. Dem stellt Faruk gegenüber, was er macht: "Ich lauf immer rum." "Rumlaufen" ist, wie in FKA I gesehen, sein Begriff für seine Praxis als arbeitsloser Jugendlicher. Indem er "rumläuft", übernimmt er nicht die Verantwortung für "zu Hause" wie der Bruder und macht in diesem Sinne "nichts". Der Bruder macht "die Dusche und so fertig" und in der Erledigung dieser Aufgabe sorgt er für die Einrichtung eines wohnlichen Haushalts.

Faruk redet hier von "Dusche und so" aus folgendem Grund: Zu Anfang der Analyse habe ich darauf hingewiesen, daß die Familie Fa-

11 Viele der Migrantenjugendlichen, mit denen ich zu tun hatte, gehen, wenn sie ältere Brüder haben, diesen aus dem Weg, Umgekehrt leisten sie aber deren Anweisungen in der Stadt oder zu Hause meist Folge. Zu verschiedenen Anlässen haben mir Jugendliche gesagt, daß sie es richtig und gut finden, wenn ihre älteren Brüder sie zur Rede stellen und kontrollieren, wenn sie verbotene Dinge tun, was nicht heißt, daß sie der Kontrolle nicht trotzdem aus dem Weg gehen. Aber sie sagen mit tiefem Ernst, daß ein älterer Bruder, der etwa mit seinem jüngeren Bruder zusammen trinkt oder gar stiehlt, gar kein richtiger Bruder sei. Als älterer Bruder hätte er den jüngeren davon abzubringen. Versucht man also auch, sich der Kontrolle zu entziehen, so hat man gleichzeitig vor dem Versuch doch Respekt. Teil der legitimen Kontrolle und Sanktionierung durch Brüder und Väter ist traditionsgemäß die Möglichkeit des Schlagens. Väter haben das Recht, ihre Frauen und Kinder zu schlagen, ältere Brüder besitzen dasselbe Recht gegenüber ihren jüngeren Geschwistern. Dies bedeutet natürlich nicht, daß sie dies laufend tun, wie dies in beliebten Phantasien über "Türken" wiederkehrend unterstellt wird, noch daß diese Traditon ungebrochen gültig ist. Faruks gebrochenes Verhältnis zu diesen Traditionszusammenhängen kommt etwa in dem später analysierten Gruppeninterview zum Ausdruck, wo er seinen Bruder gegenüber den anderen hervorhebt als jemanden, mit dem er alles tun kann. Darauf ist hier noch nicht einzugehen.

ruks zum Zeitpunkt des Interviews gerade umgezogen war. Der Bruder war damals noch mit einer Reihe von Renovierungsarbeiten beschäftigt. Einen Tag vor dem Interview hatte ich bereits einen Versuch unternommen, mit Faruk ein Interview durchzuführen, aber da lag er noch im Bett. Der Bruder nutzte meine Anwesenheit stattdessen dazu, mit mir einige sanitäre Einrichtungsgegenstände zu besorgen, da er u.a. eine Dusche in die Wohnung einbauen wollte. Von der Dusche ist also die Rede als Teil der Arbeiten des Bruders, den ich mitbekommen habe. Davon ausgehend wird mit "und so" auf die gesamten Renovierungsarbeiten des Bruders und damit auf seine Anstrengungen für die Familie und ihr Wohl verwiesen. Im Anschluß daran stellt Faruk demgegenüber noch einmal gesteigert heraus, daß er "überhaupt gar nichts" macht.

Nun sind in dieser Passage die Hintereinanderreihung der Verhaltensweisen und Eigenschaften des Bruders und des Verhaltens von Faruk sowie die verstärkten Adressatenbezüge mittels "ne", "weißt du" und "guck mal" auffällig. Die Äußerungen lassen sich zumindest doppelt interpretieren. Einerseits könnte man sie als Berufung Faruks auf die Erfahrung, die er mit seinem Bruder gemacht hat, verstehen: Weil der Bruder älter ist, Erfahrung besitzt, zu Hause bei der Familie ist und Verantwortung übernimmt, was darin deutlich wird, daß er für eine ordentliche Wohnung sorgt, ist davon auszugehen, daß er "vielleicht recht hat", da er sich auch sonst als verantwortungsbewußter Mensch erweist, was für Faruk selbst nicht gilt. Andererseits aber läßt sich die Aufzählung der Verhaltensweisen des Bruders auch verstehen als Verweis auf die von dem Bruder eingenommene Position des Vaters, sie drücken dies aus. Dies zusammen mit dem ohnehin höheren Alter des Bruders verbietet es, daß Faruk zurückschlägt, denn aus der vom Bruder eingenommenen sozialen Position ergibt sich für Faruk die Verpflichtung des Respekts und des widerspruchslosen Hinnehmens des Verhaltens des Bruders ihm gegenüber, zumal Faruk sich in seinem Rumlaufen und Nichts-Tun auch von dem Bruder abhängig macht, von seinem Geld lebt, sich eben wie sein Sohn verhält.

In den Äußerungen Faruks sind verschiedene Möglichkeiten des Verstehens gebunden, wobei die Form dieser Äußerungen als Verweise mittels Impräzisierungen es dem Hörer überläßt, die entsprechenden Zusammenhänge herzustellen. Den beiden Möglichkeiten entspricht aber ein unterschiedlicher argumentativer Status: Ist es das erfahrene verantwortungsvolle Handeln des Bruders, was Faruk daran hindert, sich zur Wehr zu setzen, dann würde er dieses Verhalten möglicherweise aufgeben, wenn der Bruder sich ändern würde, sein Handeln nicht mehr verantwortungsbewußt wäre. Demgegenüber beinhaltet der Verweis auf die soziale Position des Bruders nicht notwendig ein Urteil über das Verhalten des Bruders in dem Sinne, daß der Bruder aufgrund eines bestimmten, konkreten Verhaltens nicht zurückgeschlagen werden darf.

Es verbietet sich generell aufgrund der Position, die in dem zum Ausdruck kommt, was er tut. Beide Lesweisen sind im übrigen nicht alternativ in dem Sinne, daß Faruk entweder aus dem einen oder anderen Grund es ablehnt, den Bruder zurückzuschlagen. Es kann sein, daß Faruk den Bruder aufgrund seiner sozialen Position aus Respekt nicht zurückschlagen will, zugleich dieser Respekt aber in dem verantwortungsvollen Handeln des Bruders ein materiales Fundament hat.

F: |1s| Ja und - wenn wenn Wirklichkeit was geben würde ne, |2s| und da wird er wohl bestimmt recht haben und - mir eins auf Fresse zu hauen. Ohne Grund wird er mir auch keine au - auf/eins auf Fresse ziehen. |2 1/2s| Wenn er o - wie - also - kein Grund gibt und haut mir ein auf Fresse ne, dann wird er auch s einsehen und - wieder selbst bei mir entschuldigen weißt du.
I: Hmhm

Mit der Gliederungsform "Ja und" stellt Faruk den Wiederanschluß der Aufzählung und Gegenüberstellung seiner und des Bruders Verhaltensweisen an die Fragestellung her. Wenn es tatsächlich dazu käme, daß der Bruder ihn schlägt, dann wird der Bruder "wohl bestimmt recht haben", ihm "eins auf Fresse zu hauen". Faruk hat den Bruder dargestellt als jemand, der älter ist, Erfahrung besitzt und Verantwortung des gestorbenen Vaters übernimmt. Hier kann er nun die Verknüpfung herstellen zwischen dem Anfangsargument – "ohne Grund kannst du j sowieso niemanden zusammenschlagen. . . muß immer n Grund geben" –, das ja auch leer war, und den Charakterisierungen des Bruders. Zumindest der Bruder wird "ohne Grund" nicht zuschlagen. Nach der |2 1/2s| Pause fügt er hinzu, daß der Bruder, falls er Faruk ohne Grund geschlagen haben sollte, es selbst einsehen und sich bei Faruk entschuldigen wird. Mit dem "wieder" verweist er auf seine Äußerungen zuvor, wo er gesagt hat, daß der Bruder sich in dem dargelegten Streit mit ihm entschuldigt hat. Er hat also auch aus seiner Erfahrung heraus Anlaß zu der Annahme, daß der Bruder dies tun wird.

Faruk hat eine ausführliche Erklärung gegeben, warum er nicht zurückschlagen würde, deren Einsichtigkeit er selbst zwischendurch mit "Siehste" hervorhebt, und so mag es sich erklären, daß er auch zu der Form "auf Fresse ziehen/hauen" zurückkehrt, die er zwischenzeitlich zugunsten von "schlagen" und "zusammenschlagen" fallengelassen hat. Er hat mit Bezug auf die Eigenschaften und Verhaltensweisen des Bruders und auf die Erfahrung, die er mit ihm gemacht hat, begründet, warum der Bruder ihn nicht ohne Grund schlagen wird. Seine Äußerungen scheinen also die Lesart, daß er wegen der sozialen Position des Bruders nicht zurückschlagen würde, unwahrscheinlich zu machen, denn das Argument, der Bruder wird "wohl bestimmt recht haben", ergibt nur einen Sinn, wenn sich das Handeln des Bruders auf Erfahrung stützt. Die bloße Einnahme einer Position führt nicht dazu, daß man von jemand annimmt, daß er mit seinen Entscheidungen recht haben wird. Andererseits nimmt Faruk in dieser selben Begründung entsprechend seinem Einstieg – "vielleicht hat der recht" – für den konkreten Fall, in dem der Bruder ihn schlagen könnte, für sich selbst kein Urteilsvermögen dafür in Anspruch, ob der Bruder ihn zurecht schlägt oder nicht. Der Bruder wird "wohl bestimmt recht haben" und auch die Entscheidung darüber, ob er einen Grund hatte oder nicht, liegt bei ihm. Er wird es dann einsehen und sich bei ihm entschuldigen.

> F: Ich hab kein Grund ihn eine auf Fresse ziehen. Wozu? Ja paar eh der ist paar Jahr älter als ich. Trotzdem ne. Hat er vielleicht kein Recht, aber trotzdem. |1s| Würd ich nicht machen. |1 1/2s| Vielleicht machen andere, aber ich nicht.

Nach meinem Verstehenssignal sagt Faruk, daß er – im Gegensatz zu seinem Bruder – keinen Grund hat, diesem "eine auf Fresse (zu) ziehen". Gefragt ist nicht, ob er seinen Bruder schlagen würde, sondern ob er ihn zurückschlagen würde, so daß entsprechend seine Äußerung noch darauf zu beziehen ist. Er sagt also, daß er keinen Grund hat, in Reaktion auf Schläge des Bruders zurückzuschlagen, daß diese keinen hinreichenden Grund darstellen. Das rhetorische "Wozu?", worauf sich nach Faruks Ausführungen eine Antwort erledigt hat, ist Auseinandersetzung mit meiner Frage, die von ihm also als aus der Perspektive gestellt gehört wird, daß ein Zurückschlagen erwartbar, verständlich, gerechtfertigt o.ä. wäre. Er verweist noch einmal darauf, daß der Bruder ein paar Jahre älter als er ist, und unterstreicht dieses mit "Trotzdem ne.", indem er darin alles, was möglicherweise gesagt werden könnte, als nicht hinreichend kennzeichnet, um diese Tatsache in ihrer Bedeutung aus der Welt zu schaffen. Sodann antizipiert er einen solchen potentiellen Einwand, für den er eine möglicherweise bestehende Berechtigung im Positionsausdruck "vielleicht" konzediert, um dann zu wiederholen: "aber trotzdem. |1s| Würd ich nicht machen." Selbst wenn der Bruder möglicherweise kein Recht hat, würde er trotzdem den Bruder nicht schlagen. Und formal sehr ähnlich wie in FKA I endet die Passage hier: "Vielleicht machen andere, aber ich nicht." Dort hatte er gesagt: "Vielleicht bei die anderen nicht ne, aber bei mir ist das so . . . Vielleicht denken die schlecht da, ich nicht."

Machten Faruks Ausführungen zuvor die Lesart unwahrscheinlich, daß er seinen Bruder aufgrund seiner sozialen Position nicht zurückschlagen würde, so erfährt diese Lesart hier wieder ihre Berechtigung. Nichts reicht hin, um in seiner Bedeutsamkeit aus der Welt zu schaffen, daß der Bruder älter ist. Aber die letzten Äußerungen machen noch mehr deutlich. In der Antizipation und Einräumung der möglichen Geltung des Einwandes zeigt sich, daß die Mehrdeutigkeit von Faruks Begründungen, warum er nicht zurückschlagen würde, selbst eine zentrale Problemlage in seiner Auseinandersetzung mit der Frage als Interviewfrage artikuliert. Wenn er sagt, daß die Bedeutung dessen, daß der Bruder älter ist, nicht dadurch aufzuwiegen ist, daß der Bruder möglicherweise kein Recht hat, oder durch andere Einwände, und wenn er am Schluß sagt "Vielleicht machen andere, aber ich nicht.", dann entledigt er sich der Mehrdeutigkeiten und Probleme möglicher Begründungen für sein Verhalten mit einem Streich, ähnlich wie in FKA I, wo er alle Kumpel wieder rufen würde. Man kann die letzte Äußerung so verstehen, daß er nach wie vor ein anständiger Jugendlicher ist, der sich Respekt vor seinem älteren Bruder bewahrt hat. Ich verstehe sie aber auch parallel zu FKA I als Verweis auf "die anderen", mit denen ich gesprochen haben mag. Was immer diese getan oder gesagt haben mögen, er verhält sich so nicht und ist also auch kein Beleg für etwas, worauf ich in meiner Untersuchung möglicherweise ziele und was ich vielleicht für richtig halte.

Faruk entledigt sich der Probleme, indem er gegen alle möglichen Einwände die Bedeutung des Alters herausstellt. Betrachtet man den antizipierten Einwand, dann fällt auf, daß er genau das konzediert, was er von Anfang an mit großem Aufwand zurückzuweisen versucht. Er beginnt mit "Vielleicht hat der recht", sodann betont er, daß es immer einen Grund geben muß, und im Anschluß an die Charakterisierung des Bruders im Vergleich zu ihm sagt er, daß der Bruder "wohl bestimmt recht haben wird". Es zeigt sich, daß er die Frage als implizite Infragestellung des Rechtes des Bruders, ihn zu schlagen, hört. Aufschlußreich ist die Form seiner Auseinandersetzung damit. Es hat sich im Durchgang durch den Text gezeigt, daß er nach dem "Vielleicht hat der recht" zunächst auf der Erfahrung, daß Schlagen nicht schlicht zu verwerfen ist, in der Form insistiert, daß er die im pädagogischen Alltag gegenwärtige Forderung, daß es für alles einen Grund geben muß, aufgreift und das Schlagen als dieser Logik ebenfalls unterliegend faßt. Sodann folgt die Charakterisierung des Bruders im Kontrast zu Faruks Verhaltensweisen als Begründung dafür, warum der Bruder "wohl bestimmt recht haben wird". Hier ist auf den unterschiedlichen argumentativen Status der beiden dargelegten möglichen Lesweisen zurückzukommen.

Bezogen auf die Lesweise, daß es Faruks Erfahrung mit dem Bruder ist, die ihn davon abhält zurückzuschlagen, habe ich gesagt, daß diese die Möglichkeit enthält, daß Faruk sein Verhalten ändern könnte, wenn die Erfahrungen sich ändern. In diesem Sinne ist Faruks Argumentation erfahrungsoffen. Es sind Konstellationen denkbar, in denen er sich anders verhalten würde, v.a. ist das Verhalten des Bruders Gegenstand eines Urteils durch Faruk. Demgegenüber verbietet in der anderen Lesweise die soziale Position des Bruders, ausgedrückt in seinem Verhalten, ein Zurückschlagen Faruks unabhängig von bestimmtem, konkretem Verhalten, dieses ist nicht Gegenstand eines Urteils durch Faruk. Es handelt sich also einerseits um eine Argumentation, die erfahrungsoffen ist und insoweit eine Begründungsanstrengung darstellt, in der das Schlagen nicht prinzipiell verwerflich ist, sondern mit Verantwortung zu geschehen hat. Andererseits handelt es sich um den Verweis auf die aus einer sozialen Position folgenden Rechte, womit gleichzeitig der Sozialzusammenhang, in dem die Rechte aus dieser sozialen Position folgen, als gültig gesetzt wird. Dieses Argument ist nicht erfahrungsoffen, das Recht zu schlagen ist nicht gebunden an einen jeweils zu beurteilenden verantwortungsvollen Umgang damit.

Die Ambivalenz des von Faruk Gesagten in der Hintereinanderreihung der Verhaltensweisen des Bruders im Kontrast zu den seinigen ist artikuliert in dem schnellen Sprechen sowie den gehäuften Adressierungsformen. Es handelt sich um einen Verweis auf die Position des Bruders, in dem die Erfahrung, daß der Verweis allein nicht mehr ausreicht und daß die sozialen Zusammenhänge, aus denen heraus bestimmte Verhaltensweisen legitim bzw. illegitim sind, selbst reflexiv gebrochen sind, in eben dieser Hintereinanderreihung artikuliert ist, die die soziale Position des Bruders zugleich in der positiven Erfahrung damit sich ausdrücken läßt. Vergleicht man dies mit Şemis sprachlichem Aufwand, dann antwortet dieser auf die Frage, warum er seinem Vater nichts sagt, nur "Das ist mein Vater weißt du." und fährt fort, daß er ihn nicht beschämen will und ihm folglich nicht widerspricht. Im Vergleich zu Şemi kommt bei Faruk bereits in dieser Reihung deutlich die Wahrnehmung der Explikationspflichtigkeit sozialer Verhältnisse zum Ausdruck.

An die im Gesagten enthaltenen Möglichkeiten anschließend knüpft Faruk zunächst wie gezeigt an die erfahrungsoffene Version an, der Bruder "wird wohl bestimmt recht haben". Gleichzeitig nimmt Faruk aber einen Teil der Konsequenzen dieser Möglichkeit zurück, denn er nimmt für sich kein Urteilsvermögen hinsichtlich des Verhaltens des Bruders in Anspruch, weder für die Frage, ob der Bruder recht hat, noch für die, ob er einen Grund hat. Der Bruder wird dies einsehen, nicht Faruk. Das bedeutet aber, daß die Konsequenzen aus dieser ansatzweise erfahrungsoffenen Argumentation die gleichen wie aus dem Verweis auf die soziale Position des Bruders sind: Faruk wird auf keinen Fall zurückschlagen und die Entscheidung darüber, wie das Verhalten des Bruders hinsichtlich seiner Rechtmäßigkeit zu beurteilen ist, liegt bei dem Bruder. Faruk grenzt also die potentiellen Konsequenzen des von ihm Gesagten darauf ein, daß es aufgrund seiner Erfahrung nicht sinnvoll ist, verantwortungsloses Handeln des Bruders anzunehmen, und grenzt die mögliche Folgerung aus, daß ihm selbst es zusteht, abhängig von jeweils konkretem Verhalten darüber zu urteilen, ob sein Bruder sich ihm gegenüber richtig verhält.

Daß die Ambivalenzen seiner Rede, die Eröffnung von Möglichkeiten und ihre Eingrenzung aber intern bestimmt sind davon, daß soziale Verhältnisse und Verhalten darin explikationspflichtig sind und daß in dem Feld, in dem diese Explikationspflichtigkeit erfahren und gelernt worden ist und dem das Interview zugehört, Schlagen grundsätzlich als unberechtigt gilt, wird deutlich am Ende, wo Faruk das Alter des Bruders als sozial bedeutsame Tatsache für die Regulation seines Verhaltens dem gegenüberstellt, daß er weiß, daß auf dem Feld der Begründung als sozialer Praxis der Bruder "vielleicht kein Recht" hat. Er stellt sich also der Herausforderung der Frage, die gehört wird als normative Frage nach dem Recht des Bruders zu schlagen, indem er sich auf die Explikations- und Begründungspflicht einläßt – was auch hier formal deutlich wird in den diskursiven Redeformen: "vielleicht", "zum Beispiel", "oder?", "Siehste", "wohl bestimmt", "wozu?", "trotzdem", "vielleicht", "aber trotzdem" –, nimmt zugleich Beschränkungen für mögliche Folgen aus dieser Form der Auseinandersetzung vor, um so daran festzuhalten, daß Schlagen eine legitime Form der Behandlung durch den Bruder ist, und gibt schließlich zu verstehen, daß er, was immer man gegen das Schlagen des Bruders und sein Verhalten dazu vorbringen kann, daran festhalten wird, daß er den Bruder als Älteren nicht zurückschlagen wird und entsprechend der Bruder wohl doch ein Recht hat, wenn auch vielleicht nicht nach Maßstäben, die für solche Begründungspraxen gelten.

Faruk läßt sich also hier wie in FKA I auf das Interview ein, indem er es in der Form seiner Auseinandersetzung damit deutlich als Legitimationsveranstaltung parallel zu anderen Apparaten, die er durchlaufen hat, erfährt und zu bewältigen sucht. Er sucht die Erfahrung, daß das Schlagen des Bruders und das Hinnehmen dieser Schläge sinnvoll sind, durch ihre sprachliche Fassung in den Formen, mit denen er in den Apparaten konfrontiert ist, akzeptabel zu machen. In geteilten Formen sucht er die Differenz der Erfahrung durchzuhalten.

Ich beende die Analyse des Ausschnitts FKA II an dieser Stelle. Festzuhalten ist ein Punkt, auf den ich später noch einmal zurückkommen möchte. Wenn Faruk zur Demonstration der Rechtmäßigkeit des Schlagens des Bruders seine Verhaltensweisen in der Weise anführt, daß sie zugleich als Verweis auf das allgemein verantwortungsvolle Verhalten und auf die soziale Position des Bruders verstanden werden können, dann liegt es nahe zu vermuten, daß Faruks Festhalten an der Bedeutsamkeit des Alters und der Position des Bruders und entsprechend daran, daß er ihn nicht zurückschlagen würde, seine Grundlage in der materialen Ausfüllung der sozialen Position durch den Bruder in der Übernahme von Verantwortung hat. Daß das Recht des Bruders zu schlagen und der Respekt vor dem Bruder nicht mehr fraglos gegeben ist, zeigt Faruks Auseinandersetzung mit der von mir gestellten Frage. Was ihn darüberhinaus am Respekt vor dem Bruder festhalten lassen mag, wird noch einmal später nach der Beendigung der Analyse des Gruppeninterviews von Interesse sein.

5.3 FKA III: "Das ist wieder ganz anders als so wie ich meinte . . ."

Der Abschnitt FKA III beginnt, nachdem Faruk auf entsprechende Fragen dargelegt hat, daß er mit seiner Schwester gut auskomme, daß er nicht glaube, daß er auf sie aufpassen müsse, weil sie selber wisse, was passiere, wenn er sie irgendwo beim Schuleschwänzen oder nach der Schule sähe. Er erklärt, was er machen würde, wenn die Schwester "abhauen" sollte, daß deutsche Mädchen "keine Ehre oder keinen Stolz" hätten, er entsprechend kein deutsches Mädchen heiraten würde, da selbst, wenn dieses sich anpassen wolle, dies nicht klappen könne, da immer irgendein Punkt bliebe. Türkische Mädchen aber wüßten, wie sie "ungefähr" seien. Er begründet dies u.a. auch damit, daß deutsche Mädchen nicht in ihre Religion könnten, und sagt auf Nachfrage, daß ihm und der Familie Religion viel bedeute, allerdings nicht als religiöse Praxis, sondern als "innerlicher Glaube" an Gott. Demgegenüber habe er vor allem in der Schule erfahren, daß viele Jungen oder Mädchen auf ihre eigene Religion keinen Wert mehr legten und deshalb mit ihnen Streit bekommen, da ihre abschätzige Rede über Religion ihn aufgeregt habe, so daß es zu Schlägereien gekommen sei bzw. bis dahin , wo er diesen eine "auf Fresse" gehauen habe, und dann seien sie ruhig gewesen.

I: Hast du denn - hier in Osnabrück schon |1 1/2s| selber irgendwie erlebt eh daß - in irgendner Familie - das Problem mit Mädchen gegeben hat? |2s|
F: Wie meinst du

F: das jetzt?
I: Ja daß irgendwie |1s| weil du das eben sagtest also es gibt Familien wo -

I: das irgendwie schief - läuft. Also daß irgendwie n Mädchen abhaut oder entführt wird oder so was.
F: Ja natürlich. |1s| Ich kenn doch. Unsere Nachbar. |1s| Seine F/Mädchen ist abgehauen.

F: d drei Tage später kommt er wieder nach Hause, ↗ja↙, alle haben gesagt: So ne Schande. So <u>die</u> Mädchen nimmt er noch die Familie auf. |2s| Weißt du die haben alle <u>schlechte (Wort/Grund)</u> drüber geredet. Alle haben <u>schlecht</u> darüber geredet.
I: Hm?

F: |2s| Siehste. |2s| Hat der Vadder/der hatte zwei - zwei Töchter und ein Sohn. Zwei Söhne mein ich. Die sind klein noch. Was will die da machen? |5s| [zündet sich in Pause Zigarette an] ? |1s| Nichts. |1s|
I: Was <u>hat</u> denn die Familie dann gemacht? Hmhm

F: Das ist ja wieder ganz anders als so wie ich meinte. Wenn mein Schwester was machen würde ne. Guck mal bei mir ist das ganz anders. Die Familie die kann sich auch raus<u>reden</u> weißt du. Verstehst du. Das ist - die Familie is |1s| <u>Teufel</u> weißt du.

Şeytan. Richtig Teufel ist das ne. Weißt du. Und solche Familie ist das ne. Und solche Familie kann sich immer wieder rausreden. Aber wir, wenn wir w sofort was haben, |1/2s| also m meine Familie sag ich so mal ne, wenn wir was haben ne, sofort wird das rumgesprochen weißt du. Und ich hab kein Vadder weißt du. Daher ne. Und mein Vadder weißt du, m ? ? also - wirklich - wie soll ich sagen? Alle g/ viele kennen den. Sehr viele (wohl) ne. Zu den haben die immer |1s| eh Kürd-Çetin gesagt weißt du. |1s| Kürd - Çetin - haben die immer gesagt weißt du. Und dajher

I: Hmhm

F: - ↗ja↙ - kommt das so weißt du. Verstehst du daß - auf - /und unsere Familie ist - mein Opa sogar ne, sehr große Familie weißt du. |2s| Also wirklich sehr - große Familie war das und der/die waren - wie soll ich sagen? Das waren auch reiche Familie weißt du. Verstehst du. Und daher. Kommt/würd ich auf meine Familie nichts an |1s| also keine Schande [geflüster] zukommen - lassen. Der

I: Hmhm |1 1/2s| Weißt du denn

I: auch noch

F: Typ der da also/das ist auch mein Onkel ne. Also nicht richtiger Onkel ne. Mein Onk/Opa hat ihn einfach aufgenommen ne. Und hat - unsere |1/2s| Familiennamen angegeben. Öztürk ne. Guck mal. Eh ja. Das sind Teufel weißt du. Verstehst du und - für die ist das scheiß egal. Das waren alles |1s| Sklaven kannste sagen. Ne so - Diener weißt du für - bei mein Opas - wo also eh - Reichtum, in Reichtum - bei mein Opa waren die alle - die ganzen Bekannten die hier im Bundes eh Osnabrück - sind ne, von mir ne, das sind alles - Diener von mein dings. Opa. Diener. So Sklaven weißt du. |1s| Mein Opa? D ha. |1s|

I: Was hat der denn gemacht dein Opa?

F: war n großer Typ war das. Der hat Dings n Dorf oder so was gehabt ungefähr ne. Verstehst du. |1s| Und alle hatten Ang/Angst gehabt. Wenn die Hasan/Hasan

I: Hmhm

F: Ağa haben die zu den gesagt ne. Und wenn die das da gehört haben sofort Angst und so ne. Der war reich war der weißt du. Der hatte zu viel/so viele Grundstücke und so gehabt ne. |1s| Daher weißt du. |1s| Ja.

I: Warum ist denn dein Vater dann da

I: weggegangen? |1s|

F: Mein Va/Opa war geizig. |1 1/2s| Verstehst du. Der wollte immer

F: mehr und mein Vadder meinte Ja ich fahr im Bundesrepublik und - bring di ein -dings - weißt doch wo Kartoffeln reingetan wird so in solche -/Einen Sack voll

I: Sack.

F: |1s| Geld meint er bring ich dir. Und das hat er auch in Wirklichkeit getan. |2s|
I: Hmhm

Nachdem Faruk sich zuvor über Religion und Bedeutung des Glaubens geäußert hat, frage ich danach, ob er selbst schon erlebt hat, daß in "irgendner Familie - das Problem mit Mädchen gegeben hat". Mit der Partikel "denn" gebe ich zu verstehen, daß das von Faruk Gesagte darüber noch keinen Aufschluß gibt, ob es aus eigenem Erleben resultiert. Die Pause von |1 1/2s|, das dreimalige Stocken, der Füller "eh" sowie die Formen "irgendwie" und "irgendner" zeigen wie die Fassung "das Problem mit Mädchen" meine eigene Unsicherheit im Hinblick auf das an, was ich erfragen will. Ich versuche, gegenüber Faruk kein Verhältnis zu dem von ihm bis dahin Gesagten deutlich werden zu lassen, indem ich in der dunklen Formulierung "das Problem mit Mädchen " sowie dem Modaladwerb und der adjektivischen Pronominalform den Horizont des Erfragten so vage wie möglich abstecke und so die Möglichkeit der Distanzierung von den gewählten Formen offen halte.

Das entspricht der Form, in der ich zuvor im Interview in Bezug auf die Schwester Faruks danach gefragt habe, ob er das Gefühl hat, daß er auf sie aufpassen muß, wenn die Schwester "so |1s| meinetwegen - nach der Schule oder so wenn die rausgeht und ähnliches" (Interview S.26). Aufgrund dieser Form der Frage und aufgrunddessen, daß sie unvermittelt auf etwas zurückkommt, was zuletzt nicht mehr in Faruks Äußerungen Thema war, versteht er die Frage auch nicht. Nach |2s| fragt er: "Wie meinst Du das jetzt?"

Ich beginne die Erläuterung der Frage mit "ja", damit einklagend, daß sich die Frage auf etwas uns beiden gemeinsam Verfügbares bezieht. Als Form bearbeitet dies die explizite Reparaturaufforderung Faruks und bestreitet, daß die Frage in ihrer Form opak ist. Die weitere Rede setzt jedoch die Vagheit der Form fort: Es finden sich drei "irgendwie", zwei Gliederungspartikel "also", eine Pause, zweimaliges Absetzen und die Äußerung endet mit der Impräzisierung "oder sowas". Den Ansatz zur Paraphrase des Objektsatzes der Frage breche ich nach "irgendwie" ab und erkläre sodann, die Frage hätte ihren Grund in von Faruk Gesagtem, was aber nur bedingt zutrifft. "also es gibt Familien wo - das irgendwie schief - läuft" mag noch anknüpfen an die Passage, wo Faruk im Kontext der Rede über deutsche Mädchen sagt: "persönlich die Türken weißt du, da gibts/sind auch welche drunter von n Türken ne, daß die überhaupt kein Stolz mehr haben ne." und etwas später "Ja von Türken gibts auch solche Schweine die - keine Ehre haben oder kein Stolz weißt du." (Interview S.27) Aber meine Fassung dieses Komplexes als "das irgendwie schief läuft" und die Anstrengung, die Frage aus Faruks Äußerungen heraus zu begründen, ist der Versuch, sich überhaupt einer Wertung zu enthalten, indem für die Proform "das" kein Bezug hergestellt wird und das "schief" als selbst ungenaue Charakterisierung gefaßt wird, die es mir jederzeit möglich macht, mich wieder davon zu distanzieren. Die Paraphrase von "das irgendwie schief läuft" ist in der gleichen Form gehalten: "also daß irgendwie n Mädchen abhaut oder entführt wird oder sowas." Durch "irgendwie" und "oder so was" wird "n Mädchen abhaut oder entführt wird" als Form bestimmt, die nur äußerst vage einen Zusammenhang indiziert, der u.U. ganz anders gefaßt werden müßte. Da es aber nicht stimmt, daß Faruk zuvor gesagt hat, daß es solche Familien gibt, wo das "Mädchen abhaut oder entführt wird", er wohl aber in Bezug auf die Schwester von "abhauen" gesprochen hat, ist die Frage zu deuten als Versuch meinerseits, einen Bereich weiter zu thematisieren, den ich schon bezogen auf die Schwester vage und vorsichtig angesprochen habe, von dem ich nicht ablassen möchte, zu dem mich zu verhalten ich aber gleichzeitig Angst habe. Ich suche dies durch Formulierungen zu umgehen, die vage sind, für die ich mir die Option offen halte, mich davon zu distanzieren, und für die ich zusätzlich die Verantwortung Faruk zuschiebe, indem ich unzutreffenderweise behaupte, daß er etwas gesagt habe, was meine Äußerungen begründet.

Der Versuch, den Zwang, in der Frageform immer auch ein Verhältnis zu jeweils bereits Gesagtem eingehen zu müssen, in der hier gekennzeichneten Form zu umgehen, resultiert so darin, mich implizit von Faruk zu distanzieren, indem ich "das Problem" als von ihm aufgebracht kennzeichne, von dem ich erst vage, undeutlich sehe, was für ein Problem es ist. Damit aber habe ich Position bezogen zumindest in dem Sinne, daß ich zu den von Faruk dargelegten Konflikten nicht das gleiche Verhältnis wie er eingehe, gerne darüber mehr wissen möchte, aber auch Angst vor der Brisanz des Themas und möglicherweise daraus resultierenden Konflikten habe. Parallel zum Ende meiner Äußerungen "oder so was" antwortet Faruk bereits "Ja natürlich", mit dem "natürlich" darauf reagierend, daß die Partikel "denn" dieses Erleben durch Faruk nicht für selbstverständlich erklärt und damit in Frage stellt, daß, wenn die Äußerungen Faruks selbst bzw. das, was ich zu seinen Äußerungen erkläre, als anzunehmende Voraussetzung eigenes Erleben haben, Faruk diese möglicherweise nicht erfüllt.

F: Ja natürlich. |1s| Ich kenn doch. Unsere Nachbar. |1s| Seine F/Mädchen ist abgehauen, d drei Tage später kommt er wieder nach Hause, ↗ja↙, alle haben gesagt: So ne Schande. So die Mädchen nimmt er noch die Familie auf. |2s| Weißt du die haben alle schlechte (Wort/Grund) drüber geredet. Alle haben schlecht darüber geredet.
I: Hm?

F: |2s| Siehste. |2s| Hat der Vadder/der hatte zwei - zwei Töchter und ein Sohn. Zwei Söhne mein ich. Die sind klein noch. Was will die da machen?

Nach |1s| Pause sagt er "Ich kenn doch", in der Partikel "doch" den Gegensatz zu der der Frage unterliegenden Annahme ausdrückend, daß Faruk möglicherweise nicht dergleichen erlebt haben könnte. Bereits im nächsten Umfeld kennt Faruk einen Fall, den Nachbarn seiner Familie. Das Mädchen des Nachbarn ist "abgehauen" und nach 3 Tagen wieder nach Hause gekommen. Mit "ja" mit ansteigender Stimme kennzeichnet Faruk die Evidenz der Folge dessen - "alle haben gesagt" - und die Übereinstimmung dieser Folge mit den von ihm zuvor gemachten Ausführungen zu den Konsequenzen, die es haben würde, wenn seine Schwester von zu Hause "abhauen" würde. Entsprechend ist hier "abhauen" zu verstehen parallel zu der Rede über die Schwester und meint "abhauen mit jemandem", mit einem "Typ", also einem Mann. Ebenfalls hat Faruk bereits zuvor die Rückkehr nach drei Tagen kommentiert: "das ist ja noch voll schlechter."

Faruk äußert sich hier zur Rolle der Mädchen für die Familien. Die Ehre der Familie hängt davon ab, daß die Töchter als "Jungfrauen" in die Ehe gehen und es ist Aufgabe des Vaters und ihrer Brüder, diese Ehre zu verteidigen, d.h. u.a. auf die Schwester insoweit aufzupassen, daß sie keinen Freund hat, sich mit einem solchen nicht heimlich trifft etc., da all dies zur Folge haben kann, daß die "Jungfräulichkeit" der Tochter verloren geht. "Abhauen" bzw. "Entführung" sind Mittel und Wege für die Mädchen, wenn sie einen Freund oder eine vor der Familie verheimlichte Liebe haben, eine Ehe gegen den Willen der Familie durchzusetzen, indem sie mit dem betreffenden Mann Geschlechtsverkehr haben und damit der Familie keine andere Wahl lassen. Nach dem ersten Zorn, der unterschiedlich lange anhalten kann, wird die Familie den Schwiegersohn anerkennen müssen bzw. umgekehrt, wenn die Tochter zurückkehrt, darauf drängen müssen, daß der betreffende Mann die Tochter heiratet, da sonst die Ehre der Familie noch beschädigter ist insofern, als für die "unehrenhafte" Tochter nur noch ein Mann mit wenig Ansehen gefunden werden kann.

Die Rückkehr nach drei Tagen ist also "noch voll schlechter", da die Familie sodann eine Tochter bei sich hat, die in ihrer "Unehrenhaftigkeit" stetige Präsenz der Schande der Familie ist. Diese versucht von daher häufig, sie so schnell wie möglich zu verheiraten. Eine andere Möglichkeit der Reaktion benennt Faruk zuvor da, wo er darüber redet, wie er auf seine Schwester in einem solchen Falle reagieren würde, er würde sie "abstechen" bzw. "aufhängen". Den Eltern und Jugendlichen ist also die Tradition präsent, nach der die Ehre ein Stück weit durch das Umbringen der Tochter bzw. Schwester und des beteiligten Mannes wiederherstellbar ist. Diese Tradition ist für Jugendliche wie Faruk u.a. präsent in diversen türkischen Videofilmen, wo in dramatischer Zuspitzung Vätern oder Brüdern nichts übrig bleibt, als ihre tragische Rolle auszufüllen. Allerdings würde ich Faruks Bezug auf diese Möglichkeit als Form der Herausstellung der Ernsthaftigkeit, mit der er für die Verantwortung für seine Schwester einsteht, werten, denn aus Erfahrung mit anderen Jugendlichen weiß ich, daß sie im Falle des Weglaufens oder der Entführung der Schwester nicht das tun, was Faruk hier androht, auch wenn sie dies vorher gesagt haben. Nehmen also die Familien die Mädchen wieder auf und versuchen sie (oft in der Türkei) schnell zu verheiraten, so ist der Hintergrund, vor dem Faruk in der besagten Form seine Ernsthaftigkeit in der Übernahme von Verantwortung faßt, wirksam in der verächtlichen Bewertung dieser Praxis, die "alle" vornehmen: "So ne Schande. So die Mädchen nimmt er noch die Familie auf."

Nach |2s| fährt Faruk leise, beinahe flüsternd, was seiner Stimme einen geheimnisvollen Ton gibt, fort: "Weißte die haben alle schlechte (Wort/Grund) drüber geredet." "Alle" hier wie zuvor benennt die für die angesprochene Familie relevanten türkischen Migrantenfamilien, die als Nachbarn, Verwandte, Arbeitskollegen oder Landsleute, die der gleichen Region entstammen, für die Gestaltung des Lebens in Osnabrück bedeutsam sind, darüberhinaus aber auch und oft über diese vermittelt die Öffentlichkeitszusammenhänge der Migranten, die sich in Läden, Cafés, Restaurants, Reisebüros, Spielotheken u.ä. herstellen und in denen solche Ereignisse wie Entführungen schnell Gesprächsthema sind, da, auch wenn die meisten vorsichtig darüber reden, dies oft willkommene Gelegenheiten sind, alte Rechnungen zu begleichen.

Das vorsichtige Reden darüber setzt sich ein Stück weit in Faruks leiser, geheimnisvoller Rede an dieser Stelle fort. Zugleich mag sich darin aber auch seine Distanz zum "schlechten Reden" über andere artikulieren, hat er sich davon doch im Interview zuvor in Hinblick auf sich selbst und allgemein distanziert. Hinter "schlechte" ist die Äußerung kaum zu verstehen, so daß die Möglichkeiten "Wort" bzw. "Grund" nicht gesichert sind Es läßt sich nicht mehr sagen, als daß Faruk die Praxis von allen als "irgendetwas Schlechtes reden" kennzeichnet, worauf er mich mit "weißt du" verweist.

Auf die Nachfrage "Hm?" von mir wiederholt er in normaler Lautstärke "Alle haben schlecht darüber geredet.". Das, was nicht genau zu verstehen war, ist weggefallen. Zudem ist durch die "plane" Äußerung dem Gesagten die Spannung genommen, die ihm Faruk zuvor durch den geheimnisvollen Ton gegeben hat.

Nach |2s| sagt er "Siehste.", was in Relation zu der Frage zu deuten ist. Faruk hat schon erlebt, wovon er zuvor gesprochen hat, und das, was er erlebt hat, nämlich daß alle "schlecht geredet" haben, deckt sich mit dem, was er zuvor als seine Erwartung hinsichtlich der Reaktion "aller" geäußert hat für den Fall, daß seine Schwester wegläuft. Faruk hat die Frage vollständig beantwortet und das "Siehste" ist auch eine Markierung dessen. Aber nach |2s|, in denen ich nicht übernehme, setzt er erneut an und fährt mit der Erwähnung von Details bezüglich des Nachbarn, den er kennt und bei dem er "das erlebt" hat, fort.

"Hat der Vadder/der hatte zwei - zwei Töchter und ein Sohn. Zwei Söhne mein ich. Die sind noch klein. Was will die da machen?" Den Ansatz "Hat der Vadder" korrigiert er zu "der hatte zwei- zwei Töchter und ein Sohn", einem Einschub notwendiger Hintergrundinformation zum Verständnis dessen, was der Vater gemacht hat. Diese Angabe selbst korrigiert er noch einmal zu "zwei Söhne", wobei er die Reparatur in "mein ich" expliziert. "Die" Söhne "sind noch klein". Und daher stellt sich die Frage "Was will die da machen?". Diese Frage auf die Tochter zu beziehen, ergibt an dieser Stelle keinen Sinn, sondern sie ist auf den Vater und/oder die Söhne zu beziehen, die für die Familie stehen. Faruk nimmt also den Ansatz "Hat der Vadder" nach dem Einschub der Hintergrundinformation nicht mehr auf, sondern stellt stattdessen die rhetorische Frage, denn da die Söhne noch klein sind, hat er oder haben sie keine Möglichkeit, etwas zu machen. Faruk kann sowohl die Söhne, die Söhne und den Vater als auch nur den Vater meinen, denn aufgrund der Form des Modalverbs kann der Vater gemeint sein, aufgrund der Proform auch die Söhne oder die Söhne und der Vater für die Familie. Es stellt sich die Frage, warum der Vater bzw. er und die Söhne nichts machen können. Hierfür mag es empirische Gründe geben, etwa derart, daß der betreffende Mann, mit dem das Mädchen weggelaufen ist, sich geweigert hat, sie zu heiraten, in dem Wissen darum, daß es keine Verwandtschaft des Mädchens gibt, die ihm in nächster Zeit bedrohlich werden könnte, da die Brüder des Mädchens noch zu klein sind, der Vater aber mit Blick darauf, daß er noch kleine Kinder hat, in solchen Auseinandersetzungen nicht die Existenzgrundlage der Familie aufs Spiel setzen kann, indem er als Alleinverdiener sein Leben riskiert. Der Vater kann aber auch mit den vielen kleinen Kindern auf die Mithilfe der Tochter angewiesen sein und hat diese darum unbehelligt gelassen und sie wieder aufgenommen. Die Annahme, daß der Vater nichts machen kann, mag auch daraus resultieren, daß allgemein ein Mann ohne erwachsene Söhne als schwach gilt. D.h. in diesem Falle würde Faruk nicht so sehr über empirisch zutreffende Gründe, warum der Vater nichts machen kann, sprechen – er hat auch nichts Konkretes zu dem Fall gesagt –, sondern ein Erklärungsmuster präsentieren, mit dem der Vater ein Stück weit entschuldigt wäre. Jemand hat die jetzige Schwäche, seine Ehre nicht verteidigen zu können, ausgenutzt, die er zusammen mit seinen herangewachsenen Söhnen ablegen wird. Das entsprechende Muster ist u.a. ebenfalls in türkischen Videofilmen präsent. Welche der Möglichkeiten zutrifft, ist an dieser Stelle nicht zu entscheiden, sie sind also offen zu lassen.

Es folgt eine Redepause von |5s|, in der sich Faruk eine Zigarette anzündet und den Rauch auspustet. Er macht sodann einen Ansatz, der als Knacklaut wahrnehmbar ist, und pustet in der folgenden |1s| wiederum Rauch aus. Ich frage: "Was hat denn die Familie dann gemacht?", worauf Faruk sofort mit "Nichts." antwortet, was die Interpretation der Frage "Was will die da machen?" bestätigt. Es handelt sich jedoch um "nichts machen" nur in Relation dazu, daß erwartet wird, daß der Vater etwas zur Verteidigung der Familienehre "macht". Die Familie mußte sich ja dazu verhalten, daß sie "nichts" gemacht hat und alle "schlecht geredet" haben. Darauf zielt die Frage mit ihrer Betonung auf "hat".

Nach der Pause und dem Verstehenssignal fährt Faruk fort: "Das ist ja wieder ganz anders als so wie ich meinte. Wenn mein Schwester was machen würde ne. Guck mal bei mir ist das ganz anders." Zunächst stellt sich die Frage, was "ja wieder ganz anders" ist, "als so wie" Faruk "meinte". Der Fall des Nachbarn, der nichts macht, liegt ganz anders als der Fall, über den Faruk gesprochen hat, als er über seine Schwester redete und beschrieb, wie er sich verhalten würde. Was veranlaßt ihn, hier auf diesen Unterschied zu sprechen zu kommen, widerspricht das Erlebte und die Reaktion von "allen" doch nicht dem, was er hinsichtlich seiner Schwester gesagt hat, nur das Verhalten des Vaters ist ein anderes als das, was er als sein Verhalten in einem solchen Falle faßt?

Die Frage danach, ob Faruk etwas selbst erlebt habe, was der Ausgangspunkt dieses Ausschnitts ist, hat sich bereits in FKA I für Faruk als Form des Zweifels an von ihm Gesagtem erwiesen. Betrachtet man Faruks Ausführungen über die Schwester, dann sage ich da an einer Stelle in Reaktion auf seine Äußerung "dann würd ich die erschießen" "Würdst du machen?" (Interview S.26), worauf er antwortet "Wenn die ne Schande über mich bringt.". Im weiteren Verlauf stützt Faruk seine Erklärungen u.a. auch auf Wissen, das er mir unterstellt: "du weißt wie das ist." Aber meine Reaktion zuvor zeigt trotz dieses angenommenen Wissens, daß ich die Reaktionsformen Faruks als sozial angemessene nicht teile. Vor diesem Hintergrund sind das "Nichts" und mein Rezeptionssignal "Hmhm" ambivalent. Wenn der Nachbar "nichts" gemacht hat, dann mag ich dies als eine Möglichkeit verstehen, die auch offensteht, nämlich gar nichts zu tun und die anderen schlecht reden zu lassen. Damit aber mag Faruks erklärte Verhaltensabsicht zum Falle des Weglaufens seiner Schwester keineswegs mehr so zwingend und angemessen sein, wenn man sich auch so wie der Nachbar verhalten kann. Daß ich dies so verstehen könnte, kann für Faruk v.a. deshalb naheliegen, weil er sich auch zuvor schon mit der (unterstellten) Präferenz meinerseits für Gewaltlosigkeit auseinandergesetzt hat, was Gegenstand der Analyse von FKA II war.

Für dieses Verständnis des Textes gibt es zudem einen lokalen Grund. Betrachtet man noch einmal die Form, in der Faruk das Verhalten des Nachbarn zunächst ansatzweise entschuldigt, dann bleibt der Hintergrund, vor dem dies als Entschuldigung gelten könnte, eher implizit. Wie gesehen lassen sich die Äußerungen in verschiedene Richtungen lesen. Faruk äußert die Rechtfertigung des Nachbarn in einer Weise, in der er unterstellt, daß die entsprechenden Bedingungen, unter denen dies als Rechtfertigung gelten kann, von mir aufgefüllt werden können. Mag die anschließende Frage von mir mit ihrer Betonung auf "hat" nun auch auf das konkrete Verhalten zielen, so expliziert Faruks Antwort "Nichts." mir den rhetorischen Charakter der Frage. Versteht er meine Frage aber so, daß ich die rhetorische Frage nicht verstanden habe, dann impliziert dies, daß ich auch die Rechtfertigung, warum der Nachbar nichts machen konnte, nicht verstanden habe. Dies wiederum eröffnet die Möglichkeit, daß ich seine Antwort "Nichts." so verstehe, daß "nichts machen" ein mögliches Verhalten im Falle des Weglaufens der Tochter oder der Schwester ist, was aufgrund des vorherigen Verlaufs des Interviews ebenfalls erwartbar ist. Darauf also reagiert Faruk mit dem erneuten Ansatz zu erklären, was ganz anders ist.

Im folgenden expliziert Faruk, bezogen worauf er meinte – "wenn meine Schwester was machen würde ne" –, und stellt dann aus umgekehrter Perspektive noch einmal heraus und fokusiert mich darauf, daß es bei ihm ganz anders ist. Bei dem Nachbarn verhält es sich also "ganz anders" als in dem Fall, wo seine Schwester was machen würde, und entsprechend ist es bei Faruk ganz anders als bei dem Nachbarn. Er stellt diesen Unterschied zweimal heraus, bevor er ihn spezifiziert.

F: Die Familie die kann sich auch raus<u>reden</u> weißt du. Verstehst du. Das ist - die Familie is |ls| <u>Teufel</u> weißt du. Şeytan. Richtig <u>Teufel</u> ist das ne. Weißt du. Und solche Familie ist das ne. Und solche Familie kann sich immer wieder rausreden.

Faruk beginnt die Spezifizierung, indem er für die Familie des Nachbarn, die er formal durch Extraposition als Topic hervorhebt, darlegt, was "ganz anders" ist. Die Familie "kann sich auch rausreden", d.h. sie hat die Möglichkeit und bedient sich ihrer, sich aus schwierigen Situationen durch Reden zu befreien, indem sie im Reden die Situation zu einer anderen erklärt, als für was sie von anderen Beteiligten gehalten wird. Allerdings ist dies eben bloßes "rausreden", wie Faruk mit Betonung auf "reden" herausstellt, nur im Reden machen sie die Situation zu etwas anderem, um sich den Anforderungen der wirklichen Situation zu entziehen. Im Anschluß an das "weißt du. Verstehst du." charakterisiert er die Familie als "Teufel", "Şeytan. Richtig Teufel ist das ne.", was er mit zwei "weißt du" versichernden Nachdruck verleiht.

Ich verstehe die Formen "Teufel" und "Şeytan" nicht in einem engen religiösen Sinne, sondern parallel zu der Form, in der im Türkischen jemand als schlau, raffiniert, verschlagen, abgefeimt u.ä. mit der Redensart "şeytan gibi" charakterisiert wird, die auch von durchaus nicht-religiösen Personen geäußert wird. Natürlich transportiert diese Redensart den religiösen Hintergrund insofern, als der Teufel in unterschiedlichen Gestalten in seiner Verschlagenheit die Menschen nicht zuletzt durch Reden zum Bösen verführt. Aber es macht genausowenig Sinn, den

Ausdruck "Teufel" hier als mehr zu lesen, wie es Sinn macht, für jemanden, der in christlichen Traditionszusammenhängen aufgewachsen ist, von der Äußerung der Form "Teufel" her auf eine methodische, den Lebenswandel bestimmende Religiösität zu schließen. Faruk hat gesagt, daß er "innerlich" an Gott glaubt, nicht aber, daß dies seinen Lebenswandel stark bestimmt. Der Islam ist jedoch als eine religiöse Tradition in den Details der Gestaltung des Alltags von der Kleidung über Ernährung bis zum Verhältnis der Geschlechter zueinander vorfindbar, so daß Faruks Ausführungen nicht widersprüchlich sind. Man muß kein streng praktizierender Moslem sein, um gleichwohl sein Leben als im Sinne der Religion und von dieser her bestimmt zu betrachten.

Nachdem Faruk auf die Charakterisierung als "Teufel" mit "richtig" Nachdruck gelegt hat, stellt er diese Qualität der Familie noch einmal mittels Demonstrativpronomen - "solche Familie ist das ne" - heraus und, da die Familie so ist, kann sie das, was Faruk von ihr zu Anfang gesagt hat: "sich immer wieder rausreden."

Nun ergibt sich aber ein Problem in den bisherigen Äußerungen Faruks. Zunächst hat er den Nachbarn ein Stück weit entschuldigt in dem Verweis darauf, daß er noch kleine Söhne hat, also auch nichts machen kann. Hier nun wirft er ihm und der ganzen Familie vor, daß sie sich durch "rausreden" ihren Pflichten entziehen und dies "immer wieder". Wenn er für die Familie nur festgestellt hätte, daß sie sich "rausreden" kann, dann würde er zwar ebenfalls in der Fassung "rausreden" mitunterstellen, daß es der Familie darum geht, sich ihren Pflichten zu entziehen, aber immerhin würde es einen halbwegs akzeptablen Grund geben – die kleinen Söhne –, womit sie dies bewerkstelligen kann. Faruk würde sich also nur partiell davon distanzieren, aber nicht bestreiten, daß "kleine Söhne" ein Grund sein können. Die Familie kann sich also mit Bezug darauf "rausreden", was für Faruk und seine Familie, da er und sein Bruder alt genug sind, nicht gilt. Aber Faruk erklärt das "Rausreden" mit einem Charakterzug der Familie, diese ist "Teufel" und redet sich daher "immer wieder" heraus. Hat er also zunächst die Wiederaufnahme der Tochter durch die Nachbarfamilie durch objektive Umstände erklärt und entschuldigt, so bestimmt er nun das Verhalten der Familie als verwerflich, begründet in dem Charakterzug der Familie, Teufel zu sein. Wie erklärt sich dieser Bruch? Wieso expliziert Faruk nicht die mögliche Rechtfertigung des Nachbarn weiter, so daß für mich deutlich wird, daß für den Nachbarn andere Bedingungen als für ihn gelten? Die Ausführungen Faruks darüber, warum es im Falle der Familie ganz anders ist als bei ihm, kommen wie gesehen zustande durch meine Frage, Faruks Antwort darauf und die möglichen Mißverständnisse, die diese auf meiner Seite auslösen mag. Faruk sieht sich zu einer Erklärung des Verhaltens des Nachbarn in Relation zu dem, wie er sich im Falle des Weglaufens seiner Schwester erklärtermaßen verhalten wird, veranlaßt. Die Rede über den Nachbarn ist so bestimmt davon, Faruks Verhalten darauf bezogen deutlich und einsichtig werden zu lassen.

Vergleicht man die Rechtfertigung des Nachbarn mit der folgenden Charakterisierung der Familie, dann fällt v.a. die Intensivierung der Rede Faruks auf. Er sagt zweimal, daß es "ganz anders" ist, und fokusiert mich beim zweiten Mal mit "guck mal" darauf: Daß die Familie sich rausreden kann, beendet er mit "weißt du" und hängt daran noch "verstehst du", was guten Sinn macht im Hinblick darauf, daß meine Frage Faruk zuvor gezeigt hat, daß ich ihn nicht verstanden habe. An das Prädikativ "Teufel" hängt er wiederrum "weißt du", sagt sodann die türkische Form dafür und wiederholt noch einmal mit dem nun attributiv mit "richtig" erweiterten Prädikativ in Erststellung, daß die Familie "Teufel" ist. Dem angehängten "ne" folgt ein weiteres "weißt du", sodann hebt er noch einmal hervor, was das für eine Familie ist, indem er im attributiven "solche" wieder auf die Qualität "Teufel" verweist. Faruk nimmt also eine formal mit Nachdruck versehene Charakterisierung der Familie vor, für die er zugleich sich mehrfach des Verständnisses durch mich qua "guck mal", "weißt du", "verstehst du" und mehrfaches "ne" versichert. Die Form der Intensivierung beruht im wesentlichen auf Wiederholungen.

Ist die Interpretation zuvor richtig, daß Faruk meine Frage und mein "Hmhm" auf seine Antwort "Nichts" als ein Verstehen des Verhaltens des Nachbarn als einsichtige Möglichkeit hört, dann nimmt er hier eine Destruierung eines solchen Verständnisses vor. Das Verhalten des Nachbarn liegt begründet in dem die Familie bestimmenden Charakterzug, "Teufel" zu sein und sich von daher "immer wieder rausreden" zu können. Es stellt von daher keine legitime Möglichkeit dar. Lassen sich die Ausführungen so weit erklären, so bleibt allerdings der Bruch bestehen, daß die von Faruk für den Nachbarn vorgebrachte Rechtfertigung unter den Tisch fällt, was darauf verweisen mag, daß Faruk in Hinblick auf die (unterstellte) Präferenz für Gewaltfreiheit meinerseits keinen Ausweg für die Bewertung der Fassung seines Verhaltens zum möglichen Weglaufen der Schwester als nur eine, und damit in meinen Augen wahrscheinlich dann nicht gute Möglichkeit offen lassen will.

Zu beachten ist noch ein weiterer Punkt: Faruks Feststellung, daß sich die Familie "rausreden kann" und daß sie das kann, weil sie "Teufel" ist, ist auch in Hinblick darauf zu lesen, daß wir zusammen sitzen und ich unter anderem als Grund für das Interview angegeben habe, daß mich interessiert, was türkische Jugendliche über sich und das Leben hier und in der Türkei erzählen und wie sie darüber reden. Wenn Faruk also das "rausreden" mit Betonung auf "reden" brandmarkt, dann ist diese Attacke auf das "Reden" nicht zuletzt auch eine Attacke auf das Interesse am "Reden", das ich deklariert habe. Setzt man nämlich dieses Interesse in Relation dazu, daß Faruk in seiner Auseinandersetzung mit mir mich immer wieder identisch mit Agenten der Apparate, die er durchlaufen hat, faßt, dann sind diese Agenten, wie in der Analyse mehrfach gesehen, nicht zuletzt durch ihr Verhältnis zur Sprache, zum "Reden" bestimmt, durch ihren Anspruch, die Verhältnisse ihrer Klientel sprachlich adäquat zu fassen. Dieses Verständnis der Attacke auf das "Reden" findet im übrigen eine Stütze darin, daß Faruk in FKA I und II jeweils zweimal das von ihm Gesagte zugunsten dessen, was er unabhängig von dem, was er gesagt hat, ohnehin tun wird, entwertet.[12]

F: Aber wir, wenn wir w sofort was haben. |1/2s | also m meine Familie sag ich so mal ne, wenn wir was haben ne, sofort wird das rumgesprochen weißt du. Und ich hab kein Vadder weißt du. Daher ne. Und mein Vadder weißt du, m ? ?also - wirklich - wie soll ich sagen? Alle g/viele kennen den. Sehr viele (wohl) ne. Zu den haben die immer |1s | eh Kürd-Çetin gesagt weißt du. |1s | Kürd - Çetin - haben die immer gesagt weißt du. Und dajher - ↗ja◂ - kommt das so weißt du.
I: Hmhm

Faruk grenzt von der Familie des Nachbarn seine Familie ab, die er als "wir" faßt und formal parallel zu der Rede über die Familie als Topic extrapositioniert, und betont: "Aber wir, wenn wir w sofort was haben". Das Adverb ist hier fehlplaziert, es rutscht Faruk nach vorne. Er nimmt es später wieder auf in "sofort wird das rumgesprochen" und tilgt es in der Wiederholung, nachdem er expliziert hat, wer mit "wir" gefaßt ist: "also m meine Familie sag ich so mal ne". In der reflexiven Rückwendung auf die sprachliche Fassung "meine Familie" thematisiert er, daß

12 Wenn ich gesagt habe, daß Faruks Rede vom Teufel nicht zu verstehen ist als motiviert in tiefer Religiösität, aber in der Form der religöse Hintergrund transportiert ist, dann ist hier folgendes als Überlegung anzufügen: Der Erfolg strenger Islamisten in Koranschulen und Moscheen bei manchen türkischen Migrantenfamilien mit ihren Vorschriften, nicht mit Ungläubigen zu verkehren, ihren Warnungen davor, die Kinder in die Schulen und Erziehungsinstitutionen dieser zu schicken, mag auch in dieser Erfahrung mit dem "Reden" begründet liegen. Für die Schwierigkeiten mit der hier zu erlernenden Sprache spielen die vielen Widersprüche im Umgang mit den Migranten in den letzten 20 Jahren eine erhebliche Rolle, die u.a. auch dadurch gekennzeichnet waren, daß in allen Wandlungen, Undurchsichtigkeiten und Unübersichtlichkeiten die (Re-)Produzenten dieser Widersprüche stets und ständig auch das adäquate Formulieren der so hervorgebrachten Verhältnisse für sich beanspruchten, eben das "Reden" darüber. Der Anspruch des Islam, gottgewollte Ordnung des Lebens zu sein, die den Menschen im Koran und durch Mohammeds Worte und Lebenswandel offenbar wurde, wird u.a. auch damit begründet, daß im Koran und in Mohammeds Worten alles wesentliche gesagt ist, was die Regelung des Lebens anbetrifft. Einen solchen Punkt der klaren Rede aber zu finden, von wo die Rede über die Verhältnisse in ihrer Widersprüchlichkeit und Undurchsichtigkeit als Rede von Ungläubigen begriffen werden kann, die sich "rausreden", ermöglicht es immerhin, erfahrene Besserwisserei und die Ansprüche des regulierenden Eingriffs zurückzuweisen.

"meine Familie" mißverstanden werden könnte etwa als Behauptung, daß er als Familienoberhaupt eine Familie habe. Er kennzeichnet die Äußerung als eine, um deren mögliches Problem er weiß, antizipiert so eine mögliche Reparaturaufforderung und erledigt sie, indem er die Äußerungsform auf den Anlaß hier begrenzt – "so mal" – und damit darüberhinausgehende Ansprüche dementiert. Das Dementi solcher Ansprüche unterstreicht gleichzeitig, daß er sich seinem Elternhaus als seiner Familie zugehörig fühlt, für sie einsteht, da das betonte "meine" gegenüber möglichen Mißverständnissen abgegrenzt ist.

Wenn Faruks Familie "was" hat, "sofort wird das rumgesprochen". Dies ist zu verstehen in dem Sinne, daß sofort herumerzählt wird, wenn in Faruks Familie etwas vorfällt, das aus dem normalen Alltag herausfällt und mit den Erwartungen der Verwandten, Bekannten, Nachbarn und der relevanten Migrantenszene nicht übereinstimmt. Da das "sofort herumgesprochen" wird, was in Faruks Familie vorfällt, ist Faruks Familie als eine zu betrachten, die sich im Fokus der Aufmerksamkeit der anderen Familien befindet. Alles, was als nicht-alltägliches Ereignis stattfindet, wird dort aufmerksam registriert und "sofort herumgesprochen". Grenzt Faruk diesen Sachverhalt mit "aber" gegenüber der Familie des Nachbarn ab, so ist allerdings der Gegensatz zu dem Nachbarn bis hierhin noch vage, denn zumindest über das Weglaufen und die Rückkehr seines Mädchens ist gesprochen worden: "alle haben gesagt". Zu suchen ist er wohl in dem "sofort". Denn befindet man sich im Fokus der Aufmerksamkeit der anderen, dann fällt auch das "rausreden" schwerer.

"Und ich hab kein Vadder weißt du." Wenn "sofort rumgesprochen" wird, was sich in Faruks Familie ereignet, so hat er keinen Vater, der für die Familie einstehen, sie verteidigen und die Ehre der Familie in Frage stellende Angriffe zurückweisen kann. Nach meiner Einschätzung steht die Familie Faruks nicht deshalb stärker unter Druck, weil der Vater tot ist und die Verwandten und Nachbarn nun die Witwe und ihre Kinder stärker kontrollieren können. Zwar haben, wie Faruk zuvor gesagt hat, Verwandte in der Türkei die Mutter aufgefordert, wieder zurückzukommen, was u.a. mit der Tradition zusammenhängen mag, daß Witwen im Haushalt ihres Schwiegervaters oder eines Bruders des Mannes oder bei ihrem Vater leben sollten. Aber da der Bruder Faruks alt genug ist, ist die Familie in ihrer jetzigen Form keineswegs ungewöhnlich. Die Mutter lebt bei ihrem ältesten Sohn, der selbst bereits Kinder hat, es gibt also einen männlichen Vorstand. Wenn Faruk hervorhebt, daß er keinen Vater hat, so weist er damit darauf hin, daß sein Bruder und er verstärkt gefordert sind aufgrund der Tatsache, daß der Vater die Familie, die aus Gründen, die bis hierhin nicht deutlich sind, "sofort" Gegenstand von Gerede wird, nicht mehr verteidigen kann.

Das "Daher ne." ist in seinem Bezug unklar. Einerseits läßt es sich so verstehen, daß "sofort rumgesprochen" wird, da Faruk keinen Vater hat. Andererseits mag Faruk aber auch sagen, daß es "daher" "ganz anders" bei Faruk ist, also da er sich nicht so leicht rausreden kann und gefordert ist, die Stelle des Vaters einzunehmen.

"Und mein Vadder weißt du, m ? ? also - wirklich - wie soll ich sagen? Alle g/viele kennen den." "Viele kennen" den Vater Faruks. Damit sucht Faruk ein bedeutsames Merkmal des Vaters zu fassen, für das er sich aber nicht sicher ist, ob es in dieser Form adäquat gefaßt ist, wie die Explizierung der sprachlichen Arbeit daran zuvor zeigt. Nach den drei Ansätzen "m ? ? " und der Gliederungspartikel hebt er die Bedeutsamkeit des Folgenden mit "wirklich" versichernd hervor, um sodann die mögliche Inadäquatheit der gewählten Form für das, worum es ihm geht, mit "wie soll sich sagen?" zu markieren.

"Sehr viele (wohl) ne." Er unterstreicht noch einmal das "viele", damit die einschränkende Korrektur von "alle" zu "viele" ihrerseits dahin korrigierend, daß der Ausdruck "alle" beinahe angemessen war, da es nicht nur "viele", sondern "sehr viele" sind. Das "wohl" ist nicht deutlich und daher ungesichert.

"Zu den haben die immer |1s| eh Kürd-Çetin gesagt weißt du. |1s| Kürd - Çetin - haben die immer gesagt weißt du." Zu dem Vater haben sie immer "Kürd-Çetin" gesagt. Der Nennung des Namens geht eine Pause von |1s| und der Füller "eh" als wahrnehmbare Erinnerungsanstrengung voraus. Nach einer weiteren Pause von |1s| wiederholt er die Bezeichnung des Vaters, nun in Erststellung, deutlich und abgesetzt artikuliert. Zu dem "weißt du" parellel äußere ich ein Verstehenssignal. "Und dajher - ◡ja‹ - kommt das so weißt du." Vor diesen Äußerungen über den Vater hat Faruk bereits gesagt "daher ne". Diese sind also ein weiterer Versuch der Verdeutlichung, was er hier mit dem Anschluß "und dajher" expliziert . Die elliptische Äußerung "daher ne", die wie dargelegt doppelt zu verstehen ist, überläßt es dem Hörer, Zusammenhänge herzustellen. Aber auch die formal ausgebaute Äußerung im Anschluß an das Verstehenssignal ist in ihren Bezügen unklar. Das "dajher" klingt wie ein "daher" mit eingeschobenem und verschlucktem "ja". Sodann setzt er ab, verweist mit dem mit ansteigender Stimme gesprochenen "ja" auf die uns nun, wie er unterstellt, gemeinsam verfügbare Evidenz der Zusammenhänge, unterstreicht sie zugleich und beendet nach weiterem Absetzen mit "kommt das so weißt du".

Was hat Faruk zur weiteren Verdeutlichung gesagt? Der Vater war bekannt, was er nach der Unterstreichung dieses Sachverhalts mit "sehr viele" damit belegt, daß der Vater eigens den Spitznamen "Kürd Çetin" hatte. Führt Faruk die Bekanntheit des Vaters immer noch in dem Zusammenhang der Erklärung an, daß es bei ihm "ganz anders" ist, dann ist die Bekanntheit des Vaters wohl der Grund dafür, daß "sofort rumgesprochen" wird, wenn die Familie Faruks "was macht", da Bekanntheit größere Aufmerksamkeit durch die Nachbarn, Verwandter und die weitere Migrantenöffentlichkeit zur Folge hat. Die zuvor festgestellte Form der Rede findet sich auch hier wieder. Faruk legt Nachdruck auf Gesagtes durch Wiederholung bzw. steigernde Wiederholung: "viele kennen den. Sehr viele (wohl) ne."; "Zu den haben die immer . . . Kürd Çetin gesagt . . . Kürd Çetin haben die immer gesagt." Jeder Gesichtpunkt wird mit "weißt du" versichernd vorgetragen, der, daß sie zu seinem Vater Kürd Çetin gesagt haben, sogar zweimal und die Explizierung des Gesagten als Erklärung dafür, daß es bei ihm "ganz anders" ist, mittels "Und daher - ◡ ja - kommt das so" ebenfalls. Da, wo er ein bedeutsames Merkmal des Vaters zu fassen sucht, versichert er mit "wirklich" die Richtig- und Wichtigkeit des Folgenden, um dessen adäquate Formulierung er kämpft. Darüberhinaus verbleibt Faruks Erklärung der Lage seiner Familie genau wie der des Nachbarn bis hierhin sehr implizit. Wie die Sachverhalte, daß jeder Vorfall in seiner Familie "sofort rumgesprochen" wird, er keinen Vater hat und dieser mit dem Spitznamen "Kürd Çetin" bekannt ist, damit zusammenhängen, daß es bei ihm "ganz anders" ist, wieso es also "daher so kommt", ist nicht unmittelbar einsichtig, sondern bedarf einer Reihe von Hintergrundannahmen, wie die Interpretation gezeigt hat.

F:- Verstehst du daß - auf - /und unsere Familie ist
- mein Opa sogar ne. sehr große Familie weißt du. |2s| Also wirklich sehr - große
Familie war das und der/die waren - wie soll ich sagen? Das waren auch reiche
Familie weißt du. Verstehst du. Und daher. Kommt/würd ich auf meine Familie
[geflüstert]
nichts an |ls| also keine Schande zukommen - lassen.

Dem "weißt du" folgt hier "Verstehst du" und ein Ansatz "daß - auf", "das so" als demonstrative Vertreterelemente im Hinblick auf das, wofür sie stehen, aufzulösen. Danach bricht er ab und startet eine erneute Anstrengung, deutlich zu machen, wie es sich mit seiner Familie verhält. Das mögliche Mißverständnis, das noch die Form "meine Familie" hätte hervorbringen können, umgeht er nun, indem er im Kollektiv von "unsere Familie" spricht. Vor dem Prädikativ fügt er ein, daß für die Generation des Opas bereits gilt, was für "unsere Familie" gilt, was er mit dem Adverb "sogar" unterstreicht, daß die Familie nämlich eine "sehr große Familie" ist. Nach |2s| wiederholt er dies mit "wirklich" versichernd und "sehr große Familie" in Erststellung. Es findet ein Tempuswechsel statt, hier "war" die Familie nun eine "sehr große Familie". Nach dem Ansatz "und der/die waren" sucht er wieder nach der adäquaten sprachlichen Form. Die Familie war nicht nur eine sehr große Familie, sondern auch eine reiche Familie. Festzuhalten ist, daß Faruk mit "unsere Familie" und im Präsens beginnt, sodann aber von "die" und "das" spricht und ins Präteritum wechselt. Er verweist also auf die Familienvergangenheit, implizit ist diese die Begründung dafür, warum er auch noch heute von "sehr großer Familie" spricht.

Damit habe ich "sehr große Familie" in eine bestimmte Richtung gedeutet. Ich verstehe den Ausdruck als Verweis auf die soziale Position der Familie. Diese besaß da, wo sie herkommt, eine große Bedeutung, großes Ansehen. Für diese Lesweise spricht, daß Faruk den Reichtum der Familie anführt, der einen wesentlichen Grund für Ansehen darstellt. Darüber hinaus spricht man im Türkischen von denen, die Reichtum und/oder Macht besitzen als den "büyükler", den Großen. Damit ist natürlich nicht ausgeschlossen, daß Faruk auch die große Anzahl von Familienmitgliedern meinen kann, jedoch ist seine Familie im Vergleich zu anderen türkischen Familien nicht überdurchschnittlich groß bzw. die Anzahl *seiner* Geschwister ist eher gering. Besitzt und besaß die Familie großes Ansehen, so wäre dies ein weiterer Grund, daß "sofort rumgesprochen" wird, wenn etwas Nicht-Alltägliches vorfällt, denn großes Ansehen bedeutet auch, daß man den Erwartungen der anderen in verstärktem Maße gerecht werden muß. Jede Abweichung wiegt für das Ansehen um so schwerer und so besteht kaum die Chance, sich "rauszureden".[13]

Die intensive, versichernde Form der Rede setzt sich bis hierhin fort. "Verstehst du" und "weißt du" finden sich zweimal, daß seine Familie "sehr große Familie" ist bzw. war, wird wiederholt und mit "wirklich" unterstrichen. Er sucht erneut nach Formulierungen. Läßt sich "sehr große Familie" auch durch "auch reiche Familie" weiter bestimmen, so stellt Faruk in seiner Rede solche Zusammenhänge nicht her, er reiht die Charakterisierungen der Familie wie auch die des Vaters hintereinander und sucht Rückversicherung über die Verständlichkeit des Gesagten in den affirmierenden Redeformen. Erneut beendet er diese Runde des Versuches der Verdeutlichung mit "Und daher." Danach expliziert er, was "daher kommt". Er würde auf seine Familie "nichts an |1s| also keine Schande zukommen - lassen". Faruk hat damit begonnen zu sagen, daß es bei ihm "ganz anders" als bei den Nachbarn ist. Dieser hat "eine Schande" auf sich kommen lassen insofern, als er seine Tochter wieder aufgenommen hat und "alle" gesagt haben "So ne Schande". Faruk aber würde, da seine Familie, wenn etwas vorfiele, sofort zum Objekt von Gerede würde, aufgrund der Bekanntheit des Vaters und der Größe und des früheren Reichtums seiner Familie "keine Schande" auf seine Familie "zukommen lassen", wie er betont. Warum er an dieser Stelle flüstert,

13 Vgl. dazu auch P. Benedicts Studie über eine Kleinstadt in der Westtürkei (1974). Er beschreibt, wie auch die Erwartung an die "Ağas", also die reichen und/oder einflußreichen Familien in einer Kleinstadt diese vor dem Hintergrund einer zunehmenden Integration der Verhältnisse in kapitalistisch-marktwirtschaftliche Beziehungen im Hinblick auf ihre faktische materielle Position lähmen. Sie suchen Erwartungen zu entsprechen, die ihre ökonomische Potenz als wesentliche ursprüngliche Basis ihres Ansehens und Einflusses immer weiter aushöhlen und schließlich zerstören.

vermag ich nicht zu erklären. Ob es dafür einen Grund in der Situation gibt, ist auf Band nicht zu vernehmen und mir nicht mehr erinnerlich. Eine Begründung dafür in dem von Faruk Gesagten sehe ich nicht.

I: Hmhm |1 1/2s| Weißt du denn auch noch
F: Der Typ der da also/das ist auch mein Onkel ne. Also nicht richtiger Onkel ne. Mein Onk/Opa hat ihn einfach aufgenommen ne. Und hat - unsere |1/2s| Familiennamen angegeben. Öztürk ne. Guck mal. Eh ja. Das sind Teufel weißt du. Verstehst du und - für die ist das scheiß egal. Das waren alles |1s| Sklaven kannste sagen. Ne so - Diener weißt du für - bei mein Opas - wo also eh - Reichtum, in Reichtum - bei mein Opa waren die alle - die ganzen Bekannten die hier im Bundes eh Osnabrück - sind ne, von mir ne, das sind alles - Diener von mein dings. Opa. Diener. So Sklaven weißt du. |1s|

Nach dem Verstehensignal und der |1 1/2s| Pause setze ich an zu einer Frage, der Faruk zuvor kommt, indem er mir nach "weißt" laut ins Wort fällt. Die genaue Identifizierung, wer mit "der Typ" gemeint ist, bricht er ab und fährt fort "das ist auch mein Onkel ne". Hat Faruk von "unsere Familie" in der Form gesprochen, daß sie zumindest die Familie des Opas umfaßt, dann kommt er hier auf "den Typ", also den Nachbarn erneut zu sprechen, da dieser Teil der Familie ist insofern, als er als Onkel u.U. Sohn des Opas ist, mindestens aber Teil der engeren Verwandtschaft. Diese Zugehörigkeit zur Familie modifiziert er im folgenden - "Also nicht richtiger Onkel" - und expliziert, inwiefern "der Typ" "Onkel" ist, aber "nicht richtiger Onkel". Sein Opa "hat ihn einfach aufgenommen und hat - unsere |1/2| Familiennamen angegeben. Öztürk". Den Familiennamen spricht Faruk so, wie ein Deutscher ihn spricht, der die türkischen Orthographieregeln nicht kennt und den Namen liest, also das "z" wie [ts] statt [z].

Was heißt "einfach aufgenommen"? Hat er ihn als Kind oder Erwachsener aufgenommen? Wie nimmt man jemand "einfach" auf? Der Opa hat "unseren Familiennamen angegeben", es ist also davon auszugehen, daß er ihn als Kind aufgenommen hat. Über die Gründe erfahren wir nichts, aber "aufnehmen" scheint zugleich so etwas wie eine Adoption gewesen zu sein, da der Opa den Namen "angegeben" hat, was eine Handlung gegenüber irgendeiner Behörde darstellt. Der Opa hat also "den Typ" vermutlich als Kind aus welchen Gründen auch immer aufgenommen und gegenüber staatlichen Stellen als sein Kind ausgegeben, indem er ihm den eigenen Familiennamen gegeben hat.

Nach Fokusierungsform, Füller und Gliederungspartikel wiederholt Faruk die Charakterisierung der Familie des Nachbarn, die er bereits oben gegeben hat: "Das sind Teufel weißt du." Formal ließe sich die Äußerung auf den Opa und den adoptierten Sohn beziehen, aber das ergibt keinen Sinn, denn der Opa war zur großen Familie dazugerechnet worden, der Nachbar zunächst aber nicht. Mit dem "auch" in "das ist auch mein Onkel" greift Faruk den Widerspruch auf, daß er aufgrunddessen, daß er einer großen Familie zugehört, auf seine Familie keine Schande kommen lassen würde, der Nachbar als Mitglied der Familie dies aber zuläßt. Der erste Ansatz zur Erklärung des Widerspruchs dürfte darin bestehen, den Nachbarn als "nicht richtigen Onkel" zu bezeichnen. Der Bezug von "Das sind Teufel weißt du" auf den Nachbarn/Onkel und seine Familie aber ergibt sich daraus, daß Faruk, nachdem er den Nachbarn als seinen "nicht richtigen" Onkel gefaßt hat, nun sich und mich explizit in "Guck mal. Ehja." zurückorientiert darauf, daß die Familie des Nachbarn "Teufel" sind, was weiter zu erklären ist, da sie doch ansatzweise zu der Familie gehören, für die Faruk "ganz anders" als der Adoptiv-Sohn seines Opas einstehen würde.

Er fährt fort "Verstehst du und - für die ist das scheiß egal." Für die Familie dieses Onkels ist "das", also ob eine Schande auf die Familie kommt, gleichgültig, "scheiß egal". Dafür, daß es für sie gleichgültig ist, ist über die Bestimmung der Familie als "Teufel" hinaus keine neue Begründung ersichtlich, die fehlende Blutsverwandschaft grenzt sie nur von der "richtigen" Verwandschaft Faruks ab.

"Das waren alles |1s| Sklaven kannste sagen. Ne so Diener weißt du". Über die soziale Position sucht Faruk zu verdeutlichen, warum es für sie gleichgültig ist. Hat er seine Familie als "reiche Familie" bezeichnet, so war dies wie gesehen auch als Verweis auf die soziale Position als Grund für die Größe, d.h. das Ansehen der Familie zu verstehen. Im Gegensatz dazu faßt er "die" als "Sklaven", "Diener", wobei er sich zu dem Problem der Adäquatheit der sprachlichen Formen in "kannste sagen" zu "Sklaven" und in "Ne so" zu Diener verhält und zum Ende dem Gesagten in "weißt du" wieder Nachdruck verleiht. Die Kategorien "Sklaven" und "Diener" sind zunächst Formen, in denen Faruk die soziale Position der Abhängigkeit zu fassen sucht. Über die entsprechenden sozialen Verhältnisse ist nichts Genaues gesagt. Wenn er die familienbiographische soziale Position in der Herkunftsregion als "Sklaven" oder "Diener", also die Abhängigkeit anführt, dann soll dies erklären, warum für die Familie des Nachbarn die Frage der Schande auch heute noch gleichgültig ist. Sie haben im Hinblick auf das Ansehen der Familie nichts oder kaum etwas zu verlieren. Ein Mann, der sich in Abhängigkeit befindet und nicht reich ist, mag zwar weniger Möglichkeiten und Mittel haben, die Familienehre zu verteidigen, und entsprechend oft auch nicht viel zu verlieren haben. Es ist aber nicht automatisch davon auszugehen, daß für einen solchen Mann und seine Familie Fragen von Ehre, Ansehen und Schande gleichgültig sind und daß sie nicht versuchen, dafür einzustehen. In der Türkei, aber auch in der türkischen Migrantenszene in der Bundesrepublik ist das Ansehen einer Familie da, wo Konzepte von Ehre, Schande und Ansehen relevant sind, nicht schlicht ableitbar aus den materiellen Möglichkeiten, wenn auch nicht unabhängig davon.[14]

"fü/bei mein - Opa - wo also w eh - Reichtum, in Reichtum - bei mein Opa waren die alle." Faruk faßt das Abhängigkeitsverhältnis als "Sklaven" bzw. "Diener" des Opas in dessen "Reichtum", wobei "im Reichtum" die gesuchte Form dafür ist, in welchen Zusammenhängen "die alle" "Sklaven" bzw. "Diener" des Opas waren. Reichtum entspricht dabei dem, daß Faruk "unsere Familie" zuvor als "reiche Familie" bezeichnet hat, wobei er mit der sprachlichen Fassung, die er schließlich gibt, wahrnehmbar kämpft: "Sklaven kannste sagen. Ne so Diener weißt du", "wo also w eh".

"die ganzen Bekannten die hier im Bundes/ eh in Osnabrück - sind ne, von mir ne, das sind alles - Diener von mein dings. Opa. Diener. So Sklaven weißt du." Faruk expandiert den Bezug von "alles". War zunächst nur von der Familie des Nachbarn/Onkels die Rede, so meint "alles" nun "die ganzen Bekannten in Osnabrück von mir". Von "Bekannten" war bisher im Interview die Rede als denen, die Faruk über seinen Vater kennen, und sie kennen ihn über den Vater, da sie aus dem gleichen Dorf kommen. "Bekannte" meint also nicht aus welchen Gründen auch immer Bekannte, sondern solche, die in der BRD, in Osnabrück miteinander verbunden sind, da sie der gleichen Region entstammen. Diese "Bekannten" faßt er nun "alle" als ehemalige "Diener" seines Opas und wiederholt noch einmal "Diener. So Sklaven weißt du.". Faruk endet in der impliziten Logik seiner Äußerung damit, nicht nur "alle Bekannten" als Abhängige seines Opas zu fassen, sondern, sofern dies verdeutlichen soll, daß es "für die", also zunächst nur den Nachbarn/ Onkel, "scheißegal" ist, auch mit der Nahelegung, daß es für alle "Bekannten" in Osnabrück gleichgültig ist, ob ihre Ehre zerbricht und Schande über ihre Familie kommt. Zudem fragt sich, wieso der Adoptivsohn des Opas zugleich dessen Diener und Sklave ist.

"I: Was hat der denn gemacht dein Opa?" In der Frage artikuliere ich in der Partikel "denn" Erstaunen über diese Rolle des Opas im Verhältnis zu den Bekannten und frage darauf bezogen, was er "gemacht" hat.

F:Mein Opa? D ha, |ls| war n großer Typ war das. Der hat Dings n Dorf oder so was gehabt ungefähr ne. Verstehst du.
Hmhm

Faruk nimmt die Frage in einer Form auf, als sei sie überraschend, um sodann nach dem Ansatz "D" mit dem Ausruf "ha" die Bedeutung des Opas zu unterstreichen und nach |ls| zu explizieren. Dieser war "n großer Typ" aufgrund seines Besitzes, den Faruk vage zunächst in der Leerform "dings", sodann als "Dorf oder so was ungefähr" faßt. Er

14 Vgl. dazu Benedict 1974, Stirling 1965 sowie für eine theoretische Beschreibung Bourdieu 1976, Kap.1

versichert sich nach dem Verstehenssignal mit "Verstehst du" meines Verständnisses.

F: Und alle hatten Ang/Angst gehabt. Wenn die Hasan/Hasan Ağa haben die zu den gesagt ne. Und wenn die das da gehört haben sofort Angst und so ne. Der war reich war der weißt du. Der hatte zu viel/so viele Grundstücke und so gehabt ne. |1s| Daher weißt du. |1s| Ja.

Nach der vagen Angabe, was der Opa war, kommt Faruk wieder auf das Verhältnis zwischen "allen", also den Bekannten und dem Opa zu sprechen, reagiert also auf das "denn" in der Frage als Erstaunen über das Verhältnis der Bekannten zu dem Opa als Diener und Sklaven. Alle hatten Angst und nach "Wenn sie Hasan" korrigiert er zunächst zu der Klärung, wie der Opa angesprochen worden ist: "Hasan Ağa haben die zu den gesagt ne." Danach nimmt er den Ansatz wieder auf "Und wenn die das da gehört haben sofort Angst und so ne,". Wenn die Bekannten, die den Opa mit "Hasan Ağa" ansprachen, "das da" hörten, also in dem Dorf hörten, daß von Hasan Ağa die Rede war, dann hatten sie "sofort Angst und so". Sie hatten also in jeder Situation, in der der Opa eine Rolle spielte, so interpretriere ich das Adverb, "Angst und so". "Angst" mit der Inpräzisierung soll die wirksame Herrschaft des Opas, daß er ein "großer Typ" war, zum Ausdruck bringen insofern, als die anderen stets von seiner Macht wissen und vor dieser Angst haben.

Sodann wiederholt Faruk versichernd, daß der Opa reich war, in der Form, daß er das Prädikativ einbettet in Subjekt und Kopula, die er zweifach äußert, und daran wieder "weißt du" anhängt. Was "reich" heißt, expliziert er danach: "Der hatte zu viel/ so viele Grundstücke und so gehabt.", wobei die Explizierung auch hier mit einer Inpräzisierung "Grundstücke und so" - versehen ist, so wie zuvor auch "das Dorf oder so was ungefähr". Er beendet die Beantwortung nach einer |1s| Pause ähnlich wie zuvor mit "Daher weißt du." und nach einer weiteren |1s| Pause kennzeichnet er mit "Ja." das Gesagte als vollständige Antwort.

"I: Warum ist denn dein Vater dann da weggegangen?" Indem ich Faruk frage, warum der Vater "dann da weggegangen ist", also zu dem Zeitpunkt "dann" aus dem Dorf "da", als der Vater des Vaters reich war, und wiederum im "denn" mein Erstaunen artikuliere, gebe ich zu verstehen, daß mit dem Reichtum und der Macht des Vaters des Vaters für mich das Migrationsmotiv des Vaters nicht mehr deutlich ist. Dahinter steht also die Erwartung, daß v.a. Armut und u.U. Abhängigkeit für die Migration ausschlaggebend gewesen sind.

F: Mein Va/Opa war geizig. |1 1/2s| Verstehst du. Der wollte immer mehr und mein Vadder meinte Ja ich fahr im Bundesrepublik und - bring dir - ein -dings - weißt doch wo Kartoffeln reingetan wird so in solche -/Einen Sack voll |1s|
I: Sack.

F:Geld meint er bring ich dir. Und das hat er auch in Wirklichkeit getan. |2s |
I: Hmhm

Faruk erklärt die Migration seines Vaters mit einem Charakterzug des Opas, dieser "war geizig" und "wollte immer mehr". Sein Vater reagierte darauf schließlich, dafür steht wohl das "ja", und erklärte, daß er in die "Bundesrepublik" fährt und ihm "einen Sack voll Geld" bringen wird, wobei Faruk nach der Form "Sack" sucht und sie mit einer Umschreibung von mir erfragt. Verwiesen sei darauf, daß Faruk von "Bundesrepublik" spricht, was bei anderen Jugendlichen kaum zu hören ist, diese reden meist von "Deutschland", was anzeigt, wie intensiv Faruk vom Durchlauf der hiesigen Sozialisationsapparate bestimmt ist. Er beendet die Erklärung der Migration des Vaters damit, daß dieser sein Migrationsziel erreicht habe, er habe "auch in Wirklichkeit" sein Versprechen gegenüber seinem Opa eingehalten und diesem den Sack Geld gebracht.

An dieser Stelle scheint es mir an der Zeit, einige Bemerkungen über den familären Hintergrund Faruks einzufügen. Faruk kam auf seine Familie im Versuch der Begründung dessen zu sprechen, warum er auf das Weglaufen seiner Schwester so reagieren würde, wie er zuvor gesagt hatte. Dies tut er vor dem Hintergrund, daß das Verhalten des Nachbarn gegenüber dem Weglaufen seiner Tochter mir u.U. als eine zulässige, akzeptable Möglichkeit und insofern Faruks erklärte Reaktion auf seine Schwester potentiell als nicht notwendig, übertrieben, brutal etc. erscheint. Haben sich in der Analyse bis hierhin auch Brüche in Faruks Ausführungen gefunden und verbleibt seine Rede sehr stark im Impliziten, so möchte ich mit der Einfügung einiger Momente des familiären Hintergrundes von Faruk zunächst deutlich machen, daß er nicht einfach phantasiert, wie deutsche Hörer der Rede zunächst vermuteten. Soweit, wie ich die Familiengeschichte hier anführe, habe ich diese aus Gesprächen mit der Mutter, mit dem Bruder Faruks , mit Faruk und einigen "Bekannten" der Familie erfahren.

Der Vater und die Mutter Faruks stammen aus einem Dorf in der Umgebung von Kars. Die Familie des Vaters ist kurdischen Ursprungs, was schon in dem Spitznamen "Kürd-Çetin" zum Ausdruck kommt, die Familie der Mutter nur teilweise. Sie selbst spricht kein Kurdisch, wie sie sagt, versteht es aber, Faruk und seine Geschwister sprechen und verstehen es nicht, da bei ihnen zu Hause Türkisch gesprochen wurde. Sowohl der Vater als auch die Mutter entstammen reichen Familien in dem Sinne, daß der damalige Grundbesitz und Viehbestand von der Mutter und den "Bekannten" als hoch eingeschätzt werden, ohne daß sie jedoch bei Befragung Größenangaben machen konnten oder wollten. Wichtiges Kriterium war zudem, daß man für sich arbeiten ließ, wobei die Mutter auf Frage anzugeben wußte, daß es im Sommer bei der Ernte mehr als 20-30 gewesen seien. Der Vater Faruks ist der 4. Bruder in einer Reihe von 5 Brüdern und einer Schwester, die das Älteste der Kinder war. Die Brüder haben alle vor dem Ablauf des Militärdienstes geheiratet und dann mit ihren Familien im Haushalt des Vaters gelebt. Sie lebten also in einer Großfamilie, was dem entspricht, daß die Rede von der Großfamilie in der Türkei meist wenig Sinn macht, aber da zutrifft, wo die materiellen Ressourcen es zulassen, daß das Oberhaupt der Familie seine Söhne mit deren Familien im Haus hält. Soweit ich dies herausfinden konnte, ist die Migration des Vaters vor dem Hintergrund von Autoritätskonflikten mit dem Großvater Faruks zu verstehen. Sowohl der Vater als auch der dritte Sohn des Großvaters, also der ihm nächste ältere Bruder haben bereits in der Türkei gegen den Willen ihres Vaters in einer Bergbaustadt an der Schwarzmeerküste gearbeitet. D.h. die Entwicklung der ökonomischen Verhältnisse in der Türkei eröffnete Ende der 50er/Anfang der 60er Jahre wohl Möglichkeiten, durch Arbeit außerhalb des Dorfes der Abhängigkeit vom Vater und u.U. auch von den älteren Brüdern zu entkommen, Möglichkeiten, die sich noch einmal erweiterten mit der Anwerbung von Arbeitskräften durch die BRD. Ein weiteres Motiv für die Migration in die BRD dürfte auch die erneute Heirat des Großvaters einer erheblich jüngeren Frau nach dem Tod der Mutter des Vaters Faruks gewesen sein. Diese Heirat hat den Großvater wohl sehr viel Geld gekostet. Zudem habe er danach, so die Familie Faruks, für diese Frau bis zu seinem Tod im Jahre 1981 sein ganzes Vermögen ausgegeben. Dies ist schwierig zu beurteilen, da in solchen Darlegungen Konkurrenzen und (möglicherweise verlorene) Kämpfe um Erbschaftspositionen ausgetragen sein mögen, aber auch der Ärger über materielle Zuwendungen an den Großvater, von denen man heute nichts mehr hat, sich ausdrücken mag.

Wichtig für den Zusammenhang hier ist v.a., daß der Vater Faruks 1962 wohl in die Bundesrepublik migriert ist aufgrund der darin enthaltenen Möglichkeiten der Befreiung von der innerfamiliären Dominanz seines Vaters, fundiert in der relativ guten materiellen Lage, und der zu erwartenden Dominanz der älteren Brüder nach dem Tod des Vaters. Mit der Migration zunächst innerhalb der Türkei und schließlich in die Bundesrepublik erschien auch unabhängig von dem Vater ein Auskommen auf vergleichbarem Niveau erreichbar. Wenn der Vater Faruks hier, wie Faruk sagt, bekannt war und sich auch großer Beliebtheit erfreute, wie er später sagt, worauf ich hier vorwegnehmend verweise und was "die Bekannten" bestätigen, dann mag dies einerseits mit dieser Herkunft und dem "geerbten" Respekt zusammenhängen. Andererseits aber mag das von vielen bestätigte lebenslustige, freundliche und souveräne Wesen des Vaters auch in dieser Motivation für die Migration begründet gelegen haben, aus der heraus das Leben in der Bundesrepublik auch als Befreiung empfunden werden kann, da man nicht darauf angewiesen ist, hier zu sein.

Was den Nachbarn Faruks anbetrifft, so ist dieser tatsächlich ein Adoptivsohn des Großvaters von Faruk, den er als Waise aufgenommen hat. Genaueres war für mich nicht herauszufinden, da die Familien Faruks und des Nachbarn seit dem Verschwinden des Mädchens und seiner Rückkehr nicht mehr miteinander sprechen. Der Nachbar hat in diesem Zusammenhang der Familie Faruks Vorwürfe gemacht, daß sie an der Entführung bzw. dem Verschwinden der Tochter beteiligt gewesen sei. Über die genauen Details und wer was in diesem Zusammenhang getan hat, war nicht mehr herauszufinden. Zu Anfang der Analyse des Ausschnitts FKA III hat sich ergeben, daß Faruk in dem Versuch der Darlegung seines Verhaltens gegenüber der Schwester als einzige Möglichkeit die zunächst geäußerte Rechtfertigung des Nachbarn unter den Tisch fallen läßt in der Charakterisierung der Familie als "Teufel". Daß er diese Rechtfertigung überhaupt äußert und dann fallen läßt, mag sich nun ein Stück weit dadurch erklären, da Faruk im ersten Schritt gegenüber einem Außenstehenden, nicht zur Familie gehörigen den Nachbarn als Familienmitglied in Schutz nimmt, im zweiten Schritt aber da, wo es für Faruk schwierig wird, sein erklärtes zukünftiges Verhalten gegenüber einem angenommenen Weglaufen der Schwester zu erklären, die Rücksichtnahme auf den Nachbarn und Onkel fallen läßt, diesen ausgrenzt als "nicht richtigen Onkel", zum "Teufel" und schließlich "Sklaven" und "Diener" macht, da die Familien zerstritten sind und nicht mehr miteinander reden.

Daß der Großvater Faruks auf dem Dorf Hasan Ağa genannt wurde, wird auch von anderen Familien aus dem Dorf ebenso wie der relative Reichtum der Familie bestätigt. Sie sagen allerdings, daß er "ein guter Mann" gewesen sei, was aber mehr über das Verhältnis zu mir aussagt. Wenn Faruk sagt, daß "alle Bekannten in Osnabrück" auf dem Besitz des Großvaters "Diener" bzw. "Sklaven" waren, was ich zunächst einmal als die Aussage verstehe, daß sie bei dem Großvater gearbeitet hätten in einem Ausmaß, daß sie von dieser Arbeit abhängig waren, so habe ich dies bei einer Familie nicht bestätigt gefunden, bin dieser Frage allerdings ansonsten nicht systematisch nachgegangen.

Es kommt mir nicht auf "die Wahrheit" der Äußerungen Faruks an, sondern ich will deutlich machen, daß für seine Rede der familiäre Hintergrund das Material bereit stellt, in dem er sein erklärtes Verhalten von dem des Nachbarn abgrenzen kann, wobei im wesentlichen die Frage ist, in welcher sprachlichen Form dieses biographische Material von Faruk verarbeitet wird. Mag sich der Bruch des Fallenlassens der Rechtfertigung des Nachbarn auch weiter aufhellen lassen mit Verweis auf die spezifische Beziehung zwischen den Familien, ist also in der Auseinandersetzung mit mir sicher auch der Konflikt zwischen den Familien artikuliert, so ist die spezifische Form der Artikulation bestimmt von der Auseinandersetzung mit mir, mit meinem Verhältnis zu Faruks erklärtem Verhalten gegenüber dem möglichen Weglaufen der Schwester. Bezogen auf die Analyse von FKA I und II möchte ich zum Problem die Form machen, in der Faruk mir gegenüber deutlich zu machen sucht, warum er sich seiner Schwester gegenüber in der erklärten Weise verhalten würde, und dies vergleichen mit der Form von Erklärungen, die er in FKA I und II gegeben hat.

Die bisherige Analyse von FKA III hat ergeben, daß Faruks gesamte Rede implizit und auslegungsbedürftig ist. Das beginnt mit der Rechtfertigung des Nachbarn, setzt sich fort mit der Charakterisierung der Familie des Nachbarn als "Teufel", mit der Erklärung, daß es bei Faruks Familie anders ist, da alles "sofort rumgesprochen" wird wegen der Bekanntheit des Vaters, der Größe und des Reichtums der Familie, mit der Bearbeitung des Widerspruchs, daß der Nachbar Mitglied der Familie, gleichwohl aber "Teufel" ist, und der darin auftauchenden Fassung der Rolle des Großvaters. Allerdings unterscheidet sich die Rechtfertigung des Nachbarn von dem meiner Frage, was der Nachbar denn gemacht habe, Nachfolgenden in einem wesentlichen Punkt: Es finden sich hier noch nicht die Formen der Intensivierung und Rückversicherung, wie sie für alles Nachfolgende kennzeichnend sind. Zeigt meine Frage Faruk, daß ich ihn nicht verstanden habe, und darüberhinaus, daß ich aus dem von ihm Gesagten falsche Schlüsse ziehen könnte, dann sind die Formen der Intensivierung und Rückversicherung die Bearbeitung dieser Möglichkeiten des Mißverständnisses und der falschen Schlüsse. Nun habe ich weiter oben darauf hingewiesen, daß die Form, in der Faruk die Charakterisierung der Familie des Nachbarn als "Teufel" mit Nachdruck vornimmt, im wesentlichen aus Wiederholungen und der Häufung von Formen der Rückversicherung besteht. Dies gilt ebenfalls für die weiteren Äußerungen. Er wiederholt, daß "viele" den Vater kennen, daß sie ihn "Kürd-Çetin" genannt haben, daß die Familie "sehr groß" war, den "Reichtum" des Großvaters, in dem die "Sklaven" bzw. "Diener" gearbeitet haben, daß die Bekannten alles "Diener" bzw. "Sklaven" waren, daß sie vor dem Großvater als "Hasan Ağa" Angst gehabt haben. Er unterstreicht seine Äußerungen mehrfach mit "also wirklich" und rückversichert sich gehäuft mit "ne", "weißt du" und "verstehst du". Faruk markiert das Gesagte mehrfach als Erklärung in den Formen "Daher ne."; "Und daher - ja kommt das so weißt du."; "Und daher. Kommt/ würd ich auf meine Familie keine Schande zukommen lassen."; "Daher weißt du.".

Die Interpretation hat nun gezeigt, daß das Gesagte als Erklärungen nur verständlich ist, wenn man eine Reihe von Annahmen macht, und es war die Frage offen geblieben, wieso der Onkel als Adoptivsohn des Opas zugleich dessen "Sklave" und "Diener" war. Das aber unterscheidet die Rede Faruks hier nicht so sehr von der in FKA I und II. Auch dort waren Fragen offen geblieben und eine Reihe von Annahmen zu machen.

So war in FKA II fraglich, wieso Faruk sagt, daß er in seinem Leben außer von seinem Bruder von niemandem geschlagen worden sei, hat er doch kurz zuvor noch gesagt, daß er von seinem Vater geschlagen worden sei. In FKA I hat das Nebeneinanderstellen von Erklärungsformen zwar den Sinn ihrer wechselseitigen Neutralisierung, gleichwohl führte dies dazu, daß Faruk sich hintereinander zum türkischen Experten und zum entfremdeten Jugendlichen zwischen zwei Kulturen macht. Er bot ganz zu Anfang von FKA I zwei Erklärungen an für sein Nicht-Zusammensein mit Bülent, deren zweite aufgrund meiner relativ detaillierten Kenntnis dessen, wovon Faruk spricht, die Frage stellen ließ, wieso Faruk von dem Erfolg dieser Erklärung ausgehen kann.

Neben solchen Fragen läßt sich auch die Implizitheit der Äußerungen Faruks in FKA III in den vorher analysierten Ausschnitten finden. In der Analyse von FKA I hat sich gezeigt, daß Faruks Erklärung dafür, warum er den zuvor von ihm als türkisch gekennzeichneten Spruch auf Türkisch sagen kann, in ihrer Vagheit und Brüchigkeit als Anspielung auf die Umgangsform "Leben zwischen zwei Kulturen" der Apparate mit den Jugendlichen zu verstehen war. Auch die vage Rede über die "Ausländerfeindlichkeit" hatte sich in ihrer Form als auf die Auseinandersetzung mit mir zugeschnitten erwiesen.

Der Unterschied der Rede in FKA III gegenüber der in I und II ist also nicht in der Implizitheit und in Fragen, die offen geblieben sind, zu finden. Aber deutlich fehlt hier, was sich in der Analyse von FKA I und II als zentral erwiesen hat, nämlich die diskursive Rede Faruks. Zwar finden sich auch dort die hier in FKA III gehäuft festgestellten Formen der Rückversicherung "ne", "weißt du" und "verstehst du", sie sind aber dort eingebettet in Formen wie "doch", "jedenfalls", "okay", "ja gut", "sonst", "aber sonst", "weil", "trotzdem", "obwohl", "ich weiß auch nicht", "weiß ich auch nicht", "wie heißt das bei uns", "vielleicht", "meistens", "normalerweise", "wohl", "bestimmt", "find ich", "zum Beispiel", "deswegen", "dadurch", "daher", "daher kommt das" etc.. Die Analyse dieser als diskursiv bezeichneten Form der Rede hat ergeben, daß Faruk sich jederzeit formal auf das Geforderte im Interview einläßt, er begründet, rechtfertigt, reflektiert, diskutiert, bezieht unterschiedliche Perspektiven mit ein, setzt sie ins Verhältnis zueinander, relativiert, expliziert eigene Standpunkte als solche und benennt Unsicherheiten. Bei aller Implizitheit der Äußerungen in FKA I und II zeigt diese Form der Rede an, daß Faruk dem Hörer, also mir das Herstellen der häufig nur indizierten Zusammenhänge zutraut und daraus die Sicherheit des formal vorgezeigten Sich-Einlassens bezieht.

Nun ist das, was in FKA III zu finden ist, auch ein Versuch der Begründung, was formal wiederkehrend in den Äußerungen mit "daher" ausgedrückt ist. Aber Faruk reiht die Aussagen über den Nachbarn und über seine Familie in der Gegenüberstellung mit dem einzigen Verknüpfer "und" nur hintereinander, ebenso bei der Bearbeitung des Widerspruchs, daß der Nachbar auch ein Onkel Faruks und damit Teil der Familie ist. Was aber die Sachverhalte, daß der Vater tot ist, ihn viele kannten, ihn Kürd-Çetin genannt haben, dafür bedeuten, daß es bei Faruks Familie ganz anders ist, bei ihnen sofort alles rumgesprochen wird, wird von Faruk nicht nur nicht erklärt, es wird auch formal außer mit dem Verweis "daher" kein Zusammenhang wie in FKA I und II hergestellt. Das Gesagte wird in seiner Bedeutung durch Wiederholung bzw. steigernde Wiederholung unterstrichen. Gleiches gilt für die Bearbeitung des Widerspruchs, daß der Nachbar Onkel der Familie ist. Darüber hinaus finden sich nur die Formen "richtig", "wirklich", mit denen er dem Gesagten weiteren versichernden Nachdruck verleiht, sowie die Formen der Rückversicherung: Diese aber ist eben beim Hörer um so notwendiger, je mehr diesem das Herstellen von Zusammenhängen überlassen ist und das Herstellen dieser Zusammenhänge nicht selbstverständlich erwartet wird, sondern einer verstärkten Kontrolle bedarf.

Ich möchte von hier aus noch einmal darauf zurückkommen, wieso Faruk begründet, warum es bei ihm und seiner Familie ganz anders als bei dem Nachbarn ist. Weiter oben hat sich gezeigt, daß Faruk meine Frage, was der Nachbar gemacht habe, als Nicht-Verstehen seiner Rechtfertigung des Nachbarn gehört hat und auf die darin implizierte Möglichkeit reagierte, daß ich das Verhalten des Nachbarn als Möglichkeit betrachten könnte, die auch Faruk im Verhalten zu seiner Schwester offen steht. Vor dem Hintergrund, daß ich zuvor schon Distanz zu dem erklärten Verhalten Faruks, falls seine Schwester von zu Hause weglaufen würde, zum Ausdruck gebracht habe, versucht er deutlich zu machen, daß dieses Verhalten für ihn die einzige Möglichkeit ist. Wenn also die gehäuften Rückversicherungsformen anzeigen, daß Faruk nicht selbstverständlich erwartet, daß ich die Zusammenhänge herzustellen in der Lage bin, dann ist der Grund dafür in dieser Ausgangssituation für die Erklärung, warum es bei ihm ganz anders ist, zu finden.

Ohne darauf hier näher einzugehen, fällt an Faruks Begründung im Interview (vgl. Transkript S. 26/27), daß er die Schwester schlagen bzw. umbringen würde, wenn sie von zu Hause weglaufen würde, auf, daß in ihr die Erfahrung artikuliert ist, daß in den Zusammenhängen, für die ich als Interviewer stehe, Verhaltenserwartungen an Jungen und Mädchen nicht mehr selbstverständliche und fraglose Geltung besitzen, daß soziale Erwartungen und Verpflichtungen sowie Sanktionen gegenüber Abweichungen rechtfertigungspflichtig sind. Dabei handelt es sich zugleich um einen Bereich, der als zentrales Betätigungsfeld der pädagogischen Apparate nicht zu erledigen ist mit Verweis auf die kulturelle Besonderheit von Türken, unterliegt das Verhältnis türkischer Männer zu Frauen doch eher einem Generalverdacht der Unangemessenheit und autoritären Rückständigkeit. Was für Faruk also nicht möglich ist, ist die einfache Feststellung, daß es nicht gut ist, wenn Mädchen nicht zur Schule gehen, in der Stadt rumlaufen und mit einem Mann weglaufen, und daher seine erklärte Reaktion darauf erzwingt. Man vergleiche dies mit Şemi. Dieser redet im Interview über ein deutsches Mädchen, das er heiraten würde. Er würde hier in der Stadt, wenn er mit den anderen Jugendlichen zusammen ist, sagen, daß sie nach Hause gehen solle, damit sie nicht alles mitbekommt, was sie dort machen. Er begründet dies parallel zu Faruk mit dem Verhalten der anderen dazu, diese werden sonst darüber reden, daß er eine geheiratet hat, die "alles Schlechte" gehört hat, und er müßte sie wieder "loslassen". Dies aber begründet er mit der einfachen Feststellng "die wird mein Frau" und eindeutigen, nicht weiter begründeten Wertungen wie "Das ist Scheiße", "nicht gut". Dies ist für Faruk nicht möglich und so sagt er, daß es besser ist, wenn die Schwester mit einem Mann kommt, wenn sie heiraten will, als wenn sie durchbrennt, dies sei doch "Scheiße". Und er endet mit der Rückfrage "oder nicht?". Er hält also daran fest, daß Weglaufen der Schwester eine von ihm zu sanktionierende Schande sei, hält diese Einstellung aber wiederum in der Form der diskursiven Auseinandersetzung mit mir durch.

Betrachtet man den Ausschnitt FKA III, dann sucht Faruk hier in Auseinandersetzung mit Nichtverstehen und (angenommenen) Zweifeln von mir zu begründen, warum es für ihn anders als für den Nachbarn ist vor dem Hintergrund, daß er bereits begründet hat, warum Weglaufen seiner Schwester schlecht wäre und er sich dazu in erklärter Weise verhalten würde. Es handelt sich also um einen Versuch, in zweiter Runde zu erklären, daß er sich gegenüber seiner Schwester so verhalten muß und daß dies trotz des Nachbarn und dessen Verhalten die einzige Möglichkeit ist. Dazu äußert er sich zu der moralischen Qualität des Nachbarn, der großen sozialen Bedeutung seiner Familie, der verwandtschaftlichen Stellung des Nachbarn, zu dessen niedriger sozialer Position und der der Bekannten in Relation zu dem Großvater.

Wie gesagt unterscheidet sich die Implizitheit seiner Darlegungen nicht von FKA I und II und die Interpretation der Äußerungen hat gezeigt, daß Faruks Verweise auf die Bekanntheit des Vaters, den Reichtum und die Größe der Familie sich lesen lassen als Begründungen, warum Faruk stärker in der Pflicht steht, unehrenhaftes Verhalten seiner Schwester zu strafen, als der Nachbar bzw. Onkel, der als "Teufel" und Abhängiger des Opas nicht gleichermaßen gefordert ist. Trotz der offen gebliebenen Fragen zeigt eine solche Interpretation, daß die Äußerungen Faruks als Hinweise für Eingeweihte Sinn ergeben. Die Formen aber, in denen Faruk dem Gesagtem Nachdruck verleiht, die Wiederholungen, die Rückversicherungen und Versicherungen zeigen, daß er sich mit mir als möglicherweise Nicht-Eingeweihtem auseinandersetzt, d.h. als einem, der nicht hinreichend in die soziale Praxis eingebunden ist, in der diese Hinweise auf moralische Qualitäten, soziale Positionen und daran gebundene Erwartungen als Verweis auf den entsprechend gültigen sozial-moralischen Zusammenhang, in dem diese Praxis steht, ausreichen. Einerseits könnte ich dies verstehen, da ich viel mit den Jugendlichen und deren Familien zu tun hatte und des öfteren, wie Faruk weiß, in der Türkei war. Auf der anderen Seite aber hat meine Reaktion auf seine rhetorische Frage gezeigt, daß ich ihn nicht verstehe, und danach erst setzt die versichernde Rede ein. Es stellt sich die Frage, ob die Form der Rede, wie ich sie in den Ausschnitten FKA I und II analysiert habe, sich hier als Begrenzung bemerkbar macht.

Zum Schluß der Analyse des Ausschnitts FKA I habe ich die Ergebnisse dahingehend zusammengefaßt, daß die Form der Rede Faruks vor allem deutlich macht, daß er das Interview bestimmt und erfährt als staatlichen Apparat des Zugriffs auf die eigene Person und daß die Formen des Umgangs der Apparate mit ihm und den anderen Jugendlichen als wiederkehrende versuchte Regulierungen der eigenen Lebenspraxis erfahren werden als soziale Macht, die in ihrer diskursiven sprachlichen Verfaßtheit flexibel auf die jeweiligen Zielrichtungen ausrichtbar ist, der er sich in der Form des Vor und Zurück, in dem Wechselspiel der provokativen Attacke und der formalen Übereinstimmung mit dem Gegenüber als Bewahrung seiner Unangreifbarkeit zu entziehen sucht. Dieses Ergebnis bestätigt auch die Analyse von FKA II.

Wenn ich in der Analyse gesagt habe, daß die "Unlogik" der Rede Faruks aufzeigt, daß für die Auseinandersetzung mit solchen wie mir "Logik" nicht gefordert ist, sondern die gekonnte Anspielung auf das Repertoire des Gegenübers im Umgang mit einem selbst, dann ist darauf noch einmal genauer einzugehen. Zu Anfang des Ausschnitts FKA I war Faruks Argumentation, warum es keine "besten Freunde" gibt, zirkulär. Der Sinn seiner Rede aber war in den diskursiven Formen als vorgezeigtes Sich-Einlassen auf mögliche Einwände und deren Berücksichtigung zu suchen. In der Antwort auf meine Frage, wie er darauf kommt, daß die Eltern des deutschen Kumpels so sind, wie er sie zuvor gefaßt hat, sagt er: "Ich hab das Vorstellung von die. Find ich jedenfalls ja." In der Analyse habe ich dazu festgestellt, daß über die Identifizierung des formalen Problems, daß eine Vorstellung von ihm nicht strittige Meinung sein kann, hinaus wesentlich die diskursive Form der Auseinandersetzung mit dem Interviewer sei.

Faruk geht aber mit mir wie gesehen in FKA III nicht mehr als Eingeweihtem, sondern als potentiell Nicht-Eingeweihtem um. Geht man zudem davon aus, daß für ihn das Thema, wie er sich zu seiner Schwester verhält, ein ernstzunehmendes ist, zumal er es von sich aus in Reaktion auf meine möglichen Schlußfolgerungen wieder aufgreift, und zeigt seine Rede, daß er in der Versicherung mein richtiges Verständnis des von ihm Gesagtem sicherzustellen sucht, dann sind paradoxerweise da, wo Diskursivität im Sinne von Begründen, Explizieren, Herstellen von Zusammenhängen als Verdeutlichung der eingenommenen Positionen, d.h. "Logik" gefordert wäre, weil das Gemeinte nicht vorausgesetzt werden kann, die sprachlichen Formen, mit denen als Potential dies geleistet werden könnte, zum größten Teil verschwunden.

Die "Unlogik" der Rede Faruks hat als Form der Auseinandersetzung mit dem Interview, in der er dieses bestimmt als Teil der staatlichen Apparate, die er durchlaufen hat, einen Sinn. Er setzt sich mit den sprachlichen Umgangsformen der Apparate mit den Jugendlichen auseinander, er provoziert und neutralisiert die dort erfahrenen Ansprüche der relevanten, begründeten Formulierung der sozialen Praxis der Jugendlichen. Vor diesem Hintergrund sind auch die Konsistenzprobleme, die sich in der Analyse der Textausschnitte immer wieder ergeben hatten, zu verstehen. Zu Anfang von FKA I hat Faruk das Nicht-Zusammensein mit Kemal begründet mit dem Verweis darauf, daß dieser "den Typ da zusammengeschlagen" hat, aber die Erfolgsaussichten dieser Begründung sind gering im Hinblick auf mein detailliertes Wissen um den Vorfall. Direkt im Anschluß an seine Begründung, warum er den Spruch über Geld und Freundschaft nicht auf Türkisch sagen kann, sagt er, daß er jetzt nicht mehr viel mit Deutschen zusammen sei. Dies ist mindestens irritierend im Hinblick darauf, daß er das Gegenteil zuvor nahegelegt hat. In FKA II sagt er, nachdem er ca. 12 Minuten zuvor gesagt hat, daß er von seinem Vater geschlagen worden sei und daß er dies auch gut gefunden habe, daß er in seinem Leben von niemandem außer seinem Bruder geschlagen worden sei, sogar von seinem Vater nicht. Schließlich blieb in FKA III die Frage offen, wieso der Nachbar als Adoptivsohn des Opas zugleich dessen Diener bzw. Sklave war.

Das Vor und Zurück der Provokation und der Übereinstimmung ist wesentlich eine lokal gebundene Sprachpraxis, die, wie in der Analyse gesehen, auf die kleinsten Anzeichen von Dissens reagiert und so das Terrain des möglichen Widerspruchs gegenüber Gesagtem gleich mitbesetzt. Wenn Faruk im Interview mehrfach zu verstehen gibt, daß das Gesagte für seine Praxis außerhalb des Interviews nichts bedeutet, dann mögen bereits die Brüche im Interview darauf hindeuten, daß die Form des Sagens dafür wohl ihre Bedeutung besitzt. Kommt in seiner Rede, wie ich gesagt habe, die Erfahrung zum Ausdruck, daß man *in* den Apparaten provozieren oder durch Annäherung sich entziehen kann, nicht aber den Apparaten sich entziehen kann, dann ist die Frage vom Ende der Analyse FKA I wieder aufzunehmen, ob die Form der Auseinandersetzung mit diesen Apparaten als Vergesellschaftungsinstanzen neben dem gezeigten Gebrauchswert auch Begrenzungen mit sich bringt, die nicht einfach überspringbar sind.

Ist Faruks Rede eine lokal gebundene Sprachpraxis, die auf kleinste Anzeichen von Dissens reagiert und möglichen Widerspruch prophylaktisch bearbeitet durch die Hintereinanderreihung von Modifikationen von Gesagtem als Zugeständnissen und unterschiedliche Begründungsangebote, dann ist diese Sprachpraxis als lokale wesentlich reaktiv, die zwar auch in realistischer Weise die Formen des Umgangs mit den Jugendlichen als häufig genug eine Art Bauchladen, mit dem akute Probleme ad hoc zu bearbeiten sind, zurückspiegelt, die aber in den identifizierten Inkonsistenzen ihre Folgen zeitigen mag. Diese Inkonsistenzen könnten darauf verweisen, daß in der lokalen Auseinandersetzung mit dem Anspruch der relevanten Formulierung der sozialen Verhältnisse für die Jugendlichen die Anstrengung eigenständiger Formulierung als Möglichkeit aufgegeben wird.

Diese Überlegung findet eine Stütze darin, daß paradoxerweise da, wo Faruk zur Verdeutlichung dessen, warum er sich zu seiner Schwester in der gesagten Weise verhalten würde, auf die Explizierung von Zusammenhängen angewiesen wäre, da der Hörer gezeigt hat, daß er diese möglicherweise nicht aufzufüllen in der Lage ist, die demonstrative Diskursivität seiner Rede verschwindet. Er nutzt das Potential dieser Formen zur Klärung von Zusammenhängen nicht. Das verweist darauf, daß diese Formen von Faruk als von den Apparaten besetzte und in der Auseinandersetzung mit diesen gelernt und angeeignet worden sind. Der Gebrauchswert dessen besteht wie gesehen in der Möglichkeit, sich der diskursiv verfaßten Macht qua Vorzeigen des Diskurses zu entziehen, die Grenze aber zeigt sich in der Rede im Ausschnitt FKA III, denn das Potential diskursiver Formen für eine Formulierung von Verhältnissen, die sich nicht bereits auf weitgehende Vorgaben des Gegenübers zu stützen vermögen, ist möglicherweise dabei nicht mitgelernt worden.

Nun macht Faruk möglicherweise den Versuch, Zusammenhänge zu erklären, für deren Darlegung die Jugendlichen in den Apparaten, als Teil dessen er ansonsten das Interview bestimmt, kaum eine Möglichkeit erhalten bzw. denen gegenüber sie diese Zusammenhänge lieber abschotten. Das vertrautere Verhältnis Faruks zu mir führt dazu, daß er hier darüber überhaupt redet, ansonsten aber wird er gegebenenfalls nur in der türkischen Migrantenszene solche Themen verhandeln. Das würde heißen, daß die Darlegung des Hintergrundes für die in Anspruch genommene Position gegenüber der Schwester wesentlich im Türkischen gelernt ist und so zu der versichernden Rede Faruks an dieser Stelle führt. Dies ist nicht auszuschließen, aber beide Argumentationen sind vereinbar, denn das Potential der diskursiven Redeformen, wie sie sich ansonsten in Faruks Rede finden, besteht in der Reflexion, und auf die ist man dann angewiesen, wenn es schwierig wird. Hier aber in FKA III, wo es schwierig geworden ist, verschwinden diese Formen.

Die angestellten Überlegungen lassen sich durch Verweis auf biographische Stationen Faruks weiter abstützen. Bevor ich darauf eingehe, schiebe ich die Analyse eines Gruppeninterviews ein, an dem Faruk teilgenommen hat und dem sich weitere Hinweise entnehmen lassen.

5.4 Faruk in einer Gruppe

Ca. 8 Monate vor der Aufnahme des Einzelinterviews mit Faruk habe ich in dem Jugendzentrum eines Stadtteiltreffs ein Gruppeninterview mit sechs Jugendlichen durchgeführt, von denen fünf türkischer Abstammung waren und einer jugoslawischer Abstammung. Ich hatte mich mit vier Jugendlichen dort verabredet, zwei, Faruk und Cemal, waren erschienen. Diese forderten die anderen, die im Jugendzentrum anwesend waren und die mir ebenfalls gut bekannt waren, auf, an dem Interview teilzunehmen. Adem und Nercati verbrachten ohnehin einen Teil ihrer Freizeit gemeinsam mit Faruk, Cemal und den nicht erschienenen Haşmet und Kemal. Im Gruppeninterview selbst sagen sie auch zu Anfang, daß sie in dieser Besetzung viel zusammen seien. Zekeriye und Fikret nahmen wohl eher deshalb teil, weil das Interview als Veranstaltung auch Abwechslung in den Alltag brachte. Mit Zekeriye hatte ich zudem vorher schon Interviews durchgeführt, was er ebenfalls in dem hier zu analysierenden Interview sagt. Zudem hatte ich zu ihm und seiner ganzen Familie seit langem ein enges Verhältnis, was etwa erklärt, daß er an einer Stelle des Interviews mir das Wort gegen die anderen verschafft. Die beteiligten Jugendlichen einigten sich darauf, daß kein Deutscher, keine "Kartoffel" wie sie sagten, an dem Interview teilnehmen sollte.

Die Mitarbeiter des Jugendzentrums stellten uns einen Raum zur Verfügung, in dem wir relativ ungestört reden konnten, und machten uns Kaffee, der dann während der Aufnahme von einem der Mitarbeiter gebracht wurde. Wie auch den Angaben im Interview zu entnehmen ist, geht Faruk zu diesem Zeitpunkt noch zur Schule, er besucht nach dem Abbruch des BGJ das BVJ. Von den anderen gehen außerdem noch Adem und Nercati zur Schule, Zekeriye, Fikret und Cemal sind nicht mehr schulpflichtig. Fikret arbeitet als einziger, Cemal hat, wie er sagt, Aussicht auf eine Lehrstelle, die er kurz danach im Rahmen einer überbetrieblichen Ausbildungsmaßnahme auch tatsächlich bekommt.

Im folgenden will ich detaillierter auf einen Ausschnitt des Gruppeninterviews (vgl. Transkript S. 69 bis S. 75) eingehen. Zuvor will ich ein paar Anmerkungen zu den Vorraussetzungen, mit denen ich dieses Interview analysiere, und zu seinem Verlauf bis hierhin machen.

Der zu analysierende Ausschnitt ist durch Sprachalternation der beteiligten Jugendlichen zwischen dem Deutschen und Türkischen bestimmt. In der Sprachwissenschaft haben im Bereich der sog. "interethnischen Kommunikation" v.a. die Arbeiten John J. Gumperz großen Einfluß ausgeübt (vgl. Gumperz 1975, 1978, 1982, 1982a). Ich lasse mich von dem in dem Aufsatz "Conversational code switching" (in: Gumperz 1982) am systematischsten dargelegten Gedanken leiten, daß Sprachalternationen nicht zufällig sind, auch nicht etwa vorrangig Wortfindungsschwierigkeiten geschuldet sind, sondern Bedeutung haben, die es gilt, in der konkreten Analyse von Gesprächen herauszufinden. Gumperz unterscheidet zwischen situativem und metaphorischem "Code-Switching". Auf der einen Seite wird "Code-Switching" dem Wechsel von Situationen, denen jeweils unterschiedliche "Codes" zugeordnet sind, zugeschrieben, auf der anderen Seite als metaphorisch das "Code-Switching" gefaßt, das nicht durch die Situation determiniert ist, sondern abhängig von der Entscheidung des individuellen Sprechers vollzogen wird in einer Situation, die den situativ erforderlichen "Code" bereits festgelegt hat. Metaphorisch bedeutet hierbei, daß durch den Wechsel des "Codes" Momente der Situationen konnotiert werden, denen der "Code", zu dem hin gewechselt wurde, ansonsten zugeordnet ist. Dabei ordnet Gumperz den "Codes" als jeweils allgemeinste Bedeutung das "we" und "they" zu: Dem "we-Code" als Sprache der sog. ethnischen Minderheit kommt die Bedeutung des informellen, der Eingebundenheit in die Gruppe zu; dem "they-Code" als Sprache der Mehrheit kommt die Bedeutung des Formellen, des Unpersönlichen von Außenbeziehungen zu. Dabei insistiert er aber darauf, daß in der detaillierten Analyse erst herauszufinden ist, wie dies in konkreten Äußerungen umgesetzt wird und wie "Code-Switching" auf diese Weise die konkrete Bedeutung einer Äußerung mit herstellt.

Peter Auer (1984) hat Gumperz wegen seines problematischen Situationsbegriffs kritisiert, da er durch die starke Festlegung von Parametern, die eine Situation definieren, erst die Unterscheidung zwischen situativem und metaphorischem "Code-Switching" durchhalten könne. Auer argumentiert demgegenüber, daß, wenn Sprachwechsel Bedeutung haben, sie zur Definition einer Situation genauso beitragen, wie sie umgekehrt aus der Situation heraus zu verstehen sind. Die strikte Unterscheidung zwischen situativem und metaphorischem Sprachwechsel, so Auer, erweise sich nicht zuletzt für die Sprachpraxis bilingualer Gruppen wie den Arbeitsmigranten als problematisch, da Sprachalternation zwar eine große Rolle spiele, aber eine enge Abhängigkeitsbeziehung zwischen Sprachwahl und bestimmten situativen Parametern bisher nicht nachgewiesen sei. Die prekäre Lage der Migrantengruppen in der Bundesrepublik, die durch Widersprüchlichkeit und Uneindeutigkeit bestimmt ist und sich dadurch auch gegen saubere Unterscheidungen sperrt, wie sich in welcher Situation auch sprachlich zu verhalten ist, macht es in der Tat notwendig, erst zu untersuchen, wie die Migranten selbst versuchen, Unterscheidungen zu treffen, wie sich wem gegenüber in welcher Situation und in Auseinandersetzung damit auch sprachlich zu verhalten ist.

Für die folgende Analyse habe ich aufgrund dieser Perspektive von den Arbeiten des Konstanzer Projekts "Muttersprache italienischer Gastarbeiterkinder" profitiert (vgl. Auer 1981, 1982, 1982a, 1983; Auer/di Luzio 1982, o.J), da v.a. Auer im Rückgriff auf die Konversationsanalyse Bilingualismus als eine Form sprachlichen Handelns aufzeigt, deren vielfältige Möglichkeiten er in zahlreichen Detailanalysen von Kurzausschnitten aus Interviews mit italienischen Migrantenkindern herausarbeitet. Da ich anders als Auer mit längeren Ausschnitten arbeite, bei denen es mir darauf ankommt zu entziffern, inwieweit in der sprachlichen Form der Äußerungen Erfahrungen der widersprüchlichen sozialen Lage als Migrantenjugendlicher in dieser Gesellschaft gebunden sind, ist für die Analyse des Ausschnitts aus dem Gruppeninterview folgender Vorbehalt zu machen: Meine Türkisch-Kenntnisse sind nur begrenzt. Zwar vermag ich den Gesprächen unter türkischen Migranten in etwa zu folgen, aber in Situationen, in denen es ernsthaft darauf ankommt, d.h. wenn die Beteiligten ihre Rücksicht auf meine Defizite aufgeben, bin ich nicht in der Lage, daran teilzunehmen. Das stellt, wie man sehen wird, u.a. auch den Hintergrund für das Verhalten der Jugendlichen dar. Daraus folgt aber auch, daß meine Interpretationen der Äußerungen der Jugendlichen nur so weit reichen wie meine Vertrautheit mit dem Türkischen und der sozialen Sprachpraxis und Praxis allgemein der türkischen Migranten. Soweit Interpretieren also meint, Äußerungen auf Bekanntes zu beziehen und darin zu verorten, liegt die Grenze notwendig da, wo etwas Unbekannt ist. Das gilt zwar für jedes Interpretieren, aber hier sei auf die vorverlegte Grenze aufmerksam gemacht, wenn auch versucht worden ist, diese Grenze durch intensive Diskussion mit türkischen Migranten unterschiedlicher sozialer Position und problembezogene Lektüre wieder weiter nach hinten zu verlegen. Bei dieser Vorbemerkung will ich es belassen und auf das Interview selbst eingehen.

Der Raum, in dem das Interview stattfand, war eingerichtet mit einem großen Wohnzimmertisch, um den herum vier Sessel und ein Sofa standen. Die folgende Skizze soll die Sitzordnung verdeutlichen:

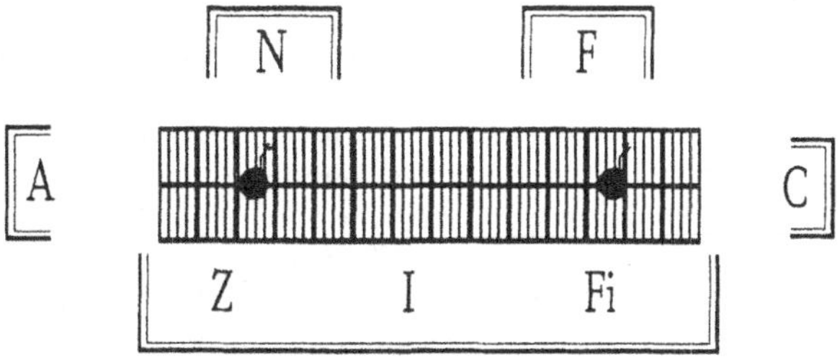

= Mikrophone
A = Adem; N = Nercati; F = Faruk; C = Cemal; Fi = Fikret; I = Interviewer; Z = Zekeriye

Nachfolgend sollen nun zunächst einige Anmerkungen zum Verlauf und Charakter des Interviews bis zu dem analysierten Ausschnitt gemacht werden. Zu Anfang läuft das Gespräch schwerfällig an. Fikret ist zwar mitgegangen, will aber nichts sagen, so lange das Aufnahmegerät eingeschaltet ist, was die anderen zunächst nicht dulden wollen, da Fikret sich so immer auch schon von allem distanziert, was die anderen sagen könnten, und damit die Solidarität verweigert. Er läßt sich aber davon wohl auch deshalb nicht beeindrucken, da er zu den Anwesenden zum Zeitpunkt des Interviews nur eine lose Beziehung hat.

Für die folgende Analyse ist v.a. von Bedeutung, daß das weitere Gespräch sich immer deutlicher in eine Richtung entwickelt, in der die Jugendlichen sich als "türkische Jugendliche" gefordert sehen. Diese Tendenz ist sicherlich in der Vorgeschichte des Interviews angelegt, denn die Erklärung für die Absicht, mit ihnen ein Interview durchzuführen, bestand u.a. darin, daß ich am Leben "türkischer Jugendlicher" und dem, was sie darüber erzählen, interessiert bin, da dies Thema meiner Dissertation sei. "Bücher schreiben", wie Adem an einer Stelle sagt, ist der Begriff, auf den die meisten meine umständlichen Erklärungen zu dem, was eine Dissertation ist, gebracht haben.
Diese Vorgeschichte erklärt nicht die spezifische Ausprägung, in der die Jugendlichen über sich als "türkische Jugendliche" reden. In ihrer Rede über Discos und Schlägereien zu Anfang sind zwar bereits Angebote enthalten, ihr Dasein hier als ausländische, türkische Jugendliche zum Thema zu machen, indem sie als Grund für die Schlägereien auf zweimalige Nachfrage von mir beide Male Ausländerfeindlichkeit angeben. Ihre Selbstfassungen sind aber wesentlich als Reaktionen auf meine Fragen aufzufassen, in denen ich ihre ethnisierenden Angebote bereitwillig aufgreife und forciere, indem ich etwa Nercati, den jugoslawischen Jugendlichen, nachdem er gesagt hat, daß er sich mit "Türken" besser als mit Jugoslawen verstehe, frage, ob er Türkisch kann, oder von Faruk wie im Einzelinterview die türkische Fassung eines Spruches wissen will. Die Jugendlichen stilisieren sich bezogen auf diese ethnisierende Haltung des Interviewers, der sie dabei geradezu zur Selbstfolklorisierung drängt, als wirkliche türkische Jugendliche, die allen Anfechtungen zumindest zu widerstehen versuchen und die auch Faruk als hier Geborenen, der, wie sie mit seinem Einverständnis sagen, "nicht so richtig sprechen kann", "nicht weiß was man ernst nimmt", "von schlechten Seiten wegnehmen" und ihn "gut machen" wollen.

Komplementär zu diesem Selbstentwurf als wirkliche türkische Jugendliche in der BRD, die sich an die Regeln "der türkischen Kultur" in Abgrenzung zu "der deutschen" zu halten suchen, folgt auf eine Frage von mir, ob es für sie feststeht, daß sie in die Türkei zurückgehen wollen, von Adem, Cemal, Faruk und Nercati die gemeinsame Produktion der Türkei als ideales Heimatland, in dem die Luft warm und frisch, das Wasser kalt, natürlich, schmackhaft und klar und das Essen gut und billig ist, die Leute gesund und kräftig sind und alt werden, die Familien zusammen leben und Spaß haben, Freiheit für die Jugend gegeben ist und kein Haschisch gekauft wird (Transkript S. 58ff.). Wie stark diese spezifische Fassung der Türkei in Auseinandersetzung mit meiner Fragehaltung zustandekommt, wird u.a. auch daran deutlich, daß Nercati als Yugoslawe an dem Entwurf der Türkei zu partizipieren versucht, indem er sprachliche Fassungen anbietet und Aussagen bestätigt.

Auf meine Fragen hin, wie sich ihre Fassung der Türkei dazu verhält, daß zentrale Orte ihrer Praxis hier, nämlich Diskotheken und Spielotheken, in dieser Form in der Türkei nicht vorhanden sind und daß sie in der Türkei nicht in der gleichen Form "Mädchen anmachen" können, reagieren sie mit einer Kritik der Orte, vor allem der Spielothek, der Mädchen und einer Hervorhebung der Vorzüge des Mohammedanischen. Für das Folgende ist zu beachten, daß Zekeriye, der sich ansonsten nicht beteiligt hat, auf meine Aufzählung hin, was in der Türkei anders sei, erwidert: "Gibts kein Schwule. Aber hier ha Arschlosch, alle Schwule.", was sich auch so verstehen läßt, daß er diese Aufzählung als eine Bestimmung der Türkei durch mich als "rückständig" versteht. Er weist dies zurück, indem er provozierend das Ergebnis der "Fortschrittlichkeit" des Hier herausstellt. Adem greift dies auf und weist auf den Nutzen des Mohammedanischen zur Aids-Bekämpfung hin.

Über diese Verweise zum selbst- und fremdethnisierenden Charakter des Gruppeninterviews hinaus kann hier nur konstatiert werden, daß zugleich das Material, in dem die Jugendlichen die Auseinandersetzung mit der Haltung des Fragenden austragen, aufschlußreich ist. So sind etwa Figuren wie die der schlechten Freunde, die einen vom rechten Pfad abbringen, und der guten Freunde, die einen wieder zurückholen, des Respekts, den man den Eltern schuldet, des Aufwachsens in Deutschland, weshalb einem das nötige Wissen fehlt, und der Türkei als ideales Heimatland durchweg gebräuchliche Formen, die sich auch bei anderen Migranten finden.[15] Worauf es mir hier ankommt, ist die Ausrichtung der Rede der Jugendlichen auf die Haltung des Interviewers, der in seinen ethnisierenden Fragen das Gesagte der Jugendlichen absucht nach Objektivationen, die als "türkische Kultur" der "türkischen Jugendlichen" gelten können. Auf diesen Kulturalismus hin entwerfen sich die Jugendlichen als "türkische Muster-Jugendliche". Daß sie dieses Muster des idealen Jugendlichen dabei nicht ad hoc erfinden, liegt auf der Hand.

Der nachfolgend analysierte Ausschnitt ist dadurch gekennzeichnet, daß es den Jugendlichen auf meine Ausgangsfrage hin nicht mehr gelingt, ein halbwegs einheitliches Auftreten mir gegenüber durchzuhalten, da sie untereinander in Streit geraten.

15 Auf das Erklärungsmuster der "guten" und der "schlechten Freunde" verweist auch Schiffauer 1983 und 1987.

I: Jetzt wenn ihr euch so sicher seid
daß ihr zurückgeht, ich könnt mir jetzt zum Beispiel vorstellen also da ihr ja
nu hier lebt, könnts ja zum Beispiel sein daß ihr n deutsches Mädchen heiratet.

A: Nä. Das das glaub ich nie. Deutsches
C: Nä. Ich bestimmt nicht. Vielleicht er. Daß er meinte
F: Ich au nicht.
Z: Was?

A: Mädchen.
F: Der vielleicht. Für den egal amına koyum. Wirklich du.
Z: Was? Was?

C: Das ist ein heiraten.
F: Deutsches Mädchen. Hä. Siehste.
Z: Heiraten? Ja sicher heirate ich.

F: Siehste. Weißt du. Guck mal. Das sind paar Guck mal
N: ▸ [lacht] ◂
Z: ↗Ja◂ ↗Ja◂
A: Reiches Mädchen. Reiches ne?

F: gibts Türken ne, ich will ja nicht jetzt ws - bedeuten ne, guck mal
A: Ja das ist schon besser.
C: Kann ich mal hier Zucker haben?
Z: Egal ob der arm ist,

F: hör mal zu, Michael hör mal zu jetzt. Da gibts - Türken ne,
Z: ich heirate den deutschen Familie. Oğlum dafür brauchs-
[mein Sohn]
N: Warte. Der holt schon gerade.

Z: du kein Geld bezahlen für deutsche Mädchen. Was?
F: Hör mal zu. Guck mal gibts Türken
C: Ach du Schei ße.

Z: Arschloch. Hau ab. Was wenn du
F: ne, die mei die meinen jetzt eh
C: Gavur olmaktansa milyonum ol gitsin.
[Bevor ich ein Gottloser werde, soll meine Million dahingehen.]

Z: - den - Mohammedaner schaffst? |1 1/2s| Onu müslüman edersen ne yap/
[Wenn du sie zum Moslem machst, was mach]
F: Deutschland okay weißt du die
C: Türkçe

Z: ne oluyorun ama? Tabii.
[was wirst du aber] [Sicher.]
C: Edersen. Ha. U - Und dann ob - Sen varya. Bir adam bir adam
[Wenn du machst] [Du es ist doch so. Wenn ein Mann ein Mann
F: Hör mal zu.

C: devletine geri gitmezse o tam gavrun gavrudur. Onu da bileceksin. Bir adam devlet
[in seinen Staat nicht zurückgeht, ist er der Gottlose eines Gottlosen. Das wirst du doch wissen. Ein Mann Staat]
Z: Git yao. Ma/Almanya/-
[Hau ab man] [Ver/Deutschland/-

Z: ben burada Almanla evleneceğim da Alman benlen beraber Türkiye'ye gitmiyecek.
[Ich werde hier mit einer Deutschen heiraten, jedoch die Deutsche wird nicht mit mir zusammen in die Türkei gehen.]
N: Gib mir ne Zigarette.

Z: |1/2s| Manyağa bak. Ya
[Guck dir den Verrückten an.]
F: Hm?
A: Türkiye'ye gitmezse değil de. Ama bak: Alman- Alman
[Ob sie nicht in die Türkei geht doch nicht. Aber guck: Deutsche - Deutsche]
N: Gib mal/gib mal Zigarette rüber.

A: kızlar yahutta karıl |1s| çok pisdir. Sen anlamazsın. Şi/Şimdi ben
[Mädchen oder aber Frau(en) sind ganz unsauber. Du verstehst nicht. Je/jetzt ich]
Z: Yao pis olsun oğlum.
[Soll sie doch unsauber sein mein Sohn.]
F: Guck mal.

A: Pis olsun? Sikilmiş. Tabii.
[Sie sollen unsauber sein?] [Durchgebumst. Sicher]
Z: Manyağa
[Verrückter]
C: Sikilmiş ondan bundan alacak.
[Eine von diesem oder jenem Durchgebumste wird er nehmen.]
F: Die Deutschen ne, sch t leise ey. Nicht alle durcheinander reden.

F: Die Deutschen ne, guck mal wie der da meint, ich würd den heiraten ne. Der
N: (Paßt doch) zusammen.
Z: Ja Faruk. Keine Ahnung.
C: Oğlan
[Junge]

F:meinte ich würd den so mit zu - guck mal der meinte ich würd den mit zu/Hör mal
C:sende de dinden haberin yok. Sen konuşmayı hiç bile/sana görmiyorum konuşmaya.
[du hast doch auch keine Ahnung von Religion. Du kannst das Reden überhaupt/ dich beachte ich nicht. (deine) Rede]

F:zu. Ich würd den mit zur Türkei nehmen ne und - n Türke machen. Aber
Z: He? Burada
[Hier]

F: - innen drin, der ist aus n deutschen Blut
A: Blut
Z:dinden kimin ha haberi var lan? Yarağın var. Sende
[wer hat von Religion Ahnung Junge?] [Deinen Schwanz hast du. Bei dir
C: Benim.
[Ich.]

F:herausgekommen ne, und das/der hat n deutsches Blut hat der ne. Der kann
A: Blut.
Z:de dinden hiç iyi bir şey sağ. Manyağa
[ist auch/doch nicht etwas Gutes von der Religion heil (geblieben). Verrückter.]
C: Ne?
[Was?]

F:-/aber wenn er innen drin Türke sein möchte, aber innen drin im Herz
Z:Uyuz. Ha.
[Penner.]
C: (Sıcarım vallah. / Tartışalım vallah) Varım ona.
[Ich scheiß ehrlich drauf/Laß uns diskutieren. Ehrlich. Ich bin bereit.]

F:ne, Türke sein möchte, okay. Aber - der sagt Okay ich f will eine Türke sein ne einfach so ne. Ist n Türke ne, aber innen drin hat er noch n - eh Dings |1s| deutsches Blut ne. Siehste und - das nützt doch nichts. |1s|
?: Deutsches Herz. |1/2s|
A: Deutsches Blut.

F:Das ist n Deutscher und du/ich bin da - ein Ausländer ne. Und - bei uns dann gibts eh wirst du sehr sündig oder so. Kriegst ne Sünde oder sowas ne.
C: Dinden tartışacağın. Sen dinden hiç haberin yok.
[Über Religion willst du diskutieren. Du hast von Religion überhaupt keine Ahnung.]
Z: Kim? Ben?
[Wer? Ich?]

F: Guck mal ich kenn n Deutschen ne.
C:Senin. Tabii. Gusul abdessini bilmiyorsun daha nasıl anlatırsın konuşyorsun
[Du. Natürlich.] [Du weißt die gusül abdessini nicht zu vollziehen, wie erzählst und redest du noch hier.]
Z: Oğlum git oğlum uyuz.
[Mein Sohn hau ab mein Sohn Penner.]

F:der ist mit n Türken verheiratet ne, der meint: Ich bin mit mein türkische Frau
C:burada? Hä. Merkt man.
Z: Oğlum ben camide gezerken sen sokakda geziyorsun. Hä.
[Mein Sohn während ich mich in der Moschee aufhalte, treibst du dich auf der Straße rum]

[Intonation bei "ah" erst fallend, dann ansteigend]
F:sehr zufrieden meint der. Hätt/ah W labert ihr/was
C: Dur hele. Adam bak. Ice Hör mal zu. Dur.
[Warte doch. Mann paß auf.Trink] [Warte]

F:willste labern jetzt? Laß ihn doch luf/zufrieden. Ist doch seine Sache.
C: Hör mal zu. Ich hätt/Ich ( ) Dur hele.
[Warte doch]
Z: He?

C:Jaja. Hör mal. Sen |ls| bak ben senin içki içersen bir şey demem. I ? Ist normal
[Du |ls| Guck ich sage nichts wenn du deinen Alkohol trinkst]
find ich für mich ne. Das yap içersen biliyorun mu? Sıgarra içeceğin kızı sikiyorun
[Das mach wenn du trinkst weißt du. Zigaretten sollst du rauchen, Mädchen bumsen.]
benim için normal, ama domus et yedeğin için benim için bir Schande de biliyorun
[für mich ist das normal, aber daß du Schweinefleisch ißt, ist für mich doch eine Schande]
mu. Das - das mußt du merken. I Iç, sik, ama domuz eti yeme.
[weißt du.] [Trink, bums, aber Schweinefleisch iß nicht.]
Z: Ben sadece domus eti
[Ich kann nur weil ich]

Z:yediğim için seninle din içinde s şa/tartışamam lan? Ah
[Schweinefleisch esse, mit dir nicht über Religion streiten Junge?]
C: Tartışamazsın tabii. Bi - Ben
[Du kannst natürlich nicht (darüber) diskutieren. Ich]

Z:sikdir lan. Git. Git. Manyağa bak.
[Ah verpiß dich Junge.] [Hau ab.] [Hau ab.] [Guck dir den Verrückten an]
C: Ben senle tartışmam da zaten.
[Ich diskutiere doch ohnehin nicht mit dir.]
A: Bak. Din üzerine ben de biraz anlarım
[Guck. Von Religion versteh ich auch ein bißchen]

A:bak. Domuz eti ne kadar kötü biliyor musun? Domuz etin |1/2s| şimdi sen namaz
[guck. Weißt du wie schlecht Schweinefleisch ist? Schweinefleisch |1/2s| Jetzt du betest]
Z: Sikeyim seni.
[Ich fick dich]

A:kılmıyorun biliyor musun. Domuz eti yeme, aynı farkına gelir. Aynı farkına
[nicht weißt du. Schweinefleischessen läuft auf dasselbe hinaus. Es läuft auf dasselbe]
Z: Uyuz.
[Penner.]
Fa: Tabii.
[Sicher.]

A: gelir. Ben duydum. Duydum. Bak. Bir arkadaş var benim, camiye gidiyor.
[hinaus. Ich hab (es) gehört. Gehört hab ich (es). Guck. Ich hab einen Freund, der geht in die Moschee.]
Z: Senle Şey senle/git. Dur lan.
[Mit dir] [Dings mit dir/hau ab.] [Warte Junge.]
C: Yok. Ama içinde bir gün
[Nein.] [Aber im Inneren wird]

C: doğacak. Günah tabii.
[er (es) eines Tages spüren.]
Z: Dur lan. Domuz eti günah mı ne?
[Warte Junge.] [Ist Schweinefleisch Sünde oder was?]
A: Camiye gidiyor. O anlattı bana. Günah.
[In die Moschee geht er. Er hat es mir erzählt.] [Sünde.]
F: Günah
[Sünde]

A: Namaz kılmazsan da günah.
[Wenn du nicht betest ist das auch Sünde.]
F: Zekeriye. Günah. Hier. Eh
[Sünde.]
Z: Yarak günah. Mekruh o. Ipneye bak. Günah değil. Tamam mı?
[Schwanz Sünde. Mekruh ist es. Guck den Schwulen an. Nicht Sünde. Klar?]

C: Tamam. Mekruf. Mekruh değil mekruf. Mekruh değil. Sen konuşma..
[Okay. Mekruf. Nicht mekruh, mekruf. Nicht mekruh. Du rede nicht.]
Z: Ipneye bak.
[Guck den Schwulen an.]
F: Du Eh du frißt auch Wurst? |ls |

F: Domuz? Ja ne. Okay. Bei uns ne, guck mal, eh wenn mich jemand zu zwingen
I: Ich? Ja.
C: (. . . . . . .)

F: würde n Wurst essen ne, und dann ist das für den - n großer |ls |
I: Hmhm [M klopft von außen an die Scheibe.]

A: Fehler. Das ist sozusagen de der ist Sünde. Sünde.
Z: Warte. Ich spreche.
F: sündig oder was das ist ne.

A: Ja Sünde.
F: Guck mal der futtert Wurst ne. Mir ist egal. B/kann er machen ne. Aber
Z: Michel. Hier essen

Z: keine - die Türken - ? Schweinefleisch? oder Fett? Alles ne? Die essen. Die leben hier.
I: Ja ( )
F: Okay.

C:Ja aber wenn du - guck mal Hör
Z: Was? Meinst du eßt ihr kein Schweinefleisch?
F: Wenn du das guck mal wi wi wir wissen das. Oka

C:mal zu. Hör mal zu. Im Brot meinen die Schweinew w dings ist drin ne,
F:hör mal zu. Woher
[abfallende Stimme in der letzten Silbe]

F:willst du wissen daß das Schwein ist ne? Obü/onlarıın günahı
[Deren Sünde ist es]
C: Ja oder u mußt ja essen.
Z: Ja aber ? Weißt

Z:du/hört ihr nicht? Hört ihr nicht? Eßt doch
C: Ja sollen wir hier sterben oder was?

Z:nicht. Wenn ihr richtige Mohammedaner seid.
A:Und außerdem essen wir das nicht, wenn wir das
F: Ey man ich bin

F:schwindelig im Kopf. Ich hab Hunger hab ich weißt du ich [steht auf, schließt
Z:vallah ey. Dann wieso - seid ihr
[Ehrlich]

F:Fenster, holt sich von As Seite Zucker, setzt sich] Oh man
Z:in Deutschland wenn ihr richtige Mohammedaner seid?
C: Ja zum Geld verdienen.
Fi: [lacht]

C:Wozu denn? Wi/Sind wir hier gegen eh |1/2s| Domuzların peşine miyiz burada?
[Sind wir hier hinter den Schweinen her?]
Z: Ja Geld
F: ▸

Z:könnt ihr auch in der Türkei verdienen.
F:▸ ▸ [lacht] ◂
A: Domuzların
[Den Schweinen]
N: Aber nicht so wie hier.
C: Ey bir kişilen olmazki.
[Ey als eine Person geht das doch nicht.]

Z:Ach. Senin hocanı getir benim karşıma.
[Bring deinen Hoca gegen mich.]
C:budan |1 1/2s| Se/Oğlan sus yao. Sen vallah dinden haberin yok.
[davon] [D/Junge sei doch ruhig. Du hast von Religion wirklich keine Ahnung.]
F: ▸

Z:Benle ( ) konuş ( )
[Mit mir rede]
C: Yao yeter. Ben sana yeterim. Ben (senle konuş)
[Es reicht doch. Ich bin für dich genug. Ich (rede mit dir)]
F: ▸ Guck mal. Ich hab gegen Zekeriye nichts. Okay ne.

F: Aber bloß - mir ist egal weißt du, egal wer okay n Schwein ißt ne.
N: Das ist ja seine Sache. Klar.

F: mir ist egal ne. Aber weißt du
C: Mir ist auch egal ey der labert hier nur so weißt du.

In meiner Äußerung, mit der dieser Ausschnitt beginnt, beziehe ich mich auf meine Frage, ob es für sie sicher ist, daß sie in die Türkei zurückkehren, was sie eindeutig bestätigen. Mit dem ersten "jetzt" nehme ich auf diese Sachlage Bezug. Das zweite "jetzt" in "ich könnt mir jetzt zum Beispiel vorstellen" meint aber nicht diese Sachlage, so wie dieser Teil der Äußerung auch nicht an den ersten Teil in dem Sinne anknüpft, daß er die Rüchkehrabsicht als Bedingung für die Vorstellung meint. Dies wird aber erst deutlich in der Explizierung "also da ihr nun hier lebt", wo der Bezug des zweiten "jetzt" geklärt, der Sachverhalt explizit mittels "da" als Begründung für die mögliche Vorstellung angeführt und in dem "ja nun" in impliziter Abgrenzung zu den Phantasien zuvor über das Leben in der Türkei als geltend unterstrichen wird. Aufgrund dieses Hierlebens "könnts ja zum Beispiel sein daß ihr n deutsches Mädchen heiratet". Das zweimalige "zum Beispiel" ist sicherlich ein Füller, mit dem die Rede in ihrer Entwicklung ohne Unterbrechung fortgesetzt werden kann, was v.a. im Gruppeninterview von Belang ist, da jeder Sprecher Gefahr läuft, bei Pausen, Stocken u.ä. das Wort zu verlieren. Zugleich spielt diese zweimalige "zum Beispiel" das Gesagte mit der Behauptung der Vorstellbarkeit einer Reihe von ähnlichen Beispielen herunter, es sucht die Brisanz des Gesagten zu bagatellisieren. Die Äußerung ist insgesamt elliptisch, denn ausgesprochen ist nicht mehr, worauf sie zielt, daß nämlich, wenn die Jugendlichen hinsichtlich ihrer Rückkehr sich sicher sind, eine Heirat mit einem deutschen Mädchen als realistische Möglichkeit aufgrund ihres Lebens in der BRD als Komplikation von ihnen nicht bedacht worden sein, ihre Rückkehrpläne beenden oder eine Rückkehr erschwierigen, also ihre Sicherheit erschüttern könnte. In der Äußerung wird implizit die Unterstellung transportiert, daß eine Heirat mit einem deutschen Mädchen mit der Rückkehrabsicht in die Türkei zumindest nicht problemlos vereinbar ist.

Die Jugendlichen verneinen die angesprochene Möglichkeit, indem Adem sofort mit "Nä" auf meine Äußerung reagiert, Cemal sich anschließt und das "Nä" mit "Ich bestimmt nicht" unterstreicht, was Faruk wiederum mit "Ich au nicht" bestätigt. Adem schließt an seine Verneinung mit einer Äußerung an, die nicht nur wie die von Cemal und Faruk für ihn selbst spricht und offen läßt, wie es sich für die anderen verhält, sondern er reagiert auf meine Äußerung, in der die Jugendlichen als Gruppe angesprochen sind, indem er sagt "Das glaub ich nie.", wobei dies sowohl heißen kann, daß er niemals glaubt, daß die Heirat eines deutschen Mädchens der Fall sein wird, als auch, daß er glaubt, daß dies niemals der Fall sein wird. Begrenzt Adem diesen Glauben nicht auf das, was er für sein zukünftiges Verhalten annimmt, und spricht im Unterschied zu Cemal und Faruk in diesem Sinne für alle, so wird genau dies direkt im Anschluß an seine Äußerung von Cemal in Frage gestellt, indem dieser mit "Vielleicht er.", sich auf Zerekiye beziehend, einen möglichen Kandidaten unter den Jugendlichen für die Heirat eines deutschen Mädchens benennt. Mit Cemal gleichzeitig beginnend äußert sich Zekeriye: "Was?" Spricht also Adem potentiell noch für alle, so wird von Cemal, nachdem er zunächst nur für sich gesprochen hat, mit dem "Vielleicht er." diese Gemeinsamkeit in Bezug auf Zekeriye in Frage gestellt. Cemal unterscheidet zwischen Zekeriye und den anderen.

Betrachtet man die Parallelität der Äußerungen Cemals und Zekeriyes, "Vielleicht er." und "Was?", dann dürfte die Thematisierung der möglichen Differenz zwischen Zekeriye und den anderen durch Cemal auch mit dieser gleichzeitigen Äußerung Zekeriyes zusammenhängen. Da das Gespräch nur als Tonaufnahme festgehalten ist, läßt sich nicht mehr feststellen, ob und wie Zekeriye durch Körperhaltung, Gestik, Blickkontakt etc. sein Interesse an der Frage der Heirat eines deutschen Mädchens und eine bevorstehende Äußerung dazu bereits kund gibt. Geht man aber davon aus, daß er dies tut (vgl. Scheflen 1976), dann läßt sich Cemals Äußerung "Vielleicht er." auch als Ankündigung für die anderen einer möglichen Differenz zwischen Zekeriye und ihnen verstehen, die prophylaktisch dafür sorgt, daß es Zekeriye nicht allein überlassen bleibt, diese mögliche Differenz zu benennen und die Form, in der er sich von den anderen unterscheidet, und einen daraus resultierenden Konflikt zu bestimmen. Daß eine solche Differenz zwischen Zekeriye und den anderen und daraus resultierende Abgrenzung Zekeriyes von der Gruppe für die Äußerung Cemals bestimmend sein könnte, ist aus dem Verlauf des Interviews zu erklären.

Wenn ich zuvor gesagt habe, daß die Jugendlichen in Auseinandersetzung mit meinen Fragen und in einem genauen Verständnis der darin artikulierten kulturalistischen, folkloristischen Haltung sich kollektiv als "türkische Jugendliche" fassen, dann zeigt sich bei genauerem Hinsehen, daß Zekeriye daran fast durchgängig nicht teilnimmt, sich überhaupt bis hierhin wenig äußert. Zu Anfang kritisiert er Fikret für seine Verweigerung. In zwei Fällen (S. 26 u. S. 27) adressiert er Äußerungen an mich, mit denen er vor dem Hintergrund des Streits um die richtige Aufteilung der beschafften Zigaretten ein Gespräch zwischen mir und ihm in Gang zu bringen sucht, was aber von Cemal in einem Fall mit seiner Reaktion auf meine Frage danach, was Zekeriye denn habe, unterbunden wird (S.26).

Er verschafft mir auf S.64 das Wort. Damit unterbindet er die Anstrengung Faruks und Cemals, eine Attacke von mir auf ihre Fassung der Türkei zu bearbeiten, wobei er bezeichnenderweise "Dur dur. Anlatsın *size* ya." sagt, er spricht also die anderen kollektiv mit "size" ("Euch") an. Er stellt sich damit ein Stück weit auf meine Seite, seine Vermittlerrolle gegenüber den anderen darin zum Ausdruck bringend, daß er sie auf Türkisch auf eine Regel des Interviews hinweis: "Moment Moment. Er soll euch doch erklären." Er macht sich zu dem, der mir die Durchführung des Interviews ermöglicht, indem er den anderen in "ihrer Sprache" eine Regel des Gruppeninterviews vor Augen führt, was diese für mich als Interviewer wieder zugänglich macht. Durch den formalen Sprung von mir zu ihnen auf Türkisch und zu mir zurück auf Deutsch – "Erzähl weiter." – etabliert er sich als Vermittler. Daß er sich für das Interview zuständig sieht, ist sicherlich auch eine Bedeutung eines Vorschlags von ihm zur mediengerechten Ausgestaltung des Interviews.

Darüber hinaus attackiert er an zwei Stellen die anderen. Wo Adem und Faruk auf meine Fragen, wo es ihnen am besten gefällt, die Disco mit ihren Vorzügen in Abgrenzung zu den Anforderungen der Schule am Beispiel "Hausaufgaben" hervorheben, kommentiert Zekeriye, der seit neun Monaten nicht mehr schulpflichtig ist, dies verächtlich "Ihr mit eure Hausaufgaben.", sich damit von der Rede Adems und Faruks als Schülern und also von ihnen als noch von Schule und zu Hause Abhängigen distanzierend. Dies wird sofort von Cemal zurückgewiesen: "Komm laber du mal nicht."

S. 32ff. attackiert er Faruk als "Idiot", der "keine Ahnung" hat, da er vom BGJ ins BVJ übergewechselt ist. Diese Attacke wird von Nercati und Adem mit Verweis auf Zekeriyes eigene Schulkarriere zurückgewiesen, dieser hat ebenfalls nach Ende der Hauptschule das BVJ besucht.

Ansonsten hält sich Zekeriye weitgehend heraus. Er äußert sich zu Anfang auch nicht dazu, wie er die anderen kennengelernt hat, obwohl diese über ihn reden. Wesentlich für die hier diskutierte Passage vor dem Hintergrund der skizzierten Form der Teilnahme Zekeriyes dürfte sein, daß Zekeriye über eine lange Phase, in denen mein Kulturalismus für die Äußerungen der anderen zentral wird, sich gänzlich heraushält. Im Verlauf des Interviews hat er sich mehrfach im Sofa zurückgelehnt und so sichtbar herausgenommen. Er steigt erst wieder ein, indem er wie erwähnt meine implizite Fassung der Türkei als "rückständig" durch seine provokante Fassung des "Fortschritts" zurückweist. Bezeichnenderweise nimmt er an der Ausarbeitung seiner Vorgabe v.a. durch Adem nicht mehr teil, seine Zurückweisung meiner Fassung der Türkei läßt sich also nicht als Einklinken in die kollektive Auseinandersetzung der anderen mit mir verstehen.

Der Verlauf des Interviews zeigt, daß Zekeriye zu dem Auftreten der anderen als Gruppe Distanz hält und sich nicht an der Herstellung von Gemeinsamkeit gegenüber mir orientiert. Entscheidend ist also nicht, daß Zekeriye ein unterschiedliches Verhältnis zu der Frage der Heirat haben, sondern daß er diese Differenz in Abgrenzung von den anderen zum Ausdruck bringen könnte. Dies kann man sich z.B. daran deutlich machen, daß etwa Faruks Verweis darauf, daß er vor und mit seinem älteren Bruder alles machen darf (S. 44), dem widerspricht, daß man "sich schämen soll", wie Cemal wenig zuvor noch sagt. Auch wird Cemals Darstellung von Faruks Verhalten als inkompetent und auch moralisch verwerflich von diesem über das Interview hinaus wohl kaum akzeptiert. Es ist also nicht so, daß für Cemal, Faruk, Adem und Nercati als einzelne und über die bestehende Situation hinaus ein einheitliches Verhältnis zu hier verhandelten Fragen anzunehmen ist, sondern daß sie ihr Verhältnis als wahrnehmbares Gruppenverhältnis in der Ineinanderarbeit ihrer jeweiligen Rede herstellen. Daran nimmt Zekeriye nicht teil, sondern zeigt, daß Differenzen für ihn Anlaß zu Abgrenzung und auch konfliktärer Auseinandersetzung mit den anderen sein können. Bezogen darauf läßt sich Cemals "Vielleicht er." in der Wahrnehmung von Zekeriyes Äußerungsbereitschaft als Ankündigung und Warnung davor verstehen, daß mit Zekeriyes Einstieg ihre Rede als Gruppe mir gegenüber gefährdet ist.

Zusammenfassend läßt sich nun für das folgende sagen, daß Zekeriye in dem Versuch, sich zu der Frage der Heirat eines deutschen Mädchen zu äußern, von den anderen mir gegenüber abgeschirmt und sein Verhältnis zu einer solchen Heirat vorab bewertet und im Ansatz zu erklären versucht wird. Nachdem Cemal den möglichen Konflikt angekündigt hat, eröffnet Faruk ihn in der Form, daß er mir gegenüber eine Wertung des unterstellten Verhältnisses Zekeriyes zur Heiratsfrage vornimmt, in der er zugleich in der türkischen Form "amına koyum" eine Abwertung Zekeriyes vornimmt, ohne ihn direkt anzusprechen. Nachdem Zekeriye bestätigt hat, daß er ein deutsches Mädchen heiraten würde, sucht Faruk meine Aufmerksamkeit zu binden und mir als Experte das Verhalten Zekeriyes als typisch für einen Teil der Türken zu erklären. Währenddessen sucht Adem mit Zekeriye einen Kompromiß auszuhandeln – "Reiches Mädchen. Reiches ne?" –, der sein Verhalten noch akzeptabel machen würde. Aber Zekeriye weist dies zurück – "Egal ob der arm ist, ich heirate den deutschen Familie." – und damit sowie mit der Begründung dafür – Oglum dafür brauchst du kein Geld bezahlen für deutsche Mädchen." – gewinnt er meine Aufmerksamkeit, die zu binden Faruk mißlingt. Er bricht seinen zweiten Anlauf "Da gibts - Türken ne," ab und Zekeriye bringt seine Begründung fast gänzlich ohne konkurrierende Äußerungen vor. Erst zum Ende hin sucht Faruk das Terrain durch einen erneuten Appell – "Hör mal zu." – zurückzugewinnen.

Diesem Versuch Faruks, qua Appell meine Aufmerksamkeit wiederzugewinnen, folgt eine heftige Reaktion Cemals auf Zekeriye: "Ach du Scheiße.", die eine genauso heftige Gegenreaktion Zekeriyes zur Folge hat: "Was? Arschloch." Diese beiden Reaktionen weisen daraufhin, daß Cemals Vorgriff zu Anfang des hier analysierten Ausschnitts, mit dem er für die anderen einen Konflikt mit Zekeriye ankündigt, auch damit zusammenhängt, daß es in diesem möglichen Konflikt um ein Thema gehen wird, das für die Jugendlichen einige Brisanz besitzt. Spannungen zwischen Zekeriye und den anderen, wie ich sie weiter oben bereits angesprochen habe, entladen sich nun an diesem Thema.

Fast parallel zu der Beleidigung Cemals durch Zerekiye, mit der dieser die aggressive Abwertung seiner Begründung für die Heirat eines deutschen Mädchen durch Cemal kontert, wechselt Cemal über ins Türkische: "Gavur olmaktansa milyonum ol gitsin". Übersetzen läßt sich dies etwa: "Bevor ich Gottloser werde (oder: Bevor sie eine Gottlose ist), soll meine Million dahingehen." Es stellt sich die Frage, wieso Cemal an dieser Stelle ins Türkische überwechselt.

Bis hierhin wird im Interview an verschiedenen Stellen Türkisch gesprochen, wobei, ohne darauf im Detail einzugehen, dem Wechsel ins Türkische eine jeweils unterschiedliche Bedeutung zukommt. Wenn die Jugendlichen aushandeln, ob und wie sie Zigaretten beschaffen können, so zeigen sie sich wechselseitig qua reduzierter Lautstärke, aber auch durch den Wechsel ins Türkische an, daß sie nun über etwas reden, das nicht zum Interview dazugehört, und spalten im diesem Sinne die Zigarettenverhandlungen ab. Zugleich verweist dies darauf, daß die Jugendlichen untereinander, wie ich aus meinen sonstigen Beobachtungen weiß, eine Präferenz für das Türkische haben.

An anderer Stelle erlaubt der Wechsel in das Türkische, das Auftreten als Gruppe im Interview durchzuhalten und davon abgespalten einen Konflikt zu thematisieren. Auf S. 49 wollen Monti und (?) (ein mir unbekannter türkischer Migrantenjugendlicher, der dann bis zum Ende des Interviews blieb) am Interview teilnehmen. Faruk und Cemal lehnen dies zunächst ab, schließlich aber erlaubt es Faruk. Schon nach kurzer Zeit wird es Monti langweilig und er verläßt mit Getöse den Raum. Während Adem sich mir gegenüber dafür rechtfertigt, warum er eine Geschichte über die Familie seines früheren deutschen Freundes "reingebracht" hat, wirft Cemal Faruk vor, daß er Monti die Erlaubnis gegeben hat zu bleiben (S. 51). Diesen Vorwurf aber äußert er auf Türkisch, was die Äußerung Cemals für Faruk deutlich als nicht für das offizielle Interviewgespräch bestimmt markiert, ihm also auf dieser Ebene nicht den Konsens aufkündigt, wie umgekehrt der Dissens zwischen Cemal und Faruk nach der Seite des Interviews hin abgeschirmt ist.

Von diesen beiden Gelegenheiten des Wechsels ist wiederum deutlich die türkische Rede Cemals, Adems und Faruks da, wo ich sie nach Sprüchen u.ä. frage, zu unterscheiden. Wie dargelegt suchen die Jugendlichen dem folkloristischen Objektivismus meiner Fragen zu entsprechen und dies tun sie u.a., indem sie Sprüche auf Türkisch sagen und ihr Verhalten als "türkische Freunde" zueinander und Auseinandersetzungen mit anderen, die zwischen sie als Freunde treten wollen, wiederkehrend mit türkischen Zitaten spicken. Zitate in einem doppelten Sinne: einerseits in der Erzählung als fremde Rede, d.h. als Rede anderer oder ihrer selbst in einer gewesenen Situation, andererseits aber Zitate, die über die Situation, die mit ihnen erzählt wird, hinausreichen und für "das Türkische" als Muster stehen, auf das die ethnisierend folkloristischen Fragen es abgesehen haben.

Ist Interviewsprache bis hierhin zumeist das Deutsche, dann zeigen die angeführten Beispiele, daß wohl verschiedentlich Wechsel ins Türkische stattfinden, die jeweils einen spezifischen Sinn haben, daß aber Äußerungen für das Interview bestimmt im Deutschen gefaßt sind, es sei denn, es geht um folkloristische Demonstrationen. Diese Möglichkeit aber ist durch das von Zekeriye hier geäußerte, von den anderen abweichende Verhältnis zur Heirat eines deutschen Mädchens blockiert.

Betrachtet man Zekeriyes und Cemals Äußerungen noch einmal genauer, dann ergibt der Wechsel ins Türkische einen guten Sinn. Cemal, Adem und Faruk gehen den möglichen Konflikt mit Zekeriye im Verbund an. Die trotz ihrer Abschirmungsanstrengungen auch mir gegenüber erfolgreich zum Ausdruck gebrachte Begründung Zekeriyes für die Heirat eines deutschen Mädchens ist brisant, denn sie ist deutlich eine Denunzierung dessen, was für Hochzeiten unter türkischen Migranten und Türken in der Türkei, die ich mitbekommen habe, als selbstverständlich gilt, daß nämlich für die Braut ein entsprechendes "Brautgeld", "başlık" zu zahlen ist. Ohne auf die unterschiedlichen Wandlungen einzugehen, die die Bedeutung des "başlık" in der Türkei selbst und im Verhältnis der türkischen Migranten untereinander in der Bundesrepublik und der türkischen Migranten zu Verwandten und Bekannten in der jeweiligen Heimatregion durchlaufen hat, ist hier v.a. entscheidend, daß Zekeriye das vereindeutigt, was von einer Reihe von türkischen Familien in seiner Ambivalenz erfahren, aber nicht schlicht auf die Frage des Geldes reduziert wird: Ein hohes Brautgeld zu verlangen bzw. zu zahlen, gilt auf der einen Seite als Zeichen der Ehre und des Ansehens der Familie. Auf der anderen Seite eröffnet die Attraktion eines türkischen Mädchens, das in der Bundesrepublik lebt, dem Vater des Mädchens und dem Mädchen selbst eine größere Auswahl, da eine solche Heirat eine der wenigen Möglichkeiten zur Migration dorthin darstellt. Dies gilt umgekehrt auch für Jungen, was z.T. erklärt, daß man des öfteren auf Ehen stößt, in denen die Partner sich erheblich nach Herkunft und Ausbildungsstand unterscheiden. Solche Ambivalenzen führen dazu, daß die beteiligten Familien im Verlauf der Vorbereitung und Durchführung von Hochzeiten oft bitterböse aufeinander sind, da sie sich wechselseitig des Zielens auf finanzielle Vorteile verdächtigen. Das ändert jedoch meist wenig daran, daß sie peinlichst darauf achten, daß keiner sagen kann, es sei nicht "alles" zur Hochzeit vorhanden gewesen, und daß deutlich wahrnehmbar für alle ist, wieviel sie für die Hochzeit ihrer Kinder aufzubringen bereit und in der Lage sind, da nur so ihr Ansehen zu erhalten oder zu mehren ist.

Zentral für die Äußerung Zekeriyes ist nun, daß er die Vereindeutigung, in der er das "başlık" auf die Frage des Geldes reduziert, im Interview gegenüber mir vornimmt, denn in dieser Vereindeutigung bietet er eine Nahtstellte für den Anschluß einschlägiger Vorurteile über die Heiratspraktiken "der Türken", nach denen die Kinder gegen ihren Willen verheiratet werden, sich vor der Hochzeit kaum kennen und als äußeres Zeichen für die entsprechende "Rückständigkeit" Geld für die Braut zu zahlen ist. Daß Vorurteile nicht in dieser überpointierten Fassung und einheitlich von "den Deutschen" praktiziert werden, versteht sich. Daß aber türkische Migranten sich im Umgang mit unterschiedlichen sozialen Gruppen als "die Türken" behandelt sehen und daß Nuancierungen für die Handhabung unterschiedlicher Situationen bedeutsam sind, aber nichts daran ändern, daß man sich nicht verstanden sieht, führt zu Abgrenzungen, die reethnisierend solche Vorurteile in ihren unterschiedlichen Ausprägungen zu denen "der Deutschen" werden lassen. In diesem Sinne ist im Folgenden von den Vorurteilen der Deutschen die Rede.

Daß diese Wahrnehmung der Heiratspaxis türkischer Migranten präsent ist, habe ich erfahren in Gesprächen mit türkischen Männern, denen Fragen danach, was das "başlık" sei, was sie darüber wissen oder was sie selbst etwa die Hochzeit eines Sohnes gekostet hat, peinlich waren, und sie beenden ihre Erklärungen oft lächelnd: "Ja, bei uns so Michael." Es ist aufschlußreich, daß verschiedene türkische Sozialarbeiter und Lehrer, die ich dazu gefragt habe, sich von den Praktiken, die sie gleichzeitig zu erklären suchen, wiederkehrend und in die Erklärungen eingebaut distanzieren. Sie selbst haben sie nicht verfolgt oder nur, um ihren Eltern, die "an der Tradition" hängen würden, einen Gefallen zu tun. Sie zeigen so ein genaues Gespür dafür, daß kulturalistischer Toleranz die verschwiegene Annahme des eigenen Modernitätsvorsprungs meist zugrundeliegt. Daher kann es nicht überraschen, daß Konflikte und Ambivalenzen der Heiratspraxis in Abschottung zu den Deutschen gehandhabt werden. Eine Möglichkeit aber, solche Grenzen zu errichten und aufrechtzuerhalten, ist die Zurückspiegelung des Folklorismus in entsprechenden Formen der Fassung der eigenen Lebenspraxis.[16]

16 Der Folklorismus, der sich in der häufig anzutreffenden Begeisterung deutscher Besucher über "türkische Hochzeiten", über die dort wal-

Mit diesen Überlegungen ist nicht gesagt, daß Zekeriye ein Verhältnis zum "başlık" hat, das den gekennzeichneten Vorurteilen entspricht. Bis hierhin ist nur deutlich, daß er nicht zahlen will. Aber indem er dies in dieser Eindeutigkeit auch zu mir sagt, eröffnet er ein Feld der Auseinandersetzung, auf dem die Fortsetzung des Auftretens der anderen als "türkische Jugendliche", die in den guten Traditionen "ihres Heimatlandes" ihr Leben hier gestalten, in Frage steht. Müssen sie sich nun zu den Ambivalenzen, die Zekeriye hier thematisiert, und zu dem Verhältnis, das Deutsche in der Konfrontation mit Versatzstücken der Heiratspraxis türkischer Migranten häufig dazu eingehen, verhalten, könnte es doch sein, daß Zekeriye bei mir Rückhalt für seine Position findet? Zwar führt sicherlich auch z.T. die Tatsache, daß die Jugendlichen außerhalb des Interviews sich manchmal auf mich verlassen konnten und ich mich auf relativ viel eingelassen habe, dazu, daß sie das Interview auch als Chance ansehen, meinen Kulturalismus als Anlaß zur stilisierten Selbstproduktion als "türkische Jugendliche" zu nutzen. Aber meine anzweifelnden Fragen über die Verhältnisse in der Türkei, mein Interesse an den Äußerungen Zekeriyes und eben auch das Interview als offizielles Ereignis, das der Auseinandersetzung dadurch, daß sie auf Band festgehalten wird, eine Bedeutung über die Situation hinaus verleiht, läßt das angesprochene Verhältnis vieler Deutscher zu türkischen Heiratspraktiken als Bezugsfeld zumindest prekär werden. Wer ich für die Jugendlichen bin, ist bezogen auf das, was jeweils zur Debatte steht, immer wieder neu auszuhandeln, und eine solche Aushandlung findet statt bezogen auf Grenzziehungen, die dem Verhältnis zwischen den Jugendlichen und mir vorausgehen und die wir - ich in meinem Folklorismus und sie in ihrer Bestätigung dieser Haltung - hier reproduziert haben. Das Verhältnis zwischen uns stellt sich her in der jeweilig vorzunehmenden Klärung dessen, wie die Beteiligten zu solchen Grenzziehungen stehen, die sich ihrerseits in solchen Klärungen reproduzieren, indem sie vorausgesetzt und das heißt auch hergestellt werden.

Der Wechsel Cemals ins Türkische läßt sich so verstehen als Versuch, mit Zekeriye den Konflikt auf einem anderen Feld auszutragen, das Cemal durch die Sprachwahl einzugrenzen sucht. Er zielt darauf, das

tende "Spontaneität", "Lebensfreude", "Gastfreundschaft" etc. niederschlägt, paßt dabei nur zu gut zu den Verdächtigungen, daß die Mädchen eingeschlossen, gegen ihren Willen für Geld verheiratet werden etc.. Nach meiner Erfahrung sind "türkische Hochzeiten" nicht v.a. Ereignisse der "Spontaneität" und "Lebensfreude". Dabei können technische Errungenschaften dazu führen, daß auf die Einhaltung von Erwartungen, wer wo sitzen, mit wem reden, trinken, tanzen sollte, verstärkt zu achten ist. Die inzwischen in der Türkei und hier obligatorische Video-Kamera macht es im Anschluß an jede Hochzeit möglich zu überprüfen, wer was gegeben, wie oft und mit wem getanzt hat etc.. So nimmt auch nachträglich die Verwandtschaft hier oder in der Türkei an sozial bedeutsamen Momenten der Hochzeit teil.

Feld der Vorurteile, das im Umgang mit Deutschen in unterschiedlichen Zusammenhängen anzutreffen ist und das über mich aktuell werden könnte, auszuklammern und in diesem Sinne mit Zekeriye eine interne Auseinandersetzung anzufangen. "Gavur olmaktansa milyonum ol gitsin". Indem er Zekeriye auf die Folgen hinweist, daß man nämlich durch die Heirat eines deutschen Mädchens zum Gottlosen wird bzw. es sich bei dieser um eine Gottlose handelt, weist er seine Vereindeutigung und Profanisierung zurück. "Geld bezahlen" meint nicht einen Tausch, der dem Warenkauf gleich ist, sondern es geht um Werte und einer dieser Werte ist die Heirat mit jemandem, der der gleichen Religion angehört. In der Abschirmung des Konfliktes gegenüber mir in der Form, daß nun, nachdem Faruk mich nicht hat von Zekeriye fernhalten können, Zekeriye von mir fernzuhalten ist, sucht Cemal also zugleich, Zekeriye auf ein Feld zu zwingen, auf dem er "intern", d.h. abgeschottet von den Zweifeln, die ich als Deutscher daran haben mag, dazu Stellung nehmen muß, wie er sich zu den in einer Heirat gelebten Werten wie Glaube stellt und ob diese für ihn eine Bedeutung haben.

Die Jugendlichen haben zuvor mir gegenüber wiederkehrend Türkisch gesprochen. Wieso soll dies nun die Funktion der Konstitution eines eingegrenzten Auseinandersetzungsfeldes und v.a. meiner Ausgrenzung haben? Wie gesagt besitze ich zwar einige Türkisch-Kenntnisse, aber diese reichen nicht, eine detaillierte, wirklich kontroverse Debatte zu führen, in der der andere nicht auch gleichzeitig seine Aufmerksamkeit darauf zu richten hätte, ob er verstanden worden ist oder ob die Form seiner Äußerung - Sprechgeschwindigkeit, verbales Repertoire, Syntax - dies verhindert. Ich bin also zumeist in der Lage zu folgen, worum sich eine Auseinandersetzung dreht, aber kompetent eingreifen und teilnehmen könnte ich nicht. Aus der Geschichte unserer Beziehung heraus ist dies für die Jugendlichen klar. Man braucht aber nicht allein auf diese Geschichte zu verweisen, sondern betrachtet man einmal die Passage genauer, wo Cemal von dem Streit mit einem Dritten über Faruk erzählt (S. 53/54), dann sind die dort eingestreuten türkischen Äußerungen jeweils entweder mit expliziten Ankündigungen bzw. Nachfragen, ob dies erwünscht ist, versehen oder durch Pausen abgehoben. Cemal bemüht sich um eine deutliche Sprechweise und fügt meist eine Quasi-Übersetzung oder Erläuterung im Deutschen an. Davon unterscheidet sich seine Äußerung hier. Weder kündigt er den Wechsel an, noch hebt er ihn durch eine Pause ab, noch bemüht er sich um eine deutliche Sprechweise wie zuvor. Im Vorgriff läßt sich darauf verweisen, daß auch keine Erläuterungen des Gesagten mir gegenüber in der Form erfolgen, daß Cemal sicherstellt, daß ich der Rede in ihrem Ablauf zu folgen vermag, worauf er zuvor achtet.

Entsprechend dieser Deutung von Cemals Äußerung hat auch das "Hau ab.", Zekeriyes Reaktion darauf, mehrfache Bedeutung. Zum einen weist er das Gesagte zurück. Dabei kann er sowohl bestreiten, daß man sein Geld fortgeben sollte, um nicht zum Gottlosen zu werden, als auch, daß man durch die Heirat eines deutschen Mädchens zum Gottlosen wird. Zum anderen vollzieht er in seiner Zurückweisung Cemals Wechsel ins Türkische nicht mit und weist damit auch dessen Versuch der Verlagerung und Eingrenzung des Konflikts zurück. Er äußert zunächst auch sein Gegenargument im Deutschen, mit dem deutlich wird, was er Cemal gegenüber bestreitet: "Was wenn du den Mohammedaner schaffst?" Mit der Frage an Cemal bestreitet er dessen Unterstellung, daß man durch die Heirat eines deutschen Mädchens notwendig zum Gottlosen wird bzw. es sich für alle Zeiten um eine Gottlose handeln muß. Er fragt Cemal, was er zu sagen hat, wenn Zekeriye das Mädchen, das er heiratet, zur Mohammedanerin bekehrt. Durch die Frage versucht er zugleich, Cemal auf das offizielle Terrain des Interviews zurückzuholen. Der Mechanismus, über den er dies versucht, ist die Initiierung einer Paarsequenz (vgl. Schegloff, Sachs 1973), mit der er Cemal den nächsten relevanten Zug zuweist, die Antwort auf die Frage, womit dieser gezwungen wäre, sich in seiner nächsten Äußerung eng auf das zu beziehen, was Zekeriye gesagt hat. Dies wiederum übt einen erhöhten Druck aus, in der Sprache der Vorgabe zu antworten (vgl. Auer 1983).

Parallel zu der Auseinandersetzung zwischen Zekeriye und Cemal versucht Faruk weiterhin, meine Aufmerksamkeit für seine Ansätze zur Erklärung des Verhältnisses Zekeriyes zur Heirat eines deutschen Mädchens zu binden. Cemal setzt sich schließlich mit der nächsten Äußerung Zekeriyes durch. Der Frage Zekeriyes folgt eine [1 1/2s] Pause, sodann "wiederholt" Zekeriye seine Frage auf Türkisch: "Onu müslüman edersen ne yap/ne oluyorun ama?" "Wenn du sie zur Mohammedanerin machst, was macht/was wirst du aber?" Wieso wechselt Zekeriye ins Türkische, wenn dieser Wechsel nicht reduzierbar ist auf einen Austausch der "Mittel der Verständigung", sondern, wie ich argumentiert habe, auch eine Verschiebung der Felder zur Folge hat, auf denen der Konflikt auszutragen ist? Die Pause nach Zekeriyes Frage ist die auffällige Abwesenheit einer Reaktion Cemals darauf, so daß sich die nachfolgende Äußerung Zekeriyes als Reparatur verstehen läßt, d.h. er führt die nicht erfolgte Reaktion Cemals auf seine Sprachwahl zurück. Das würde heißen, daß er den Wechsel unproblematisch vollzieht, ihm also nicht die Bedeutung zukommt, die ich ihm bis hierhin zugeschrieben habe. Betrachtet man die Frage Zekeriyes noch einmal genauer, dann zeigt diese in ihrer Form, nämlich dem zweimaligen Absetzen, daß er sich der formalen Angemessenheit der Frage nicht sicher ist, sondern um die Formulierung kämpft. Gerade diese sprachliche Unsicherheit zeigt, daß trotz der damit verbundenen Schwierigkeiten Zekeriye an der dominanten Interviewsprache festzuhalten sucht.

Seine Reparatur durch Sprachwechsel, die Cemals nicht erfolgte Reaktion auf die formale Unzulänglichkeit der eigenen Äußerung zurückführt, erfährt in der kurz nach ihrem Beginn erfolgenden Reaktion Cemals keine Bestätigung, dieser versucht vielmehr im Ansatz, Zekeriye explizit zum Wechsel ins Türkische aufzufordern – "Türkçe", "Türkisch" –, den er aber abbricht, realisierend, daß Zekeriye den Wechsel vollzogen hat. Cemals Reaktion läßt sich verstehen als Versuch, Zekeriye an der Fortsetzung der Auseinandersetzung im Deutschen zu hindern, wobei in dem Moment, als er diesen Versuch startet, die Äußerung Zekeriyes bezüglich ihrer Sprachwahl für Cemal noch nicht eindeutig ist, in ihrem sequentiellen Fortgang aber von ihm als Türkisch erkannt wird, was zum Abbruch des Versuchs führt, da er überflüssig geworden ist.

Die vorgetragene Argumentation schließt keineswegs aus, daß die Verhandlung über die Realisierbarkeit der als relevant anerkannten Religiösität Zerekiye zu einem Wechsel ins Türkische als der sprachlichen Form drängen mag, in der solche Auseinandersetzungen häufig nicht zuletzt in Abschottung gegenüber dem erfahrenen Verhältnis von deutscher Seite dazu gelernt sind. Darauf weist auch die sprachliche Unsicherheit im Deutschen hin. Aber der nicht vollzogene Wechsel zeigt, daß Zekeriye sich auf eine solche Verhandlung in der Form, in der sie Cemal ansteuert, nicht einlassen will. Betrachtet man die Passage von Zekeriyes Begründung für sein Verhältnis zur Heirat eines deutschen Mädchens bis hierhin als "Sprachwahlaushandlungssequenz" (Auer), dann zeigt diese, daß in der Auseinandersetzung um die Sprachform mit dem Versuch der Festlegung der Form die Reichweite und die Konstellation des Konfliktes zur Debatte steht.

Auf Zekeriyes Frage in türkischer Form reagiert Cemal sofort mit der betonten Wiederholung "Edersen.", "Wenn du machst", und zieht mit dem nachfolgenden "Ha." in Zweifel, daß diese von Zekeriye formulierte Bedingung erfüllbar ist, was dieser mit dem "Tabii.", "Sicher.", zurückweist. Im Anschluß daran macht Cemal einen Ansatz, im Deutschen fortzufahren – "Und dann ob - Sen varya." –, den er aber wieder abbricht. Dieser Wechsel ist darauf zurückzuführen, daß Cemal sich in der bestehenden Interviewsituation, in der bis zu der Auseinandersetzung zwischen ihm und Zekeriye auch zwischen den Jugendlichen auf der offiziellen Interviewebene fast durchgängig deutsch gesprochen wurde – das offizielle Türkisch ist wie gesagt an mich als Demonstration adressiert –, unter Druck befindet, ins Deutsche zurückzukehren. Nach kurzem Absetzen kehrt Cemal ins Türkische zurück und treibt in dieser Form eine Klärung der Positionen abgeschottet von mir weiter. "Sen varya. Bir adam bir adam devletine geri gitmezse o tam gavrun gavrudur. Onu da bileceksin." "Du es ist doch so. Wenn ein Mann ein Mann in seinen Staat nicht zurückgeht, ist er der Gottlose eines Gottlosen. Das wirst du doch wissen." Cemal verschärft die Bedingungen. Er weist Zekeriye darauf hin, daß Gottlosigkeit auch darin besteht, nicht in sein

Land, seinen Staat zurückzukehren. Indem er Zekeriye vorhält, daß er das wissen wird und sollte – dieser modale Sinn der Erwartbarkeit des Futur entspricht dem Deutschen –, konfrontiert er ihn implizit damit, daß es nicht ausreicht, ein deutsches Mädchen, das man heiraten will, zum Islam zu bekehren. Dieses müßte vielmehr auch mit in das Land Zekeriyes, also in die Türkei übersiedeln, besitzt das Kriterium der Gottesgläubigkeit tatsächlich die von Zekeriye für sich auch mit der Heirat eines deutschen Mädchens in Anspruch genommene Relevanz.

Zu Anfang von Cemals Äußerung macht Faruk einen weiteren Versuch, meine Aufmerksamkeit zu gewinnen, der für Cemals Wiederholung "Bir adam bir adam" verantwortlich sein dürfte. Bevor Cemal seine Äußerung beendet hat, weist Zekeriye sie schon zurück: "Git yao.", "Hau ab man." Auch hier ist zunächst nicht klar, was Zekeriye zurückweist, aber die Tatsache, daß er Cemal ins Wort fällt und diesem das Terrain zur Äußerung abringt, zeigt, daß der Konflickt zwischen den beiden an Heftigkeit zunimmt. Zekeriye setzt sich qua Lautstärke gegen Cemal durch, der einen Ansatz zur Wiederholung macht: "Bir adam devlet." Zekeriye setzt nach seinem Beginn "Ma/Almanya", mit dem er sich gegen Cemal durchsetzt, kurz ab. In diesem kurzen Absetzen ist das leise Lachen Nercatis hörbar, der damit die Heftigkeit, in der Zekeriye und Cemal ihren Streit austragen, kommentiert.

"ben burada Almanla evleneceğim da Alman benlen beraber Türkiyeye gitmiyecek. |1/2s| Manyaga bak." "ich werde hier mit einer Deutschen heiraten, jedoch die Deutsche wird nicht mit mir zusammen in die Türkei gehen. Guck dir den Verrückten an." Zekeriye äußert ironisch die Cemals Angriff zugrundeliegende Annahme, deren Absurdität er für offensichtlich hält und auch mit der Beleidigung "Guck dir den Verrückten an." expliziert. Cemal hat sich selbst als solcher entlarvt, indem er so unsinnige Annahmen wie die von Zekeriye benannte macht. Auch hier ist festzuhalten, daß Zekeriye wiederum nicht Cemals Kriterium für Gläubigkeit in Frage stellt, die Rückkehr in sein Land bzw. in seinen Staat, sondern nur bestreitet, daß er diesen Kriterien nicht mehr gerecht werden kann, wenn er ein deutsches Mädchen heiratet.[17]

17 Ohne darauf weiter eingehen zu können, dürfte diese Selbstverständlichkeit der Verbindung von Religiösität und Nationalismus zusammenhängen sowohl mit entsprechenden Praktiken in türkischen Grundschulen, die Zekeriye und Cemal beide besucht haben, als auch mit einem Nationalismus, der unter türkischen Migranten von rechts bis links häufig anzutreffen ist. Dieser ist zum einen zu erklären aus der Geschichte der türkischen Republik (zu der engen Verbindung, die zwischen Nationalismus und Islam trotz in der Verfassung verankertem Laizismus von Anfang an bestanden hat, vgl. Lewis 1968; für die neuere Entwicklung vgl. Binswanger 1983; Jaschke 1971, 1977-78, 1980; und Werle/Kreile 1987), zum anderen aus den Verstärkungen, die solche Haltungen in der Bundesrepublik als Möglichkeiten der Abgrenzung erfahren. Die erfahrene Miß- und Verachtung verliert an Bedeutung und wird ihrerseits verachtenswert, wenn

Mit der leisen Aufforderung, ihm eine Zigarette zu geben, zieht Nercati Faruk für kurze Zeit von der Auseinandersetzung zwischen Zekeriye und Cemal und dem Versuch, meine Aufmerksamkeit zu erlangen, ab. Stattdessen schaltet sich nun Adem ein: "Türkiye'ye gitmezse değil de. Ama bak: Alman-Alman kızlar yahutta karıl |1s| çok pisdir. Sen anlamazsın. Şi/Şimdi ben." "Ob sie nicht in die Türkei geht doch nicht. Aber guck: Deutsche-Deutsche Mädchen oder aber Frau(en) sind ganz unsauber. Du verstehst nicht. Je/ jetzt ich." Mit dem ersten Teil seiner Äußerung gibt Adem Zekeriye recht und bestreitet zugleich die Relevanz des von ihm Gesagtem, indem er mit dem "değil de" in Abrede stellt, daß es mit dem Einwand gegen die Heirat eines deutschen Mädchens darum geht, daß dieses nicht mit Zekeriye in die Türkei zurückkehren würde. Mit dem "Ama bak" fokussiert er Zekeriyes Aufmerksamkeit auf den folgenden Einwand, daß nämlich die deutschen Mädchen "ganz unsauber" seien. Daß er den Ansatz "yahutta karıl/" "oder aber Frau" abbricht, mag sich daraus erklären, daß "karı" zumeist "verheiratete Frau" meint, diese also insofern, als es hier um Heirat geht, nicht zur Debatte stehen. Mit "Sen anlamazsın" wirft er Zekeriye sodann vor, daß er nicht versteht, daß er also ihre Einwände nicht begreift.

Hat Zekeriye die Einwände Cemals pariert, indem er darauf bestand, daß ein deutsches Mädchen erstens Moslem werden und zweitens mit in die Türkei zurückkehren kann, dann ist der Einwand Adems grundlegenderer Art. Er bezeichnet die deutschen Mädchen als "unsauber" und dies meint v.a., daß sie ihre Virginität bereits vor der Ehe verlieren, also vorehelichen sexuellen Verkehr haben. Konnte Zekeriye zuvor stets den Vorwurf der Gottlosigkeit zurückweisen und erkannte damit zugleich die in der Heirat zu praktizierenden Werte an, so bezweifelt Adem implizit, daß es überhaupt von Bedeutung ist, ob ein deutsches Mädchen, das Zekeriye zu heiraten beabsichtigt, Moslem wird und in die Türkei übersiedelt, da es von vorneherein mit einem Makel behaftet ist, nämlich "unsauber" zu sein. Dies wirft er Zekeriye mit "Sen anlamazsın" vor, daß er nämlich mit seiner Verteidigung gegen Cemal zeigt, daß er diesen grundlegenden Einwand nicht versteht.

Der Makel der "Unsauberkeit" hat für die Absicht der Heirat zwei schwerwiegende Konsequenzen. Es entspricht nicht den Forderungen des Islams, Sexualität vor bzw. außerhalb der Ehe zu praktizieren,[18] so daß Cemals erster Einwand, daß man "gavur" wird, auch durch Übertritt zum Islam nicht erledigt ist. Darüberhinaus aber gilt es als Zeichen für Schwäche und die Ehre eines Mannes steht in Frage, wenn er eine solche "unsaubere" Frau heiratet. Über diese engere Bedeutung von Unsauber-

---

sie begriffen ist als Praxis von Ungläubigen, die zudem nicht wissen, was ihr Land ist. Das Schwärmen der Jugendlichen zuvor über die Türkei steht auch in diesem Kontext.

18 vgl. dazu Schiffauers Exkurs "Die unwiderstehliche Frau - Exkurs zur islamischen Sexualtheorie" in: Schiffauer 1983

keit hinaus ist zu beachten, daß Mädchen, die als "sauber", "temmiz" gelten, solche sind, die sich nicht nur den Forderungen der Ehrenhaftigkeit entsprechend verhalten, sondern auch die Erwartung rechtfertigen, daß sie sich fügen und Arbeiten, die ihnen zufallen, zuverlässig erledigen. Entsprechend ist hier mitthematisiert, daß deutsche Mädchen sich u.U. nicht fügen, nicht zuverlässig sind.[19]

Den Vorwurf Adems, daß er den grundlegenden Einwand nicht verstanden habe, weist Zekeriye zurück: "Yao pis olsun oğlum." "Soll sie doch unsauber sein mein Sohn." Er redet Adem wie auch schon zuvor mit "oğlum", "mein Sohn", an, beansprucht also mit dieser Anredeform zu ihm als der Erfahrenere zu sprechen, der die Angemessenheit von Verhalten zu beurteilen und ihm zu erklären vermag. Diese Anredeform ist nicht ungewöhnlich. Die Jugendlichen reden sich untereinander v.a. bei kleineren Streitigkeiten mit "Oğlum" an und beanspruchen so die Position dessen, der die klarere, erfahrenere Sicht der Dinge hat. Väter gegenüber Söhnen und Ältere gegenüber Jüngeren sprechen diese mit "Oğlum" an, was den Hintergrund für diese Anrede der Jugendlichen untereinander darstellt. Zekeriye ist von Adem herausgefordert worden mit dem Hinweis darauf, daß er nicht verstehe und so die Schwere des Angriffs auf seine Männlichkeit nicht sehe. Mit "Oğlum" kehrt nun Zekeriye seinerseits das Verhältnis zu Adem und vermittelt darüber auch zu den anderen, die ebenfalls die Heirat eines deutschen Mädchens strikt ablehnen, um. Zekeriye bestreitet die Relevanz der von Adem angeführten Eigenschaft deutscher Mädchen, "pis" zu sein. Hat er zuvor in Reaktion auf Cemal stets dessen Vorwurf, daß er durch die Heirat eines deutschen Mädchens zum Gottlosen werde, abgewehrt, indem er argumentierte, daß eine solche Heirat Gottesfürchtigkeit in Cemals Sinne nicht ausschließt, da er den entsprechenden Anforderungen sehr wohl weiterhin nachkommen könne, dann werden mit seiner Reaktion auf Adem nun die Anforderungen strittig. Es ist nicht nur eine empirische Frage wie zuvor, wo es fraglich war, ob ein deutsches Mädchen sich zum Moslem bekehren läßt und zur Übersiedlung in die Türkei bereit ist, sondern zur Debatte steht, ob die "Unsauberkeit" eines (deutschen) Mädchens seine Heirat ausschließt. Zekeriye akzeptiert mit seiner Antwort "pis olsun" die unter den türkischen Migrantenjugendlichen und Erwachsenen, mit denen ich zu tun hatte, verbreitete Annahme, daß alle deutschen Mädchen "pis" seien, was wiederum die Grundlage für den unter den Jugendlichen häufig zu hörenden Spruch, daß alle deutschen Mädchen "orospu", "Nutten" seien, darstellt. Aber insbesondere ist durch die Strittigkeit der Anforderungen an dieser Stelle auch hier die Möglichkeit des grundlegenden Konflikts um die Heiratbarkeit eines deutschen Mädchens gegeben derart, daß Zekeriye in der Auseinander-

19 Daß "Sauberkeit" und "Unsauberkeit" in vielen Gesellschaften Bilder sind, in denen soziale Ordnung thematisiert ist, zeigt Douglas (1966).

setzung erneut die Heiratspraxis türkischer Migranten in einer Form thematisieren könnte, die die zuvor diskutierten brisanten Grenzziehungen in Frage stellt.

Nachdem Faruk zwischenzeitlich durch Nercatis zweimalige Aufforderung, ihm eine Zigarette zu geben, gebunden war, kehrt er nun zu seinen Versuchen zurück, meine Aufmerksamkeit zu gewinnen: "Guck mal. Die Deutschen ne,". Er fährt fort mit dem Versuch, als Experte über die Verhältnisse zwischen Türken und Deutschen zu reden. Nach Faruks "Guck mal" und parallel zu seinem Ansatz wiederholt Adem fragend "Pis olsun?", damit sein Erstaunen über diese Erwiderung Zekeriyes zum Ausdruck bringend. Gleichzeitig setzt Zekeriye dazu an, die Beleidigung, die er zuvor gegen Cemal ausgesprochen hat, nun auch gegen Adem zu richten: "Manyağa." Cemal schließlich zieht die Schlußfolgerung aus Zekeriyes Erwiderung auf Adem und adressiert sie an diesen: "Sikilmiş ondan bundan alacak." "Eine von diesem oder jenem Durchgebumste wird er nehmen." Cemal verständigt sich mit Adem darüber, was es mit Zekeriye auf sich hat, welche Sorte von Mann er ist, wobei Cemal in der Äußerung deutlich an die oben skizzierte zweite Konsequenz aus der Heirat eines "unsauberen" Mädchens anknüpft. Zekeriye wird eine von irgendjemand "Durchgebumste" nehmen und zeigt in dieser Wahllosigkeit, daß er keine Ehre hat. Adem bestätigt Cemal: "Sikilmiş. Tabii." "Durchgebumst. Sicher." Cemal und Adem verständigen sich also vor Zekeriye darüber, daß er keine Ehre hat. Die Rede über Zekeriye in der dritten Person demonstriert, daß Zekeriye aufgrund seiner Erwiderungen auf Cemal und Adem sich für sie aus der Gemeinsamkeit mit ihnen ausgegrenzt hat. Und indem sie sich demonstrativ vor Zekeriye über seine Ehrlosigkeit verständigen, zeigen sie ihm auch, daß er bei Gegenwehr gegen sie gemeinsam antreten muß.

Die Auseinandersetzung zwischen Cemal, Adem und Zekeriye endet hier zunächst, da Faruk nach mehrfach gescheiterten Versuchen sich nun das Wort auf eine geschickte Weise sichert. Nach dem Ansatz "Die Deutschen ne," und noch parallel zu der Verständigung zwischen Cemal und Adem greift er zu einem Ordnungsruf: "scht leise ey. Nicht alle durcheinanderreden." Faruk hat selbst an diesem "Durcheinanderreden" teilgenommen. Aber mit dem Ordnungsruf verschafft er sich einen Vorteil gegenüber den anderen, denn er ruft diesen die Ordnung des Interviews in Erinnerung. Gehört es zum Interview, daß einer interviewt, dann darf diesem gegenüber nicht durcheinander gesprochen werden, da er sonst nur schwierig folgen kann. Faruks Ordnungsruf folgt einer Stelle, an der tatsächlich vier der Jugendlichen gleichzeitig sprechen. Aber allein aufgrund dessen hätte Faruk *sich* noch keinen Vorteil verschafft, denn daraus, daß nicht alle durcheinander reden sollen, folgt noch nicht, daß Faruk als nächster weiterreden kann. Aber indem er mit dem Ordnungsruf die Ordnung des Interviews in Erinnerung ruft, ruft er auch das Interview in Erinnerung. Die Analyse zeigt, daß Cemal und Zekeriye sowie Adem ihren Konflikt abgeschottet von mir als Interviewer austragen. Faruk fordert also die anderen auch auf, sich wieder auf das Interview zurück zu orientieren. Dies setzt einen Sprachwechsel voraus, den die anderen erst vollziehen müßten. Da aber Faruk mit seiner Äußerung zuvor sich im Interview plaziert hat, hat er mit dem Ansatz "Die Deutschen ne," als unvollendeter Rede das Terrain bereits besetzt, falls die anderen seinem Ordnungsruf Folge leisten, er ist am Zug.

Nach dem Ordnungsruf fährt er mit Neuansatz fort: "Die Deutschen ne, guck mal wie der da meint, ich würde den heiraten ne. Der meinte ich würd den so mit zu - ". Nercatis lachend vorgetragene leise Äußerung "(Paßt doch) zusammen." läßt sich sowohl als witzig gemeinter Widerspruch zu Faruks Aufforderung, nicht alle durcheinander zu reden, verstehen, als auch als mögliche Übereinstimmung mit Cemal und Adem, indem er Zekeriye als jemand charakterisiert, der mit "Sikilmiş" zusammenpaßt. Dies würde voraussetzen, daß er den Streit zwischen den Dreien verstanden hat, was ich aber bezweifle.

Faruk knüpft mit seiner Äußerung an die Ansätze zu Anfang des Ausschnitts an. Er redet über "die Deutschen" wie zuvor über "die Türken" und im folgenden wieder über Zekeriye. Die Form "der da" ist als Verweisform eine abfällige Weise des Redens über Zekeriye. Der Topikalisierung "Die Deutschen ne," folgt zunächst die Fassung des Verhältnisses Zekeriyes dazu, seiner "Meinung". Der Wechsel von "der da meint" zu "der meinte" ist nicht zufällig. Die Präsenzform kennzeichnet Zekeriyes allgemeine Haltung dazu, die mir bereits bekannt ist, die zu erläutern aber Faruk bis jetzt mehrfach vergeblich versucht hat. Die Präteriumsform aber verweist auf eine von Zekeriye geäußerte Meinung, die mir nicht bekannt sein muß, da sie von Zekeriye auf Türkisch gesagt wurde. Der Verweis auf den auf Türkisch ausgetragenen Streit zwischen den anderen und die Erklärung dessen, was Zekeriye "meinte", stützt Faruks bereits zuvor in diesem Ausschnitt in der Rede über "die Türken" beanspruchte Position des Experten, indem er mir erklärt, was sich zwischen den anderen abgespielt hat.

Auch hier bringt Faruk seinen Versuch nicht unbehelligt von den anderen zu Ende. Direkt im Anschluß an "der da" attackiert ihn Zekeriye: "Ja Faruk. Keine Ahnung." Er disqualifiziert Faruk als inkompetent, unwissend und bestreitet so den von ihm artikulierten Anspruch, kompetent über Zekeriye sowie Türken, Deutsche und deren Verhältnis zueinander reden zu können. Zekeriyes Äußerung ist lokal ausgelöst durch die abfällige Weise des Bezugs auf ihn mit "der da". Gleichzeitig aber hat Faruk sich als erster in dem sich anbahnenden Streit mit der Äußerung "Für den egal amına koyum. Wirklich du." von Zekeriye abgegrenzt, noch bevor er diesem eine Chance zur Äußerung gab. Zekeriyes Verhältnis zur Frage der Heirat wollte er über dessen Kopf hinweg mir in der Rede über eine noch zu bestimmende Gruppe von Türken erklären: "Gibts Türken ne."

Die Disqualifizierung Faruks durch Zekeriye löst erneut einen Streit zwischen ihm und Cemal aus, der es wiederum für Faruk schwierig macht, das Terrain zu behalten und das heißt für ihn v.a., wie seine Abbrüche, die Fokusierungsform "Guck mal" und der Appell "Hör mal zu" zeigen, eine Umorientierung meiner Aufmerksamkeit auf Zekeriye und Cemal zu verhindern. Die Wirkung seines Ordnungsrufes war also von kurzer Dauer, nicht zuletzt aufgrund dessen, daß er auf dem wiederhergestellten Terrain Interview mittels seiner Form der Äußerung über Zekeriye diesen provoziert, ihm dieses Terrain streitig zu machen. Die Verteidigung Faruks übernimmt Cemal, der, während Faruk versucht, meine Aufmerksamkeit für seine Ausführungen zu finden, den Angriff Zekeriyes auf Faruk auf Türkisch abweist. Zekeriye aber hat Faruk auf Deutsch angegriffen, hat ihm also das Terrain im Verhältnis zu mir streitig zu machen versucht. Ähnlich wie zu Beginn des Ausschnitts läßt sich die Zurückweisung der Attacke Zekeriyes auf Türkisch als Abbiegung und Abschottung des auszutragenden Konflikts von dem von Faruk wiedereröffneten Terrain des Interviews verstehen, zumal die erste Runde zwischen Cemal, Adem und Zekeriye keine Klärung gebracht hat, sondern sein Verhalten für die anderen weiterhin eine Gefahr darstellt.

"Oğlan sende de dinden haberin yok. Sen konuşmayı hiç bile/sana görmiyorum konuşmaya." "Junge du hast doch auch keine Ahnung von Religion. Du kannst das Reden überhaupt/ dich beachte ich nicht, (deine) Rede." Cemal weist die Attacke Zekeriyes zurück, indem er ihm vorwirft, selbst keine Ahnung "von Religion" zu haben. Er bestreitet damit nicht, daß Faruk "keine Ahnung" hat, was dem entspricht, was er an anderer Stelle im Interview (S. 54ff.) selbst über Faruk gesagt hat. Jedoch ist die Bedeutung der Rede dort zu suchen in der Demonstration dessen, wie sich "türkische Jugendliche" als "wirkliche" Freunde zueinander verhalten. Es geht nicht darum, Konflikte zwischen den Jugendlichen zu thematisieren. Zugleich knüpft Cemal mit der Zurückweisung an seine vorherigen Angriffe auf Zekeriye an. Auch dort versuchte er, Zekeriye der Gottlosigkeit zu bezichtigen. Nach dem kurzem Disput mit Adem waren die konträren Auffassungen Adems und Zekeriyes durch den Eingriff Faruks im Raum stehengeblieben, nur Cemal und Adem hatten sich in der Rede über Zekeriye für diesen wahrnehmbar verbündet. Die Äußerung Cemals schließt also an diesen Disput mit offenem Ausgang an, indem er Zekeriye vorwirft, daß er von Religion keine Ahnung habe. Hat Zekeriye Faruk disqualifiziert, so verschärft Cemal den Vorwurf gegenüber Zekeriye. Dieser hat nicht nur "keine Ahnung", sondern gemäß dem abgebrochenen Ansatz versteht auch er nicht zu reden, was Cemal zuvor ebenfalls über Faruk gesagt hat (S. 51/52), und Cemal beachtet seine Rede gar nicht.

Wenn Cemal hier und vorher von "reden können" spricht, dann bezieht er sich auf Ordnungen des Redens, die auch Atnan (vgl. Kap. 3) bemüht, wo er davon spricht, daß die "türkischen Jungs" wissen, "wie sie reden sollen, wie sie reagieren sollen.", aber auch Şemi (vgl. Kap. 4), wo er die Tatsache, daß er seinem Vater "kein Wort" sagt, damit begründet, daß dieser sein Vater sei. Das Bestreiten der Redekompetenz und die Mißachtung der Rede bezieht sich also nicht schlicht auf eine abstrakte, allgemeine rhetorische Fähigkeit, sondern auf praktizierte, jeweils unterschiedlichen Situationen entsprechende Rede. Wirft Cemal dies Zekeriye so vor, daß er auf seine Äußerung im Deutschen auf Türkisch antwortet, dann ist dieser Vorwurf der deplazierten Rede auf das Interview als der Ort, wo sie von Zekeriye praktiziert wird, zu beziehen. Das Verwerfliche seiner Rede besteht nicht zuletzt darin, daß er in einer Form Dinge wie die Heiratspraxis unter türkischen Migranten thematisiert, die gelebte Abgrenzungen dieser Praxis gegenüber Infragestellungen von deutscher Seite brüchig werden lassen könnte. Der allgemeine und schwerwiegende Vorwurf, daß Zekeriye von Religion keine Ahnung habe, nicht adäquat zu reden verstehe und diese Rede daher nicht zu beachten sei, ist also der Versuch seiner Ausgrenzung, nachdem er die Abgrenzungen in Frage gestellt hat, ihn auf der anderen Seite eben dieser Abgrenzungen anzusiedeln.

Zekeriye reagiert zunächst mit "He?", wobei dies von Cemal nicht verstanden wird als Anzeichen dafür, daß Zekeriye ihn etwa akustisch nicht verstanden habe. Seine Äußerung wenig später zeigt auch, daß er Cemal nicht nicht verstanden hat, sondern daß das "He?" den Sinn des Gesagten als unverständlich in Frage stellen soll, worauf dieser aber nicht reagiert.

Für die Analyse werde ich das Folgende bis zu der Stelle, wo Faruk sagt "der meint: Ich bin mit mein türkische Frau sehr zufrieden meint der" aufspalten in die Rede von Faruk, Adem und (?) einerseits und Cemal und Zekeriye andererseits. Es tritt ein Schisma auf, in dem Sinn, daß Faruk seine Äußerungen an mich adressiert, Adem und (?) sich mit ihren Beiträgen an Faruk orientieren und vermittelt darüber ebenfalls an mich adressieren und andererseits Zekeriye und Cemal relativ unabhängig davon sich aufeinander ausrichten, daß also der jeweils andere Redezusammenhang sich nicht im Fokus der Aufmerksamkeit befindet. Die jeweils parallele Rede spielt für Verzögerungen u.ä. sicher eine Rolle, da, wie Faruks Rede zuvor zeigt, das Terrain immer auch gegen den anderen Strang zu behaupten ist. Das Fehlen von Fokusierungsformen und Appellen bis zu der benannten Stelle zeigt aber, daß es Faruk gelungen ist, zumindest zeitweise meine Aufmerksamkeit zu binden.

"Ich würd den mit zur Türkei nehmen ne und - n Türke machen." Faruk zitiert Zekeriye nach zwei abgebrochenen Anläufen diesmal vollständig. "den" bezieht sich noch immer auf "die Deutschen" und in dem Zitat praktiziert Faruk weiterhin in der Erläuterung dessen, was Zekeriye zuvor gesagt hat, für mich den Experten der Erklärung des Verhältnisses zwischen Türken und Deutschen. Nachdem er vorübergehend auch wegen des Zigarettenwunsches Nercatis das Terrain an den Streit zwischen Cemal und Zekeriye abtreten mußte, greift er auf die ersten strittigen Punkte zwischen Zekeriye und Cemal zurück, ob nämlich die Heirat eines deutschen Mädchens Gottlosigkeit wegen deren Ungläubigkeit und wegen der Unmöglichkeit der Rückkehr in das eigene Land impliziert, zieht sie zusammen, indem er Zekeriyes Erwiderungen als "mit zur Türkei nehmen" und "Türke machen" faßt, was sowohl die Rückkehr als auch die religiöse Konvertierung meinen kann, und findet so auch deshalb meine Aufmerksamkeit, weil er das aufgreift, was mich zuvor dauernd von ihm ablenkte. Daß "n Türke machen" auch die religiöse Konvertierung meinen kann, liegt in dem weiter oben angesprochenen engen Zusammenhang von Nationalismus und Religion in der Geschichte der türkischen Republik begründet, der bei Migranten häufig aus den genannten Gründen seine Verstärkung findet.

"Aber - innen drin, - der ist aus n deutschen - Blut herausgekommen ne, und das/der hat n deutsches Blut hat der ne." Die Striche stehen hier für Zwischenräume, in denen die Rede Cemals und Zekeriyes vernehmbar ist. Der in dem Zitat gefaßten Position Zekeriyes stellt Faruk adversativ gegenüber, daß "der", den Zekeriye zum Türken machen will, von "deutschem Blut" abstammt und "deutsches Blut" hat. Die Rede vom deutschen "Blut" ist nicht von vorneherein in einem rassistischen Sinne zu verstehen. Zwar gibt es im Bereich der türkischen Rechten um die MHP herum solche im engeren Sinne rassistischen Vorstellungen. Aber darüber hinaus verhält es sich nach meinem Eindruck oft so, daß im Türkischen ähnlich wie auch in anderen Ländern unbekümmert von "Blut" und "Abstammung" die Rede ist, wo v.a. Tradition und übernommene Haltungen, Gewohnheiten, Sitten Thema sind. Eine Tabuisierung dieser Redeweise wie im Deutschen aufgrund der faschistischen Vergangenheit gibt es hier nicht. Daß die Richtung von Faruks Rede für die anderen nicht überraschend ist, zeigt auch Adems fast gleichzeitiger Einwurf "Blut - Blut.", womit er Faruk auf die Sprünge helfen will, da er dessen Pause als Suche nach der angemessenen Form interpretiert. Entsprechend ist Faruks Rede auch nicht von vorneherein redundant in dem Sinne, daß man evidenterweise "das Blut" derer erbt, von denen man abstammt, sondern sie läßt sich auch als Rede über Tradition verstehen. "der", also die Deutsche, die Zekeriye zu heiraten beabsichtigt, hat "innen drin", wie Faruk betont, in dem Sinne "deutsches Blut", daß sie aus diesem "herausgekommen" ist als den Traditionen, denen sie entstammt, die sie nun verinnerlicht hat und entsprechend nicht so einfach ablegen kann, wenn Zekeriye sie zur Türkin machen will, was Faruk durch die Wiederholung von Verb und Subjekt - "hat der" -

unterstreicht. Die formal "falschen" Proformen "den", "der" und auch im folgenden "er" als sprachliche Unsicherheit Faruks zeigen seine Anstrengung, die Auseinandersetzung mit der konkreten Position Zekeriyes und die allgemeingültige Rede über "die Deutschen" zusammenzuhalten.

"Der kann - aber wenn er innen drin - Türke sein möchte, aber innen drin im Herz ne, Türke sein möchte ne, okay. Aber - der sagt Okay ich f will eine Türke sein ne einfach so ne. Ist n Türke ne, aber innen drin hat er noch n - eh dings |1s| deutsches - Blut ne. Siehste und - das nützt doch nichts." Faruk räumt ein "Okay", daß "er", also ein Deutscher und das heißt auch ein deutsches Mädchen zum Türken "gemacht" werden kann, wenn er es "innen drin im Herz" auch möchte. Ist dies einzuräumen, so "nutzt das doch nichts", wenn "der" nur "einfach so" sagt "Okay ich will eine Türke sein" als Zugeständnis an den, der es von ihm verlangt, also etwa Zekeriye von einem deutschen Mädchen. "Einfach so" steht im Gegensatz zu "innen drin", denn nach außen hin kann er dies "einfach" sagen, aber "innen drin" hat er noch ein "deutsches Blut". Diese Fortführung bestätigt, daß "Blut" nicht eindeutig als enge, biologische Festlegung der Zugehörigkeit zu verstehen ist. Allerdings zeigt die Passage, wo "der" trotz der Absichtserklärung, Türke zu werden, immer noch "innen drin" "deutsches Blut" hat, in ihrem Ablauf, daß Faruk selbst darüber, wie sich die gewählten Begriffe Blut und Herz zueinander verhalten, verwirrt zu sein scheint: "hat noch n eh dings". Nach der an diese Leerform anschließenden Pause von |1s| bietet ihm (?) "deutsches Herz" an und nach einer erneuten |1/2s| Adem "Deutsches Blut". Faruk wählt "Blut". Diese Wahl mag darin begründet liegen, daß von "Blut" in der Formulierung des Einwandes gegen Zekeriye die Rede ist, von "Herz" aber in der Konzedierung, daß es die Möglichkeit gibt, Türke zu werden.

"Das ist n Deutscher und du/ich bin da - ein Ausländer ne. Und - bei uns dann gibts eh wirst du sehr sündig oder so. Kriegst ne Sünde oder so was." Was es heißt, daß das einfache Sagen, daß man Türke werden will, "nichts nützt", bestimmt Faruk weiter damit, daß "das" "n Deutscher ist", dies hat sich durch das Sagen nicht geändert. "und du/ ich bin da - ein Ausländer ne". Der Wechsel "du/ich" ist aufschlußreich für das zwischen den Jugendlichen und mir hier bestehende Verhältnis. Würde Faruk sagen "du bist ein Ausländer", so wäre das du als Indefinitpronomen zu verstehen, das aber gleichwohl nahelegt, daß der Angesprochene gleichfalls in die Situation kommen kann, von der die Rede ist. Hier und zuvor geht es aber darum, das Besondere, Spezifische "türkischer Jugendlicher" im Verhältnis zu den Deutschen herauszustellen, so daß der Wechsel "du/ich" einen Sinn hat. Diese Abgrenzung und Hervorhebung des Besonderen setzt Faruk fort, indem er im Folgenden von "uns" spricht. Er redet jetzt nicht mehr von "Türken", sondern "Ausländern". Zwar ist er in der BRD ein "Ausländer", aber es ging darum, daß die Heirat einer Deutschen ein Problem sei, da sie nicht so einfach Türkin werden könne. Bleibt sie "Deutsche", so wäre er für sie auch ein "Ausländer", so kann man die Argumentation zu verstehen suchen. Aber durch den Sprung zwischen den Kategorien "Türke" und "Ausländer" sowie das nachfolgende "bei uns dann gibts eh wirst du sehr sündig oder so. Kriegst ne Sünde oder so was ne." besitzt die Rede Faruks eine Vagheit, die bereits aus dem Einzelinterview bekannt ist. Führt man sich vor Augen, daß Faruk mir *erklärt*, was es mit der Position Zekeriyes auf sich hat, so wird hier ähnlich wie in dem Einzelinterview die Diskursivität seiner Rede als Form deutlich, aber auch, daß er es für hinreichend hält, in dieser Vagheit über Verhältnisse als "türkische Kultur" – er sagt "bei uns" – zu reden, was, wie ich in der Einzelinterviewanalyse dargelegt habe, aus jahrelangen Erfahrungen mit der Praxis der Ausländerpädagogik heraus zu verstehen ist, für die fast alles akzeptabel ist, sofern es den Anstrich "eigener Kultur" erhält.

Nach einer Pause, in der Cemal und Zekeriye sich weiter streiten, fährt Faruk fort: "Guck mal ich kenn n Deutschen ne, der ist mit n Türken verheiratet ne, der meint: Ich bin mit mein türkische Frau sehr zufrieden meint der." Mit "Guck mal" sucht Faruk meine Aufmerksamkeit zu binden, nachdem er für einen längeren Zeitraum Cemal und Zekeriye das Terrain für deren Streit überlassen hat, denn auch wenn diese sich nicht auf das Interview hin orientieren, so werden sie doch in Ermangelung von Konkurrenz meine Beachtung finden. Faruk gibt ein Beispiel aus seiner Erfahrung, das auf den ersten Blick merkwürdig ist. Er hat dargelegt, daß die Heirat eines deutschen Mädchens problematisch sei, da der Wechsel vom Deutschen zum Türken schwierig sei. Man würde entsprechend vermuten, daß das Umgekehrte ebenfalls gilt. Nach meiner Erfahrung mit türkischen Migrantenfamilien verhält es sich so, daß die Vorstellung, daß ein türkischer Mann eine deutsche Frau heiratet, mit Einschränkung akzeptabel ist, wobei mir gegenüber in Fällen, wo es zu einer solchen akzeptierten Hochzeit kam, die Vorzüge der geheirateten Frau meist als türkische Eigenschaften gepriesen wurden (vgl. auch Kap. 1.5). Umgekehrt aber stößt die Heirat eines türkischen Mädchens mit einem deutschen Mann auf erheblich mehr Widerstand. Es stellt sich die Frage, wieso Faruk dieses Beispiel anführt. Die Jugendlichen, mit denen ich zu tun hatte, verweisen bei entsprechender Gelegenheit häufig auf die Vorzüge "ihrer" Frauen und kritisieren im Vergleich dazu deutsche Frauen. Atnan kritisiert wie gesehen in dem analysierten Ausschnitt deutsche Frauen für ihr Verhalten und auch Faruk hebt in dem Einzelinterview, das allerdings zeitlich später liegt, die Vorzüge türkischer Frauen hervor. Diese wissen, "wie wir (die türkischen Männer MB) ungefähr so sind". Will Faruk die Vorzüge türkischer Frauen als Argument dafür hervorheben, warum er kein deutsches Mädchen heiraten würde, dann läßt er hier den Streit mit

Zekeriye ansatzweise hinter sich und setzt an, die Position der Ablehnung der Heirat eines deutschen Mädchens weitergehend zu begründen.

Von hier aus gehe ich zur Analyse der Auseinandersetzung zwischen Zekeriye und Cemal über. Nachdem Cemal diesem vorgeworfen hat, daß er keine Ahnung von "Religion" und "Sprechen" habe und er seine Rede gar nicht beachte, und anschließend auf Zekeriyes "He?" nicht reagiert hat, fragt Zekeriye: "Burada dinden kimin ha haberi var lan?" "Wer hat hier von Religion Ahnung?" Diese Frage ist mehrdeutig. Zekeriye kann meinen, daß dafür einzig er selbst in Frage kommt. Er kann aber auch meinen, daß keiner der Beteiligten sich wirklich auskennt. Das "burada", "hier", läßt sich sowohl eng auf den Raum, in dem gesprochen wird, beziehen, als auch auf die BRD. Türkische Migranten klagen oft darüber, daß sich in Deutschland keiner mit der Religion recht auskenne, wobei sie dies auch auf dem Hintergrund der Vielzahl der Moscheen und den darum zentrierten religiös-politischen Auseinandersetzungen tun.

Cemal antwortet noch vor Beendigung der Äußerung selbstbewußt "Benim.", "Ich.", was Zekeriye zurückweist: "Yarağın var. Sende de dinden hiç iyi bir şey sağ. Manyağa." "Deinen Schwanz hast du. Bei dir ist auch/doch nicht etwas Gutes von der Religion heil (geblieben). Verrückter." Zekeriye weist Cemals Antwort als Anmaßung zurück, indem er krass und beleidigend das, was er hat, auf sein Geschlechtsteil reduziert. Zunächst einmal entspricht diese Form der Gegenattacke dem, daß Cemal neben dem Vorwurf der Gottlosigkeit zusammen mit Adem Zekeriyes Männlichkeit in Frage gestellt hat. Darüberhinaus wirft er Cemal nun Scheinheiligkeit vor, indem er behauptet, daß bei Cemal von der Religion nichts Gutes heil geblieben sei. Die Doppeldeutigkeit, die bereits in der Frage lag, setzt sich fort, denn "sende de" kann "bei dir doch" oder "auch" heißen. Seine Äußerung kann also ein Vorwurf an die Adresse Cemals sein, für Zekeriye selbst aber gilt nicht, daß von der Religion nichts heil geblieben ist. Die Äußerung kann aber auch für Cemal etwas feststellen, was für alle Beteiligten gilt, nämlich daß bei ihnen allen etwas in die Brüche gegangen, daß ihr Verhältnis zur Religion problematisch sei. Wie gesehen ist Zekeriye der Vorwurf der Gottlosigkeit nicht gleichgültig und die Form, in der er hier Cemal entsprechend der zweiten Lesweise kritisiert, bestätigt dies. Wenn er von "sağ" "heil", "wohlbehalten", "gesund" redet, und nicht einfach sagt, daß nichts übriggeblieben sei, Cemal nicht fromm sei o.ä., dann knüpft er an eine verbreitete Weise des Redens unter mir bekannten türkischen Migranten, aber nach meiner Erfahrung auch unter Türken in der Türkei über die Folgen der Migration an, die als Beschädigung wahrgenommen werden. Neben der Klage v.a. über Jugendliche, daß sie keinen Respekt und Anstand haben, daß sie sich ehrlos verhalten, da sie in Deutschland keine "Erziehung" ("terbiye") erhalten, wird auch der Verfall, das Nicht-Einhalten religiöser Bräuche beklagt und daß die

Lebenspraxis zunehmend weniger vom Islam durchdrungen ist. Kritisieren die Türken in der Türkei deswegen die "Almancılar", so haben die Migranten hier dafür häufig die Formel "Burası Almanya", "Hier ist Deutschland". Liest man die Äußerung Zekeriyes entsprechend der zweiten Möglichkeit, dann thematisiert er, daß in der Lebenspraxis der Jugendlichen etwas beschädigt worden ist, und kritisiert damit zugleich Cemals affirmatives Auftreten ihm gegenüber als unangebracht. Die beiden Lesweisen sind als Möglichkeiten festzuhalten: Zekeriye behauptet entweder nur, daß er Ahnung hat und bei Cemal von der Religion nichts "heil" geblieben ist, oder aber Zekeriye kritisiert Cemal für sein affirmatives Auftreten, das überspringt, daß sie alle "keine Ahnung" haben und in ihrer Praxis längst etwas in die Brüche gegangen ist.

Zekeriye beendet den Einwand mit der Beleidigung "Manyağa". Normativ betrachtet fehlt grammatisch in der Äußerung "Sende de dinden hiç iyi bir şey sağ." das Finitum mit der Verneinungspartikel "kalmamış", "nicht geblieben", sowie das "bak" nach "Manyağa". Aber durch die Wegfälle, den Sprechrythmus "Sénde de dínden hiç iyi bir şey sag. Manyağa" und den Reim besitzt die Äußerung Zekeriyes für die Auseinandersetzung mit Cemal auch eine gelungene ästhetische Form.

Cemal reagiert darauf mit "Ne?", "Was?", was in der Bedeutung dem "He?" Zekeriyes auf Cemals Attacke entspricht. Zekeriye gibt ebenfalls keine Antwort, sondern stößt nur noch die Beleidigung "Uyuz."aus. Das Lexikon führt dafür die Bedeutungen "Waschlappen", "Jämmerling" an, die Jugendlichen selbst übersetzen dies übereinstimmend mit "Penner".

Der erste Teil der Erwiderung Cemals läßt sich nicht verstehen, nur ungesichert könnte er "Sıcarım vallah", "ich scheiße ehrlich drauf" oder auch "Tartışalım vallah", "laß uns diskutieren. Ehrlich." sagen. Im Anschluß daran äußert er "Varım ona", "Ich bin bereit.". Was er genau sagt, läßt sich nicht entscheiden. Auch türkische Migrantenjugendliche und -erwachsene, denen ich den entsprechenden Abschnitt vorgespielt habe, waren nicht in der Lage, genau zu identifizieren, was Cemal hier sagt. Er könnte sowohl die Beleidigungen Zekeriyes zu kontern suchen als auch ihn zu einer Debatte über Religion herausfordern.

Zekeriye jedenfalls reagiert darauf mit einem abfälligen "Ha.", das sowohl die Konter Cemals abwerten als auch seine Kompetenz und Bereitschaft zu der möglicherweise angedeuteten Debatte in Zweifel ziehen kann. Die Auseinandersetzung endet hier zunächst und Faruk kann im folgenden ungestört und unterstützt von (?) und Adem reden. Nach 20 Sekunden steigt Cemal wieder ein: "Dinden tartışacağın. Sen dinden hiç haberin yok." "Über Religion willst du diskutieren. Du hast von Religion überhaupt keine Ahnung." Cemal hat Zekeriye zuvor zweimal in Reaktion darauf attackiert, daß er auf dem Terrain des Interviews sich anschickte, Konflikte anzuzetteln. Hier aber fängt Cemal von sich aus wieder an. Da er bereits zu Anfang des Ausschnitts Zekeriye mit religiösen Argumenten in Schwierigkeiten bringen will, will er es nicht auf sich sitzen lassen, daß auch seine Religiösität beschädigt sei und entsprechend seine Vorwürfe gegenüber Zekeriye fehl am Platze, wenn nicht gar von Scheinheiligkeit getragen seien.

Die Art und Weise, in der Cemal wiedereröffnet, legt es nahe, daß er zuvor in Reaktion auf Zekeriye diesem bereits eine Debatte über Religion angeboten hat, denn das "Ha." Zekeriyes und das anschließende Ende der Debatte lassen sich so als Verweigerung Zekeriyes, dieses Angebot Cemals ernst zu nehmen, interpretieren. Er bestreitet daher umgekehrt Zekeriye die Kompetenz, sich überhaupt mit ihm streiten zu können, wobei er den Vorwurf, daß Zekeriye von Religion keine Ahnung habe, den er bereits in Reaktion auf Zekeriyes Attacke gegen Faruk gemacht hatte, um die Steigerung "hiç", "überhaupt" erweitert und so Zekeriye durch Provokation zum Einstieg zu bringen sucht.

Zekeriye läßt sich darauf zunächst nicht ein. Er fragt nach, ob er gemeint sei – "Kim? Ben?" "Wer? Ich?" –, womit er demonstriert, daß er von sich aus nicht sieht, daß ein solcher Vorwurf auf ihn gemünzt sein könnte. Cemal bestätigt sofort: "Senin", "Du." und kontert mit "Tabii.", "Natürlich", auf Zekeriyes Frage und bestreitet so, daß dies überhaupt fraglich sein kann. Zekeriye weist dies zurück: "Oglum git oglum. Uyuz." "Mein Sohn hau ab mein Sohn. Penner." Die gestelzte Übersetzung "Mein Sohn" vermag dabei die Geläufigkeit der Form "oglum" nicht zum Ausdruck zu bringen. Zekeriye bestreitet mit diesem Ausdruck die Gleichwertigkeit und stößt zum Schluß noch eine Beleidigung aus. Er verweigert so und mit dem "hau ab", sich auf eine Debatte einzulassen, indem er im Bestreiten der Gleichwertigkeit und durch die Beleidigung die Provokation Cemals als nicht ernstzunehmend kennzeichnet.

Bereits parallel zu Zekeriyes Äußerung startet Cemal wieder, konkretisiert, wovon Zekeriye keine Ahnung habe, und eröffnet in dem Beispiel die Debatte, die Zekeriye zu verweigern sucht: "Gusül abdestini bilmiyorsun daha nasıl anlatırsın konuşuyorsun burada." "Du weißt die gusül abdestine nicht zu vollziehen, wie erzählst und redest du noch hier." "gusül abdestini" ist eine rituelle Ganzkörperwaschung, die nach den Vorschriften des Islams zu vollziehen ist nach allem, was mit Sexualität zu tun hat (Geschlechtsverkehr, Blutung, Erektion etc.).[20] Wenn

20 Gusül abdestine wird in einem Lehrbuch über islamische Vorschriften für die neunte Klasse der Imam-Hatip-Gymnasien definiert als "Hiç kuru yer biraksızın butün vucudu yıkamak." "Ohne eine Stelle trocken zu lassen den ganzen Körper waschen." (vgl. Milli Eğitim Genelik Ve Spor Bakanlığı Yayınları Nr. 464, 1985) Von daher wird sie auch "boy abdesti", "Großwaschung" genannt im Gegensatz zur "abdest", "Waschung", die vor jedem Beten etwa vorgeschrieben ist. Die "gusül abdestini" wird empfohlen vor allen religiösen Handlungen, da es besser ist, wenn man sauber vor Allah tritt. Vorgeschrieben aber ist sie nach drei Situationen: für die Frau, wenn ihre Menstruation endet, wenn sie das Wochenbett verläßt, und schließlich

Cemal Zekeriye vorwirft, daß er diese Waschung nicht kennt, sich darauf nicht versteht, sich also an die entsprechenden Vorschriften nicht hält, dann wirft er ihm "unsauberes" und damit etwa auch sexuell ungezügeltes Verhalten vor z.B. derart, daß er etliche Frauen gehabt habe. Wie könne er entsprechend noch hier erzählen und reden, wo ihm dieses Verhalten doch die Berechtigung dafür entzieht. Daß Cemal die Debatte wider den Willen Zekeriyes mit diesem Vorwurf eröffnet, hängt mit der Ausgangskonstellation zusammen, daß Zekeriye ein deutsches Mädchen heiraten will und zudem "pis olsun" gesagt hat. Es zeigt sich, daß "über Religion streiten" meint, über eine der Religion angemessene Lebenspraxis zu streiten. Dies knüpft an den Anspruch des Islam an, nicht nur Glaubensbekenntnis, sondern gottgewollte Ordnung des Lebens auf der Erde zu sein (vgl. Thomä-Venske 1981 u. Heine 1981).

Hat Zekeriye zuvor die Debatte abgelehnt, so steigt er nun von Cemal provoziert ein: "Oğlum ben camide gezerken sen sokakda geziyorsun." "Mein Sohn während ich mich in der Moschee aufhalte, treibst du dich auf der Straße rum." Würde Zekeriye hier auf Cemal nicht antworten, setzte er sich dem Verdacht aus, Cemal nicht gewachsen zu sein, sich mit ihm nicht streiten zu können. Der Streit zwischen Cemal und Zekeriye nimmt hier die Form eines verbalen Duells an, in dem Vorwürfe vorrangig nicht zu belegen sind, sondern an Nachdruck gewinnen durch verbales Geschick. Und um das Gesicht zu wahren, ist darauf vor allem durch eine Gegendemonstration zu reagieren.

Auf den ersten Blick scheint Zekeriyes Äußerung die diskutierte zweite Lesweise seiner Äußerungen "Burada dinden kimin haberi var lan?" und" Sende de dinden hiç iyi bir şey sağ." auszuschließen, denn Zekeriye redet von sich als dem, der sich in der Moschee aufhält. Versteht man aber die Auseinandersetzung als verbales Duell, in dem es um die Demonstration der Kompetenz, ein solches Duell führen zu können, geht, dann sind die Äußerungen Cemals und Zekeriyes nicht so zu lesen, daß es um reales Verhalten geht, sondern sowohl Cemal als auch Zekeriye zeigen, daß ihnen die sprachlichen Formen, in denen eine solche Auseinandersetzung zu führen ist, zur Verfügung stehen. So wirft

---

für Mann und Frau nach allen Situationen, die als "cünüp", rituell unrein gelten, d.h. mit Sexualität zu tun haben. In Büchern für den Hausgebrauch, wie sie sich in einer Reihe von türkischen Migrantenfamilien finden, wird entsprechend kurz die Notwendigkeit dargelegt, sauber vor Gott zu treten, und sodann detailliert beschrieben, wie genau große und kleine Waschung zu vollziehen sind. Als Beispiel vgl. Hafız Yusuf Tavaslı 1978, S. 19-29, ein Buch, das ich in mehreren Familien gesehen habe. Noch einmal hingewiesen sei darauf, daß es wenig sinnvoll ist, über *den* Islam zu reden. So weit, wie ich hier darüber rede, habe ich versucht, das aus an anderer Stelle erwähnter Literatur bezogene Wissen zu verknüpfen mit Formen, die als islamische im Leben der Migranten vorkommen und mir zugänglich waren. Neben den beiden erwähnten Büchern kamen dafür v.a. Kalenderblätter und Gespräche mit Hocas in Frage.

Zekeriye Cemal Ähnliches vor, wie dieser ihm, aber in einer anderen sprachlichen Form, in der er zeigt, daß er die Attacke Cemals zu parieren, sich also entsprechend "über Religion zu streiten" weiß. Sich auf der Straße herumzutreiben, hat ähnliche Implikationen wie "gusül abdestini bilmiyorsun", denn Zekeriye hält Cemal so vor, daß er u.a. auf der Straße den Frauen nachstellt. "Sich auf der Straße herumzutreiben" enthält aber auch Unterstellungen dahingehend, daß Cemal ein ungeordnetes Leben führt, seine Zeit auf der Straße vertrödelt o.ä. und läßt so Zekeriyes Antwort als gelungenes Parieren der Attacke Cemals erscheinen.

Im Anschluß an Zekeriyes Erwiderung wechselt Cemal innerhalb seiner nächsten Äußerung ins Deutsche. Das "Hä." ist eine im Türkischen übliche Form der Bejahung, an die er auf Deutsch ironisch "Merkt man." anhängt. Parallel dazu äußert Zekeriye ebenfalls insistierend "Hä.". Es stellt sich die Frage, wieso Cemal ins Deutsche überwechselt. Bis hierhin haben Zekeriye und Cemal ihren Streit relativ abgeschottet von den anderen ausgetragen. Ein Wechsel wie zu Anfang des Streits - "Und dann ob" - findet sich zwischenzeitlich nicht, was die Abschottung sichtbar macht. Faruk redet zu mir und Adem und (?) unterstützen ihn dabei. Für Nercati ist nicht davon auszugehen, daß er Zekeriye und Cemal zu folgen vermag. Das "Merkt man." Cemals könnte eine Reorientierung auf das Terrain des Interviews hin darstellen, aber wieso sollte er sich an dieser Stelle dort hinbewegen, habe ich doch zuvor argumentiert, daß er Zekeriye von mir abzuschirmen sucht? Ist die Interpretation der Form des Streits zwischen Zekeriye und Cemal richtig, daß sie ihn nämlich als verbales Duell austragen, dann benötigt ein solches Duell Publikum. Cemal könnte durch das "Merkt man." einen Schritt hin zur Verlagerung dieses Duells auf das Terrain des Interviews vollziehen. Zugleich bezweifelt er mit dem ironischen "Merkt man.", daß Zekeriyes reales Verhalten dem entspricht, was er hier behauptet. Er kündigt also an, dieses zum Gegenstand machen zu wollen.

Seine nächste Äußerung "Dur hele. Adam bak. Içe", "Warte doch. Mann paß auf. Trink" zeigt, daß er Faruk das Terrain des offiziellen Interviews streitig zu machen sucht. Er fordert ihn auf, mit seiner Rede einzuhalten, und wendet sich dann mit "Adam bak." für die Interviewteilnehmer sichtbar an Zekeriye. Dabei fordert er Faruk an einer Stelle dazu auf, die dafür spricht, daß er nicht das, was Faruk sagt, zu zensieren sucht, auch wenn dieses wie gesehen nicht unproblematisch war. So war er zunächst zu lange parallel zu der Äußerung Faruks in den Streit mit Zekeriye verwickelt, als daß er gleichzeitig genau mitbekommen haben wird, was Faruk gesagt hat. Selbst wenn man dies nicht annimmt, dann spricht die sequentielle Plazierung seiner Aufforderung an dem nächsten formalen Punkt eines möglichen Abschlusses ("possible completion point" (Sacks u.a. 1974)) nach seiner letzten Äußerung "Merkt man." dafür, daß er eine Gelegenheit zur Übernahme des Terrains abwartet, nicht aber Faruks Rede zensieren will, wobei die Aufforderung "Dur hele." zeigt, daß er erwartet, daß Faruk weiterzureden beabsichtigt.

Dieser ist keineswegs bereit, das Terrain freiwillig zu räumen. Parallel zu Cemals Versuch, das Duell nun auf dem Terrain des Interviews zu eröffnen – "Ice" –, setzt auch Faruk an fortzufahren – "Hätt" – und beschwert sich anschließend mit "ah" darüber, daß Cemal glaubt, ihm umstandslos das Wort entziehen zu können. Cemal fordert ihn daraufhin laut und mit Nachdruck auf "Hör mal zu." und wiederholt diese Aufforderung im Türkischen – "Dur" – und im Deutschen – "Hör mal zu." – parallel zu Faruks Frage nach der Berechtigung Cemals, für seine Rede Vorrang zu beanspruchen: "W labert ihr/was willste labern jetzt?" Mit Cemals Ansatz zu einer Antwort "Ich hätt/ich ( )" bestreitet Faruk ihm die Berechtigung, indem er mit der Aufforderung "Laß ihn doch luf/zufrieden." und der Begründung für diese –"Ist doch seine Sache." – zu verstehen gibt, daß er weiß, daß Cemal beabsichtigt, einen Streit mit Zekeriye vor den Augen der Beteiligten auszutragen, und daß er dies für illegitim hält. Mit der Aufforderung Faruks bricht Cemal seinen Ansatz zur Antwort ab und fordert Faruk noch einmal auf Türkisch auf "Dur hele.". Schließlich gibt er Faruk formal mit "Jaja." recht, um eine Auseinandersetzung zu vermeiden, indem er ihm zu verstehen gibt, daß er den Gesichtspunkt Faruks berücksichtigt, fordert ihn noch einmal auf "Hör mal." und erobert so das Terrain.

Auffällig sind die Wechsel Cemals zwischen dem Deutschen und Türkischen. Habe ich das "Merkt man." als eine Orientierung Cemals auf das Terrain des Interviews hin interpretiert, dann fragt sich, warum er Faruk auf Türkisch anredet, zumal Interviewsprache das Deutsche ist. Orientierung hin auf das Terrain des Interviews heißt aber nicht, daß Cemal sich zu mir als Interviewer verhalten will. Definierend für die bestehende Situation ist das Interview. Das wird etwa deutlich daran, daß die Jugendlichen Verhandlungen über Zigaretteneinkauf durch Sprachwechsel und reduzierte Lautstärke als nicht zum Interview gehörende markieren. Diese Verhandlungen werden also zur bestimmenden Situationsdefinition ins Verhältnis gesetzt. Für die diskutierte Passage ist bedeutsam, daß es zuvor zu heftigen Konflikten unter den Jugendlichen nicht gekommen ist, die es notwendig gemacht hätten, in längeren Auseinandersetzungen ihr Verhältnis zum Interview und mir als Interviewer untereinander auszuhandeln. Im Gegenteil haben sie sich im Verhältnis zu meinen Fragen kollektiv als "türkische Jugendliche" produziert, woran Zekeriye jedoch nicht teilgenommen hat. Zu einem Schisma in der diskutierten Form ist es nicht gekommen. Zwar fanden ebenfalls Abspaltungen statt, aber so heftige Konflikte sind unter ihnen nicht ausgebrochen und darüberhinaus war dafür nicht auslösendes Moment das Verhalten eines der Beteiligten zu einer gestellten Frage. Es ging also nicht um angemessenes Verhalten zum Interview.

Wenn Cemals Äußerungen einen Versuch der Verlagerung der Auseinandersetzung mit Zekeriye auf das Terrain des Interviews darstellen könnten, dann wäre dies in der Geschichte des hier stattfindenen Interviews etwas Neues. Er würde das durch das Interview konstituierte Terrain als Bühne für die Auseinandersetzung mit Zekeriye anzueignen versuchen. Dies könnte der Sinn seines Wechsels von "Merkt man." zu "Dur hele. Adam bak." sein, denn stellt erstere eine Orientierung auf das Interviewterrain hin dar, so konstituierte die Aufforderung auf Türkisch das relevante Publikum für die Auseinandersetzung mit Zekeriye. Relevant aber wäre ein Publikum, das einen solchen Streit zu beurteilen wüßte, also Adem, (?) und Faruk.

Faruk tritt aber wie gesehen das Terrain nicht umstandslos an Cemal ab, sondern mit seiner Fortsetzung "Hätt/ah" zeigt er, daß er nicht die Absicht hat, Platz zu machen. In Reaktion darauf springt Cemal ins Deutsche als Erwiderung auf Faruks Beschwerde und fordert ihn auf zuzuhören. Die folgenden Wechsel Cemals zwischen dem Türkischen und Deutschen lassen sich nun so verstehen, daß er durch das Türkische Faruk daran zu hindern sucht, sich auf dem strittigen Terrain zu ihm so zu verhalten, daß er Cemals Besetzungsversuch zum Thema macht, durch das Deutsche aber sich formal auf Faruk einläßt, um ihn so zur Aufgabe des Terrains zu bewegen. Ein ähnliches Verhalten Cemals auf Türkisch zu Faruks Verhalten im Interview findet sich früher bereits an einer Stelle, wo Faruk bezogen auf eine Frage nach der Möglichkeit des "Mädchen anmachens" in der Türkei ansetzt zu antworten, indem er Zugeständnisse macht. Auch dort will Cemal ihn mit "Dur hele. Dur sene." und "Dur hele." stoppen (S. 67).

Mit dem hier interessierenden Versuch, Faruk von seinem Verhalten abzubringen, ist Cemal nicht erfolgreich, aber indem er sich formal mit "Jaja." und der Aufforderung "Hör mal.", die durch den Wegfall des "zu" einen moderateren Charakter gewinnt, darauf einläßt, gewinnt er schließlich das Terrain.

Das folgende bestätigt, daß es um die Aneignung des Interviewterrains für die Auseinandersetzung Cemals und Zekeriyes geht. Vorher aber ist noch das Verhalten Faruks genauer zu diskutieren. Faruk vereindeutigt zu Anfang des Ausschnitts, bevor Zekeriye sich zu der mir gestellten Frage äußern kann, dessen Verhältnis zur Heirat eines deutschen Mädchens mir gegenüber, wertet es ab und greift ihn gleichzeitig indirekt an. Nach der ersten Runde der Auseinandersetzung zwischen Cemal, Zekeriye und auch Adem bezieht er sich erneut in der Rede zu mir abfällig mit "der da" auf Zekeriye, was diesen zum Bestreiten der Kompetenz Faruks als Auslöser der nachfolgenden zweiten Runde der Auseinandersetzung zwischen Cemal und Zekeriye veranlaßt, die schließlich zu dem hier diskutierten Versuch der Verlagerung der Auseinandersetzung auf die Bühne des Interviews durch Cemal führt.

An Faruks Äußerungen ist zu beachten, daß er sich an keiner Stelle direkt zu Zekeriye oder Cemal verhält. Er diskutiert im Verhalten zu mir, wie Zekeriyes Behauptung der Möglichkeit, eine Deutsche zu heiraten und sodann zur Türkin zu machen, einzuschätzen ist, aber er geht z.B. nicht auf Zekeriyes Attacke "Ja Faruk. Keine Ahnung." ein. Dieser bestreitet immerhin für mich wahrnehmbar, daß Faruk die beanspruchte Position des Experten auszufüllen vermag. Nun kann man sagen, daß Cemal die Erwiderung für Faruk übernimmt, indem er für Zekeriye das Gleiche behauptet, während Faruk praktisch demonstriert, daß er "Ahnung hat". Cemal hat wie gezeigt ein sehr genaues Gespür dafür, daß Zekeriye mit seinen Äußerungen Grenzziehungen in Frage stellt, die eine Voraussetzung für das kollektive Auftreten der anderen als türkische Jugendliche darstellen. Praktiziert Faruk in seinen vorherigen Äußerungen, in denen er sich mit dem Teil von Zekeriyes Position zur Heirat eines deutschen Mädchens, der empirisch strittig war, auseinandersetzt, im Verhältnis zu mir den kulturellen Experten qua Anspielung auf religiöse Elemente - "Sünde oder so" - und ihrer Kennzeichnung als das Eigene, Türkische, so hat das zur Voraussetzung, daß das Eigene, Türkische in kulturalistischer Toleranz zur Kenntnis genommen, nicht aber in Frage gestellt wird. Dies könnte durch Zekeriye geschehen, der bisher bereits bestritten hat, daß ein Brautgeld zu zahlen sei, ein Mädchen, das man heiraten will, noch "sauber" zu sein hat, und möglicherweise zusätzlich behauptet hat, daß die "Religion" beschädigt ist. Damit aber könnte er auch eine Umgangsform mit mir destruieren. So gesehen trifft Faruks Begründung für seine Aufforderung "Laß ihn doch in Ruhe", nämlich "Ist doch seine Sache.", nicht zu, es ist auch ihre Sache. Es fällt auf, daß sich Faruk zu dieser "Sache" nicht direkt verhält, auch da nicht, wo er von Zekeriye angegriffen wird.

Nach der Eroberung des Terrains reorientiert sich Cemal hin zur Auseinandersetzung mit Zekeriye, wobei er die notwendige Zeit dazu formal in einen Redezug verlagert, indem er zunächst "Sen" äußert und dann nach einer Pause fortfährt. Mit diesem "Sen" rekonstituiert er zugleich sein Publikum: "Sen |1s| bak ben senin içki içersen bir şey denem. I ? Ist normal find ich für mich ne. Das yap içersen biliyorun mu? Sigarra içeceğin kızı sikiyorun benim için normal, ama domuz et yediğin için benim için bir Schande de biliyorun mu. Das - das mußt du merken. I Iç, sik,, ama domuz eti yeme." "du |1s| Guck ich sage nichts, wenn du deinen Alkohol trinkst . . . Das mach wenn du trinkst weißt du. Zigaretten sollst du rauchen, Mädchen bumsen, für mich ist das normal, aber daß du Schweinefleisch ißt, ist für mich doch eine Schande weißt du. . . . Trink, bums, aber Schweinefleisch esse nicht." War in dem verbalen Duell zwischen Cemal und Zekeriye bisher reales Verhalten nicht Gegenstand der Auseinandersetzung, sondern ging es um die Demonstration von Kompetenz, und entspricht die Attacke Cemals auch hier einer bestimmten Figur, so versucht er zugleich entsprechend der Ankündigung "Merkt man." Zekeriye vor den Augen der anderen zu desavouieren, indem er den Vorwurf des Schweinefleischessens erhebt.

Die Wechsel vom Türkischen ins Deutsche und zurück sind auf die Besetzung des Interviewterrains durch Cemal für die Austragung seines Konfliktes mit Zekeriye zu beziehen. Auf der einen Seite läßt sich die Rede im Deutschen als Zugeständnis an das Interview verstehen, das im Deutschen geführt wird, auf der anderen Seite schlägt sich darin die Form, in der Faruk das Terrain abgetreten hat, nieder. Hat Faruk nämlich gesagt "Ist doch seine Sache.", dann konzediert Cemal im ersten Teil "Ist normal find ich für mich ne", daß es nicht nur Konflikte zwischen ihm und Zekeriye gibt und daß er ebenfalls bestimmte Verhaltensweisen für die Angelegenheit Zekeriyes hält. Im zweiten aber gibt er den Vorwurf zu verstehen: "Schande . . . Das mußt du merken."

Die Form des Vorwurfs gegen Zekeriye ist geläufig unter türkischen Männern, soweit ich dies beurteilen kann. Will man Schlägerei, Stehlen, Betrügen, Lügen etc. kritisieren, so nimmt der Vorwurf genau diese Form an: "Sik, iç, ama kavga yapma", ". . . ama çalma", ". . . ama dolandırma", ". . . ama yalan söğleme" etc. In dieser Form sind Aspekte der Praxis türkischer Migranten, aber auch von Männern in der Türkei gebunden, jedenfalls so weit ich damit zu tun hatte. Nach den Vorschriften des Islam ist es genauso verboten, außerehelichen Verkehr zu haben oder Alkohol zu trinken wie Schweinefleisch zu essen. Lebenspraktisch aber gehört der Besuch von Bordellen wie das Trinken von Alkohol (in erheblich geringerem Ausmaß jedoch als in der BRD) zur Praxis von großen Teilen der mir bekannt gewordenen Männerwelt. Entsprechend ist in dieser Form gebunden, was als "normale Übertretung" in der Lebenspraxis von Männern gilt und was den Rahmen sprengt.

Zekeriye erwidert auf diese öffentliche Kritik Cemals an ihm: "Ben sadece domuz eti yediğim için seninle din içinde s şa/tartişamam lan?" "Ich kann nur weil ich Schweinefleisch esse mit dir nicht über Religion streiten Junge?" Cemal hat zuvor bestritten, daß Zekeriye mit ihm darüber diskutieren könne, und Zekeriye fragt nun zurück, ob "sadece", "nur" dies seine Begründung dafür ist. In der Antwort Zekeriyes wird deutlich, daß ihre Auseinandersetzung sich nun um reales Verhalten dreht, denn er stellt nicht in Abrede, daß er Schweinefleisch ißt, er kontert aber auch nicht wie zuvor mit einem Gegenvorwurf. Er bestreitet mit der Frage nur, daß dieser Vorwurf Cemals ausreicht, ihm die Berechtigung dafür abzusprechen, über Religion und das heißt wie gesehen über einen der Religion angemessenen Lebenswandel zu streiten.

Cemal aber insistiert:"Tartişamazsın tabii. Bi - Ben bak. Ben senle tartışmam da zaten." "Du kannst natürlich nicht (darüber) diskutieren. I - Ich guck. Ich diskutiere doch ohnehin nicht mit dir." Er spricht Zekeriye die Berechtigung zur Diskussion ab und erklärt, daß gleichgültig, ob Zekeriye dies einsieht oder nicht – "da zaten", "doch ohnehin" –, er mit ihm nicht diskutiert, er kein Gesprächspartner mehr ist.

Zekeriye stellt parallel zu der Rede Cemals diese mit Abwertungen in Frage: "Ah sikdir lan." "Ah Verpiß dich Junge." "Git." "Hau ab." "Git." "Manyağa bak." "Guck der Verrückte." Aber noch bevor Zekeriye diese letzte Beleidigung Cemals äußert, schaltet sich Adem ein: "Bak. Din üzerine ben de biraz anlarım bak. Domuz eti ne kadar kötü biliyor musun? Domuz etin |1/2s| şimdi sen namaz kılmıyorun biliyor musun. Domuz eti yeme, aynı farkına gelir." "Guck. Von Religion versteh ich auch ein bißchen. guck. Weißt du wie schlecht Schweinefleisch ist? Schweinefleisch |1/2s| Jetzt du betest nicht weißt du. Schweinefleischessen läuft auf dasselbe hinaus." Zwischen Cemal und Zekeriye ist strittig, wie das Schweinefleischessen zu bewerten ist. Während Zekeriyes Verhalten für Cemal eine Schande ist und ihm die Berechtigung nimmt, über Religion zu streiten, bestreitet Zekeriye diese große Bedeutung des Schweinefleischessens, er bagatelliert es mit "sadece" und wertet die Rede Cemals ab. Adem greift in diesen Disput, wie das Schweinefleischessen zu bewerten ist, ein. Er gibt im Gegensatz zu Cemal eher bescheiden zu verstehen, daß er auch "biraz", "ein bißchen" von Religion versteht, daß er also berechtigt ist, hier zu sprechen, und nimmt dann eine Einordnung des Schweinefleischessens vor, indem er es als genauso verwerflich wie das Auslassen der Gebete kennzeichnet.

"Namaz" meint die im Islam rituell vorgeschriebenen 5 Tagesgebete morgens, mittags, nachmittags, abends und vor dem Schlafengehen (sabah, öğle, ikindi, akşam, yatsı). Die Zeiten, zu denen diese Gebete zu verrichten sind, verschieben sich abhängig von der Jahreszeit. Während in der Türkei von den Minaretten aus zum Gebet gerufen wird, sind die entsprechenden Zeiten in der Bundesrepublik auf Kalendern eingetragen, die türkische Migrantenfamilien zumeist unabhängig davon besitzen, ob sie die Gebete verrichten oder nicht.

Als Adem nach der Darlegung seiner Berechtigung zur Teilnahme an der Debatte beginnt, über das Schweinefleisch zu reden, äußert Zekeriye noch leise eine Drohung in Richtung Cemal: "Sikeyim seni." "Ich fick dich." Zum Ende der Äußerung Adems greift er auch diesen qua Beleidigung an, "Uyuz", und bestreitet damit dessen Einordnung. Aber Adem insistiert darauf - "Aynı farkına gelir." - und erhält dafür Unterstützung von Fikret, der ihm leise mit "Tabii." zustimmt. Fikret, der sich zu Anfang des Interviews geweigert hat, bei laufendem Aufnahmegerät etwas zu sagen, wird durch die Debatte so weit gefesselt, daß er anfängt sich einzumischen. Ich interpretiere auch dies als Indiz dafür, daß in der Auseinandersetzung zwischen den Jugendlichen für sie wesentliche Grenzziehungen in Frage stehen, zu denen daher auch Fikret nicht schweigt, während der zuvor praktizierte Folklorismus ihn nicht aus der Reserve zu locken vermag.

Zekeriye setzt an, etwas zu erwidern – "Senle", "Mit dir" –, wird von Cemals ironischem "Yok." unterbrochen, das sich auf Zekeriyes Bestreiten der Richtigkeit der Einordnung durch Adem bezieht, und macht einen Neuansatz – "Şey senle", "Dings mit dir" –, parallel zu dem Adem begonnen hat, seine Einordnung zu verteidigen, so daß Zekeriye wiederum zur Abwertung "Git.", "Hau ab." wechselt.

Adem verteidigt seine Einordnung durch Berufung auf einen Freund, von dem er dies gehört hat: "Ben duydum. Duydum. Bak. Bir arkadaş var benim, camiye gidiyor." "Ich hab (es) gehört. Gehört hab ich (es). Guck. Ich hab einen Freund, der geht in die Moschee." Parallel zu "var benim" versucht Zekeriye Adem mit "Dur lan." zum Einhalten zu bringen, während Cemal im Anschluß daran beinahe mitleidig überheblich über ihn zu den anderen redet: "Ama içinde bir gün doğacak." "Aber im Inneren wird er (es) eines Tages spüren." Zekeriye fordert auch Cemal mit "Dur lan." auf einzuhalten, Adem ist aber mit der Verteidigung seiner Einordnung durch Berufung auf den Freund, der in die Moschee geht, noch nicht zuende. So wiederholt er "camiye gidiyor.", was zugleich die Kompetenz des Freundes, auf die er sich bezieht, unterstreicht. Im Anschluß daran aber übernimmt Zekeriye und setzt sich gegen Adem durch. Er fragt: "Domuz eti günah mı ne?" "Ist Schweinefleisch Sünde oder was?" Adem sagt zwar noch fast parallel dazu "O anlattı bana.", "Er hat es mir erzählt.", aber danach reagieren alle die, die reagieren, einschließlich Adem, auf Zekeriyes Frage. Hat er mit seinen Ansätzen "Senle" und "Şey senle" und den Aufforderungen den anderen das Terrain nicht abnehmen können, so hat die Frage als erster Teil einer Paarsequenz gegenüber den Äußerungen Cemals und Adems den Vorteil, eine Reaktion darauf obligatorisch zu machen.

Bevor ich darauf eingehe, möchte ich darauf hinweisen, daß Adems Berufung auf den Freund zur Verteidigung seiner Einordnung des Schweinefleischessens genau dem entspricht, wie Cemal Zekeriye das Recht abspricht, über Religion zu streiten. Der Freund geht in die Moschee und dies ist nicht nur so zu verstehen, daß er in der Moschee etwa in Korankursen etwas darüber gelernt hat, sondern "camiye gidiyor." steht genau wie zuvor "Ben camide gezerken" in Zekeriyes Erwiderung auf Cemals Attacke für eine religionskonforme Lebenspraxis. Diese macht den Freund in seinem Urteil zur Autorität, genau wie umgekehrt die von Cemal gebrandmarkte Praxis Zekeriyes dessen Urteil den Boden entzieht, er verliert die Berechtigung dazu.

Die Form, in der Adem sich mit Zekeriye auseinandersetzt, unterscheidet sich von der Cemals in ihrer Diskursivität. Schon zu Anfang des Ausschnitts hat Adem Zekeriye eine Brücke zu bauen versucht. Auch da, wo er sich mit Cemal gegen Zekeriye in der abfälligen Rede darüber verbündet, welche Sorte von Frau Zekeriye heiraten wird, sucht er die Diskussion mit Zekeriye. Er räumt ein – "Türkiye´ye gitmezse değil de" –, weist auf falsches Verständnis hin – "sen anlamazsın" – und versucht sein Verhältnis zu den strittigen Fragen mit "Şimdi ben" zum Ausdruck zu bringen. Erst als Zekeriye ihn unterbricht und nach dem Einwurf Cemals verbündet er sich mit diesem, wonach durch den Ordnungsruf Faruks die Auseinandersetzung erst einmal abbricht. An der hier diskutierten Stelle relativiert er sein Wissen über Religion und gibt die Instanz an, auf die er sich beruft. Davon unterscheidet sich Cemal, der zunächst gar nicht begründet, relativiert o.ä. Dort aber, wo er das Geäußerte als sein Verhältnis zu Verhaltensweisen Zekeriyes kennzeichnet, nämlich in der Eröffnung der Debatte auf dem Terrain des Interviews, ist dies wie gesehen wesentlich als sein Verhalten zu mir als Interviewer und zu der Form, in der Faruk das Terrain an ihn abgetreten hat, zu verstehen. Diese Kennzeichnung geschieht bezeichnenderweise zunächst im Deutschen: "find ich für mich ne." Über diese Passage der Eröffnung hinaus finden sich diese Formen in der Auseinandersetzung Cemals mit Zekeriye nicht.

Dieser hat wie gesehen den anderen mit der Frage "Domuz eti günah mı ne?" das Terrain abgenommen. Cemals Bestreiten seiner Berechtigung, über Religion zu diskutieren, bearbeitet er nicht, indem er eine Auseinandersetzung darüber beginnt, warum er sie doch besitzen könnte. Mit der Frage danach, ob Schweinefleisch "günah" oder etwas anderes sei, stellt er den anderen eine Prüfungsfrage hinsichtlich ihrer religiösen Kompetenz und bringt sich so selbst in die Position dessen, der ihre Antworten bewerten wird. Mit der Fortsetzung des Streits in dieser Form sucht er also seine Kompetenz und Berechtigung zu reetablieren.

Entgegen seiner Ankündigung, daß er mit Zekeriye nicht über Religion streitet, antwortet Cemal sofort: "Günah tabii." "Sünde natürlich." Adem antwortet im Anschluß daran entsprechend seiner vorherigen Ausführungen "Günah. Namaz kılmazsan da günah.", "Sünde. Wenn du nicht betest ist das auch Sünde.", parallel dazu äußert Faruk "Günah Zekeriye. Günah.", während Zekeriye, noch bevor Faruk und Adem ihre Äußerungen beenden, ihre Antworten drastisch als falsch kennzeichnet – "Yarak günah.", "Schwanz Sünde." – und selbst die seiner Meinung nach richtige Antwort gibt: "Mekruh o." "Mekruh ist es."

Zu beachten ist die unterschiedliche Form der Antworten Cemals, Adems und Faruks. Während Cemal sich sofort mit "tabii" festlegt und Adem in seiner Antwort Schweinefleischessen als "günah" noch einmal in Relation zu einer anderen Handlung, die ebenfalls "günah" ist, setzt, stimmt Faruk zwar Cemal mit "günah" zu, indem er aber Zekeriye mit Namen anredet und zudem sich hier sehr ruhig und beschwichtigend äußert, sucht er das vorhandene Konfliktpotential zu heilen. Durch die Anrede gibt er Zekeriye zu verstehen, daß seine Handlungsweise des Schweinefleischessens als "günah" die ansonsten bestehende Gemeinsamkeit zwischen ihnen nicht aufhebt und insofern von ihm eingeräumt werden kann. Nach Zekeriyes Korrektur der Antworten der anderen orientiert sich Faruk wieder zu mir hin und sucht mit "Hier." meine Aufmerksamkeit zu gewinnen und damit auf dem Terrain des Interviews dieses wieder zu praktizieren. Zekeriye aber fährt fort, indem er nach der Korrektur der Antwort der anderen sagt: "Ipneye bak. Günah değil. Tamam mı?" "Guck den Schwulen an. Nicht Sünde. Klar?" Cemal oder einer der anderen hat sich mit seiner Antwort für Zekeriye blamiert und ihn versucht er nun bloßzustellen. Soweit Cemal die Attacke auf sich bezieht – und er reagiert im folgenden darauf – hat sich sein Anspruch, daß er sich in der Religion auskennt, hiermit, so versucht Zekeriye zu zeigen, als falsch herausgestellt, denn Schweinefleisch ist nicht Sünde, wie er noch einmal wiederholt. Er ist sich seiner Position sicher genug, um mit "Tamam mı?" die Bestätigung dafür einholen zu wollen.

Während Zekeriyes Äußerung hält Faruk seine Absicht, mir etwas sagen zu wollen, mit dem gedehnten "Eh" hörbar aufrecht. Cemal reagiert auf Zekeriyes Versuch der Bloßstellung, indem er mit "Tamam. Mekruf." zugesteht, daß Schweinefleisch nicht "günah" ist, sondern "mekruf", aber er nimmt eine Veränderung an der lautlichen Form des von Zekeriye ins Spiel gebrachten Begriffs vor und nimmt diesen Unterschied als Anlaß, seinerseits Zekeriye zu korrigieren: "Mekruh değil mekruf. Mekruh değil. Sen konuşma." Der Versuch, ihm diesen Fehler nachzusagen, zielt auf die Demonstration Zekeriyes fehlerhafter Kenntnis religiöser Begriffe und Cemal sagt ihm, er solle nicht erzählen, sich also nicht aufspielen. Zekeriye weist Cemals Korrektur mit "Ipneye bak." bereits parallel zu Cemals zweitem "Mekruh değil." zurück.

Schaut man nun in das bereits erwähnte Schulbuch für Absolventen der Imam-Hatip-Gymnasien,[21] oder auf ein Zusatzblatt zu einem Kalender, überschrieben "Bilinmesi Gerekli Şeyler", "Dinge, die man wissen muß", dann findet man, daß Zekeriye und Cemal beide unrecht haben. Schweinefleisch zu essen, fällt unter die obligatorischen Verbote - "haram" - und daher bedeutet ein Übertreten dieses Verbots "günah", Sünde und Schuld. "Mekruh" aber bezeichnet solche Handlungen, die rituell und auch anderweitig unerwünscht, aber nicht verboten sind. Jedoch heißt es "mekruh" und nicht "mekruf", wie Cemal sagt. Es liegt eine arabische Partizipialbildung (genau: makru:h) des Verbes "kariha", "verabscheuen", zugrunde mit der Rechtsbedeutung "verwerflich".

Nun ist es nicht besonders erhellend, den Jugendlichen "Fehler" nachzuweisen. Beginnt man, sich unter türkischen Migranten zu erkundigen, wie sich "mekruh" und "günah" zueinander verhalten, fallen einige der Begriffe, in denen Vorschriften, Verpflichtungen und Verbote, Empfehlungen und Unerwünschtes gefaßt sind, aber wie es sich genau verhält, vermögen auch unter den regelmäßig religiös Praktizierenden viele nicht mit Sicherheit anzugeben, und es kommt untereinander zu

21 vgl. S. 19-25 über "Der Gläubige und seine Pflichten"

Diskussionen darüber, welche Verhaltensweise unter welchen Begriff fällt.[22] Eine türkische Lehrerin, die sich nach meinem Dafürhalten sehr gut auskennt, meinte, es handele sich um "eine Wissenschaft für sich".

Ich führe dies hier nicht an, um zu behaupten, daß sich die Migranten nicht auskennen, sondern weil ich aufgrund dieses Nachforschens nach dem Unterschied zwischen "mekruh" und "günah" inzwischen vermute, daß es sich um ein Feld handelt, auf dem die große Zahl von Vorschriften, Verboten, Empfehlungen und unerwünschten Handlungen und ihre Einordnung unter eine Vielzahl von Begriffen sowohl hinsichtlich der Begriffe als auch der Einordnung sehr verwickelte Diskussionen im Falle, etwas ist strittig, hervorzubringen vermag, zumal dem Islam im Gegensatz zum Christentum eine Instanz wie die Kirche fehlt, die für sich autoritativ die eine, richtige Auslegung in Anspruch nehmen kann, sondern im Gegenteil eine Reihe von unterschiedlichen Organisationen, Vereinen und Gemeinden mit ihren unterschiedlichen Bezugstraditionen um die Gunst der Migranten konkurrieren.[23] Man

22 Die entsprechenden, dann zur Diskussion stehenden Begriffe aus dem Arabischen lauten "farz, vacip, sünnet, müstehap, mübah, haram, mekruh, müfzit". Sie fassen in Abstufungen, welche rituellen und sonstigen Handlungen für die Gläubigen Pflicht (farz) und welche mehr oder weniger erwünscht sind (von vacip bis müstehap), welche Handlungen religiös neutral (mübah) und welche Handlungen strikt verboten (haram) oder schlecht angesehen sind (mekruh) oder andere religiöse Handlungen ungültig werden lassen (müfzit).

23 Diese Abwesenheit einer Instanz wie die Kirche stellt *einen* der Hintergründe für die konkurrierenden Moscheen und Gemeinden dar, wie sie sich in der Bundesrepublik in jeder größeren Stadt mit einer größeren Anzahl türkischer Migranten finden und also auch in Osnabrück. Allerdings ist ein solches Argument zu vereinfachend. Ohne darauf weiter eingehen zu können, ist als historische Voraussetzung für diese konkurrienden religiösen Bewegungen die Zerstörung des organisatorischen Rahmens, in dem der Islam praktiziert wurde, durch die Reformer des 19. und 20. Jahrhunderts in der Türkei unter dem Druck Westeuropas zu beachten. In vielen Publikationen wird der Laizismus der Türkei, seit 1937 in der Verfassung verankert, hervorgehoben, und der angeblich von der Demokratischen Partei mitverschuldete Prozeß der sog. Reislamisierung beklagt (eine aufschlußreiche andere Sichtweise bei Karpat 1959 und 1985). Jedoch wird dabei häufig übersehen, daß diese angesprochene Zerstörung die Voraussetzung dafür darstellt, daß der Islam, ohnehin eingeschrieben in die Lebenspraxis der Menschen, die bis dahin zum größten Teil auf dem Lande leben und dort noch jeweils lokale Varianten des Islams praktizieren (vgl. dazu Werle-Kreile 1987; Schiffauer 1987; de Jong 1983), so zum Material für die Entstehung konkurrierender religiöser Bewegungen werden kann, die in ihren Praktiken in unterschiedlicher Weise und mit unterschiedlichem Erfolg die widersprüchlichen Erfahrungen der Modernisierung der türkischen Gesellschaft artikulieren. Die unterschiedlichen und widersprüchlichen Umgangsweisen türkischer Regierungen mit diesen Bewegungen sind Ausdruck und Teil der historischen Entwicklung genauso wie die staatlichen Versuche, in Form des "Präsiduums für religiöse Angelegenheiten" (Diyanet Işleri Reisligi), des Aufbaus eines religiösen Erziehungsapperates und eines staatskonformen Personals (seit 1970

kann sich etwas spekulativ fragen, ob nicht gerade diese Komplizierungen es möglich machen, Konflikte und Probleme, wie sie in der Migrationssituation erfahren werden, im Streit um ihre Einordnung religiös zu verarbeiten, denn wären die Grenzziehungen in der Praxis eindeutig – für moslemische Dogmatiker mögen sie dies sein –, so würde dies Entweder-oder-Entscheidungen verlangen, nicht aber die flexible Einarbeitung von Neuem ermöglichen.

Sind diese Vermutungen plausibel, dann wäre Zekeriyes Form der Auseinandersetzung mit der Attacke Cemals und Adems Einordnung des Schweinefleischessens zu verstehen als die Demonstration einerseits von Kompetenz durch das Vorzeigen der religiösen Terminologie "mekruh" und "günah", andererseits der Bereitschaft, einen Streit auf diesem schwierigen Felde der religiösen Regelungen auszutragen. Und entsprechend wäre Cemals Reaktion darauf die Demonstration der Bereitschaft, diese Herausforderung anzunehmen. Diese Bedeutungen der Verhaltensweisen von Zekeriye und Cemal würden aber die Bereitschaft zu "Fehlern", wie sie Zekeriye und Cemal machen, geradezu notwendig machen, denn trotz der unterschiedlichen Positionen, die sie in dem Streit einnehmen, regeln sie ihr Verhältnis zu einer Praxis hier – dem "Schweinefleischessen" Zekeriyes –, indem sie einen Streit über die Einordnung dessen in den islamischen Pflichtenkatalog austragen, wobei dieser Katalog sich als flexibel genug erweist, daß er in seinen Abstufungen Zekeriye einen Ausweg finden läßt, der zwar dogmatisch falsch sein mag, aber ihm praktisch wieder die Teilhabe an der Auseinandersetzung eröffnet und ihn nicht schlicht ausgrenzt. Und auch wenn Cemal Zekeriye als inkompetent durch seine Korrektur von "mekruh" zu "mekruf" bloßzustellen sucht, so akzeptiert er in der Form seiner Korrektur doch, daß ein solcher Streit geführt werden kann.

Die Auseinandersetzung zwischen Zekeriye und Cemal endet zunächst

---

gehören die Religionsdiener zur Beamtenklasse) verstärkt seit der Beendigung der Einparteienherrschaft eine solche zentrale Instanz mit autoritativer Zuständigkeit zu errichten (vgl. Jäschke 1971, 1977/78, 1980, Binswanger 1983). Für die Situation der türkischen Migranten hier ist dies v.a. deshalb bedeutsam, weil aufgrund innertürkischer Auseinandersetzungen viele dieser Bewegungen, die in der Türkei z.T. starken Repressalien ausgesetzt oder verboten waren, in der BRD Fuß zu fassen versuchten und ihnen dies auch häufig gelang. Allerdings ist der Erfolg dieser Bewegungen im Aufbau von organisatorischen Rahmenbedingungen und der Zulauf, den sie besitzen, nur zu verstehen, wenn man herausfindet, in welcher Weise in der sozialen Praxis von Moscheen, Koranschulen, daran geknüpften Freizeitangeboten etc. die Bearbeitung der hier gefundenen Lebensbedingungen und die Artikulation der gemachten Erfahrungen gelingt. Die Richtung eines solchen Verstehensversuches ist in Bommes 1992a angedeutet. Zu dem hier angesprochenen Komplex insgesamt vgl. Halm 1982 u. 1986. Zu neueren Entwicklungen bezgl. der unterschiedlichen religiösen türkischen Vereine, Gemeinden, Zentren etc. vgl. Franz 1986, Thomä-Venske 1981 u. Khoury 1985.

einmal wieder, da Faruk einen Ansatz zur Wiedereröffnung des Interviews gefunden hat und im folgenden eine Kanalisierung des Geschehens in die Form des Interviews hinein vornimmt. Sein Verhalten zeigt, daß er das Terrain des Interviews nur als besetzt betrachtet, daß also diese Besetzung für die Beteiligten und nicht nur extern vom Standpunkt des Analysierenden aus besteht, denn er geht davon aus, daß das Interview fortdauert und nur ausgesetzt hat, es also keiner expliziten Ankündigung bedarf, daß es nun fortgeführt werden soll, sondern jederzeit fortgesetzt werden kann. Bereits parallel zu Zekeriye und Cemal äußert er "Du", bricht aber ab und setzt zum Ende der Äußerung Zekeriyes neu an. Er versucht also nicht, seine Äußerung zu mir gegen die Rede beider durchzudrücken, sondern setzt erst wieder an, als nur noch Cemal redet: "Du frißt auch Wurst?" Mit dieser Äußerung dreht Faruk nicht das bestehende Verhältnis zwischen uns um, indem er nun Fragen stellt, sondern es handelt sich um eine Klärungsfrage, mit der er mein Verhältnis zum Problem des Schweinefleischessens zu erfahren sucht, um darauf seine folgenden Äußerungen abstimmen zu können. Daß die Frage nach "Wurst" Schweinefleischessen meint, ist damit zu erklären, daß "Wurst" bei den türkischen Migranten als "deutsche Wurst" und das heißt "Schweinewurst" gilt, während sie Esels- und Rindfleischwurst, die sie selbst in den türkischen Lebensmittelläden kaufen, als "türkische Wurst" bezeichnen. Diese Redeform findet sich auch im Interview auf Seite 13, wo Cemal im Reden über die Schule von "türkischer Wurst" spricht. Der Ausdruck "frißt" in der Frage Faruks impliziert sicher eine Abwertung des Verzehrs von Schweinefleisch und da Faruk sich über mein Verhältnis dazu nicht im Klaren sein könnte, könnte diese Fassung auch einen Versuch darstellen, mich zur Distanzierung davon zu bewegen. Aber er hat mich bei mir zu Hause des öfteren beim Verzehr von Wurst und Schweinefleisch erlebt, so daß ich den Ausdruck "fressen" eher als Bestandteil seines Repertoires an starken Ausdrücken und Teil seiner Selbstfassung als harter Kerl verstehe, denn als lokalen Versuch, mich zur Distanzierung zu bewegen oder zu provozieren.

Ich distanziere mich nicht, sondern antworte mit "Ich? Ja." Das fragende "Ich?" ist dabei nicht als Nachfrage zu verstehen, ob ich gemeint bin, sondern als Ausdruck des Erstaunens, daß ich dies von Faruk gefragt werde. Parallel zu dem "Ja." fragt Faruk "Domuz?", wiederholt die Antwort "Ja ne." und gibt damit zu verstehen, daß er dies erwartet hat. Mit "Okay." nimmt er eine Bewertung dessen als tolerierbar vor und grenzt sodann sein Verhältnis dazu ab als eines, das der "türkischen Kultur" entspricht: "Bei uns ne,". Er verhält sich in dieser Abgrenzung und in dem Folgenden zu mir erneut als Experte für "türkische Kultur".

F:Bei uns ne, guck mal, eh wenn mich jemand zu zwingen würde n Wurst essen ne.
C: (_ _ _ _ _ _)

F: und dann ist das für den - n großer |ls|
I: Hmhm [M klopft von außen an die Scheibe]
A: Fehler. Das ist sozusagen de
Z: Warte

A: der ist Sünde Sünde. Ja Sünde.
Z: Ich spreche.
F: sündig oder was das ist ne.

Faruk redet wie schon zuvor in allgemeinen Lehrsätzen über "türkische Kultur" und wird dabei von Adem unterstützt. So wie er vorher formulierte: "Wenn er innen drin Türke sein möchte, aber innen drin im Herz ne . . . okay. Aber der sagt Okay ich will ein Türke sein . . . einfach so . . . das nützt doch nichts.", so formuliert er hier einen Satz, der Anspruch auf allgemeine Gültigkeit für die "türkische Kultur" und die, die daran teilhaben, erhebt. Die sprachlichen Schwierigkeiten und die Suche nach den angemessenen Formen, bei der er von Adem unterstützt wird, machen erneut deutlich, daß in erster Linie im Verhältnis zu Leuten wie mir gelernt worden ist, daß von einem als Experten für die eigenen Verhältnisse die Form der allgemeingültigen Rede erwartet wird. In der Vagheit seiner Rede unterscheidet sich Faruk dabei von Adem erheblich, wie an anderen Passagen des Interviews gezeigt werden könnte, aber beide verhalten sich einheitlich dazu, daß dies die adäquate Form ist, sich zu mir als Interviewer zu verhalten.

Faruk gelingt es, mit der Kanalisierung des Geschehens zurück in die Form des Interviews und mit der Form seiner Rede zu mir die Auseinandersetzung zunächst zu beenden, v.a. aber in der vagen Rede "sündig oder was das ist" das, was zwischen Zekeriye und Cemal strittig war, zu umgehen. Gegenüber mir reicht es, von "Sünde" zu reden, denn daß Schweinefleischessen für Moslems verboten ist, gehört zum Alltagsbestand des Wissens über türkische Migranten. Wie dieses Verbot genau einzuordnen ist und wie es sich zu anderen religiösen Vorschriften verhält, ist allerdings alltäglich kaum von Interesse. Die Rede über Schweinefleisch als "Sünde" zu mir bietet sich also geradezu an, da sie quasi als kulturelle Kennmarke türkischer Migranten sich meines Interesses sicher sein darf, aber kaum Differenzierungen notwendig machen wird, wie sie in der Auseinandersetzung zwischen Cemal und Zekeriye gefordert sind. Auch Adem, der zwar in dieser Auseinandersetzung eine klare Position bezogen hat, verhält sich gegenüber Zekeriye versöhnlicher als Cemal und so mag Faruks Rede zu mir auch für ihn ein willkommener Anlaß zum Ausstieg sein.

Während Faruk und Adem reden, fordert Zekeriye sie nach "Fehler. Das ist sozusagen" beide auf einzuhalten - "Warte." - und bekundet nachfolgend die Absicht reden zu wollen: "Ich spreche." Aber damit hat er keinen Erfolg, sie fahren fort. Nach der Äußerung des allgemeingültigen Lehrsatzes über "türkische Kultur" redet Faruk weiter über Zekeriye und kommt auf dessen Nicht-Einhalten des Schweinefleischverbots zu sprechen. "Guck mal der futtert Wurst ne. Mir ist egal. B/ kann er machen ne. Aber" Mit dem ersten Teil, in dem er Zekeriyes Schweinefleischessen faßt, verhält er sich wieder zu mir als der, der mir vermittelt und erklärt, worum sich die Debatte zuvor gedreht hat. Er unterstellt so, daß ich ihr nicht zu folgen in der Lage war. Danach äußert er sein Verhältnis dazu als individuell tolerantes. Ihm als einzelner Person ist es gleichgültig und er will ihn auch nicht daran hindern. Dieses Verhältnis entspricht dem "Okay." von zuvor hinsichtlich meines Schweinefleischverzehrs. Faruk balanciert also in seinem geäußerten Verhältnis zu Zekeriye sein Verhältnis zu mir aus. Mit dem adversativen "Aber" setzt er an zu bestimmen, wie das Verhalten Zekeriyes in der "türkischen Kultur" einzuordnen ist, die gemäß dem geäußerten Lehrsatz den Verzehr von Schweinefleisch als "Sünde" verbietet.

Hier bricht Faruk ab, da Zekeriye ihm das Terrain zur Äußerung erfolgreich streitig macht, indem er parallel zu "machen" mich direkt anspricht und mir sodann eine Frage stellt. Bereits vorher hat Zekeriye in der Auseinandersetzung mit Cemal und Adem nach seinen erfolglosen Versuchen, die anderen qua Aufforderung zum Einhalten zu bewegen, das Terrain mit einer Frage erobert. Ähnlich gelingt ihm dies hier, indem er nach dem Mißerfolg seiner ersten Aufforderung mich qua Anrede und Frage bindet. "Michel. Hier essen keine - die Türken - ? Schweinefleisch? oder Fett? Alles ne?" Er kommt in der Formulierung der Frage in Schwierigkeiten. Er realisiert nach dem negierten unbestimmten Artikel das Fehlen des Subjekts, fügt dieses stockend ein und fährt fort mit dem zu dem Artikel gehörigen Nomen. Zum Schluß legt er mir mit "Alles ne?" die seiner Meinung nach richtige Antwort zur Bestätigung vor. Mit der Reihung "Schweinefleisch", "Fett", "Alles" bringt er zum Ausdruck, daß Lebensmittel "hier" mit Schwein kontaminiert sind und nicht, daß die Türken "hier" zielstrebig Schweinefleisch und -fett essen. Mit der Frage und der Aufforderung zur Ratifizierung der vorgegebenen Antwort macht Zekeriye Faruk und Adem den Boden streitig, weiterhin unbehelligt zu mir als Experten über "die Türken" reden zu können.

Meine Reaktion auf Zekeriye ist nicht ganz zu vernehmen, da nach meinem "Ja" sowohl Zekeriye als auch Faruk reden, so daß nicht klar ist, ob ich ihm gänzlich, eingeschränkt oder gar nicht zustimme. Zekeriye begründet die Antwort: "Die essen. Die leben hier.", während Faruk mit "Okay." reagiert. Wesentlich an Faruks Reaktion ist, daß er vor der Beendigung meiner Äußerung und antizipatorisch gegenüber möglicher Nicht-Übereinstimmung die Bereitschaft zu Konzessionen artikuliert. Dieses Verhalten ist aus der Analyse des Einzelinterviews bekannt.

Zekeriyes Antwort ist insofern eine Begründung, als er noch einmal das Gefragte als Aussage wiederholt und so dann eine weitere Aussage – "Die leben hier." – anhängt, die, wenn sie gültig ist, die erste begründet insofern, als jeder, der in Deutschland lebt, gar nicht umhin kann, irgendwann mit Schweinefleisch in Berührung zu kommen. Ob diese Aussage objektiv zutrifft, ist gleichgültig. Man muß sicherlich seine Essenspraktiken streng kontrollieren, will man die Berührung mit Schweinefleisch verhindern, und für die Jugendlichen, die häufig in Imbißstuben essen, dürfte dies kaum möglich sein. Das Mißtrauen, das türkische Migranten gegen Essen außerhalb der eigenen Zusammenhänge hegen, hängt mit diesem Bewußtsein von der Allpräsenz des Schweines in der Eßkultur Deutschlands zusammen.

Wesentlich ist, daß Zekeriye eine Abgrenzungspraxis vieler türkischer Migranten als illusorisch kennzeichnet und damit an diesem Beispiel etwas ausspricht, was er zuvor schon allgemein thematisiert hat in der Form, daß er Cemal gegenüber eingewandt hat, daß von der Religion nichts heil geblieben sei. Dies ließ sich entsprechend einer möglichen Lesweise so verstehen, daß Zekeriye die Migration als Beschädigung der Lebenspraxis anspricht. Auch seine Begründung der Behauptung des Verzehrs von Schweinefleisch durch türkische Migranten läßt sich so lesen, daß die Migranten trotz aller Abgrenzungsanstrengungen schon sehr viel mehr an dem Leben in Deutschland partizipieren, als sie wahr haben wollen. Dabei ist Zekeriye nun durch Faruks Kanalisierung der Auseinandersetzung zwischen Zekeriye und Cemal auf dem Terrain des Interviews in dieses etwas gelungen, was v.a. Cemal bezogen auf die Frage der Heirat eines deutschen Mädchens verhindert hat, nämlich die Thematisierung von Auseinandersetzungsformen unter türkischen Migranten über die Frage des Schweinefleischverzehrs. Wenn man weiß, daß es türkische Migranten gibt, die ab und zu Schweinefleisch essen, wovon dies einige heimlich tun und andere eher offensiv mit Begründungen, wie sie hier von Zekeriye vorgebracht werden, und es auf der anderen Seite solche gibt, die strikt die Produktion des Fleisches für den eigenen Haushalt von der Schlachtung an überwachen, um sicherzustellen, daß die Weise der Herstellung des Fleisches nicht gegen rituelle Vorschriften verstößt, dann sieht man, daß Zekeriye auf einem Feld Stellung bezieht, das unter den Migranten selbst häufig Anlaß zu Streit gibt. Zekeriye thematisiert also erneut Konflikte und stellt Abgrenzungen in Frage, die die Voraussetzung für die Möglichkeit der Jugendlichen darstellen, sich mir gegenüber als solche "türkische Jugendliche" zu fassen, wie sie der ethnisierende Folklorismus erwartet.

Der Anschluß von Zekeriyes Rede an die meinige ist zu beachten. Ausgangspunkt der analysierten Sequenz ist die Frage nach der Heirat eines deutschen Mädchens, in der ich formuliere: ". . . also da ihr ja nun hier lebt." Zekeriye begründet: "Die leben hier.", schließt also an eine integrationistische Haltung gegenüber Migranten an, die von diesen bei aller kulturellen Toleranz verlangt, sich auf das Leben hier einzulassen. Er eröffnet also erneut wie auch in der Rede über das Geld für Mädchen Auseinandersetzungen, Konflikte, Ambivalenzen unter den Migranten selbst für ein Feld, das ich oben als Feld der deutschen Vorurteile gefaßt habe. So wie die Abgrenzungen der inneren Konflikte unter Migranten die Voraussetzung für die Selbstfassung der anderen als "türkische Jugendliche" darstellen, so ist diese dem Kulturalismus adäquate Selbstfassung Teil der Praxis der Abgrenzung solcher Auseinandersetzungen gegenüber diesem Feld der Vorurteile. Faruks Rede über das, was "bei uns" gültig ist und demgegenüber Zekeriye nur eine Ausnahme ist, wird von diesem unterlaufen und die nachfolgenden heftigen Reaktionen sind auch hier als Abwehr dieses Unterlaufens von Grenzziehungen zu verstehen. Dabei hat gerade Cemals Versuch, Zekeriye zu desavouieren und so auszugrenzen als jemand, der die Grenzen in Frage stellt, eine Reihe von brisanten Themen berührt. Diese brisante Themen generierende Auseinandersetzung mußte zusammen mit Faruks wiederkehrender Rede zu mir über das zwischen Cemal, Zekeriye und z.T. Adem Verhandelte dazu führen, daß Zekeriye zum Durchbrechen der Absperrung gegenüber mir in die Lage versetzt wird.

Nach Zekeriyes "Die leben hier." reagiert als erster Cemal mit "Ja aber", mit dem "Ja" ebenfalls zugestehend, daß Zekeriye mit seiner Aussage, daß "die Türken" mit Schweinefleisch in Berührung kommen, mit dem "aber" jedoch einen Widerspruch ankündigend im Hinblick auf die daraus zu ziehenden Schlußfolgerungen. Zekeriye fragt in Reaktion darauf sofort offensiv: "Was?" Cemal macht einen Ansatz zur Antwort – "Wenn du - guck mal" – verliert aber durch das kurze Absetzen und die Fokusierungsform das Terrain an Faruk. Dabei zeigt diese vermittelnde Form, daß Cemal seine Antwort zunächst mit Blick auf mich ansetzt, wenn nicht gar an mich adressiert, denn in der Auseinandersetzung zwischen Cemal und Zekeriye finden sich solche Formen auch im Türkischen nicht bzw. nur an einer Stelle, nämlich zu Anfang der Plazierung der Auseinandersetzung auf dem Terrain des Interviews. Aber auch dort war die vermittelnde Rede in Relation zu Faruk und mir als Interviewer zu setzen. Ansonsten stellen Zekeriye und Cemal ihre Positionen nur schroff gegeneinander, vermittelnde Formen, wie sie bei Adem durchaus zu finden sind, fehlen. Ist dies richtig, dann geht es Cemal mit Blick auf mich darum, die Bedeutsamkeit des von Zekeriye Gesagten zu bestreiten. Faruk fährt parallel zu Cemals "guck mal" fort: "Wenn du das guck mal wi wi wir wissen das. Okay hör mal zu." Die Korrektur kommt durch Zekeriyes zu dem "guck mal" parallel einsetzende Frage "Meinst du eßt ihr kein Schweinefleisch?" zustande. Faruk hat sich in Konkurrenz zu Cemal das Wort gesichert. Aber fast mit dem gleichen Ansatz wie Cemal bis "guck mal" demonstriert er zugleich seine

Übereinstimmung mit diesem in der Form des Widerspruchs. Auch diese Übereinstimmung dürfte Cemal das Terrain abtreten lassen haben, denn das "guck mal" ist auch ein Füller, mit dem Zeit für die Organisation der Rede gewonnen wird. Er könnte also Faruks um den Artikel erweitertes "Wenn du" als dessen bessere Bereitschaft der Erwiderung auf Zekeriye hören, was sich aber nicht bestätigt.

Mit der Konzedierung, daß sie dies wissen und dem erneuten "Okay." als Zugeständnis, daß Zekeriye mit der bloßen Behauptung ihrer Berührung mit Schweinefleisch recht hat, sucht Faruk ihm zunächst einmal den Wind aus den Segeln zu nehmen. Faruk behauptet, daß Zekeriye ihnen nichts Neues erzählt und folglich ihre Position auch dadurch nicht so einfach zu erschüttern ist. In der Rede von "wir" faßt er dabei zumindest Cemal, Adem und sich als Gruppe, denn diese haben sich bisher erkennbar gegen die Position Zekeriyes gestellt.

In der Adressierung ist Faruks Rede mehrdeutig. Er hat sich zuvor vorrangig zu mir verhalten, aber im Unterschied zu Cemal bisher eine schroffe Abgrenzung in der Auseinandersetzung direkt mit Zekeriye vermieden. Faruk könnte nun hier in eine Diskussion mit Zekeriye einsteigen. Dagegen spricht aber, daß er zuvor stets auch da, wo Zekeriye sich im Deutschen geäußert hat, mit einer Ausnahme über Zekeriye und nicht zu diesem gesprochen hat. Auf Zekeriyes türkische Frage antwortet er zusammen mit den anderen, aber wie gesehen im Unterschied zu diesen in vermittelnder Form.

Cemal holt sich mit zweifachem "Hör mal zu." das Wort zurück: "Im Brot meinen die Schweinew w dings ist drin ne,". Die beiden labiodentalen Frikative stellen wohl den korrigierten Ansatz zu "Wurst" dar, ersetzt durch eine Leerformel, da Cemal vermutlich sagen will, daß zu den Zutaten im Brot Bestandteile des Schweines wie das von Zekeriye angesprochene Fett gehören. Mit "meinen die" spricht er zu mir, wobei sich die Proform zwar auf Zekeriye und Faruk beziehen kann, da Faruk gesagt hat, daß er weiß, was Zekeriye ihm vorhält. Aber genauso kann Cemal damit eine in einer nicht näher bestimmten Gruppe verbreitete Ansicht ansprechen, die von Zekeriye als Vertreter dieser Gruppe zum Ausdruck gebracht worden ist. Ich habe darauf hingewiesen, daß Zekeriyes Argumentation, daß "die Türken" sich dem Schweinefleisch nicht entziehen können, von diesem nicht ad hoc erfunden worden ist, sondern in Auseinandersetzungen unter türkischen Migranten eine von den offensiven Schweinefleischverzehrern häufig vertretene Position darstellt. Cemals "meinen die" bezieht sich auch auf solche Auseinandersetzungen, denn in der Erläuterung, was "die meinen", also in der genaueren Bestimmung der Position Zekeriyes am Beispiel Brot gibt er mir zugleich zu verstehen, daß ihm die von Zekeriye vertretene Position als für diese Gruppe typische aus früheren Auseinandersetzungen bekannt ist.

Faruk äußert sofort im Anschluß an diese von Cemal weiter erläuterte Position ein Gegenargument in Form einer Frage: "Woher willst du wissen daß das Schwein ist ne?" Daß es sich um eine rhetorische Frage handelt, kennzeichnet er selbst deutlich mit dem "ne?", das voraussetzt, daß man es nicht wissen kann, und die Bestätigung dafür sucht, daß es sich so verhält. Faruks Verhalten wird nun widersprüchlich, denn zunächst hat er gesagt, daß sie wissen, was Zekeriye anführt. Wenn Cemal am Beispiel Brot die Position Zekeriyes verdeutlicht, daß so grundlegende Nahrungsmittel wie Brot mit Schwein kontaminiert seien, dann ist es zumindest irritierend, daß Faruk sich nun auf das Nicht-Wissen-Können zurückzieht, zumal die Auseinandersetzung zeigt, daß sie es wissen, denn sie bestreiten es ja nicht.

Im Folgenden stimmt ihm Cemal zu mit "Ja oder u mußt ja essen." Mit dem "Ja" artikuliert er die Übereinstimmung mit Faruk hinsichtlich ihrer Frontstellung zu Zekeriye, mit dem "oder" aber schließt er sein Argument als Alternative an, mit dem er entsprechend seiner ersten Reaktion auf Zekeriye mit "Ja aber" auch eine andere, konsistentere Argumentationsrichtung als Faruk einschlägt. Er zieht sich nach der ersten Einräumung nicht auf Nicht-Wissen zurück, sondern bemüht den Zwang: "mußt ja essen." Tatsächlich haben sich sowohl Faruk als auch Cemal mit ihren ersten Einräumungen den Rückzug auf das Nicht-Wissen verbaut. Schließt Cemal also sein Argument mit "oder" an, dann gibt er darin zu verstehen, daß er und Faruk gemeinsam gegen Zekeriye antreten insofern, als er ihre Position als Alternativen der Zurückweisung der Argumentation Zekeriyes faßt. Seine Argumentationsweise aber schließt die Faruks aus. Die Berufung Cemals auf Zwang hat im religiösen Sinne entlastende Bedeutung, denn der Verzehr von Schweinefleisch in Zwangssituationen wird nicht als Schuld betrachtet.[24]

Parallel zu Cemals Argument setzt Zekeriye zum Widerspruch gegen Faruk an – "Ja aber? " – den er nach Cemals Gegenargument und verzögert gegenüber der nächsten Äußerung Faruks zu Ende formuliert. Faruk setzt zu einem neuen Gegenargument an, das er jedoch auf Türkisch äußert: "Obü/onlarin günahı", "Deren Sünde ist es". Die Übersetzung sollte nicht darüber hinwegtäuschen, daß es sich um eine abgebrochene Äußerung handelt. Bis zur ersten Silbe von "günahı" spricht Faruk laut, danach aber fällt er in der Lautstärke und in der Stimmhöhe so ab, daß seine Stimme regelrecht verschwindet, also die Äußerung keine klare Grenze hat.

Wieso wechselt Faruk ins Türkische? Sein Argument schließt an das Cemals an, denn wenn man Brot essen muß und hier im Brot Schweinezutaten enthalten sind, dann ist es "deren" Sünde, d.h. die der Deut-

24 "Aber wenn sich einer in einer Zwangslage befindet, ohne (von sich aus etwas Verbotenes) zu begehren oder eine Übertretung zu begehen, trifft ihn keine Schuld. Gott ist barmherzig und bereit zu vergeben." (Sure 2, Vers 172-173, Der Koran. Übers. Rudi Paret. Stuttgart 1979)

schen. Man könnte vermuten, daß Faruk in dem Moment, wo er sich direkt im Streit mit Zekeriye befindet – zuvor hat er stets mehr zu mir gesprochen –, dazu tendiert, solche Auseinandersetzungen im Türkischen auszutragen, da, wie ich gesagt habe, sie in dieser Sprache nicht zuletzt in Abgrenzung zu den Deutschen gelernt werden. Er könnte aber auch ähnlich wie Cemal einen Versuch der Verlagerung, der Abschottung unternehmen. Darüberhinaus halte ich für diesen Wechsel etwas anderes für bedeutsamer. Faruk hat weiter oben, bevor er sich darüber geäußert hat, wie es sich mit dem Schweinefleischverzehr in der "türkischen Kultur" verhält, mein Verhältnis dazu abgeklärt, sein tolerantes Verhältnis dazu in dem "Okay." ausgedrückt und das Folgende abgegrenzt als das "bei uns" in der "türkischen Kultur" Gültige. Wenn er nun die Kontaminierung des Brotes als "ihre Sünde" bezeichnet, dann widerspricht dies seinen vorherigen Toleranzbekundungen. Durch den Sprachwechsel hält er also diese Äußerung von mir fern. Dabei muß man im übrigen nicht voraussetzen, daß Faruk seine Rede hinsichtlich solcher Widersprüche kontrolliert, denn das Einzelinterview und auch die Passage zuvor würden dem eher widersprechen. Es ist unter den Jugendlichen, mit denen ich zu tun hatte, üblich, sich wiederkehrend untereinander über anwesende nicht-türkische Dritte auf Türkisch zu verständigen, wenn sie ihr Verhältnis zu diesen untereinander abklären wollen, bevor sie sich zu diesen direkt verhalten, v.a. wenn das, was verhandelt wird, konfliktträchtig ist, oder aber das Verhalten Dritter, deren Aussehen o.ä. auf Türkisch zu kommentieren. So war zu Anfang meiner Feldarbeit meine Präsenz häufiger Anlaß zu Verständigungen untereinander und Kommentaren meines Verhaltens, Aussehens u.ä. Ich halte dies für eine gelernte routinisierte Verhaltensweise, daß man möglicherweise problemerzeugende Äußerungen über andere, die aber nicht dazu bestimmt sind, sich mit diesen darüber auseinanderzusetzen, durch Sprachwechsel für diese unverständlich hält. Dies ist als ein Aspekt des Verhaltens von Adem und Cemal zuvor sicherlich ebenfalls bedeutsam, wenn Cemal die Heirat eines deutschen Mädchens als "gavur" und Adem im weiteren die deutschen Mädchen als "pis" faßt.

Zekeriye setzt nach "onların" ein "Weißt du/hört ihr nicht? Hört ihr nicht?" Mit dieser Frage hält er Faruk entgegen, daß er es beinahe wissen muß, da die Allpräsenz des Schweins in deutschen Nahrungsmitteln unter türkischen Migranten als ausgemacht gilt, und er entsprechend sich nicht auf Nicht-Wissen zurückziehen kann. Im Anschluß an die Erwiderung Zekeriyes auf Faruks Rückzug auf das Nicht-Wissen insistiert Cemal auf seinem Argument, daß man das Brot essen muß, indem er fragt: "Ja sollen wir hier sterben oder was?" Damit fragt er Zekeriye, was dieser von ihnen will, denn daß sie sterben sollen, kann er offensichtlich nicht wollen. Damit verkehrt Cemal die Ausgangssituation, denn zunächst haben sie Zekeriye vorgeworfen, daß er Schweinefleisch ißt. Wenn sie ihm nun Recht geben, daß sie Schweinefleisch essen, dann ist offensichtlich, worauf Zekeriye zielt, nämlich ihnen die Grundlage für ihren Vorwurf ihm gegenüber entziehen. Und genau diese thematisiert Zekeriye in Reaktion auf das "oder was?": "Eß doch nicht. Wenn ihr richtige Mohammedaner seid." Adem setzt währenddessen dazu an, ein anderes Argument gegen Zekeriye zu entwickeln, das er aber mit Faruks nächster Äußerung abbricht: "Und außerdem essen wir das nicht wenn wir das". Im Gegensatz zu Cemal und Faruk räumt Adem nicht umstandslos ein, daß sie Schweinefleisch essen. Er kennzeichnet jedoch sein Argument als ein weiteres in der Reihe der bereits vorgebrachten mit "außerdem" und ordnet mit "wir" seine Rede in die Cemals und Faruks ein als die ihre, sie reden als Gruppe gegen Zekeriye. Das zeigt sich zuvor auch daran, daß Cemal und Faruk nach anfänglichem Konkurrieren um das Rederecht schließlich ihre Rede aneinander anschliessen und sich wechselseitig nicht mehr ins Wort fallen.

Mit der Aufforderung nicht zu essen und dem Ausdruck des Gegensatzes zu Cemal in der Partikel "doch" bezieht Zekeriye sich auf den Vorwurf, den Cemal und die anderen ihm aus seinem Schweinefleischverzehr machen, der nur dann einen Sinn hat, wenn sie selbst kein Schweinefleisch essen. D.h. ganz im Sinne des Streitens über Religion, das immer einen Streit über eine den religiösen Vorschriften angemessene Lebenspraxis meinte und dem das Recht auf Teilnahme daran entzog, dessen Lebenspraxis nicht an diesen Vorschriften orientiert war, dreht Zekeriye nun den Spieß gegen Cemal und die anderen und fordert sie auf, sich selbst an die Vorschriften zu halten, jedenfalls dann, wenn sie, wie er expliziert, beanspruchen, "richtige Mohammedaner" zu sein. Zekeriyes Argument, mit dem er nicht zurückweist, daß man hier "stirbt", wenn man keine mit Schwein kontaminierten Lebensmittel verzehrt, sondern vielmehr seine Entlastung betreibt, befindet sich dabei in Einklang mit der von ihm bereits zuvor eingenommenen Position, daß von der Religion hier nichts heil bleibt, und stützt sie ab.

Adem bricht seine Äußerung ab, unterbrochen von Faruk: "Ey man ich bin schwindelig im Kopf. Ich hab Hunger hab ich weißt du . . . Oh man" Bei "weißt" steht er auf, geht zum Fenster, das sich etwa 2 1/2 Meter im Rücken von Adem befindet, schließt dieses, nimmt sich den Zucker, der bei Adem steht, kehrt zu seinem Platz zurück und ergreift, noch kurz bevor er sitzt, wieder das Wort. Bis dahin ist in der Auseinandersetzung zwischen Zekeriye und Cemal wieder einiges passiert, das im folgenden als Letztes noch genauer zu betrachten ist. Zuvor aber stellt sich die Frage, wie dieses Verhalten Faruks zu verstehen ist. Zunächst könnte man seinem Verhalten eine geradlinige, unproblematische Deutung geben. Ihm ist schwindelig, weil er Hunger hat. Faruk hat bereits früher im Interview zweimal gesagt, daß er Hunger hat, und dies auch erklärt, nachdem die anderen über ihn wegen seines "Dauerhungers" gelacht haben. Aber Frage ist hier nicht, ob Faruk Hunger hat oder nicht, sondern an welcher Stelle und in welcher Form er dies äußert und was er mit der Äußerung und dem Verlassen des Platzes tut.

Faruk ist zum ersten Mal direkt in die Auseinandersetzung mit Zekeriye verwickelt, die zuvor stets v.a. Cemal und z.T. Adem *mit* diesem geführt haben. Indem er das Geschehen in das Interview kanalisiert hat und so auch wie gesehen das, was zwischen Zekeriye und Cemal strittig war, hat umgehen können, hat er Zekeriye eine Möglichkeit eröffnet, im Interview im Verhältnis zu mir Auseinandersetzungen zu thematisieren, deren Ausgrenzung ein Stück weit Voraussetzung für die Selbstfassung der anderen als folkloristischen Erwartungen entsprechende "türkische Jugendliche" war. Faruk läßt sich im Interview zunächst auf den Streit mit Zekeriye ein, denn dieser hat auch Faruks vorherige Rede zu mir in Frage gestellt. Damit kommt es wie gesehen zu Widersprüchen in seiner Reaktion. Zunächst weiß er das, was Zekeriye sagt, sodann versucht er, sich auf Nicht-Wissen zurückzuziehen. Nach seinem regelrecht absterbenden türkischen Ansatz, der bohrenden Frage Zekeriyes "Hört ihr nicht?" und seiner Infragestellung dessen, daß sie "richtige Mohammedaner" sind, verläßt Faruk mit seiner Äußerung und seinem Aufstehen sichtbar die Auseinandersetzung. Dies möchte ich hier primär festhalten.

Es liegt nahe, den lauten expressiven Ausdruck des Unwohlseins "Oh man" und die Fassung seines Zustandes als "schwindelig" auf die ablaufende Auseinandersetzung zu beziehen, denn Zekeriyes Gegenwehr hat durch die Form ihrer Plazierung auch Faruk unter Druck gesetzt. Gegenüber mir, nicht aber gegenüber Zekeriye reicht es aus zu sagen, daß der Verzehr von Schweinefleisch "sündig oder was" ist.[25] Seine Versuche, Zekeriye zu widersprechen, zeigen in ihrer Abfolge, widersprüchlich wie sie sind, in gewisser Weise, daß Faruk "schwindelig" wird. Mit dieser Art der Interpretation läuft man schnell Gefahr zu psychologisieren. Aber eine Stütze findet sie in folgenden Punkten. Die Erklärung seines Zustandes adressiert Faruk wieder an mich und erklärt damit auch sein Verhalten, sich nämlich zunächst herauszuhalten. Zudem bricht er im Aufstehen diese Erklärung ab und begibt sich auch physisch aus dem Kreis, in dem die Auseinandersetzung stattfindet. Er überläßt es also nicht der Deklaration seines Zustandes, eine Auszeit zu gewährleisten, sondern stellt diese durch Herausbegeben aus dem Kreis sicher. Daß seine Handlungsweise aufzustehen, zum Fenster zu gehen und dieses zu schließen, Zucker zu holen und zum Platz zurückzukeh-

25 Dabei zeigt meine Reaktion auf Faruks Ausführungen über das "Wurst essen" mit Verstehenssignal, daß Zekeriye nicht unbedingt faktisch von mir Unterstützung zu erwarten hat, sondern die Rede Faruks eine Stütze in meinem Verhalten findet. Wenn ich gesagt habe, daß Zekeriye Abgrenzungen in Frage stellt, dann setzt dies nicht voraus, daß ich mich dazu im Sinne Zekeriyes verhalte, sondern daß Zekeriye ein Konfliktpotential für die anderen wahrnehmbar herstellt.

ren, als Herausbegeben verstanden werden kann, erfährt eine weitere Stütze darin, daß Faruk das Fenster schließt. Der Zustand des Schwindels würde eher erwarten lassen, daß er noch ein Fenster öffnet. Das "Oh man" als Wiederholung der Klage läßt sich auf seinen Zustand wie auch auf die Form der Fortsetzung des Konflikts durch Zekeriye beziehen. Schließlich ist die Form der Rückkehr und des Wiedereinstiegs sehr aufschlußreich, worauf aber erst nach der Analyse des weiteren Verlaufs der Auseinandersetzung zwischen Zekeriye und Cemal zurückzukommen ist.

Faruks "Oh man" ist wie gesagt auch auf Zekeriyes Form der Fortsetzung des Konflikts zu beziehen. Dieser entwickelt seine Argumentation nachfolgend konsequent weiter. "Dann wieso - seid ihr in Deutschland wenn ihr richtige Mohammedaner seid?" Damit greift er Cemals Argumente auf, daß sie "essen müssen" und nicht hier "sterben" können. Wenn das Leben als "richtige Mohammedaner" vor allem anderen Vorrang hat, so fragt er, wieso halten sich Cemal und die anderen in Deutschland auf, einem Land, das in seiner Mehrheit von Nicht-Moslems bewohnt wird und in vielerlei Hinsicht die Einrichtung der Lebenspraxis nach islamischen Vorschriften schwierig bis unmöglich macht. Mit der Einräumung des zwangsläufig stattfindenden Schweinefleischverzehrs haben Cemal und die anderen nunmehr zugestanden, daß es unmöglich ist.

Cemal antwortet darauf: "Ja zum Geld verdienen. Wozu denn? Wi/ Sind wir hier gegen eh |1/2s| Domuzların peşine miyiz burada?" ". . . Sind wir hier hinter den Schweinen her?" Fikret lacht zu Anfang der Antwort Cemals. Der Bezug dieses Lachens ist nicht klar. Er kann sowohl auf Zekeriye als auch auf Faruk reagieren, aber auch auf etwas anderes, was beim Abhören des Bandes nicht mehr identifizierbar ist. Cemal nennt in seiner Antwort die Grundlage ihres Aufenthalts "in Deutschland" und mit der vorgestellten Partikel "Ja" klagt er diese Grundlage als ihnen beiden bekannt ein, bestreitet also den Sinn der Frage Zekeriyes. Mit der verkürzten Rückgabe der Frage "Wozu denn?" unterstreicht er die Evidenz der Antwort auf Zekeriyes Frage, indem er diesem zu verstehen gibt, daß er selbst keine andere Anwesenheitsbegründung sieht, Zekeriye den Sinn seiner Frage also durch eine andere Antwortmöglichkeit zeigen soll. Sodann wandelt er die Bestimmungsfrage in den Ansatz einer Entscheidungsfrage auf Deutsch um, die er schließlich auf Türkisch stellt. Mit dieser Umwandlung versucht er, Zekeriye lächerlich zu machen, indem er ihm einen Anwesenheitsgrund, der offensichtlich absurd ist, zur Ratifizierung vorlegt und ihn damit als jemanden vorführt, dessen Fragen so absurd sind, wie der gegebene Anwesenheitsgrund, hinter Schweinen her zu sein. Zugleich ist der Witz auf Kosten Zekeriyes eine Demonstration seiner Schlagfertigkeit.

Wie schon zuvor ist auch hier der Wechsel ins Türkische nicht zu reduzieren darauf, daß Cemal mit der Formulierung der Frage im

Deutschen Schwierigkeiten hat. Man kann vermuten, daß es sich um einen Witz handelt, um dessen Wirkung er sich im Türkischen geradezu sicher sein kann. Die türkischen Personen, denen ich diesen Teil des Bandes vorgespielt habe, haben an dieser Stelle alle gelacht. Nun haben aber auch Deutsche gelacht, denen ich den Text als Übersetzung unter Weglassung des Türkischen vorgelesen habe. Ich vermute, daß aufgrund dessen, daß das Schwein als schmutzig gilt, sein Verzehr verboten ist und etwa die Verwendung des Ausdrucks "domus" als Beschimpfung noch weit gravierender als im Deutschen gilt, die Absurdität und damit der Witz von Cemals Äußerung im Türkischen stärker zum Ausdruck kommt als im Deutschen. Cemal konstituiert so auch wieder ein Publikum unter tendenzieller Ausgrenzung Beteiligter, nämlich Nercatis und des Interviewers, und verlagert ansatzweise erneut das Feld der Auseinandersetzung zwischen Zekeriye und ihm hinaus aus dem Interview.

Zekeriye übergeht diesen Versuch Cemals, ihn lächerlich zu machen, indem er Cemals Antwort "Ja zum Geld verdienen." mit der Begründung "Ja Geld könnt ihr auch in der Türkei verdienen." zurückweist. Auch Zekeriye weiß natürlich um die Unterschiede in den Möglichkeiten des Geld-Verdienens in der Türkei und in Deutschland, aber sein Argument ist auf Cemals Argumentation hinsichtlich des Zwanges zu beziehen. Wenn Cemal ihm den Schweinefleischverzehr vorwirft, von "Schande" spricht und ihn auszugrenzen sucht, dann stellt Zekeriye hier das "Geld verdienen" als Versuch, seine materielle Lage zu verbessern, als Grund in Frage, der hinreicht zur Rechtfertigung, sich selbst in die Zwangslage zu bringen, denn "Geld verdienen" läßt sich auch in der Türkei so viel, daß man nicht zu "sterben" braucht.[26]

Wärend Zekeriye Cemal antwortet, lacht zunächst Faruk, dann Adem, wobei dieser lachend ansetzt, den Scherz Cemals zu wiederholen. Der Witz hatte also Erfolg. Zunächst antwortet Nercati Zekeriye: "Aber nicht so wie hier." Trifft die Deutung von Zekeriyes Rede zu, dann hat Nercati Zekeriyes Argument falsch verstanden, denn mit dieser als Einwand gemeinten Äußerung, wie das "aber" zeigt, würde er eher Zekeriye recht geben, es ginge nur um die Verbesserung der materiellen Lage und dies kann nicht als Zwangslage gelten. Nercati zeigt aber so bei passender Gelegenheit, daß er zu den anderen in ihrer Frontstellung zu Zekeriye steht – passend, da er vom "Geld verdienen" etwas verstehen kann, während die Diskussion um den Schweinefleischverzehr sich dazu nicht anbietet, ißt er doch, wie sich später herausstellt, selbst Schweinefleisch.

26 Vgl. dazu auch Engelbrektson (1978). In dem Dorf südlich von Konya, in dem sie ihre Feldstudien gemacht hat, ist den ersten Emigranten, die nach Europa wollten, von ihren Wanderungsabsichten auch mit der Begründung abgeraten worden, daß Europa Heimat der Ungläubigen sei und daher ein Platz, an dem sich für Moslems nicht gut leben lasse. Zekeriye kritisiert Cemal für seinen Dogmatismus also im Rückgriff auf ein Muster, das größere Verbreitung besitzt.

Cemal antwortet nicht in der Art Nercatis, was dafür spricht, daß das für Nercati naheliegende Argument nicht greift. V.a. aber antwortet er auf Türkisch: "Ey bir kişilen olmazki, budan |1 1/2s| Se/Oglan sus yao. Sen vallah dinden haberin yok." "Ey als eine Person geht das doch nicht, davon D/Junge sei doch ruhig. Du hast von Religion wirklich keine Ahnung." Cemal antwortet zunächst in einer Form, die häufig da auftaucht, wo sich jemand für ein Verhalten rechtfertigt, das einer akzeptierten Vorschrift oder moralischen Forderung widerspricht. Die Form entspricht in etwa den im Deutschen häufigen Figuren "Das machen doch alle" oder "Wenn alle das machen würden, ja dann. Aber ich allein." Die Antwort zeigt als Argument eine gewisse Hilflosigkeit Cemals an, die Zekeriye auch mit einem abfälligen "Ach" kommentiert, so daß Cemal seinen Ansatz abbricht, nach einer Pause von |1 1/2s| Zekeriye nur zum Schweigen auffordert und ihm wieder die Kompetenz in religiösen Fragen abspricht. Bevor er diese hier bereits zum dritten Mal geäußerte Attacke gegen Zekeriye beendet, antwortet dieser bereits "Senin hocanı getir benim karşıma.", "Bring deinen Hoca gegen mich." Zekeriye erwidert die Attacke Cemals, indem er ihm in anderer Form die Kompetenz abspricht. Er faßt sich selbst als gerüstet für eine Auseinandersetzung mit Cemals Hoca, mit Cemal selbst aber lohnt es sich nicht. Der Streit zwischen Cemal und Zekeriye nimmt also erneut die Form eines verbalen Duells an.

Ich habe den Witz Cemals auf Kosten Zekeriyes bereits als Ansatz zur Verschiebung der Auseinandersetzung wieder heraus aus dem Interview gedeutet. Das Lachen Faruks und Adems zeigt Cemal, daß er erfolgreich ein Publikum konstituiert hat. Ist die Analyse weiter oben richtig, daß das Problem des Verhaltens Zekeriyes vor allem darin besteht, daß er mit der Thematisierung im Interview von Ambivalenzen und Auseinandersetzungen in der türkischen Migrantenszene selbst Abgrenzungen als Voraussetzung für das über weite Teile des Interviews bestimmende Verhalten der anderen mir gegenüber in Frage stellt, und trifft es zu, daß Zekeriye mit seinem Versuch, die anderen vor mir in die Enge zu treiben, relativ erfolgreich ist – Faruk nimmt eine Auszeit und Cemals Argumente werden von Zekeriye wirksam in Frage gestellt –, dann läßt sich Cemals Wechsel ins Türkische, der sich mit dem Lachen von Faruk und Adem als erfolgreich erweist, auch als Versuch deuten, die Form der Auseinandersetzung zu verändern. Er verschiebt sie nicht nur aus dem Interview heraus, sondern eignet das Terrain des Interviews erneut an für ein verbales Duell mit Zekeriye, in dem nicht allein das Argument, sondern auch die verbale Geschicklichkeit entscheidet. Dies wirft ein weiteres Licht auf den Wechsel: Solange Zekeriye die Frage des Schweinefleischverzehrs im Interview, d.h. im Verhältnis zu mir thematisiert, solange bin ich eine Art Kontrollinstanz für die Gültigkeit der Argumente und damit auch dafür, welche Art von Argumenten überhaupt potentiell gültig sein können. Das zeigt sich auch an der Adressierung der Rede bei Cemal und Faruk. Diese Instanz aber läßt sich durch den Wechsel ausschalten und so gesehen verliert Cemals "bir kişilen olmazki, budan" einiges von der Hilflosigkeit, die es auf den ersten Blick zu besitzen scheint. Zekeriyes abfälliges "Ach" fällt, als er den Wechsel Cemals und damit seinen Versuch der Veränderung der Auseinandersetzungsform in der Fortsetzung seiner Rede im Deutschen noch nicht mitvollzogen hat. Cemals darauffolgende Attacke läßt ihn ins Türkische wechseln und damit zugleich die andere Form der Auseinandersetzung auf dem Terrain des Interviews, das verbale Duell annehmen. So wie zu Anfang des analysierten Ausschnitts hat sich damit Cemal in der Sprachwahlaushandlungssequenz als Streit um die Form der Auseinandersetzung durchgesetzt. Das Lachen der anderen hat ihm die besseren Karten verschafft, denn mit dem Festhalten an der Rede im Deutschen läuft Zekeriye Gefahr, sein Gesicht zu verlieren, indem er Cemal unwidersprochen erlaubt, ihn bei den anderen vorzuführen. Das Folgende bis zum Wiedereinstieg Faruks läuft ganz in der Form des eingesetzten verbalen Duells ab. Zekeriyes Fortsetzung ist nur ausschnittweise zu verstehen, da ihm Cemal ins Wort fällt. Das "Benle ( ) konuş ( )" läßt vermuten, daß er sagt, daß Cemals Hoca sich mit ihm unterhalten kann. Cemal erwidert: "Yao yeter. Ben sana yeterim. Ben (senle konuş)" "Es reicht doch. Ich bin für dich genug. Ich (rede mit dir)" Der letzte Teil läßt sich aufgrund der einsetzenden parallelen Rede Faruks nicht mehr genau und ganz verstehen. Jedenfalls weist Cemal Zekeriyes Attacke zurück, indem er behauptet, daß er selbst für eine Auseinandersetzung mit Zekeriye ausreicht.

Aufschlußreich ist die Form, in der Faruk sich noch im Hinsetzen begriffen wieder einschaltet: "Guck mal. Ich hab gegen Zekeriye nichts. Okay ne. Aber bloß - mir ist egal weißt du, egal wer okay n Schwein ißt ne, mir ist egal ne. Aber weißt du . . . Weißt du - eh man soll danach" Er redet wieder zu mir, indem er zunächst meine Aufmerksamkeit mit "Guck mal." zu binden sucht. Sodann schließt er aus, daß er etwas gegen Zekeriye hat, und erklärt, daß sein Verhalten für ihn tolerierbar ist: "Okay ne.". Im Gegensatz zu seinen ersten Ausführungen über Schweinefleischverzehr, in die sich Zekeriye eingeschaltet hat, sucht er also einem erneuten Konflikt vorzubeugen, jedoch wiederum in der Rede *über* Zekeriye. Er schiebt nach dem Ansatz "Aber bloß" noch einmal ein, daß für ihn Schweinefleischverzehr tolerierbar ist, so wie er das auch zuvor gesagt hat. Diese Toleranzbekundung wird von Nercati gestützt mit der Begründung: "Das ist ja seine Sache. Klar." Damit sieht sich auch Cemal veranlaßt zu der Klarstellung "Mir ist auch egal ey der labert hier nur so weißt du." Faruk, davon unterbrochen, setzt zur Formulierung einer allgemeinen moralischen Maxime an – "Weißt du - eh man soll danach" –, wird aber erneut von Zekeriye unterbrochen.

Faruk kehrt in das Interview zurück, nachdem Cemal die Auseinandersetzung mit Zekeriye aus diesem heraus verlagert hat, nachdem es also frei von den Herausforderungen geworden ist, wie sie Zekeriye gegenüber Faruk formuliert hat. Aber in Reaktion auf diese letzte Erfahrung sucht er prophylaktisch jeden Konflikt mit Zekeriye auszuschließen. Betrachtet man noch einmal Faruks Verhalten in dem gesamten Ausschnitt, dann läßt sich erstens festhalten, daß er sich initiativ nur zu mir verhält, zweitens aber, daß er zwar an der Eröffnung der Auseinandersetzung mit Zekeriye beteiligt ist und diesen objektiv angreift, aber sich selbst zu dem Versuch Zekeriyes, ihm die Kompetenz abzusprechen, nicht verhält, Cemal für seinen Versuch der Verlagerung auf das Interviewterrain mit dem nicht unproblematischen Hinweis kritisiert, daß es Zekeriyes "Sache" sei, und sich schließlich gegenüber Zekeriye da vermittelnd und konfliktvermeidend verhält, wo er gleichzeitig den anderen in Reaktion auf Zekeriyes Frage zustimmt. Faruk verläßt diese Auseinandersetzung, indem er sich wieder zu mir als Interviewer, gegenüber dem er nicht gezwungen ist, das zwischen Zekeriye und Cemal Strittige zu klären, als "türkischer Jugendlicher" verhält. In dem Moment aber, wo die Auseinandersetzung von Zekeriye in das Inteview verlagert wird, verläßt er dieses und kehrt zurück, nachdem es wieder frei geworden ist.

Wenn Cemal gegenüber mir klarstellt, daß es ihm auch egal ist, dann ist dies darauf zurückzuführen, daß Faruk sich im Versuch der Konfliktvermeidung auch ein Stück weit von ihm distanziert, denn Cemal hat zuvor gesagt: "ama domuz et yedigin icin benim icin bir Schande de biliyorun mu." Indem Faruk diese Distanzierung mir gegenüber in der Form der Toleranzbekundung vornimmt, setzt er Cemal unter Rechtfertigungsdruck, denn was kann es für einen wie mich, der den pädagogischen Apparaten zugehört, Schlimmeres geben als den Verdacht der Intoleranz. Und so legt auch Cemal mir gegenüber – er wechselt ins Deutsche und damit in das von Faruk wieder eröffnete Interview und spricht mich mit "weißt du" an – das Toleranzbekenntnis ab, die vermeintlich leere Begründung aber – "der labert hier nur so" – läßt sich im Sinne der bisherigen Analyse als durchaus treffende Benennung des Problems verstehen. Denn wenn Zekeriye "hier" "labert", dann bringt er wie gesehen im Interview Dinge zur Sprache, die die Formen der Auseinandersetzung der Jugendlichen ins Wanken zu bringen vermögen.

Ich beende den detaillierten Durchgang durch den Interviewausschnitt an dieser Stelle. Die Auseinandersetzung zwischen Zekeriye und den anderen geht noch weiter. Sie findet einen ersten Abschluß auf S.83 des Transkripts, beginnt aber kurz danach von Neuem und zieht sich bis zum Ende der Aufnahme hin. Eine Fortsetzung des detaillierten Durchgangs würde den Rahmen endgültig sprengen. Bis hierhin haben sich die entscheidenden Konstellationen, in denen der Konflikt abläuft, herausgebildet und sie stellen sich je nach Stand der Debatte immer wieder von Neuem her. Während Adem, Cemal und Zekeriye in der Auseinandersetzung untereinander im Türkischen initiativ werden und Position beziehen, verhält sich Faruk in dem detailliert analysierten Ausschnitt initiativ nur zu mir. Betrachtet man die gesamte Auseinandersetzung, dann greift Zekeriye im weiteren zahlreiche Praktiken auf, die auch unter den Migranten selbst umstritten sind oder zu denen sie in ihrer Durchführung ein ambivalentes Verhältnis haben. Er thematisiert die Heiratspraxis, den Schaden, den die religiöse Praxis hier genommen hat, die Praxis der islamischen Organisationen in der Bundesrepublik als Scheinheiligkeit, den Verzehr von Schweinefleisch als Angriff auf ein sichtbares Zeichen der Abgrenzung, den Umgang mit deutschen Frauen, von denen man sich in der Regel distanziert, mit denen man aber gleichwohl sexuell verkehrt. Für alle diese Bereiche gilt genau wie für die Heiratspraxis und den Schweinefleischverzehr, daß die Auseinandersetzungen unter den türkischen Migranten unter dem Druck des Verhaltens von deutscher Seite dazu stehen. Dieses Verhalten ist wie gesagt nicht homogen, es gibt *die* Deutschen wie *die* Türken nicht. Aber der offene Fremdenhaß und die kulturalistische Toleranz haben gemeinsam, daß sie nicht bzw. auf ihre unbeeindruckbare Weise verstehen und so, wenn auch in ihren Unterschieden sicherlich bedeutsam, diskriminieren. Einheitlich wird in diesen unterschiedlichen Praktiken mit den Migranten in erster Linie als Türken umgegangen und so nehmen sie dies als ein Verhalten *der* Deutschen wahr, gegenüber denen es viele Bereiche des Lebens abzuschotten gilt. Für die Thematisierung des Brautgeldes und den Schweinefleischverzehr habe ich bereits in der Analyse diskutiert, wie Zekeriye in der Form der Thematisierung gegenüber mir – in der Reduktion des Brautgeldes auf "Geld bezahlen" und der Fassung des Schweinefleischverzehrs als Integrationsleistung qua "Die leben hier." – diesen Druck von deutscher Seite in der Situation aktuell werden läßt und dies von den anderen, Adem und vor allem Cemal abzuwehren versucht wird. Für die Frage der Religion, die Denunziation der islamischen Organisationen und den Umgang mit deutschen Mädchen gilt ähnliches. Wenn Zekeriye die anderen fragt "Wieso knutscht ihr denn die deutschen Frauen?", dann reicht es hier aus, darauf hinzuweisen, daß es kaum ein anderes Feld gibt, auf dem "der türkische Mann" so generell unter Verdacht steht wie in seinem Umgang mit Frauen. Bezüglich der Religion unterliegen bei allen Toleranzbekenntnissen islamische Gläubige zumindest dem Verdacht, leicht hinterwäldlerisch, konservativ bis rückschrittlich zu sein, wenn sie nicht gar fundamentalistisch und fanatisch sind – wie ihre wahrscheinlichen Vorbilder im Nahen Osten, deren Produktion des gesetzlosen Chaos wiederkehrend im Fernsehen dargeboten wird (das Wissen darum ist mit dem Kuwait-Feldzug und der Salman-Rushdie-Affäre vollends Allgemeingut geworden). Und als solche Fundamentalisten spricht sie auch Zekeriye mit der Bezeichnung "sakkallılar", "die mit den Bärten", an.

Ich habe Cemals Verhalten zu Zekeriye so gedeutet, daß er in der Auseinandersetzung diesen auszugrenzen sucht, da er mit seinen Thematisierungen der anderen Form der Auseinandersetzung mit dem Interview in Frage stellt. Die unterschiedlichen Formen, in denen Cemal dies versucht, habe ich in der Analyse diskutiert. Betrachtet man Zekeriyes Verhalten noch einmal genauer, dann öffnet dieser zwar mit seinen Thematisierungen Felder der Auseinandersetzung unter Migranten für mich, aber an keiner Stelle nimmt er ein Verhältnis zu den diskutierten Fragen ein, das ihn in Übereinstimmung mit entsprechenden Stereotypen von deutscher Seite zeigen würde, womit v.a. Ali und Halit (vgl. Bommes 1990) in der Rede über ihre Väter operieren.[27] Im Gegenteil stellt er zu Anfang zunächst relativ harmlos die Heiratspraxis in Frage, denn auf die ersten Attacken Cemals hin will er ein deutsches Mädchen zum Islam bekehren und auch mit in die Türkei nehmen. Erst mit Adems Verweis auf die nicht bestehende Virginität deutscher Mädchen werden die Anforderungen strittig. Als Zekeriye sich gegen Faruk zur Wehr setzt, wird er von Cemal frontal angegriffen, daß er keine Ahnung habe, und so kommen immer mehr strittige Punkte ins Spiel, die Zekeriye für das Interview in Reaktion auf Faruk öffnet.

Ich habe darauf hingewiesen, daß Cemals Form des Versuchs, Zekeriye auszugrenzen, nämlich in Abschottung zum Interview diesen verbal vorzuführen und in der Desavouierung seiner Lebenspraxis zum Schweigen zu bringen, eine Reihe von Themen hervorbringt, zu denen Zekeriye sich in seiner Verteidigung im Verhältnis zu den anderen nicht konform verhält, die aber v.a. durch Faruks wiederkehrendes Verhalten zu mir als Interviewer in das Interview drängen, da Zekeriye sich auch dort zu verteidigen und dann in der Auseinandersetzung um den Schweinefleischverzehr auch die Vorteile des Redens darüber im Verhältnis zu mir zu nutzen sucht.

Die Genese der Auseinandersetzungen sowie ihren möglichen Sinn habe ich in der Analyse aufgezeigt. Die Heftigkeit, mit der die Auseinandersetzung zwischen Zekeriye und v.a. Cemal in Gang kommt und ausgetragen wird, die Dynamik und die erforderliche verbale Geschicklichkeit zeigen an, daß der Anlaß, meine Frage nach der Heirat eines deutschen Mädchens, eine Konstellation geschaffen hat, die von Bedeutsamkeit für die Jugendlichen über den singulären Anlaß des Interviews hinaus ist. Dies wird auch daran deutlich, daß Fikret, der erklärtermaßen wegen des mitlaufenden Aufnahmegerätes nichts sagen will und in diesem Sinne bereits Abgrenzung praktiziert, da, wo diese in Frage steht, sich nicht mehr heraushält, sondern verstärkt einmischt. Als aber

27 Ob sie dies allerdings in einem Gruppeninterview dieser Art tun würden, ist eher zu bezweifeln.

die Auseinandersetzung von Faruk und Cemal ins Interview rekanalisiert und von Faruk und Adem beendet wird, sagt er wieder: "Wenn du zumachst ich erzähle." Diese in Gang gekommene Dynamik, die auch Fikret zu fesseln vermag und ihn gegen Ende des Interviews zu einem an mich adressierten Kommentar - "Ah der weiß nicht was er spricht." - veranlaßt, die Thematisierung von Zusammenhängen, die von dem vordergründigen Anlaß, der Heirat eines deutschen Mädchens, immer weiter wegführen, und das erforderliche verbale Geschick, um diese Auseinandersetzung führen zu können, weisen darauf hin, daß für die Beteiligten solche Auseinandersetzungen nicht neu sind, und sie sehen sich gefordert, darin Position zu beziehen.

Nun könnte man nach einem gängigen Schema versucht sein, die Beteiligten in der Form aufzuteilen, daß Cemal und die anderen mit ihrem Insistieren auf dem Einhalten religiöser Vorschriften eher konservativere, "traditionell orientierte" türkische Jugendliche sind, während Zekeriye ein Jugendlicher ist, der Veränderungen wahrnimmt, flexibel sein Verhalten darauf einzustellen sucht, sich also eher zu "integrieren" versucht. Ein komplementäres Schema, das das Verhalten der Jugendlichen auf "ihre Kultur" bezieht und entsprechend etwa die andere, noch feste "kulturelle Identität" bei Cemal und den anderen entdecken würde, an der sie gegenüber Zekeriye festzuhalten versuchen, während Zekeriye "Entfremdungserscheinungen" thematisiert, hat zwar eine andere Haltung zur Grundlage, mit beiden Schemata, mit denen man eine externe Sortierung von Fraktionen vorzunehmen versuchte, überspränge man aber einen wesentlichen Punkt. Wenn die Argumentation plausibel ist, daß die Auseinandersetzung zwischen Zekeriye und den anderen in allen ihren Details und den versuchten Balancen bestimmt ist von dem potentiellen Verhältnis von deutscher Seite, anwesend in meiner Person, dazu, d.h. von den erfahrenen Verhältnissen, die unterschiedliche soziale Gruppen und Klassen der nicht-zugewanderten Bevölkerung in unterschiedlichen Zusammenhängen der Arbeit, der Freizeit, des Wohnens, der Verwaltung etc. zu der Praxis türkischer Migranten als bestimmter Form der Verarbeitung ihrer Lebensbedingungen eingegangen sind und die in Rückgabe der Behandlung der Migranten bei aller Unterschiedlichkeit als "Türken" und "Ausländer" als "deutsch" gelten, dann verlieren zum einen die Schemata ihre vermeintliche Eindeutigkeit, vor allem aber liegt der Sinn des Gesagten in der Auseinandersetzung der Jugendlichen noch viel weniger auf der Hand, als dies auch die hier durchgeführte Analyse suggeriert.

Bereits zu Anfang habe ich einschränkend darauf hingewiesen, daß die Analyse unter der Schwierigkeit leidet, daß ich das Türkische nur begrenzt beherrsche und entsprechend auch die darin gebundene soziale Sprachpraxis mir nicht hinreichend vertraut ist. Dies schränkt die Reichweite der Analyse ein. Sie ist ein Versuch, das Gesagte der Jugendlichen in seiner Form auf mir Bekanntes zu beziehen und darin einzuordnen. Wenn es zutrifft, daß die Auseinandersetzung zwischen Zekeriye und den anderen bis in ihre Details vom potentiellen Verhältnis von deutscher Seite dazu bestimmt ist, daß also ihr Streit über Heirat, Virginität, Schweinefleischverzehr, "günah", "mekruh", deutsche Frauen, Diebstahl, Hocas und Moscheen stets darauf zu beziehen ist, dann ist die durchgeführte Analyse ein weiterer Hinweis auf das, was ich in Fußnote 26 angesprochen habe, daß es nämlich darauf ankäme, die abgeschottete Praxis in Moscheen und Koranschulen und die daran geknüpften Freizeitangebote zu verstehen als Bearbeitung der hier gefundenen Lebensbedingungen und als die Artikulation der gemachten Erfahrungen. Die Dauerpräsenz des Verhältnisses von deutscher Seite dazu, seine innere Anwesenheit in den Formen der Gestaltung der Praxis findet ihren sichtbarsten Ausdruck in der Separierung. Das wird nicht zuletzt an Zekeriye deutlich. Man kann das Verhältnis zu den strittigen Fragen, das er eingeht, als Versuch betrachten, ein Verhältnis zu veränderten Lebensbedingungen und einer veränderten Praxis zu finden in der Form, daß er neue Erfahrungen einzuarbeiten versucht. In der Diskussion der möglichen Bedeutungen der Debatte über "mekruh" und "günah" habe ich die Vermutung angestellt, daß die relative Komplexität der Terminologie und die verwirrende, uneinheitliche religiöse Szene auch die Voraussetzung dafür darstellt, daß Neues in dieser Terminologie verarbeitet werden kann, Streit in dieser Form möglich ist. Dem kann man nun noch hinzufügen, daß das Verstehen der Heftigkeit der Auseinandersetzungen zwischen den verschiedenen Gruppierungen nicht nur verlangt, die verschiedenen Organisationen auf ihre Traditionen[28] hin zu untersuchen, ihre Attraktivität auf die landsmannschaftliche und soziale Herkunft zu beziehen, sondern zu fragen, wie die je unterschiedlich eingenommenen Positionen von Gruppen die Abgrenzungen und das empfindliche, stets neu auszubalancierende Verhältnis zu den hier gültigen Lebensbedingungen – und das heißt auch zu den

28 In den Diskussionen um die Einführung eines Wahlrechts für Migranten ist schon oft darauf hingewiesen worden, wie kurzschlüssig Verweigerungsargumente der Art sind, daß politisch radikale Organisationen der Migranten dann Zutritt zur politischen Bühne der BRD hätten. Abgesehen von der fragwürdigen Haltung, die dahinter steht, Demokratie Opportunitätsüberlegungen unterzuordnen, wird mit dieser Argumentation übersehen, daß gerade die Verhinderung der Teilnahme und politische Ausgrenzung notwendig Traditionen aufgreifen läßt, die einem zur Verfügung stehen, wenn andere systematisch verweigert werden. Entsprechend sind etwa die verschiedenen (Tarn-) Organisationen der in der Türkei verbotenen MHP auch nicht einfach eine Verlängerung des Arms türkischer Faschisten. Das reduziert das gefährliche Potential solcher Organisationen nicht, aber es überhaupt zu begreifen setzt voraus zu sehen, wie die Umgangsformen mit Migranten und praktizierten Verweigerungen in diesen Organisationen präsent sind.

sozialen Gruppen und Klassen der Nicht-Migranten – jeweils anderer Gruppen in Frage stellen.

Cemals Äußerung "Mir ist auch egal der labert hier nur so." habe ich bereits in diesem Sinne gelesen. Sollte man aufgrund der Heftigkeit gerade von Cemals Attacken auf Zekeriye den Verdacht hegen, daß es ihm auch ansonsten nicht egal ist, was Zekeriye macht, dann ist zu fragen, was "ansonsten" überhaupt heißen kann. Was Zekeriye im Verhältnis zu Cemal macht und sagt, ist in der Migrationssituation definiert durch das darin auch gelebte Verhältnis zur Migrationsgesellschaft und den von ihnen darin zu lebenden Bedingungen und paradoxerweise stellt das, was sich einander näher ist, unmittelbar füreinander das größere Konfliktpotential dar, da die Differenzen im Detail Gewißheiten in Frage stellen und so die Sicherheit der Separierung untergraben. Die Separierung aber kann z.B. als Freundlichkeit, als kulturalistische Toleranz gelebt werden. Wie Cemal zu mir an einer Stelle sagt: "Ich find dich voll gut." Aber als Zekeriye die kulturalistische Selbstdarstellung der anderen als Praxis der Separierung in Gefahr bringt, bricht Cemal mit ihm auf für mich nicht so leicht zu erreichendem Terrain einen Streit vom Zaun.

5.5 Faruk: Ein Fazit

Ich möchte nun das Verhalten Faruks im Gruppeninterview noch einmal aufnehmen und die Verbindung zur Analyse des Einzelinterviews herstellen. Wenn ich gesagt habe, daß die Auseinandersetzung zwischen den Jugendlichen für diese Brisanz besitzt und sie sich gefordert sehen, Position zu beziehen, dann ist Faruk davon auszunehmen. Die Analyse des Ausschnitts hat gezeigt, daß er sich dem wiederkehrend entzieht. Zwar ist er an der Eröffnung des Konflikts beteiligt und greift Zekeriye darin objektiv an, aber dies alles stets im Verhalten zu mir, ohne sich zu Zekeriye und seiner Gegenwehr direkt zu verhalten. Da aber, wo er direkt in die Auseinandersetzung mit Zekeriye gerät, verstrikt er sich in Widersprüche und verläßt sie schließlich sichtbar durch zeitweiliges Hinausbegeben aus dem Kreis. Dies geschieht in einem Moment, wo die andere Möglichkeit, sich dem Konflikt zwischen Zekeriye und den anderen zu entziehen, verbaut ist: die Rede zu mir als Experte für die kulturellen Verhältnisse von "Türken". Diese Rede entbindet ihn wie gesehen davon, sich zu den differenten Verhältnissen, die Zekeriye und Cemal jeweils zu den strittigen Fragen eingehen, seinerseits zu verhalten. Zwar macht er seine Position zur Heirat eines deutschen Mädchens, zum Schweinefleisch und zum "Mädchen anmachen" jeweils deutlich in Demonstration der Übereinstimmung mit Cemal und Adem. Wie schon in der Einzelanalyse kann es auch hier nicht darum gehen zu behaupten, daß Faruk nichts dazu zu sagen weiß, sondern wesentlich ist, daß er im

Verhalten zu der Form der Auseinandersetzung zwischen Zekeriye und vor allem Cemal sich des öfteren entzieht, daß er aber auch da, wo er sich sicher ist und sich mit allerdings schneller Rückorientierung auf mich und das Interview einmischt, das Konfliktpotential zu begrenzen sucht. Wie gesehen sucht er bereits Cemal an der Fortsetzung des Streits auf dem Terrain des Interviews zu hindern. Zekeriye antwortet er auf seine Frage danach, ob Schweinefleisch "günah" sei, daß es sich so verhält, zeigt damit seine Übereinstimmung mit Cemal und Adem, gibt Zekeriye jedoch zugleich zu verstehen, daß diese Differenz zwischen ihnen nicht die darüberhinaus bestehende Gemeinsamkeit zerstört. Der direkten Konfrontation mit ihm entzieht er sich und am Ende des Interviews gibt er Zekeriye "auf eine Seite recht" und heilt so den Bruch, der durch einen schwerwiegenden Angriff Fikrets entsteht, daß Zekeriye nicht wisse, was er spricht. Wenn ich gesagt habe, daß die Heftigkeit der Auseinandersetzung zwischen Zekeriye und Cemal und die Tatsache, daß Fikret und Adem sich gefordert sehen, Position zu beziehen, darauf hinweisen, daß die zur Debatte stehenden Fragen eine solche Brisanz besitzen, da Gegenstand die Abklärung des Verhältnisses ist, das man zu verschiedenen Lebensbereichen in Relation zu den Herausforderungen der Migrationsgesellschaft eingeht, und aufgrund der Unübersichtlichkeit der Lage die jeweils gefundene Balance durch jede Abweichung prekär wird, dann bezieht Faruk zwar jeweils wie gesehen Position, aber er nimmt nur begrenzt an der Verteidigung dieser Position teil, d.h. er umgeht es, das in Übereinstimmung mit Cemal und Adem eingegangene Verhältnis zu den angerissenen Fragen ins Verhältnis zu dem von Zekeriye konkurrierend eingegangenen Verhältnis zu setzen.

In der Einzelanalyse habe ich gesagt, daß Faruk sich mit seinen Redeformen in den Apparaten durch Allpräsenz entzieht, daß seine Rede aber auch die Erfahrung artikuliert, daß man sich den Apparaten nicht entziehen kann. Dies bestätigt sich in dem Gruppeninterview: Keiner der Jugendlichen kanalisiert das Geschehen so stetig in das Interview wie Faruk und die Form der Rede Faruks entspricht der Form, wie sie in dem Einzelinterview zu finden war. Auf der anderen Seite erlaubt der Apparat Interview Faruk, sich der Auseinandersetzung zwischen den anderen da zu entziehen, wo es für ihn schwierig wird. Wenn er zu mir über Zekeriye redet, dann verhält er sich als Experte für "türkische Kultur" zu meinem kulturalistischen Umgang mit den Jugendlichen als Teil der Praxis der Ausländerpädagogik und braucht so das zwischen den anderen Strittige nicht zu klären, sondern kann es in vager Formulierung umgehen, da es zur "türkischen Kultur" erklärt im Verhältnis zu mir nicht nach weiterer Aufschlüsselung verlangt.

Von hier aus läßt sich ein Bogen zurück zum Ende der Einzelinterviewanalyse schlagen. Dort hat sich ergeben, daß Faruk da, wo es darauf ankäme, Zusammenhänge herzustellen, da er sie auf meiner Seite nicht als bekannt unterstellen kann, in eine versichernde Rede überwechselt, die diskursiven Redeformen aber, die seine Rede ansonsten kennzeichnen und auch hier im Gruppeninterview zu finden sind, verschwunden sind, er sie also als formales Potential zur Herstellung von Zusammenhängen nicht nutzt. Zum Schluß der Analyse ist der mögliche Einwand aufgenommen worden, daß Faruk die Zusammenhänge, aus denen heraus er sich anders als sein Nachbar und Onkel verhalten würde, nicht darzulegen vermag, da die sprachliche Auseinandersetzung über solche Fragen vor allem im Türkischen gelernt werde. Die Analyse des Gruppeninterviews aber mag nun ein Hinweis darauf sein, daß sich Faruk sprachlichen *Auseinandersetzungen* im Sinne einer Klärung des eigenen Verhältnisses zu sozialen Verhältnissen im Verhältnis zu konkurrierenden Verhältnissen dazu weitgehend entzieht.

Zum Ende der Einzelanalyse ist gesagt worden, daß in Faruks lokaler Auseinandersetzung mit dem Anspruch der relevanten Formulierung der sozialen Verhältnisse für die Jugendlichen von Seiten der Apparate der Anspruch auf eigenständige Formulierung der Verhältnisse als Möglichkeit der Kontrolle dieser verlorengegangen sein könnte. Wenn Faruks Verhalten im Gruppeninterview aber darauf hinweist, daß er sich dem streitbaren Formulieren im Verhältnis zu den anderen Jugendlichen ebenfalls entzieht, dann mag auch dies erklären, warum Faruk mir sein Verhalten gegenüber der Schwester so versichernd erklärt und die implizit verbleibenden Verweise auf die Bekanntheit des Vaters, den Reichtum und die Größe der Familie nicht weiter auflöst, obwohl mein Verständnis dieser Verweise gerade zweifelhaft ist. Darauf deuten auch verschiedene Äußerungen Faruks und Cemals im Gruppeninterview hin. So akzeptiert Faruk etwa Kritik Cemals, daß er Redeordnungen nicht beachten würde und nicht richtig sprechen könne, indem er sich selbst bezichtigt: "Ich hab das gar nicht ernst genommen" (vgl. Transkript S. 52ff.). Wenn man jemanden, wie sie sagen, "mit Sprüchen fertig machen" kann, dann besitzt das verbale Duell zwischen Cemal und Zekeriye Züge davon, es ist der Versuch, den anderen "fertig zu machen", ihn also zum Schweigen zu bringen und Gesichtsverlust beizufügen.

Ich habe darauf hingewiesen, daß Zekeriye zum Wechsel ins Türkische sich auch deshalb gezwungen sehen könnte, weil sich mit dieser Form der Auseinandersetzung, zu der Cemal übergewechselt ist, auch die Kriterien für Erfolg geändert haben. Der Erfolg eines Argumentes, so zeigt die Auseinandersetzung zwischen Cemal und Zekeriye, hängt auch von der verbalen Geschicklichkeit ab, die Attacken des anderen parieren zu können, also eine Form des Widerspruchs zu kennen und darin seine Kompetenz zur Führung von solchen Auseinandersetzungen zu demonstrieren. Zugleich setzt dies die Sicherheit parieren zu können voraus. Wenn Faruk sagt "Und ich versteh so was nicht ne." (Transkript S. 53), dann mag es die fehlende Sicherheit sein, die ihn in dem analysierten

Ausschnitt sich der Auseinandersetzung entziehen läßt. Insoweit in solchen Auseinandersetzungen die Klärung des eigenen Verhältnisses zu den sozialen Verhältnissen in Abgrenzung zu konkurrierenden gelernt wird, mag Faruks Verhalten im Gruppeninterview für das Einzelinterview ein Hinweis sein darauf, daß über die Folgen hinaus, die die Form der Auseinandersetzung mit den Apparaten auf den Anspruch einer eigenständigen Formulierung von Verhältnissen hat, diese fehlende Sicherheit, sich einer Auseinandersetzung unter Druck zu stellen, ebenfalls eine Rolle spielt für die Aneinanderreihung und die bloße Versicherung der Momente, die für seinen erklärten Umgang mit der Schwester bedeutsam sind, denn auch dort steht Faruk unter dem Druck, angesichts meiner Zweifel und möglichen Nicht-Verstehens etwas zu begründen, nur gibt es an dieser Stelle keine Möglichkeit, sich zu entziehen.

Wie gesagt ist Faruks Verhalten im Gruppeninterview nur ein Hinweis darauf und die Verknüpfung zum Einzelinterview muß an dieser Stelle notwendig etwas spekulativ bleiben. Mit dem vorhandenen Gruppenmaterial kann man keine weitreichenden Aussagen über Faruk treffen derart, daß er sich stets und ständig zu Auseinandersetzungen wie der zwischen Zekeriye und den anderen in der hier gefundenen Form verhält. Aber das wäre auch ein merkwürdiges Ziel der Analyse. Die Verlängerungen vom Gruppeninterview hin zum Einzelinterview, das ca. 8 Monate später aufgenommen wurde, sind nicht unproblematisch. Entsprechend ist zu dem Status dieser Überlegungen folgendes zu sagen: Es geht mir in der Analyse der Form sprachlichen Verhaltens darum, mögliche Lesweisen zu entwickeln in der Weise, daß dieses Verhalten als eine Form der Auseinandersetzung mit den widersprüchlichen Bedingungen der Existenz und ihren Anforderungen begriffen und die Artikulation dieser Widersprüche in dieser Form der Praxis gezeigt werden kann. Es geht mir also um an der Form kontrollierte Verstehensmöglichkeiten, nicht um Festlegung dessen, der sich verhält, auf eine Verhaltensform. Mit Verweis auf Momente der Biographie Faruks möchte ich daher zum Schluß die vorgetragenen Überlegungen plausibilisieren.

Faruk ist in Osnabrück im Sommer 1968 geboren und, wie aus dem Einzelinterview ersichtlich, mit sechs Jahren 1974 in die Türkei geschickt worden und dort für zwei Jahre in die Schule gegangen. Wie er deutlich macht, war er dort sehr unglücklich, und wie mir die Mutter bestätigte, holte sie ihn deshalb nach zwei Jahren zurück. Er wurde dort hingeschickt, da er, wie die Mutter sagt, mit seinem älteren Bruder, der damals in der Türkei zur Schule ging und im Sommer 1974 zu Besuch in Osnabrück war, in die Türkei fahren wollte und die Eltern sich dachten, daß es vielleicht nicht schlecht sei, wenn er dort zur Schule ginge. Mit acht Jahren wurde Faruk in Osnabrück in die dritte Klasse eingeschult und nach einem Jahr in die Sonderschule für Lernbehinderte überwiesen. Diese verließ er mit Abschluß der 9. Klasse mit einem

Abgangszeugnis, besuchte anschließend das BVJ und ist seitdem mit kurzer Unterbrechung (vgl. den Anfang des Einzelinterviews) arbeitslos. In den letzten Jahren seiner Schulkarriere bekam er des öfteren Schwierigkeiten wegen Absentismus. So mußten die Mutter bzw. der Bruder auch Bußgeld dafür bezahlen. Der Vater Faruks ist 1982 gestorben.

Wie in der Einleitung zur Einzelinterviewanalyse gesagt, fiel mir Faruk 1983 durch seinen Eifer auf, mit den Älteren gleichzuziehen. Seine Angabe, daß er bereits um 1979 herum in den Bunker gegangen sei, wird durch Mitarbeiter dieses Jugendzentrums in etwa in der Form bestätigt, daß er bereits als nicht-pubertierender Junge dort häufig gewesen sei. Bereits 1983 fiel er zunächst wegen Hehlerei, sodann 1984 wegen Ladendiebstahl auf, wofür er später verurteilt wurde. Bis dahin war er in eine Reihe von Aktivitäten innerhalb der Gruppe verwickelt, die von kleineren Diebstählen bis zu Schlägereien reichten. In diese Aktivitäten waren von den Beteiligten des Gruppeninterviews außerdem Zekeriye und Cemal verwickelt. Mit der Verurteilung Faruks zu einer Reihe von Stunden "gemeinnütziger Dienste", worüber er erleichtert war, und den parallel erheblich schärferen Verurteilungen einiger seiner damaligen Freunde – außer Zekeriye war keiner der hier im Interview auftretenden betroffen –, gaben er und der Rest der Gruppe, d.h. zur damaligen Zeit vor allem Cemal sowie die nicht erschienenen Haşmet und Bülent diese Praxis abgesehen von gelegentlichen Schlägereien auf, die aber kaum vermeidbar waren, wollte man seine Position in den diversen Diskotheken, die man besuchte, nicht verlieren.

Aus solchen Stationen einer Biographie ist nichts ableitbar. Die Erfahrung der Trennung und das Leben dieser Trennung in neuer Umgebung, der Türkei, mögen den Hintergrund der Schwierigkeiten in der Schule abgegeben haben, die in relativ kurzer Zeit zur Überweisung in die Sonderschule führen.[29] Mit der Karriere in der Sonderschule hat er früh die dort vorfindlichen Regulationsansprüche erfahren. In dem Maße, wie auch für ihn deutlich geworden sein dürfte, daß im Hinblick auf seine weitere Zukunft von dort nichts zu erwarten ist, nahm er gleichzeitig mit dem Besuch des Jugendzentrums Ostbunker früh die Praxis von Gruppen älterer Jugendlicher wahr und richtete zunehmend sein Verhalten daran aus, eignete sich die Form ihrer Praxis als Auseinandersetzungsform mit den Apparaten an, mit denen über die Schule hinaus qua Teilnahme auch Faruk zunehmend konfrontiert wurde, also Jugendzentren als pädagogische Betreuungsapparate, Polizei als Kontrolle der Spielräume der Jugendlichen, Jugendgerichtshilfe als Apparat, der den Jugendlichen das Leben begreift, formuliert und die von daher

29 Die hohen Quoten der Anmeldung von ausländischen Schülern zur Sonderschulüberprüfung sind ein Indiz dafür, daß Schulen sich auf diesem Weg von den Problemen des Umgangs mit Migrantenkindern entlasten und den Sonderschulen ihren Erhalt durch hinreichende Schülerzahlen ermöglichen. Vgl. dazu jetzt Radtke u.a. 1992.

notwendige Disziplinierung zu ihrem eigenen Anliegen zu machen sucht, Rechtsanwälte, Staatsanwälte und das Gericht als Apparat, der die Welt in jeder Hinsicht begreift und auf ihr Sosein festlegt, da ein Urteil zu fällen ist. Faruks Rede ließ sich wie gesehen als Auseinandersetzungsform mit den Regulationsansprüchen dieser Apparate verstehen, worauf hier nicht noch einmal einzugehen ist. Ich möchte aber auf eine andere Seite des Aufwachsens in der Bundesrepublik zu sprechen kommen.

In der Migrationssoziologie ist die Bedeutung der Entstehung von Migrantenkolonien oder ethnischen Gemeinden hervorgehoben worden (Heckmann 1981, Elwert 1982, Hoffmann/Even 1984) und als Indizien werden dafür religiöse Gemeinden, gruppiert um Kirchen oder Moscheen, eigene schulische Einrichtungen, Vereine, Geschäfte, Restaurants und Lokale sowie auch politische Organisationen angeführt. Solche Indizien sind alle auch in Osnabrück bezogen auf die türkischen Migranten vorhanden. Als Teil und Ergebnis der kulturellen Handhabung der Lebensbedingungen als Migranten in dieser Gesellschaft werden sie schnell als Niederschlag "türkischer Kultur" in diesem Lande aufgefaßt. Zu beachten aber ist, daß die Formen, in denen sich die kulturelle Praxis von Migranten organisiert, sowie diese Praxis selbst als Antworten auf Konstellationen hier zu verstehen sind. In der Analyse des Interviews mit Semi habe ich bereits darauf hingewiesen, daß auch die erklärte Politik, daß es auf die sog. erste Generation der Migranten bei der längerfristigen Integration der zweiten und dritten Generation nicht ankomme, die erste Generation mit dem Problem konfrontiert, daß sie nicht nur ihre gelernten Lebensformen auf veränderte Anforderungen ausrichten und Neues dazu lernen müssen, sondern daß sie zu weiten Teilen dabei zu Anfang, weil man von ihrer Rückkehr ausging, später, weil sie vor allem als "integrationsunfähig" oder "-unwillig" galten, auf sich gestellt waren. Die verschiedenen Phasen des Umgangs mit und der Wahrnehmung von Migranten von der Rotations- über die Integrations- zur gekoppelten Integrations- und Rückkehrförderungspolitik mit entsprechender migrantenfeindlicher Begleitmusik und die bis heute anhaltenden rechtlichen Unsicherheiten, ökonomischen Benachteiligungen sowie politischen Ausgrenzungen haben zwar nicht verhindert, daß die Arbeitsmigranten an mehr und mehr Bereichen des gesellschaftlichen Lebens partizipieren und in diesem Sinne zu einer "Einwandererminorität" (Heckmann) geworden sind, aber sie haben verhindert, daß dieser Prozeß von den Nicht-Einwanderern und den Migranten als selbstverständlicher erfahren werden konnte.

Die verstärkt auftretende religiöse Praxis türkischer Migranten und die Herausbildung entsprechender Organisationsformen sind häufig verstanden worden als Reaktion auf die Verweigerungen dieser Gesellschaft. Zugleich sind sie aber auch zu verstehen als Wege, ein Verhältnis zur veränderten Lebenspraxis in der Migrationsgesellschaft zu finden, was um so dringender wird, je weniger die Rückkehr eine Perspektive darstellt und damit eine veränderte Lebenspraxis als soziale Auszeit betrachtet werden kann, die mit der Rückkehr vorbei ist.[30] Beide Zusammenhänge, die verstärkte Orientierung der Lebenspraxis der Migranten hin auf Niederlassung in der Bundesrepublik sowie die Verweigerung von Rahmenbedingungen, unter denen dies als erwartbar, normal und rechtmäßig erfahren werden kann, machen den Prozeß der Entwicklung von Lebensweisen und die Versuche, ein Verhältnis zur eigenen Lebenspraxis im Verhältnis zur Migrationsgesellschaft zu finden, zu einem spannungsgeladenen.

Vor diesem Hintergrund ist das Aufwachsen von Migrantenkindern in der Bundesrepublik zu sehen. Die Formen der Handhabung des Lebens hier im Umgang miteinander und mit den Bedingungen der Migrationsgesellschaft werden praktisch gelernt und je nach Ablauf der Biographie ist man Widersprüchen zwischen Erfahrungen in diesen Sozialzusammenhängen und den Anforderungen in Kindergarten und der Schule ausgesetzt. Für den Versuch von Kindern und Jugendlichen, ein Verhältnis zu dieser Heterogenität von Lebenspraxis zu finden,[31] dürfte auf der einen Seite wesentlich der bei allen Beteiligten vorfindliche Mangel an Selbstverständlichkeit und die daraus resultierende Unsicher-

30 Als schöne Falldarstellung vgl. dazu Schiffauer 1984, der am Beispiel einer türkischen Migrantin zeigt, wie eine methodisierte Version des Islam, die Nurcu-Bewegung, es dieser Migrantin ermöglicht, ein Verhältnis zu einer in der Migration veränderten Lebenspraxis zu finden. Schiffauer verweist darauf, daß diese Migrantin in den ersten Jahren keine so strenge Religiösität an den Tag gelegt habe, er daher in Gesprächen, die er mit ihr 77/78 geführt habe, diese auch gar nicht berücksichtigt habe. 1983 aber drehte sich für diese Migrantin alles um Religion. Schiffauer führt als wesentliche Bedingung die Erfahrung der Sinnlosigkeit in Deutschland an, die aus massiven Umstrukturierungen der Lebenspraxis hervorgegangen sei und die nach dem Zerfall der Rückkehrsperspektive nach einer Verarbeitung verlangt habe (vgl. dazu inzwischen auch Schiffauer 1991). Wenn mit dem Zerfall der Rückkehrperspektive der Umgang mit der eigenen Praxis als soziale Auszeit nicht mehr möglich ist, dann heißt dies natürlich nicht, daß diese Lebenspraxis eine Auszeit ist. Dies zeigen nicht zuletzt die Schwierigkeiten von Remigranten, die entdecken, daß in ihre Lebensweise inzwischen Formen eingebaut sind, von denen sie bei der Rückkehr nicht einfach lassen können.

31 Welche Vielzahl von Widersprüchen bereits Kinder in Gesprächen und schriftlichen Texten verarbeiten, wird in der Arbeit von Kiper 1987 an den dort präsentierten Materialien von Kindern im Alter von ca. 9-12 Jahren sowie an den Gesprächen von Fedrowitz (1985) mit Migrantenkindern deutlich. Trotz eines vorgeschalteten methodologischen Rundumschlags sind die Auswertungen von Kiper selbst allerdings enttäuschend, da sie die Vielzahl der Materialien eher assoziativ liest und versucht, auf Bronfenbrenners Sozialökologie-Modell abzubilden, was schließlich zu einer schematischen Sortierung von in den Materialien gefundenen Elementen in die Schubladen von Exo-, Meso-, und Mikrosystemen führt.

heit sein,[32] auf der anderen Seite aber, daß (intellektuelle) Formen der Aneignung der Praxis in den Sozialzusammenhängen der Migranten - d.h. in der Familie, den Nachbarschaften, den relevanten Gruppenzusammenhängen von verwandtschaftlich, landsmannschaftlich oder anderweitig bedeutsamen Familien, den Cafés, Kneipen, Läden, etc. - keine selbstverständliche Präsenz besitzen. Es gibt keine alltäglich gelassene Präsenz von Migranten in Fernsehen und Rundfunk (vgl. Keskin 1989), keinen entwickelten Zeitungs- und Büchermarkt (vgl. Kleff 1989), aber auch keinen Unterricht, der vor den Hintergrunderwartungen der tagtäglichen kulturellen Praxis aufgebaut ist. Der freiwillige muttersprachliche Unterricht am Nachmittag (in Niedersachsen) sowie die Nichtintegration türkischer Lehrkräfte in Kollegien sind genauso Ausdruck dessen wie etwa hilflose Versuche, die Lebenssituation von türkischen Migrantenkindern zum Unterrichtsgegenstand als Teil sog. "multikultureller Erziehung" zu machen, die die Kinder eher darauf festlegen, Sozialfall mit exotischem Einschlag zu sein und so von ihren Klassenkameraden behandelt zu werden (dazu Kiper 1987, S. 306ff.), die dabei in ethnisierende Praxen eingeübt werden. Die Versuche von Migrantenkindern und Jugendlichen, ein Verhältnis zu ihrer Praxis zu finden, sind also angesiedelt in einem spannungsgeladenen Feld einerseits von Apparaten wie Kindergarten und Schule – die auch das Verhältnis der Kinder und Jugendlichen zu ihrer Praxis zu regeln suchen, ohne daß diese Apparate eine hinreichende Transparenz besitzen, was ein wesentlicher Grund für das nach wie vor eher von Mißtrauen gekennzeichnete Verhältnis von Schulen und Eltern zueinander ist – und andererseits den Versuchen der türkischen Migranten, in Organisationen wie Moscheen, Koranschulen, dem Video- und Kassettenverleih und -verkauf, in politischen Organisationen nach dem Vorbild des Herkunftslandes, Vereinen usw. ihr Verhältnis zur sozialen Praxis in der Bundesrepublik zu finden und zu organisieren.

Vor dem skizzierten biographischen Hintergrund und den hier genannten Bedingungen mag das Verhalten Faruks in dem analysierten Gruppenausschnitt einen guten Sinn ergeben, denn man kann sich zu den widersprüchlichen Anforderungen draußen und zu Hause auch so verhalten, daß man kein Verhältnis zu den jeweils konkurrierend auftretenden Verhältnissen zu den sozialen Verhältnissen eingeht und sich damit auch der Unübersichtlichkeit in der Migrantenszene entzieht. Bezüglich der Auseinandersetzung mit den gesellschaftlichen Apparaten, die Faruk durchlaufen hat, habe ich mehrfach diskutiert, daß Faruks Rede auch eine Form des Sich-Entziehens ist. Wenn ich gesagt

32 Die Widersprüche der Umgangsformen der Apparate mit Migrantenjugendlichen, mit denen Faruk in seiner Rede umgeht, sind ja auch ein Zeichen dafür, wobei in diesen Apparaten Unsicherheit in der Form von Macht verarbeitet werden kann.

habe, daß es auch die mangelnde Sicherheit, sich einer Auseinandersetzung unter Druck zu stellen, sein mag, die eine Rolle spielt für die Form der Rede in FKA III, dann mag dieser aber auch eine Verhaltensweise zugrundeliegen, von der er etwas hat.

Faruks Biographie, so weit sie mir zugänglich war, weist darauf hin, daß er in seinem Aufwachsen nicht angehalten worden ist, sich in von Migranten kontrollierten sozialen Bereichen zu bewegen. Dafür spricht sein frühes Auftauchen in dem Jugendzentrum, aber auch, daß er beispielsweise seit der 7. Klasse den "muttersprachlichen Unterricht" nicht mehr besuchte, da er, wie er sagt, "keine Lust mehr" dazu gehabt habe. Er ist ebenfalls nicht in Organisationen türkischer Migranten, in denen das Verhältnis zur sozialen Praxis in der Bundesrepublik bearbeitet wird, wie Moscheen, Koranschulen, Vereine o.ä. geschickt worden. So weit er aber zu Hause, in den sozialen Lebenszusammenhängen der Migranten und später auch in den Gruppen der Jugendlichen, die sich nicht zuletzt als "türkische Jugendliche" definieren, mit Auseinandersetzungen innerhalb der Migrantenszene konfrontiert worden ist, dürfte die Unübersichtlichkeit der Formen dieser Auseinandersetzungen für Faruk auch darin bestehen, daß die unterschiedlichen Möglichkeiten von rechts bis links, vom tiefgläubigen Moslem mit methodischer Lebensführung bis zum Desperado, der sich aufs grenzenlose Spielen wie endlose Cafe´- und Kneipenbesuche zurückgezogen hat, alle in ihrer je spezifischen Form auch Umarbeitungen von in der Türkei gelernten Lebensformen darstellen, so daß die darin artikulierten Erfahrungen und Verweise nicht leicht für jemanden wie Faruk einzuholen sind. Dies liegt sicher auch der Rede über die Größe der Familie und die Rolle des Großvaters auf dem Dorf zugrunde, denn in der Familie selbst für die Mutter und den Bruder ist die Familientradition als Begründung für gefordertes Verhalten unstrittig, da es biographisch auch noch einholbar ist. Bezogen auf den Kontext der Familie in Osnabrück ist diese Tradition als gelebte Geschichte für die Familie bedeutsam und Faruk kann damit konform gehen, indem er für sich die Ansprüche, die damit verbunden sind, als gültig akzeptiert. Aber von mir unter Druck gesetzt artikuliert seine versichernde Rede auch, daß die Sicherheit hinsichtlich der Begründungsform, der Verweis auf die Familientradition als letzte Begründung, fehlt, im Leben der Familie als einer unter vielen Migrantenfamilien, die sich von den anderen durch nichts Markantes unterscheidet, entspricht ihr nichts. Für seine Praxis zu Hause und in der Gruppe aber ist Faruk tagtäglich nicht darauf angewiesen, sein Verhältnis zu seiner Praxis dort zu klären, zu begründen. An den entsprechenden Auseinandersetzungen in der Gruppe braucht er nicht teilzunehmen und zu Hause kommt es dann zu Auseinandersetzungen, wenn seine Praxis mit den Erwartungen von dort nicht konform geht. So lange also Faruk in seiner Praxis demonstriert, was für ihn relevant ist, und im

Verhalten und in den Bewertungen mit den anderen übereinstimmt, so lange ist er nicht zu Auseinandersetzungen der Art, wie sie zwischen Cemal und Zekeriye im Interview ausgebrochen sind, gezwungen.

Faruk führt sowohl im Gruppeninterview als auch im Einzelinterview eine Reihe von Praxisformen, die türkischen Traditionen entstammen und für Migranten hier eine Rolle spielen, als für sich bestimmend an und es finden sich entsprechende Erklärungs- und Legitimationsformen. Er erklärt den Respekt vor den Eltern im Unterschied zu deutschen Jugendlichen für bedeutsam und begründet dies im Einklang mit anderen Migranten damit, daß die Eltern ihn geboren und groß gezogen haben (Gruppeninterview S.37/38); erklärt die Bedeutung von Freundschaft als Kommunikation unter Gleichberechtigten, die etwa mit dem Bruder wegen der Familienhierarchie nicht so einfach möglich ist (Gruppeninterview S.41); begründet die Ablehnung eines Streits mit dem Tod des Vaters, da er Beschimpfungen, in denen notwendig Vater und Mutter beleidigt werden, vermeiden will (Gruppeninterview S.43); legitimiert "rauchen, klauen und trinken" damit, daß er "mit schlechten Jungs" rumgelaufen ist (Gruppeninterview S.45 u. S.47); erklärt in Ansetzen sowohl den rituellen Ablauf wie auch die Bedeutung der Waschung, sich vom Schmutz der Sexualität zu befreien (Gruppeninterview S.66); begründet das Verhalten gegenüber seiner Schwester damit, daß sie eine Schande über die Familie bringen wird; skizziert die Folgen für die Familie und legitimiert seinen Nicht-Besuch von Moscheen damit, daß das wesentliche das Glaubensbekenntnis sei. Die Vagheiten und die implizite Form, durch die eine Reihe dieser Ausführungen Faruks wie gesehen gekennzeichnet sind, sind im Verhältnis zu mir kein Problem, da diese Form der Rede dem kulturalistischen Umgang mit den Jugendlichen in der Praxis der "Ausländer-" und "interkulturellen Pädagogik" entspricht. Mit diesen Praxis-, Begründungs- und Legitimationsformen kann er aber auch Übereinstimmung mit den anderen demonstrieren, so wie er es im Gruppeninterview tut, indem er seine Position vorzeigt, aber an der Auseinandersetzung nicht teilnimmt.

Vollzieht sich also in der Praxis die wechselseitige Kontrolle der Teilnehmenden und demonstrieren sie ihre Übereinstimmung, ohne daß diese Praxis selbst zum Gegenstand von reflexiven Auseinandersetzungen werden muß, dann stellt sich doch die Frage nach einer Kontrollinstanz im Falle von Konflikten, wo die Möglichkeiten des Verhaltens nicht mehr vorgegeben, sondern strittig sind und man sich zwar aus Auseinandersetzungen heraushalten kann, aber in seinem weiteren Verhalten oft notwendig Position bezieht. Einen Hinweis auf die Lösung, die Faruk für dieses Problem gefunden hat, mag seine Rede über den Bruder in FKA II darstellen. Zum Ende der Analyse dieses Ausschnitts habe ich darauf hingewiesen, daß der Respekt Faruks vor dem Bruder nicht mehr fraglos gegeben ist, wie seine Rede zeigt. Dieser

Respekt war dem Bruder geschuldet sowohl aufgrund seiner sozialen Position als auch aufgrund der materialen Ausfüllung dieser durch den Bruder. Er war von Faruk gefaßt als jemand, der Lebenserfahrung besitzt und die Position des Vaters in der Organisation und Leitung der Familie kompetent eingenommen hat. Wenn Faruk vehement daran festhält, daß der Bruder "bestimmt recht haben wird", dann mag dies auch damit zusammenhängen, daß er in der Orientierung an den Vorgaben des Bruders gut gefahren ist. Tatsächlich ist der Bruder hinsichtlich Faruk ausgesprochen verständnisvoll, läßt ihm viel Spielraum, setzt ihm aber nach, kritisiert ihn und sagt ihm, was er tun soll, wenn er seine Praxis für ernsthaft problematisch hält. So würde ich die Rolle des Bruders für Faruks Aussteigen aus der kriminellen Praxis der Gruppe für entscheidend halten. Faruk hat mit seinem Bruder jemanden, an dem er sich im Falle von Konflikten orientieren kann im Hinblick auf die Wahl zwischen verschiedenen Verhaltensmöglichkeiten. Auch in diesem Sinne hat er sich darauf festgelegt, daß der Bruder "bestimmt recht" hat. Und prinzipiell steht Faruk die Möglichkeit offen, sich dafür weitere Orientierungspersonen zu suchen. Dieser Hinweis mag eine Bestätigung finden darin, daß Cemal gegenüber Faruk in Anspruch nimmt, ihm sagen zu können, wie er was machen soll, ohne daß dies von Faruk auch nur relativiert wird (Gruppeninterview S. 51/52 u. S.54/55).

Mag also Faruks Verhalten in dem analysierten Ausschnitt des Gruppeninterviews und in FKA III auch bestimmt sein von fehlender Sicherheit in der Klärung von Positionen, die strittig sind, dann sollten diese letzten Überlegungen plausibel machen, daß diese fehlende Sicherheit nicht Ausdruck einer reinen Inkompetenz ist, sondern ihr möglicherweise ein Verhalten zugrundeliegt, von dem Faruk etwas hat. Er kann nämlich seine Praxis in der Gruppe sehr wohl einrichten, ohne den Umweg über Auseinandersetzungen machen zu müssen, die in ihrer Unübersichtlichkeit von ihm auch deshalb nicht zu durchdringen sind, weil eine relativ funktionierende Praxis, ausgerichtet an Personen, auf die er sich verlassen kann, dies auch nicht von ihm verlangt. Die Heftigkeit der Auseinandersetzungen unter Migranten, wie sie zum Teil vorzufinden sind, macht eine Teilnahme daran auch nicht unbedingt attraktiv. Das Heraushalten hat einen Gebrauchswert, der allerdings seine Grenzen da haben mag, wo Faruk tatsächlich einmal gezwungen ist, sein Verhältnis zu unterschiedlichen Verhältnissen zu den sozialen Verhältnissen zu klären. Sind die hier angeführten Überlegungen plausibel, so führte Faruks Auseinandersetzung mit den gesellschaftlichen Apparaten, die er durchlaufen hat, und mit den Praxiszusammenhängen der für ihn bedeutsamen Migrantenkultur aus unterschiedlichen Gründen zu sich wechselseitig wohl verstärkenden, ähnlichen Limitierungen. Seine Auseinandersetzung mit gesellschaftlichen Apparaten in der Form der Aneignung und Zurückspiegelung der dort vorfindlichen diskursiven Redeformen zeigt ihre Kosten in dem Abtreten des Anspruchs auf eine eigenständige Formulierung der Verhältnisse. So wie diskursive Redeformen nicht genutzt werden zum Aufschlüsseln von Zusammenhängen, die von mir nicht verstanden worden sind, so mag in der Nicht-Teilnahme an Auseinandersetzungen unter Migranten die Klärung von Verhältnissen unter Druck nicht gelernt sein. Die Analyse des Einzel- und des Gruppeninterviews hat gezeigt, daß Faruks Rede von der Erfahrung eines bestimmten Umgangs der Apparate mit Migrantenjugendlichen, als Teil dessen er in seiner Rede das Interview faßt, bestimmt ist. Faruks Verhalten zu der Auseinandersetzung zwischen Zekeriye und Cemal zeigt aber auch, daß aus den erfahrenen diskursiven Ansprüchen der Apparate des Begreifens und relevanten Formulierens für Faruk nichts zu holen war für eine Teilnahme an solchen Auseinandersetzungen. Experte ist er nur im Verhältnis zu mir, gegenüber Zekeriye hält er sich da, wo es brenzlig wird, lieber raus.

6. Sprachliche Verarbeitung der Migration: Ein Fazit

Vor dem Einstieg in die Interviewanalysen ist darauf hingewiesen worden, daß die Methode der Analyse dem Gegenstand nicht äußerlich, sondern rekonstruktiv die spezifische Weise zu finden ist, in der die Beteiligten den Sinn des Gesagten wechselseitig sichtbar machen, in welchen Formen sie also ihr sprachliches Verhalten als sinnvolles gestalten. Der rekonstruktive Status der Analysen macht die Trennung von Analye und Ergebnis in dem Sinne unmöglich, daß zu der Art und Weise des Verstehens des Gesagten, d.h. dem Ergebnis, untrennbar die Benennung des Weges, auf dem man zu dieser Lesweise gekommen ist, dazu gehört. Das je Verstandene war an der Form des Gesagten zu explizieren. Dies begründet die Umständlichkeit der Darstellung, die sich sicher an der Grenze des Zumutbaren bewegt. Dies begründet aber auch, daß den Schluß dieser Arbeit keine Zusammenfassung von Ergebnissen in dem Sinne bilden kann, daß diese unabhängig von den Analysen hier einsichtig zur Kenntnis genommen werden können. Im folgenden werde ich daher auf die Überlegungen zurückkommen, die Grundlage der Auseinandersetzung mit sozial- und sprachwissenschaftlichen Forschungen, die im weitesten Sinne als Analysegegenstand Sprache von Migranten haben, waren, und die Frage stellen, inwieweit die Analysen in ihrer Durchführung die vorgeschlagene Perspektive als sinnvoll bestätigt haben. In diesem Zusammenhang werden die verschiedenen Analysen miteinander verglichen und zum Schluß eine Bedingung der Situation der von mir untersuchten türkischen Migrantenjugendlichen zur Sprache gebracht, die sich in dem Material als wesentlich erweist und die noch einmal auf Überlegungen zurückkommen läßt, die in dem Exkurs über das Verhältnis von Sprach- und Sozialwissenschaft in Auseinandersetzung mit den Arbeiten von Maas angestellt worden sind.

Ausgangspunkt der Kritik v.a. an den sozialwissenschaftlichen Arbeiten war die Feststellung, daß diese mit erheblichen Aufwand methodologisch und methodisch die Hintergehung der Situation, in der sie ihre sprachlich verfaßten Daten erzeugen, zu begründen versuchen, was gleichwohl nicht gelingt, wie sich an immanenten Problemen des Umgangs mit den erhobenen Materialien jeweils zeigen ließ. Ich habe deutlich gemacht, daß diesen Anstrengungen eine Auffassung von Wissenschaft zugrundeliegt, die auf allgemeine Aussagen über die Untersuchten zielt in dem Sinne, daß sie ihnen Haltungen, Aussagen, subjektive Wahrnehmungen, kulturelle Wissenssysteme o.ä. über die

Situation hinaus, in der diese gefunden wurden, zuzuschreiben trachtet und daher glaubt, sich von dieser abstoßen zu müssen, da Situationen als Besondere, Nicht-Wiederholbare dem Allgemeinheitsanspruch von Wissenschaft im Wege stehen. Demgegenüber ist darauf bestanden worden, daß die Versuche des Sich-Abstoßens notwendig scheitern müssen. Da aber jede besondere Situation nur erfahrbar wird, indem sie in allgemeinen, d.h. sozialen Formen bestimmt wird, kann die jeweils besondere Situation sinnvollerweise nicht Gegenstand einer wissenschaftlichen Untersuchung sein, sondern die von den Beteiligten in ihrer Geschichte gelernten Formen, mit denen sie Situationen herstellen und für sich handhabbar machen. Die Bedeutung dieser Formen wird ihrerseits nur zugänglich in der Rekonstruktion des Ablaufs der sozialen Interaktion der Beteiligten, die sich dort herstellenden Konstellationen bringen Bedeutung als realisiertes Potential von Formen der Bedeutung hervor.

Bezogen auf die analysierten Interviews bedeutete dies, daß versucht wurde, die sprachlichen Äußerungen, in denen die von mir befragten Jugendlichen das Interview jeweils angeeignet haben, als gelernte soziale Formen der Handhabung von Situationen zu verstehen, wie sie das Interview darstellt, das zugleich in dieser je spezifischen Handhabung als mit anderen sozialen Situationen als gleich oder ähnlich bestimmt wurde. So waren aber in den je unterschiedlichen Formen der Bearbeitung des Interviews zugleich die Erfahrungen, die die Jugendlichen mit solchen Situationen gemacht haben, artikuliert. In dieser Allgemeinheit hat sich dies in allen der durchgeführten Interviews als sinnvolles Vorgehen erwiesen. Das gilt auch für die Analyse des Interviews mit Şemi, denn seine Rede artikuliert das Vermeiden der Erfahrung der Zusammenhänge, für die das Interview steht, und versucht im Interview die Wiederholung der Vermeidung in der gelernten Form. In diesem Sinne ist von der Anwesenheit der gesellschaftlichen Apparate in der Form der Abwesenheit gesprochen worden, Erfahrungen damit sind in der bestimmten Form des Umgehens artikuliert.

Mit der Durchführung der ersten Interviewanalyse ist zugleich gezeigt worden, daß in der Rede nicht nur soziale Situationen hergestellt und angeeignet werden, sondern daß darin auch die gesellschaftlichen Bedingungen, die dem Handeln der Beteiligten zugrundeliegen, gehandhabt werden. Im Sinne der Argumentation von Maas läßt sich die sprachliche Praxis der Jugendlichen im Interview bestimmen als ihre Auseinandersetzung mit den sprachlichen Strukturen, die den Apparaten, für die das Interview jeweils steht, als gesellschaftlichen Organisationsformen eingeschrieben sind. In ihrer Auseinandersetzung mit diesen sprachlichen Strukturen handhaben die Jugendlichen die gesellschaftlichen Bedingungen, die auch den Interviews als vermeintlich freischwebender Praxis zugrundeliegen, und bestimmen sie in der Form ihrer Auseinandersetzung zugleich als gültig - sie reproduzieren sie.

Weniger abstrakt geschrieben ist auf die Bedingungen zu verweisen, die als Bezugspunkte der Praxis der Gruppen, in denen sich die Jugendlichen bewegt haben, unterliegen, die weiter vorne dargelegt sind. Wesentlich sind dabei die staatlichen Apparate der Kontrolle der Praxis der Jugendlichen. Grundlegende Lebensbedingung für sie ist die begrenzte Offenheit des Arbeitsmarktes. Sie sind auf den Jedermanns-Arbeitsmarkt verwiesen und sie haben keine Aussichten, ihre Konkurrenzsituation auf diesem Markt zu verbessern. Die Krise der Arbeitsgesellschaft trifft sie besonders. Eine Reihe von staatlichen Apparaten sind zuständig für die Kontrolle der Form, in der die Auswirkungen dieser Krise von den Betroffenen gelebt werden. Das habe ich in Kap. 1.5 bezogen auf Arbeitsamtsmaßnahmen, aber auch Schulen und Jugendzentren sowie den Justizapparat dargelegt. Teil dieser Kontrollarbeit in den Apparaten ist die Arbeit an der Form, in der die Bedingungen des Lebens als Migrantenjugendlicher erfahren werden, d.h. an der sprachlichen Verarbeitung dieser. Die in den verschiedenen Analysen von mir identifizierten Diskurse über Jugend, Familie, Erziehung, über Türken, Kultur und Identität als Auseinandersetzungsfeld der Rede der Jugendlichen sind den genannten Apparaten als sprachliche Strukturen eingeschrieben, die in der Praxis der Agenten dieser Apparate und damit auch in meiner Rede, die bestimmt ist von der Partizipation an der Macht der Apparate als mein Verhältnis zu den Jugendlichen, und in der Auseinandersetzung der Jugendlichen damit reproduziert werden.

Aber eine solche Feststellung ist auf den ersten Blick zu allgemein. Trotz der gemeinsamen Praxis in den genannten Gruppen, an der die befragten Jugendlichen alle teilhatten, gehen sie mit dem Interview, von diesem als einzelne angesprochen, jeweils unterschiedlich um. Das Gruppeninterview zeigt aber, daß bei allen Unterschieden zwischen den daran Beteiligten diese als Gruppe einen Weg finden, ihre Rede kollektiv so ineinander zu arbeiten, daß sie dem einzelnen nicht zurechenbar wird. Damit stellt sich die Frage, ob das Einzelinterview eine Verzerrungsveranstaltung ist insofern, als die Jugendlichen nicht als einzelne ihren Tag gestalten und auch als solche im Rahmen der Gruppenpraxis nicht gefordert sind. Diese Frage ist positiv zu beantworten, das Einzelinterview wird der Gruppenpraxis nicht gerecht. Aber mit den durchgeführten Analysen sollte deutlich geworden sein, daß Gegenstand nicht eine "authentische Praxis" (was immer das ist) der Jugendlichen als Gruppe ist, sondern ihre "sprachliche Verarbeitung der Migrationssituation", soweit diese in den Interviews aktuell wird. Wenn das Interview eine Verzerrungsveranstaltung ist, dann ist es damit noch nicht beliebig, sondern es partizipiert in dieser Verzerrung an einer Praxis, die den Apparaten zugehört, denen die Jugendlichen es zuordnen. Die "Anrufung" (Althusser 1977) jedes einzelnen ist das Verfahren, in dem die für die Jugendlichen relevanten Apparate sie zur Rechenschaft ziehen.

Die Schule behandelt und bewertet weiterhin jeden einzeln, obwohl man sich bereits als Gruppe verweigert. Pädagogen und Jugendarbeiter suchen das persönliche Gespräch zur Bewältigung von Krisen, wenn die Gruppe nicht (mehr) erreichbar ist. Die justizförmigen Apparate sind geradezu durch die Aufgabe bestimmt, eine kollektive Handlung so zu zerlegen, daß sie einzelnen als Anteile zurechenbar und gegen die Persönlichkeit und individuelle Verantwortlichkeit verrechenbar wird. Aber auch die Eltern machen in der Realisierung der individualisierenden Anforderungen der Verhältnisse eine Bewegung hin zur Anrufung ihrer Söhne als einzelne, da die Verhältnisse in ihrer Instabilität keine gleichförmigen Rahmenbedingungen zur Kontrolle des Verhaltens mehr gewährleisten. In diesem Sinne verweisen die beschriebenen Versuche der Eltern, ihr Verhältnis zu ihren Kindern umzustrukturieren, auf Transformationen der Migrantenfamilie, die ihre basale Aufgabe der Präparierung der Subjekte für den Durchlauf der Apparate realisiert.

Wie in Kap. 1.5 und in verschiedenen Analysen dargelegt, verhalten sich die Gruppen, in denen sich die Jugendlichen bewegen, als solche gegenüber diesen Formen der Anrufung defensiv. Sie haben unterschiedliche Wege, sich zu entziehen, indem sie ihre Praxis z.T. separieren, abschotten, v.a. aber, indem sie sich selbst als solche zeitweilig außer Kraft setzen. Das habe ich versucht, am Beispiel der Gerichtsverhandlung und des Verhörs deutlich zu machen, das gilt aber auch für Konflikte mit den Eltern, der Schule, Pädagogen etc. Die Gruppe überläßt es jedem einzelnen, damit fertig zu werden, daß er in den unterschiedlichen Apparaten zum Exponenten einer Praxis geworden ist, bzw. dafür zu sorgen, daß er zu einem solchen nicht wird. Die unterschiedlichen Umgangsweisen der Jugendlichen mit dem Interview verweisen genau auf solch unterschiedliche Geschichten, in denen sie zu Exponenten einer Praxis geworden sind. Das will ich noch einmal im Überblick an den Ergebnissen der einzelnen Interviewanalysen verdeutlichen.

Sowohl für Ali und auch für Halit, der an anderer Stelle (Bommes 1990) vorgestellt ist, gilt, daß auf unterschiedliche Weise ihre intensive Geschichte der Anrufung in den Apparaten in der Form ihrer Aneignung des Interviews artikuliert ist. Alis Geschichte ist bestimmt von frühen und wiederkehrenden Erfahrungen mit Apparaten der Kontrolle wie Jugendamt, Schule und schließlich Justizapparat. In der Form seiner Rede macht er sich die Formulierungen seiner Praxis, mit denen er in den Apparaten konfrontiert worden ist, in meiner Rede erneut konfrontiert wird und denen er sich, ohne dadurch eine Umstrukturierung seiner Praxis als darin liegende Möglichkeit zu erfahren, nicht hat entziehen können, in der Tilgung jeder Differenz dazu zu eigen. Er faßt sich und seine Verhältnisse sowie sein Verhalten dazu in den Kategorien des Gegenübers und sucht sich in dieser Konformität dem Zugriff zu entziehen, indem er immer schon so ist, wie er in den Augen des Gegenübers sein sollte. Als Normaljugendlicher zielt sein Streben auf die Einrichtung seiner Lebensverhältnisse im Sinne der Erziehungsberatung, er begreift seine familiären Verhältnisse in den Kategorien der Ausländerarbeit und bildet in seinem Verhältnis zum Vater das Verhältnis zwischen mir und ihm ab.

Der Umgang Halits mit dem Interview ist in vielerlei Hinsicht mit dem Alis vergleichbar, unterscheidet sich aber in einem Punkt, worauf hier nur verwiesen sei. Der Rückgriff auf Formen des Gegenübers findet statt vor dem Hintergrund einer relativ erfolgreichen Geschichte der Konfrontation mit Apparaten, die für die Regulation familiärer Konflikte zwischen dem Vater, der Mutter und im Gefolge dieser Halits zuständig waren. Der von mir gegenüber Halit im Vorgriff praktizierte Staatsapparat des Gerichts – auch dieses Interview fand im Gefängnis mit Blick auf eine Aussage von mir vor Gericht statt und die Typen von Fragen meinerseits geben dies deutlich zu erkennen – wird von diesem zunächst in der Erzählung der Familiengeschichte in den Kategorien der Sozialarbeit abgearbeitet. Als in diesem Zusammenhang ein zu dieser Version der Geschichte differenter Blickwinkel droht, Thema zu werden, wendet er diese Möglichkeit ab, indem er das Verhalten seines Vaters in der Familie in den Reflexionskategorien der Ausländerarbeit und schließlich explizit in sozialwissenschaftlichen Kategorien faßt. Er nutzt also die Form der Reflexion zur Verhinderung derselben und artikuliert den bereits in seiner Geschichte gelebten Erfolg der Form dieses Verhaltens. Auch Halit entzieht sich so auf eine Weise, in der er sich zu den Verhältnissen in der Form des Gegenübers verhält. Brüche in seiner Rede verweisen auf Unstimmigkeiten in Halits Verhältnis zu den von ihm im Verhältnis zu mir dargelegten Konstellationen, die er aber aufgrund der kategorialen Fassung seiner Verhältnisse als die von Türken und der vorgezeigten Reflexion gerade nicht zu klären braucht.

Der von Halit mit der Form seiner Rede bereits erzielte Erfolg in dem Sinne, daß er "verstanden" worden ist und aufgrunddessen einige Unterstützung von Sozialarbeitern insbesondere in Konflikten mit seinem Vater sowie etwa mittels entschuldigender Gutachten und Unterkunftsbeschaffung erfahren hat, mag ein Grund dafür sein, daß seiner Rede nicht im gleichen Maße die Anstrengung der Übereinstimmung anzusehen ist wie bei Ali. Beide unterliegen einer ähnlichen Bedrohung, die im Interview durch mein Verhalten präsent ist. Aber während Ali eine sich verschärfende Karriere hinter sich hat, in der seine Aussichten zum Zeitpunkt des Interviews nur noch gering sind, hat Halit dies in dieser Verschärfung noch nicht erfahren, sondern bis zum Zeitpunkt des Gespräches und auch danach noch des öfteren hat ihn irgendeine Betreuungsperson rausgehauen. In the long run hat auch er verloren, er lebt heute ebenso wie Ali in der Türkei. Die Interviews mit Ali und Halit unterscheiden sich von den anderen v.a. durch ihren relativen

Zwangscharakter. Beide müssen versuchen, etwas aus der Situation im Sinne des vorgegebenen Ziels der Verhinderung von Abschiebung zu machen, und so stellt dies wohl den wesentlichen Zusammenhang der Vereindeutigungen ihrer Rede bezüglich der Gestaltung in den Formen des Gegenübers dar, die sich so bei den anderen nicht findet.

Ist die Rede von Atnan, Faruk und Şemi auch nicht durch vorgezeigte Übereinstimmung in der Form mit dem Gegenüber gekennzeichnet, so bleibt doch auch in der Abgrenzung, der demonstrativen Differenz der Bezugspunkt der Rede erhalten. Die Analyse des Interviews mit Atnan hat ergeben, daß sowohl seine kategoriale Fassung der Verhältnisse von "Türken" und "Deutschen" als auch die Form der sprachlichen Auseinandersetzung über diese Verhältnisse zu verstehen sind als Provokationen und Abgrenzungen von der ausländerpädagogischen Praxis in den Apparaten, worin zugleich die spezifische Weise der Erfahrung dieser Praxis artikuliert ist. Seine Rede über "Türken" und "Deutschen" stellt die ethnisierend kulturalistisch tolerante Rede über "Türken", die diesen gleichwohl jede Absurdität zutraut und die von Ali und Halit konform als Geste der Unterwerfung und Selbstabwertung zurückgespiegelt wird, auf den Kopf und weist erfahrene Zumutungen, die der pädagogische Umgang mit den Jugendlichen vor dem Hintergrund der Anforderungen, denen sie z.T. in den Migrantenzusammenhängen unterliegen, auch darstellt, als "Spielerei" zurück. Auch die apodiktische Form der Rede ist als soziale Form des Umgangs mit der beanspruchten Reflexion auf Seiten der Apparate, als Abgrenzung davon zu verstehen. Auf die möglichen Begrenzungen, die in dieser Form der Auseinandersetzung liegen, habe ich hingewiesen. In der Abgrenzung von der Form der Reflexion ist die Erfahrung ihrer Besetzung in den Apparaten artikuliert, darin vergeben könnte aber das Potential sein, das in der Möglichkeit der diskursiven Aufklärung von Konflikten wie in dem Erproben von Zusammenhängen, das insofern nicht auf Spielerei zu reduzieren ist, liegt. Verweisen möchte ich nur darauf, daß die Abgrenzung, die Atnan im Interview praktiziert, in seinem weiteren Leben insofern praktikabel war und ist, als er im Lebenszusammenhang von Sinti-Familien, der für ihn heute der relevante ist, Rückhalt für ein selbstbewußtes Auftreten gefunden hat, mit dem er eine Reihe von Schwierigkeiten, in die er des öfteren geraten ist, in Abgrenzung zu Formen der auch sprachlichen Unterwerfung, die die Apparate der Kontrolle ihm abzuverlangen suchten, zu bewältigen in der Lage war.

Die Form der Auseinandersetzung des Jugendlichen Faruk zeigt die Erfahrung der Allpräsenz der Apparate: Man kann in diesen provozieren oder sich entziehen, aber sich nicht den Apparaten entziehen. Seine Rede ist bestimmt von einem Vor und Zurück der Provokation und der vorgezeigten Übereinstimmung, als durchgehendes Moment aber führte die diskursive Form der Rede ihren einheitlichen Bezugspunkt vor

Augen. Faruks Jonglieren mit den Formulierungen, in denen die Apparate die Praxis der Jugendlichen in widersprüchlicher Weise fassen, unterliegt aber das Abtreten der Möglichkeit der eigenständigen Formulierung der Verhältnisse und der Verortung der eigenen Praxis darin. Dies war an Widersprüchen in seiner Rede sowie an der Abwesenheit der diskursiven Formen da, wo er auf die Explizierung der Verhältnisse angewiesen ist und doch nur versichernd in Anspielungen redet, deutlich geworden. Erklärt habe ich diese Redeformen Faruks nach dem Durchlauf durch das Gruppeninterview mit der Weise der Erfahrung der Apparate, die über ihre wiederkehrenden Formulierungen als Zugriffsversuche für Faruks Karriere nichts zu bieten hatten, als auch mit der Verweigerung Faruks gegenüber Auseinandersetzungen in der Migrantenszene, die in ihrer Form für ihn als in der BRD Geborenen aufgrund seiner Geschichte, in der er in die sozialen Zusammenhänge der Bearbeitung der Verhältnisse in der BRD durch die Migranten nicht eingebunden worden ist, in ihren Bezügen nicht leicht einzuholen sind.

Schließlich ist in dem Interview mit Şemi seine Erfahrung mit den Apparaten, die für die Jugendlichen zuständig sind, in ihrer Form der Abwesenheit artikuliert. Mit der Realisierung, daß dort für seine Zielsetzung, eine Arbeit zu bekommen, nichts zu holen ist, hat er sich diesen entzogen und zugleich seine Partizipation an der Gruppenpraxis in "der Stadt" strikt von "zu Hause" zu separieren versucht. Wie er in dieser Form der Bearbeitung auf eine traditionelle Form der Gestaltung des Verhältnisses zwischen Eltern und Söhnen zurückgreift und diese Form dabei einen neuen Gebrauchswert in der Handhabung der Lebensbedingungen als Migrantenjugendlicher erhält, habe ich ausführlich dargelegt. Şemis Versuch der Bewältigung meines Eindringens als Interviewer in seine Praxis in der Form der Separierung liegt seine Geschichte des Sich-Entziehens zugrunde und zeigt zugleich die Grenze dieses Umgangs mit den Apparaten, wenn man mit ihnen konfrontiert ist: Diese nehmen im versuchten Zugriff auf die Person die Ausgliederung ganzer Bereiche der regelmäßigen Lebenspraxis nicht hin, sondern verlangen nach akzeptablen Formulierungen dieser. Der relative Erfolg der Form, in der es Şemi gelingt, seine Praxis in der Gruppe durchzuhalten, indem er sie auf Distanz zu den Versuchen des Eindringens von Seiten des Vaters und von mir hält, bringt auf der anderen Seite erhebliche Kosten mit, die im Interview deutlich werden. Die Distanz zur Kritik des Vaters an ihm stattet Şemi nicht mit Formulierungen seiner Praxis aus, die ihn in die Lage versetzen, den Schlußfolgerungen des Vaters aus dieser Kritik etwas entgegenzusetzen. Er wehrt sich nicht, sondern versucht auch die Schlußfolgerung der Rückreise in die Türkei mit meiner Hilfe zu umgehen. Das Sich-Entziehen gegenüber den Apparaten zieht also insofern seine Folgen nach sich, als mit diesem auch nicht in Auseinandersetzung mit diesen Formulierungen der Apparate mögliche Formen der Gegenwehr gelernt werden. Allen Interviews liegt die Erfahrung zugrunde, daß die für die Jugendlichen zuständigen Apparate wesentlich mit dem Formulieren ihrer Praxis als in "vielen Worten sagen was sie tun" und der Lieferung von "Überschriften" (Garfinkel/Sacks 1976) dafür befaßt sind. Şemis Entzug hat auch zur Grundlage die Erfahrung, daß den Formulierungen kein Gegenwert entspricht.

Auf diese Grundkonstellation ist hier zuletzt noch einmal einzugehen: Ich habe gesagt, daß Teil der Kontrollarbeit der Apparate die Bearbeitung der Form ist, in der die Bedingungen des Lebens als Migrantenjugendlicher erfahren werden, also die Bearbeitung der sprachlichen Verarbeitung der Migrationssituation. Diese Bestimmung möchte ich an dieser Stelle einbetten in die in dem Exkurs über das Verhältnis von Sprach- und Sozialwissenschaften dargelegten Überlegungen von Maas zum Begriff des Intellektuellen. Dazu möchte ich hier aber zunächst eine Diskussion dieses Begriffs einfügen, an deren Ende ich die Verbindung zu dem bis hierhin Dargelegten herstellen möchte.

Der Begriff des Intellektuellen ist wesentlich auf die arbeitsteiligen gesellschaftlichen Verhältnisse bezogen, im Sinne Gramscis ist der organische Intellektuelle zuständig für die Zusammenfügung und Kontrolle des Zusammenhalts der zergliederten Verhältnisse und faßt so unterschiedliche soziale Gruppen wie Unternehmer, Militärs, Polizisten, Politiker, Sozialarbeiter, Lehrer, Erzieher, Richter, aber auch Wachpersonal, Pförtner, Müllarbeiter etc. Maas weist darauf hin, daß der Begriff des Intellektuellen nicht anschaulich zu verstehen ist, sondern intellektuelle Arbeit selbst Prozessen der Arbeitsteilung und Zergliederung unterliegt. Für die Zwecke seiner Diskussion der sprachlichen Verhältnisse im Faschismus in Deutschland zwischen 1933 und 1938 grenzt er den Begriff des Intellektuellen folgendermaßen ein:

> "Mit *Intellektuellen* bezeichne ich . . . in Übereinstimmung etwa mit Gramscis classe colte die soziale Schicht, die aufgrund ihrer Ausbildung und in der Regel auch ihrer beruflichen und sonstigen Lebenssituation über die Voraussetzungen verfügt, die gesellschaftliche Zerlegung der Praxis noch symbolisch zu synthetisieren . . . Durch diese Voraussetzungen für die Artikulation der Bedingungen des sozialen Handelns sind die Intellektuellen durch einen direkten Bezug zum gesellschaftlichen Diskurs bestimmt - was für den rein funktional definierten Gramscischen *organischen Intellektuellen* nicht (notwendig) gilt." (Maas 1984, S. 201)

Diese Feststellung hat im Rahmen der Maas´schen Argumentation den Sinn, die sozialen Gruppen einzugrenzen, die durch ein direktes Verhältnis zur gesellschaftlichen Auseinandersetzung um die symbolische Kontrolle der Vergesellschaftung definiert sind, um das Verhalten dieser Gruppen im Faschismus zu klären. Sofern Maas aber die Eingrenzung an der Ausbildung und "in der Regel" an den beruflichen und sonstigen Bedingungen als Voraussetzungen zur intellektuellen Aneignung der gesellschaftlichen Verhältnisse festmacht, wird sie problematisch für einen Versuch, die funktionale Bestimmung des organischen Intellektuellen für eine detailliertere Beschreibung von Gesellschaft weiter zu nutzen, denn Intellektualität ist hier gebunden an zwar sozial vermittelte Qualitäten, die aber unterschiedlichen sozialen Gruppen zukommen: Diese bilden gerade keine soziale Schicht. Das läßt sich am Beispiel von Unternehmern deutlich machen. Diese verfügen meist aufgrund ihrer Ausbildung und auch aufgrund ihrer beruflichen und sonstigen Lebenssituation über die Voraussetzungen zur Synthesis der gesellschaftlichen Verhältnisse. Maas argumentiert aber wenige Seiten zuvor überzeugend, daß die Integration der herrschenden Klasse keine diskursive Angelegenheit sei, was ich so verstehe, daß diese Klasse gerade nicht über "den direkten Bezug zum gesellschaftlichen Diskurs bestimmt" ist. Will man daher als wesentliche Bestimmung die Eingrenzung des Begriffs des Intellektuellen in Bezug auf den gesellschaftlichen Diskurs, d.h. im Verhältnis zur Sprache als Potential der intellektuellen Einholung der gesellschaftlichen Verhältnisse festhalten,. dann ist diese Eingrenzung im Hinblick auf die jeweils historisch-spezifische gesellschaftliche Organisation der sprachlichen Einholung der Verhältnisse als Kontrolle dieses Potentials vorzunehmen. Der Begriff des organischen Intellektuellen wäre also so zu zerlegen, daß die gesellschaftliche Organisation der Zusammenfügung und Kontrolle der Verhältnisse mit dieser Begrifflichkeit empirisch beschreibbar würde. Nun besteht nicht der Anspruch, im Rahmen dieser begrenzten Untersuchung zum Schluß noch ein solch umfängliches Problem anzugehen, sondern es soll nur auf Ansätze in der Soziologie verwiesen werden, wie sie von Claus Offe und Johannes Berger (vgl. Offe 1984, Berger/Offe 1984, Offe 1984a) in auf den ersten Blick ganz anderen Zusammenhänge entwickelt worden sind, anhand derer sich die Überlegungen von Maas gesellschaftstheoretisch weiter einbinden und aktualisieren lassen.

Berger/Offe 1984 konzipieren im Anschluß an eine Auseinandersetzung mit den Mängeln verschiedener Begriffe von "Dienstleistungsgesellschaft", die die westlichen kapitalistischen Gesellschaften zu beschreiben versuchen, einen theoretischen Begriff der Dienstleistung, der die Verhältnisse, die auch den Überlegungen von Maas im Anschluß an Gramsci zugrundeliegen, zu fassen sucht. Berger/Offe geben eine ebenfalls funktionale Definition des Dienstleistungssektors, nachdem sie zuvor den Gesamtprozeß der Reproduktion einer Sozialstruktur als zusammengesetzt aus zwei Teilfunktionen dargelegt haben:

> "erstens aus der gesellschaftlichen Erfüllung der physischen Überlebensbedingungen durch entsprechende gewinnende und "herstellende" Arbeiten, und zweitens aus den Tätigkeiten, die der Erhaltung bzw. Modifikation der Formen dienen, unter denen die erstgenannte Funktion erfüllt wird." (Berger/Offe 1984, S. 232).

Ihre Definition des Dienstleistungssektors lautet:

"der Dienstleistungssektor (umfaßt) die Gesamtheit jener Funktionen im gesellschaftlichen Reproduktionsprozeß . . ., die auf die Reproduktion der Formalstrukturen, Verkehrsformen und kulturellen Rahmenbedingungen gerichtet sind, unter denen die materielle Reproduktion der Gesellschaft stattfindet." (ebd., S. 233)

Dies entspricht einem Begriff der Produktion der gesellschaftlichen Verhältnisse, der diese immer zugleich auch als die Reproduktion der Bedingungen der Produktion versteht. Der Begriff der Reproduktion von Formalstrukturen umfaßt dabei "die Instandhaltung der physischen Bedingungen des gesellschaftlichen Lebens, der kulturellen und legalen Normensysteme, die Übermittlung und Weiterentwicklung des Wissens bestandes einer Gesellschaft, ihre Informations- und Verkehrssysteme" (ebd.). Reproduktion meint nicht die identische Reproduktion, sondern Prozesse der Anpassung und Erneuerung sind notwendiger Bestandteil einer erweiterten Reproduktion der Verhältnisse. Berger/Offe bestimmen das Problem der Dienstleistung als eines, das sich massiv erst mit der beschleunigten Entwicklung des Arbeitsteilungsprozesses in modernen kapitalistischen Gesellschaften stellt, denn Rationalisierung verstehen sie als einen Prozeß, in dem aus den "herstellenden Arbeiten" Prozesse der Instandhaltung, Organisation und Reflexion als Anstrengungen der Sicherung des Zusammenhalts von arbeitsteilig Zerlegtem ausgegliedert werden, die mit sich die Dequalifizierung der Arbeitskraft bringen. Die beiden von ihnen benannten Teilfunktionen der Herstellung und Erhaltung treten also als notwendige Momente des Arbeitsprozesses erst im Verlaufe der beschleunigten arbeitsteiligen Entwicklung auseinander. Die gesteigerte Produktivität der herstellenden Arbeit hat auf der anderen Seite die steigenden Kosten eines Dienstleistungssektors zur Folge, der in der Wahrnehmung der aus dem Produktionsprozeß ausgegliederten Funktionen nicht in gleichem Maße Produktivitätskriterien unterworfen werden kann und an Kostengrenzen stößt.

Wesentlich für den weiteren Zusammenhang meiner Arbeit ist, daß als das Gemeinsame von Dienstleistungsarbeit die "Instandhaltung von etwas" gefaßt wird, diese Arbeit sich dabei aber sowohl auf physische Gegenstände (Reparatur, Reinigung, Gesundheitsdienste, technische Entwicklung etc.) beziehen kann als auch ausschließlich auf Symbole (Künstler, Steuerberater, Rechtsanwälte, Richter, Lehrer, Pädagogen, Schauspieler, Buchhalter, Werbefachleute etc.). Das Gemeinsame dieser Arbeiten bezogen auf physische wie auch symbolische Gegenstände ist ihr reflexiver Bezug auf Bedingungen der gesellschaftlichen Reproduktion. Dem Begriff der Dienstleistung entspricht in diesem Sinne der Begriff des organischen Intellektuellen, wie ihn Maas im Anschluß an Gramsci darlegt, insofern, als mit der Ausgliederung der "Instandhaltungsarbeit" Dienstleistung die Erhaltung des Verkehrs als "gesellschaftlichen" in einer bestimmten Form zum Gegenstand hat und in diesem Sinne Dienstleistungsarbeiter als organische Intellektuelle die Kontrolleure der Formen des Verkehrs darstellen. Für beide Argumentationszusammenhänge ist das Mißverständnis zu vermeiden, daß Dienstleistungen stets hierarchisch übergeordnete Tätigkeiten darstellten. Funktional gesehen verhalten "herstellende" und "bewachende" Arbeit sich reziprok zueinander und auch gesellschaftlich sind die Tätigkeiten etwa von Wach- und Schließpersonal, Pförtnern, Müllarbeitern, Verkäufern, Reparaturarbeitern, Pflegepersonal etc. keineswegs sozial übergeordnet.

Will man nun von dieser Stelle aus an den Versuch anknüpfen, die Aufgaben von Intellektuellen weiter einzugrenzen, dann ist es sinnvoll, zunächst den Begriff des organischen Intellektuellen durch den des Dienstleistungsarbeiters zu ersetzen. Der Begriff des Intellektuellen ist im Anschluß an Maas zu binden an das Verhältnis zur Sprache als Potential des Sich-Verfügbarmachens der gesellschaftlichen Verhältnisse. Funktional betrachtet ist der gesellschaftliche Ort von Intellektuellen also da, wo die arbeitsteilig zergliederten Verhältnisse in der Produktion und die formalen Bedingungen dieser, d.h. auch die ihrerseits arbeitsteilig zergliederte Dienstleistungsarbeit auf eine Synthesis der Verhältnisse als Bedingung der Reproduktion angewiesen sind. Damit ist noch nicht viel gewonnen, da sowohl in sehr unterschiedlichen Zusammenhängen als auch in sehr unterschiedlichem Ausmaß dies gefordert sein kann. Hier werden schnell die Grenzen einer funktionalen Betrachtungsweise deutlich. Ist die Entwicklung der Dienstleistungsarbeit auch bezogen auf die Prozesse der Entwicklung der Arbeitsteilung in modernen kapitalistischen Gesellschaften zu klären, so ist gleichwohl die spezifische Verfaßtheit dieser Arbeiten keineswegs schlichtes Ergebnis eines funktionalen Ausdifferenzierungsprozesses, sondern zugleich Ergebnis gesellschaftlicher Auseinandersetzung. Das wird an den Konflikten der letzten Jahre etwa um die Privatisierung von öffenlichen Dienstleistungen, um die Standards von Dienstleistungen in Schule, Sozialarbeit, Gesundheitswesen oder um das Ausmaß und die "Qualität" von Kulturarbeit deutlich. Entsprechend sind auch die gesellschaftlichen Formen, in denen die Synthesis der gesellschaftlichen Verhältnisse organisiert ist, als Ergebnis historischer Konfliktaustragungen und als Terrain der Auseinandersetzungen um das Ausmaß und das Wie dieser Synthesis aufzufassen als auch darum, wer sich daran beteiligen darf.

Dabei sieht z.B. die demokratische Verfassung einer Gesellschaft wie der Bundesrepublik Deutschland formal die Möglichkeit der Teilnahme eines jeden am Prozeß der Synthetisierung der gesellschaftlichen Verhältnisse zum Zwecke ihrer demokratischen Gestaltung im Sinne der Gesellschaftsmitglieder vor. Im der gesellschaftlichen Praxis ist diese Möglichkeit der Teilnahme beschränkt insofern, als der größte Teil der in der Produktion als Arbeiter Beschäftigten und auch der Dienstleistungsarbeiter im wiederkehrenden Durchlauf durch die gesellschaftlichen Apparate den Anspruch der Partizipation an der Gestaltung der Bedingungen der Reproduktion ihres Lebens abtreten. Maas weist in diesem Zusammenhang auf die nach wie vor zentrale Rolle der Schule hin, wesentlich sind hier aber auch Strukturen der Öffentlichkeit, wie sie von Habermas (1962) und Negt/Kluge (1972) beschrieben und in ihrer Reproduktion in der konkreten Fallstudie zur Medienöffentlichkeit im deutschen Herbst (Maas 1978, Bommes u.a. 1979) deutlich werden. Berufsverbote und Gesinnungslizenzen vom Verfassungsschutz als Voraussetzung zur Einstellung in den öffentlichen Dienst zusammen mit Auseinandersetzungen um das angemessene Verständnis des Grundgesetzes sind in den letzten 20 Jahren politisch spektakuläre und auch international bekannt gewordene Beispiele für Konflikte um die erlaubte Reichweite und die Form der Synthesis gesellschaftlicher Verhältnisse. Der spezifischen Organisation dieser Arbeit entsprechen also jeweilige Kontrollformen ihrer Absicherung.

Mit diesen vorläufigen begrifflichen Klärungen möchte ich zur Abschlußdiskussion der Ergebnisse der Interviewanalysen zurückkehren. Zuletzt habe ich gesagt, daß Teil der Kontrollarbeit der Apparate, die die von mir interviewten Jugendlichen durchlaufen haben, die Kontrolle der Form ist, in der die Bedingungen des Lebens als Migrantenjugendlicher erfahren werden. Dabei steht ein Teil dieser Apparate, wie in Kap. 1.5 ausgeführt, in der Tradition der Kontrolle der Erfahrungsformen von Arbeiterjugendlichen. Darüberhinaus hängt der Ausbau der Sozialarbeit zentral mit der beschleunigten Entwicklung der gesellschaftlichen Verhältnisse zusammen insofern, als diese es für die Subjekte schwieriger macht, sich biographisch einzurichten, d.h. auch eine durchhaltbare Formulierung dafür zu finden, wer sie sind, waren und sein wollen, da die sozialen Verhältnisse solche Entwürfe wiederkehrend verschleißen und mit ihnen die Traditionen, aus denen sie bezogen werden können (vgl. dazu u.a. Beck 1986). Sozialarbeit und Sozialpädagogik stellen auch eine institutionelle Bearbeitung dieser Erfahrung dar.

Damit hat man bezogen auf die türkischen Migrantenjugendlichen aber noch einen wesentlichen Punkt ausgespart. Mit ihrer Ankunft seit Mitte der 70er Jahre wurden sie von verschiedener Seite zu einer kritischen Masse erklärt, die eine besondere Form der Kontrolle hervorbrachte. Indem politisch das "Ausländerproblem" als "Türkenproblem" entdeckt wurde, worin sich negativ im Kontext einer sich verschärfenden Arbeitsmarkt- und Sozialstaatskrise Gewißheit darüber verschafft werden konnte, wer dazugehört (vgl. Bommes/Scherr 1990, 1991), war nach einer Lösung für ein zugleich zu entdeckendes Kultur- und Sicherheitsproblem verlangt. Migrationsforschung, Ausländerarbeit und -pädagogik sind auch die spezifische Antwort auf die Forderung, dem "Ausländerproblem" einen Sinn zu geben, d.h. der Angst vor dem imaginierten Chaos in befürchteten Ghettos eine gedankliche Ordnung gegenüberzustellen, die das Problem "der Gesellschaft" und zugleich den Migranten erklärt.[1] Dabei zeigt sich auch hier, daß Ausländerarbeit in ihrem Verlauf nicht das schlichte Ergebnis funktionaler Erfordernisse ist, sondern die Willfährigkeit und Geschwindigkeit, mit der eine bestimmte Perspektive lange Zeit dominant war und erst in den letzten Jahren ins Wanken geraten ist, hat auch damit zu tun, daß ganze Gruppen von ausgesperrten Intellektuellen - d.h. solchen, die von ihrer Ausbildung her zur Synthesis der gesellschaftlichen Verhältnisse vorgesehen waren - hier eine Möglichkeit geboten bekamen, aktuell als solche zu fungieren, sofern sie nur in der Lage waren, den Bedarf ihrer Arbeit im Kontext der politischen Konjunktur einsichtig zu formulieren. Zugleich wurden ganze Stäbe von Intellektuellen in den Schulen, der Sozialarbeit, im Justizapparat und anderen Verwaltungen für die Bearbeitung des "Ausländerproblems" in zahlreichen Fortbildungsmaßnahmen präpariert, die im weiteren in der Anmeldung ihrer Ansprüche an der gesellschaftlich relevanten Formulierung des Problems - sei es etwa in öffentlichkeitswirksamen Projektberichten, sei es in einem in den Medien veröffentlichten Gerichtsurteil - teilnahmen.

Das Problem war wie gesagt sowohl "der Gesellschaft" als auch den Migranten zu erklären. In den verschiedenen Fassungen des Lebens der Migranten in der BRD waren die eigene Arbeit zu legitimieren und abzusichern sowie Probleme der Organisation, wie sie sich ohnehin stellen, angehbar zu machen (vgl. Bommes/Scherr 1992, Bommes/Radtke 1991, Radtke u.a. 1992). Gleichzeitig waren diese Fassungen die Perspektive, in der die pädagogische Arbeit zu gestalten und an der die Formen der Kontrolle auszurichten waren. Dabei führte dies in politischen Auseinandersetzungen dazu, daß vor allem von im Bereich der Ausländerarbeit Tätigen auch verstärkt politische Forderungen nach rechtlicher und politischer Gleichstellung vorgetragen wurden und werden. In dieser Wahrnehmung der Interessen von Migranten in Stellvertretung reproduziert sich allerdings zum großen Teil bis heute, daß "die Gesellschaft" sich von den zuständigen Intellektuellen erklären läßt und darin die Ausgrenzung praktiziert. Deren vielfältige Formen, wie ich sie bezogen auf Schule und Arbeitsmarkt sowie andere Bereiche sozialer, rechtlicher und politischer Art dargelegt habe, sind aber die Grundlage der Arbeit mit Migranten in den Apparaten, die für sie zuständig sind. Diesen Apparaten, v.a. den pädagogisch arbeitenden, die nicht umsonst in Verkehrung der Situation zu ihrem Hauptthema Fragen der Integration gemacht haben, ist die Kompensierung der Formen dieser Ausgrenzungen aufgebürdet, was von den Beschäftigten vielfach beklagt wird. Andererseits reproduzieren diese in ihren intellektuellen Fassungen der "Probleme von Migranten" und den Formulierungen, die sie ihnen als Bestimmung ihrer Lebenslage liefern, den Umgang mit diesen als Kulturpro-

1 vgl. zur Migrationsforschung Bommes u.a. 1991, Dittrich/Radtke 1990, Treibel 1988, zur Pädagogik Czock 1990 u. Radtke 1991

blem, das entweder aus mangelnder Anpassungsleistung oder aber aus der unaufhebbaren kulturellen Eigenständigkeit, Identität resultiert. Die Klage der in den Apparaten Beschäftigten, der für die Migranten zuständigen Intellektuellen basiert darauf, daß Grundlage ihres Funktionierens die Partizipation derer ist, die Gegenstand der Kontrolle sind. Die pädagogische Arbeit mit den Jugendlichen zielt in der Lieferung von relevanten Formulierungen ihrer sozialen Verhältnisse auf eine reale Vergesellschaftlichung in dem Sinne, daß sie die "innere Natur" zum Gegenstand hat, d.h. die Formung der Erfahrungsweisen gesellschaftlicher Verhältnisse. Insoweit diese Verhältnisse selbst aber zu großen Teilen die Partizipation verweigern, drohen die Erfahrungsformen leer zu werden, solange sie diese Bedingung der eigenen Arbeit außen vor lassen, und damit zu bloßen Formen der Herrschaft.

Diese Erfahrung liegt den an Heftigkeit zunehmenden Argumentationen zugrunde, wie sie von Seiten v.a. der Intellektuellen vorgetragen werden, die selbst aus Migrantenfamilien stammen und allmählich an Zahl zunehmen.[2] Diese Erfahrung ist aber auch zentral in der Rede der von mir untersuchten Jugendlichen artikuliert. Dies wird besonders deutlich in den Interviews mit Atnan und Faruk. Atnan führt die Absurdität der erfahrenen Umgangsweisen drastisch vor Augen, indem er die Fassung der Verhältnisse von "Türken" und "Deutschen" umdreht. Hier wie auch in der Rede Faruks, die in der Nebeneinanderstellung der Formen des Umgangs mit Migranten demonstriert, was ohne praktische Schwierigkeiten über diese gleichzeitig gesagt werden kann, zeigt sich, daß erst die Verzerrungen, in denen die Jugendlichen diese Umgangsweisen zurückspiegeln, die Grundlagen des alltäglichen, als normal geltenden Umgangs mit ihnen bloßlegen. Die perfekte Rückgabe der Formen der Apparate, wie sie sich in der Rede Alis finden, hat zur Grundlage, daß er sich den Formulierungen nicht entziehen konnte, daß diesen die Wirklichkeit der Apparate entspricht, sie sich aber in zu großer Distanz zu Erfahrungen befinden, die Ali in seiner Karriere gemacht hat und für die diese Formulierungen keine Bearbeitungsmöglichkeit darstellen. Die Grunderfahrung der Täuschung im Hinblick auf das angestrebte Ziel, eine Arbeit zu bekommen, liegt schließlich der Weigerung Şemis zugrunde, sich den Ansprüchen der Apparate überhaupt zu stellen.

Die hier angestellte Überlegung, daß die Erfahrungsformen, mit denen die Apparate die Jugendlichen als adäquate Fassung ihrer Verhältnisse konfrontieren, angesichts der von ihnen gelebten Widersprüche als leer erfahren werden, finden eine Stütze, wenn man noch einmal auf das Gruppeninterview blickt. Dort findet sich einerseits die kollektive

2 Dazu u.a. Kalpaka 1986; Kalpaka/Räthzel 1988; sowie die Artikel in der TAZ vom 26.09.1987, 12.10.1987 u. 16.10.1987 über eine Auseinandersetzung zwischen deutschen und türkischen Sozialarbeitern um die Arbeit in einer "Deutsch-Ausländischen Begegnungsstätte".

Selbstinszenierung als "türkische Jugendliche", die eine positive Aneignung der erfahrenen Behandlung als Türken darstellt und die gegenüber mir durchgehalten wird. Andererseits aber geraten die Jugendlichen ernsthaft in Konflikte bei der Frage der Heirat eines deutschen Mädchens und streiten sich darüber mehr oder weniger abgeschottet von mir auf Türkisch in den in Migrantenzusammenhängen gelernten Formen eines religiösen Diskurses, der sowohl sich als Abgrenzung eignet als auch flexibel genug ist, um unterschiedliche Erfahrungen darin zu artikulieren. Reden die Jugendlichen mit mir als einzelne, so müssen sie ihr Verhältnis zu mir in den gelernten Formen des Umgangs mit den Apparaten, für die ich stehe, ausbalancieren. Als "Türken" halten sie mich gemeinsam auf Distanz, für eine ernsthafte Klärung von Differenzen untereinander aber gibt der erfahrene Diskurs in den Apparaten nichts her. Insofern weist die Auseinandersetzung im Gruppeninterview darauf hin, daß die vermeintliche Absurdität der Fassungen der Verhältnisse im Streit um die Heiratspraxis, den Umgang mit deutschen Frauen, dem Schweinefleischverzehr, die Bedeutung der religiösen Praxis in der Migrationsgesellschaft etc., in denen Erfahrungen der Migration artikuliert sind, die Kehrseite dessen darstellt, daß die angebotenen Fassungen in den Apparaten häufig genug selbst absurd und bezogen auf die von den Jugendlichen gelebten Widersprüche leer sind. In der Form der Rede über Sünde und Erlaubtes, Reines und Unreines, Zwang und Freiheit wird eine Auseinandersetzung möglich, in der nicht von Anfang an unterstellt ist, daß alles ein "Ausländerproblem" und insbesondere eines "der Türken" ist.

Ich komme zum Schluß: Die Vereindeutigungen in der Rede von Ali und Halit unterscheidet wie gesagt diese von den anderen, was in ihrem Falle dem Interview als Zwangszusammenhang geschuldet ist. Hier läßt sich sicher von strategischer Rede sprechen. Mit ihren Vereindeutigungen machen sie aber ihre Erfahrung der Verständigungsverhältnisse, auf deren Kritik hier im Anschluß an Habermas gezielt war, überdeutlich kenntlich: Vor dem Hintergrund des Widerspruchs zwischen dem Anspruch der Apparate, die Verhältnisse der Jugendlichen adäquat zu formulieren, und der vielfach verweigerten Partizipation an wesentlichen gesellschaftlichen Bereichen werden die sprachlichen Formen der Apparate und die darin vollzogene intellektuelle Praxis der Durchdringung der Verhältnisse als Macht erfahren und nicht als Potential des symbolischen Sich-verfügbar-machens der für einen gültigen Bedingungen des Daseins als Voraussetzung für ihre aktive Änderung. In der Form der Aufklärung arbeiten die Apparate so daran mit, daß das Interesse an dieser partiell aufgegeben wird.

Transkriptionszeichen

Über der Äußerung	–	erhöhte Lautstärke
unter der Äußerung	–	leises Sprechen
über der Äußerung	–	lachende Rede
◡Äußerung◂	–	ansteigende Tonlage
/	–	Korrektur
unter der Äußerung	–	Hervorhebung
– über einem Äußerungssegment	–	Dehnungszeichen wie in: da¯
|1s|	–	entspricht einer Sekunde Pause, gemessen in halben Sekunden
-	–	kurzes Absetzen
( ) oder Äußerung in Klammern	–	unverständlich bzw. nicht sicher zu identifizieren
[ ]	–	Klammer für Kommentare wie [lacht] [flüstert] oder für Übersetzungen aus dem Türkischen
▸ ◂	–	bezeichnet Anfang und Ende von Tätigkeiten, sofern dies relativ zu gleichzeitigem Verhalten (anderer) begrenzt werden kann.
% %	–	Klammert Äußerungen mit erhöhter Stimmlage
?	–	Knacklaut
über der Äußerung	–	schnelles Sprechen

Literaturverzeichnis

Abadan-Unat, N. (Hg.) 1985; Die Frau in der türkischen Gesellschaft. Frankfurt

Adorno, Th.W. u.a. 1969; Der Positivismusstreit in der deutschen Soziologie. Neuwied

Albrecht, P.A./Pfeiffer, Ch. 1979; Die Kriminalisierung junger Ausländer. Befunde und Reaktionen sozialer Kontrollinstanzen. München

Althusser, L. 1977; Ideologie und ideologische Staatsapparate. Berlin

Atkinson, J.M. 1979; Sequencing and Shared Attentiveness to Court Proceedings. in: Psathas 1979

Auer, P. 1981; Bilingualism as a Members' Concept: Language Choice and Language Alternation in the Relation to Lay Assessments of Competence. Arbeitspapier Nr.54 des SFB Linguistik der Universität Konstanz.

Auer, P. 1982; Transferierte Rituale in bilingualen Interaktionen italienischer Migrantenkinder. in: Bausch 1982

Auer, P. 1982a; Eine differentielle Analyse zur konversationellen Sprachalternation bei neun italienischen Migrantenkindern. Arbeitspapier Nr.71 des SFB Linguistik der Universität Konstanz.

Auer, P. 1983; Zweisprachige Konversationen. Diss. Universität Konstanz, Arbeitspapier Nr.79 des SFB Linguistik der Universität Konstanz.

Auer, P./di Luzio, A. 1982; On Structure and Meaning of Variation in the Speech of Italian Migrant Children in Germany. in: Papiere des Projekts "Muttersprache italienischer Gastarbeiterkinder." SFB Linguistik der Universität Konstanz

Auer, P./di Luzio, A. o.J.; Identitätskonstitution in der Migration: konversationsanalytische und linguistische Aspekte ethnischer Stereotypisierungen. in: Papiere des Projekts "Muttersprache italienischer Gastarbeiterkinder." SFB Linguistik der Universität Konstanz.

Auer, P. 1984; On the Meaning of Conversational Code-Switching. in: Auer, P./di Luzio (Hg.) Interpretive Sociolinguistics. Tübingen 1984

Auernheimer, G. 1988; Der sogenannte Kulturkonflikt. Orientierungsprobleme ausländischer Jugendlicher. Frankfurt/New York

Aufenanger, S./Lenssen, M. (Hg.) 1986; Handlung und Sinnstruktur. Bedeutung und Anwendung der Objektiven Hermeneutik. München

Autorengruppe Ausländerforschung 1981; Zwischen Getto und Knast. Reinbek bei Hamburg

Baethge, M. 1985; Individualisierung als Hoffnung und als Verhängnis. Aporien und Paradoxien der Adoleszenz in spätbürgerlichen Gesellschaften oder: Die Bedrohung der Subjektivität. in: SOFI - Mitteilungen, Göttingen

Bausch, K.H. (Hg.) 1982; Mehrsprachigkeit in der Stadtregion. Jahrbuch 1981 des Instituts für deutsche Sprache. Düsseldorf

Beck, U. 1983; Jenseits von Klasse und Stand? in: Kreckel, R. (Hg.); Soziale Ungleichheit. Soziale Welt Sonderband.2

Beck, U. 1986; Risikogesellschaft. Frankfurt/M.

Benedict, P. 1974a; Ula. An Anatolian Town. Leidèn

Benedict, P. 1974b; The Kabul Günü. Structured Visiting in a Turkish Provincial Town. in: Anthropological Quarterly. Vol. 47, 1/1974

Benedict, P. 1974c; The Changing Role of Provincial Towns: A Case Study from Southwestern Turkey. in: Benedict/Tümertekin/Mansur 1974

Benedict, P. 1976; Aspects of the Domestic Cycle in a Turkish Provincial Town. in: Perestiany, J.G. (Ed.); Mediterranean Family Structure. Cambridge

Benedict P./Tümertekin E./Mansur F. (Ed.) 1974; Turkey - Geographic and Social Perspectives. Leiden

Berger, H. 1980; Untersuchungsmethode und soziale Wirklichkeit. Frankfurt/M.

Berger, H. 1987; Arbeitswanderung im Wandel der Klassengesellschaft - Für einen Perspektivenwechsel in der Migrationsforschung. in: Migration 1/1987

Berger, H. 1987a; Arbeitseinwanderung und Marginalisierung. Kritische Bemerkungen zur bundesdeutschen Migrationsforschung. Ms. Berlin. ersch. demn. in Dittrich/Radtke 1990

Berger, J. 1986; Die Versprachlichung des Sakralen und die Entsprachlichung der Ökonomie. in: Honneth/Joas 1986

Berger, J./Offe C. 1984; Die Entwicklungsdynamik des Dienstleistungssektors. in: Offe 1984

Bergmann, J. 1980; Ethnomethodologische Konversationsanalyse. in: Schröder/Steger

Bergmann, J. 1985; Flüchtigkeit und methodische Fixierung sozialer Wirklichkeit. in: Bonß, W./Hartmann, H. (Hg.) Entzauberte Wissenschaft. Soziale Welt. Sonderband 3 Göttingen

Berteaux-Wiame, I. 1979; The Life History Approach to the Study of Internal Migration. in: Oral History Journal 1/1979

Bielefeld, U./Kreissl, R./Münster Th. 1982; Junge Ausländer im Konflikt. Lebenssituationen und Überlebensformen. München

Bielfeld, U. 1984; Sozialerfahrung und ihre Verarbeitung. Arbeit, Arbeitslosigkeit und Nichtarbeit junger Ausländer. in: Hettlage, R. (Hg.) Zwischenwelten der Gastarbeiter. Schweizerische Zeitschrift für Soziologie Nr. 2, Sonderheft

Bielefeld, U. 1988; Inländische Ausländer. Zum gesellschaftlichen Bewußtsein türkischer Jugendlicher in der Bundesrepublik. Frankfurt/New York 1988

Binswanger, K. 1981; Islamischer Fundamentalismus und türkischer Nationalismus. in: Friedrich Ebert Stiftung (Hg.) Die türkische Krise. Bonn

Binswanger, K. 1983; Türkei. in: Ende/Steinbach

Bischoff, D.(Hg.)/Heidtmann-Frohme, S./Heßler, M./Rilling, E. 1984; Jugenddelinquenz und Integration junger Ausländer. Publikationen der Fachhochschule für Verwaltung und Rechtspflege. Berlin

Bommes, M. 1982; Gelebte Geschichte: Zum Verhältnis von Überlieferung und Alltagsleben. Sozialw. Diplomarbeit Universität Osnabrück

Bommes, M. 1982a; Gelebte Geschichte: Probleme der Oral History. in: Zeitschrift für Literaturwissenschaft und Linguistik 47/1982

Bommes, M. 1983; Was tun türkische Jugendliche, wenn sie sagen, sie "gehen spazieren"? in: Sprache und Herrschaft, 3. Jg., H.14

Bommes, M. 1990; "Die meisten türkischen Väter sind so." in: Informationsdienst zur Ausländerarbeit 4/1990

Bommes, M. 1992a; Individualisierung von Jugend - ausgenommen Migrantenjugendliche? in: Migration H. 14

Bommes, M. 1992b; Einwanderung in die Bundesrepublik und ihre diskursive Bearbeitung: Eine multikulturelle Praxis? in: Deutsch lernen 2/1992

Bommes, M. 1992c; Die Inszenierung des Banalen als Programm. Das Dilemma der Jugendarbeit am Beispiel des Umgangs mit Rechtsradikalen. in: Gemeinsam H. 24/1992

Bommes, M./Scherr, A. 1990; Die soziale Konstruktion des Fremden. Kulturelle und politische Bedingungen von Ausländerfeindlichkeit in der Bundesrepublik. in: Vorgänge 103, H. 1, 1990

Bommes, M./Scherr, A. 1991; Der Gebrauchswert von Fremd- und Selbstethnisierung in Strukturen sozialer Ungleichheit. in: Prokla 83, 21. Jg.

Bommes, M./Scherr, A. 1992; Multikulturalismus. Ein Ansatz für die Praxis der Jugendarbeit? in: deutsche jugend 40. Jg., H. 5/1992

Bommes, M./Scherr, A. 1992a; Rechtsextremismus. Ein Angebot für ganz gewöhnliche Jugendliche. in: Mansel, J. (Hg.); Reaktionen Jugendlicher auf gesellschaftliche Bedrohungen. Weinheim/München 1992

Bommes, M. u.a. 1991; Bereiche anwendungsorientierter soziologischer soziologischer Forschung. in: Kerber, H./Schmieder, A. (Hg.); Soziologie: Arbeitsfelder, Theorien, Ausbildung. Ein Grundkurs. Reinbek bei Hamburg

Boos-Nüning, U. 1986; Qualitative Interviews in der Ausländerforschung: Wissenschaftler - Interviewer - Ausländische Befragte. in: Hoffmeyer-Zlotnik 1986

Boos-Nüning, U./Neumann, U./Reich, H./YakutA. 1987; Zwischen Elternhaus und Arbeitsamt. Türkische Jugendliche suchen einen Beruf. Berlin

Borrelli, M. (Hg.) 1986; Interkulturelle Pädagogik. Baltmannsweiler 1986

Bourdieu, P. 1979; Ehre und Ehrgefühl in: Entwurf einer Theorie der Praxis. Frankfurt/M.

Bozbag, A.F. 1970; Das kemalistische Entwicklungsmodell und seine Bedeutung für die politische, wirtschaftliche und soziokulturelle Entwicklung der Türkei. Diss. Frankfurt

Britt-Engelbrektsson 1978; The Force of Tradition. Turkish Migrants at Home and Abroads. Göteborg.

Bude, H. 1985; Der Sozialforscher als Narrationsanimateur. Kritische Anmerkungen zu einer erzähltheoretischen Fundierung der interpretativen Sozialforschung. in: Kölner Zeitschrift für Soziologie und Sozialpsychologie. Jg. 37, 1985

Bund-Länder-Kommission für Bildungsplanung und Forschungsförderung 1987; Modellversuche zur Förderung und Eingliederung ausländischer Kinder und Jugendlicher in das Bildungssystem. Bonn

Bukow, W.-D./Llayora, R. 1988; Mitbürger aus der Fremde. Soziogenese ethnischer Minderheiten. Opladen 1988

Castles, S./Kosack, G. 1973; Immigrant workers and class structure in Western Europe. London

Cicourel, A. 1968; The Social Organization of Juvenile Justice. New York

Cicourel, A. 1970; Methode und Messung in der Soziologie. Frankfurt/M.

Cicourel, A. 1973; Cognitive Sociology. Harmondsworth

Clark, R.A. 1978; The Transition from Action to Gesture. in: Lock 1978

Clarke, J. 1979; Die Skinheads und die magische Rückgewinnung der Gemeinschaft. in: Clarke u.a. 1979

Clarke u.a. 1979; Jugendkultur als Widerstand. Frankfurt/M.

Cohen, Ph. 1972; Subcultural conflict and working class community. in: Working Papers in Cultural Studies. Centre for Contemporary Cultural Studies Birmingham. auch in Hall u.a. 1980

Cohen, Ph. 1979; Policing the working class city. in: National Deviancy Conference/Conference of Socialist Economists (Ed.); Capitalism and the rule of law. London

Corrigan, P. 1976; Doing nothing. in: Hall/JeffersonLondon 1976

Corrigan, P. 1979; Schooling the smash street kids. London

Coward, R./Ellis, J. 1977; Language and Materialism. London

Cremers E./Reichertz J./Seidel R. 1982; Interaktion vor Gericht. in: Soeffner, H.-G. (Hg.); Beiträge zu einer empirischen Sprachsoziologie. Tübingen

Critcher, C. 1979; Football since the War. in: Clarke, J./Critcher, C./Johnson, R. (Ed.) Working Class Culture. Studies in History and Theory. London.

Czock, H. 1990; Zur politischen und wissenschaftlichen Codierung der Arbeitsmigration und ihrer sozialen Folgen - Der Fall "Ausländerpädagogik". Diss. Universität Bielefeld

Czock H./Radtke F.O. 1984 Sprache - Kultur - Identität. Die Obsessionen der Migrationspädagogen. in: Stüwe/Peters 1984

Dammon, W. 1984; Die soziale Welt des Kindes. Frankfurt

Devereux, G. 1976; Angst und Methode in den Verhaltenswissenschaften. Frankfurt a.M./ Berlin/Wien

Dittrich, H./Radtke F.O. (Hg.) 1990; Ethnizität, Wissenschaft und Minderheiten. Opladen (im Ersch.)

DJI (Deutsches Jugendinstitut) (Hg.) 1982; Die neue Jugenddebatte. München.

Döbert, R./Habermas, J./Nunner-Winkler 1977 (Hg.); Entwicklung des Ichs. Köln

Döbert, R./Nunner-Winkler, G. 1982; Formale und materiale Rollenübernahme. Das Verstehen von Selbstmordmotiven im Jugendalter. in: Edelstein/Keller 1982

Dohse, K. 1981; Ausländische Arbeiter und bürgerlicher Staat. Genese und Funktion von staatlicher Ausländerpolitik und Ausländerrecht. Vom Kaiserreich bis zur Bundesrepublik Deutschland. Königstein/Ts.

Dohse, K. 1983; Massenarbeitslosigkeit und Ausländerpolitik. in: Bade, K. J. (Hg.); Auswanderer — Wanderarbeiter — Gastarbeiter. Bevölkerung, Arbeitsmarkt und Wanderung in Deutschland seit Mitte des 19. Jahrhunderts. Ostfildern

Douglas, M. 1966; Purity and Danger. An Analysis of the Concepts of Pollution and Taboo. London

Edelstein, W./Keller, M. (Hg.) 1982; Perspektivität und Interpretation. Frankfurt/M.

Edelstein, W,/Habermas, J. (Hg.) 1984; Soziale Interaktion und soziales Verstehen. Frankfurt/M.

Ehlich, K. 1979; Formen und Funktionen von "Hm". Eine phonologisch-pragmatische Analyse. in: Weydt 1979

Ehlich, K. 1980; Fremdsprachliches Handeln: Zur Pragmatik des Zweitspracherwerbs ausländischer Arbeiter. in: Deutsch lernen 1/1980

Elwert, G. 1982; Probleme der Ausländerintegration. Gesellschaftliche Integration durch Binnenintegration? Arbeitsberichte und Forschungsmaterialien der Fakultät für Soziologie der Universität Bielefeld Nr.30. Bielefeld 1982

Erdentuğ, N. 1959; A Study on the social structure of a Turkish Village. Ankara 1959

Essinger, H. 1986; Interkulturelle Pädagogik. in: Borrelli 1986

Fallers M./Lloyd A. 1976; Sex Roles in Edremit. in: Perestiany J.G. Mediterranean Family Structures. Cambridge

Fedrowitz, A. 1985; Deine Türken werden ganz schön frech. Tagebuchaufzeichnungen einer Lehrerin. Düsseldorf

Ferchhoff, W. 1990; Jugendkulturen im 20. Jahrhundert: Von den sozialmilieuspezifischen Jugendsubkulturen zu den individualitätsbezogenen Jugendkulturen. Frankfurt a. M./New York

Finkielkraut, A. 1989; Die Niederlage des Denkens. Reinbek b. Hamburg

Frank, D. 1979; Abtönungspartikel und Interaktionsmanagement. Tendenziöse Fragen. in: Weydt 1979

Franz, E. 1986; Die Bedeutung der Religion für die türkische Migrantenkolonie. in: Ausländerkinder 25/26 1986

Franz, F. 1985; Bügerliche und politische Rechte der Wanderarbeitnehmer. I. Bundesrepublik Deutschland. in: Just/Groth 1985 Bd. 2

Franz, F 1986; Einwanderung und Niederlassung im Fremdenrecht der Bundesrepublik Deutschland. in: Bausinger, H. (Hg.) Ausländer - Inländer. Arbeitsmigration und kulturelle Identität. Tübingen.

Garfinkel, H. 1967; Studies in Ethnomethodology. Englewood Cliffs, Prentice Hall

Garfinkel, H. 1974; The Origins of the Term Ethnomethodology. in: Turner 1974

Garfinkel, H./Sacks H. 1976; Über formale Strukturen praktischer Handlungen. in: Weingarten/Sack/Schenkein 1976

Giegel, H.J. 1992; Diskursive Verständigung und systemische Selbststeuerung. in: ders. (Hg.); Kommunikation und Konsens in modernen Gesellschaften. Frankfurt/M.

Gillis, J.R. 1981; Youth and history. Tradition and Change in European Age Relations. 1770 — Present. New York

Griese, H. 1985; Die Situation der Kinder von Wanderarbeitnehmern — I. Bundesrepublik Derutschland. in: Just/Groth 1985 Bd.2

Grießinger, A. 1981; Das symbolische Kapital der Ehre. Streikbewegungen und kollektives Bewußtsein von Handwerksgesellen im 18. Jhdt. Frankfurt/Berlin/ Wien

Gross, E. 1986; Interkulturelle Pädagogik vor kränkender Sozialisation. in: Borrelli 1986

Groth, A. 1984; Jugendkriminalität von Ausländern in Westeuropa. in: Informationsdienst zur Ausländerarbeit 2/84

Grothusen, K.-D. (Hg.) 1985; Südosteuropa-Handbuch Band IV: Türkei. Göttingen

Gumperz, J.J. 1975; Sprache, lokale Kultur und soziale Identität. Düsseldorf.

Gumperz, J.J. 1978; The Conversational Analysis of Interethnic Communication. in: E.L. Ross (Ed.) Interethnic Communication. University of Georgia Press, Athens

Gumperz, J.J. 1982; Discourse Strategies. Cambridge

Gumperz, J.J. 1982a; Conversational Code Switching. in: Gumperz 1982

Habermas, J. 1961; Strukturwandel der Öffentlichkeit. Neuwied

Habermas, J. 1968; Erkenntnis und Interesse. Frankfurt/M.

Habermas, J. 1968a; Technik und Wissenschaft als Ideologie. Frankfurt/M.

Habermas, J. 1970; Zur Logik der Sozialwissenschaften. Frankfurt/M.

Habermas, J. 1973; Legitimationsprobleme im Spätkapitalismus. Frankfurt.

Habermas, J. 1975; Zur Entwicklung der Interaktionskompetenz. Frankfurt/M.

Habermas, J. 1976; Zur Rekonstruktion des Historischen Materialismus. Frankfurt/M.

Habermas, J. 1981; Theorie des kommunikativen Handelns. 2 Bde. Frankfurt/M.

Habermas, J. 1983; Moralbewußtsein und kommunikatives Handeln. Frankfurt/M.

Habermas, J. 1984; Was heißt Universalpragmatik? in: Habermas, J. Vorstudien und Ergänzungen zur Theorie des kommunikativen Handelns

Habermas, J. 1986; Entgegnung. in: Honneth/Joas 1986

Habermas, J./Luhmann, N. 1971; Theorie der Gesellschaft oder Sozialtechnologie? Frankfurt/M.

Hall, S. 1980; Cultural Studies and the Centre: Some Problematics and Problems. in: Hall u.a. 1980

Hall, S./Jefferson, T. (Ed.) 1976; Resistance through Rituals. London

Hall, S./Hobson, D./Lowe, A./Willis, P. 1980; Culture, Media, Language. London

Halm, H.H. 1982; Islam und Laizismus - Strukturprobleme der modernen Türkei und ihre historische Entwicklung. in: Landeszentrale für politische Bildung Baden-Württemberg (Hg.) Die Türkei und die Türken in Deutschland. Stuttgart

Halm, H.H. 1986; Laizismus und Reislamisierung - Die Türkei und der Islam. in: Bausinger, H. Ausländer - Inländer. Arbeitsmigration und kulturelle Identität. Tübingen

Harant, St. 1987; Schulprobleme von Gastarbeiterkindern. in: Reimann H./Reimann H. (Hg.); Gastarbeiter. Analyse und Perspektiven eines sozialen Problems. Opladen

Hebdige, D. 1979; Subculture: The Meaning of Style. London

Hebdige, D. o.J.; Subcultural Conflict and Criminal Performance in Fulham. Occasional Stencilled Papers. CCCS Birmingham.

Heckmann, F. 1981; Die Bundesrepublik: Ein Einwanderungsland? Zur Soziologie der Gastarbeiterbevölkerung als Einwanderungsminorität. Stuttgart

Heidelberger Forschungsprojekt "Pidgin-Deutsch" 1975; Sprache und Kommunikation ausländischer Arbeiter. Analysen, Berichte, Materialien. Kronberg/Ts.

Heidelberger Forschungsprojekt "Pidgin-Deutsch" 1975a, Zur Sprache ausländischer Arbeiter: Syntaktische Analysen und Aspekte des kommunikativen Verhaltens. in: Zeitschrift für Literaturwissenschaft und Linguistik 18/1975

Heidelberger Forschungsprojekt "Pidgin-Deutsch" 1977; Die ungesteuerte Erlernung des Deutschen durch spanische und italienische Arbeiter. Eine soziolinguistische Untersuchung. OBST, Beiheft 2, Osnabrück

Heitmeyer, W./Olk, T. (Hg.) 1990; Individualisierung von Jugend. Gesellschaftliche Prozesse, subjektive Verarbeitungsformen, jugendpolitische Konsequenzen. Weinheim/München

Heitmeyer, W. u.a. 1992; Die Bielefelder Rechtsextremismus-Studie. Weinheim/München

Heßler, M. 1985; Hintergründe und Entwicklung der Delinquenz der zweiten Ausländergeneration. in: Zeitschrift für Ausländerrecht und Ausländerpolitik 3/85

Hinnenkamp, V. 1982; "Türkisch Mann Du?" — Sprachverhalten von Deutschen gegenüber Gastarbeitern. in: Bausch 1982

Hinnenkamp, V. 1985; Zwangskommunikative Interaktion zwischen Gastarbeitern und deutscher Behörde. in: Rehbein 1985

Hinnenkamp, V. 1987; Zur interaktionalen Soziolinguistik interkultureller Kommunikation. Am Beispiel ausgewählter Face-to-Face Kommunikation zwischen türkischen Immigranten und Deutschen. Diss. Universität Bielefeld

Hoffmann, L. 1981; "Wir machen alles falsch." Wie türkische Jugendliche sich in ihren Alltagstheorien mit ihrer Lage in der BRD auseinandersetzen. Materialien des Zentrums für Wissenschaft und berufliche Praxis. H. 12; Bielefeld

Hoffmann, L./Even, H. 1984; Soziologie der Ausländerfeindlichkeit. Weinheim/Basel

Hoffmann, L./Even, H. 1985; "Sie beschäftigen uns wie Sklaven." Erfahrungen von Türken an deutschen Arbeitsplätzen. Materialien des Zentrums für Wissenschaft und berufliche Praxis. H. 18; Bielefeld

Hoffmann-Novotny, H.-J. 1973; Migration. Ein Beitrag zu einer soziologischen Erklärung. Stuttgart

Hoffmeyer-Zlotnik, J. (Hg.) 1986; Qualitative Methoden der Datenerhebung in der Arbeitsmigrantenforschung. Mannheim

Hoffmeyer-Zlotnik, J. 1986a: Qualitative Datenerhebung in der Arbeitsmigrantenforschung - Eine Einführung. in: Hoffmeyer-Zlotnik 1986

Hoggart, R. 1958; The uses of literacy. Harmondsworth

Honneth, A. 1985; Kritik der Macht. Frankfurt/M.

Honneth, A./Joas, H. (Hg.) 1986; Kommunikatives Handeln. Frankfurt

Hütteroth, W.-D. 1982; Türkei. Darmstadt

Hütteroth, W.D. 1985; Landwirtschaft. in: Grothusen 1985

IBZ 1987; Informations- und Beratungszentrum für ausländische Arbeitnehmer der Stadt Osnabrück; Abschlußbericht zu einer Umfrage zur schulischen und beruflichen Situation der ausländischen Jugendlichen in Osnabrück. unveröff. Ms. Osnabrück

Islamoğlu, H./Keyder, C. 1979; Ein Interpretationsrahmen für die Analyse des Osmanischen Reiches. in: Senghaas, D. (Hg.) : Kapitalistische Weltökonomie. Kontroversen über ihren Ursprung und ihre Entwicklungsdynamik. Frankfurt

Jäschke, G. 1971, 1977-78, 1980; Vom Islam in der heutigen Türkei. in: Welt des Islam 13/1971; 18/1977-78; 20/1980

Jefferson, G. 1972; Side Sequences. in: Sudnow 1972

Jefferson, G. 1974; Error Correction as an Interactional Resource. in: Language and Society 3/1974

Jefferson, G. 1981; The Abominable Ne? in: Schröder, P./Steger H.

Joas, H. 1980; Praktische Intersubjektivität. Die Entwicklung des Werkes von G.H. Mead. Frankfurt/M.

Joas, H. 1986; Die unglückliche Ehe von Hermeneutik und Funktionalismus. in: Honneth/Joas 1986

Jong, F. de 1983; Die mystischen Bruderschaften und der Volksislam. in: Ende/Steinbach 1983

Just, W.-D./Groth, A. 1985; Wanderarbeiter in der EG. 2 Bde. Mainz/München

Just, W.-D. 1985; Die Situation der (Im-)Migrantenkinder — Vergleichende Analyse. in: Just/Groth 1985 Bd.1

Kallmeyer, W./Schütze F. 1976; Konversationsanalyse. in: Studium Linguistik 1/1976

Kalpaka, A. 1986; Handlungsfähigkeit statt Integration. Schulische und außerschulische Lebensbedingungen und Entwicklungsmöglichkeiten griechischer Jugendlicher. München

Kalpaka, A./Räthzel, N. 1988; 'Ausländerfeindlichkeit' und Rassismus in der BRD. Eine Kritik der gegenwärtigen Erklärungsansätze. in: Informationsdienst zur Ausländerarbeit 1/88

Karpat, K. Turkeys Politics. The Transition to a Multi-Parties System. Princeton 1959

Karpat, K. 1973; Social Change and Politics in Turkey. A Structural-Historical Analysis. Leiden

Karpat, K. 1976; The Gecekondu. Rural Migration and Urbanization. Cambridge

Karpat, K. 1985; Domestic Politics. in: Grothusen 1985

Keim, I. 1978; Gastarbeiterdeutsch. Untersuchungen zum sprachlichen Verhalten türkischer Gastarbeiter. Tübingen

Keim, I. 1984: Untersuchungen zum Deutsch türkischer Arbeiter. Tübingen

Keppler, A. 1987; Der Verlauf von Klatschgesprächen. in: Zeitschrift für Soziologie 4/1987

Keskin, H. 1977; Die Türkei. Vom Osmanischen Reich zum Nationalstaat. Berlin

Keskin, Hakkl 1989; Die Türkei und die Türken in Deutschland. Anmerkungen zur Hörfunkberichterstattung. in: Informationsdienst zur Ausländerarbeit 2/89

Keyder, C. 1984a; Vom Osmanischen Reich zur Republik. in: Ömer, S. (Hg.); Türkei. Hamburg

Keyder, C. 1984b; Die Agrarstruktur. in Ömer, S. (Hg.): Türkei. Hamburg

Khoury, A.Th. 1985; Islamische Minderheiten in der Diaspora. München/Mainz

Kiper, H. 1987; "Und sie waren glücklich" Alltagstheorien und Deutungsmuster türkischer Kinder. Hamburg.

Kiray, N.B. 1974; Social Change in Çukorova: A Comparison of four Villages. in: Benedict u.a. 1974

Kleff, H.-G. 1984; Türkische Jugendliche in Berlin zwischen den Wertvorstellungen und Lebensweisen der türkischen und der deutschen Kultur. in: Bischoff, D. (Hg.) u.a. 1984

Kleff, H.-G. 1985; Vom Bauern zum Industriearbeiter. Mainz

Kleff, H.-G. 1989; "Die Deutschen" in türkischen Tageszeitungen. Eine Untersuchung am Beispiel der Europaausgaben von Hürriyet und Tercüman. in: Deutsch lernen 1/89

Klein, W. 1974; Variation in der Sprache. Ein Verfahren zu ihrer Beschreibung. Kronberg/Ts.

Klein, W. 1984; Zweitsprachenerwerb. Eine Einführung. Königstein/Ts.

König, P. 1985; Berufsvorbereitende und berufliche Bildungsmaßnahmen für Ausländer. Bonn

König, P./Schultze G. 1985; Offene Jugendarbeit mit deutschen und ausländischen Jugendlichen in kommunalen Freizeiteinrichtungen. Bonn

Kohli, M./Robert, G. (Hg.) 1984; Biographie und soziale Wirklichkeit. Stuttgart

Kongar, E. 1976; A Survey of Familial Change in two Turkish Gecekondu Areas. in: Perestiany, J.G. (Ed.) Mediterranean Family Structures. Cambridge

Korte, E. 1986; Verbindung von quantitativen und qualitativen Forschungsmethoden in einem Projekt "Identitätswandel bei Arbeitsmigranten". in: Hoffmeyer-Zlotnik 1986

Labov, W. 1972; Language in the inner City. Oxford 1977[4]

Labov, W. 1976/1978; Sprache im sozialen Kontext. Bd. 1 u. 2; Kronberg/Ts. u. Königstein/Ts.

Lewis, B. 1968; The Emergence of modern Türkey. Oxford

Lindner, R. 1981; Jugendkultur und Subkultur als soziologische Konzepte. in: Brake, M.; Soziologie der jugendlichen Subkultur. Frankfurt a.M./New York

Lindner, R. 1982; Street, street boy, street gang. A contribution to the sociology of disorder. Vortrag bei der Tagung "Language and Cultural Studies" im Centre for Contemporary Cultural Studies im Dez. 82. Ms. Birmingham

Lock, A. 1978 (Ed.); Action, Gestures, Symbols. New York

Lock, A. 1980; The Guided Reinvention of Language. Cambridge

London, J. M. 1974; Radical Politics in modern Türkey. Leiden/Brill

Lorch-Göllner, S. 1989; Lebensbedingungen und Entwicklungsmöglichkeiten junger türkischer Frauen in einem ländlich strukturierten Gebiet der Bundesrepublik Deutschland. Frankfurt/New York

Lütten, J. 1979; Die Rolle der Partikeln *doch, eben* und *ja* als Konsensus-Konstitutiva in gesprochener Sprache. in: Weydt 1979

Lutz, B./Sengenberger, W. 1974; Arbeitsmarktstrukturen und öffentliche Arbeitsmarktpolitik. Eine kritische Analyse von Zielen und Instrumenten. Göttingen

Lutz, H. 1991; Welten verbinden. Türkische Sozialarbeiterinnen in den Niederlanden und der Bundesrepublik. Frankfurt/M.

Maas, U. 1976; Kann man Sprache lehren? Frankfurt/M.

Maas, U. 1978; Das Indianerspiel. OBST-Paper 1, Osnabrück; jetzt auch in Maas 1989

Maas, U. 1980; Kulturanalyse. Bibliographische Hinweise und Anmerkungen zu den Arbeiten des Birminhamer Centre for Contemporary Cultural Studies. in: OBST 16/1980

Maas, U. 1982; Eine historische Anmerkung zur Kulturdiskussion und ein Hinweis auf den kulturanalytischen Ansatz des Birminghamer Centre for Contemporary Cultural Studies. in: Held, J. (Hg.) Kunstgeschichte und Alltagskultur. Köln

Maas, U. 1984; Als der Geist der Gemeinschaft eine Sprache fand. Sprache im Nationalsozialismus. Opladen

Maas, U. 1985; Konnotation. in: Januschek, F. (Hg.) Politische Sprachwissenschaft. Opladen

Maas, U. 1986; Volkskundliches (Kultur) in der Sprachwissenschaft. in: Brekle H./ Maas, U. (Hg.) Sprachwissenschaft und Volkskunde. Opladen

Maas, U. 1987; Der Sprachwissenschaftler Gramsci. in: Das Argument 167/1987; auch in Maas 1989

Maas, U. 1989; Sprachpolitik und politische Sprachwissenschaft. Frankfurt/M.

Magnarella, P. 1974; Traditon and Change in a Turkish Town. Cambridge Massachusetts

Makal, M. 1981; Mein Dorf in Anatolien. Berlin

Mansur, F. 1972; Bodrum. A Town in the Aegean. Leiden

Mansel, J. 1985; Gefahr und Bedrohung? Die Quantität des 'kriminellen' Verhaltens der Gastarbeiternachkommen. in: Kriminologisches Journal 17. Jg. 3/85

Mansel, J. 1986; Die unterschiedliche Selektion von jungen Deutschen, Türken und Italienern auf dem Weg vom polizeilichen Tatverdächtigen zum gerichtlichen Urteil. in: Monatsschrift für Kriminologie und Strafrechtsreform 69. Jg. H.6

Mansel, J. 1988; Die Disziplinierung der Gastarbeiternachkommen durch Organe der Strafrechtspflege. in: Zeitschrift für Soziologie, 17. Jg., Heft 5

Mansel, J. 1990; Kriminalisierung als Instrument zur Ausgrenzung und Disziplinierung. Oder: "Ausländer richten ihre Kinder zum Diebstahl ab." in: Kriminologische Bibliographie, 17.Jg., H. 3

Matthes, J. 1985; Zur transkulturellen Relativität erzählanalytischer Verfahren in der empirischen Sozialforschung. in: Kölner Zeitschrift für Soziologie und Sozialpsychologie Jg. 37, 1985

Matthes,J/Pfeifenberger, A./Stosberg, M. (Hg.) 1981; Biographie in handlungswissenschaftlicher Perspektive. Nürnberg

Matthiesen, U. 1985; Das Dickicht der Lebenswelt und die Theorie des Kommunikativen Handelns. München

Maurenbrecher, T. 1984; Die Erfahrung der externen Migration. Eine biographie- und interaktionsanalytische Untersuchung über Türken in der BRD. Diss. Kassel

McCarthy, Th. 1980; Kritik der Verständigungsverhältnisse. Frankfurt/M.

McCarthy, Th. 1986; Komplexität und Demokratie - Die Versuchungen der Systemtheorie. in: Honneth/Joas 1986

Mead, G.H. 1934; Mind, Self and Society. Chicago

Mead, G.H. 1968; Geist, Identität und Gesellschaft. Frankfurt/M.

Mead, G.H. 1980; Gesammelte Aufsätze Bd. 1 Frankfurt/M.

Mead, G.H. 1983; Gesammelte Aufsätze Bd. 2 Frankfurt/M.

Mehrländer U. 1974; Soziale Aspekte der Ausländerbeschäftigung. Bonn

Mehrländer, U. 1978; Einflußfaktoren auf das Bildungsverhalten ausländischer Jugendlicher. Bonn

Mehrländer U. u.a. 1981; Situation der ausländischen Arbeitnehmer und ihrer Familienangehörigen in der BRD. Repräsentativuntersuchung '80, hrsg. vom Bundesministerium für Arbeit und Sozialordnung. Bonn

Mehrländer, U. 1983; Türkische Jugendliche — Keine beruflichen Chancen in Deutschland? Bonn

Memorandum des Beauftragten der Bundesregierung, Heinz Kühn 1979; Stand und Entwicklung der Integration der ausländischen Arbeitnehmer und ihrer Familien in der Bundesrepublik Deutschland. Bonn

Meyer-Ingwersen, J./Neumann, R./Kummer, M. 1981; Zur Sprachentwicklung türkischer Schüler in der Bundesrepublik. Königstein/Ts. 2 Bde

Miller, M. 1986; Kollektive Lernprozesse. Studien zur Grundlegung einer soziologischen Lerntheorie.

Miller, M. 1986a; Sprachliche Sozialisation. in: Miller 1986

Milli Eğitim Genelik ve Spor Bakanlığı Yayınları Nr.464 T.C. 1985; Imam Hatip Liseleri Fıkıh Ders Kitabı, IX. Sınıf için, İstanbul

Mıhçıyazgan, U. 1986; Wir haben uns vergessen. Ein intrakultureller Vergleich türkischer Lebensgeschichten. Hamburg

Mullins, N.C. 1981; Ethnomethodologie: Das Spezialgebiet, das aus der Kälte kam. in: Lepenies, W. (Hg.) Geschichte der Soziologie. Frankfurt.

Mungham, G./Pearson, G. (Ed.) 1976; Working Class Youth Culture. London

Muth 1984; Die Jugendgerichtsverhandlung aus der Perspektive des Angeklagten. in: Reichertz 1984

Nikolinakos, M. 1973; Politische Ökonomie der Gastarbeiterfrage. Migration und Kapitalismus. Reinbek bei Hamburg

Nitzschke, V. 1986; Probleme des Übergangs von Schule in Beruf, insbesondere bei türkischen Jugendlichen. in: Borrelli 1986

Oevermann, U. u.a. 1976; Beobachtungen zur Struktur der sozialisatorischen Interaktion. in: Auwärter, M./Kirsch, E./Schröter, K. (Hg.) Seminar: Kommunikation, Interaktion, Identität. Frankfurt/M.

Oevermann, U. 1979; Sozialisationstheorie. Ansätze zu einer soziologischen Sozialisationstheorie und ihre Konsequenzen für die allgemeine soziologische Analyse. in: Lüschen, G. (Hg.) Deutsche Soziologie seit 1945. Sonderheft 21 der Kölner Zeitschrift für Soziologie und Sozialpsychologie. Opladen

Oevermann, U. u.a. 1979a; Die Methodologie einer 'Objektiven Hermeneutik' und ihre allgemeine forschungslogische Bedeutung in den Sozialwissenschaften. in: Soeffner, H.G. (Hg.) Interpretative Verfahren in den Sozial- und Textwissenschaften. Stuttgart

Oevermann, U. u.a. 1980; Zur Logik der Interpretation von Interviewtexten. in: Heinze, Th./Klusemann, H.W./Soeffner, H.G. (Hg.) Interpretation einer Bildungsgeschichte. Bensheim

Oevermann, U. 1983; Zur Sache: Die Bedeutung von Adornos methodologischem Selbstverständnis für die Begründung einer materialen soziologischen Strukturanalyse. in: v. Friedeburg, L./Habermas, J. (Hg.) Adorno- Konferenz 1983. Frankfurt/M.

Oevermann, U. 1983a; Hermeneutische Sinnrekonstruktion: Als Therapie und Pädagogik mißverstanden, oder: Das notorische strukturtheoretische Defizit der Pädagogik. in: Garz, D./Kraimer, K. (Hg.) Brauchen wir andere Forschungsmethoden? Frankfurt

Oevermann, U. 1986; Kontroversen über sinnverstehende Soziologie. Einige wiederkehrende Probleme und Mißverständnisse in der Rezeption der 'Objektiven Hermeneutik'. in: Aufenanger, S./Lenssen, M. 1986

Oevermann, U. 1991; Genetischer Strukturalismus und das sozialwissenschaftliche Problem der Erklärung der Entstehung des Neuen. in: Müller-Dohm, S. (Hg.); Jenseits der Utopie. Theoriekritik der Gegenwart. Frankfurt/M.

Oevermann, U./Schuster, L./Simm, A. 1985; Zum Problem der Perseveranz im Delikttyp und modus operandi. Wiesbaden

Offe, C. 1984; "Arbeitsgesellschaft": Strukturprobleme und Zukunftsperspektiven. Frankfurt/M./New york

Offe, C. 1984a; Das Wachstum der Dienstleistungsarbeit: Vier soziologische Erklärungsansätze. in: Offe 1984

Parker, H. 1974; View from the Boys. Newton Abbot/London

Parker, H. 1979; Aus Jungen werden Männer. Kurze Adoleszenz in einem innerstädtischen Wohnbezirk. in: Clarke u.a. 1979

Petersen, A. 1985; Ehre und Scham. Das Verhältnis der Geschlechter in der Türkei. Berlin.

Peukert, D. 1980; Die Edelweißpiraten. Protestbewegungen jugendlicher Arbeiter im Dritten Reich. Köln

Planck, U. 1972; Die ländliche Türkei. Soziologie und Entwicklungstendenzen. Zeitschrift für ausländische Landwirtschaft. Materialsammlung H.19 Frankfurt

Psathas, G. 1979; Everyday Language. Studies in Ethnomethodology. New York

Quasthoff, U. 1980; Erzählen in Gesprächen. Tübingen

Radtke, F.-O. 1990; Multikulturell — Das Gesellschaftsdesign der 90er Jahre? in: Informationsdienst zur Ausländerarbeit, H. 4/1990

Radtke, F.-O. 1991; Die Rolle der Pädagogik in der westdeutschen Migrations- und Minderheitenforschung. Bemerkungen aus wissenssoziologischer Sicht. in: Soziale Welt Jg. 42, H.1, 1991

Radtke,, F.-O. u.a. 1992; Untersuchungen zur Bildungsbeteiligung ausländischer Kinder in Bielefeld. DFG-Projekt Zwischenbericht; Universität Bielefeld, Zentrum für Lehrerbildung

Reichertz, J. (Hg.) 1984; Sozialwissenschaftliche Analysen jugendgerichtlicher Interaktion. Tübingen

Reichertz, J. 1985; Probleme qualitativer Sozialforschung — Die Entwicklungsgeschichte der Objektiven Hermeneutik. Frankfurt/M.

Rehbein, J. 1980; Sequentielles Erzählen. Erzählstrukturen von Immigranten bei Sozialberatungen in England. in: Ehlich, K. (Hg.) Erzählen im Alltag. Frankfurt/M

Rehbein, J. 1982; Zu begrifflichen Prozeduren in der zweiten Sprache Deutsch. in: Bausch 1982

Rehbein, J. 1982a; Worterklärungen türkischer Kinder. in: OBST 22/1982

Rehbein, J. (Hg.) 1985; Interkulturelle Kommunikation. Tübingen

Rehbein, J 1985a; Diskurs und Verstehen. Zur Rolle der Muttersprache bei der Textverarbeitung in der Zweitsprache. in: Apeltauer, E. (Hg.) Gesteuerter Zweitspracherwerb. München

Rehbein, J. 1985b; Medizinische Beratung türkischer Eltern. in: Rehbein 1985

Rehbein, J 1985c; Ein ungleiches Paar - Verfahren des Sprachmittelns in der medizinischen Beratung. in: Rehbein 1985

Robins, D./Cohen, P. 1978; Knuckle Sandwhich. Harmondsworth

Rother, L. 1977; Tradition und Wandel in Antakya (Antiochia) - Eine türkische Mittelstadt zwischen 1930 und heute. in: Schweizer, G. (Hg.) Beiträge zur Geographie orientalischer Städte und Märkte. Wiesbaden

Rother, L. (1971); Die Städte der Çukorova: Adana - Mersin - Tarsus. Ein Beitrag zum Gestalt-, Struktur- und Funktionswandel türkischer Städte. Tübinger geographische Studien H. 42

Rückert, G. 1985; Untersuchungen zum Sprachverhalten türkischer Jugendlicher in der BRD. Pfaffenweiler

Sacks, H 1972; On the Analyzability of Stories by Children. in: Gumperz/Hymes (Ed.) Directions in Sociolinguistics: The Ethnography of Communication. New York

Sacks, H. 1972a; An Initial Investigation of the Usability of Conversational Data for Doing Sociology. in Sudnow, D. (Ed.) Studies in Social Interaction. New York

Sacks, H. 1978; Some Technical Considerations of a Dirty Joke. in: Schenkein 1978

Sacks, H. 1978a; An Analysis of the Course of a Joke's Telling in Conversation in: Baumann R./Sherzer J. (Ed.) Explorations in the Ethnography of Speaking. London, New York

Sacks, H./Schegloff E./Jefferson G. 1974; A Simplest Systematics for the Organization of Turn-taking in Conversation. in: Language 50 (1974)

Schegloff, E. 1968; Sequencing in Conversational Openings. in: American Anthropologist 7o (1968)

Schegloff, E. 1972; Notes on a Conversational Practice: Formulating Place. in: Sudnow 1972

Schegloff, E. 1978; On Some Questions and Ambiguities in Conversation. in: Dressler. W. (Hg.) Current Trends in Textlinguistics Berlin/New York

Schegloff, E. 1979; Identification and Recognition in Telephone Conversation Openings. in Psathas 1979

Schegloff, E./Sacks H. 1973; Opening up Closings. in: Semiotica 8 (1973)

Schegloff E./Jefferson G./Sacks H. 1977; The Preference for Self-Correction in the Organization of Repair in Conversation. in: Language 53 (1977)

Schenkein, J 1978; Studies in the Organization of Conversational Interaction. New York/San Francisco/London

Schenkein, J. 1978; Identity Negotiation in Conversation. in: Schenkein 1978

Schiffauer, W. 1981; Gewalt und Ehre. in: Kursbuch 62

Schiffauer, W. 1983; Die Gewalt der Ehre. Frankfurt

Schiffauer, W. 1984; Religion und Identität. Eine Fallstudie zum Problem der Reislamisierung bei Arbeitsemigranten. in: Schweizerische Zeitschrift für Soziologie 2/1984

Schiffauer, W. 1987; Die Bauern von Subay. Das Leben in einem türkischen Dorf. Stuttgart.

Schiffauer, W. 1989; Vom schweren Los, ein Mann zu werden. in: Geo 1/89

Schnapka, M. 1985; Straffälligkeit von Ausländern — Herausforderung an Kriminal- und Gesellschaftspolitik. in: Theorie und Praxis der sozialen Arbeit 12/85

Schöning-Kalender, C. 1985; Mobilität und Mobiliar. Binnenmigranten in Istanbul. Tübingen

Schrader, A./Nikles. B/Griese H. 1976; Die zweite Generation. Sozialisation und Akkulturation ausländischer Kinder in der BRD. Kronberg 1976

Schröder, P./Steger H. (Hg.) 1980; Dialogforschung. Jahrbuch 1980 des Instituts für deutsche Sprache. Düsseldorf.

Schroer, N. 1984 Die Dynamik der Richter - Rechtsanwalt - Interaktion in ihrer Bedeutung für die Sachverhaltsrekonstruktion in Hauptverhandlungen des Jugendgerichts. in: Reichertz 1984

Schütze, F. 1976; Zur Hervorlockung und Analyse von Erzählungen thematisch relevanter Geschichten im Rahmen soziologischer Feldforschung. in: Arbeitsgruppe Bielefelder Soziologen; Kommunikative Sozialforschung. München

Schütze, F. 1981; Prozeßstrukturen des Lebenslaufs. in: Matthes u.a. 1981

Schütze, F. 1983; Biographieforschung und narratives Interview. in: Neue Praxis 3/83

Schütze, F. 1984; Kognitive Figuren des autobiographischen Stegreiferzählens. in: Kohli/Robert 1984

Seidel, R. 1984; Beobachtungen am Jugendgericht — Aufbau und Ablauf von Gerichtsverhandlngen. in: Reichertz 1984

Selinker, L. 1972; Interlanguage. in: International Revue of Applied Linguistics 10/1972

Selman, R. 1984; Die Entwicklung des sozialen Verstehens. Frankfurt

Sennett R./Cobb J. 1972; The Hidden Injuries of Class. Cambridge

Serbser, W. 1986; Projekt 'Initiativen für mehr Miteinander von Ausländern und Deutschen' des Jugendamtes der Stadt Kassel. Problemstudie: 'Zur Interaktion von türkischen und deutschen Jugendlichen in Einrichtungen der Jugendpflege.' Abschlußbericht Kassel

Shorter, F.-C.; 1967; Four Studies on the Economic Development of Türkey. London

Starr, J. 1978; Dispute and Settlement in Rural Turkey. An Ethnography of Law. Leiden

Starr, J. 1978a; Turkish Village Disputing Behaviour. in: Nader, L/Todd, H. (Ed.) The Disputing Process - Law in ten Societies. New York

Steinhaus, K. 1969; Soziologie der türkischen Revolution. Frankfurt

Stirling, P. 1963; The Domestic Cycle and the Distribution of Power in Turkish Village. in: Pitt-Rivers, J. (Ed.) Mediterranean Countrymen. Paris/La Hague

Stirling, P. 1965; Turkish Village. London

Stirling, P. 1974; Cause, Knowledge and Change: Turkish Village Revisited. in: Davis, J. (Ed.) Choice and Change. Essays in Honour of Lucy Mair. London/New York

Stölting, W. 1980; Die Zweisprachigkeit jugoslawischer Schüler in der Bundesrepublik Deutschland. Wiesbaden

Stölting, W. 1980a; Die Entwicklung der Zweisprachigkeit bei ausländischen Schülern. in: Praxis Deutsch, Sonderheft 1980

Streeck, J. 1983; Konversationsanalyse. Ein Reparaturversuch. in: Zeitschrift für Sprachwissenschaft 1/1983

Stüwe, G. 1982; Türkische Jugendliche: Eine Untersuchung in Berlin Kreuzberg. Bensheim

Stüwe, G. 1987; Sozialisation und Lebenslage ausländischer Jugendlicher. in: Deutsches Jugendinstitut (Hg.) Ausländerarbeit und Integrationsforschung. Bilanz und Perspektiven. München

Stüwe, G. 1988; Sozialisation und Klischeevorstellunge. in: Informationsdienst zur Ausländerarbeit 1/88

Stüwe, G. 1988; Klischees und Selbstbilder. Lebenslagen, Perspektiven und Identitätsfindung von Jungen und Mädchen aus Migrantenfamilien. Berlin 1988

Stüwe G./Peters F. (Hg.) 1984 Lebenszusammenhänge von Ausländern und pädagogische Problematik. Bielefeld

Stüwe, G./Peters, F. 1984a; Lebenszusammenhänge von Ausländern und pädagogische Problematik. in: Stüwe/Peters 1984

Sudnow, D. (Ed.) 1972 Studies in Social Interaction. New York

Szyliowicz, J. 1966; Political Change in Rural Turkey. Erdemli. The Hague. Paris

Tavasl1, H. Y. 1978, Kolay Namaz Hocas1. Istanbul

Thomä-Venske, H. 1981; Islam und Integration. Hamburg

E.P. Thompson 1967; The Making of the English Working Class. Harmondsworth

Thränhardt, D. 1988; Die Bundesrepublik Deutschland - Ein unerklärtes Einwanderungsland. in: Aus Politik und Zeitgeschichte. Beilage zu Das Parlament 24/88

Treibel, A. 1988; Engagement und Distanzierung in der westdeutschen Ausländerforschung. Eine wissenschaftssoziologische Untersuchung. Stuttgart.

Turner, Roy 1974; Ethomethodology. Harmondsworth

Weber, U. 1983; Zur Bedeutung von Partikeln in Interaktionsdialogen. in: Weydt 1983

Weingarten/Sack/Schenkein 1976; Ethnomethodologie. Beiträge zu einer Soziologie des Alltagshandelns.

Werle, R. 1984; "Modell" Türkei. Ein Land wird kaputtsaniert. Hamburg

Werle, R./Kreile, R. 1987; Renaissance des Islam. Das Beispiel Türkei. Hamburg

Weydt, H. (Hg.) 1979; Die Partikeln der deutschen Sprache. Berlin/New York

Weydt, H. (Hg.) 1983; Partikeln und Interaktion. Tübingen.

Weydt, H./Henschel, E. 1983; Der pragmatische Mechanismus: *denn* und *eigentlich*. in: Weydt 1983

Williams, R. 1961; Culture and Society 1780 - 1950. Harmondsworth

Williams, R. 1965; The Long Revolution. Harmondsworth.

Willis, P. 1978; Profane Culture. London (deutsche Übersetzung Frankfurt 1981)

Willis, P. 1977; Learning to labour. How Working Class Kids get Working Class Jobs. Westmead/Farnborough (deutsch: Spaß am Widerstand. Frankfurt 1979)

Wilpert, C. 1980; Die Zukunft der zweiten Generation. Königstein/Ts.

Wollenschläger, M. 1984; Arbeits-, Sozial- und Ausländerrecht in Konfrontation mit der Gastarbeiterfrage. in: Bade K.F. (Hg.) Auswanderer, Wanderarbeiter, Gastarbeiter. Bevölkerung, Arbeitsmarkt und Wanderung in Deutschland seit der Mitte des 19. Jahrhunderts. Ostfildern Bd.2

Wolfgang Bartsch
Die berufliche Handlungsbereitschaft von ausländischen Beschäftigten
Eine Längsschnittuntersuchung
1990. X, 298 Seiten, 12 Abb., 39 Tab., Broschur DM 58,-
ISBN 3-8244-4045-8
Die Studie stellt sich die Aufgabe, anhand eines Längsschnitts über mehrere Beschäftigungsjahre die Frage nach dem Handlungs- und Entwicklungspotential von beruflicher Handlungsbereitschaft, speziell der ausländischen Be-schäftigten, empirisch zu beantworten.

Ursula Pasero
Familienkonflikte in der Migration
Eine rechtssoziologische Studie anhand von Gerichtsakten
1990. 237 Seiten, 28 Tab., Broschur DM 48,-
ISBN 3-8244-4056-3
Diese Studie behandelt den Zusammenhang von moderner Arbeitsmigration und ihren konflikthaften Wirkungen auf die Verfassung von Migrantenfamilien. Die empirische Untersuchung folgt den Konflikten da, wo sie bereits institutionell und mit Rechtsmitteln ausgetragen werden: in den Familiengerichten.

Wichard Puls
Soziale Isolation und Einsamkeit
Ansätze zu einer empirisch-nomologischen Theorie
1989. XII, 490 Seiten, 79 Abb., 17 Tab., Broschur DM 66,-
ISBN 3-8244-4026-1
Dieses Buch, das Forschungsergebnisse aus den unterschiedlichsten sozialwissenschaftlichen Disziplinen integriert, enthält eine eingehende Analyse der empirischen Befunde zu den Ursachen von sozialer Isolation und Einsamkeit.

Die Bücher erhalten Sie in Ihrer Buchhandlung!
Unser Verlagsverzeichnis können Sie anfordern bei:

Deutscher Universitäts-Verlag
Postfach 30 09 44
51338 Leverkusen

Made in the USA
Las Vegas, NV
13 November 2024

11564943R00280